Mitarbeitermisstrauen

Christin Wohlrath

Mitarbeitermisstrauen

Faktoren des Mitarbeitermisstrauens – Welche Wahrnehmungen der Mitarbeitenden prägen die Bildung von Misstrauen in die Unternehmensführung?

PETER LANG

Bibliografische Information der Deutschen Nationalbibliothek
Die Deutsche Nationalbibliothek verzeichnet diese Publikation in der Deutschen Nationalbibliografie; detaillierte bibliografische Daten sind im Internet über http://dnb.d-nb.de abrufbar.

Zugl.: Konstanz, Univ., Diss., 2018

D 352
ISBN 978-3-631-79196-7 (Print)
E-ISBN 978-3-631-79663-4 (E-PDF)
E-ISBN 978-3-631-79664-1 (EPUB)
E-ISBN 978-3-631-79665-8 (MOBI)
DOI 10.3726/b15918

Peter Lang – Berlin · Bern · Bruxelles · New York · Oxford · Warszawa · Wien

Diese Publikation wurde begutachtet.

www.peterlang.com

Kurzdarstellung

Die Arbeit betrachtet **Misstrauen und Vertrauen von Mitarbeitenden in einem Unternehmen**. Sie geht einerseits der Frage nach, ob Misstrauen das Gegenteil von Vertrauen ist. Andererseits stellt die Arbeit die Forschungsfrage, welche Wahrnehmungen der Mitarbeitenden die Bildung von Misstrauen in die Unternehmensführung prägen. Mit der Beantwortung der Fragen verfolgt sie die Absicht, bestehende Konzepte und Befunde der **Organisationsforschung** weiterzuentwickeln.

Mittels der Analyse subjektiv erlebter Ereignisse von Mitarbeitenden untersucht die Arbeit am Fallbeispiel eines Unternehmens die misstrauensbildenden Faktoren von 18 Mitarbeitenden. Hierfür wird ein **Fallstudiendesign**, bestehend aus der Kombination von drei Erhebungsmethoden, verwendet: Mit der Methode des Kartensortierens selektieren sie Emotionen und berichten anhand dieser von ihren Erlebnissen. Die Mitarbeitererzählung wird unterstützt durch die Methode des leitfaden-gestützten Interviews. Zur Ergänzung und Validierung der qualitativen Interviews werden ferner die grundsätzliche Misstrauensneigung und die Einstellung zum Menschenbild im Rahmen der Persönlichkeit der/des Mitarbeitenden abgefragt. Dazu wird der/dem Mitarbeitenden am Ende des persönlichen Treffens ein Kurzfragebogen vorgelegt. Die Datenauswertung erfolgt im Rahmen der qualitativen inhaltlich-strukturierten Inhaltsanalyse. Dieser empirische Teil der Arbeit stellt die subjektive Sichtweise der Mitarbeitenden auf ihren Arbeitsalltag in den Mittelpunkt.

Die Arbeit stellt dar, dass **Misstrauen und Vertrauen eigenständige Konzepte** sind. Aus den Aussagen der Mitarbeitenden resultiert, dass die mit Misstrauen und Vertrauen assoziierten Emotionen koexistieren können. In Bezug auf die **Erforschung der misstrauensbildenden Faktoren** zeigt die Arbeit, dass Misstrauen aus der tiefgründigen Verletzung von Vertrauen resultiert. Die Mitarbeitenden misstrauen, da sie prognostizieren, in Zukunft geschädigt zu werden. Sie haben **negative Wahrnehmungen und Erwartungen** gegenüber dem Unternehmen. Ferner ist die Misstrauensbildung der Mitarbeitenden von der **negativen Reziprozität** und der **gegenseitigen Selbstbestätigung** geprägt. Gemäß den Erlebnisaussagen der Mitarbeitenden führen die ungerechte Behandlung und das Kontrollverhalten der Unternehmensführung dazu, von den Mitarbeitenden negativ erwidert zu werden. Das Schlechtreden und ein Austauschen von zynischen Sprüchen und Witzen sowie das konkrete Weitererzählen von Einzelschicksalen bestätigen die/den Mitarbeitenden, in ihrer/seiner Misstrauensentscheidung gegenüber dem Unternehmen richtig zu liegen.

Inhaltsverzeichnis

Abbildungsverzeichnis 11

Abkürzungsverzeichnis 13

Dank 15

1 Einführung 17

1.1 Relevanz 18

1.2 Ziel und Abgrenzung 19

1.3 Aufbau 21

2 Forschungsstand 23

2.1 Systematischer Literaturreview 23

2.2 Die Konstrukte Misstrauen und Vertrauen 26

2.2.1 Vertrauen 26

2.2.2 Misstrauen 32

2.2.3 Debatte zur Beziehung von Misstrauen und Vertrauen 44

2.2.4 Vertrauensverletzung vs. Misstrauensbildung 50

2.3 Bildung von Misstrauen 54

2.3.1 Misstrauensneigung und Misstrauenswürdigkeit 55

2.3.2 Emotionen zur Erforschung der Misstrauensbildung 57

2.3.3 Merkmale und Phasen der Misstrauensbildung 62

2.3.4 Faktoren der Misstrauensbildung 66

2.3.5 Bezugsrahmen zur Misstrauensbildung 71

2.4 Implikationen für das Forschungsdesign 76

2.4.1 Kategorien und Faktoren der Misstrauensbildung 79

2.4.2 Konsequenzen von Misstrauen 83

3 Forschungsdesign 89

3.1 Theoretischer Hintergrund und Zugang zum Forschungsdesign 89

3.2 Fallstudiendesign 91
3.2.1 Auswahl der Fälle 92
3.2.2 Fallstudien und deren Generalisierbarkeit 95

3.3 Datenerhebung 97
3.3.1 Methode der Kartensortierung 98
3.3.2 Interview 100
3.3.3 Fragebogen 102

3.4 Datenanalyse 105
3.4.1 Analyse der Kartensortierung 105
3.4.2 Inhaltlich-strukturierte Inhaltsanalyse 105
3.4.3 Analyse des Fragebogens 109

3.5 Gütekriterien 109
3.5.1 Interne Validität 112
3.5.2 Konstruktvalidität 113
3.5.3 Externe Validität 113
3.5.4 Reliabilität 114

3.6 Resultierendes Forschungsdesign 115
3.6.1 Datensample 115
3.6.2 Interviewsituation und Erhebung des Datenmaterials 118

4 Datenauswertung 123

4.1 Datenaufbereitung und Systematisierung 123
4.1.1 Transkription der Interviews 123
4.1.2 Aufbereitung der Fragebogenantworten 124
4.1.3 Darstellung der Emotionskarten 126

4.2 Datenanalyse mittels Kategoriensystem 129
4.2.1 Pilotphase 130
4.2.2 Hauptcodierungsphase und Rücküberprüfung 131
4.2.3 Kategoriensystem 136

5 Darstellung der Ergebnisse 147

5.1 Emotionen der Mitarbeitenden 147

5.2 Faktoren der Misstrauensbildung 153
5.2.1 Negative Wahrnehmungen, Erwartungen und Zuschreibungen 154
5.2.1.1 Werteinkongruenz 154

5.2.1.1.1 Entfremdung Innengruppe – Außengruppe ... 155
5.2.1.1.2 Unternehmenskultur „in den Rücken schießen" ... 158
5.2.1.1.3 Diskrepanz Mitarbeiterwerte vs. Führungsgrundsätze und -vorgaben ... 160
5.2.1.2 Ungerechtigkeit ... 162
5.2.1.2.1 Distributive Ungerechtigkeit ... 163
5.2.1.2.2 Prozedurale Ungerechtigkeit ... 164
5.2.1.2.3 Interpersonale Ungerechtigkeit ... 171
5.2.1.2.4 Informationelle Ungerechtigkeit ... 178
5.2.1.3 Führungsversagen ... 182
5.2.2 Negative Reziprozität ... 188
5.2.3 Gegenseitige Selbstbestätigung ... 190

5.3 Konsequenzen von starkem Mitarbeitermisstrauen ... 192
5.3.1 Argwöhnische Wachsamkeit und Vorsicht ... 192
5.3.2 Vermeidung von Interaktion und Kooperation ... 194
5.3.3 Rückzug und innere Kündigung ... 196

5.4 Weitere Einflussfaktoren ... 199

5.5 Verifizierung der Ergebnisse ... 203

6 Reflektion der Ergebnisse ... 209

6.1 Zusammenfassung ... 209

6.2 Einbettung in die Misstrauens- und Vertrauensliteratur ... 212
6.2.1 Emotionen und Koexistenz von Misstrauen und Vertrauen ... 213
6.2.2 Faktoren der Misstrauensbildung ... 219
6.2.3 Konsequenzen von Misstrauen ... 228

6.3 Implikationen für das Misstrauensmanagement ... 230

7 Leistung und Grenzen der Arbeit ... 237

8 Fazit und Ausblick ... 243

Literaturverzeichnis ... 251

Anhang 297
Führungsgrundsätze und Werte des Unternehmens 297
Datenauswertung 297
Emotionsnennung und Erlebnisaussagen 297
Schlüsselerlebnisse: Ausführliche Darstellung 334
Kategoriensystem 352
Transkription und Codierung 352
Erstes Codierungsschema 370
Rücküberprüfung mit Experten 373

Abbildungsverzeichnis

Abb. 1: Vertrauensfaktoren im Überblick 30
Abb. 2: Charakteristika von Misstrauen gemäß der Misstrauensdefinitionen 35
Abb. 3: Ein- bzw. Zwei-Konstrukt-Sichtweise von Misstrauen und Vertrauen 49
Abb. 4: Misstrauensphasen 65
Abb. 5: Misstrauensfaktoren gemäß empirischen Studien 69
Abb. 6: Vier-Felder-Darstellung von Misstrauen und Vertrauen nach Lewicki et al. (1998) 73
Abb. 7: Bildung von Mitarbeitermisstrauen nach Elsbach et al. (2012) 74
Abb. 8: Konstruktmodell nach McKnight und Chervany (2001c) 76
Abb. 9: Misstrauenskategorien – dargestellt in einer Dreiecksmisstrauensspirale 79
Abb. 10: Literatur zu den drei Kategorien der Misstrauensbildung 83
Abb. 11: Charakteristika des Unternehmens 92
Abb. 12: Relevanz der Vorstudie und der unternehmensinternen Informationsquellen 94
Abb. 13: 18 Emotionen zur Kartensortierung 99
Abb. 14: Fragebogen zur Messung des Menschenbildes und der Misstrauensneigung 104
Abb. 15: Ablaufmodell der inhaltlich-strukturierenden Inhaltsanalyse 106
Abb. 16: Gütekriterien und deren Umsetzung in der Arbeit 112
Abb. 17: Vom Aufsetzen bis zum Fertigstellen des Interviewleitfadens 119
Abb. 18: Gesprächsverlauf im Vorfeld des Interviews 120
Abb. 19: Schilderung des Kartensortiervorganges 121
Abb. 20: Darstellung des Interviewleitfadens 122
Abb. 21: Fragebogenantworten der 14 Mitarbeitenden – Feld 3: MACH-Kurzskala 125
Abb. 22: Fragebogenantworten der 14 Mitarbeitenden – Feld 3: Misstrauensneigung 125
Abb. 23: Negative mit Misstrauen bzw. positive mit Vertrauen assoziierte Emotionen 126

Abb. 24: 14 misstrauische Mitarbeitende in Feld 3 – hohes Misstrauen/geringes Vertrauen 128
Abb. 25: Ergebnisskizze nach dem Codieren aller Interviews 132
Abb. 26: Überarbeitetes Codierungsschema 133
Abb. 27: Kategoriensystem der Bildung von Mitarbeitermisstrauen 137
Abb. 28: Kategoriensystem der Konsequenzen von Mitarbeitermisstrauen 145
Abb. 29: Modellhafte Darstellung: Misstrauensbildung und Konsequenzen 202
Abb. 30: Reflektion des Kategoriensystems der Mitarbeitenden des Feldes 3 und 2 205
Abb. 31: Misstrauenskreislauf Mitarbeitende – Unternehmensführung 212

Abkürzungsverzeichnis

Abkürzung	**Wort / Bezeichnung (ggf. mit Kurzerklärung)**
Abb.	Abbildung
bspw.	beispielsweise
bzgl.	bezüglich
CEO	Chief Executive Officer: Der CEO ist die US-amerikanische Bezeichnung für das geschäftsführende Vorstandsmitglied eines Unternehmens.
d. h.	das heißt
ggf.	gegebenenfalls
P-O-Fit	Der „Person-Organization Fit" (P-O Fit) wird unter dem Forschungszweig „Person-Environment Fit" betrachtet und ist nach Kristof (1996, S. 4f.): *„the compatibility between people and organizations that occurs when (a) at least one entity provides what the other needs, (b) they share similar fundamental characteristics, or (c) both."*
OCB	„Organizational Citizenship Behaviour" (OCB) ist das individuelle, freiwillige Verhalten am Arbeitsplatz, das sich positiv auf die Funktionsfähigkeit der Organisation auswirkt und nicht im formalen Anreizsystem explizit berücksichtigt wird (Organ, Podsakoff & MacKenzie, 2005, S. 17)
u. a.	unter anderem/n
sog.	sogenannte(r)
z. B.	zum Beispiel

Quelle: Eigene Darstellung

Dank

Ich danke dem Unternehmen, dass ich dessen Mitarbeitende befragen durfte und bereits im Vorfeld Sekundärdaten zur Analyse zur Verfügung gestellt bekam. Die Sekundärdaten bildeten den entscheidenden Ausschlag für mein Forschungsvorhaben. Daher danke ich dem Personalleiter und seiner Mitarbeiterin, dass ich die Analyse mit eigens erhobenen Daten fortführen durfte und Einblicke erhalten konnte, welche Faktoren verantwortlich sind, dass die Mitarbeitenden von Misstrauen sprechen. Ich danke Frau Prof. Dr. Antoinette Weibel und ihren Lehrstuhlmitarbeitenden für ihre Mithilfe bei der Themenfindung. Dank geht auch an Herrn Dr. Fabian Dvorak, mit dem ich im Vorfeld über die 'Grounded Theory' debattierte (Glaser & Strauss, 1967; 1998). Dem GESIS, Leibniz-Institut für Sozialwissenschaften, danke ich für die Hilfestellung hinsichtlich des Fallstudiendesigns und dem Zentrum für interdisziplinäre Forschung (ZIF) der Universität Bielefeld bin ich verbunden, in einem interdisziplinären Workshop das Konstrukt Misstrauen aus vielfältigen Sichtweisen kennengelernt zu haben. Herrn Dr. Kilian Seng danke ich für die Mithilfe bei der Spezifizierung des Forschungsdesigns. Frau Prof. Dr. Jana Costas, Professorin für qualitative Forschung an der FU Berlin und Herrn Prof. Dr. Arjan Kozica, Lehrstuhl für Organisation & Leadership, ESB Business School, Reutlingen danke ich für die Diskussionen bei der Datenauswertung und dessen Strukturierung. Gebührenden Dank geht an meine **Betreuer der Dissertation, Frau Prof. Dr. Nathalie Behnke und Herrn Prof. Dr. Florian Kunze von der Universität Konstanz**. Besonderer Dank geht ferner an die „Begleiter des Lebensabschnittes Dissertation“: Herrn Prof. Dr. Marius Busemeyer, Herrn Prof. Dr. Dirk Leuffen, Frau Dr. Ulrike Haas-Spohn, Frau Dr. Pascale Siegrist, Frau Karin Feldmann, Frau Sophia Timmermann und Frau Susanne Garritzmann sowie an meine Familie und Freunde. Dabei kommt Herrn Dr. Sönke Wienholdt nicht nur für das Korrekturlesen, sondern auch für den persönlichen Beistand meinerseits der größte Dank zuteil.

1 Einführung

Abstract: Indroduction
The dissertation contributes to the organizational behaviour literature. It deals with the topic of distrust in the context of an European industrial company. Within a case study of employees, it asks the research question: Which expectations and preceptions characterise the building of distrust towards the management? Following the approach that distrust is a separate concept to trust, the dissertation suggests that the antecedents of distrust are not just the same as simply inversing the antecedents of trust.
The dissertation is divided into eight chapters followed by the bibliography and appendix. The first chapter introduces the theoretical and societal relevance of distrust. The second chapter deals with the status of research showing definitions and antecedents of distrust and trust, and the relationship of both constructs. The third chapter explains the research design. The fourth chapter is about data collecting and data analysis, and the fifth chapter presents the findings. The sixth chapter outlines the dissertation's research contribution, and it outlines practical implimentations. The seventh chapter deals with the limitations. The final chapter concludes and offers further research opportunities.

Die Forschung zeigt, dass Misstrauen im Unternehmen negativ für die ökonomische Entwicklung ist. Die Mitarbeitenden sind weniger loyal, kommunizieren und interagieren kaum und zeigen ein geringes kooperatives Verhalten. Misstrauen stellt die bedauernswerte Realität dar, wenn Vertrauen scheitert. Folglich sind Unternehmen bestrebt, ihren Fokus auf das Vertrauen ihrer Mitarbeitenden zu legen und nicht (auch) auf die misstrauensbildenden Faktoren. Die gängige Unternehmensmeinung beläuft sich darauf, bei einem ausgeprägten Mangel an Vertrauen ihrer Mitarbeitenden von Misstrauen auszugehen. Ein Anstieg von Misstrauen ginge demzufolge mit einer Verringerung des Vertrauens einher und die Art und Weise, wie Misstrauen verringert werden könnte, ist die gleiche, wie die, mit der Vertrauen gesteigert werden kann. Diese gängige Unternehmensmeinung schenkt jedoch dem sozialen Kontext von Beziehungen nur ungenügend Beachtung. Aufgrund der Natur von sozialen Beziehungen ist davon auszugehen, dass die Mitarbeiterbeziehungen Ambivalenz beinhalten, d. h. eine Unsicherheit von gemischten Emotionen oder Kognitionen und dass in dem Beziehungssystem eines Unternehmens Misstrauen und Vertrauen miteinander im Zusammenhang stehen. Sie koexistieren als eigenständige Konstrukte. Demnach ist es denkbar, zu misstrauen und zu vertrauen. Beide können hohe und geringe Niveaus auf sich vereinen und unterscheiden sich durch ihre misstrauens- und vertrauensbildenden Faktoren voneinander. Folglich ergeben sich die misstrauensbildenden Faktoren nicht aus der Umformulierung der positiven Faktoren von Vertrauen in das Gegenteil – eine Sichtweise, die in der Praxis vereinfachend angenommen wird.

1.1 Relevanz

Die Arbeit beleuchtet die Beziehung der Mitarbeitenden und der Unternehmensführung. Sie beansprucht, einen Beitrag zur Erforschung der Misstrauensfaktoren von Mitarbeitenden im Kontext von Unternehmen zu leisten. In Bezug auf Misstrauen und die misstrauensbildenden Faktoren stellt sich die Frage, inwieweit das Konstrukt Misstrauen in Beziehung mit Vertrauen steht. Die Unternehmenspraxis und einige Forscher/innen gehen davon aus, dass Misstrauen das Gegenteil von Vertrauen ist bzw. dass Misstrauen sich mit den ins Gegenteil umformulierten Faktoren, die für Vertrauen stehen, begreifen lässt. Gemäß dem etablierten Vertrauensmodell von Mayer, Davis und Schoorman (1995), das Vertrauen in die Faktoren Kompetenz, Integrität und Wohlwollen zerlegt, ergäben sich die misstrauensbildenden Faktoren aus der Umformulierung der positiven Faktoren von Vertrauen in das Gegenteil. Nach dieser Sichtweise ließen Inkompetenz, wenig oder kein Wohlwollen und Integrität ein Misstrauen von Mitarbeitenden im Unternehmen erklären. Es bedürfte im Hinblick auf die misstrauensbildenden Faktoren keiner aufwendigen Betrachtung der Misstrauensfaktoren, da auf die Vertrauensforschung aufgebaut werden könnte. Die vorliegende Arbeit argumentiert gegen diese simplifizierende Sichtweise. Sie verfolgt das wissenschaftliche Interesse, zu zeigen, dass Misstrauen und Vertrauen eigenständige, koexistierende Konstrukte sind.

Die Forscher/innen, die Misstrauen und Vertrauen als separate Konstrukte, die koexistieren, anerkennen, mehren sich (Adler, 2005; Benamati, Serva & Fuller, 2010; Lewicki & Bunker, 1996; Lewicki, McAllister & Bies, 1998; Moody, Galletta & Lowry, 2014; Schweer & Thies, 2003; Sitkin & Roth, 1993; Van de Walle & Six, 2014). Die Arbeit folgt diesen Forschern/innen. Sie legt die Annahme der Koexistenz beider Konstrukte zugrunde und untersucht – losgelöst von den Vertrauensfaktoren – die misstrauensbildenden Faktoren. Inwieweit in dem vorliegenden Unternehmenskontext Misstrauen und Vertrauen simultan auftreten und ferner, ob Misstrauen im Stande wäre, Vertrauen zu „verdrängen", wie von Bijlsma-Frankema, Sitkin und Weibel (2015) und Searle, Weibel, Nienaber und Legood (2014) im Rahmen der Merkmale des Misstrauensprozesses diskutiert, soll die vorliegende Arbeit zeigen. Hierfür widmet sich die Arbeit der Fragestellung, welche Wahrnehmungen der Mitarbeitenden die Bildung von Misstrauen in die Unternehmensführung prägen.

Der theoretische Hintergrund zur Annahme der Koexistenz von Misstrauen und Vertrauen bzw. der Beziehungsambivalenz besteht in den Ambivalenztheorien, die positiv und negativ valente Verhaltensreaktionen untersuchen. Daraus folgt für die vorliegende Arbeit, dass eine Vorgehensweise für die Erforschung der Misstrauensfaktoren zu wählen ist, die nicht aus der Umformulierung der positiven Faktoren von Vertrauen in das negative Gegenteil resultiert, sondern davon losgelöst ist. Um diesem Anspruch gerecht zu werden, misst die Arbeit der Betrachtung von Emotionen im Zusammenhang von Misstrauen eine Schlüsselrolle bei. Die Arbeit sieht Misstrauen als ein emotional-geladenes Konstrukt an (Dimoka, 2010; Lewicki et al., 1998; McKnight & Chervany, 2001c). In Verbindung mit Misstrauen kann von negativen Emotionen ausgegangen werden. Nach Bodtker und Jameson (2001) resultieren negative Emotionen aufgrund von beeinträchtigten oder blockierten Erwartungen. Diese Erkenntnis entspricht der Definition von Misstrauen gemäß Lewicki et al. (1998, S. 339): *„confident negative expectations regarding another's conduct of distrust.“* Da die negativen Erwartungen dazu tendieren, starke emotionale Reaktionen hervorzurufen und dadurch im Gedächtnis verhaftet zu bleiben, ist im Misstrauensfall von einem verstärkten Erinnerungsvermögen auszugehen (Ballinger & Rockmann, 2010; Dimoka, 2010; McKnight & Choudhury, 2006). Aufgrund des Erinnerungsvermögens können die Mitarbeitenden ausgehend von ihren negativ wahrgenommenen Emotionen, ihre prägenden Erlebnisse ins Gedächtnis „zurückrufen“ und diese im Rahmen eines Interviews schildern. Aus den Erzählungen der Erlebnisse sollen die Faktoren abgeleitet werden, die das Entstehen von Misstrauen erklären. Mit dieser Vorgehensweise zur Erforschung von Misstrauen unterscheidet sich vorliegende Arbeit von den existierenden Misstrauensstudien, wie z. B. von McKnight und Chervany (2001c), Komiak und Benbasat (2008) oder Hsiao (2003) sowie Elsbach, Stigliani und Stroud (2012).

Ferner beabsichtigt die Arbeit mit der Erforschung der Misstrauensfaktoren im Rahmen der Beziehung der/des Mitarbeitenden und der Unternehmensführung eine Aussage zu treffen, inwieweit sich die Misstrauensfaktoren existierender Studien, von denen der Arbeit unterscheiden oder gleichen. Die ersten Erkenntnisse zu den Misstrauensfaktoren, die von unabhängig voneinander bestehenden Konstrukten in Verbindung mit Misstrauen und Vertrauen ausgehen, stammen aus dem Forschungsbereich des E-Commerce (Hsiao, 2003; Komiak & Benbasat, 2008; McKnight & Choudhury, 2006; McKnight, Choudhury & Kacmar, 2004). Da die vorliegende Arbeit die Beziehung der/des Mitarbeitenden zu der Unternehmensführung betrachtet, die durch eine vertragliche und finanzielle Abhängigkeit gekennzeichnet ist, könnten sich die Misstrauensfaktoren, von denen der anonymen Käufer-Verkäufer-Beziehung unterscheiden. Daher verfolgt die Arbeit die Absicht, auf der Grundlage der theoretischen und empirischen Auseinandersetzung mit bestehenden Konzepten und Befunden der Misstrauensforschung, die bestehenden Theorien bzw. deren Anpassung auf den Phänomenbereich des Misstrauens weiterzuentwickeln.

1.2 Ziel und Abgrenzung

Die vorliegende Arbeit ist dem Forschungsfeld der **Organisationsforschung** zuzuordnen, das die Untersuchung des Verhaltens von Menschen und Gruppen innerhalb eines Organisationsumfeldes in das Zentrum stellt. Das Forschungsinteresse der Arbeit besteht in der Untersuchung des Konstruktes Misstrauen. Die Akteure des Misstrauens können Mitarbeitende, Gruppen von Mitarbeitenden, Vorgesetzte oder auch die Gesamtorganisation und Systeme bzw. Technologien sein (Fulmer & Gelfand, 2012; Luhmann, 1979; McKnight, Carter, Thatcher & Clay, 2011; Schoorman, Mayer & Davis, 2007). Die „junge“ Misstrauensforschung fokussiert bereits das interpersonale Misstrauen, d. h. das Misstrauen zwischen zwei Individuen (Chan, 2003; Cho, 2006; Schul, Mayo & Burnstein, 2004; Walgenbach, 2001) und teilweise auch das Misstrauen in Gruppen (Glynn, 2000; Kramer, 2004; Sitkin &

Stickel, 1996), legt aber kaum einen Fokus auf die Erforschung von Misstrauen in die Organisation und deren Unternehmensvertretern (Elsbach et al., 2012; Saunders, Dietz & Thornhill, 2014).

Die vorliegende Arbeit betrachtet das Misstrauen der Mitarbeitenden in die Organisation. Die Organisation ist ein Wirtschaftsunternehmen, das im Bereich Transportwesen von Personen und Gütern agiert; im Weiteren kurz „das Unternehmen" genannt. Im Rahmen des Unternehmens ist das Zielobjekt bzw. der Adressat des Mitarbeitermisstrauens die Unternehmensführung, d. h. die Entscheidungsträger bzw. Repräsentanten des Unternehmens, die stellvertretend für das Gesamtunternehmen aus Mitarbeitersicht stehen und mit denen die Mitarbeitenden teilweise persönliche Interaktionen begleiten, woraus sie ihre Misstrauenswahrnehmungen und Zuschreibungen ableiten (Shamir & Lapidot, 2003; Zhang, Tsui, Song, Li & Jia, 2008). Die Repräsentanten des Unternehmens sind die Personen der obersten Unternehmensführung. Diese Gruppe der obersten Unternehmensführung besteht aus Führungskräften, die für die Mitarbeitenden die formale Verbindung zwischen ihnen und dem Unternehmen als Arbeitgeber darstellt (Konovsky & Pugh, 1994; Strutton, Toma & Pelton, 1993).

Analog zu Vertrauen wird mit Bezug auf Zaheer, McEvily und Perrone (1998) sowie Konovsky und Pugh (1994) argumentiert, dass Misstrauen in die Organisation und im Besonderen **Mitarbeitermisstrauen in die Unternehmensführung**, seine Basis in den individuellen Führungskräften besitzt. Demnach sind es die Mitarbeitenden und die Führungskräfte, die misstrauen und nicht das Unternehmen selbst. Da das Verhalten der Führungskräfte repräsentativ für die Normen und Regeln des Unternehmens steht und von dem Verhalten auf die dahinterliegenden Systemeigenschaften des Unternehmens geschlossen werden kann, ist davon auszugehen, dass das Misstrauen in die Unternehmensführung das Gesamtunternehmen beeinflusst (Elsbach et al., 2012; Oswald, 2010, S. 69; Schweer & Thies, 2003; Shamir & Lapidot, 2003).

Das Erkenntnisinteresse der Arbeit wird von der Forschungsfrage geleitet, welche Wahrnehmungen und Vorstellungen der Mitarbeitenden die Bildung von Misstrauen in die Unternehmensführung prägen. Daraus leitet sich ab, den Forschungsstand von Misstrauen und insbesondere der misstrauensbildenden Faktoren darzustellen. Dies verlangt eine theoretische und empirische Auseinandersetzung mit bestehenden Konzepten und Befunden der Misstrauensforschung und dient der Weiterentwicklung bestehender Theorien bzw. deren Anpassung auf den Phänomenbereich des Misstrauens. Mittels der Analyse der subjektiv erlebten Ereignisse der Mitarbeitenden im Rahmen von Fallstudien identifiziert die Arbeit die **Faktoren zur Bildung von Mitarbeitermisstrauen**. Die Arbeit konzentriert sich auf Unterschiede und Gemeinsamkeiten von erzählten Ereignissen, die die Mitarbeitenden mit ihrem Arbeitgeber erlebt haben. Hinter diesem Forschungsziel verbirgt sich im Wesentlichen ein aus der Misstrauens- und Vertrauensforschung getriebenes Interesse. Es soll untersucht werden, welche negativen Emotionen gewählt werden, um die prägenden Erlebnisse zu schildern, die für das Entstehen von Misstrauen verantwortlich gemacht werden können. Ferner soll untersucht werden, welche

Faktoren aus den Erzählungen der Erlebnisse abgeleitet werden können, um das Entstehen von Misstrauen im Rahmen von Faktoren zu fassen.

Zur Untersuchung der Misstrauensbildung wird ein **Fallstudiendesign**, bestehend aus der Kombination von drei Erhebungsmethoden, verwendet: Mit der Methode des Kartensortierens (Spencer, 2009, S. 6) sortieren insgesamt 26 Mitarbeitende 18 Karten auf denen je eine Emotion steht. Sie selektieren Emotionen, die die Beziehung zu der Unternehmensführung des Unternehmens versinnbildlichen. Im Anschluss an das Selektieren der Emotionen berichten die Mitarbeitenden von ihren Erlebnissen. Die Mitarbeitererzählung wird unterstützt durch die Methode des leitfaden-gestützten Interviews (Flick, 2009, S. 186). Zur Ergänzung und Validierung der qualitativen Interviews werden die grundsätzliche Misstrauensneigung und die Einstellung zum Menschenbild abgefragt. Dazu wird der/dem Mitarbeitenden am Ende des persönlichen Interviews ein Kurzfragebogen vorgelegt. Die Datenauswertung erfolgt im Rahmen der qualitativen inhaltlich-strukturierten Inhaltsanalyse nach Mayring (2010; 2015) in Kombination mit den Erkenntnissen von Schreier (2012) und Gläser und Laudel (2010). Dieser empirische Teil der Arbeit stellt die subjektive Sichtweise der Mitarbeitenden auf ihren Arbeitsalltag in den Mittelpunkt.

1.3 Aufbau

Die Arbeit gliedert sich insgesamt in **acht Kapitel** mit anschließendem Literaturverzeichnis und dem Anhang. Das **erste** Kapitel ist das Einführungskapitel. Es leitet in das Thema ein, zeigt dessen Relevanz auf und stellt erste Abgrenzungen und Ziele der Arbeit heraus. Das **zweite** Kapitel widmet sich der Aufarbeitung des Forschungsstandes und beginnt mit den Definitionen zur Begriffsbestimmung von Vertrauen und Misstrauen, um die Konstrukte zu verstehen. Neben der Darstellung der misstrauensbildenden Faktoren gemäß der Literatur legt das zweite Kapitel das Hauptaugenmerk auf die Debatte, ob Misstrauen ein eigenständiges Konstrukt ist. In diesem Zusammenhang werden Arbeiten referiert, die sich mit der Debatte der zwei Sichtweisen zur Beziehung von Misstrauen und Vertrauen auseinandersetzen. Damit verfolgt die Arbeit das Ziel, einen theoretischen Rahmen für Misstrauen zu fassen und ein theoretisches Vorverständnis zur Ableitung von Implikationen für das Forschungsdesign und insbesondere zur Auswahl der Fallstudien zu erlangen. Das **dritte** Kapitel beschreibt das Forschungsdesign für die empirische Untersuchung. Zunächst werden die wissenschaftstheoretischen Grundannahmen dargelegt und das Fallstudiendesign vorgestellt. Dazu gehört die begründete Auswahl der zu untersuchenden Fälle, die Festlegung der anzuwendenden Erhebungs- und Auswertungsmethoden sowie die geltenden Gütekriterien. Das **vierte** Kapitel umfasst die empirische Untersuchung mit der Durchführung der Datenerhebung und der Aufbereitung sowie der Datenauswertung. Die Darstellung der Ergebnisse im Rahmen einer fallübergreifenden Analyse erfolgt im **fünften** Kapitel, das die misstrauensbildenden Faktoren und die Konsequenzen von Misstrauen beinhaltet. Das **sechste** Kapitel dient der Reflektion der Ergebnisse. Die Ergebnisse der Datenanalyse werden zusammengefasst, verifiziert und theoretisch im Hinblick auf den Forschungsstand betrachtet. Ferner werden Aussagen für das Misstrauensmanagement skizziert. Das **siebte** Kapitel gibt die Leistungen und Grenzen der Arbeit wieder. Das **achte** Kapitel schließt mit dem Fazit der Arbeit und erteilt einen Ausblick auf die zukünftige Forschung.

2 Forschungsstand

Abstract: Literature review
Based on the existing literature the second chapter offers definitons and antecedents of distrust and trust. It outlines the central theories and framework of distrust building. Thereby, two perspectives are discussed: Is distrust the low end of a trust continuum, defining distrust and low trust as the same phenomenon? Or is it appropriate that the concepts of distrust and (low) trust must be carefully distinguished, given their different antecedents, consequences, and process dynamics?

Die Aufarbeitung des Forschungsstandes dient dem theoretischen Vorverständnis von Misstrauen. Da die Konzeptualisierungen von Misstrauen in der Vertrauensliteratur verankert sind und die Forschungserkenntnisse zu Misstrauen teilweise in Verbindung mit dem Konstrukt Vertrauen stehen, skizziert die Arbeit auch das Konstrukt Vertrauen und die zwei Sichtweisen zur Beziehung von Misstrauen und Vertrauen. Die Arbeit widmet sich im Rahmen des Forschungsstandes den Begriffsdefinitionen zu Misstrauen und geht auf die Misstrauens- und Vertrauensneigung sowie die Misstrauens- und Vertrauenswürdigkeit ein. Als zentralen Bestandteil werden die Faktoren der Misstrauensbildung, der Prozess der Misstrauensbildung und dessen Merkmale erörtert. Die Arbeit stellt den theoretischen Bezugsrahmen der Misstrauensbildung dar und beschreibt drei zentrale Theorien im Zusammenhang mit Misstrauen. Aus der Aufarbeitung des Forschungsstandes werden die Implikationen für das Forschungsdesign gezogen.

2.1 Systematischer Literaturreview

Da die Qualität einer wissenschaftlichen Arbeit von der Qualität der durchgeführten und transparent dargelegten Literaturrecherche abhängt, wurde zur Darstellung des Forschungsstandes ein systematischer Literaturreview durchgeführt (Pugliese et al., 2009). Der Term 'Systematic Review' wird seit 1990 mehrfach verwendet (Evans & Kowanko, 1999) und stellt eine Zusammenfassung von Ergebnissen und Schlussfolgerungen aus mehreren Veröffentlichungen zu einem bestimmten Sachverhalt dar (Brocke, Simons, Niehaves, Plattfaut & Cleven, 2009; Cooper & Hedges, 2009; Rowley & Slack, 2004). Systematisch ausgeführt gilt der Literaturreview als eine eigenständige Methode der Forschung (Mulrow, Cook & Davidoff, 1997) und kann als: *„a summary of subject field that supports the identification of specific research questions"* (Rowley & Slack, 2004, S. 31) bezeichnet werden. Mit der Befolgung der Regeln an einen systematischen Literaturreview wird die Subjektivität eines Literaturreviews begrenzt, da Recherchefehler vermieden werden können und eine hohe Reliabilität erhalten werden kann.

Das Konstrukt Misstrauen wird von vielen Theorierichtungen und anwendungsorientierten Forschungsthemen betrachtet. Das hier zugrunde liegende Forschungsstreben ist dem Forschungsfeld der Organisationsforschung zuzuordnen. Der Literaturreview vorliegender Arbeit umfasst daher empirische Arbeiten, theoretische Konzepte und Befunde der Misstrauens- und Vertrauensliteratur und der Konfliktforschung aus dem Bereich der Organisationsforschung. Beginnend mit der Erarbeitung der **Suchstrategie** und der Eingrenzung der Suche, bestand die Suche in einem iterativen Prozess (Aguinis & Glavas, 2012; Fulmer & Gelfand, 2012; Rojon, McDowall & Saunders, 2011 für eine ähnliche Vorgehensweise). Die Suchen wurden bis zum Stichtag 15. März 2018 verfeinert, stets aktualisiert und jeweils nach ihrem Titel, Abstract und nach ihrem Volltext anhand der Inklusionskriterien begutachtet. Danach sind für die Arbeit Beiträge relevant, die sich auf die Definition, Abgrenzung und Operationalisierung des Misstrauens- und/oder Vertrauenskonstrukts beziehen oder Emotionen im Organisationskontext, insbesondere im Zusammenhang mit Misstrauen behandeln. Ferner sind Beiträge relevant, die sich mit dem Prozess und der Bildung von Misstrauen und den Misstrauensfaktoren beschäftigen. Bei besonders relevanten Beiträgen wurde anhand des Schneeballverfahrens nach weiteren Quellen gesucht. Um diejenigen Autoren zu finden, die sich zu einem späteren Zeitpunkt mit relevanten Beiträgen befassten, wurde die vorwärts gerichtete Suche angewendet (Kornmeier, 2016, S. 88). Da die Misstrauensforschung noch „jung" ist (Komiak & Benbasat, 2008) und ein Publikationsbias vermieden werden soll (Bortz & Döring, 2006; Cooper, Hedges & Jeffrey, 2009), führte die Forschende auch Recherchen auf den Webseiten von Konferenzen zu Misstrauen und Vertrauen sowie bekannter Misstrauens- und Vertrauensforscher/innen durch, sodass die Arbeit auch 'graue Literatur' berücksichtigt.[1] Die vorliegend zitierte Literatur beläuft sich auf 716 Literaturquellen, wobei 4% bzw. 28 Artikel Arbeitspapiere, Konferenzbeiträge und sog. First Cut Paper sind.

Die Suchbegriffe umfassen neben den Synonymen *„mistrust"* und *„distrust"* auch Trunkierungen (*), Wildcards ($/?) und die „Boolschen Operatoren".[2] Die Schlüs-

1 Als graue Literatur wird in vorliegender Arbeit gemäß der Definition des Literaturverwaltungsprogrammes 'Citavi' eine Druckschrift bezeichnet, die nicht in einem Verlag erschienen und nicht im Buchhandel erhältlich ist, sondern von den Autoren/innen oder Herausgebern/innen persönlich publiziert und vertrieben wird – meist über ein PDF-Dokument im Internet, wie z. B. Konferenzbeiträge, Projektberichte aus Hochschulen und Forschungseinrichtungen, Schriften von Verbänden und Ministerien.

2 Bei der Trunkierung wird der Suchbegriff auf einen Wortstamm begrenzt, z. B. organization* ergibt die Worte: organization(s), organizational und organizationally. Wildcards, wie '$' bzw. '?' wurden innerhalb eines Wortes eingefügt und sind eine Art Platzhalter für einen oder keinen weiteren Buchstaben (organi$ation ergibt die Worte: organization und organisation). Im Rahmen der Boolschen Operatoren bedeutet AND (und), dass beide gesuchten Begriffe gleichzeitig vorkommen müssen und bei OR (oder), dass die eine oder die andere Information vorkommen muss und bei NOT (nicht), dass die eine Information vorkommen muss, aber die andere nicht enthalten sein darf.

selwörter bestehen aus den Wortkombinationen von *„mistrust*"* / *„distrust*"* / *„suspicion*"*, *„employee*"*, *„organi$ation"* (organisation / organization) verbunden mit dem Operator „OR". Die Recherche erfolgt auf der Grundlage des lokalen Katalogs der Universität Konstanz, der Suchmaschine Google und Google Scholar sowie der elektronischen **Datenbanken der Organisationsforschung**, wie SSCI, JSTOR, EBSCOhost für die englischsprachige Literatur und WISO und BASE für die deutschsprachige Literatur.[3] Hierbei sind beispielsweise folgende wissenschaftliche Zeitschriften beinhaltet: Academy of Management Journal (und Review), Administrative Science Quarterly, Business and Society, Business Ethics Quarterly, Journal of Applied Psychology, Journal of Business Ethics, Journal of Management (Studies), Journal of Organizational Behavior, Organizational Behavior and Human Decision Processes, Organization Studies, Personnel Psychology und Strategic Management Journal. Aus den Literaturdatenbanken und aus der Elektronischen Zeitschriftenbibliothek wurde die Literatur als Volltext in Form einer PDF-Datei heruntergeladen oder über den Konstanzer Dokumentenlieferdienst SUBITO angeliefert.[4] Anschließend nahm die Forschende kontinuierlich die gefilterte Literatur aus den Datenbanken und den Suchmaschinen zur Literaturanalyse und -synthese in die **Literaturverwaltungsdatenbank 'Citavi 4'** auf. Der gesamte Literaturumfang zur Anfertigung der vorliegenden Arbeit beläuft sich auf 1.377 Quellen (Stand: 06.08.2018), wobei 716 Quellen zitiert werden. Der Zitierstil der Arbeit erfolgt nach den Richtlinien zur Manuskriptgestaltung der Deutschen Gesellschaft für Psychologie (DGPs, 2016), der dem „Publication Manual of the American Psychological Association (2010), APA, 6. Edition" entspricht.[5]

3 Die Datenbank SSCI ist der Social Sciences Citation Index und das Social Science Research Network (SSRN), ehemals 'Web of Science' bzw. 'Web of Knowledge'. JSTOR ist die Abkürzung für Journal Storage und die Datenbank EBSCOhost umfasst vorliegend die folgenden Unterdatenbanken: 'Virtual Library for Economics and Business Studies (EconBiz)', 'Academic Search Premier (ASP)', 'Business Source Premier (BSP)', 'American Economic Association Database (EconLit)', 'Education Resources Information Center (ERIC)', 'American Psychological Association' mit 'PsycArticles' und 'PsycInfo (PsycINFO)'. Die Wiso-Datenbank ist Bestandteil der GBI-Genius Deutsche Wirtschaftsdatenbanken GmbH und kooperiert mit anderen Datenbanken, wie ECNIS, IFOKAT und IFOLIT.

4 Die Elektronische Zeitschriftenbibliothek (EZB) ist ein kooperativer Service von 189 Bibliotheken, der die Zeitschriften und Artikel im Volltext anbietet. Der Dokumentenlieferdienst SUBITO ermöglicht die online-Recherche, die Bestellung und die direkte Lieferung von Fachliteratur.

5 Gemäß den DGPs (2016) wird eine Literaturquelle im Text mit dem Nachnamen der Autor/innen und dem Erscheinungsjahr des Werkes angegeben, bei mehreren Autoren wird das Wort 'und' im Text ausgeschrieben und in der Klammer wird '&' verwendet. Bei drei bis sechs Autoren werden bei der ersten Angabe alle zitiert, danach wird nur der erste Autor vermerkt und die Abkürzung 'et al.' hinzugefügt. Die **Autorennamen werden alphabetisch geordnet**. Bei Büchern, Monographien und

2.2 Die Konstrukte Misstrauen und Vertrauen

Die Konstrukte Misstrauen und Vertrauen werden im Folgenden vorgestellt, um daran die Debatte, um die Beziehung von beiden anzuschließen und (geringes) Vertrauen von Misstrauen abzugrenzen.

2.2.1 Vertrauen

Vertrauen trägt zum Verständnis der Beziehungen in Organisationen bei. In der Managementforschung und in der Organisationspraxis wird Vertrauen als **zentrale Voraussetzung für die Beziehungsgestaltung** in Organisationen angesehen (Barber, 1983; Child, 2001; Ferrin, Dirks & Shah, 2006; Greenwood & Van Buren, 2010; Kramer & Tyler, 1996; Lewicki & Bunker, 1995; Rother & Baer, 2015; Rotter, 1980; Whitener, Brodt, Korsgaard & Werner, 1998).[6] Aus diesem Grund ist Vertrauen eines der am häufigsten untersuchten Konstrukte in der Management- und Organisationsliteratur (Burke, Sims, Lazzara & Salas, 2007). Gerade während des letzten Jahrzehnts wuchs die Literatur zu Vertrauen in ihrer Größe und auch ihrer Bedeutung (Greenwood & Van Buren, 2010; Pirson, Martin & Parmar, 2017; Searle, Weibel & Den Hartog, 2011; Tan & Lim, 2009; Tan & Tan, 2000).

Aus den zahlreichen Studien der Vertrauensforschung gehen vielfältige **positive Effekte von Vertrauen** hervor. Vertrauen reduziert die Transaktionskosten (Jones, 1995). Wird Vertrauen als *„Organisationsprinzip"* gelebt (McEvily, Perrone & Zaheer, 2003, S. 91; Schweer & Thies, 2003, Titel), ist von einem kooperativen Verhalten unter den Mitarbeitenden auszugehen (Boersma, Buckley & Ghauri, 2003; Brower, Schoorman & Tan, 2000; Chami & Fullenkamp, 2002; Golembiewski & McConkie, 1975; McAllister, 1995; Morgan & Hunt, 1994; Nooteboom, 1996; Parkhe, 1998; Shaw, 1997). Vertrauen sorgt für eine Arbeitszufriedenheit und ein prosoziales Verhalten unter den Mitarbeitenden sowie für das Eingehen von strategischen Allianzen, was eine höhere organisationale Leistungsfähigkeit und Unternehmensentwicklung verspricht (Bachmann, Gillespie & Priem, 2015; Barber, 1983; Colquitt, Scott & LePine, 2007; Fulmer & Gelfand, 2012). Vertrauen in Organisationen steigert ferner die Qualität der Gruppenkommunikation der Mitarbeitenden, insbesondere deren Problemlösungsfähigkeit (Boss, 1978; Butler, Cantrell & Flick, 1999; Zand, 1977) und aufgrund der vertrauensvollen Beziehungen im Team steigen die Leistungen des Teams an (Dirks, 2000). Mit Vertrauen findet ein Wissenstransfer unter den Mitarbeitenden statt (Levin & Cross, 2004). Vertrauen steigert das Commitment (Ruppel & Harrington, 2000) und die Motivation der Mitarbeitenden (Costa, Roe & Taillieu, 2001; Graeff, 1998; Lewis, 1999; Morgan & Hunt, 1994; Osterloh & Frey, 2000; Ruppel & Harrington, 2000). Unter vertrauensvollen Mitarbeitenden ist

---

Sammelbändern werden stets die Seitenanzahl angegeben, ebenso bei wörtlichen Zitaten, die *kursiv* mit Anführungszeichen („ ...") gekennzeichnet sind.

6 Die Soziologie sieht Vertrauen als Vorbedingung für die Gesellschaftsordnung und deren Entwicklung an (Fukuyama 1995; Lewis & Weigert 1985; Luhmann 1979).

ein besonderes Bemühen und Engagement in Bezug auf Zusatzleistungen („*extra-effort*", „*OCB*"[7]) festzustellen (Brower, Lester, Korsgaard & Dineen, 2009; Mayer & Gavin, 2005; Podsakoff, MacKenzie, Paine & Bachrach, 2000). Vertrauen trägt zur Kreativität bei und durch Vertrauen ist die Fähigkeit, sich an Veränderungen flexibel anzupassen, begünstigt (Clegg, Hardy, Lawrence & Nord, 2013; Grabner-Kräuter & Kaluscha, 2003; Harrison, Bosse & Phillips, 2010; Kegan & Rubenstein, 1973; Lusch, O'Brien & Sindhav, 2003; Nahapiet & Ghoshal, 1998; Politis, 2003; Scott, 1980; Tsai & Ghoshal, 1998). Gerade das Vertrauen in die Unternehmensführung ist wichtig, da dies erlaubt, die Entscheidungen, Ziele und Vorgaben der Unternehmensführung zu akzeptieren (Dirks, 2000, S. 1005). Vertrauen ist auch auf interorganisationaler Ebene vorteilhaft. Im Austausch zwischen Organisationen führen vertrauensvolle Beziehungen aufgrund der Kooperation und des Informationsaustausches zu einer Kostenreduktion und größeren Effizienz und Effektivität der Organisationen (Madhok, 1995). Im Zusammenhang mit den Finanzgrößen Umsatz und Gewinn ist daher von einem positiven Effekt auszugehen (Davis, Schoorman, Mayer & Tan, 2000; Simons, 2002), sodass Vertrauen die Gesamteffizienz ökonomischer Systeme steigert (Schilke & Cook, 2015) und langfristig für den unternehmerischen Erfolg entscheidend ist (Ingenhoff & Sommer, 2010). Folglich kann behauptet werden, dass Vertrauen einen Wettbewerbsvorteil für Organisationen darstellt (Barney & Hansen, 1994, S. 175; Dachrodt, Henning, Kieckbusch & Marquardt, 2014) und nicht nur eine „*betriebliche Ressource*" (Rigotti, 2010, S. 1), sondern „*die wertvollste Ressource*" für erfolgreiche Organisationen ist (Urban, Sultan & Qualls, 2000, S. 48). Da die Gesamtheit der vertrauensvollen Organisationen den Grad an Vertrauen in der Gesellschaft symbolisieren, nimmt Vertrauen auch Einfluss auf das nationale Wohlergehen einer Wirtschaft und auf die globale Wettbewerbsfähigkeit (Fukuyama, 1995; Inglehart, 1999; Zak & Knack, 2001).

Definitionen und konstitutive Merkmale für Vertrauen

Vertrauen ist ein Konzept, das die meisten Menschen intuitiv kennen. In der Forschung wird Vertrauen von verschiedenen akademischen Disziplinen aus unterschiedlichen Perspektiven betrachtet (Barber, 1983; Hosmer, 1995; Lewicki et al., 1998; Mayer et al., 1995; Shockley-Zalabak, Ellis & Winograd, 2000; Whitener et al., 1998; Zucker, 1986).[8] Die Management- und Organisationsliteratur definiert Vertrauen meist nach Mayer et al. (1995, S. 712) als: „*the willingness of a party to be vulnerable to the actions of another party based on the expectation that the other will perform a particular action important to the trustor, irrespective of the ability to monitor or control that other party*" oder nach Rousseau, Sitkin, Burt und Camerer

---

7 OCB ist die Abkürzung für „Organizational Citizenship Behavior".
8 Für einen interdisziplinären Überblick über die Vertrauensdefinitionen verweist die Arbeit auf Rousseau, Sitkin, Burt & Camerer (1998) und die tabellarische Aufstellung von Dietz & Den Hartog (2006).

(1998, S. 395): *„Trust is a psychological state comprising the intention to accept vulnerability based upon positive expectations of the intentions or behavior of another."*

Aus der Vertrauensforschung können drei konstitutive Merkmale für Vertrauen konstatiert werden: die Verletzlichkeit, die gemeinsame Abhängigkeit, d. h. ein Risiko eingehen zu wollen bzw. zu müssen, und die positive Erwartungshaltung (Ingenhoff & Sommer, 2010; Mayer et al., 1995). Das erste konstitutive Merkmal, auch der *„kleinste gemeinsame Nenner aller Vertrauensdefinitionen"* (Osterloh & Weibel, 2006, S. 35) genannt, ist der Aspekt der Verletzlichkeit (Fulmer & Gelfand, 2012; Greenwood & Van Buren, 2010; Mellewigt, Madhok & Weibel, 2007; Schweer, 2010). Neben der **Verletzlichkeit** ist die Vertrauensbeziehung durch eine Abhängigkeit gekennzeichnet. Ohne die Notwendigkeit auf die/den Vertrauenspartner/in angewiesen zu sein, bedürfte es keines Vertrauens (Allen, Jimmieson, Bordia & Irmer, 2007, S. 190). Die Bedingung der **Abhängigkeit** ist wiederum eng verwandt mit dem Risiko. Die/der Vertrauende geht, indem sie/er sich entscheidet zu vertrauen, das Risiko ein, verletzt zu werden. Dies symbolisiert die verhaltensbezogene Dimension von Vertrauen im Sinne des sog. 'Vertrauensaktes' (Lewicki, Tomlinson & Gillespie, 2006; Mayer et al., 1995; Rousseau et al., 1998). Das Konzept Vertrauen wäre hinfällig, wenn alle Aktionen mit vollkommener Sicherheit unternommen werden könnten. Das Risiko ist definiert als: *„the perceived probability of loss, as interpreted by the decision maker"* (Rousseau et al., 1998, S. 395). Vertrauen manifestiert sich, wenn der Wille zu vertrauen, das wahrgenommene Risiko übertrifft (Luhmann, 1979; Mayer et al., 1995). Fasst die/der Mitarbeitende die Entscheidung zu vertrauen, beurteilt sie/er, ob die Erwartungen, auf denen die Entscheidung beruht, erfüllt oder nicht erfüllt worden sind. Beide, erfüllte und nicht erfüllte Erwartungen beeinflussen die zukünftigen Vertrauensentscheidungen (Dietz & Den Hartog, 2006; Larson, 2004; Mayer et al., 1995; Tomlinson & Mryer, 2009). In der Literatur wird von dem Vertrauenssprung, *„leap of faith"*, gesprochen (Lewis & Weigert, 1985, S. 970; Nikolova, Möllering & Reihlen, 2015, S. 232), wonach mit der Entscheidung zu vertrauen, die/der Mitarbeitende ihre/seine Zweifel aussetzt, dass die Handlung des anderen nicht die positiven Erwartungen, auf denen Vertrauen aufbaut, treffen könnte.[9] Daher ist neben dem Aspekt der Verletzlichkeit, nicht nur eine Abhängigkeit, sondern auch das Merkmal einer **positiven Erwartungshaltung** impliziert (Osterloh & Weibel, 2006, S. 35). Vertrauen entwickelt sich aus den positiven Erwartungen mit anderen Personen, sodass Vertrauen als: *„confident positive expectations regarding another's conduct"* definiert werden kann, wie bei Lewicki et al. (1998, S. 439), Gillespie und Dietz (2009, S. 128) und Lumineau (2017, S. 1555). Die zuversichtlichen, positiven Erwartungen beziehen sich auf: *„a belief in, a propensity to attribute virtuous intentions to, and a willingness to act on the basis of another's conduct"* (Lewicki et al., 1998, S. 439). Eine positive Erwartungshaltung ist der Glaube, sich darauf verlassen zu

9 Der Vertrauenssprung ist möglich solange Vertrauen in einem geringen oder hohen Ausmaß existiert (Lewis & Weigert 1985).

können, nicht von denjenigen, denen man Vertrauen schenkt, enttäuscht zu werden (Fulmer & Gelfand, 2012; Osterloh & Weibel, 2006; Zucker, 1986).

Vertrauenswürdigkeit und die Faktoren von Vertrauen

Vertrauen ist situationsspezifisch und unterscheidet sich von Vertrauensbeziehung zu Vertrauensbeziehung. Die Eigenschaften, die in einer Situation und im Rahmen einer Vertrauensbeziehung der anderen Partei zugeschrieben werden, begründen die Vertrauenswürdigkeit (Dirks, 2006; Fulmer & Gelfand, 2012; Lewis & Weigert, 1985; Mayer et al., 1995; Sztompka, 1999). Diese zugeschriebenen Eigenschaften der Vertrauenswürdigkeit – auch als **Antezedenzien, Dimensionen, Eigenschaften oder Komponenten von Vertrauenswürdigkeit** bezeichnet – charakterisieren das Konstrukt Vertrauen. Die Arbeit nennt sie im Folgenden **Faktoren von Vertrauen**. Zu den Vertrauensfaktoren können vielfältige Studien angeführt werden. Die Abb. 1 zeigt exemplarisch fünf Studien. In der ersten bedeutenden Studie von Butler (1991, S. 647f.) werden für interpersonales Vertrauen im Kontext eines Unternehmens umfassend zehn Faktoren aufgeführt: Verfügbarkeit, Kompetenz, Konsistenz, Verschwiegenheit, Fairness, Integrität, Loyalität, Offenheit, Erfüllung von Versprechen und Empfänglichkeit. Diese Studie baut auf Butler und Cantrell (1984) auf, die bereits Kompetenz, Integrität, Konsistenz, Loyalität und Offenheit unterschieden. Die drei ABI-Faktoren von Mayer et al. (1995) gelten in der Vertrauensliteratur als „typische" bzw. allgemein anerkannte Vertrauensfaktoren. In deren Modell wird zwischen den für den Vertrauensprozess notwendigen Eigenschaften der/des Vertrauenden und der/desjenigen, auf die/den sich das Vertrauen richtet, unterschieden. Von Seiten der/des Vertrauenden ist die Bereitschaft, Verletzlichkeit zu zeigen, von Bedeutung, während bei der Person, auf die sich das Vertrauen richtet, die wahrgenommenen Merkmale der Vertrauenswürdigkeit, wie Kompetenz, Wohlwollen und Integrität signalisiert werden. Die wahrgenommene Vertrauenswürdigkeit der/des Vertrauensnehmenden ist nach Mayer et al. (1995) von diesen drei ABI-Faktoren abhängig. Jede einzelne Eigenschaft kann dabei unabhängig von den anderen variieren; sie korrelieren zwar, können aber einzeln betrachtet werden (Mayer et al., 1995, S. 717). Das ABI-Vertrauensmodell von Mayer et al. (1995) wird häufig in Studien zu Vertrauen in Organisationen zitiert, wie z. B. bei Schoorman et al. (2007), Tomlinson und Mryer (2009), McEvily und Tortoriello (2011) und Fulmer und Gelfand (2012), da es interdisziplinär und in unterschiedlichen Kontexten angewendet werden kann. Der erste Faktor ist die wahrgenommene Kompetenz, die sich auf die spezifischen Fähigkeiten, Kompetenzen, das Wissen und die Qualifikationen der/des zu Vertrauenden bezieht. Der zweite Vertrauensfaktor ist das Wohlwollen. Die/der Vertrauende nimmt das Wohlwollen wahr, wenn sie/er glaubt, dass die Organisation Gutes für sie/ihn vorsieht, d. h. sich um ihr/sein Wohlergehen sorgt und ihre/seine Anliegen respektiert. Der dritte Vertrauensfaktor Integrität umfasst die Wahrnehmung, dass die Organisation Wort hält, fair ist und einen ausgeprägten Sinn von Gerechtigkeit besitzt, d. h. an Prinzipien festhält, die die/der Vertrauende als akzeptabel erachtet (Mayer & Davis, 1999; Mayer et al., 1995). Ein weiteres Modell für Vertrauen in Organisationen veröffentlichte Mishra (1996), das die vier Faktoren: Kompetenz, Offenheit und Ehrlichkeit, Sorge um die Mitarbeitenden und Verlässlichkeit beinhaltet. Dieses Vertrauensmodell wird von Shockley-Zalabak et al. (2000, S. 38) um den Faktor 'Identität' erweitert, der darauf abzielt, zu messen: *„(...) whether or not organizational members associate with an organization's goals, values, norms, and beliefs.“* Mit dem *„Organizational Trust Index“*, kurz „OTI“ von Shockley-Zalabak et al. (2000, S. 41f.) kann Vertrauen in Organisationen gemessen werden, indem der Index jeden Vertrauensfaktor: Kompetenz, Offenheit und Ehrlichkeit, Sorge um den Mitarbeitenden und Verlässlichkeit sowie Identität mit einer Subskala misst.[10] Caldwell und Clapham (2003) unterscheiden für die Vertrauenswürdigkeit in Organisationen sieben Faktoren: Kompetenz, Qualitätssicherung, Rücksichtnahme, prozedurale Gerechtigkeit, Verantwortung zu informieren und Regelbefolgung sowie Finanzkraft. Eine neuere und umfassende Studie von Pirson und Malhotra (2011) unterscheiden sechs Faktoren: Managerkompetenz und technische Kompetenz, Wohlwollen, Integrität, Transparenz und Identifikation. Andere Studien erweitern oder ergänzen lediglich die hier vorgestellten Vertrauensfaktoren, indem sie beispielsweise die Glaubwürdigkeit und die Verlässlichkeit als einen Vertrauensfaktor anführen (Bierhoff, 2002; Gebert & Rosenstiel, 2002).

Abb. 1: Vertrauensfaktoren im Überblick

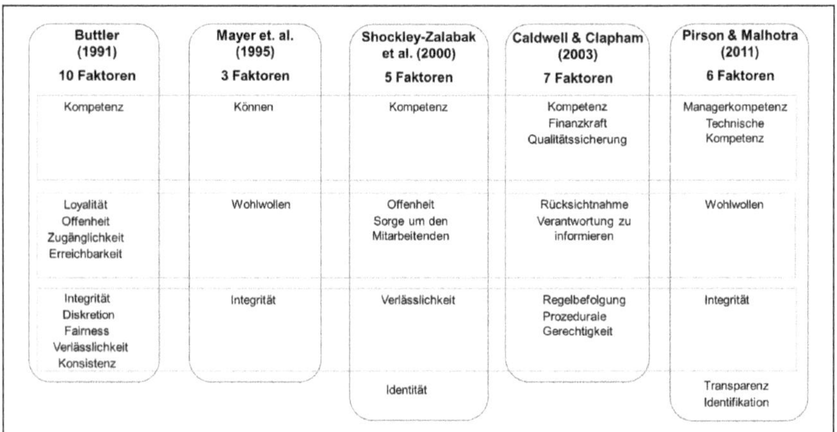

Quelle: Eigene Darstellung

10 Shockley-Zalabak, Ellis & Winograd (2000) betonen, dass der Faktor 'Identität' besonders hervorhebt, dass Vertrauen das Ergebnis von einem Kommunikationsverhalten und den interpretativen Prozessen ist. Im Zusammenhang mit der generellen Wahrnehmung von Identifikation bzw. Identität sprechen die Forscher von 'Kongruenz' mit der Organisation, wonach die Organisationsmitglieder/innen gewillt sind, vertrauensvoll miteinander umzugehen und zu kommunizieren und ferner effektiver zu arbeiten.

Mitarbeitervertrauen in die Unternehmensführung

Die Forschung beschäftigt sich mit der Frage nach einem optimalen Vertrauen in Organisationen und betrachtet die vertrauensbildenden Faktoren (Chan, 2003; Kern, 1998; Wicks, Berman & Jones, 1999). Hierfür gelten die hier angeführten Vertrauensfaktoren nicht nur für die Vertrauensbeziehung zwischen Individuen (interpersonales Vertrauen), sondern sie charakterisieren auch das Vertrauen in die Organisation und deren vertrauensbasierte Beziehungen (Dietz, Gillespie & Chao, 2010; Fulmer & Gelfand, 2012; Searle, Weibel et al., 2011). Für vorliegende Arbeit wird mit Fulmer und Gelfand (2012, S. 1174) das Vertrauen einer/eines Mitarbeitenden in die Unternehmensführung bzw. in das Unternehmen als: *„a psychological state comprising willingness to accept vulnerability based on positive expectations of an organization"* definiert. Dabei ist das Vertrauen in die Unternehmensführung von: *„collective characteristics to an administrative organization and top management group which are not reducible to features of individual actors (...)"* abhängig (Whitley, 1987, S. 133). Im Gegensatz zum interpersonalen Vertrauen ist es bei dem Vertrauen in die Organisation als deren Arbeitgeber nicht eindeutig: *„what individuals are referring to when they decide to trust their employer"* (Searle, Den Hartog et al., 2011, S. 1070). Die Beziehung zwischen den Mitarbeitenden und der Unternehmensführung sind größeren, mannigfaltigeren Abhängigkeiten ausgesetzt als bei interpersonalem Vertrauen (Searle, Weibel et al., 2011, S. 143f.). In Konsequenz dessen beziehen Autoren wie Giddens (1991, S. 34) Vertrauen in eine Organisation auf: *„confidence in the reliability (...) [and] faith (...) in the correctness of abstract principles."* Ähnlich vertreten Maguire und Phillips (2008, S. 372) die Meinung, organisationales Vertrauen ist: *„an individual's expectation that some organized system will act with predictability and goodwill."* Jede(r) Mitarbeitende fasst individuell ein **Vertrauensurteil** basierend auf ihren/seinen Zuschreibungen gegenüber dem Unternehmen. Die Zuschreibungen resultieren aus der persönlichen Bewertung der verschiedenen Vertrauensfaktoren und aus der Sicht als Gesamtorganisation, sodass der Zuschreibungs- bzw. Bewertungsprozess **organisationsspezifisch** ist (Schoorman et al., 2007; Swift, 2001, S. 21).

Vertrauensreparatur bei Mitarbeitenden

In der Organisationspraxis wird von Vertrauen angenommen, Bürokratie zu sparen, da Vertrauen *„sicherer als jede Sicherungsmaßnahme"* sei, denn: *„Vertrauen kontrolliert effektiver als jedes Kontrollsystem"* (Sprenger, 2002, S. 7) und gemäß Bröcker (2008, S. 5) besitzt Vertrauen *„für 92% der Mitarbeitenden einen entscheidenden Einfluss auf einen nachhaltigen Geschäftserfolg"*. Jedoch ist eine vertrauensvolle Organisation nicht selbstverständlich. Vertrauen ist ein sehr knappes Gut und kann nicht auf einfache Weise imitiert oder repliziert werden (Barney & Hansen, 1994, S. 175). Die Forschung im Rahmen der Vertrauensreparatur zeigt, wie individuelles Vertrauen in andere Individuen (Bottom, Gibson, Daniels & Murnighan, 2002; Dirks, Kim, Ferrin & Cooper, 2011; Ren & Gray,

2009), in Organisationen (Gillespie & Dietz, 2009) oder Institutionen bzw. Systeme (Bachmann & Inkpen, 2011) repariert bzw. aufgebaut werden kann. Die Vertrauensliteratur setzt die Vertrauensreparatur mit den Konstrukten **Vergeben und Wiedergutmachung** in Verbindung und unterscheidet drei Ansätze zur Vertrauensreparatur der Beziehung: verbale Rückmeldungen, Entschädigungen und zur Vermeidung zukünftiger Vertrauensverletzungen die Einführung von strukturellen Mechanismen, wie Verträgen oder Kontrollsystemen. Dabei sieht die Vertrauensforschung die Vertrauensreparatur als einen intentionalen, d. h. wissentlich gewollten Prozess an. Es wird unterstellt, dass die Beteiligten sich zielstrebig in bestimmten Handlungen engagieren, um Vertrauen zu regulieren und Vertrauenswürdigkeit zu demonstrieren. Beispielsweise schlagen Lewicki und Bunker (1996) oder Lewicki und Brinsfield (2009) vor, dass der schuldige Part den Verstoß bzw. Übertretung eingestehen und die Verantwortung der negativen Effekte akzeptieren muss, bevor die Vertrauensreparatur beginnen kann. Dies geht einher mit Gillespie und Dietz (2009, S. 137). Sie konstatieren die folgende Vorgehensweise für die Vertrauensreparatur: *„(...) acknowledge the incident, express regret, announce a full investigation and commit resources to prevent reoccurrence."*

2.2.2 Misstrauen

Die ersten Ausführungen zu Misstrauen im Rahmen der Managementliteratur sind von Bies und Tripp (1996) sowie von Clark und Payne (1997), wonach Misstrauen die negativen Erwartungen der/des (Vertrauens-/Misstrauens-) Gebers gegenüber der/dem (Vertrauens-/Misstrauens-) Nehmer verkörpert. Während Vertrauen eine Passion ist, die aus einer starken Erwartung bzw. Überzeugung von jemanden entsteht, von der/dem wir etwas Gutes erhoffen, ist Misstrauen die: *„diffidence or doubt that makes one try to find other means"* (Dunn, 1988, S. 74). Misstrauen ist die aktive Erwartung, dass die Verhaltens- und Handlungsweisen schädigend und nicht zuträglich sind (Chan, 2003; Darke, Ashworth & Ritchie, 2008; Darke & Ritchie, 2007; Lewicki et al., 1998; 2006; Ou & Sia, 2010). Kramer (1999) und auch Lewicki et al. (1998) betrachten Misstrauen in Bezug auf spezielle Umstände des sozialen Umfeldes und integrieren die Möglichkeit von Argwohn (*„suspicion"*) als Hauptkomponente von Misstrauen (Ross, Mirowsky & Pribesh, 2001). Auch die Soziologen, allen voran Deutsch (1958), verglichen Vertrauen und Argwohn.

Definitionen und Charakteristika von Misstrauen

Aus der Literatur ist ersichtlich, dass der Begriff Misstrauen aus den Begrifflichkeiten und Konzeptualisierungen der Vertrauensforschung abgeleitet wird. Ungeachtet des Terms 'mistrust' oder 'distrust'[11] werden beide Terme bedeutungs-

---

11 Im Englischen existieren für Misstrauen die Begriffe *„distrust"* und *„mistrust"*. Diese beiden Terme werden vom Oxford Wörterbuch (2017) nicht sprachlich unterschieden, sondern als Mangel an Vertrauen (*„lack of trust"*) deklariert (Soanes 2002). Die

gleich mittels der ins Gegenteil formulierten Definition von Vertrauen verstanden. Beispielsweise beschreibt das Oxford English Lexikon (Soanes, 2002) beide Terme als *„lack of trust“* und bei Barber (1983, S. 166) unterscheidet sich die Misstrauensdefinition einzig durch das Wort ‘not’ von der Vertrauensdefinition: *„(...) rationally based expectations that technically competent performance and/ or fiduciary obligation and responsibility will not be forthcoming.“* Teilweise wird Misstrauen als Abwesenheit von Vertrauen mit Synonymen, wie ‘no confidence’, ‘suspicion’, ‘doubt’ und ‘wariness’ umschrieben, wie das Lexikon Merriam-Webster (1983) zeigt. Darin ist Misstrauen als: *„the lack or absence of trust: suspicion, wariness“* bezeichnet bzw., dass zu misstrauen als: *„to have no trust or confidence in“* aufzufassen ist.[12] Das Random House Lexikon (2006) spricht im Zusammenhang von Misstrauen bzw. zu misstrauen von: *„lack of trust; doubt; suspicion“* bzw. von: *„to regard with doubt or suspicion; have no trust in.“* Neben den Misstrauensdefinitionen, die sich der ins Gegenteil formulierten Definition von Vertrauen bedienen, sind in der wissenschaftlichen Literatur Definitionen von Misstrauen zu finden, die Misstrauen anhand von Begriffen, wie ‘Erwartung’, ‘Verletzlichkeit’ bzw. ‘Verwundbarkeit’ fassen. Eine der Definitionen, die die **Erwartungen** in den Mittelpunkt stellt, entstammt von Lewicki et al. (1998, S. 439), wonach Misstrauen wie folgt verstanden wird: *„(...) confident negative expectation regarding another’s conduct that manifest themselves in fear, vigilance, and suspicion.“*[13] Die Definition von Lewicki et al. (1998, S. 439) ist die meist zitierte Misstrauensdefinition. Eine ähnliche Definition findet sich auch bei Dimoka (2010) und Kramer (1994; 2004) sowie Sitkin und Roth (1993). Andere Definitionen messen der **Verletzlichkeit** eine zentrale Bedeutung zur Definition von Mistrauen bei, wie Schul, Mayo und Burnstein (2008, S. 1293): *„Distrust denotes a perception of vulnerability due either to fear of the other’s motives, intentions and prospective actions (...).“* Als ebenso zentral betonen Phillips und McKnight (2006), Omodei und McLennan (2000) sowie Bigley und Pearce (1998) die Bedeutung von Verwundbarkeit. Misstrauen wird als: *„(...) not being willing to become vulnerable to the trustee having taken into consideration the characteristics of the trustee“* (Phillips & McKnight, 2006, S. 17) umschrieben, d. h. Misstrauen ist der Unwille, verletzt zu werden.[14] Andere Forscher spitzen ihre Definitionen zu und sprechen nicht nur von der Erwartung,

---

vorliegende Arbeit folgt der englischen Bezeichnung ‘distrust’, da das Präfix ‘mis’ von ‘mistrust’ den Anschein erwecken könnte, dass Vertrauen in das Konzept von Misstrauen notwendigerweise miteinbezogen werden muss.

12 Für Vertrauen werden synonym die Bedeutungen ‘Zuversicht’ bzw. ‘Zutrauen’ (*„confidence“*), ‘Verlässlichkeit’ (*„reliance“*) und ‘Glauben’ (*„faith“*) genannt (Stark 1978, S. 564).

13 Dabei wäre *„another’s conduct“* im Kontext vorliegender Arbeit auf die Verhaltensweisen, Entscheidungen, Regeln, Vorgaben der Unternehmensführung zu beziehen, die von den Mitarbeitenden wahrgenommen werden.

14 Die Konzeptualisierung der Forscher der Wirtschaftsinformatik (McKnight & Chervany 2001b; McKnight, Kacmar & Choudhury 2003; Phillips & McKnight 2006) folgen

sondern von der Überzeugung, dass die Werte oder Motive zu Misstrauen führen. Misstrauen ist demnach: *„a belief that a person's values or motives will lead them to approach all situations in an unacceptable manner“* (Sitkin & Roth, 1993, S. 373). Misstrauen entsteht aus der Überzeugung, dass die anderen nicht im besten Interesse handeln und möglicherweise sogar ein verletzendes bzw. schädigendes Verhalten zeigen werden. Dies deckt sich mit Definitionen von Grovier (1994, S. 240): *„(...) careless attitude about one's welfare or intents to act harmfully“* und vielen weiteren Definitionen, wie von Dimoka (2010), Jiang, Mookerjee und Sarkar (2005), Hsiao (2003) sowie McKnight und Chervany (2001a). Nach Worchel (1979, S. 176) ist im Zusammenhang mit Misstrauen sogar von: *„a sense of readiness for danger and an anticipation of discomfort"* auszugehen. Misstrauen umfasst daher nach Scanzoni (1979, S. 77) in Verbindung mit Blau (1964, S. 97–99; 107f.; 112f.): *„the expectation of punishments from Other (including the absence of positive inputs) rather than rewards."* Misstrauen impliziert aber nicht nur negative Erwartungen und die Verletzlichkeit. Beachtenswert ist, dass in einigen Definitionen, z. B. bei Lewicki et al. (1998, S. 439) explizit **Emotionen** benannt werden, wie Angst, Vorsicht, Wachsamkeit und Argwohn oder Besorgnis. So konstatieren auch McKnight et al. (2004, S. 41), dass Misstrauen nicht nur: *„a tendency to not be willing to depend on or become vulnerable to general others"* beinhaltet, sondern mit: *„feelings of worry, fear, or concern"* verbunden ist. Die „Natur“ von Misstrauen ist verzweifelt und frustriert. Als Ausdruck des Misstrauens besteht ein argwöhnischer Verdacht und eine generelle Skepsis (Cho, 2006; Kramer, 1994; 2004; Sitkin & Stickel, 1996). Schul et al. (2008, S. 1300) beschreiben das Misstrauensgefühl als: *„a mental state cause by the threat of being deceived"*, das im Extremfall sogar rachsüchtige Züge annehmen kann (Bies & Tripp, 1996).[15] Lediglich eine hypothetische Möglichkeit oder ein Verdacht, dass die Erwartungen widerrufen oder verletzt werden könnten, reichen zur Bildung von Misstrauen aus, wie u. a. von Fein (1996) oder Whitney (2001) betont. Seit Deutsch (1958) ist dieser Verdacht bzw. Argwohn zentrales Charakteristikum von Misstrauen, was sich auch in der Definitionen von Fein (1996, S. 1165) widerspiegelt: *„Suspicion is a dynamic state in which the individual actively entertains multiple, plausibly rival hypotheses about the motives or genuineness of a person's behavior."* Ebenso definierte jüngst Moody et al. (2014, S. 269): *„suspicion as an antecedent of distrust.“* Die folgende Abb. 2 dient dem Überblick der Charakteristika von Misstrauen gemäß den hier vorgestellten Misstrauensdefinitionen der Literatur.

den Managementautoren (Kramer 1999; Lewicki, McAllister & Bies 1998; Sitkin & Roth 1993).

15 Bies & Tripp (1996) sprechen in ihrer Forschung davon, dass die, deren Vertrauen verletzt wurde, Vergeltung bzw. Rache fordern.

Abb. 2: Charakteristika von Misstrauen gemäß der Misstrauensdefinitionen

Charakteristika für Misstrauen - auszugsweise - *Die Autoren nennen folgende Begriffe / Definitionen für Misstrauen:*	**Literaturquelle**
- Misstrauen als Zustand von argwöhnischem Verdacht („*state of suspicion*"). - Angst vor Täuschung/Betrug („*fear of deception*"), was die Absicht zur Folge hat, die erwarteten negativen Konsequenzen zu reduzieren („*resulting in the intention to reduce the expected negative consequences*").	Deutsch (1958)
- Misstrauen als eine Unsicherheit in Bezug auf die Absichten und das erwartete Verhalten der anderen Partei („*distrust as an uncertainty of the other party's intentions or expected behavior*").	Luhmann (1979)
- Misstrauen ist ein Gefühl von Bereitschaft zur Bedrohung und der Erwartung von Unbehagen („*a sense of readiness for danger and an anticipation of discomfort*").	Worchel (1979)
- Misstrauen impliziert, dass sie/er schädigend handelt („*that s(he) will act harmful*"). - Misstrauen ist der Glaube, dass die Werte oder Motive einer Person dazu führen, alle Situationen in einer unangemessenen Art und Weise anzugehen („*belief that a person's values or motives will lead them to approach all situations in an unacceptable way*").	Sitkin und Roth (1993)
- Misstrauen ist ein Zustand von argwöhnischem Verdacht („*state of suspicion*"). - Misstrauen ist die Antizipation/Erwartung, dass die/der andere opportunistisch handeln wird („*the anticipation/ expectation that the other will act opportunistically*").	Fein und Hilton (1994); Fein (1996)
- Misstrauen impliziert, dass sie/er feindselig handelt („*that s(he) will act hostile*") und dass sie/er schädigend handelt („*that s(he) will act harmful*"). - Misstrauen verletzt das eigene Wohlergehen („*violates one's welfare*").	Grovier (1994)
- Misstrauen ist ein Zustand von Hinterfragen/in Zweifel ziehen von Mitteilungen/Aussagen („*state of message questioning*").	Sitkin und Stickel (1996)
- Misstrauen ist ein Zustand von argwöhnischem Verdacht („*state of suspicion*").	Kramer (1994; 2004)

Charakteristika für Misstrauen - auszugsweise - *Die Autoren nennen folgende Begriffe / Definitionen für Misstrauen:*	**Literaturquelle**
– Misstrauen ist ein Zustand von argwöhnischem Verdacht (*„state of suspicion“*) und von Vorsicht (*„state of wariness“*). – Misstrauen ist die Angst vor Täuschung oder die Erwartung von nachteiligen Handlungen (*„fear of deception or anticipation of harmful actions“*). – Misstrauen beinhaltet die Tendenz, der/dem Misstrauenden düstere/unheilvolle Motive zuzuschreiben, (*„a propensity to attribute sinister motives to the distrusted other“*). – Misstrauen bedeutet eine besondere Wachsamkeit auf Signale zu schauen, die auf eine mögliche Bedrohung aufgrund der Handlungen der anderen hinweisen (*„vigilantly looking for cues that indicate potential threats in the other's action“*). – Misstrauen impliziert, dass sie/er verletzend handelt (*„that s(he) will act injuriously“*). – Misstrauen resultiert darin, sich selbst von dem Effekt des Verhaltens/der Handlung der/des anderen zu „puffern“ – im Sinne von sich schützen/loslösen (*„resulting in a desire to buffer oneself from the effect of another's conduct“*).	Lewicki et al. (1998); Lewicki und Tomlinson (2003); Lewicki und Brinsfield (2009)
– Misstrauen impliziert, dass das Verhalten der anderen die eigene persönliche Sicherheit gefährdet (*„that other's behaviors jeopardize own personal security“*).	Chan (2003)
– Misstrauen ist ein Zustand von Befürchtung und Besorgnis über Handlungen (*„state of worry and concern about transactions“*).	McKnight, Kacmar und Choudhury (2003)
– Misstrauen resultiert in einem frustrierten und rachsüchtigen Gefühl (*„resulting in a frustrated and vengeful feeling“*).	McKnight und Choudhury (2006)
– Misstrauen ist ein Zustand von Zynismus (*„state of cynicism“*). – Misstrauen verletzt die Gewissheit (*„security“*).	Cho (2006)
– Misstrauen als Unwille, verletzt zu werden (*„not being willing to become vulnerable“*).	Bigley und Pearce (1998); Omodei und McLennan (2000); Phillips und McKnight (2006)

Charakteristika für Misstrauen - auszugsweise - *Die Autoren nennen folgende Begriffe / Definitionen für Misstrauen*:	**Literaturquelle**
– Misstrauen bezeichnet die Verletzlichkeit aufgrund der Angst/Befürchtung vor den Motiven, dem Verhalten und den zukünftigen Handlungen des anderen (*„vulnerability due either to fear of the other's motives, intentions and prospective actions"*).	Schul et al. (2008)
– Misstrauen ist Angst, Skepsis, Zynismus, Vorsicht, Achtsamkeit, insbesondere Wachsamkeit (*„Fear, Skepticism, Cynicism, Wariness, Watchfulness, Vigilance"*).	Adams und Wiswell (2008); Benamati et al. (2010)
– Misstrauen ist ein Zustand von Vorsicht (*„state of wariness"*), argwöhnischem Verdacht (*„state of suspicion"*) und die Angst vor Transaktionen (*„fear of transactions"*).	Ou und Sia (2010); Chang und Fang (2013)
– Misstrauen impliziert, dass sie/er schädigend handelt (*„that s(he) will act harmful"*) und dabei die besten Absichten der Akteurin/des Akteurs (*„actor's best interests"*) verletzt.	Dimoka (2010)
– Misstrauen ist die ungewollte Verletzlichkeit, negative Erwartungen von Motiven, Absichten und Verhalten und [umfasst eine Art] „Vorsichtigkeitsradar" (*„unwanted vulnerability, negative expectations of motives, intentions, and behaviors and the caution scale"*).	Bijlsma-Frankema, Wisse, Täuber, Sanders und Sitkin (2016) i.V.m. Greenglass und Julkunen (1989) sowie Yamagishi und Yamagishi (1994)
– Misstrauen ist Angst, Furcht und ein Gefühl von Bedrohung (*„fear, anxiety, and a sense of threat"*).	Chan und McAllister (2014)
– Misstrauen ist eine Täuschung/Irreführung (*„deception"*), eine Böswilligkeit/Missgunst (*„malevolence"*) und besteht aus einem Vorwurf bzw. einer Beschuldigung (*„blame"*). Ferner ist Misstrauen ein argwöhnischer Verdacht (*„suspicion"*) und eine voreingenommene Einstellung (*„prejudiced attitudes"*).	Stevenson und Sagherian-Dickey (2016; 2017)
– Misstrauen verhindert Abstimmungsprozesse und den Abbau von Vorurteilen (*„distrust hinders reconciliation processes and a breaking down of prejudice barriers"*).	Posten und Gino (2016)

Quelle: Eigene Darstellung

Arbeitsdefinition von Mitarbeitermisstrauen

Die Definitionen zur Begriffsbestimmung des Misstrauenskonstrukts dienen der Forschenden, den Begriff Misstrauen und verwandte Konstrukte, wie Verdacht hinlänglich zu verstehen. Aus den Definitionen geht hervor, dass Erwartungen und die Verletzlichkeit zentral für Misstrauen sind. Daraus könnte angenommen werden, dass für die Bildung von Misstrauen stets Vertrauen vorhanden sein muss, dass verletzt wird. Darüber zeigt sich, dass Misstrauen nicht nur in Verbindung mit der Erwartung definiert wird, d. h. dass ein verletzendes Verhalten zu erwarten ist, sondern sogar die Überzeugung sein kann, dass die Anderen nicht im besten Interesse handeln und ein schädigendes Verhalten zeigen werden. Daraus resultiert, dass in Verbindung mit Misstrauen von einer zukünftigen Prognose auszugehen ist. Ferner spielen Emotionen, wie Angst, Vorsicht, Wachsamkeit, Argwohn und Besorgnis eine Rolle. Als Arbeitsdefinition wird die Definition von Bijlsma-Frankema et al. (2016) gewählt. Sie enthält den Aspekt der Verletzlichkeit und den der Erwartungen. Sie ist auf die Ebene der/des Mitarbeitenden übertragbar und für die vorliegende Fragestellung geeignet. Die Arbeitsdefinition definiert das Mitarbeitermisstrauen als: *„A psychological state, comprising the* ***unwillingness to accept vulnerability****, based on* ***negative perceptions and expectations*** *of the supervisor's motives, intentions, or behaviors"* (Bijlsma-Frankema et al., 2016, S. 6). Das Mitarbeitermisstrauen besteht in dem Unwillen der/des Mitarbeitenden, sich für die Unternehmensführung verletzlich zu machen. Der Unwille der/des Mitarbeitenden basiert auf den negativen Wahrnehmungen und Erwartungen in Bezug auf die Motive, die Absichten und das Verhalten der Unternehmensführung. Der Term '*supervisor*' bezieht sich vorliegend auf die Unternehmensführung als Repräsentanten des Unternehmens bzw. des Arbeitgebers der Mitarbeitenden. Mit Bezug auf Zaheer et al. (1998) wird argumentiert, dass organisationales Misstrauen seine Basis in dem Individuum, den individuellen Mitgliedern der Organisation, besitzt.

„X-Theorie" und die positiven Effekte von Misstrauen

Beide, Misstrauen und Vertrauen sind zwar mit Risiken verbunden und bei beiden ist von Unsicherheit auszugehen – im Falle von Vertrauen wird von dem *„leap of faith"* (Lewis & Weigert, 1985, S. 970; Nikolova et al., 2015, S. 232) und im Falle von Misstrauen von dem *„leap of fear"* gesprochen (McKnight et al., 2004, S. 43), jedoch unterscheiden sie sich in der Art, wie sie die Unsicherheit und Komplexität bewältigen. In Bezug auf Misstrauen herrscht die Auffassung, dass diejenigen, die sich entscheiden, nicht zu vertrauen, *„(...) must adopt another negative strategy to reduce complexity"* (Lane & Bachmann, 1998, S. 24). Im Falle von Misstrauen wird von negativen Strategien im Umgang miteinander ausgegangen, wie dem Einsatz von Kontrollen (McKnight & Chervany, 2001a; Saunders et al., 2014). Da Misstrauen aus dem Bedürfnis nach Beweisen und der Verifizierung resultiert, wird folglich die Komplexität einer Situation gesteigert, wohingegen Vertrauen diese Komplexität reduziert (Malhotra & Murnighan, 2002). Während Vertrauen das Beste von anderen Personen und Organisationen annimmt, eine sog. *„Y-Theorie"*, verankert eine Misstrauensorganisation ihre Führungsphilosophie in der sog. *„X-Theorie"* (McGregor, 1960, S. 169). Sie nimmt an, dass Personen opportunistisch und unehrlich sind und kontrolliert werden müssen. Viele ökonomische Theorien, wie die „Principal-Agent-Theorie" und die „Transaktionskosten-Theorie" (Coase, 1937; Williamson, 1975) basieren auf der Sichtweise der **X-Theorie**, die McGregor (2005, S. 43) als *„The Traditional View of Direction and Control"* bezeichnet. Die Principal-Agent-Theorie postuliert eine Abhängigkeit zwischen Arbeitnehmer/in (Agent) und der/dem Arbeitgeber/in (Prinzipal). Sie unterstellt der Arbeitssituation und der/dem Agenten/in eine begrenzte Rationalität und sieht sie/ihn nicht frei von opportunistischem Verhalten. Vorliegend bedeutet dies, dass der/dem Mitarbeitenden unterstellt wird, opportunistisch und unehrlich zu sein und dass sie/er kontrolliert werden muss (Jensen & Meckling, 1976, S. 305ff.; McGregor, 1967).[16] Misstrauen bzw. misstrauensorientierte Organisationen benötigen daher hohe Transaktions- bzw. Agency-Kosten, um ihre Mitarbeitenden zu kontrollieren und die Organisationsprozesse überwachen zu können. Somit könnte aus der Theorie geschlussfolgert werden, dass Vertrauen das zu fördernde Gut darstellt (Arrow, 1974). Die Auffassung besteht darin, dass „mehr" Vertrauen besser ist und Misstrauen die bedauernswerte Realität darstellt, wenn Vertrauen scheitert (Arrow, 1974). Diese Schlussfolgerung zeigt sich auch in der Forschung, die die nachteiligen Konsequenzen von Misstrauen hervorhebt (Ou & Sia, 2010): Misstrauen in Organisationen wirkt sich negativ auf die Austauschbeziehungen (Blau, 1964) und die ökonomische Entwicklung aus (Fukuyama, 1995). Misstrauen ist in Bezug auf die Mitarbeiterloyalität (Lewicki et al., 1998), die Kommunikation (Arnulf, Dreyer & Grenness, 2005), einem kooperativen Verhalten (Vlaar, Van den Bosch & Volberda, 2007) oder einem Entgegenkommen (Williams, 2007) sowie einem Einhalten von Versprechen (Robinson, 1996) oder einem Nachkommen von Verpflichtungen (Sitkin & Roth, 1993) negativ besetzt. Folglich wird in der Organisationspraxis und Forschung Vertrauen als vorteilhafter angesehen. In einem vertrauensbasierten Unternehmen sind die Transaktionskosten geringer, da der Kontrollaufwand auf ein Minimum beschränkt werden kann (McGregor, 2005, S. 59; Williamson, 1975). Vertrauen reduziert die Komplexität effektiver als Misstrauen (Lewis & Weigert, 1985; Luhmann, 1979). Die gängige Meinung beläuft sich darauf, dass Misstrauen negativ und stets abzuwenden ist, da Misstrauen menschliche Beziehungen negativ beeinflusst (Fukuyama, 1995).[17] Daher sind Organisationen

---

16 Die X- und Y-Theorien sind Führungsphilosophien bzw. Managementtheorien, die zwei unterschiedliche Menschenbilder repräsentieren. Den Begriff prägte McGregor (1960). Nach McGregor (2005, S. 43) ist die X-Theorie: *„The Traditional View of Direction and Control"*. Sie klassifiziert die/den Mitarbeitenden als unwillige, extrinsisch motivierte Arbeitskraft. Die Y-Theorie hingegen betrachtet die/den Mitarbeitenden als engagiert und intrinsisch motiviert. Sie wird nach McGregor (2005, S. 59) als: *„The Integration of Individual and Organizational Goals"* bezeichnet.

17 Mit dem Satz: *„I trust my friends; distrust my enemies"* von Fox (1974, S. 67) wird vereinfacht verdeutlicht, dass Misstrauen menschliche Beziehungen stets negativ beeinflusst (Fukuyama 1995).

kontinuierlich bestrebt, sich auf Vertrauen zu fokussieren und nicht (auch) auf Misstrauen.

Die jüngere Misstrauensforschung hingegen spricht von einer „zweischneidigen“ Bedeutung von Misstrauen und Vertrauen, wonach nicht einzig Vertrauen förderlich ist (Brown, Crossley & Robinson, 2014; Kramer & Cook, 2004; Seppanen & Blomqvist, 2006), sondern gerade auch die positiven Effekte von Misstrauen zu betonen sind (siehe Literaturaufstellung Lumineau, 2017). Misstrauen birgt ein durchaus förderliches und produktives Potential in sich und liefert einen Beitrag für die Effizienz wirtschaftlicher Prozesse, anstatt sie zu schmälern (McKnight & Chervany, 2001a). Misstrauen ist für standardisierte Prozesse verantwortlich, um die Einseitigkeit und Voreingenommenheit in der Entscheidungsfindung zu reduzieren und somit das Mitarbeitervertrauen in die/den Arbeitgeber/in zu steigern (Saunders et al., 2014). Misstrauen hilft Gruppendenken zu vermeiden und schützt vor einem nachlässigen Umgang bzgl. Risiken (Granovetter, 1983; Lämsä & Savolainen, 2000; Molina-Morales & Martínez-Fernández, 2009). Nach Holmes (1991) wird sich beispielsweise im Fall von hohem interpersonalen Vertrauen und geringem interpersonalen Misstrauen ein Wirtschaftsprüfer, der hohes Vertrauen in seinen Mandanten entwickelte, schwer tun, Beweise von Gesetzesübertretungen zu sehen oder ein Überschreiten von Befugnissen wahrzunehmen, wenngleich diese deutlich zutage treten. Das Individuum tendiert dazu, den Beweis hinsichtlich der Tatsache, dass die andere Partei nicht vertrauenswürdig ist, zu ignorieren bzw. zu rationalisieren, d. h. vernunftmäßig erklärbar und begründbar zu machen (Boon & Holmes, 1991). Misstrauen fördert die politische Rechenschaftspflicht und Verantwortlichkeit, wie auch andere Forscher/innen konstatieren (Barber, 1983; McKnight & Chervany, 2001c; Sztompka, 1999). Der Gedanke an Misstrauen ist folglich eine vernünftige und ratsame Antwort auf potentielle Gefahren (Larson, 2004). Kramer (1998, S. 64) spricht im Zusammenhang mit Misstrauen von *„prudent paranoia“* und auch Cook (2015, S. 138) bezeichnet ein Maß an Misstrauen, um ein aufmerksames Verhalten zu fördern, als ***„healthy level of distrust“***. Misstrauen stellt den gesunden Mechanismus dar, ein zu hohes Maß an Vertrauen in Beziehungen zu balancieren. Ein sehr hohes Level an Vertrauen kann zu einer geringeren bzw. eingeschränkteren Aufmerksamkeit führen, Probleme zu erkennen. Mit einem (moderaten) Misstrauenslevel ist ein Individuum aufmerksamer und ihre/seine Gesamtleistung kann gesteigert werden (McKnight & Chervany, 2001a). In Bezug auf die positive Entwicklung einer langfristigen Beziehung sprechen Real, Van der Werff und Buckley (2016) von einem *„dispositional protective mechanism“* (Real et al., 2016, S. 10), einem Mechanismus, der ein gesundes Maß an Verdacht und Argwohn sichert.

Für vorliegende Arbeit ist zu subsumieren, dass zwar jüngst einige Publikationen die Bedeutsamkeit von Misstrauen hervorhoben (Bijlsma-Frankema et al., 2016; Guo, Lumineau & Lewicki, 2015; Sitkin & Bijlsma-Frankema, 2018), jedoch die empirische Forschung zu Misstrauen der zu Vertrauen weiterhin hinterher hinkt. Es besteht die Notwendigkeit, dass: *„(...) distrust and the antecedents of distrust need to be better understood“* (Bewsell, 2012, S. 11). Organisationale Beziehungen basieren auf Misstrauen und Vertrauen und Misstrauen ist nicht per se als negativ anzusehen. Ein gewisses Maß an Misstrauen kann förderlich sein und schützt vor einer (allzu vertrauensblinden) Ausnutzung (Lewicki et al., 2006). Misstrauen ist ein grundlegendes Erfordernis für die effektive Dynamik von Organisationen und für das Verhalten von Mitarbeitenden in Organisationen. Nach Luhmann (1979) ist es gerade die Institutionalisierung von Misstrauen, die die Entwicklung von Vertrauensbeziehungen in Organisationen begünstigt.[18]

Zentrale Theorien für die Misstrauen

Der theoretische Zugang zu Misstrauen liegt in der „Social Exchange-Theorie", der „Social Identity-Theorie" und der „Organizational Justice-Theorie" begründet.

Die **Social Exchange-Theorie** (Blau, 1964) ist grundlegend für die Arbeit. Misstrauen beschreibt, wie auch Vertrauen ein Beziehungsverhältnis, das in vorliegender Arbeit aus dem Austauschverhältnis zwischen einzelnen Mitarbeitenden und der Unternehmensführung besteht. Analog zu Vertrauen ist mit der „Entscheidung" zu misstrauen, ein sozialer Austausch zwischen der/dem Mitarbeitenden als Misstrauensgeber/in und der Unternehmensführung als Misstrauensnehmerin verbunden (Blau, 1964). Im Fall von Vertrauen bekommt die/der Mitarbeitende eine Belohnung oder erlangt einen Nutzen und die Unternehmensführung trägt hierfür die Kosten. Aus den verhandelten Austauschen zwischen beiden entsteht die gegenseitige Erwartung, dass die gegebenen Versprechen eingelöst werden (Mayer et al., 1995). Daher begeben sich die/der Mitarbeitende und die Unternehmensführung in eine gegenseitige Abhängigkeit, woraus Verpflichtungen von einer Partei gegenüber der anderen hervorgehen (Cropanzano & Mitchell, 2005; Emerson, 1976) und beide Parteien leiten daraus ihre extrinsische oder intrinsische Belohnung ab (Blau, 1964). Bevorzugt werden Belohnungen ausgetauscht, von denen angenommen wird, dass sie sich reziprok über die Zeit verhalten, d. h. dass die Gegenleistung erwartungsgemäß erbracht wird (Blau, 1986). Wenn die Belohnungen größer als die Kosten sind, dauern die Austausche an und die gemeinsame Austauschbeziehung ist von Bestand (Thibaut & Kelley, 1959).[19] Beziehungen mit Austauschpartnern/innen zu entwickeln, auf die Verlass ist, mildern diese Kosten (Lin, 2002). Somit ist ein zufriedenstellendes Ergebnis des Austausches eine Belohnung für die/den Vertrauensgeber/in, da ihre/seine Erwartungen erfüllt werden. Im Fall von Misstrauen hingegen erfüllt der Austausch nicht die Erwartungen der Austauschpartner/innen. Beispielsweise formen und festigen Benutzer/innen

18 Misstrauen wurde von Luhmann (1979, S. 71) inspiriert, der Misstrauen als: *„a functional equivalent for trust"* ansieht.

19 Die Austauschtheorie, Social Exchange-Theorie, wurde umfassend von Thibaut & Kelley (1959) ausgearbeitet und erklärt das Verhalten in sozialen Beziehungen auf der Grundlage von Belohnungen und Kosten, die im Austausch von zwei oder mehreren Interaktionspartnern entstehen. Aus der Tatsache, dass der soziale Austausch den Ressourcenzugriff beider Parteien vereinfacht, wird das interpersonale Vertrauen als entscheidend identifiziert (Chua, Ingram & Morris 2008; Levin & Cross 2004).

von Internetplattformen gemäß der Studie von McKnight und Chervany (2001b) ihr Misstrauen, wenn der soziale Austausch zwischen der/dem Benutzer/in und dem Artefakt nicht die Erwartungen der Benutzer/innen treffen. Daraus ist abzuleiten, dass bei unerfüllten Erwartungen der/des Mitarbeitenden der zukünftige Austausch mit der Unternehmensführung von einem Widerwillen geprägt sein wird, sich abhängig von einander zu machen und die/der Mitarbeitende wird versuchen, ihre/seine Verletzlichkeit zu minimieren – insbesondere in risikoreichen Situationen, wie McKnight et al. (2003) hervorhebt und die vorliegende Beziehung ist als eine solche zu bezeichnen.

Die **Theorie der sozialen Identität** ist eine von Tajfel und Turner (1986) entwickelte sozialpsychologische Theorie, die psychologische Prozesse erfasst und das Verhalten erklärt, das am Zustandekommen von Gruppenprozessen beteiligt ist. Die soziale Identität wird als ein Teil eines Selbstkonzeptes eines Individuums definiert, *„(...) der sich aus seinem Wissen um seine Mitgliedschaft in sozialen Gruppen und aus dem Wert und der emotionalen Bedeutung ableitet, mit der diese Mitgliedschaft besetzt ist“* (Tajfel, 1982, S. 102) und im Zusammenhang mit einer Gruppe als: *„(...) a collection of individuals who perceive themselves to be members of the same social category, share some emotional involvement in this common definition of themselves, and achieve some degree of social consensus about the evaluation of their group and of their membership in it“* (Tajfel, 1982, S. 102). Der Theorie der sozialen Identität zufolge definiert sich die/der Mitarbeitende zunächst anhand eigener Kategorien (*„self-categorization“*) und benennt aus ihrer/seiner Sichtweise die eigene Mitarbeitergruppe „Ingroup“ (Innengruppe) (Hogg, 2001, S. 184; Hogg & Terry, 2000, S. 121). Andere Gruppen in Abgrenzung zu der persönlichen Innengruppe werden mit klar unterscheidbaren Kategorien von der Innengruppe abgegrenzt und in eine fremde „Outgroup“ (Außengruppe) eingeordnet. Beispielsweise betrachten Crisp und Jarvenpaa (2013) sowie Jarvenpaa und Leidner (1998) die Vorgehensweise, wie Kategorisierungen einer Innengruppe erfolgen. Wird die Außengruppe als grundsätzlich gegensätzlich in Abgrenzung zur eigenen Gruppe kategorisiert, trägt dies zu einer Bevorzugung der jeweiligen Innengruppe und einer gleichzeitigen Benachteiligung der Außengruppe bei, sodass es sehr wahrscheinlich ist, die Außengruppe als nicht vertrauenswürdig einzustufen (Fiske & Ruscher, 1993). Bei der Interaktion der Gruppen lässt sich dadurch ein wechselseitig diskriminierendes Verhalten erklären (Tajfel, 1982). Eine starke Identifikation der Innengruppe führt zu Zuschreibungen von positiven Attributen zu den Mitgliedern/innen der Innengruppe. Die Individuen einer gleichen Gruppe werden als vertrauenswürdig eingestuft und die Innengruppe schenkt sich gegenseitiges Vertrauen (Kuwabara et al., 2007; Robert, Denis & Hung, 2009; Willemyns, Gallois & Callan, 2003). Im Gegensatz zur Innengruppe wird die Außengruppe mit einer weniger starken Identifikation und Zuschreibung von Vertrauenswürdigkeit abgegrenzt (Robert et al., 2009). Die Folge einer nicht vorhandenen gemeinsamen sozialen Identität der Innengruppe mit der Außengruppe entfacht eine negative Dynamik gegenüber der Außengruppe (Willemyns et al., 2003).

Die **organisationsbezogene Gerechtigkeitstheorie**, Organizational Justice-Theorie (Greenberg, 1987; Greenberg & Colquitt, 2005) wird als bedeutender Bezugsrahmen für Misstrauen angesehen. Individuen handeln aufgrund ihrer ethischen Einstellung, der Religion und dem Gesetz, die ihr Gerechtigkeitsempfinden begründen, gerecht.[20] Dabei sind sie stets *„naturally attentive"* (Ajala, 2015, S. 95), die Ereignisse und Situationen ihres täglichen Lebens als gerecht oder ungerecht zu bewerten und daraufhin ihre individuellen folgenden Handlungen und Einstellungen anzupassen (Tabibnia, Satpute & Lieberman, 2008). Ein Missverhältnis zwischen dem Verhalten Dritter und dem eigenen (höheren) moralischen Gerechtigkeitsstandard des Individuums führt zur Wahrnehmung von Ungerechtigkeit. Die Relevanz der organisationsbezogenen Gerechtigkeitstheorie lässt sich im Kontext der Arbeit insbesondere damit erklären, dass Mitarbeitende in ihren Interaktionen mit anderen durch ihr Bedürfnis nach positiver Bewertung bzw. Identität gesteuert werden (Streicher & Frey, 2012, S. 336). Bei der Wahrnehmung von (Un-) Gerechtigkeit bezieht die/der Mitarbeitende Informationen über ihre/seine sozialen Beziehungen zur Gruppe (siehe *„group value model"*; Lind & Tyler, 1988, S. 239) und zu den Entscheidungsautoritäten der Gruppe, wie hier den Führungskräften der Unternehmensführung (siehe *„relational model of authority"*; Tyler & Lind, 1992, S. 159). Fühlt sich die/der Mitarbeitende (un-)gerecht behandelt, symbolisiert dies für sie/ihn, (k)eine positive, respektierte Position innerhalb der Gruppe innezuhaben. Neben dieser identitätstheoretischen Bedeutung ist die Relevanz der organisationsbezogenen Gerechtigkeitstheorie auf sozialpsychologische Theorien – auf der Individualebene der Theorie des sozialen Austausches (Thibaut & Kelley, 1959) und auf der Gruppenebene der Theorie des realistischen Gruppenkonflikts – zurückzuführen. Danach werden gerechte Bedingungen bevorzugt, da diese langfristig am ehesten ökonomisch vorteilhafte Ergebnisse gewährleisten können (Thibaut & Walker, 1975). Der Ursprung der organisationalen Gerechtigkeit liegt in der „Equity-Theorie", (Adams, 1965; Walster, Walster & Berscheid, 1978). Aus der Theorie zum Gleichheitsprinzip der Gerechtigkeit folgt der Grundsatz, dass Individuen generell nach gerechten Gegenleistungen für ihren Einsatz streben und negativ reagieren, wenn ihnen die zustehende Gegenleistung nicht zuteilwird (Lind & Tyler, 1988; Van den Bos, Kees, 2005, S. 282).

---

20 Gerechtigkeit ist ein relativer Begriff ist. Er bezieht sich darauf, ob ein Verhalten oder eine Entscheidung als moralisch richtig eingeschätzt wird. Als 'gerecht' wird etwas bezeichnet, wenn es von einer Mehrheit an Personen als gerecht wahrgenommen wird (Cropanzano & Greenberg 1997). Gerechtigkeitstheorien dienen der systematischen Bestimmung des Wesens Gerechtigkeit und der Begründung, wie Gerechtigkeit in einer gesellschaftlichen Ordnung wirksam werden soll, wobei sie stets normativ sind. Im betrieblichen Arbeitsumfeld ist das Pardon zu Gerechtigkeit der Begriff 'Fairness', der vorliegend synonym verwendet wird (Tan & Tan 2000).

2.2.3 Debatte zur Beziehung von Misstrauen und Vertrauen

Zu den Ausführungen im Rahmen der Definitionen von Misstrauen und Vertrauen ist zu sagen, dass in der Management- und Organisationsforschung Einigkeit darüber besteht, Vertrauen als: *„(...) psychological state comprising the intention to accept vulnerability based upon positive expectations of the intentions or behavior of another"* (Rousseau et al., 1998, S. 395) zu definieren. Misstrauen wird als das Gegenteil definiert, indem von negativen oder ungünstigen Erwartungen und dem Unwillen, sich verletzlich zu machen, ausgegangen wird. Wenngleich Einigkeit über die Definition von Misstrauen und Vertrauen herrscht, wird die Frage, wie die Beziehung zwischen Misstrauen und Vertrauen aufzufassen ist, kontrovers diskutiert (Searle et al., 2014). Die Debatte erstreckt sich auf zwei Sichtweisen. Die eine Sichtweise unterstellt, dass Misstrauen und Vertrauen Gegenpole eines Kontinuums sind (Bigley & Pearce, 1998; Schoorman, Mayer, & Davis, 2007) und die andere, dass sie eigenständige Konstrukte sind, die in Beziehung miteinander stehen (Lewicki, McAllister, & Bies, 1998; McKnight & Chervany, 2001; Sitkin & Roth, 1993). Die Arbeit stellt die beiden Sichtweisen zur Beziehung von Misstrauen und Vertrauen vor und veranschaulicht diese in Abb. 3.

Misstrauen und Vertrauen als Gegenpole: Ein-Konstrukt-Sichtweise

Wird Misstrauen aus den Begrifflichkeiten und Konzeptualisierungen von Vertrauen abgeleitet, werden Misstrauen und Vertrauen als 'Gegenpole' aufgefasst, die auf einem Kontinuum liegen (Deutsch, 1958; Mishra, 1996; Rotter, 1967; 1980; Trotter, 2002; Worchel, 1979). Diese sehr rudimentäre Art bezeichnet die sog. Ein-Konstrukt-Sichtweise. Aus der Literatur ist erkenntlich, dass die Ein-Konstrukt-Sichtweise zwei Ausprägungen umfasst. Die eine Ausprägung sieht die Beziehung von Misstrauen und Vertrauen als 'zwei Enden des gleichen konzeptionellen Spektrums mit einem Überschneidungsbereich' an und die andere Ausprägung als 'zwei Enden des gleichen konzeptionellen Spektrums mit einem Zwischenbereich'. Letztere differenziert sich zu der ersten Ausprägung lediglich aufgrund des Zwischenbereiches. Da sie zwei Phasen im Vorgang der Misstrauensbildung bzw. der Konflikteskalation unterstellt, besteht zwischen der ersten und zweiten Phase ein Zwischenbereich (Anderson & Pearson, 1999; Coleman et al, 2007; Friedman & Currall, 2003; Perlow & Repenning, 2009). In dem Zwischenbereich ist weder ein starkes Misstrauen, noch ein starkes Vertrauen ausgeprägt.

Abgesehen davon, welche Ausprägung unterstellt wird, sieht die Ein-Konstrukt-Sichtweise Misstrauen als das 'Gegenteil' von Vertrauen (Baba, 1999), als eine 'Verneinung' von Vertrauen (Cofta, 2006) oder als ein 'Mangel' bzw. Fehlen von Vertrauen an (Slonim, Chiasson, Gates & McAllister, 2001). Anstatt von wünschenswerten Erwartungen und dem Willen, sich verletzlich zu zeigen – im Falle von Vertrauen, sind es bei Misstrauen nicht wünschenswerte oder negative Erwartungen und der Unwille, sich verletzlich zu zeigen (Bigley & Pearce, 1998; Omodei & McLennan, 2000). Aus der Ein-Konstrukt-Sichtweise folgt, Misstrauen und Vertrauen als zwei Enden der selben Skala zu untersuchen, wie beispielsweise Omodei und McLennan (2000). Das Vertrauenskonstrukt ist ein lineares Kontinuum, das von einem hohen Level an Misstrauen und einem hohen Level an Vertrauen begrenzt ist (Singh & Sirdeshmukh, 2000). Misstrauen als geringes Ende des Vertrauenskonstrukts zu fassen, dominierte die Vertrauensstudien für eine lange Zeit (Hardin, 2004; Luhmann, 1979; Mayer et al., 1995; Robinson, 1996).[21] Daraus ist zu schließen, dass Misstrauen und Vertrauen eher quantitativ als qualitativ unterschieden werden. Ebenso betrachten Gans, Jarke, Kethers und Lakemeyer (2001) Misstrauen als bloße Gegenseite zu Vertrauen, indem sie für eine symmetrische Skala mit vollständig ausgeprägtem Vertrauen an einem Ende und absolutem Misstrauen am anderen Ende argumentieren. Die Konstrukte als **Gegenpole eines Vertrauens-Misstrauenskontinuums** anzusehen, d. h.: *„(…) trust and distrust are two sides of the same coin"* (Chang & Fang, 2013, S. 149), spiegelt sich auch bei den Entscheidungstheoretikern wieder, die Misstrauen als nicht kooperatives und Vertrauen als kooperatives Konstrukt definieren (Coleman & Li, 2000). Danach steht Misstrauen für ein opportunistisches Verhalten und geht mit einer nicht-kooperativen Handlungsweise in einer Austauschbeziehung einher, wohingegen Vertrauen für ein kooperatives Verhalten bzw. eine kooperative Handlungsweise steht (Arrow, 1974).

Implikationen der Ein-Konstrukt-Sichtweise

Aus der Ein-Konstrukt-Sichtweise ist zu subsumieren, dass Misstrauen und Vertrauen nicht koexistieren und die Situation und die Zeit keine Beachtung finden. Die **Nicht-Koexistenz** kann damit begründet werden, dass eine simultane Existenz von Vertrauen und Misstrauen konfliktäre psychologische Stadien hervorruft, die instabil und unbeständig sind und daher nicht koexistieren können (Lewicki & Bunker, 1995; Lewis & Weigert, 1985). Der Konflikt hinsichtlich der Koexistenz von Vertrauen und Misstrauen ist der Konflikt zwischen diesen beiden psychologischen Stadien, der als Spannung besteht und in facettenreichen und vielseitigen Beziehungen nicht einfach aufgelöst werden kann (Komiak & Benbasat, 2008; Lewicki et al., 1998). In Folge dessen werden Misstrauen und Vertrauen als sich gegenseitig ausschließende und gegensätzliche Zustände angesehen. Hohes Vertrauen gleicht einem geringen Misstrauen und geringes Vertrauen einem hohen Misstrauen (Dirks & Ferrin, 2001; Ziegler & Lausen, 2005). Somit geht der Anstieg von Misstrauen mit einer Verringerung von Vertrauen einher und die Art und Weise, wie Misstrauen verringert werden kann, wäre die gleiche, wie die mit der Vertrauen gesteigert werden kann (Hsiao, 2003; Slonim et al., 2001). Daraus kann abgeleitet werden, dass Misstrauen in das Vertrauensmodell einzubeziehen ist,

21 Dabei spezifiziert Hardin (2004) die Mitte des Kontinuums als eine Art neutralen Bereich, der Situationen umfasst, in denen keines der beiden Konstrukte relevant ist bzw. es an beiden mangelt.

da Anzeichen von hohem Vertrauen äquivalent zu geringem Misstrauen wären. Konsequenterweise bedeutet dies, dass sich die Faktoren, mit denen Misstrauen umschrieben werden kann, aus der Umformulierung der Faktoren von Vertrauen in das Gegenteil ergeben.[22] Die Faktoren, die für das Entstehen von Misstrauen verantwortlich sind, ergäben sich dann aus der Umformulierung der positiven Faktoren von Vertrauen. Für Misstrauen entspräche dies – analog zu dem Vertrauensmodell von Mayer et al. (1995) – Inkompetenz, unzureichende Integrität und kein Wohlwollen; eine Sichtweise, die gerade in der Praxis vereinfachend angenommen wird.

Aus der Ein-Konstrukt-Sichtweise ist ferner zu schließen, dass die Forscher/innen dem sozialen Kontext der Vertrauensbeziehung nur ungenügend Beachtung schenken. Sie stellen den sozialen Kontext der Vertrauensbeziehung vereinfacht dar und komprimieren daher die Konstrukte von Misstrauen und Vertrauen in eine uni-dimensionale (=lineare) Beziehung (Lewicki et al., 1998), obwohl soziale Beziehungen komplex sind und nicht allzu sehr vereinfacht werden können. Gellner (1988) argumentiert, dass der Anarchie aufgrund der Abwesenheit von Herrschaft, Misstrauen von vielen Menschen immanent ist und gleichzeitig in ihnen Vertrauen existieren kann, allein aufgrund des Strebens verbündet der Anarchie entgegenzuwirken. Es ist möglich, gleichzeitig ein Mögen und Nicht-Mögen zu empfinden (Nicholson, Compeau & Sethi, 2001) oder eine Kooperation und Nicht-Kooperation anzustreben (Coleman, 1990). Die Literatur zur Zufriedenheit präsentiert ein ähnliches Argument.[23] Zufriedenheit und Unzufriedenheit werden als zwei unterschiedliche Konstrukte dargestellt und nicht als ein einziges Konstrukt entlang des gleichen Kontinuums (Herzberg, Mausner & Snydermann, 1959). Zufriedenheit und Unzufriedenheit sind eigenständige Konstrukte, die von unterschiedlichen Elementen, wie z. B. Motivatoren und Hygienefaktoren motiviert werden. Motivatoren sind zufriedenheitsanregende Faktoren, da ihre positive Leistung (im Sinne von „performance“) die Zufriedenheit mehr steigert als ihre negative Leistung Unzufriedenheit hervorruft. Unterdessen sind die Hygienefaktoren unzufriedenheits-vermeidende Faktoren, da ihre negative Leistung Unzufriedenheit eher/mehr verursacht als ihre positive Leistung zu Zufriedenheit führt.

Misstrauen und Vertrauen als eigenständige, koexistierende Konstrukte: Zwei-Konstrukt-Sichtweise

Die Forscher/innen, die Misstrauen und Vertrauen als separate Konstrukte, die koexistieren, anerkennen, mehren sich (Adler, 2005; Benamati et al., 2010; Lewicki &

---

22 Daraus folgt ebenso, dass die positiven Konsequenzen von Vertrauen negativ von einem Misstrauensanstieg beeinflusst werden könnten (Cofta 2006).

23 Die Diskussion über die Beziehung von Misstrauen und Vertrauen kann analog zu Herzberg, Mausner & Snydermann (1959) gesehen werden, die in ihrer klassischen Zufriedenheitsstudie die Unabhängigkeit der Konstrukte ‘Zufriedenheit’ und ‘Unzufriedenheit’ postulieren.

Bunker, 1996; Moody et al., 2014; Schweer & Thies, 2003; Sitkin & Roth, 1993; Van de Walle & Six, 2014). Federführend stellen Lewicki et al. (1998) die traditionelle Ein-Konstrukt-Annahme in Frage und unterscheiden die sog. Zwei-Konstrukt-Sichtweise. Sie sieht Misstrauen und Vertrauen als eigenständige, **koexistierende Konstrukte mit unterschiedlichen Faktoren** an. Für die Theoretisierung von Misstrauen und Vertrauen als eigenständige Konstrukte, die koexistieren, greifen Lewicki et al. (1998) auf die Feldforschung von Mancini (1993) zurück, wonach sich Politiker und Journalisten misstrauen und vertrauen. Lewicki et al. (1998) erklären, dass Balance und Konsistenz lediglich ein temporärer Zustand sind und nur als Momentaufnahmen („*snapshots*") eines dynamischen Zeitreihenprozesses betrachtet werden sollten. Zu dieser koexistierenden Zwei-Konstrukt-Sichtweise legten Kahneman und Tversky (1979) den theoretischen Grundstock, da sie für eine Abgrenzung zwischen positiven und negativen Valenz-Konstrukten plädieren. Misstrauen und Vertrauen sind nicht als systematisch zu kennzeichnen (Kramer, 1999). Im Gegensatz zu anderen Studien, wie z. B. in der von Omodei und McLennan (2000), wo Vertrauen und Misstrauen auf einem einziges Kontinuum betrachtet werden, existiert nach Lewicki et al. (1998) kein Mittelpunkt auf dem (einzigen) Kontinuum zwischen dem Positiven (=Vertrauen) und dem Negativen (=Misstrauen). Interpersonale Beziehungen reifen als Funktion der Interaktionsfrequenz, der Zeitdauer und der Diversität an Herausforderungen. In diesem komplexen Beziehungssystem, das vielfältige Erfahrungskomponenten umfasst, sind Misstrauen und Vertrauen miteinander verbunden bzw. stehen im Zusammenhang zueinander und können beide gleichzeitig existieren (Lewicki et al., 2006; Tomlinson & Lewicki, 2006).

Empirische Hinweise zur Untersuchung der Koexistenz gehen bis dato primär aus den Ergebnissen der Wirtschaftsinformatik hervor (Cho, 2006; Komiak & Benbasat, 2008; Lee & Huynh, 2005; McKnight et al., 2004; Xiao & Benbasat, 2003). Komiak und Benbasat (2008) testen Kaufempfehlungsagenten („*Recommendation-Agents*") im E-Commerce und stellen dar, dass Vertrauen und Misstrauen eigenständige und nur in Maßen sich gegenseitig bedingende Konstrukte sind. McKnight et al. (2004) fanden in ihrer Studie zu internetbasierter Rechtsberatung heraus, dass dispositionelles Misstrauen und Vertrauen[24] in einem unbeständigen Zustand koexistieren können. Diese Auffassung von McKnight et al. (2004) teilten jüngst Real et al. (2016).[25] Cho (2006) begreift die Vereinbarkeit von Misstrauen und Vertrauen in Bezug auf die einzelnen Misstrauens- und Vertrauensfaktoren, die sich nicht gegenseitig aus-

24 Dispositionelles Vertrauen („*dispositional trust*") bezeichnet die generelle Einstellung von Vertrauen im Sinne von Rotter (1971), auch Urvertrauen im Sinne von Erikson (1950) genannt.

25 Real, Van der Werff & Buckley (2016, S. 8) zeigen: „*(...) discriminant validity as generalised, dispositional constructs, each with different outcomes.*"

schließen müssen.[26] Neben den Ergebnissen der Wirtschaftsinformatik zeigt die Studie von Stevenson und Sagherian-Dickey (2016), dass die beiden Konstrukte auf verschiedenen Niveaus vereint werden können.[27] Sie betrachten die Angst und Bedrohung sowie das Vertrauen zweier Gruppen: katholischen und protestantischen Laien und Bürgerinitiativen. Die Studie von Kujala, Lehtimäki und Pučėtaitė (2016) untersucht das Vertrauen und Misstrauen zwischen der Unternehmensführung, dem mittleren Management und den Gewerkschaftsvertretern. Ihre Unternehmensfallstudie bejaht die Vereinbarkeit von Misstrauen und Vertrauen in Bezug auf das Objekt des Misstrauens bzw. Vertrauens.[28] Gegen die Koexistenz von Misstrauen und Vertrauen sprechen die Ausführungen von Saunders und Thornhill (2004) und Saunders et al. (2014). Aus der konzeptionellen Arbeit zur „Vertrauens-Misstrauens-Absenz Triangel" von Saunders und Thornhill (2004) geht hervor, dass einige Mitarbeitende Misstrauen und Vertrauen im Sinne von zwei Enden eines Kontinuums wahrnehmen und andere hingegen als gegenseitige Konstrukte. Bei den Mitarbeitenden, bei denen sehr starke Emotionen für Vertrauen auftreten, sei es nach den Forschern höchst unwahrscheinlich, dass ebenso geringe Emotionen für Misstrauen auftreten und ferner sei es wenig wahrscheinlich, Mitarbeitende zu identifizieren, die gleichzeitig starke Emotionen für Misstrauen und starke Emotionen für Vertrauen auf sich vereinen. Diese konzeptionellen Vermutungen bestätigen Saunders et al. (2014) empirisch.[29] Aus ihren Daten geht hervor, dass bei hohem Vertrauen und hohem Misstrauen nicht von der Koexistenz der Konstrukte auszugehen ist. Saunders et al. (2014) schließen zwar nicht aus, dass Misstrauen und Vertrauen als eigenständige, koexistierende Konstrukte auftreten können, halten es aber für nicht wahrscheinlich, dass sie im Rahmen der Emotionen von Mitarbeitenden koexistieren können.

---

26 Cho (2006) führt aus, dass Kunden/innen die/den Verkäufer/in bzgl. ihrer/seiner Kompetenz als vertrauenswürdig empfinden, misstrauisch bzgl. deren/dessen Wohlwollens sein können.

27 Die Studie von Stevenson & Sagherian-Dickey (2016) untersucht die Beziehung von Vertrauen, Angst und Bedrohung in den Gruppen von katholischen und protestantischen Laien und Bürgerinitiativen in Belfast (Irland) mittels Fokusgruppen. Sie zeigen in Bezug auf die beiden Gruppen von Katholiken und Protestanten, dass das Misstrauen gegenüber der jeweiligen anderen Gruppe dazu führt, nicht nur gegenseitig unterschwellige Vorurteile zu hegen, sondern auch beweisende Strategien zur Rechtfertigung des Misstrauens anzuführen.

28 Kujala, Lehtimäki & Pučėtaitė (2016) erteilen einen empirischen Beweis für die Koexistenz von affektiven und kognitiven Misstrauen und Vertrauen in einer Beziehung.

29 Saunders, Dietz & Thornhill (2014) unterscheiden auf ihrer Skala drei Zustände in Bezug auf die Beziehung von Misstrauen und Vertrauen: a) hohes Vertrauen/geringes Misstrauen; b) geringes Vertrauen/hohes Misstrauen und c) geringes Vertrauen/geringes Misstrauen.

Abb. 3: Ein- bzw. Zwei-Konstrukt-Sichtweise von Misstrauen und Vertrauen

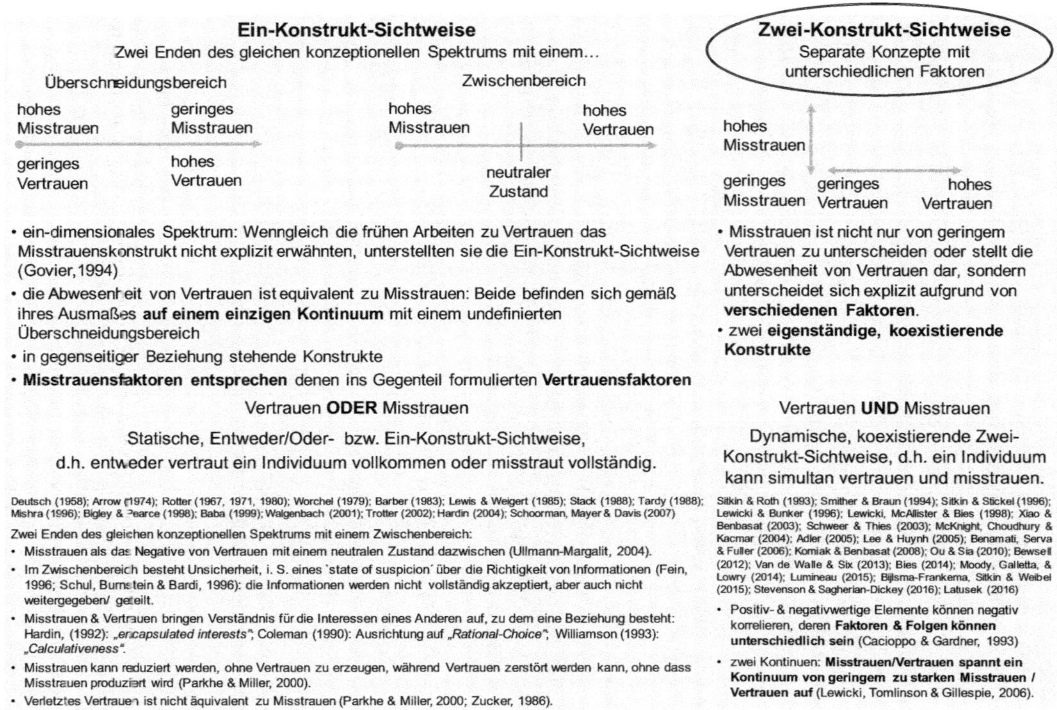

Quelle: Eigener Literaturreview; Darstellung in Anlehnung an Guo et al. (2015; 2017)

2.2.4 Vertrauensverletzung vs. Misstrauensbildung

Das Vertrauen von Mitarbeitenden kann verletzt werden. Die Vertrauensverletzungen sind mit Situationen verbunden, in denen die/der Mitarbeitende in Bedrängnis bzw. in Bedrohung gerät oder verletzt wurde (Ballinger & Rockmann, 2010; Bies & Tripp, 1996). Autoren wie Lewicki und Bunker (1995, S. 154) oder Wiethoff und Lewicki (2005, S. 5) weisen darauf hin, dass Vertrauen ähnlich wie das Kinderspiel *„Chutes and Ladders"*, übersetzt „Rutsche und Leiter", funktioniert. Der Vertrauensaufbau vollzieht sich gemäß einem langsamen und systematischen Hochklettern auf einer Leiter. Vertrauensverletzungen hingegen passieren plötzlich und überstürzt. Tomlinson, Dineen und Lewicki (2004) konstatieren, dass die Vertrauensverletzung einen überstürzten Rückgang von Vertrauen im Rahmen eines sehr kurzen Zeitraums auslöst, der zu einer schnellen, episodischen und beständig andauernden Misstrauensbildung führen kann. Die Auslöser für die Misstrauensbildung können mit Ballinger und Rockmann (2010) in einschneidenden, negativ empfundene Ereignissen gesehen werden. Zur Erklärung des Zusammenhanges von Vertrauensverletzung und der Bildung von Misstrauen kann auf die Untersuchungen zur Verletzung von Vertrauen (Dirks et al., 2011; Gillespie & Dietz, 2009; Kim, Dirks, Cooper & Ferrin, 2006; Kim, Ferrin, Cooper & Dirks, 2004) und die Konflikteskalationsliteratur (Marková & Gillespie, 2011) sowie die kognitiven Emotionstheorien (Heider, 1958; Lazarus, 1991; Weiner, 1985) Bezug genommen werden.[30] Als grundsätzlicher Bezugsrahmen für das Theoretisieren über Misstrauen gelten die sog. Barrieren zur Schenkung von Vertrauen (Sitkin & Roth, 1993)[31] im Sinne des Bruches des ‘psychologischen Vertrages’ (Robinson, 1996; Rousseau, 1995).

Vertrauensverletzung im Sinne des ‘psychologischen Vertrages’

In einer vertrauensvollen Beziehung zwischen den Mitarbeitenden und einem Unternehmen ist das Entgegenbringen von Vertrauen Gegenstand eines sog. ‘psychologischen Vertrages’ (Robinson, 1996; Robinson & Rousseau, 1994). Der psychologische Vertrag wird zu einem frühen Stadium der Schließung des Vertrauensverhältnisses zwischen der/dem Mitarbeitenden und dem Unternehmen bzw. den Vertretern/innen der Unternehmensführung gefasst und ist ein *„impliziter Kontrakt"*, da er die

---

30 Die Attributionstheorien umfassen Konzepte zur Beschreibung des Informationsverhaltens von Individuen. Daraus leiten sie kausale Erklärungen für die Verhaltensweisen von Individuen ab (Gerrig 2016; Gerrig & Zimbardo 2008). Heider (1958) stellte in seinem Hauptwerk *„The Psychology of Interpersonal Relations"* heraus, dass die Art und Weise, in der wir uns unsere Welt erklären, unser Verhalten bestimmt. Diese Kausalerklärungen werden Kausalattributionen, kurz Attributionen, genannt. Im Gegensatz zu Konzepten in der Sozialpsychologie, die sich mit der Entstehung von Attributionen beschäftigen, behandeln die Ansätze der Emotions- und Motivationspsychologie die Auswirkungen von Attributionen, d. h. die Auswirkungen auf Emotionen und die Motivation.

31 Sitkin & Roth (1993) betrachten Misstrauen und Rechtsmittel (*„legalistic remedies"*).

Erwartungen bezüglich der Zusammenarbeit, die nicht in formalen Verträgen geregelt sind, beinhaltet (Robinson, 1996, S. 574). Empfindet die/der Mitarbeitende den psychologischen Vertrag im Sinne eines sozialen Tauschgeschäftes zwischen Arbeitgeber/in und Arbeitnehmer/in als fair, etabliert sich ein gegenseitiges Vertrauen, das u. a. auch die Leistungsbereitschaft und -fähigkeit der Mitarbeitenden stärkt (Schalk et al., 2010, S. 89). Wenn jedoch die Wahrnehmungen und Erwartungen der/ des Mitarbeitenden enttäuscht werden, führt dies zu einer negativen (Rück-)Bewertung der Vertrauenswürdigkeit und somit zu einem gesunkenen Willen, sich verletzlich zu machen.[32] Die Verletzung von Vertrauen operationalisieren Vertrauensforscher als einen Bruch des psychologischen Vertrages. Misstrauen ist die Folge der Verletzung von Vertrauen (Bies & Tripp, 1996; Deutsch, 2003; Elangovan & Shapiro, 1998; Lewicki & Bunker, 1995; McAllister, 1997; Sitkin & Roth, 1993).

Vertrauensverletzung als sequentieller, kognitiver Interpretationsprozess

Im Rahmen einer Vertrauensverletzung unterscheiden Tomlinson und Mryer (2009) sowie Chen, Saparito und Belkin (2011) einen sequentiellen kognitiven Interpretationsprozess mit zwei Stufen, der kausalen Zuschreibung und der Ursachendimension. Die erste Stufe ist von einem **Vertrauensabfall** bzw. einer Vertrauensverringerung gekennzeichnet. Es wird angenommen, dass gewisse Ausprägungen von Vertrauen bzw. von Faktoren der Vertrauenswürdigkeit bestehen, die im Rahmen eines Bewertungsprozesses eingeschränkt werden.[33] Ungeachtet der zu dem Zeitpunkt herrschenden Ausprägungen von Vertrauen, nimmt die/der Mitarbeitende negative Erfahrungen in einem oder mehreren Faktoren für Vertrauen wahr, wie z. B. gemäß dem ABI-Vertrauensmodell von Mayer et al. (1995) bezüglich Kompetenz, Wohlwollen und Integrität, sodass sich das Vertrauen verringert. Die/der Mitarbeitende schreibt der Unternehmensführung nur einschränkend eine Vertrauenswürdigkeit zu und schätzt die Faktoren für Vertrauenswürdigkeit als nur gering ausgeprägt ein (Gillespie & Dietz, 2009; Kim et al., 2004; Tomlinson & Mryer, 2009). Aus dieser Folge des Defizits resultiert – unbeachtet des exakten Ausmaßes des Vertrauensproblems – ein Absinken des Vertrauens (Dirks et al.,

---

32 Worchel (1979) oder Bies & Tripp (1996) definieren Misstrauen als Aktionen zur Verletzung von Vertrauen. Basierend auf Sitkin & Roth (1993) gründen Bies & Tripp (1996) ihre Studie auf das Konstrukt von Vertrauensverletzung, wonach Misstrauen eine Verletzung von Vertrauen ist und nicht nur eine Emotion bzw. ein Bewusstsein von bürgerlicher Ordnung verletzt wird, sondern auch die persönliche Identität. Eine verletzte Identität zeigt sich in einem öffentlichen Äußern von Kritik und in Regelverletzungen, wie einem Vertragsbruch, einer Ehrverletzungen, einer „Drückebergerei" bei Arbeitsverantwortlichkeiten oder in einem Missbrauch von Autorität einer/eines intoleranten und autoritären Vorgesetzten (Sitkin & Roth 1993).

33 Da ein gewisses Maß an Risiko präsent sein muss, damit Vertrauen stattfindet und wachsen kann (Worchel 1979), kann sich aber auch Misstrauen entwickeln (Lewicki et al. 1998).

2011; Tomlinson & Mryer, 2009). Das Vertrauen muss zu diesem Zeitpunkt bzw. in dem Kontext (noch) nicht gebrochen sein, da es möglich ist, dass das Vertrauen nur hinsichtlich eines Vertrauensfaktors, wie z. B. der Integrität, verletzt wurde, insgesamt aber mit den beiden anderen Faktoren, Kompetenz und Wohlwollen, aufrecht erhalten werden kann bzw. ein neuer Vertrauensakt, vertrauensbildend sein kann (Dirks et al., 2011; Tomlinson & Mryer, 2009).[34] Luhmann (2000, S. 96f.) betont, dass nicht jede kleine Unstimmigkeit oder Enttäuschung das Vertrauen zerstört, sondern dass es eine Schwelle gibt, ab der das Vertrauen „kippt". In der zweiten Stufe der Ursachendimension findet der kognitive Interpretationsprozesses statt. Im Rahmen des kognitiven Interpretationsprozesses wird identifiziert, ob dieses Defizit an unerfüllten Erwartungen und die **eingeschränkte Vertrauenswürdigkeit** (deren Faktoren) wahrscheinlich sind, temporär einmalig waren oder erneut auftreten könnten (Chen et al., 2011; Weiner, 1985). Kann die Ursache für das gesunkene Vertrauen, d. h. die damit verbundene Situation, als einmalig angesehen werden, ist nicht von einem Vertrauensbruch oder einer Verletzung auszugehen. Wird die Ursache für das gesunkene Vertrauen als sich potentiell wiederholend interpretiert, sind die zwei Stufen 'kausale Zuschreibung' und 'Ursachendimension' die Vorbedingung zur Entstehung von Vertrauensverletzungen (Dirks, 2006). Die Vertrauensverletzung kann als eine Folge einer negativen Rückbewertung der Vertrauenswürdigkeit, die auf einer nicht erfüllten Erwartung nach einem Vertrauensakt basiert, verstanden werden (Chen et al., 2011; Tomlinson & Mryer, 2009).

(Geringes) Vertrauen vs. Vertrauensverletzung und Misstrauen

Gemäß der Vertrauensliteratur ist zu konstatieren, dass Vertrauen mit einer positiven Bewertung der Vertrauensfaktoren erzeugt wird bzw. bei einer Erhöhung der Ausprägung der Vertrauensfaktoren, Vertrauen erhöht wird (Kim, Dirks & Cooper, 2009, S. 402). Hingegen resultiert aus einer ausbleibenden Kompensation der Vertrauensfaktoren in der ersten Stufe der kausalen Zuschreibung ein geringes Vertrauen. Wird dieses geringe Vertrauen, nicht mit adäquaten Maßnahmen im Rahmen des *„trust's cyclical dynamic"* (Dietz, 2011, S. 215) zurückgewonnen, ist dies der Auslöser für den **Misstrauensakt**, d. h. die Entscheidung zu misstrauen (Grosser, 2016; McKnight & Chervany, 2001c). In diesem Zusammenhang kann Misstrauen als: *„(...) either a former trust destroyed, or former trust [not] healed"* angesehen werden (Sztompka, 1999, S. 27). Aus der Literatur ist ableitbar, dass in Bezug auf den Vertrauensbruch (und auch die Erhöhung von Vertrauen) ein lineares Modell der Vertrauensreparatur unterstellt wird. Signifikante lineare Beziehungen lassen

34 Ein Beleg für die Kompensation von negativen Aktionen durch positive Aktionen in einem anderen Bereich, was charakteristisch für die erste Stufe der Eskalation ist, findet sich bei Brockner, Siegel, Daly, Tyler & Martin (1997). Demzufolge kann Vertrauen in einem Bereich gezeigt werden, der den Akteuren/innen hilft, die aversen Reaktionen auf die negativen Ereignisse in einem anderen Bereich zu überwinden.

sich u. a. in den Studien von Dirks und Ferrin (2001; 2002) finden. Die Vertrauensliteratur unterstellt proportionale Reaktionen auf die Verletzung von Vertrauen.

Zur Abgrenzung von geringem Vertrauen bzw. einer Vertrauensverletzung und Misstrauen ist zu sagen, dass ein psychologischer Zustand des Nichtvertrauens keineswegs identisch mit Misstrauen ist oder vice versa. Die Tatsache, einer/einem Interaktionspartner/in nicht zu misstrauen, impliziert nicht zwangsläufig, diesem Vertrauen entgegenzubringen (Rupf Schreiber, 2006; Ullmann-Margalit, 2004). Bei Misstrauen ist im Vergleich zu Vertrauen nicht die Vertrauenswürdigkeit – und die damit verbundenen Faktoren für Vertrauenswürdigkeit – eingeschränkt. Im Falle von Misstrauen besteht bereits bei der ersten Stufe der Zuschreibung – wenn auch nur schwaches – Misstrauen, das in der zweiten Stufe bekräftigt oder abgemildert werden kann (Grosser, 2016). Bei der Misstrauensbildung bleiben, wie auch bei einem Vertrauensbruch, die Erwartungen unerfüllt. Folglich schreibt die/der Mitarbeitende aufgrund ihrer/seiner unerfüllten Erwartungen der Unternehmensführung misstrauensbildende Faktoren zu, da im Fall von Misstrauen die Entwicklung von negativen Wahrnehmungen und Erwartungen hinsichtlich des Verhaltens oder der Absichten gegenüber anderen inbegriffen ist. Im Sinne der Ursachendimension der zweiten Stufe des sequentiellen kognitiven Interpretationsprozesses verfestigt sich das Misstrauen und wächst an, da die/der Misstrauische: *„disproportionate reactions to violations"* wahrnimmt (Bijlsma-Frankema et al., 2016, S. 1022). Levine und McCornack (1991, S. 326) führen aus, dass ein geringes Maß an Vertrauen kein Indiz für Misstrauen ist, sondern für *„simply the lack of trust."* Der Mangel an Vertrauen beinhaltet die Frage, ob sich eine Person wohlwollend und in der gewünschten Art und Weise verhält, wohingegen Misstrauen die Überzeugung wiedergibt, dass davon ausgegangen wird, dass sich die andere Person negativ und böswillig verhält (Cho, 2006; Deutsch, 1958; Levine & McCornack, 1991). Während mit Vertrauen und ebenso mit dem Mangel an Vertrauen die Gewissheit verbunden ist, dass ein bestimmtes positives Ergebnis eintritt, ist mit Misstrauen die Ungewissheit über die Möglichkeit eines bestimmten negativen Ergebnisses verbunden (Cho, 2006; Kee & Knox, 1970). Lewicki und Bunker (1995) nehmen an, dass lediglich *eine* Enttäuschung bzw. Verletzung dazu beiträgt, Vertrauen zu verletzen, wenngleich sich Vertrauen bereits auf beiden Seiten als eine Serie von positiven Interaktionen entwickeln konnte. Die Folge im Misstrauensfall ist – insbesondere in Abgrenzung zu geringem Vertrauen – eine nicht-lineare, selbstbestätigende Dynamik, die sich aus tiefgreifenden negativen Wahrnehmungen und Erwartungen begründet (Bijlsma-Frankema & Täuber, 2017; Chen et al., 2011; Dirks et al., 2011; Kim et al., 2006; McKnight & Chervany, 2001c; McKnight & Choudhury, 2006; Tomlinson & Mryer, 2009). Zur Abgrenzung von (geringem) Vertrauen und Misstrauen bieten sich die Fallbeispiele von Rupf Schreiber (2006, S. 110) an, die in Bezug auf die erlebte Wertekongruenz und Werte*in*kongruenz zwischen einer Beeinträchtigung oder Reduzierung des Vertrauens und dem Entstehen von Misstrauen unterscheiden. Für die Arbeit ist hier kurz der Wertebegriff zu erläutern.

Werte können nach Rokeach (1973, S. 5) als: *„an enduring belief that a specific mode of conduct or end-state of existence is personally or socially preferable to an* *opposite or converse mode of conduct or end-state of existence"* definiert werden. Werte stellen: *„normative beliefs complementing instrumental beliefs as antecedents of behavior"* dar (Fishbein & Ajzen, 1975), d. h. sie sind verinnerlichte, normative Vorstellungen und Überzeugungen, die sich aus sozial geteilten Erwartungen ableiten (Rokeach, 1973, S. 5; Wiener, 1982). Nach Neuberger (1995, S. 164) sind die geteilten Unternehmenswerte: *„relativ person- und situationsunabhängige Wahrnehmungs-, Denk-, Erlebens- und Handlungsbereitschaften [und] alle anderen nachfolgenden Führungsakte [bauen auf] ihnen auf und [konkurrieren] mit ihnen."* Festinger (1954) spricht im Zusammenhang mit Werten von wünschenswerten Endstadien.

Nach der Fallstudie von Rupf Schreiber (2006, S. 110) wird mit der Wahrnehmung von Werte*in*kongruenz Misstrauen gebildet, wohin enttäuschte Erwartungen bei bestehender wahrgenommener Wertekongruenz lediglich zu einer kontextspezifischen Verminderung des Vertrauens führen. Als Beispiel nennt Rupf Schreiber (2006, S. 110), dass ein(e) Vorgesetzte(r) beim nächsten persönlichen Gespräch mit ihren/ seinen Kunden/innen wieder anwesend sein wird, da ihr/sein Mitarbeitender das letzte Gespräch nicht regelkonform führte. Dadurch ändert die/der Vorgesetzte ihr/ sein Verhalten einzig im Rahmen dieses Kontextes und bei allen anderen Kundengesprächen der/des Mitarbeitenden (und auch anderen Mitarbeitenden) wird die/der Vorgesetzte hingegen nach wie vor nicht präsent sein. Folglich lehrt die konkrete Erfahrung der/dem Vorgesetzten, dass bezüglich bestimmter Situationen auf die/ den Mitarbeitende(n) kaum Verlass ist. Im Gegensatz dazu werden Verletzungen von Werteerwartungen im Falle von Misstrauen als Ausdruck generalisierter Nicht-Übereinstimmung wahrgenommen. Rupf Schreiber (2006, S. 110) nennt hierzu einen Mitarbeitenden, der das entgegengebrachte Vertrauen als Verantwortlicher der Spesenkasse ausnutzt, Belege fälscht und sich bereichert. Das unehrliche Verhalten wird daraufhin von seinem Vorgesetzten gerügt und verurteilt, aber nicht durch die Situationsspezifität erklärt, sondern bewirkt für jegliche Situationen zukünftiges Misstrauen. Die Folgen bei der Reduktion des Vertrauens sind anders als beim Entstehen von Misstrauen. Im Fall des Kundengespräches, d. h. einer Reduktion des Vertrauens, bemühen sich die Personen um eine Koordination und Kontrolle der Aufgabenerledigung. Bei Misstrauen machen sich hingegen eine wachsende soziale Distanz und eine Zunahme unpersönlicher Aspekte in der Beziehung bemerkbar. Demzufolge kann aufgrund einer erlebten Werte(in)kongruenz zwischen einer Beeinträchtigung oder Reduzierung des Vertrauens und dem Entstehen von Misstrauen unterschieden werden. Mit der Wahrnehmung der Werteinkongruenz seitens der Mitarbeitenden, wird Misstrauen gebildet. Enttäuschte Erwartungen bei bestehender wahrgenommener Wertekongruenz führen lediglich zu einer kontextspezifischen Verminderung des Vertrauens.

2.3 Bildung von Misstrauen

Sowohl die Misstrauens- als auch die Vertrauensbildung sind mit subjektiven Wahrnehmungen und Erwartungen verbunden. Während mit der Misstrauensbildung Erwartungen einhergehen, die ein verletzendes Verhalten antizipieren, sind mit der Vertrauensbildung Erwartungen verbunden, die ein wohlwollendes Verhalten antizipieren. Dabei ist für die Bildung von Misstrauen die individuelle Misstrauensneigung der/des einzelnen Mitarbeitenden und die Misstrauenswürdigkeit der Unternehmensführung zentral, die sich aufgrund der situativen Faktoren konstituiert.

2.3.1 Misstrauensneigung und Misstrauenswürdigkeit

Misstrauensneigung

Das individuelle Maß an generellem Misstrauen ist eine Determinante des wahrgenommenen Risikos in einer Beziehung. Analog zu Mayer et al. (1995), die in ihrem Vertrauensmodell von der 'Vertrauensneigung' (*„propensity to trust"*) als ein generelles Vertrauen sprechen,[35] wird das Ausmaß, inwieweit eine Person misstraut, in der vorliegenden Arbeit als Misstrauensneigung bezeichnet. Nach Rotter (1967; 1971; 1980), Worchel (1979), Mayer et al. (1995) und ferner Fukuyama (1995) sowie McKnight und Chervany (2001a; 2001c) wird die Misstrauensneigung, auch Disposition zu Misstrauen (*„disposition to distrust"*) genannt. Analog zur Vertrauensneigung wird die Misstrauensneigung als eine **stabile Charaktereigenschaft** über verschiedene Misstrauende und Situationen hinweg angesehen, die sich während der Kindheit[36] formt und von dispositionalen Determinanten, wie der Kultur, der Gesellschaft, der Sozialisierung und den Erfahrungen sowie von der Persönlichkeit der/des Misstrauenden beeinflusst wird. Generell ist zu konstatieren, dass analog zum Entwicklungsprozess von Vertrauen, der zeigt, dass eine hohe Vertrauensneigung nicht zwangsläufig in einem Vertrauensverhalten resultiert, ebenso anzunehmen ist, dass eine hohe Misstrauensneigung nicht zwangsläufig in Misstrauen resultiert. Ferner weisen Personen in Wirtschaftsbeziehungen individualistischer Kulturen eine höhere Vertrauensneigung und eine geringere Misstrauensneigung als Individuen kollektivistischer Kulturen auf (Huff & Kelley, 2003). Lewicki et al. (1998) legen dar, dass sowohl das selbst erfahrene, vergangene Misstrauen aus früheren Beziehungen, als auch die eigenen Persönlichkeitseigenschaften die Ausprägung von Misstrauen in einer gegebenen Beziehung beeinflussen. Diese Beeinflussung beruht nicht einzig auf dem Wissen bzgl. eines aktuell spezifischen Misstrauensobjekts, sondern auf der Akkumulation der Lebenszeiterfahrung (McKnight et al., 2004). Als ein Antezedent

35 Der *„Interpersonal Trust Scale"* und der *„Philosophies of Human Nature Scale"* messen die Vertrauensneigung bzw. das Ausmaß, inwieweit Personen vertrauen (Stark 1978, S. 594).

36 Erikson (1950) setzt sich mit der Persönlichkeitsentwicklung im Kindesalter auseinander. Danach ist Vertrauen die Basis für alle Aspekte der Persönlichkeitsentwicklung, insbesondere für das wachsende Gefühl von persönlicher Identität. Von Geburt an begegnen jeder Person positive und negative Ereignisse, bei denen sie enttäuscht werden oder bei denen das Versprechen gehalten wird. Ausgehend von diesen vergangenen Ereignissen generalisieren die Personen den Prozess der zukünftigen Erwartungen, wie sie behandeln werden.

von Misstrauen kann diese Ausbildung der Misstrauensneigung besonders in frühen Phasen einer Beziehung ausschlaggebend sein, wenn die Parteien einander noch unbekannt sind. Hier existiert keine vorangehende Beziehungshistorie und es gibt keine ausreichenden Informationen über die Situation oder den zu Misstrauenden, um eine akkurate Einschätzung zu fassen (Van der Werff & Buckley, 2017). In Übereinstimmung mit McKnight et al. (2004) und McKnight und Chervany (2001c) ist die Misstrauensneigung für die vorliegende Arbeit als eine Nicht-Bereitschaft bzw. ein genereller Unwille zu verstehen, sich von anderen abhängig oder verletzlich zu machen (siehe Kapitel 2.3.5.). Die Misstrauensneigung spiegelt die individuelle Einstellung wider, dass die anderen nicht wohlwollend und verlässlich sind. Wohingegen die Vertrauensneigung als eine generelle Bereitschaft anzusehen ist, sich verletzlich zu machen. Sie umfasst den Glauben an das Gute der Menschheit und geht davon aus, dass ein Individuum stets eine vertrauensvolle Grundhaltung gegenüber anderen einnehmen möchte (Gefen, 2000).

Misstrauenswürdigkeit

Die Misstrauensneigung stellt nur einen Anhaltspunkt in der individuellen Entscheidung zu misstrauen dar. Neben der Misstrauensneigung wird Misstrauen von den Faktoren der Misstrauenswürdigkeit determiniert (Dirks, 2006; Fulmer & Gelfand, 2012; Lewis & Weigert, 1985; Mayer et al., 1995; Sztompka, 1999). In jeder Situation tragen situative Faktoren zu der Entscheidung bei. Für die Entscheidung des Mitarbeitenden, Misstrauen zu hegen, sind die wahrgenommene Misstrauenswürdigkeit[37] und die damit verbundenen **Faktoren der Misstrauensentscheidung** – analog zur Vertrauensforschung – ausschlaggebend (Mayer & Davis, 1999; Mayer et al., 1995). In der Vertrauensforschung erwies sich die Erforschung der situativen Faktoren von Vertrauen von großer Wichtigkeit – genauer gesagt: der Faktoren von Vertrauenswürdigkeit, wonach das Vertrauensverhalten stets von der Situation und von dem Verhalten des Vertrauensobjektes abhängig ist. Analog zur Vertrauenswürdigkeit ist auch die Misstrauenswürdigkeit **situationsspezifisch** und abhängig von dem Misstrauensobjekt. Somit ist Misstrauen anfällig, sich zu ändern und unterscheidet sich von Misstrauensbeziehung zu Misstrauensbeziehung. Die/Der Misstrauende, hier die/der Mitarbeitende, schreibt der/dem zu Misstrauenden, hier der Unternehmensführung, Eigenschaften zu, die zum einen als Indikatoren für die Legitimation von spezifischen negativen Erwartungen dienen und zum anderen zur Negation der Eigenschaften von potentieller Vertrauenswürdigkeit führen (Dietz & Den Hartog, 2006; Larson, 2004; McKnight & Chervany, 1996, 2001b, 2001c). Mit der Zuschreibung von Misstrauenswürdigkeit geht einher, dass das Verhalten der Unternehmensführung im Mitarbeitenden Misstrauen hervorruft und die Unternehmensführung somit „würdig" ist, Miss-

37 Im Deutschen ist keine Übersetzung für *'distrustworthiness'* vorhanden. Der Begriff wird in vorliegender Arbeit mit 'Misstrauenswürdigkeit' übersetzt.

trauen zu empfangen (Bijlsma-Frankema et al., 2015). Diese Zuschreibungen bestehen aus Eigenschaften der Misstrauenswürdigkeit und basieren auf dem Wissen und der Erfahrung der/des Mitarbeitenden im Arbeitsumfeld. Sie manifestieren sich instinktiv, wenn beispielsweise die Unternehmensführung eine Meinung oder ein Interesse der/des Mitarbeitenden ablehnt und sich daher aus Sicht der/des Mitarbeitenden nicht verletzlich macht (McKnight & Chervany, 2001b, 2001c). Die finale Misstrauensentscheidung wird aufgrund dieser Zuschreibungen und Wahrnehmungen der Faktoren der Misstrauenswürdigkeit gefällt. Somit konstituiert das Zuschreiben der Misstrauenswürdigkeit mit den misstrauensbildenden Faktoren die Misstrauensentscheidung und charakterisiert das Konstrukt Misstrauen. Negative Verhaltensintensionen, wie z. B. das Unterlassen eines Informationsaustausches bezeichnen die Konsequenzen von Misstrauen.[38]

2.3.2 Emotionen zur Erforschung der Misstrauensbildung

Die Vertrauensforschung verbindet die Verletzung von Vertrauen mit emotionalen Reaktionen (Chua, Ingram & Morris, 2008; Dunn & Schweitzer, 2005, S. 736; Robinson, 1996; Robinson, Dirks & Ozcelik, 2004). Beispielsweise wird in der Studie von Pavlou und Gefen (2005) das Vertrauen einer/s Käufer(s)/in im Sinne einer Verletzung des psychologischen Vertrages nach Robinson (1996) verstanden. Diese Verletzung ruft in der/dem Käufer/in emotionale Reaktionen hervor und sie/er verlässt den E-Commerce-Marktplatz abrupt. Emotionen spielen indessen nicht nur bei der Vertrauensverletzung eine zentrale Rolle, sondern können auch zur Erforschung von Misstrauen dienen. Die Studie aus dem Bereich der kognitiven Neurowissenschaft von Dimoka (2010) zeigt, dass Emotionen eine Schlüsselrolle zur Unterscheidung von Misstrauen und Vertrauen einnehmen. Misstrauen umfasst Emotionen, wie Ängste, Zweifel und Argwohn, die beharrlicher und eher andauernd sind. Nach Dimoka (2010) ist Misstrauen mit der Amygdala assoziiert.[39] Diese Gehirnregion

---

38 In Bezug auf die Misstrauenswürdigkeit und die Entscheidung, zu misstrauen sowie die Konsequenzen von Misstrauen könnte analog zu der Vertrauensforschung eine Abgrenzungsproblematik bestehen. Im Rahmen von Vertrauen sehen manche Forscher/innen die Wahrnehmung von Vertrauenswürdigkeit „nur" als Vorbedingung bzw. Antezedenz von Vertrauen, z.B. Butler (1991) und erst die daraus resultierenden, sichtbaren Verhaltensabsichten als das „wirkliche" Vertrauen im Sinne einer Vertrauensentscheidung, da die: *„behavioural intentions (reflect the) willingness of the trustor to engage in trusting behaviours"* (Currall & Judge 1995, S. 153). Vorliegend wird bereits das Zuschreiben und die Wahrnehmung von Misstrauenswürdigkeit als die Misstrauensentscheidung aufgefasst und letzteres als die Konsequenzen von Misstrauen angesehen.

39 Dimoka (2010, S. 1) stellt mittels der Abbildung des zentralen Nervensystems (*„neuroimaging"*) dar, dass für Misstrauen und Vertrauen unterschiedliche Gehirnregionen verantwortlich sind, welche jeweils differenzierte Effekte auslösen. Das Kerngebiet des Gehirns – im medialen Teil des Temporallappens – tritt jeweils paarig auf und wird auch als Mandelkern oder lateinisch als das 'corpus amygdaloideum' bezeichnet

steht für Unsicherheit, Voraussicht und die Angst vor Verlust und geht mit intensiven negativen Emotionen einher, wie Besorgnis, Argwohn und Angst. Den Ergebnissen von Dimoka (2010) zufolge zerstört Misstrauen aktiv (und schwerwiegend) die Beziehungsqualität einer Käufer-Verkäuferbeziehung. Bereits frühere Forscher bestätigten, dass die Amygdala von intensiven und plötzlichen emotionalen Stadien ausgelöst wird (Deppe, Schwindt, Kugel, Plassmann & Kenning, 2005; Kenning & Plassmann, 2005) und explizit von negativen Stadien (LeDoux, 2003). Vertrauen hingegen ist mit dem Zentrum des Gehirns verbunden, das für Belohnung steht. Mit Vertrauen sind Emotionen verbunden, die für Hoffnung stehen und mit positiven Belohnungen (Gehirnregion: Nucleus Caudatus) sowie mit kooperativen Absichten (Gehirnregion: Anterior Paracingulate Cortex) einhergehen. Daraus ist abzuleiten, dass Misstrauen und Vertrauen unterschiedliche Gehirnregionen aktivieren, was neben Dimoka (2010) jüngst Kujala et al. (2016) in ihrer Forschung bestätigten.[40] Misstrauen bzw. Vertrauen sind mit bestimmten Emotionen verbunden und damit gehen auch unterschiedliche Intensitäten und Erwartungen gegenüber dem Anderen einher bzw. Absichten in Bezug auf die Reziprozität. Dass insbesondere im Zusammenhang mit Misstrauen von negativen Emotionen ausgegangen werden kann, zeigt die empirische Studie zur Emotionalität in Konflikten von Bodtker und Jameson (2001). Sie verbindet die negativen Emotionen bzw. die Komponenten emotionaler Erfahrungen mit Misstrauen bzw. der Misstrauensdefinition. In ihrer Arbeit stellen sie Folgendes fest: *„(…) negative emotions are the result of a perceived interference or blockage with one's goals or expectations"* (Bodtker & Jameson, 2001, S. 260). Danach resultieren negative Emotionen aufgrund von beeinträchtigten oder blockierten Erwartungen und dies wiederum entspricht der Misstrauensdefinition gemäß Lewicki et al. (1998, S. 339): *„confident negative expectations regarding another's conduct of distrust."*

Wesen und Charakter von Emotionen

Nach Frijda (1986) entstehen (negative) Emotionen, wenn persönliche Anliegen, wie Ziele, Befindlichkeiten, Ideale oder Werte angesprochen werden. Ein Anliegen kann in dem Wunsch liegen, zu einer Gruppe dazuzugehören, um aus den sozialen Bindungen einen Nutzen zu ziehen. Mitarbeiteremotionen werden entlockt, wenn ein Ereignis ihr Anliegen in positiver oder negativer Weise berührt (Dreu, West, Fischer & MacCurtain, 2001, S. 201). Dabei umfassen Emotionen via motivierenden

---

und ist Teil des limbischen Systems. Die Amygdala ist wesentlich an der Entstehung der Angst beteiligt und spielt allgemein eine wichtige Rolle bei der emotionalen Bewertung und Wiedererkennung von Situationen sowie der Analyse möglicher Gefahren. Sie verarbeitet externe Impulse und leitet die vegetativen Reaktionen dazu ein. Folglich ist Misstrauen mit negativen Verlusten und Schäden assoziiert und Vertrauen mit erwarteten positiven Belohnungen.

40 Nach Dimoka (2010) sind Misstrauen und Vertrauen als eigenständige Konstrukte aufzufassen (Zwei-Konstrukt-Sichtweise).

Tendenzen und physiologischen, nicht-verbalen Ausdrücken sowie Verhaltensmustern den ganzen Prozess der Bewertung eines Ereignisses, das das Anliegen berührt (Dreu et al., 2001, S. 201). Analog zu Frijda, Kuipers und Ter Schure (1987) und Ballinger und Rockmann (2010) ist es für emotionale Reaktionen charakteristisch, dass aus dem Ereignis ganz unterschiedliche Emotionseinschätzungen resultieren können, die wiederum in verschiedene Handlungstendenzen münden. Beispielsweise könnten Mitarbeitende ein kompetitives Verhalten einer/eines Kollegen/in als eine Bedrohung wahrnehmen, woraus Angst und Sorge resultieren. Sie könnten es aber auch als Angriff der eigenen Position werten und daraus Wut entwickeln (Dreu et al., 2001, S. 201).

Eine Schlüsselfunktion einer Emotion ist die Aufmerksamkeit, sich auf einen spezifischen Aspekt der Umgebung zu fokussieren, der einer Aktion oder einer Entscheidung bedarf (Clore, 1994; Watson & Clark, 1994), wie die Entscheidung zu misstrauen oder zu vertrauen. Nach Lewis und Weigert (1985) sowie Fichman (2003) lenken Emotionen die Entwicklung des Vertrauensverhaltens und sind zum Vertrauensaufbau essentiell. Da Emotionen Informationen bereitstellen, Aufmerksamkeit fokussieren und die Relevanz in Situationen signalisieren, sind sie sehr adaptiv (Clark & Watson, 1994; Frijda, 1994; Watson & Clark, 1994) und erlauben dem Organismus zügig, entschlossen und energisch bei neuen oder bedrohenden Situationen zu antworten (Frijda, 1994). Aufgrund der eingegrenzten Aufmerksamkeit kann das Individuum die Relevanz oder Irrelevanz eines Ereignisses einfacher entscheiden (Frijda, 1994). Dabei sind Emotionen nicht statisch und variieren gemäß den individuellen Ausdrucksweisen, der Sozialisierung, der sozialen Kontexte und der Reaktionen anderer. Dies geht darauf zurück, dass jeder Teil des Prozesses permanent – nicht zwangsläufig unter vollem Bewusstsein – der Regulation unterworfen ist (Dreu et al., 2001, S. 201).

Emotionen im organisationalen Kontext

Im Kontext von Organisationen werden Emotionen und ihre Reaktionen in Bezug auf Interaktionen zwischen verschiedenen hierarchischen Stufen (Wayne, Shore & Liden, 1997; Weiner, Graham & Chandler, 1982; Zhao, Wayne, Glibkowski & Bravo, 2007) und auf Konflikte (Gayle & Preiss, 1998; Morrill & Thomas, 1992; Ostell, 1996) sowie in Bezug auf alltägliche, routinierte Arbeitsabläufe (Rafaeli & Sutton, 1987) untersucht. Emotionen sind sozial geteilte Vorlagen, *„socially shared scripts"* (Jones, 2001, S. 87). Organisationale Normen und Vorgaben vermögen den offenkundigen Ausdruck von Emotionen zu unterdrücken (u. a. Kramer & Hess, 2002). Mit Lazarus und Cohen-Charash (2001, S. 75) ist festzustellen, dass Emotionen: *„the joint operation of both environmental conditions (most often, interpersonal) and personality characteristics"* wiedergeben. Für vorliegende Arbeit ist zu sagen, dass Emotionen nicht einzig aufgrund von Persönlichkeitseigenschaften oder aufgrund eines momentanen Zustandes des Mitarbeitenden entstehen. Emotionen spiegeln die Wahrnehmung und Bewertung eines Erlebnisses gemäß den Prozessen des sozialen Kontextes wider, wobei sie von dem sozialen Umfeld beeinflusst werden und dieses zugleich selbst beeinflussen (Dreu et al., 2001; Frijda & Mesquita, 1994; Keltner & Haidt, 1999; Menges & Kilduff, 2015, S. 380). Daher ist mit Lazarus und Cohen-Charash (2001, S. 75) hervorzuheben, dass *nicht* eine Persönlichkeitseigenschaft oder ein persönliches Problem für eine bestimmte Erlebnisschilderung verantwortlich gemacht werden kann, wenn das Erlebnis größtenteils auch von anderen Mitarbeitenden ähnlich wahrgenommen und geteilt wird, sondern das Unternehmensumfeld.

Für die erlebte Gegenseitigkeit bzw. Reziprozität der Mitarbeitenden sind in diesem Zusammenhang die kollektiv geteilten Emotionen wichtig (Menges & Kilduff, 2015, S. 883). Aufgrund dessen, dass Individuen die Emotionen anderer Menschen unbewusst beobachten, produzieren sie ähnliche Emotionen in sich selbst (de Rivera, 1992).[41] Die kollektiven Emotionen basieren auf der gemeinsam geteilten Bewertung eines Ereignisses, z. B. wenn das Projektteam nach einer guten Teamperformance begeistert ist (positive Emotionen) oder entstammen einer emotionalen Enttäuschung (negative Emotionen). Da die kollektiven Emotionen nicht nur sozial geteilt sind, sondern auch von einer größeren Intensität und Dauerhaftigkeit geprägt sind als individuelle Emotionen, resultieren aus den Bewertungsprozessen der kollektiv empfundenen Emotionen ein gemeinsamer Konsens über ein Ereignis, das die Emotionen entlockte, wie dem Empfinden einer (Un-) Gerechtigkeit. In Folge haben die kollektiv geteilten Erinnerungen der Vergangenheit einen kontinuierlichen Effekt auf die zukünftige Wahrnehmung und Erwartung von Mitarbeitenden und beeinflussen, ob Bemühungen hinsichtlich einer Versöhnung oder Schlichtung als legitim anerkannt werden (Bar-Tal & Halperin, 2011; Bar-Tal, 2007; Wohl & Branscombe, 2008).

Die höchste Bedeutung für Emotionen in Organisationen besitzen Ereignisse (Briner, 1999; Weiss & Cropanzano, 1996). Mit den emotionalen Erfahrungen der Ereignisse sind kognitive Einschätzungen und Bewertungen der Umgebung einer Person verbunden (Smith & Ellsworth, 1985). Die **Affekttheorie** (Tomkins, 1962; 1963) beschäftigt sich mit den kognitiven Einschätzungen, die von Emotionen hervorgerufen werden. Daher kann die Einschätzung der emotionalen Erfahrungen der/des Mitarbeitenden bezugnehmend auf die Affekttheorie in die affektive Komponente (Emotionen, wie enttäuscht und wütend) und in die kognitive Komponente (deren inhaltliche Bewertung) unterteilt werden. Zur Definition von Emotionen hebt das Oxford Wörterbuch (2017) die affektive Komponente einer Emotion hervor, wie z. B. die Erregung, indem eine Emotion als: *„an agitation of mind; an excited mental state“* gefasst wird. Darüber hinaus ist die kognitive Komponente als wesentlich für

41 Über kollektive Emotionen wird angenommen, dass sie mehr sind als die Summe ihrer Einzelteile, da sie eine emotionale Atmosphäre bzw. einen emotionalen Rahmen bilden, auf dem zukünftige Handlungen basieren (Dreu, West, Fischer & MacCurtain 2001, S. 208f.). Aus den kollektiven Emotionen resultiert, wie sich Individuen in einer Gruppe emotional aufeinander beziehen, z. B. ob sie vertrauen, sich ängstigen oder sich bewundern. Dies wird in der Literatur als emotionales Klima einer Nation, Organisation oder Gruppe beschrieben (de Rivera 1992).

die Entstehung und die Erklärung von Emotionen hervorzuheben. Die kognitive Bewertung ist ein zentraler Prozess, der nicht nur für die Entstehung, sondern auch für die kontinuierliche und rekursive Informationsverarbeitung einer Emotion wesentlich ist (Otto, Euler & Mandl, 2000, S. 15). Für das Auftreten einer Emotion ist entscheidend, welche Kognitionen die/der Mitarbeitende mit dem Ereignis verbindet, d. h. wie das auslösende Erlebnis hinsichtlich der Bedeutung für die eigenen Motive, Wünsche und Ziele eingeschätzt und interpretiert wird (Drewing & Spiegel, 2006; Weiner, 1985). Hierfür wird das zugrundeliegende Ereignis kognitiv in drei Phasen bewertet, bevor eine Emotion erlebt wird. Als erstes schätzt die/der Mitarbeitende ein, ob das Ziel, das sie/er verfolgt, mit dem wahrgenommenen Ereignis erreicht worden ist. In Folge dieser Bewertung ist die/der Mitarbeitende z. B. glücklich, den emotionalen Zustand erreicht zu haben; dies bezeichnet die *„ereignisabhängige Emotion“* (Weiner, 1985, S. 548). Als zweites führt die/der Mitarbeitende das Ereignis auf einen bestimmten Ursachenfaktor zurück, wie z. B. auf die eigene Fähigkeit oder Anstrengung oder auch den Zufall. Die sog. ‘Zurückführung auf den Ursachenfaktor’ ist besonders bei negativen, unerwarteten oder wichtigen Ereignissen entscheidend, wobei die ereignisabhängige Emotion bestehen bleibt und lediglich von der hinzutretenden *„attributionsabhängigen Emotion“* überlagert wird (Kognitive Emotionstheorien, 2006, S. 2; Weiner, 1985, S. 548). Als drittes wird der gefundene Ursachenfaktor in eine der drei Dimensionen Lokation, Stabilität und Kontrollierbarkeit eingeordnet, d. h. die/der Mitarbeitende fragt sich, ob die Ursache eigens verursacht oder bei anderen zu suchen ist und ferner, ob die Ursache über die Zeit hinweg stabil und kontrollierbar ist (Kognitive Emotionstheorien, 2006; Weiner, 1985).

Zur **Definition von Emotionen** wird Levenson (1994, S. 123) angeführt, da die kognitive Komponente der Affekttheorie eine Verhaltenskomponente beinhaltet. Er definiert Emotionen als: *„short-lived psychological-physiological phenomena that represent efficient modes of adaptation to changing environmental demands.“* Mit Clark und Watson (1994, S. 89) ist hervorzuheben, dass jede Emotion: *„(...) a response to specific types of events”* widerspiegelt und: *„(...) characteristic forms of adaptive behavior”* hervorruft.[42] In der vorliegenden Arbeit wird eine Emotion als subjektive, bewusste Erfahrung angesehen, die sich aus einer persönlichen Perspektive formt und auf eigenen Einstellungen und Wünschen basiert – im Gegensatz zu einer unabhängigen, objektiven Perspektive. Auf den Kontext des Unternehmens übertragen machen Mitarbeitende Erfahrungen, die durch Emotionen hervorgerufen werden. Die erfahrenen Emotionen der/des Mitarbeitenden sind das Ergebnis eines (oder mehrerer) Ereignisse(s) während der Arbeitszeit. Emotionen sind aufgabenspezifisch oder stellen das Produkt einer sozialen Interaktion dar, d. h. sie entstehen in einer Arbeitssituation. Die soziale Situationen

42 Clark & Watson (1994, S. 89) charakterisieren eine Emotion als: *„an organized, highly structured reaction to an event that is relevant to the needs, goals or survival of the organism.”*

kann als Ereignis begriffen werden (Briner, 1999). Zur Abgrenzung der Konstrukte 'Affekt', 'Gefühl', 'Erlebnistönung' und 'Stimmung' verweist die Arbeit auf Otto et al. (2000, S. 14–18).

2.3.3 Merkmale und Phasen der Misstrauensbildung

Die Arbeit erachtet drei Hauptmerkmale als charakteristisch für den Prozess der Misstrauensbildung: die Urteilsverzerrungen, das Einraststadium und den selbstverstärkenden Charakter der Misstrauensbildung.

Merkmale der Misstrauensbildung

Die Bildung von Misstrauen ist in der Entkräftung bzw. der Widerlegung der Erwartungen begründet. Sitkin und Roth (1993) gehen bei ihrer Betrachtung der Verletzung von Erwartungen im Rahmen der Werteinkongruenz davon aus, dass im Fall von Misstrauen die Verletzungen von Erwartungen, die sich auf die Wertekongruenz beziehen, über die Situationen hinweg generalisiert werden und dazu führen, dass sobald eine kleine Verletzung eintritt, Misstrauen produziert wird. Im Rahmen von Kaufempfehlungsagenten im E-Commerce zeigen Komiak und Benbasat (2008) anhand des Verhaltens von Käufer(n)/innen und Verkäufer(n)/innen, dass Personen vor bzw. auf dem Weg der Anbahnung einer Kauftransaktion die Erwartungen formen und sich gegenseitig Vertrauen schenken. Während der Transaktion kann das Vertrauen erschüttert, betrogen und verletzt bzw. widerrufen werden. Bei Vertrauensverletzungen, die auf nicht erfüllte Erwartungen der Internetnutzer/innen beruhen, wird Misstrauen gebildet. Dabei schränkt das entstandene Misstrauen der/des Käufer(s)/in die Wahrnehmung der Auswahlmöglichkeiten ein und beeinflusst die Kaufbeziehung dahingehend, als dass Misstrauen zu **Urteilsverzerrungen** führt, wie zuvor McKnight und Chervany (2001a) und später Dimoka (2010) gezeigt haben. Folglich verzerren sich die Wahrnehmungen im Misstrauensfall und verschmelzen zu einer undifferenzierten negativen „Brille“ (Bijlsma-Frankema et al., 2015; Luhmann, 2000, S. 93). Die Situation ist von subjektiven, negativen Einschätzungen und Kriterien geprägt (Luhmann, 2000, S. 101). Die negativen Wahrnehmungen führen zu einer negativen Einordnung von Information der Verursacher/innen, woraufhin der Weg für Misstrauen bereitet ist (Giacalone & Greenberg, 1997). Ripperger (2003, S. 70) spricht im Zusammenhang mit der Misstrauensentstehung von einer *„Mißtrauensspirale“*, in der beiderseitig Misstrauensabsichten und Handlungen wahrgenommen werden.[43] Searle et al. (2014, S. 4) führen aus, *„(...) once distrust was triggered it escalated into a cycle where negative attitudes, lack of cooperation and deviant behaviors escalated and acerbated fault-lines between the parties."* Die

43 Der Begriff 'Misstrauensspirale' findet sich in früherer Forschung bereits bei Sherif, Harvey, White, Hood & Sherif (1961), Zand (1972) und Fox (1974) sowie Sitkin & Stickel (1996).

misstrauische „Brille" engt die Fähigkeit ein, Informationen wahrzunehmen und Dinge positiv zu interpretieren. Alle Faktoren und Anhaltspunkte zur Einschätzung und Bewertung von Sachverhalten wachsen kohärent in ein integriertes, einfaches Bewertungssystem mit Feedback-Loops, die sich verstärken. Es gibt kaum Reflexion- oder Feedbackschleifen, Dinge getrennt voneinander zu beurteilen oder zu revidieren, sondern nur Anhaltspunkte, die das negative Bewertungssystem bekräftigen (Bijlsma-Frankema et al., 2015; Luhmann, 2000, S. 93; Searle et al., 2014; Sitkin & Bijlsma-Frankema, 2018).

Wenn das „Set" an Wahrnehmungen einen auslösenden Umkehrpunkt an untragbarer Verletzung erreicht hat, der sog. Wende-, Umkehrpunkt oder *„tipping-point"* (Gladwell, 2016, S. 9), entsteht Misstrauen.[44] Dieses Stadium wird *„locked in"* genannt (Friedman & Currall, 2003, S. 1330) – übersetzt: **Einrast- bzw. Gefangenenstadium**. Es bezeichnet einen situativen Moment, an dem die Reaktionen auf eine oder mehrere Vertrauensverletzungen unangemessen sind und nicht linear beurteilt werden. Lewicki und Tomlinson (2014) sprechen am Tipping-point von einem Vertrauenskonflikt, bei dem sich die wahrgenommenen Urteilsverzerrungen verstärken. Die Folgen werden in der Fallstudie von Gill, Thompson und Weinbender (2016, S. 12) darin gesehen, dass: *„(...) interactions and attributions were largely focused around suspicion, tension and withholding information."* Ballinger und Rockmann (2010, S. 385) konstatieren, dass das Individuum *„resistant to change"* ist. Auch die Vertrauenstheoretiker wie Luhmann (1979) oder Holmes (1991) nahmen an, dass sich die Einstellung zu Vertrauen ändert, wenn eine gewisse Reizschwelle erreicht ist. Das „Dämpfungsvermögen" von Vertrauen schwindet und es besteht keine Möglichkeit auf Kompensation mittels positiven Aktionen, um die Negativwahrnehmung zu dämpfen und abzuschwächen (Coleman, Vallacher, Nowak & Bui-Wrzosinska, 2007). Mit Wiethoff und Lewicki (2005) sowie Gill et al. (2016) ist davon auszugehen, dass sich die misstrauische, konfliktäre Bewertungsrückschleife am Erreichen der Reizschwelle durch wahrgenommene Urteilsverzerrungen vergrößert, da die Misstrauensbildung durch eine selbstverstärkende negative Dynamik durchdrungen wird.

Die Durchdringung (*„pervasiveness"*) von negativen Wahrnehmungen und Erwartungen (ver-) stärkt das Misstrauen (Bijlsma-Frankema et al., 2015, S. 1020).[45] Misstrauen ist als ein negatives, sich selbstbestätigendes Prinzip zu bezeichnen (Luhmann, 2000, S. 98). Es speist sich im Gegensatz zu Vertrauen aus einem **selbstverstärkenden Prozess** und ist nicht domänen- bzw. bereichsspezifisch, sondern breitet sich über die Bereiche aus (Chen et al., 2011; Kramer, 1994; Lewicki et al.,

---

44 Erstmals aufgekommen ist der Begriff *„tipping point"* 1957 bei Grodzins im Rahmen einer Untersuchung zur Rassentrennung. Der Ökonom Schelling entwickelte den Begriff weiter und mit Gladwell (2016) und dessen Buch: *„The tipping point – How Little Things Can Make A Big Difference"* wurde er populär.

45 In Bezug auf die Konfliktliteratur entspricht der sich selbst verstärkende Misstrauenszyklus der zweiten Stufe der Eskalation in Konflikten.

1998; Sitkin & Roth, 1993). (Geringes) Vertrauen ist *„domain specific"* (Mayer et al., 1995, S. 717) und kann repariert werden, indem herabgesetzte Erwartungen wieder erhöht werden (Kim et al., 2009). Nach Luhmann (2000, S. 96f.) reagiere die/der, der/dem misstraut wird, anfangs noch mit Erklärungen, später mit Emotionen, wie Vorsicht und Argwohn und im Weiteren würde sie/er mit einem misstrauischen Verhalten antworten. Eine Enttäuschung in einem Bereich beeinflusst auch die Einschätzung anderer Bereiche bzw. die Faktoren für Misstrauens- und Vertrauenswürdigkeit (Andersson & Pearson, 1999; Coleman et al., 2007; Friedman & Currall, 2003; Perlow & Repenning, 2009). Reaktionen auf alle weiteren Verletzungen der/des Mitarbeitenden werden als unangemessen eingestuft. Jedes neue Ereignis ist folgendermaßen interpretierbar: *„(...) a cumulative addition to a chain of previous negative actions, which makes it appear more certain and more harmful"* (Bijlsma-Frankema et al., 2015, S. 1031). Im Fall von Misstrauen machen sich eine wachsende soziale Distanz und eine Zunahme unpersönlicher Aspekte in der Beziehung bemerkbar. Das Beziehungsverhältnis ändert sich von einer lockeren zu einer angespannten Beziehung, die mit kognitiven, verhaltensmäßigen und affektiven Ausprägungen verbunden ist (Rupf Schreiber, 2006, S. 110).

Phasen der Misstrauensbildung

Die Forschung zur Abfolge einzelner Phasen der Misstrauensbildung ist spärlich. Fraglich bleibt generell, welche Anzahl an Phasen zur Misstrauensbildung zu unterscheiden sind, wie diese benannt werden sollten, welche beschreibenden Merkmale anzuführen wären und wie die Abgrenzungskriterien zu der vor bzw. nachgelagerten Phase lauten könnten. Es besteht insbesondere Unklarheit über den Zeitpunkt der Vertrauensverletzung bzw. den Übertritt zu Misstrauen, der bei einer Prozessbetrachtung verlässlicher angegeben und ggf. quantifiziert werden könnte. Da davon auszugehen ist, dass unterschiedliche Levels an Misstrauen und Vertrauen in Beziehungen über den Zeitablauf existieren und die Koexistenz von Misstrauen und Vertrauen eine unterschiedliche Beziehungsgestaltung mit dem Unternehmen impliziert, ist ferner eine Unterscheidung in Phasen aus dem Aspekt nützlich, als dass unternehmensseitig festgestellt werden könnte, wie das Mitarbeiterklima im Unternehmen ist und der Frage nachgegangen werden könnte, weshalb die Mitarbeitenden kurz vor dem Misstrauenssprung stehen. Daraus könnten frühzeitig Handlungsmaßnahmen seitens des Unternehmens abgeleitet werden.

Erste Hinweise zu der Benennung und den Merkmalen der Phasen der Misstrauensbildung erteilen Conley (2014, S. 1) und Zolfaghari (2016). Der populärwissenschaftliche Autor Conley (2014, S. 1) benennt fünf Phasen zur Beschreibung der Misstrauensbildung und unterteilt die Phasen anhand der damit verbundenen Emotionen: Zweifel, Verdacht und Argwohn, Besorgnis und Sorge, Angst und Selbstschutz. Die erste Stufe im Misstrauensprozess beginnt mit Zweifel. Die/der Mitarbeitende nimmt eine leichte Unsicherheit der Vertrauenswürdigkeit der Unternehmensführung wahr, die zum Innehalten bzw. dem Überdenken des geschenkten Vertrauens führt. Die Situation fühlt sich nicht richtig an, wenngleich die/der Mitarbeitende nicht genau ausmachen kann, an was es liegt. In der zweiten Stufe wächst der Zweifel und falls dieser ungelöst bleibt, geht er in Verdacht und Argwohn über. Die/der Mitarbeitende beginnt Muster eines Verhaltens zu erkennen, das einen Mangel an Vertrauen indiziert, jedoch existieren nicht deutliche Beweise oder eine ausreichende Sicherheit, um eine verbindliche Aussage zu treffen – das „Vertrauensradar" vermutet, das etwas falsch ist. Die dritte Stufe von Misstrauen kann mit den Emotionen Besorgnis und einem Gefühl von Furcht und Angespanntheit, das sich oft auch physisch manifestiert, umschrieben werden. Wird dem Gegenüber Misstrauen zugesprochen, wird Nervosität und leichtere Erregbarkeit, ein schnelles Herzklopfen, Ärger und Wut, ein verkrampfter Magen oder sogar Abneigung und Empörung bzw. Entrüstung zu spüren sein. Bei der vierten Stufe ist die Angst in der Beziehung soweit angestiegen, dass vermieden wird, Verletzlichkeit zu zeigen. Als Folge dessen bewegt sich die/der Mitarbeitende in einem Stadium des Selbstschutzes, das verhindert, dass das Gegenüber zu nahe kommt: „Wände werden hochgezogen" und Misstrauen zementiert (Conley, 2014, S. 1). Wenngleich diese fünf Misstrauensphasen, siehe Abb. 4, nicht wissenschaftlich untermauert sind, geben sie einen vereinfachten, ersten Einblick in die Abfolge der Misstrauensbildung.

Abb. 4: Misstrauensphasen

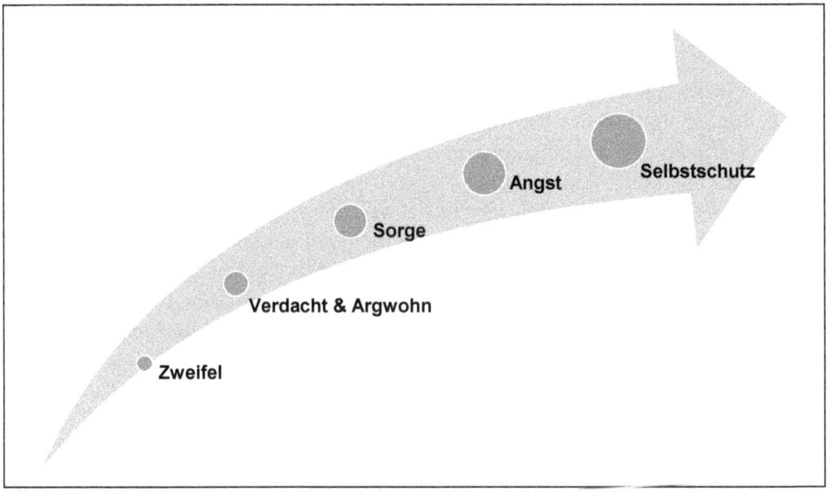

Quelle: Conley (2014)

Neben Conley (2014, S. 1) widmete sich jüngst Zolfaghari (2016) der Thematik des Misstrauensprozesses. Er greift auf die Phasen des Vertrauensentwicklungsprozesses nach Dietz et al. (2010, S. 28) zurück, d. h. auf die drei Phasen: Anfangsphase („*Ope-*

ning stance"), frühes Zusammentreffen („*Early encounter*") und Konsequenz („*Consequence*"). Danach werden in der Anfangsphase sichtbare Eigenschaften beurteilt und Gemeinsamkeiten identifiziert, wie z. B. ein ähnliches Arbeitsverhalten und die Fähigkeit, die aufgabenbezogenen Kompetenzen zu erkennen (Zolfaghari, 2016). In der ersten Phase des Zusammentreffens könnte die Wahrnehmung von Unähnlichkeit im Auftreten und Verhalten, d. h. die/der Mitarbeitende stellt kaum gemeinsame Muster von Verhaltensausprägungen fest, dazu führen, dass die Annahme getroffen wird, die Unternehmensführung als misstrauenswürdig einzustufen. Dabei führen weitere Interaktionen zu einer Bestätigung der vormals geformten bzw. sich zurechtgelegten Annahme der Misstrauenswürdigkeit. Anstatt das beobachtete Verhalten in der Art zu interpretieren, die Misstrauenswürdigkeit zu überdenken und anhand von weiteren Interaktionen die Annahmen und Beurteilungen reflektiert zu formen, ist die Phase der Konsequenz von einer Bestätigungsverzerrung „kontaminiert" (Zolfaghari, 2016, S. 41). Die Bestätigungsverzerrung geht einher mit dem Merkmal der Urteilsverzerrung, die bereits McKnight und Chervany (2001a) und später Dimoka (2010) empirisch zeigten. Aufgrund des Einflusses von Widersprüchen und vor allem aufgrund der Abwesenheit von Akzeptanz von Unterschieden und des geringen Willens, sich auf gemeinsame Anpassungen und Absprachen einzulassen, klagen die Mitarbeitenden, nicht fähig oder willens zu sein, ihrem Gegenüber zu vertrauen und das Misstrauen wächst zu dem Punkt, an dem die/der Mitarbeitende ängstlich um ihr/sein emotionales Wohlbefinden ist. In diesem Zusammenhang spricht Zolfaghari (2016) von einem Zusammenbruch. Aus den beiden Betrachtungen ist ableitbar, dass der Zusammenbruch bei Zolfaghari (2016) und der Übergang der dritten zur vierten Stufe bei Conley (2014, S. 1) die Verletzung von Vertrauen symbolisieren, was die Entscheidung zu misstrauen, konstituiert. Conley (2014, S. 1) umschreibt dieses Stadium mit den Emotionen Besorgnis und einem Gefühl von Furcht und Angespanntheit. Die Emotionen wachsen weiter negativ an und manifestieren sich sogar physisch. Beide gehen von negativen Empfindung aus; bei Zolfaghari (2016) sind es die Ängste um das persönliche Wohlempfinden. Conley (2014, S. 1) unterscheidet nach der Vertrauensverletzung die Phase des Selbstschutzes, die als eine Folge betrachtet werden kann und dem Merkmal des Einraststadiums (Friedman & Currall, 2003, S. 1330) nahekommt. Der Selbstschutz und der Zusammenbruch können als Konsequenzen von Misstrauen aufgefasst werden und im Unternehmenskontext der inneren Kündigung bzw. einem „Dienst nach Vorschrift" der/des Mitarbeitenden entsprechen.

2.3.4 Faktoren der Misstrauensbildung

Die Identifizierung der Faktoren für die Misstrauensbildung von Mitarbeitenden adressiert die vorliegende Arbeit. Bislang liegt keine eindeutige Operationalisierung von Misstrauen und den misstrauensbildenden Faktoren vor. Hierfür ist entscheidend, ob Misstrauen losgelöst von Vertrauen aufgefasst wird oder im Sinne der Ein-Konstrukt-Sichtweise. Gemäß der Ein-Konstrukt-Sichtweise wird zur Untersuchung von Misstrauen der Umformulierung der Vertrauensfaktoren, wie der ABI-Faktoren gemäß dem Modell von Mayer et al. (1995), ins Negative gefolgt.

Beispielsweise gewinnt die Studie von Schoorman et al. (2007) die Misstrauensfaktoren nicht aus theoretischen Überlegungen zu Misstrauen und/oder induktiv aus dem Datenmaterial, sondern verwendet vereinfacht die ins Gegenteil formulierten Vertrauensfaktoren. Ebenso verfolgte jüngst Grosser (2016) den Ansatz, die ins Gegenteil formulierten Faktoren für Vertrauen für die Operationalisierung der Misstrauensfaktoren zu verwenden. Zwar plädieren die Forscher Schoorman et al. (2007) und auch Grosser (2016) für die Anerkennung von Misstrauen als ein separates Konstrukt (Zwei-Konstrukt-Sichtweise), unterscheiden jedoch in ihrer Operationalisierung des Konstrukts Misstrauen (und der Misstrauensfaktoren) keine – von den Vertrauen losgelösten – Faktoren für Misstrauen. Misstrauensstudien, die Misstrauen losgelöst von Vertrauen(-swürdigkeitsfaktoren) untersuchen, sind rar. Die Studie aus dem Bereich des E-Commerce von Hsiao (2003) gewinnt ihre Misstrauensfaktoren aus den konzeptionellen Ausführungen von Sitkin und Roth (1993), wonach die Misstrauensfaktoren in Bezug auf eine (aufgabenspezifische) Verlässlichkeit und auf eine Kongruenz zwischen den Werten der Mitarbeitenden und den Werten der Organisation zu sehen sind. Misstrauen entsteht aufgrund von 'Unzuverlässigkeit' („*reliability-related distrust*") und aufgrund der 'Inkongruenz der Werte' zwischen den Mitarbeitenden und der Organisation („*value-oriented distrust*") (Hsiao, 2003, S. 174). Eine weitere Studie aus dem Bereich des E-Commerce von Komiak und Benbasat (2008), auf die sich auch Bewsell (2012) bezieht, führt aus, dass sich Misstrauen bildet, wenn die Erwartung bzgl. des Verhaltens des Gegenübers unter den eigenen Erwartungen liegt oder ihnen widerspricht. Aufgrund dieser geringeren oder im Widerspruch stehenden Erwartungen bildet sich Misstrauen im Sinne der 'Einschätzung widerlegter Erwartungen' („*expectation disconfirmation evaluation*"; Bewsell, 2012, S. 5). Diese Einschätzungen, Zuschreibungen und beobachteten Indizien, werden gefasst, da viele 'Umstände und Begebenheiten nicht bekannt' sind und diese Wahrnehmungen zu einem unguten, unbehaglichen Gefühl und zu Argwohn führen („*awareness of unknown*"; Bewsell, 2012, S. 5). Die Einschätzungen belaufen sich primär darauf, das Gegenüber als 'inkompetent' wahrzunehmen („*incompetence attribution distrust*"; Bewsell, 2012, S. 5).[46]

McKnight und Chervany (2001a; 2001c) operationalisieren in ihrer Studie von Käufer(n)/innen im E-Commerce die Misstrauensfaktoren als 'Mangel an Kompetenz', 'Wohlwollen', 'Integrität' und 'Voraussagbarkeit'; siehe Kapitel 2.3.5. Dass 'Kompetenz' ein Faktor für die Untersuchung von beiden, Misstrauen und Vertrauen ist, geht auch aus den empirischen Ergebnissen zu den Mechanismen von Misstrauen und Vertrauen von Cho (2006, S. 32f.) hervor. Ebenso argumentiert Whitney (2001) in seinem konzeptionellen Beitrag zu den „*Economics of Mistrust*", dass Inkompetenz – und hier reicht die Vermutung von Inkompetenz („*incompetence or the presumption of incompe-*

46 Bewsell (2012) beruft sich ebenfalls auf diese Klassifizierung nach Komiak & Benbasat (2008), wobei er nicht einzeln in die Komponenten 'Kompetenz', 'Wohlwollen' und 'Integrität' untergliedert, sondern diese drei Faktoren gesammelt unter „*incompetence attribution distrust*" subsumiert (Bewsell 2012, S. 5).

tence"; Whitney (2001, S. 687) – einer der ausschlaggebenden Faktoren von Misstrauen in Organisationen sei. Ferner erwähnt Whitney (2001) als Misstrauensfaktoren die Abweichung bzw. die Fehlausrichtung von Bewertungen und Belohnungen („*misalignment of measurements and rewards*"; Whitney, 2001, S. 689) und ein Versäumnis von Integrität sowie unehrliche Informationen („*integrity failure & untrustworthy information*"; Whitney, 2001, S. 687). Aus der experimentellen Verhaltensstudie von Dimoka (2010) geht hervor, dass im Misstrauensfall die/der Misstrauende tiefe Zweifel bzgl. dem Commitment des Gegenüber hegt und tief verunsichert ist, ob ihr/ihm Wohlergehen zuteilwird. Die Emotion Angst spielt dabei eine große Rolle, da die/der Misstrauende einerseits Angst hat, einen wirtschaftlichen Schaden zu erleiden, der sich daraus speist, dass die/der potentiell Vertrauende nicht an die Kompetenz, Ehrlichkeit und Verlässlichkeit der/s zu Vertrauenden glaubt, sondern 'Inkompetenz', 'Unehrlichkeit' und 'Unzuverlässigkeit' befürchtet, und andererseits hat die/der Misstrauende Angst, einem sozialen Nachteil ausgesetzt zu sein und erwidert daraufhin 'Missgunst' bzw. 'Böswilligkeit' (Dimoka, 2010).[47]

Die Abb. 5 zu den Misstrauensfaktoren dient einem ersten empirischen Einblick, wenngleich die Studien *keine Mitarbeitenden* betrachten bzw. die Beziehung Mitarbeitende und Unternehmensführung. Die Studie von Bewsell (2012) in Verbindung mit Komiak und Benbasat (2008) und ebenso die Studie von Hsiao (2003) sowie von McKnight und Chervany (2001a; 2001c) operationalisieren ihre Misstrauensbetrachtung im Rahmen des E-Commerce. Sie betrachten eine Käufer-Verkäufer-Beziehung im Internet. Die/der Käufer/in und die/der Verkäufer/in bleiben abstrakt, bei Komiak und Benbasat (2008) besteht die Käuferseite aus Kaufempfehlungsagenten. Daher ist bei diesen Studien davon auszugehen, dass das Misstrauen in das System 'Internet' entscheidend ist, um die Misstrauensfaktoren zu fassen (sog. institutionelles Misstrauen bzw. Systemmisstrauen). Eine Kauftransaktion entspricht jedoch dem abhängigen und verflochtenen Beziehungsverhältnis der/des Mitarbeitenden zu ihrer/seinem Arbeitgeber/in wenig. Folglich kann die vorliegende Untersuchung dazu beitragen, die Beziehung der Mitarbeitenden und der Unternehmensführung zu beleuchten, um einen Beitrag zur Erforschung der Misstrauensfaktoren im Kontext von Unternehmen zu leisten.

---

47 Dimoka (2010) leitet aus den zwei Dimensionen von Vertrauen – Glaubwürdigkeit und Wohlwollen – ein ebenfalls zweidimensionales Konstrukt für Misstrauen ab: Unglaubwürdigkeit („*trustor's concerns about the trustee's competence, honesty, und reliability*") und Missgunst („*malevolence*"), die sich auf das Commitment der/des Vertrauensnehmer(s)/in in Beziehung zu dem Wohlergehen der/des Vertrauensgeber(s)/in beziehen (Dimoka 2010, S. 376). Ursprünglich gehen die zwei Misstrauensdimensionen von Dimoka (2010) auf McKnight & Chervany (2001c) zurück, die drei analoge Faktoren von Vertrauen für Misstrauen unterscheiden: Inkompetenz, Unehrlichkeit und kein Wohlwollen (siehe Kapitel 2.3.5.). Die Faktoren Inkompetenz und Unehrlichkeit von McKnight & Chervany (2001c) werden bei Dimoka (2010, S. 376) unter Unglaubwürdigkeit („*discredibility*") zusammengefasst – analog zu Glaubwürdigkeit („*credibility*").

Abb. 5: Misstrauensfaktoren gemäß empirischen Studien

Misstrauensfaktoren	Beschreibung der Misstrauensfaktoren	Studie
Achtsamkeit auf Unbekanntes	**Wahrnehmung und besondere Achtsamkeit auf unbekannte Umstände und Begebenheiten**	
	awareness of unknown „*an awareness of and subjective interpretation of what one does not know that builds suspicion and uncomfortability*"	Bewsell (2012, S. 5) zurückgehend auf Komiak und Benbasat (2008, S. 733, 745)
Einschätzung widerlegter Erwartungen	**geringere oder im Widerspruch stehenden Erwartungen**	
	expectation disconfirmation evaluation „*concerns that the target's behavior is below or contrary to expectation. The behavior is in terms of options, choices and expected output of a target*"	Bewsell (2012, S.5) zurückgehend auf Komiak und Benbasat (2008, S. 735, 745)
Inkompetenz	**Unfähigkeit, Mangel von Leistung**	
	distrusting belief – competence „*an inability or lack of power to do for one what one needs done*"	McKnight und Chervany (2001c, S. 886); McKnight und Chervany (2001a, S. 44)
	incompetence attribution distrust „*concerns that the target is incompetent based on observable evidence*"	Bewsell (2012, S. 5) zurückgehend auf Komiak und Benbasat (2008, S. 735, 745)
Mangel an Wohlwollen	**Mangel an Motivation, wohlwollend zu agieren**	
	distrusting belief – benevolence „*lack of motivation to act in one's interest*"	McKnight und Chervany (2001c, S. 886); McKnight und Chervany (2001a, S. 44)

Misstrauensfaktoren	Beschreibung der Misstrauensfaktoren	Studie
Mangel an Integrität	**keine guten, glaubwürdigen Absprachen, keine wahrheitsgemäßen Aussagen, wenig bzw. fragwürdige Einhaltung von Versprechen**	
	distrusting belief – integrity *„does not make good faith agreements, does not tell the truth, and does not fulfill promises"*	McKnight und Chervany (2001c, S. 886); McKnight und Chervany (2001a, S. 44)
Keine Vorhersagbarkeit & Berechenbarkeit	**Inkonsistenz in Bezug auf die Handlungen einer anderen Person**	
	distrusting belief – predictability *„inconsistency of another person's actions"*	McKnight und Chervany (2001c, S. 886); McKnight und Chervany (2001a, S. 44)
Unzuverlässigkeit	**aufgabenspezifische Unzuverlässigkeit**	
	reliability-related distrust *„people's expectations about task-specific reliability is reduced"*	Hsiao (2003, S. 174)
Inkongruenz der Werte	**Inkompatibilität der Mitarbeitervorstellungen und Werte mit den Werten der Organisation**	
	value-oriented distrust *„**incompatibility** of employees' beliefs with the organization's cultural values appeared to be in conflict that contradicts employees' expectations"*	Hsiao (2003, S. 174)
Unglaubwürdigkeit & Angst vor einem wirtschaftlichen Schaden	**Bedenken/Befürchtungen bzgl. der Kompetenz, Ehrlichkeit und Verlässlichkeit**	
	discredibility & fear of economic loss *„concerns about competence, honesty, and reliability"*	Dimoka (2010, S. 376, 390)
Missgunst/ Böswilligkeit & Angst vor einem sozialen Nachteil	**Bedenken/Befürchtungen bzgl. dem Commitment der Fürsorge des Vertrauensgebers**	
	malevolence & fear of social harm *„concerns about commitment to the trustor's welfare"*	Dimoka (2010, S. 376, 390)

Quelle: Eigene Darstellung

2.3.5 Bezugsrahmen zur Misstrauensbildung

Für die vorliegende Arbeit sind drei Bezugsrahmen zur Misstrauensbildung von Bedeutung: die Vier-Felder-Darstellung von Lewicki et al. (1998), der Bezugsrahmen zur Misstrauensbildung von Elsbach et al. (2012) und das Konstruktmodell von McKnight und Chervany (2001c). Aus der vorliegenden Annahme von Misstrauen und Vertrauen als zwei unabhängige Konstrukte, die koexistieren, folgt, dass es (mindestens) vier Kombinationen beider geben muss: hohes Vertrauen und hohes Misstrauen, hohes Vertrauen und niedriges Misstrauen, niedriges Vertrauen und hohes Misstrauen sowie niedriges Vertrauen und niedriges Misstrauen; siehe Abb. 6. Für diese Unterscheidung und für einen Bezugsrahmen der Misstrauensbildung vorliegender Arbeit bietet sich daher die **Vier-Felder-Darstellung von Lewicki et al. (1998)** an. Der **Bezugsrahmen von Elsbach et al. (2012)** wird vorliegend betrachtet, da die Forscher/innen eine Fallstudie in einem großen Unternehmen durchführen, die sich auf die Misstrauensbildung von Mitarbeitenden in deren Führungskräfte bezieht; siehe Abb. 7. Daraus geht hervor, dass die Führungskräfte über ihr Verhalten und ihre Sprache Signale bezüglich der Unternehmenswerte an ihre Mitarbeitenden aussenden, die die Mitarbeitenden als schädigend wahrnehmen. Elsbach et al. (2012) sprechen davon, dass die Mitarbeitenden feststellen, dass die Führungskräfte nicht ihr Wort halten und ein „unfaires Spiel“ treiben. Sie empfinden die Sprache und Ausdrucksweise der Führungskräfte als abwertend und empfinden, respektlos und unfair behandelt zu werden. Aus der Kombination der Signale bezüglich der Unternehmenswerte seitens der Führungskräfte und dessen Wahrnehmung bildet sich nach Elsbach et al. (2012) das Mitarbeitermisstrauen in das Unternehmen und in ihre Führung. Für die Erforschung von Mitarbeitermisstrauen kann daraus einerseits abgeleitet werden, dass den Unternehmenswerten eine zentrale Bedeutung beizumessen ist und andererseits, dass der Wahrnehmung der Mitarbeitenden, wie gerecht oder ungerecht mit ihnen umgegangen wird, Beachtung zu schenken ist. Das **Konstruktmodell von McKnight und Chervany (2001c)** untersucht das Misstrauen von E-Commerce Kunden/innen; siehe Abb. 8. Es basiert auf einer Einteilung und Sichtweise, die auch bei Vertrauen Anwendung findet. Analog zu Bachmann und Zaheer (2006) gehen McKnight und Chervany (2001c) davon aus, dass eine Einteilung auf fünf Misstrauensbereiche sowohl für das interpersonale Misstrauen, als auch für das Misstrauen in *die* Organisation und in *der* Organisation sowie zwischen Organisationen (interorganisational) zutreffend ist. Vorliegende Arbeit beabsichtigt ebenso in ihrer Erforschung der Misstrauensbildung von Mitarbeitenden die folgenden Misstrauensbereiche zu berücksichtigen: Die Misstrauensneigung wird anhand eines Fragebogens zum persönlichen Menschenbild und der Misstrauensneigung abgefragt (siehe Kapitel 4.1.2.). Die Misstrauenswahrnehmungen und Überzeugungen sowie die Konsequenzen von Misstrauen gehen aus den Erlebnisschilderungen der Mitarbeitenden hervor, wobei diese im Vergleich zu McKnight und Chervany (2001c) nicht aus den bekannten Vertrauensfaktoren abgeleitet werden. Die Misstrauensintension, mit McKnight und Chervany (2001c, S. 885) definiert als: *„unwillingness to depend on another party"*, berücksichtigt die vorliegende Arbeitsdefinition insofern, als dass sie von Misstrauen annimmt, nicht willig zu sein, verletzt zu werden. Im Vergleich zu McKnight und Chervany (2001c) stellt die Arbeit die Vertrauensverletzung als zentralen Aspekt heraus, Misstrauen zu hegen; dieser geht über die Abhängigkeit einer Beziehung hinaus.

Konzeptionelle Vier-Felder-Darstellung zur Beziehung von Misstrauen und Vertrauen nach Lewicki et al. (1998)

Konzeptionelle Beiträge, wie von Lewicki et al. (1998) beabsichtigen die konzeptuellen Unterschiede zwischen Misstrauen und Vertrauen im Organisationskontext darzustellen und aufzuzeigen, welche Kriterien ihre Beziehung bedingen. Dabei betonen Lewicki et al. (1998) in ihrer vier-Felder-Darstellung die Ambivalenz von Misstrauen und Vertrauen und beschreiben, wie Vertrauen am Arbeitsplatz mit Hoffnung, Glaube, Absicherung, Zuversicht charakterisiert werden kann und Misstrauen hingegen mit Angst, Skepsis, Zynismus, Argwohn und Vorsicht; siehe Abb. 6. Auf der theoretischen Ebene sind Misstrauen und Vertrauen in Bezug auf die Felder 1–4 gemäß Lewicki et al. (1998) zwei koexistierende Konstrukte. Lewicki et al. (1998) unterscheiden für Misstrauen und für Vertrauen zwischen geringen bzw. schwachen und hohen bzw. starken Ausprägungen in Kombination von Misstrauen und Vertrauen. Hierfür stellen sie Misstrauen und Vertrauen basierend auf Wahrnehmungen von Gerechtigkeit, vergangenem Umgang miteinander und der Behandlung sowie den Erwartungen bzgl. der zukünftigen Behandlung in einer vier-Felder-Darstellung dar: hohes Vertrauen/geringes Misstrauen, hohes Vertrauen/hohes Misstrauen, geringes Vertrauen/geringes Misstrauen und geringes Vertrauen/hohes Misstrauen. Übertragen auf den Kontext der Mitarbeitenden, liefert die Wahrnehmung des Mitarbeitenden im Rahmen von **geringem Vertrauen und geringem Misstrauen (1)** keinen Grund zu erwarten, dass sie/er wohlwollend behandelt wird und ebenso keinen Grund, zu erwarten, nicht wohlwollend, sondern ungünstig behandelt zu werden. Die/der Mitarbeitende zeigt weder Willen noch Unwillen verletzlich zu sein. Da es unter der Bedingung von geringem Vertrauen wahrscheinlich ist, dass sie/er ein passives, zurückhaltendes und zögerliches Verhalten zeigt, was zugleich mit geringem Misstrauen einher geht, nicht vorsichtig oder wachsam zu sein, wird unter diesen Bedingungen (1) eine Ambivalenz bei der/dem Mitarbeitenden gefördert. Bei **hohem Vertrauen und geringem Misstrauen (2)** liefert die Wahrnehmung der/des Mitarbeitenden einen Grund zu erwarten, dass sie/er wohlwollend behandelt wird, aber keine Gründe zu erwarten, nicht wohlwollend, ungünstig behandelt zu werden, was den Willen fördert, verletzlich zu werden. Unter der Bedingung von hohem Vertrauen macht sich die/der Mitarbeitende u. a. aufgrund der Zuversicht und Zusicherung bzw. Gewissheit verletzlich. Im Feld **(3) geringes Vertrauen und hohes Misstrauen besteht für die/den** Mitarbeitenden kein Grund der Annahme, wohlwollend behandelt zu werden, aber Gründe zu erwarten, nicht wohlwollend behandelt zu werden. Die/der Mitarbeitende ist unwillig, sich verletzlich zu machen und sehr vorsichtig und wachsam. Die Wahrnehmung **hohes Vertrauen und hohes Misstrauen (4)** der/des Mitarbeitenden liefert Gründe zu erwarten, dass sie/er wohlwollend behandelt wird, was sich in dem entsprechenden Willen zeigt, verletzlich zu werden. Ebenso liefert die Wahrnehmung Gründe, dass sie/er nicht wohlwollend, sondern ungünstig behandelt wird, was den Unwillen fördert, sich verletzlich zu machen.

Abb. 6: Vier-Felder-Darstellung von Misstrauen und Vertrauen nach Lewicki et al. (1998)

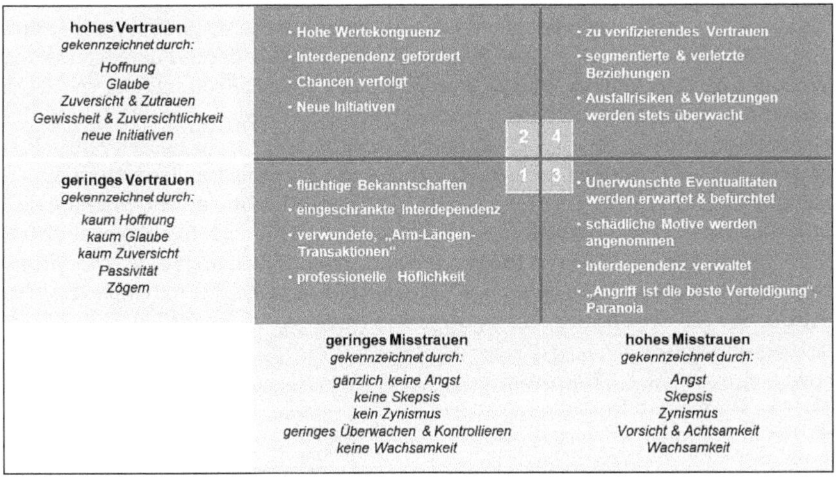

Quelle: Lewicki et al. (1998)

Neben Lewicki et al. (1998) verbinden auch spätere Arbeiten ein Vertrauensverhalten mit Optimismus, Hoffnung und Zuversicht sowie positiven Erwartungen, wohingegen Misstrauen in Pessimismus, Angst und einem Mangel an Zuversicht und negativen Erwartungen begründet wird (Lewicki & Brinsfield, 2015, S. 48). Im Rahmen von Misstrauen werden insbesondere Begriffe, wie Skepsis, Achtsamkeit und besonders ausgeprägte Vorsicht und Wachsamkeit sowie Wahrnehmungen von Bedrohung, Angst und Sorge genannt (Benamati et al., 2010; Bewsell, 2012; Cho, 2006; McKnight et al., 2003). Ferner beschreiben Lewicki und Brinsfield (2009) hohes Vertrauen mit Hoffnung, Glaube, Zuversicht und Zusicherung und sprechen von einem initiatives Verhalten, wohingegen geringes Vertrauen keine Hoffnung, keinen Glauben oder Zuversicht umfasst und von Passivität und Zögern gekennzeichnet ist. Geringes Misstrauen umfasst kaum Angst, das Fehlen von Skepsis und Zynismus und ein geringes Interesse an Überwachung oder Kontrolle sowie einer geringen Wachsamkeit. Hohes Misstrauen hingegen ist von Ängsten, Skepsis, Zynismus und Vorsicht sowie Argwohn gekennzeichnet. Nach Lewicki und Brinsfield (2009; 2015) sind Beziehungen mit geringem Vertrauen und geringem Misstrauen wertfrei und freundlich, während Beziehungen mit geringem Vertrauen und hohem Misstrauen argwöhnisch und verhalten sind. Ferner argumentieren Lewicki und Brinsfield (2009; 2015), dass Beziehungen mit hohem Vertrauen/geringem Misstrauen positiv und produktiv sind und Beziehungen mit hohem Vertrauen/hohen Misstrauen konfliktreich und ambivalent sind, jedoch nur sehr selten in der Realität des Organisationskontextes aufzufinden sind.

Bezugsrahmen zur Bildung von Mitarbeitermisstrauen nach Elsbach et al. (2012)

Elsbach et al. (2012) entwerfen einen Bezugsrahmen zur Misstrauensbildung (*„Building of Employee Distrust: Value Signals and Perceptions“*), der auf der sukzessiven Vertrauenserosion und der Bildung von Misstrauen einer Fallbetrachtung von sechs Phasen beruht. Die Fallstudie erstreckt sich auf eine Zeitdauer von 15 Jahren mit einem Unternehmen, Hewlett-Packard (HP). Innerhalb der sechs Phasen zeigen Elsbach et al. (2012), wie und weshalb das Mitarbeitervertrauen in das Unternehmen Hewlett-Packard zerstört wurde und die Mitarbeitenden ab der dritten Phase von Misstrauen sprechen. Das Mitarbeitermisstrauen besteht nach Elsbach et al. (2012, S. 254) darin, dass: *„HP and its leaders provided signals of values that led specifically to employee distrust. These values were organizational disrespect for employees, dissatisfaction with employees, and unfairness in employee treatment.“*

Abb. 7: Bildung von Mitarbeitermisstrauen nach Elsbach et al. (2012)

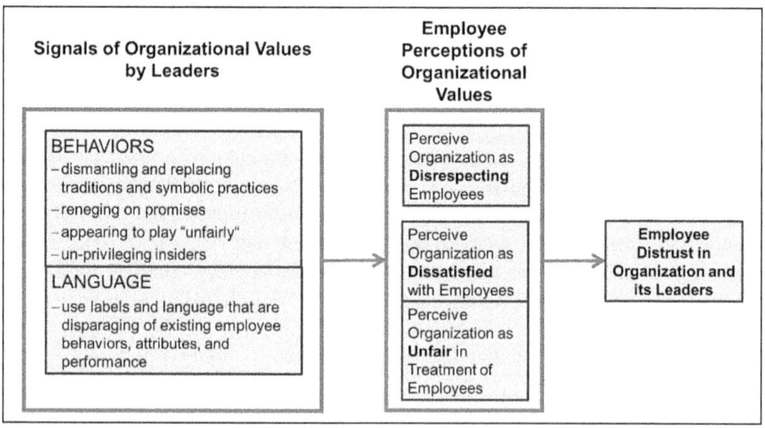

Quelle: Elsbach et al. (2012)

Zur Darstellung von Mitarbeitermisstrauen in Organisationen und deren Führungskräfte unterteilen Elsbach et al. (2012) zwei Verantwortungsbereiche; siehe Abb. 7. Im ersten Verantwortungsbereich senden die Führungskräfte an die Mitarbeitenden

Signale bezüglich der Unternehmenswerte, woraufhin die Mitarbeitenden die gesendeten Organisationswerte wahrnehmen. Dabei unterteilen Elsbach et al. (2012) die Signale in 'Verhalten' und 'Sprache'. Das Verhalten der Führungskräfte beruht auf der Wahrnehmung der Mitarbeitenden, dass die Führungskräfte die Unternehmenstradition demontieren wollen, d. h. im negativen Sinne das Unternehmen erneuern, indem Traditionen ersetzt werden und neue Symbole gezeigt werden. Im zweiten Verantwortungsbereich nehmen die Mitarbeitenden ein Verhalten wahr, dass die Führungskräfte nicht ihr Wort halten und ein „unfaires Spiel" treiben sowie langjährige Mitarbeitende zu „unprivilegierten Insidern" degradieren, indem ihnen Zusatzleistungen und ihr bevorzugter Beschäftigungsstatus gestrichen werden. Die Sprache und Ausdrucksweise der Führungskräfte werden seitens der Mitarbeitenden als abwertend und verächtlich interpretiert. Die Mitarbeitenden nehmen wahr, dass ihnen einerseits kein Respekt zuteil kommt und sie unfair behandelt werden und andererseits, dass die Organisation mit ihnen unzufrieden ist. Der erste Verantwortungsbereich, *„Signals of Organizational Values by Leaders"* und der zweite *„Employee Perceptions of Organizational Values"* führen zu Mitarbeitermisstrauen in die Organisation und in ihre Führung, *„Employee Distrust in Organization and its Leaders"*.

Konstruktmodell zur Untersuchung von Kundenmisstrauen nach McKnight und Chervany (2001c)

Für die Operationalisierung von Misstrauen ist das Konstruktmodell, *„E-Commerce Construct Model"*, von McKnight und Chervany (2001c) entscheidend; siehe Abb. 8. Zur empirischen Untersuchung von Misstrauen der Stakeholdergruppe 'Kunden/innen' im E-Commerce unterscheiden McKnight und Chervany (2001c, S. 886) in ihrem Arbeitspapier *„While trust is cool and collected, distrust is fiery and frenzied: A model of distrust concepts"* fünf Misstrauensbereiche, die in verschiedenen Beziehungen und Kontexten unterschiedlich auftreten können:

- Misstrauensneigung (*„disposition to distrust"*),
- Misstrauen in die Institution, wie in das Internet (*„institution-based distrust"*),
- Misstrauenswahrnehmungen und -überzeugungen (*„distrusting beliefs"*), abgeleitet aus den Vertrauensfaktoren,
- die Misstrauensintension (*„distrusting intention"*), die die generelle Einstellung von Misstrauen anspricht, nicht willig zu sein, von einem Gegenüber abhängig zu sein (*„unwillingness to depend on another party"*) und
- das Misstrauensverhalten im Sinne von Konsequenzen von Misstrauen (*„distrust-related behaviors"*), wie z. B. die Vermeidung von Abhängigkeiten und Interaktionen beim Informationsaustausch.

Abb. 8: Konstruktmodell nach McKnight und Chervany (2001c)

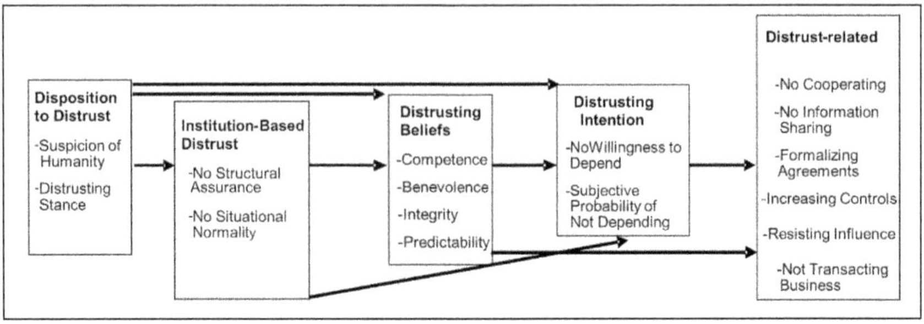

Quelle: McKnight und Chervany (2001c)

Moody et al. (2014) folgen bei ihrer Herleitung von Misstrauen und ihren Ausführungen zur Ambivalenz von Misstrauen und Vertrauen dem Konstruktmodell von McKnight und Chervany (2001c). Neben McKnight und Chervany (2001c) und Elsbach et al. (2012) besteht nach vorliegender Literaturrecherche kein weiteres Erklärungsmodell, das die Komponenten der Misstrauensbildung und deren Beziehung empirisch erforscht und in einem Modell darstellt.[48]

2.4 Implikationen für das Forschungsdesign

Auf der Grundlage der Aufarbeitung des Forschungsstandes kann die Arbeit Implikationen für das Forschungsdesign und die Datenauswertung ableiten.

Misstrauen und Vertrauen als eigenständige, koexistierende Konstrukte

Die vorliegende Arbeit geht von der Zwei-Konstrukt-Sichtweise aus und nimmt an, dass aufgrund von vielfältigen Beziehungen im Unternehmen von einer Koexistenz von Misstrauen und Vertrauen auszugehen ist. Die Mitarbeitenden des Unternehmens sind mit gemischten Emotionen ausgestattet und müssen mit eventuellen Widersprüchen daraus zurechtkommen. In vorliegender Arbeit wird argumentiert, dass ein Anteil von Misstrauen und Vertrauen in einem unausgewogenen (nicht ausbalancierten) Zustand parallel im Rahmen von vielseitigen Beziehungen koexistieren kann, d. h. wenig Vertrauen/Misstrauen oder hohes Vertrauen/Misstrauen. Ein psychologischer Zustand von kaum/keinem Misstrauen gegenüber der Unternehmensführung impliziert nicht zwangsläufig, dass die/der Mitarbeitende Vertrauen entgegenbringt oder vice versa (Lewicki et al., 1998).

48 Der *„Integrative Framework of Organizational Distrust"* von Guo, Lumineau & Lewicki (2017, S. 8) strukturiert lediglich die existierende Literatur in die Antezedenzien (dispositionale Faktoren des Distrustors, Merkmale des Distrustee und situationale Faktoren) und in die Moderatoren sowie in die Ergebnisse.

Aufgrund der Natur sozialer Beziehung ist davon auszugehen, dass menschliche Beziehungen Ambivalenz beinhalten – eine Unsicherheit durch gemischte Emotionen oder Kognitionen. Daher kann die Beziehungsambivalenz als ein tägliches Phänomen im Unternehmen angesehen werden (Dirks, Lewicki & Zaheer, 2009; Lewicki et al., 1998).[49] Nach der Aussage der Forscher Ashforth, Rogers, Pratt und Pradies (2014) sind die Akteure in Organisationen mit facettenreichen Positionen über die Zeit betraut und mit vielfältigen Normen, Rollenkonflikten, hybriden Identitäten und temporären Faktoren beschäftigt, die die Stimuli der organisatorischen Ambivalenz und deren Komplexität und Dynamiken begründen (Adler, 2012; Ashforth, Rogers & Corley, 2011; Ashforth et al., 2014; Pratt & Doucet, 2000; Wang & Pratt, 2008). Der theoretische Hintergrund zur Annahme der Koexistenz von Misstrauen und Vertrauen bzw. der Beziehungsambivalenz besteht in den Ambivalenztheorien, die positiv und negativ valente Verhaltensreaktionen untersuchen (Ou & Sia, 2010). Ambivalenz ist in diesem Zusammenhang definiert als: *„simultaneously positive and negative orientations toward an object"* (Ashforth et al., 2014, S. 1454).

Demnach ist es in einem spezifischen Kontext denkbar, zu misstrauen und zu vertrauen und die Konstrukte schließen sich nicht aus. Beide Konstrukte können hohe und geringe Niveaus aufweisen. Folglich betrachtet die Arbeit **Misstrauen und Vertrauen als zwei auf der theoretischen Ebene unabhängig voneinander bestehende Konstrukte**, die simultan in Bezug auf das Misstrauensobjekt Unternehmensführung koexistieren können. Inwieweit in dem vorliegenden Unternehmenskontext Misstrauen und Vertrauen simultan auftreten und ferner, ob Misstrauen im Stande wäre, das Vertrauen gänzlich zu „verdrängen", wie von Bijlsma-Frankema et al. (2015) und Searle et al. (2014) im Rahmen der Merkmale des Misstrauensprozesses diskutiert, soll die vorliegende Arbeit zeigen.

Misstrauensbildende Faktoren – losgelöst von Vertrauensfaktoren

Aufgrund der Annahme Misstrauen und Vertrauen als zwei auf der theoretischen Ebene unabhängig voneinander bestehende Konstrukte zu betrachten, besteht der zentrale Anspruch der Arbeit die **misstrauensbildenden Faktoren** nicht aus einem Vertrauensmodell abzuleiten, sondern **eigenständig zu erforschen**. Die Skala des ABI-Modells (Mayer et al., 1995) kann daher nicht vereinfachend zur Konzeptualisierung oder zur Messung von Mitarbeitermisstrauen für vorliegende Arbeit zugrunde gelegt werden. Bereits Lewicki et al. (1998) sprachen sich aufgrund ihrer konzeptionellen Begutachtung der analogen Literatur von positiver bzw. negativer Affektivität dafür aus, dass die Faktoren und auch Konsequenzen

49 Wenngleich Merton (1976) die Ambivalenz als ein *„common phenomenon in organizations"* bezeichnete, wird diese Annahme der Beziehungsambivalenz in Unternehmen allerdings erst mit Forschern, wie Ashforth, Rogers, Pratt & Pradies (2014) systematisch erforscht. Sie betrachten die Stimuli, Ausprägungen und Konsequenzen organisationaler Ambivalenz.

bei positiven bzw. negativen Konstrukten, wie im Falle von Vertrauen und Misstrauen, zu unterscheiden sind. Gemäß Lewicki et al. (1998, S. 448) wäre es sehr irreführend, anzunehmen, dass die positiven Faktoren von Vertrauen zwangsläufig die negativen Faktoren von Misstrauen sind und dass die positiven Konsequenzen von Vertrauen zwingend negativ von dem Anstieg von Misstrauen beeinflusst werden. Diese Auffassung teilen u. a. auch Benamati, Serva und Fuller (2006), Komiak und Benbasat (2008), Van de Walle und Six (2014), Latusek (2014), Guo et al. (2015) sowie Bijlsma-Frankema et al. (2015). Insbesondere betont Cho (2006) in seiner empirischen Studie zu Käufer(n)/innen und Verkäufer(n)/innen im E-Commerce, dass die misstrauensbildenden von den vertrauensbildenden Faktoren zu unterscheiden sind.[50] Spannend ist die Frage, ob die Faktoren bzw. die Art und Weise, wie die Mitarbeitenden Misstrauen bilden, sich von den Vertrauensfaktoren gemäß der Vertrauensforschung unterscheiden.

Emotionen als Schlüsselrolle zur Erforschung von Misstrauen

Während Keyton und Smith (2009) in ihrem Forschungsausblick lediglich die Vermutung aussprachen, dass für eine vielversprechende Misstrauensforschung eine Betrachtung von Emotionen zugrunde gelegt werden sollte, setzen dies Kujala et al. (2016) in ihrer Forschung um. Ebenso weist vorliegende Arbeit zur Untersuchung der Misstrauensfaktoren im Kontext von Mitarbeitenden den **Emotionen eine Schlüsselrolle** zu. Misstrauen ist ein emotional-geladenes Konstrukt (Dimoka, 2010; Lewicki et al., 1998; McKnight & Chervany, 2001c) und die Literatur aus dem Bereich der Informationssysteme beschreibt Misstrauen polarisierend als tobenden Elefantenbullen, der auf den Jäger losgeht, der es auf seine Stoßzähne abgesehen hat (McKnight & Chervany, 2001c), wohingegen Vertrauen mit Ruhe und Gelassenheit verbunden und als: *„the satisfied zoo elephant, calmly eating hay"* angesehen wird (McKnight & Chervany, 2001c, S. 885; zurückgehend auf Lewicki & Bunker 1995, S. 135f.). Jedoch die Frage, welche Emotionen ursächlich für die Bildung von Misstrauen sind, steht bis dato nicht hinlänglich fest. Emotionen in Verbindung mit Misstrauen werden nur vereinzelt in Studien, wie von Bewsell (2012) oder Dimoka (2010) betrachtet, die die spezifische Emotion Angst in Verbindung mit Misstrauen setzen und bestätigen, dass Angst eine mit Misstrauen korrespondierende Emotion ist. Daher ist spannend, welche Emotionen für die Bildung des Mitarbeitermisstrauens zu unterscheiden sind und, ob Misstrauen aus einer (einzigen) emotionalen Verletzung des vormals existierenden Vertrauens resultiert. Die Vertrauensliteratur nimmt an, dass sich Vertrauen über eine gewisse Zeit und im Rahmen vielseitiger Interaktionen zwischen Personen bildet, wohingegen Misstrauen aus einer (einzigen) Verletzung des Vertrauens resultiere.

---

50 Den Anfang zur Theoretisierung der unterschiedlichen Faktoren einer misstrauens- und vertrauensbezogenen Beziehung begannen Morton & Krauss (1962).

2.4.1 Kategorien und Faktoren der Misstrauensbildung

Unter Bezugnahme der erwähnten Studien und Konzeptionen im Rahmen des Forschungsstandes leitet die Arbeit **drei Kategorien für die Misstrauensbildung** ab. Sie dienen der Datenstrukturierung und Auswertung der Interviews. Unter diese drei – deduktiv abgeleiteten – Kategorien werden erste misstrauensbildende Faktoren der Literatur, wie die Werteinkongruenz und Ungerechtigkeit subsumiert. Die drei Kategorien der Misstrauensbildung sind in Abb. 9 und ihre dazugehörige Literatur in Abb. 10 dargestellt.

Abb. 9: Misstrauenskategorien – dargestellt in einer Dreiecksmisstrauensspirale

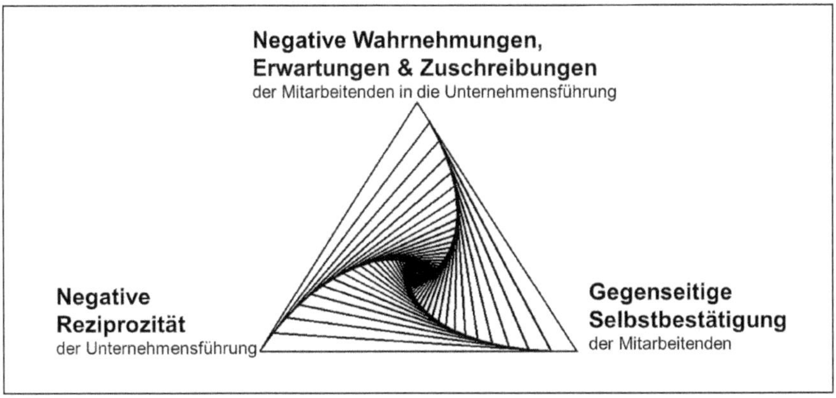

Quelle: Eigene Darstellung

I. Kategorie: Negative Wahrnehmungen, Erwartungen und Zuschreibungen

Die erste Kategorie 'negative Wahrnehmungen, Erwartungen und Zuschreibungen' umfasst die tiefgreifenden und beherrschenden negativen Wahrnehmungen und Erwartungen. Sie zeigen sich in negativen Zuschreibungen von Absichten und Motiven gegenüber der Unternehmensführung. Aus der Literatur zu Misstrauen (March & Olsen, 1975; Sitkin & Stickel, 1996) und der Konflikt- bzw. Eskalationsliteratur (Friedman & Currall, 2003; Pruitt & Kim, 2004) geht hervor, dass ein(e) misstrauische(r) Akteur(in) aufgrund ihrer/seiner negativen Wahrnehmung Anderen negative Absichten und Motive unterstellt. Diese negativen Wahrnehmungen schreiben auch dem zukünftigen Verhalten und den bevorstehenden Handlungen eine negative Prognose zu (Cho, 2006; Dimoka, 2010; Kramer, 1994; Lewicki et al., 1998; Sitkin & Roth, 1993; Sitkin & Stickel, 1996). Werden die negativen Zuschreibungen in Form von negativen Unterscheidungen zwischen der eigenen und der anderen Gruppe vorgenommen, wird dies in der Organisationsliteratur und insbesondere in der Misstrauensliteratur als eine Unvereinbarkeit bzw. **Wertein-**

kongruenz bezeichnet (Sitkin & Roth, 1993; Sitkin & Stickel, 1996; Sorensen & Sorensen, 1974). In der Konfliktliteratur ist die Rede von einer Eigen- und Fremdgruppenverzerrung („*Ingroup/Outgroup*“) (Brewer, 1999, S. 432; Fiske, 2002, S. 123; Labianca, Brass & Gray, 1998, S. 56; Mummendey & Wenzel, 1999, S. 158; Riek, Mania & Gaertner, 2006, S. 336). In Verbindung mit der Identitätsbedrohung der/des Mitarbeitenden wird in der vorliegenden Arbeit neben der Werteinkongruenz die **Ungerechtigkeit** als essentiell angesehen, um die Bildung von Misstrauen zu verstehen.[51] Die Gerechtigkeit besitzt für die Mitarbeitenden eine identitätsstiftende Bedeutung (Thibaut & Kelley, 1959). Fühlt sich die/der Mitarbeitende ungerecht behandelt, symbolisiert dies für sie/ihn, keine Wertschätzung im Unternehmen zu haben. Im Fall von Misstrauen ist von einem Missverhältnis zwischen dem Verhalten der Unternehmensführung und dem eigenen Gerechtigkeitsempfinden der/des Mitarbeitenden auszugehen. Wird die Gerechtigkeit verletzt, reagieren die Mitarbeitenden negativ (Greenberg, 1987; Greenberg & Colquitt, 2005). Auf der Grundlage der Metaanalyse von Colquitt, Conlon, Wesson, Porter und Ng (2001) werden in vorliegender Arbeit vier Ausprägungen von organisationaler Ungerechtigkeit unterschieden, und zwar die distributive (Ungerechtigkeit bzgl. der Bezahlung), die prozedurale (Ungerechtigkeit bzgl. der Prozesse), die interpersonale (Ungerechtigkeit hinsichtlich der würdevollen Behandlung) und die informationelle (Ungerechtigkeit bzgl. der Information und Erklärungen) Ungerechtigkeit. Die beiden letzten Dimensionen von Gerechtigkeitswahrnehmungen werden teilweise zusammenfassend als interaktionale Gerechtigkeit bezeichnet, wie anfänglich bei Bies und Moag (1986). Allerdings zeigen Studien, dass die interpersonale und die informationelle Gerechtigkeit unabhängig voneinander spezifische Effekte aufweisen (Greenberg, 1993, 1994; Shapiro, Buttner & Barry, 1994), sodass Colquitt (2001) Items für beide Dimensionen entwickelte. Die Validität der vier-faktoriellen Struktur der Gerechtigkeitswahrnehmung in Unternehmen kann die deutsche Studie von Maier, Streicher, Jonas und Woschée (2007) belegen und die amerikanischen Stichproben mit Studierenden und Berufstätigen (Colquitt, 2001; Colquitt & Shaw, 2005; Judge & Colquitt, 2004). Daher werden vorliegend – analog zur organisationalen Gerechtigkeit– vier Dimensionen für die organisationale ***Un***gerechtigkeit unterschieden, wobei stets von der seitens der Mitarbeitenden *wahrgenommenen* organisationalen Ungerechtigkeit ausgegangen wird (Cropanzano & Greenberg, 1997).

51 Nach Brewer (1999) sind es die negativen Gedanken über die Unternehmensführung (Außengruppe), die die Identitätsbedrohung in Richtung der Mitarbeitenden (Innengruppe) auslösen. Ein ggf. erhöhtes Vertrauen in der Innengruppe ist nicht der Grund für die Entstehung von Misstrauen gegenüber der Außengruppe (Hornsey & Hogg 2000; Voci 2006).

II. Kategorie: Negative Reziprozität

Neben der ersten Kategorie 'negative Wahrnehmungen, Erwartungen und Zuschreibungen' wird die zweite Kategorie 'negative Reziprozität' unterschieden. Individuen präferieren Beziehungen von Geben und Nehmen bzw. Kosten und Belohnungen, sodass Gegenseitigkeit notwendig für positive bzw. negative Affekte in Bezug auf Beziehungen sind (Blau, 1964). Im Fall von Vertrauen – analog zu Zufriedenheit – ist davon auszugehen, dass das Vertrauen am höchsten ausgeprägt ist, wenn ein starkes Empfinden von Gegenseitigkeit vorliegt (Dreu et al., 2001, S. 204). Beispielsweise untersucht Hays (1985) die Beziehungszufriedenheit aus der Perspektive des Behaviorismus. Er nimmt an, dass Belohnungen über die Zufriedenheit von Individuen entscheiden. Dabei fand er heraus, dass Zufriedenheit nicht von Belohnungen plus Kosten vorausgesagt werden kann, sondern dass Individuen Beziehungen und Gruppen präferieren, in denen beides, das Geben und das Erhalten von Hilfe und Sorge, bestehen.[52] Baumeister, Wotman und Stillwell (1993) berichten, dass für beide, diejenigen, die Liebe geben ohne sie zu erhalten und diejenigen, die Liebe erfahren ohne sie zu geben, die Erfahrung als aversiv empfunden wird und somit ein Aversionsverhalten hervorruft. Ferner wird in der Ökonomie ein Vertrauensspiel für das Vertrauensverhalten und die Reziprozität, ursprünglich bezeichnet als *„investment game"* von Berg, Dickhaut und McCabe (1995, S. 123), angeführt. Dieses Spiel zeigt insbesondere, wie vertrauenswürdige Spieler/innen auf das ihnen geschenkte Vertrauen reagieren. Sie sind bereit, dass ihnen entgegengebrachte Vertrauen zurückzugeben, indem sie eine positive Reziprozität zeigen. In Analogie zu Vertrauen kann im Fall von Misstrauen die negative Reziprozität als ein Merkmal der Misstrauensbildung angesehen werden (Gouldner, 1984; Luhmann, 2000; Schweer & Thies, 2003). Die negativen Einstellungen und das korrespondierende Verhalten werden beidseitig erwidert (Gill et al., 2016; Serva, Fuller & Mayer, 2005). Studien sprechen im Misstrauensfall davon, dass sich eine Misstrauensbeziehung entwickelt, die auf Überwachung, Kontrolle und Argwohn basiert (Doney, Cannon & Mullen, 1998; Zaheer & Zaheer, 2006). Da die negative Beziehungsdynamik zu Konflikten führen kann, findet sich die Annahme der negativen Reziprozität neben der Misstrauensliteratur, wie z. B. bei Serva et al. (2005), auch in der Konfliktliteratur wider (Andersson & Pearson, 1999; Friedman & Currall, 2003; Labianca et al., 1998; Pruitt & Kim, 2004; Youngs, 1986).

In Bezug auf die Reziprozitätsfähigkeit des Misstrauens gegenüber der Unternehmensführung ist von einer Besonderheit auszugehen. Das Misstrauen gegenüber einer/einem Mitarbeitenden kann nicht in der Art erwidert bzw. geschenkt werden,

52 In Einklang mit der Equity-Theorie (Adams, 1965) zeigten die Ergebnisse von Hays (1985), dass die meiste Zufriedenheit besteht, wenn die Bezahlung gleich der Bezahlung einer/s Kollegen/in ist, die/der eine gleich gute Leistung erbrachte. Die Zufriedenheit war etwas geringer, wenn die Bezahlung der Kollegin / des Kollegen übersteigt, und deutlich geringer, wenn die Bezahlung niedriger war als die der Kollegin / des Kollegen.

wie dies unter Individuen möglich ist. Um seitens des Unternehmens der/dem Mitarbeitenden Misstrauens- und Vertrauenswürdigkeit zu zeigen, ist aufgrund des erheblichen Abstraktionsgrades und des ggf. fehlenden personifizierten Objekts nicht von dem stabilisierenden und kontinuierlichen Faktor der Reziprozität in der Beziehung auszugehen (Schweer & Thies, 2003, S. 45). Neben wenigen persönlichen Interaktionen zeigt das Unternehmen ihre Misstrauens- und Vertrauenswürdigkeit ihren Mitarbeitenden gegenüber größtenteils im Rahmen von Vorgaben, Leitlinien und Unternehmenswerten sowie seiner ethischen und moralischen Grundhaltung (Greenwood & Van Buren, 2010; Schweer & Thies, 2003, S. 45, 106).

III. Kategorie: Gegenseitige Selbstbestätigung

Als letztes soll eine dritte Kategorie 'gegenseitige Selbstbestätigung' unterschieden werden. Das Phänomen der Annäherung des Misstrauens innerhalb der Innengruppe wurde noch keiner empirischen Beachtung in der Misstrauensliteratur zuteil und auch die Vertrauensforschung bleibt einer Betrachtung der gegenseitigen Selbstbestätigung von Mitarbeitenden in Bezug auf Autoritäten in Organisationen schuldig. Daher werden für Aussagen zur Misstrauensbildung Parallelen aus der Konfliktliteratur (Coleman et al., 2007; Pruitt, Parker & Mikolic, 1997) und Sozialpsychologie herangezogen. Gemäß der Soziologie und Sozialpsychologie ist davon auszugehen, dass die Mitarbeitenden von sozialen Informationsprozessen beeinflusst sind (Salancik & Pfeffer, 1978). Die individuellen Wahrnehmungen und Einstellungen sind von den Informationen des sozialen Umfeldes und den Situationen im Arbeitsumfeld geprägt, sodass diese sozial konstruierte Realitäten die Zuschreibung der Misstrauenswürdigkeit der Unternehmensführung festlegen (Berger & Luckmann, 2010). Daher ist nicht anzunehmen, dass jede/r Mitarbeitende seine Misstrauens- oder Vertrauenseinstellung in die Führungskräfte unabhängig formt, da die Mitarbeitenden in Gruppen „eingebettet" sind. Ferner zielt das Verhalten und Handeln einer Führungskraft nicht direkt an eine(n) Mitarbeitende(n), sondern ist an eine Gruppe gerichtet und wenngleich sie an eine(n) einzelne(n) Mitarbeitende(n) gerichtet sind, werden diese zu einem Ereignis auf Gruppenebene. Daher entwickeln Mitarbeitende, die unter der gleichen Unternehmensführung arbeiten, geteilte Interpretationen und Wahrnehmungen hinsichtlich der Misstrauens- und Vertrauenswürdigkeit der Unternehmensführung und reagieren als Gruppe darauf (Shamir 2003). Beispielsweise tendieren Gruppen, die im Konflikt miteinander stehen, dazu, ihr eigenes negatives Gruppenverhalten als angemessen, situationsgerecht und gerecht gemäß der Organizational Justice-Theorie anzusehen und die negativen Wahrnehmungen und Zuschreibungen in Bezug auf andere Mitarbeitende und Gruppen von Mitarbeitenden nicht kritisch zu reflektieren, sondern die Gruppenwahrnehmung der eigenen Innengruppe nicht hinterfragend, sondern per se zustimmend miteinander zu teilen (Bijlsma-Frankema et al., 2015). Somit umfasst die Misstrauenskategorie 'gegenseitige Selbstbestätigung' die Charakteristika der Misstrauensbildung zwischen den Mitarbeitenden, Kollegen/innen und beteiligten

Akteuren/innen, die zur Misstrauensbildung beitragen. Ferner ist für diese dritte Kategorie spezifisch, dass sich die Misstrauensbildung innerhalb der Mitarbeitenden der eigenen Innengruppe gegenseitig annähert. Im Rahmen einer Selbstbestätigung „beflügelt" sich die Innengruppe gegenseitig mit negativen Wahrnehmungen und sieht sich stets miteinander bestätigt, Misstrauen zu hegen und zu vertiefen, sodass von negativen Verbreitungseffekten zur gegenseitigen Selbstbestätigung der Mitarbeitenden auszugehen ist. Es kann angenommen werden, dass die gegenseitige Selbstbestätigung gemäß einer selbsterfüllenden Prophezeiung an Dynamik gewinnt (Sharma & Sharma, 2015) und dass auch Dritte, wie Freunde, Familie oder Medien in und außerhalb des Unternehmens im Stande sind, die Mitarbeiterwahrnehmung via „Klatsch und Geschwätz" zu färben (Burt & Knez, 1995; Labianca et al., 1998).

Abb. 10: Literatur zu den drei Kategorien der Misstrauensbildung

Kategorie der Misstrauensbildung		**Literatur zu den Kategorien**
	**Negative Wahrnehmungen, Erwartungen und Zuschreibungen**	March und Olsen (1975); Sitkin und Roth (1993); Kramer (1994); Sitkin und Stickel (1996); Lewicki et al. (1998); McKnight und Chervany (2001a); Hsiao (2003); Friedman und Currall (2003); Pruitt und Kim (2004); Jiang et al. (2005); Cho (2006); Komiak und Benbasat (2008); Dimoka (2010)
	**Negative Reziprozität**	Gouldner (1984); Hays (1985); Youngs (1986); Baumeister et al. (1993); Berg et al. (1995); Labianca et al. (1998); Andersson und Pearson (1999); Luhmann (2000); Dreu et al. (2001); Friedman und Currall (2003); Schweer und Thies (2003); Pruitt und Kim (2004); Serva et al. (2005)
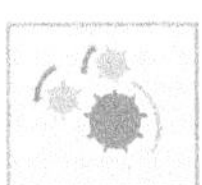	**Gegenseitige Selbstbestätigung**	Burt und Knez (1995); Pruitt et al. (1997); Labianca et al. (1998); Nelson (1989); Shamir und Lapidot (2003); Coleman et al. (2007); Sharma und Sharma (2015)

Quelle: Eigene Darstellung

2.4.2 Konsequenzen von Misstrauen

In Folge der Vertrauensverletzung im Sinne des Bruches des psychologischen Vertrags fühlt sich die/der Mitarbeitende weniger stark an den impliziten gefassten Vertrag gebunden (Robinson & Rousseau, 1994). Das anfänglich vorhandene Vertrauen erodiert beiderseitig (Gallup, 2016; Scheibner, Hapkemeyer & Banko, 2016) und negative Zuschreibungen und Erwartungen werden wahrgenommen. Gemäß der Literatur werden drei Bereiche als Konsequenzen der Misstrauensbildung unterschieden:

- Verstärktes Erinnerungsvermögen
- Zurückhalten bzw. Filtern von Informationen
- Argwohn, Wachsamkeit und Vorsicht

Verstärktes Erinnerungsvermögen

Im Misstrauensfall ist von einem verstärkten Erinnerungsvermögen auszugehen. Zum einen, da die negativen Informationen präsenter sind als positive. Die empirische Arbeit zu Mundpropaganda und die Literatur zu Zufriedenheit (Anderson 1998) bestätigt, dass Käufer/innen negativer Mundpropaganda einen höheren Wert beimessen als positiver. Dieses Ergebnis ist konsistent mit Cho (2006), wonach negativer Information ein höherer Stellenwert eingeräumt wird als positiver. Cho (2006, S. 27) fand heraus, dass Misstrauensinformationen: *„tend[s] to be more noticeable, perceived more credible, and weigh[t]ed more on a behavioral decision than the positive information of a similar magnitude."* Eine negative Information ist per se salienter und ruft eine stärkere Verhaltensantwort hervor als positive Information, was darauf hindeutet, dass Menschen anfänglich eher Informationen heraussuchen und zu Anhaltspunkten in dem Gegenüber tendieren, die Misstrauen rechtfertigen als Anhaltspunkte, die Vertrauen begründen. Der Neuigkeitseffekt, *„novelty effect"* (Kaplan, 1976) erklärt ebenso, weshalb negative Eindrücke einen größeren Einfluss auf Ergebnisse haben als positive Eindrücke. Die grundsätzliche Annahme bzw. die Logik des Neuigkeitseffekts begründet sich darauf, dass Menschen die Welt generell als positiven Ort ansehen. Diese grundsätzlich positive Wahrnehmung fungiert als ein Fixpunkt und Informationen, die eine große Distanz von diesem Fixpunkt haben, erscheinen dem Individuum als stark gegenteilig (Lewicki & Brinsfield, 2011, S. 113ff.). Folglich werden negative Daten über den anderen eher wahrgenommen als positive Daten, was eher eine Misstrauenseinschätzung begründet als eine Vertrauenseinschätzung.

Zum anderen ist im Misstrauensfall von einem verstärkten Erinnerungsvermögen auszugehen, da negative Wahrnehmungen und Ansichten in Entscheidungssituationen dazu tendieren, starke emotionale Reaktionen hervorzurufen. Aus den Ergebnissen von Dimoka (2010) geht hervor, dass die verknüpften Gehirnbereiche für negative Belohnungen (Misstrauen) stärkere Effekte auslösen, als die, die sich auf positive Belohnungen (Vertrauen) beziehen. Dass Verluste und Belohnungen die Substitute für Misstrauen bzw. Vertrauen sind, korrespondiert mit der früheren Literatur, die zwischen Gewinnen und Verlusten unterschied und kann mit der Prospect-Theorie begründet werden, wonach Verluste mehr ins Gewicht fallen als Gewinne (Kahneman & Tversky, 1979). Die emotional stärkeren Wahrnehmungen sind mächtiger, glaubwürdiger und bleiben eher in Erinnerung als die positiven, emotionalen Wahrnehmungen im Vertrauensfall. Ou und Sia (2009) gehen in dem Zusammenhang von der Zwei-Faktoren-Theorie aus (Herzberg et al., 1959) und untersuchen daher die Effekte von Motivatoren und Hygienefaktoren auf Vertrauen und Misstrauen hinsichtlich der Käuferabsicht. Sie fanden heraus, dass Misstrauen die Kaufabsicht ausschlaggebender beeinflusst als dies Vertrauen vermag (Chang & Fang, 2013). Somit lässt sich konstatieren, dass Misstrauen stärker im Gedächtnis verhaftet und eingeprägt ist, da die Emotionen in Bezug auf Misstrauen weniger erodieren. Sie sind nicht nur salienter, sondern auch einfacher abrufbar (McKnight & Choudhury, 2006; McKnight et al., 2003). Ferner spiegelt Misstrauen eine Abweichung von sozialen Normen wider, argumentiert Taylor (1991) und ist daher präsenter. Auch Singh und Sirdeshmukh (2000) begründen, dass Misstrauen von sozialen Normen abweicht und daher wahrscheinlicher im Gedächtnis abgespeichert wird. Dass der negative Einfluss von Misstrauen signifikanter ist als der positive von Vertrauen oder Zufriedenheit, fanden sie bei der Analyse der Dienstleistungsaustausche im Hinblick auf Kundenmisstrauen bzw. -vertrauen heraus. Deren Argumente können wiederum auf die Logik der Prospect-Theorie zurückgeführt werden (Kahneman & Tversky, 1979). Hardin (1993) bemerkt, dass Misstrauen zu dramatischen Konsequenzen bei Entscheidungen führen kann und eine Reduktion an Vertrauen im Vergleich trivialer sei. McKnight et al. (2003) argumentieren, dass das Risikolevel in einer bestimmten Situation die relativen Effekte von Vertrauen und Misstrauen insoweit beeinflusst, als dass Misstrauen höhere Level an Risiko verkörpert. Slovic (1993) erwähnt die Asymmetrie in Vertrauen und Misstrauen, indem er darlegt, dass vertrauensbildende Ereignisse weniger sichtbar sind, während vertrauenszerstörende Ereignisse mehr ins Gewicht fallen oder mit Keyton und Smith (2009) ausgedrückt: Misstrauen fällt in größerem Maße negativ ins Gewicht als positive Ergebnisse, wenn Vertrauen präsent ist. Verbunden mit der emotionalen Intensität, die von Misstrauen ausgeht, ist es schwieriger, Misstrauen in Organisationen zu „korrigieren“ als Vertrauen zu bilden (Kim et al., 2004). Misstrauen ist resistent und wenig revidierbar. Gerade bei Veränderungsprozessen im Unternehmen wird die Widerstandsfähigkeit von Misstrauen deutlich, wie die Ergebnisse der eigens durchgeführten Vorstudie zeigen und die Ausführungen zur Unternehmensberatung von Berner (2017a; 2017b) verdeutlichen.

Zurückhalten bzw. Filtern von Informationen

Eine weitere Folge von Misstrauen ist, dass Informationen vorenthalten werden (Gill et al., 2016; Lewicki & Tomlinson, 2014). Posten und Gino (2016) zeigen, dass die Teilnehmenden ihres Experimentes ein persönliches Erlebnis in ihrer Erinnerung „zurückrufen“ können, bei dem sie Misstrauen oder Vertrauen erfahren hatten. Die Prozedur des Zurückrufens von Episoden von psychologischen Stadien erweckt Emotionen, wie z. B. Neid. Im Weiteren übertragen sich diese Emotionen einnehmend auf darauffolgende Interaktionen sowie zu erledigende Aufgaben und beeinflussen insbesondere die Informationsweitergabe und -verarbeitung (Galinsky, Gruenfeld & Magee, 2003; Lange & Crusius, 2015). Anstatt sorglos zu handeln, was selbstverständlich in einer Vertrauensbeziehung wäre, wird der Mitarbeitende reservierter persönliche Informationen zu teilen. Während in vertrauensvollen Beziehungen die Bereitschaft hoch ist, Informationen weiterzugeben und von anderen zu akzeptieren (Earley, 1986; Heimovics, 1984), werden bei Misstrauensverhältnissen, Informationen gefiltert oder zurückgehalten (Gillespie & Dietz, 2009; O'Reilly, 1978; Roberts & O'Reilly, 1974).[53] Insbesondere wenn die Informationspolitik als unzureichend wahrgenommen wird oder sich die Unternehmensführung als intransparent in ihren Entscheidungsprozessen zeigt, werden Informationen zurückgehalten (Vlaar et al., 2007, S. 414). Ebenso ist die Breite bzw. Vielfalt des Informationsaustausches reduziert (Graen & Schiemann, 1978; Scandura, Graen & Novak, 1986). Im Rahmen des Informationsaustausches und der Bewertung der Eigenschaften des Misstrauens- bzw. Vertrauensobjektes erkennen Komiak, Weiquan und Benbasat (2005) bei der Bildung des Misstrauensprozesses im Vergleich zu dem Vertrauensprozess eine Asymmetrie in der Eigenschaft bzw. dem Charakter von Vertrauen und Misstrauen. Danach ist – wie bereits von Wrightsman (1974) herausgestellt wurde – davon auszugehen, dass sich grundsätzliche Kommunikationsmuster der Misstrauenden und Vertrauenden in deutlicher Weise unterscheiden. Vertrauende bieten ihren Partnern versteckt mehr Hilfe sowie positive Beachtung und Respekt an und lassen ihnen häufiger vertrauensvolle Nachrichten zukommen. Misstrauen führt dazu, dass die Beteiligten weniger zur Beziehung beitragen und daher weniger kooperationsfreudiger im Informationsaustausch sind (Dirks & Ferrin, 2002; McKnight & Chervany, 2001c). Die/der Mitarbeitende zieht sich zurück und schränkt ihr/sein kooperatives Mitarbeiterverhalten. Sie/er unterlässt das Erbringen von Zusatzleistungen, sondern erbringt eher einen „Dienst nach Vorschrift" (Engagement Index Deutschland, 2016; Scheibner et al., 2016).

Argwohn, Wachsamkeit und Vorsicht

In Zusammenhang mit Misstrauen wird von erhöhter Achtsamkeit und ausgeprägter Vorsicht und Wachsamkeit ausgegangen, wie beispielsweise von Ou und Sia (2010) sowie Chang und Fang (2013) beschrieben. Mit Bezug auf die Affekttheorie kann erklärt werden, dass die Misstrauensprozesse von argwöhnischer Wachsamkeit und Vorsicht gekennzeichnet sind (Kramer, 1998; Lewicki et al., 1998).[54] Miss-

53 Gemäß dem „*Motivated Information Processing*" (MIP) hängen das Verarbeiten und das Teilen von Informationen von der epistemischen und der sozialen Motivation ab. Die epistemische Motivation bezieht sich auf den Willen, Bemühungen aufzuwenden, um ein umfassendes und akkurates Verständnis der Welt zu erreichen und sie entscheidet über die Tiefe der Verarbeitung von Information. Die soziale Motivation ist als individuelle Präferenz für die Ergebnisausschüttungen zwischen sich selbst und den anderen definiert und bestimmt, welche Information weitergegeben wird. Epistemische und soziale Motivation, für sich und in Kombination, interpretieren die Informationsverarbeitung auf beiden, individueller und Teamebene sowie das Teilen von Information auf Teamebene (De Dreu, Nijstad & van Knippenberg 2008; de Wit, Jehn & Scheepers 2013).

54 Für den vorliegenden Bezug zur Affekttheorie (Tomkins 1962; 1963) ist die Erkenntnis wichtig, dass mit den emotionalen Erfahrungen von Ereignissen der Mit-

trauen ist ein *„emotional-geladenes Konstrukt“* (Dimoka, 2010; Lewicki et al., 1998; McKnight & Chervany, 2001c), das feurig und wild ist und verzweifelte, ängstliche und sogar rachsüchtige Emotionen hervorrufen kann (McKnight & Chervany, 2001c). Auf Basis der Einteilung in eine emotionale und kognitive Komponente laut der Affekttheorie, kann für die kognitive Komponente der Affekttheorie ausgesagt werden, dass aufgrund des *„frantic character"* von Misstrauen, es fast unmöglich erscheint, gemäßigt „zu funktionieren“, sondern von einem *„paranoiden Charakter“* auszugehen ist (Garfinkel, 2011, S. 379; Kramer, 2004, S. 136).[55] Auch nach Lewicki und Brinsfield (2009) ist hohes Misstrauen von Skepsis und Vorsicht sowie Argwohn gekennzeichnet. Dies äußert sich durch das wiederholte Überprüfen von Informationen und das Anfertigen aufwendiger Protokolle (Kramer, 1994). Hilton, Fein und Miller (1993) sowie Fein (1996) zeigen, dass im Misstrauensfall aufwendige, zusätzliche Analysen und Rücksprachen vorgenommen werden. Dies beschreibt Schul et al. (2004, S. 668) als eine Vorgehensweise im Sinne von einem Fragen nach: *„(...) and what if the information were false?"* Die Mitarbeitenden gehen auf die Suche, welche zwielichtigen Absichten hinter einem neuen Projekt oder einer Maßnahme stehen könnten und geben somit kaum eine Chance, sie von potentiell guten Absichten überzeugen zu lassen. In einer Misstrauensbeziehung ist davon auszugehen, dass eine Veränderung von Beginn an Abwehrreflexe auslöst und dass dieser Negativität kaum entgegengewirkt werden kann (Elsbach et al., 2012; Keyton & Smith, 2009). McKnight und Chervany (2001c) nennen ebenso ein skeptisches Verhalten und eine Abwehrhaltung als Folgen von Misstrauen. Kleiman, Sher, Elster und Mayo (2015) nehmen an, dass Misstrauen die Zugänglichkeit des Individuums blockiert bzw. dessen Erreichbarkeit sperrt. Lewicki et al. (1998, S. 451) trifft die Aussage: *„Paranoid cognitions can emerge"* – ganz gleich, was die andere Partei macht oder sagt, deren Handlungen und Wörter werden negativ interpretiert. Gerade bei neuen Projektvorhaben oder Veränderungen, besteht die Tendenz im Zweifelsfall abwehrend zu reagieren und desto höher ist der Absicherungsaufwand, den jede/r einzelne Mitarbeitende betreibt (Osterloh & Weibel, 2006, S. 73; Spreitzer & Mishra, 2002). Dieser Absicherungsaufwand „hinter den Kulissen“ erschwert die Entscheidungsprozesse, sodass sie um ein Vielfaches verlängert werden (Spreitzer & Mishra, 2002) und somit

arbeitenden kognitive Einschätzungen und Bewertungen der Umgebung einer/eines Mitarbeitenden verbunden sind (Smith & Ellsworth 1985). Forscher/innen fanden einen kognitiven Bezug zu Emotion, wo die Kognition aufgeheizt und emotional gefärbt ist (Brand 1985). Dieser kognitive Aspekt zu der/auf die Emotion wird als *„hot cognition“* bezeichnet (Abelson & Clarke 1963). Ferner betrachten Roseman, Spindel & Jose (1990) die Dimensionen: *„situational state", „motivational state", „probability", „power", „legitimacy"* und *„agency"*. Sie fanden einen empirischen Beweis, die Bewertungen der kognitiven Dimensionen zu den Emotionen zu verbinden.

55 Kognitionsprozesse umfassen mentale Prozesse, wie die Aufmerksamkeit, das Erinnerungsvermögen, das Verstehen und Formulieren von Sprache, das Lernen, das Urteilsvermögen, das Problemlösen und die Entscheidungsfindung (Clore 1994; Ekman & Davidson 1994; Levenson 1994).

die Produktivität bzw. die Wettbewerbsfähigkeit eines Unternehmens geschwächt sind (Felps, Mitchell & Byington, 2006). Von einer Verringerung der organisationalen Produktivität und der Performance bzw. einer organisationalen Ineffektivität als Folge von Misstrauen sprechen zahlreiche Arbeiten (Harrison et al., 2010; Mishra & Morrissey, 1990; Sparrowe, Liden, Wayne & Kraimer, 2001; Wicks et al., 1999).

3 Forschungsdesign

Abstract: Research design
The research design is explained in the third chapter. Within its theoretical background in the symbolic interactionism, it uses a case study design based on three methods of data collection: card-sorting, interviews and questionnaires. Firstly, 26 employees sort 18 cards – every card presenting an emotion. At the end of the sorting process, each employee selects her/his cards which symbolise her/his relationship to the management in the best way. Secondly, she/he describes her/his event along with her/his selected cards. Hereby, an interview guide supports the narrative of the 26 employees in a structured manner. Thirdly, the employee fills in a questionnaire asking for their idea of man and for the tendency to distrust using a five-point Likert scale. The questionnaire serves for validation purposes of the interviews. In course of analysing the case study in an explorative and descriptive sense, the selected cards are sorted to outline which emotions are essential for building distrust. The interviews are trancribed and structured by a comprehensive content analysis, using the software 'Atlas.ti'.

3.1 Theoretischer Hintergrund und Zugang zum Forschungsdesign

Der theoretische Hintergrund des vorliegenden qualitativen Forschungsdesigns liegt in der Tradition des **symbolischen Interaktionismus.**[56] Im symbolischen Interaktionismus ist das Verständnis von menschlicher Interaktion als einem interpretativen Prozess grundlegend, wodurch die Theorie der symbolischen Interaktion den interpretativen Ansätzen (Giddens, 1984; Habermas, 1981) bzw. dem „interpretativen Paradigma" (Wilson, 1973) zugerechnet wird. Aus der Sicht des symbolischen Interaktionismus ist empirische Forschung als ein kontinuierlicher Prozess des Überprüfens und der Modifikation von theoretischen Konzepten und Daten zu verstehen, *„(...) wobei die reale empirische Welt als Prüfinstanz fungiert"* (Buber & Holzmüller, 2009, S. 152). Die darin zum Teil implizit angesprochenen methodologischen Grundprinzipien wie Gegenstandsadäquatheit, Offenheit, Kommunikation, Reflexivität und Flexibilität sind für die Entstehung und Entwicklung der qualitativen Forschung in den Sozial- und Wirtschaftswissenschaften von grundlegender Bedeutung und zählen zu den Voraussetzungen des qualitativen Paradigmas (Flick, 1995; Kleining, 1982; Lamnek, 2005). Dieses Interesse an der Bedeutung symbolischer Prozesse für Struktur und Dynamik organisatorischen Handelns führte zur Entwicklung des interdisziplinären Forschungszweiges Organisationsverhalten (*„Organizational*

56 Der Begriff 'symbolischer Interaktionismus' stammt von Herbert Blumer (1900–1987).

Behavior"), der zumindest in Teilen die ganze Organisation als eine symbolisch verfasste Kulturgemeinschaft begreift (Smircich, 1983). Den methodischen Hintergrund hierzu bildet der Konstruktivismus,[57] auf dessen Annahmen sich das Forschungsvorhaben stützt. In dem Forschungsvorhaben der Arbeit werden die Mitarbeitenden zu ihrer Einstellung gegenüber der Unternehmensführung im Kontext eines Industrieunternehmens befragt. Vor dem Hintergrund der dargestellten paradigmatischen Grundposition ist der Zusammenhang zwischen Umwelt und Handeln näher zu beleuchten. Dem konstruktivistischen Wirklichkeitsverständnis folgend wird davon ausgegangen, dass Mitarbeitende aufgrund individueller Konstruktionen ihrer Arbeitswirklichkeit handeln. Daher wird **kein objektiv kausaler Ursache-Wirkungszusammenhang** zwischen etablierten Arbeitsstrukturen und dem Verhalten der Mitarbeitenden unterstellt, wie dies behavioristisch unterstellt würde (Bruner, 1990, S. 1–11). Stattdessen wird davon ausgegangen, dass Mitarbeitende innerhalb ihrer eigenen, subjektiven Wirklichkeitskonstruktionen handeln, da die/der einzelne Mitarbeitende im Rahmen seiner individuellen Wirklichkeitsvorstellung zielorientiert und rational handelt. Für die Erforschung menschlichen Handelns ist es daher nicht ausreichend, (Umwelt-) Reize und Reaktionen zu erfassen, sondern die/den Mitarbeitende(n) als intentional handelnden, reflexiven Organismus zu betrachten und folglich Ursache- und Wirkungsbeziehungen innerhalb der subjektiven Wirklichkeitskonstruktion bzw. vor dem Hintergrund der handlungsleitenden subjektiven Theorien aufzudecken (Glasersfeld, 2005, S. 25; Kelle, 2006, S. 123–125). Ein Zugang zu dieser subjektiven Wirklichkeit kann über verstehensorientierte, interpretative Ansätze erreicht werden (Breuer, 2010). Des Weiteren ist die vorliegende Arbeit an den Entstehungsbedingungen alltagspsychologischer Vorstellungen interessiert (Bruner, 1990, S. 105f.).[58] Die Frage, *wie* eine misstrauische Haltung

---

57 Der Konstruktivismus, eine auf Wittgenstein & Anscombe aufbauende Schule, geht davon aus, dass ein objektives Urteil über die Wahrheit der Konstruktion nicht möglich ist; Realität ist Konstruktion (Astley 1985; Berger & Luckmann 2010; Wittgenstein & Anscombe 1963). Zwei Ausprägungen werden grundsätzlich unterschieden (Knorr-Cetina 1989; Liu & Matthews 2005): Der kognitive in der Tradition von Piaget (1976) und der soziale Konstruktivismus in der Tradition von Vygotskiĭ (1978). Kognitiver und sozialer Konstruktivismus werden in vorliegender Arbeit nicht als sich ausschließende Gegensätze angesehen, sondern als zwei Sichtweisen zur Untersuchung der Prozesse menschlichen Erkennens betrachtet (Cole & Wertsch 1996) und als gemeinsame Prinzipien des zugrunde gelegten paradigmatischen Verständnisses angesehen. Einerseits wird die aktive Rolle der/des Mitarbeitenden und dessen kognitiver Aktivität bei der Konstruktion subjektiver Wirklichkeit anerkannt und andererseits wird die Bedeutung der soziokulturellen Umwelt als Kontext für sinnvolles Handelns betont und damit auch die Existenz einer intersubjektiv nachzuvollziehenden und beschreibbaren – wenngleich an soziokulturelle Kontexte gebundenen – Wirklichkeit.

58 Das Modell der subjektiven Theorien beschreibt die Bedingungen individuellen Handelns, unterlässt jedoch Aussagen über die Entstehung dieser Handlungsvorausset-

der Mitarbeitenden entsteht, ist zentral. Die Prinzipien der Intersubjektivität und der Kontextgebundenheit verweisen darauf, dass die für das individuelle Handeln bedeutsamen Aspekte nicht nur idiosynkratisch, sondern auch im Rahmen sozialer Interaktionen gemeinsam konstruiert werden (Cole & Wertsch, 1996). Subjektive Wirklichkeit ist stets auch sozial geteilte Wirklichkeit, die in sozio-kulturellen Kontexten mit anderen ausgehandelt und ko-konstruiert wird. In dem vorliegenden Fall können die Vorgaben und Richtlinien der Unternehmensführung als soziokulturelle Räume betrachtet werden, innerhalb derer Mitarbeitende handlungsleitende Überzeugungen und ihre Einstellung zur Unternehmensführung als ihren Arbeitgeber konstruieren, die es ihnen ermöglichen, ihren Arbeitsalltag zu bewältigen (Hickey & Granade, 2004). Im Übrigen fordert die konstruktivistische Perspektive die Forschende auf, das eigene Verhältnis zum Forschungsgegenstand sowie die eigene aktive Rolle im wissenschaftlichen Erkenntnisprozess zu reflektieren. Im Sinne der Beobachterabhängigkeit bestimmen das zugrunde gelegte Erkenntnisinteresse sowie die eingenommenen theoretischen Positionen die Herangehensweise an den vorliegenden Forschungsgegenstand. Gemäß Breuer (2003) ist mit diesen zwangsweisen subjektiven Einflüssen progressiv umzugehen. Die Forschende reflektiert sich demnach aktiv über die eigene Position als Interpretin wissenschaftlicher Theorien bzw. empirisch gewonnener Daten. Zur systematischen Reflektion der eigene Rolle im Forschungsprozess bietet sich die Selbstreflexions-Methodik an (Breuer, 2003, § 32–40), die im Rahmen dieser Arbeit verwendet wird, um das Forschungsvorgehen transparent und nachvollziehbar darzulegen.

3.2 Fallstudiendesign

Das Forschungsdesign ist eine Fallstudienforschung. Die Entscheidung für den Fallstudienansatz liegt zum einen darin begründet, dass der Einsatz einer Fallstudie bei Forschungsfragen angebracht ist, die auf das „Wie" und „Warum" abzielen (Yin, 1981, S. 59; Yin, 2003, S. 2, 5–10) und die Fallstudienforschung: *„(...) most appropriate in the early stages of research on a topic"* ist (Eisenhardt, 1989, S. 548). Das theoretische Vorverständnis dient zur Auswahl der Fallstudien (Yin, 2003, S. 5, 28).[59] Es wird keine breite Hypothesenüberprüfung angestrebt, sondern die Betrachtung eines Falles, um tiefgehende Einblicke in die Bildung von Misstrauen zu erlangen. Fallstudien werden in Bereichen eingesetzt, wo die Grenzen zwischen Phänomen und Kontext nicht klar ersichtlich sind und die Forscher/

zungen. Die Forschung im Rahmen des Organisationsverhaltens hingegen ist auch an den Entstehungsbedingungen alltagspsychologischer Vorstellungen interessiert (Bruner 1990, S. 105f.).

59 Theoriegeleitete Vorstellungen und ein klar formuliertes Erkenntnisinteresse sind zwingend, um die Kriterien für die Fallauswahl zu bestimmen, in denen sich die ausgewählten Fälle unterscheiden sollen (Flick 2005, S. 102–106).

innen wenig oder keine Kontrolle über die Ereignisse haben. Sie setzen die Bereitschaft voraus, *„(...) einem Fremden sein Leben zu öffnen“* (Riesmeyer, 2011, S. 229). Die Fallstudienforschung ist in der Lage, ein umfangreiches Bild einzelner Fälle darzulegen und somit eine *„Insiderperspektive“* anzubieten (Bryman, 2012, S. 387). Das Forschungsvorhaben der Arbeit legt die **explorativ-deskriptive Fallstudienuntersuchung** zugrunde.[60] Mit der ausführlichen Falluntersuchung wird nicht die Generalisierbarkeit der Forschungsergebnisse beabsichtigt, sondern das Verstehen sozialer Phänomene, um einen Erkenntnisgewinn im Sinne der Theorieentwicklung leisten zu können (Eisenhardt, 1989; Hartley, 1994, S. 211, 2004, S. 325). Die Einheit ‘Fall’ bezeichnet dabei die Grenzen des Kontextes, in dessen Rahmen das Phänomen untersucht werden soll.[61]

3.2.1 Auswahl der Fälle

Der **Kontext** der ausgewählten Fälle nimmt eine bedeutende Rolle ein. Die Arbeit zur Erforschung der Misstrauensbildung findet in dem Kontext eines europäischen Industrieunternehmens statt; siehe Charakteristika des Unternehmens Abb. 11. Das Unternehmen wird gewählt, da es nicht nur einer der größten Arbeitgeber des betrachteten Landes und von politischer Relevanz ist, sondern im Fokus der gesamten Öffentlichkeit steht.

Abb. 11: Charakteristika des Unternehmens

Land	Europa
Branche	Transportwesen
Kerngeschäft	*Zur Vermeidung von Rückschlüssen werden keine Angaben gemacht.*
Rechtsform	
Unternehmenszahlen, wie Größe, Umsatz, Bilanzsumme und Mitarbeitende	

Quelle: Eigene Darstellung

Der forschungsrelevante Grund zur Wahl des Unternehmens als Forschungsobjekt für die Misstrauensbildung resultierte aus den Ergebnissen der im Jahr 2011 durchgeführten Studie in dem gleichen besagten Unternehmen; siehe Abb. 12. Die

60 Die Fallstudienforschung unterscheidet, ob eine Beschreibung eines bestimmten Phänomens beabsichtigt wird (Kidder 1982) oder das Testen einer bestehenden Theorie (Pinfield 1986) oder die Entwicklung einer neuen Theorie (Gersick 1988), woraus sich drei Arten bzw. Einsatzgebiete von Fallstudien ableiten lassen (Yin 2003, S. 3).

61 Der Umfang eines Falles kann stark variieren und von der Betrachtung einer Einzelperson oder einer Familie bis hin zu Organisationen und auch Ländern reichen, die als Fälle betrachtet werden (Gillham 2000, S. 1; Punch 2013, S. 13).

Studie war auf die Erforschung des Vertrauens in den Arbeitgeber ausgelegt, jedoch aus der Auswertung von 100 Interviews resultierte, dass häufig die Rede von Misstrauen war und Vertrauen bei ca. 30% gänzlich abstinent erschien. Da diese Interviews vom Unternehmen erhoben wurden und bereits abgeschlossen waren, blieb fraglich, wie es zu dieser Misstrauensbildung kam.[62] Im Zuge der Ergebnispräsentation im Oktober 2013 vor der obersten Personalführung des Unternehmens, dem Chief Human Resources Officer (CHRO) und seinen Mitarbeitenden, fragte die Forschende nach einem weiteren Zugang zu den Mitarbeitenden, um sich speziell der Thematik Misstrauen zu widmen. Daraufhin nannte der CHRO der Forschenden und über weitere Vorgesetzte Interviewpartner/innen für die Erforschung von Mitarbeitermisstrauen, mit denen die Forschende einen persönlichen Interviewtermin vereinbarte. Die Erforschung des Misstrauens erfolgt folglich in einem Kontext, der aufgrund der Vertrauensstudie und ferner aus weiteren unternehmensinternen Informationsquellen, wie Geschäftsberichten (2011–2015) und Mitarbeitenden-Onlineumfragen (2010; 2012), bekannt war. Basierend auf der Kenntnis des Kontextes ist die Fallauswahl nach dem Erkenntnisinteresse und dem theoriegeleiteten Grundverständnis in Bezug auf das zu untersuchende Phänomen sowie der Charakteristika der zur Disposition stehenden Fälle ausgerichtet (Riesmeyer, 2011, S. 229f.; Yin, 2003, S. 26).

62 Zur Darstellung der Analyse wurden die Mitarbeitenden in das Vier-Felder-Schema von Mishra & Spreitzer (1998, S. 569) eingeteilt, woraus ersichtlich ist, dass ca. 30% der Mitarbeitenden zwar zu Vertrauen befragt wurden, aber in der Sprache des Misstrauens antworteten. Die Mitarbeitenden äußerten sich zynisch über ihr Unternehmen und die Unternehmensführung. Sie zeigten Emotionen, wie Angst, Empörung und Entrüstung. In Wandel- und Umstrukturierungsprozessen sprachen sie sich gegen ihr Unternehmen aus, indem sie schlecht über die Unternehmensführung und deren Entscheidungen redeten.

Abb. 12: Relevanz der Vorstudie und der unternehmensinternen Informationsquellen

Art der Datenquelle	Zeitpunkt der Erhebung	Von wem durchgeführt/ erhoben	Auswertung der Forschenden *Was wurde wie von der Forschenden ausgewertet?*	Verwendung für das „Misstrauens"-Forschungsvorhaben *Auf welche Art ist die Datenquelle der Vorstudie in die Arbeit eingeflossen?*
Sekundärdaten 2 **Mitarbeitenden-Onlineumfragen** Rohdaten & aggregierte Daten, n=19.000	2010: Rohdaten 2012: Mittelwert-daten	Externe Forschungs-agentur im Auftrag des Unternehmens	• **Erforschung des Mitarbeitervertrauens in den Arbeitgeber** **Ergebnisse:** – Explorative Faktorenanalyse lädt nur auf einen Faktor (=Arbeitszufriedenheit) – Konfirmatorische Faktorenanalyse wäre nur konstruierbar – Regressionsanalyse: Vertrauen ist hier nicht geschlechtsspezifisch; Regressionsanalyse sinnvoll bzgl. demographischer Merkmale – Mittelwertvergleiche: Insgesamt leichte Vertrauenssteigerung von 2010 auf 2012, jedoch ist **das Vertrauen in die oberste Unternehmensführung weiterhin gering**	Praxisrelevante **Begründung zur Auswahl der Fälle** *in diesem bestimmten* Unternehmen **und der Fragestellung** in Richtung Misstrauen
Sekundärdaten 100 **Interviews**	Juni 2011	Externe Forschungs-agentur im Auftrag des Unternehmens	• **Erforschung des Mitarbeitervertrauens in den Arbeitgeber** mittels qualitativer Inhaltsanalyse Vorgehen: Datenanalyse in 'Nvivo10' & Systematisierung u.a. gemäß 4-Felder-Schema Mishra & Spreitzer (1998; 2002) **Ergebnisse:** – N=2 „Aktive Befürworter": hoffnungsvoll & aktiv-problemlösungsorientiert – 20,5% (N=21): treu dem Unternehmen verbunden, ohne aktiv werden zu wollen – 75% (N=77): destruktiv, davon N=43: besorgt & ängstlich-passiv im Reaktionsverhalten und N=34: verärgert & misstrauisch-aktives Verhalten → **kritisch-misstrauische Mitarbeitende ohne Vertrauen in das Unternehmen, besonders kritische Äußerungen geg. der Unternehmensführung** • **Ergebnisvalidierung** zusammen mit dem Unternehmen: Ergebnispräsentation: Okt. 2013	Praxisrelevante **Begründung zur Auswahl der Fälle** *in diesem bestimmten* Unternehmen **und der Fragestellung** in Richtung Misstrauen
Sekundärdaten **Geschäftsberichte**	2011-2015	eigene Recherche	Erstellung von Notizen & Memos	**Kontext des Unternehmens** verstehen: Sichtweise Management & Öffentlichkeitswirkung
Sekundärdaten **Internetrecherche** über das Unternehmen: Presseartikel, Mitarbeiterblogs usw.	Juni 2013-Juli 2016	eigene Recherche	Erstellung von Notizen & Memos	**Kontext des Unternehmens** verstehen: Sichtweise Mitarbeitende, Kunden & Presse
Primärdaten 2 **Experteninterviews** (mit Mitarbeitenden des Change-Managements & der Konzernleitung)	April 2015	eigens erhoben	Zusammenfassung der Interviews mit den markanten Aussagen	**Kontext des Unternehmens** verstehen: Sichtweise Konzernleitung

Quelle: Eigene Darstellung

Das Erkenntnisinteresse der vorliegenden Arbeit ist von dem Forschungsziel geleitet, die Faktoren für das Entstehen bzw. die Bildung von Mitarbeitermisstrauen zu bestimmen. Auf dem Forschungsfeld des Misstrauens wurde bislang kaum Forschung deduktiv-induktiv durchgeführt, indem reale Misstrauens- und Vertrauenserfahrungen Betrachtung finden und untersucht wird, wie die Akteure in Beziehungen Misstrauen charakterisieren. Somit werden Interviews mit Personen geführt, *„(...) die aufgrund ihrer Merkmale und lebensweltlichen Hintergründe einen Beitrag zur Lösung des Forschungsproblems erwarten lassen"* (Keuneke, 2005, S. 263). Grundsätzlich ist für eine maximale strukturelle Variation der Auswahleinheiten in qualitativen Forschungsprozessen zu plädieren (u. a. Kleining & Witt, 2000, §10). Daher legt die Arbeit den Fokus auf möglichst große Unterschiede in Bezug auf die Abteilungen, das Geschlecht, das Alter und die Dauer der Betriebszugehörigkeit. Das theoretische Datensample an misstrauischen Mitarbeitenden ist so kombiniert, dass möglichst alle Variationen abgedeckt sind:[63] Neben stark misstrauischen Mitarbeitenden erscheint es für das Forschungsvorhaben sinnvoll, auch Mitarbeitende zu befragen, die nicht misstrauisch sind. Durch die Kontrastierung soll herausgefunden werden, auf welche Faktoren die Unterschiede zurückzuführen sind, um die Forschungsergebnisse überprüfen zu können.[64]

3.2.2 Fallstudien und deren Generalisierbarkeit

Ziel der Arbeit ist es, die Ergebnisse der vorliegenden Einzelfallstudie auf eine verallgemeinerbare Basis übertragen zu können. Die Übertragung der Ergebnisse ist bedeutsam, um zur wissenschaftlichen Debatte und zur Theorieentwicklung beizutragen und das Entstehen von *„idiosynkratrischen Theorie-Inseln"* zu vermeiden (Blatter, Janning & Wagemann, 2007, S. 129). Abgesehen von der Tatsache, dass die Generalisierung der vorliegenden Interviewergebnisse eingeschränkt ist, da der Forschenden die potentiellen Interviewpartner/innen vom Unternehmen genannt wurden, ist die Fallstudienforschung stets der **mangelnden Generalisierbarkeit** der gewonnen Daten ausgesetzt (Blatter et al., 2007; Hartley, 1994, S. 208). Während quantitative Vorhaben eine möglichst repräsentative Stichprobe aus einer Grundgesamtheit anstreben, werden bei der Fallstudienforschung lediglich einer oder einige wenige Untersuchungsfälle ausgewählt. Die Fallstudien versuchen das Typische eines bestimmten Falles in Form von Regelmäßigkeiten herauszuarbeiten (Stake, 1995, S. 7)[65], um von einem oder wenigen Fällen allgemeingültige Erkennt-

---

63 Der Umfang des vorliegenden Datensamples ist weniger entscheidet als die Zusammensetzung, gerade hinsichtlich der analytischen Verallgemeinerbarkeit (Eisenhardt 1989, S. 545; Hussy, Schreier & Echterhoff 2010, S. 190).

64 Zugleich stellt diese Auswahl nach dem Prinzip der strukturellen Variation auch eine Art der Triangulation dar, da das untersuchte Phänomen Misstrauen von unterschiedlichen Gesichtspunkten betrachtet wird.

65 Lamnek (1995, S. 22) spricht hier von *„Handlungsfiguren"*, die in Bezug auf die Forschungsfrage von Interesse sind. Ferner ist mit Lamnek (1995, S. 16) anzuführen: *„Die*

nisse zu generieren (Lamnek, 1995, S. 16; Stake, 1995, S. 7; Yin, 2003, S. 10). Mit dem Kritikpunkt der mangelnden Generalisierbarkeit wurde die Debatte über die wissenschaftliche Generalisierung („*scientific generalization*") von Fallstudien laut. Auf den Vorwurf, dass Fallstudien wenig Erkenntnis zur wissenschaftlichen Generalisierung beitragen können, kann mit Yin (2003, S. 10) entgegnet werden: „*Case studies [...] are generalizable to theoretical propositions and not to populations or universes. In this sense, the case study [...] does not represent a 'sample', and in doing a case study, your goal will be to generalize theories (analytical generalization) and not to enumerate frequencies (statistical generalization).*" Folglich ist zwischen der analytischen und der statistischen Generalisierung zu unterscheiden (Yin, 2003, S. 32). Statistische Generalisierungen beruhen auf der Aggregation von Daten über eine große Anzahl von Fällen hinweg, wobei Generalisierung derart aufgefasst wird, die spezifischen Besonderheiten des einzelnen Falles auszublenden, um Erkenntnisse zu gewinnen, die kontextübergreifend gelten (Hartley, 2004, S. 331; Yin, 2003, S. 31f.). Im Gegensatz dazu steht die **analytische Generalisierung** für die vorliegende Arbeit. Die analytische Generalisierung beabsichtigt, einen theoretischen Rahmen zu entwickeln, der es ermöglicht, die vorgefundenen Handlungsmuster in ihrer Gesamtheit widerspruchsfrei zu verstehen (Popper, 1972; Yin, 2009). Im Unterschied zur statistischen Generalisierungen berücksichtigen solche Theorien Informationen über Kontextbedingungen (Yin, 2003, S. 32). Fallspezifische Besonderheiten, die bei der statistischen Generalisierung als Störvariable gelten, werden hier als wertvolle Zusatzinformation für ein besseres Verständnis der untersuchten Handlungsmuster betrachtet (Hartley, 2004, S. 331; Yin, 2003, S. 32). Für die Generalisierung der vorliegenden Interviewergebnisse werden andere Interviews gewählt, die den Geltungsbereich der Ergebnisse vergrößern bis eine Sättigung, d. h. mehr Interviews würden keine neuen Erkenntnisse ergeben, erreicht ist (Flick, 2007, S. 81).

Der Anspruch der vorliegenden **Einzelfallstudie** liegt folglich darin, die gewonnen Erkenntnisse zu einer darüber liegenden theoretischen Domäne zu generalisieren und den Nutzenzuwachs durch Anreicherung der relevanten Theorie zu generieren. Wenngleich die vorliegende Fallstudie keine bestehenden Theorien in ihrer Gesamtheit bestätigen oder widerlegen kann, liegt ihre Stärke in der Differenzierung der Theorieentwicklung, wodurch Hinweise auf Subtypen oder bestimmte kausale Beziehungen gegeben werden können (Blatter et al., 2007, S. 186). Dabei beabsichtigt die vorliegende Fallstudie die spezifische Wirklichkeit im Kontext allgemeiner Bedingungen umfassend zu verstehen und zu rekonstruieren. Die Ergebnisse der Arbeit lassen sich jedoch über den Einzelfall hinaus nur in gewissen Grenzen verallgemeinern. Mit Eisenhardt (1989, S. 546) ist zu bemerken:

Einzelfallstudie im qualitativen Paradigma strebt eine wissenschaftliche Rekonstruktion von Handlungsmustern auf der Grundlage von alltagsweltlichen, realen Handlungsfiguren an. Dabei versucht der Forscher (...) diese in den wissenschaftlichen Diskurs zu überführen und Handlungsmuster zu identifizieren, indem er allgemeinere Regelmäßigkeiten vermutet."

„(...) given the typically staggering volume of rich data, there is a temptation to build theory which tries to capture everything. The result can be theory which is very rich in detail, but lacks the simplicity of overall perspective." Eine Ausweitung des Forschungsvorhabens auf einen weiteren Vergleichsfall wurde eruiert, jedoch sprechen Gründe, wie unterschiedliche Eigentümerverhältnisse, die Rechtsform, das Unternehmenssteuerungsmodell, die Hierarchien sowie mitarbeiterbezogene Kriterien (Arbeitsverträge, Vergütung und gesetzlicher Kündigungsschutz) nicht dafür, das Mitarbeitermisstrauen auf einen Faktor zurückführen zu können.

3.3 Datenerhebung

Das Forschungsvorhaben der Arbeit bedient sich den Methoden der qualitativen (Sozial-) Forschung, um die inhaltliche Dimension sozial hervorgebrachter Wirklichkeit angemessen analysieren zu können.[66] Zur Erkenntnisgewinnung der Misstrauensbildung erscheint die Erhebungsform des Interviews geeignet, da die Forschende nachfragen kann, was die/der interviewte Mitarbeitende denkt und fühlt. Im anonymen Rahmen von Interviews ist eine hohe Wahrscheinlichkeit gegeben, dass die/der Interviewte bereit ist, persönliche Erlebnisse zu schildern oder auch über Geschichten von Kollegen/innen zu plaudern, ggf. stellvertretend für eigene Erlebnisse – die teilnehmende Beobachtung würde dies nicht möglich machen. Ein intensives Interview verspricht genaue Antworten auf sensible Fragen, das die Ansprache und Äußerung von Tabus ermöglicht (Jandura, Quandt & Vogelgesang, 2011, S. 233; Wimmer & Dominick, 2013, S. 142). Im Rahmen eines Interviews können innerpsychische Prozesse, wie Meinungen, Einstellungen, Wahrnehmungen und Absichten erfasst werden, die sich nicht (oder noch nicht) im beobachtbaren Handeln manifestiert haben oder deren Beobachtung aus forschungspraktischen Gründen kaum möglich ist (Flick, 2009, S. 150; Lamnek, 1995, S. 35).[67] Da die Methode des Interviews einen Zugang in das soziale Feld ermöglicht, indem sie am *„Alltagsgeschehen"* und *„Alltagswissen"* der/des Interviewten interessiert ist (Flick, Kardorff & Steinke, 2005, S. 23), ist sie für das Forschungsvorhaben der Arbeit geeignet.[68] Ziel der vorliegenden Arbeit ist es, Informationen zu gewinnen, die direkt

---

66 Nicht zuletzt wurde die Bedeutung der qualitativen Forschung für die Untersuchung von Organisationen durch Mintzberg (1979) explizit hervorgehoben, da die Grenzen anonymer Datensammlung der standardisierten Fragebögen, Umfragen und laborartigen Simulationen nicht geeignet sind, echte realweltliche Erfahrungen in Organisationen zu sammeln (Mintzberg 1979, S. 586).

67 Da das Interview die praktikabelste und meist die einzige mögliche Methode ist, innerpsychische Prozesse zu erfassen, gehört es zu der am häufigsten eingesetzten Erhebungsmethoden der empirischen Sozialforschung (Flick 2009, S. 150; Lamnek 1995, S. 35) und wird daher als Königsweg bezeichnet (König 1973).

68 Ein qualitatives Interview lässt sich zwar grundsätzlich als ein als ein Gespräch bzw. eine Form der Alltagskommunikation verstehen, jedoch unterscheidet es sich von einem Gespräch im Alltag dahingehend, dass das Interview per Konvention eine

aus der Lebenswelt der Mitarbeitenden stammen und die Sicht der Mitarbeitenden „authentisch“ widerspiegeln (Fuhs, 2007, S. 68). Zugrunde liegt hier die Annahme, dass sich in den erhobenen Interviews die Lebenswelt der Mitarbeitenden abbildet und somit ein enger Zusammenhang zwischen dem erzählten Leben und den tatsächlichen Erlebnissen besteht. Das Forschungsdesign sieht zur Rekonstruktion der Erlebnisse neben dem persönlichen Interview die Methode des Kartensortierens als Datenerhebungsformen vor. Zudem werden ergänzend das Menschenbild und die Misstrauensneigung mittels eines Fragebogens abgefragt. Die Evidenz aus dem Kartensortieren und dem Fragebogen soll auf Beziehungen hinweisen, die zunächst – bei alleiniger Analyse der Interviews – nicht auffällig oder bedeutsam erscheinen und ggf. davor bewahren, sich von anschaulichen, aber falschen Eindrücken aus den qualitativen Daten hinreißen zu lassen (Jick, 1979).

3.3.1 Methode der Kartensortierung

Die Methode des Kartensortierens, das sog. *„Card-Sorting“* (Spencer, 2009, S. 6), beabsichtigt ein Konzept zu generieren, das einen benutzerfreundlichen und leicht verständlichen Aufbau mit logischer Struktur aufweist (Borgatti, 1999; Spencer, 2009).[69] Die Technik des Kartensortierens beruht auf der 'Personal Construct-Theorie' (Kelly, 1955) und entstammt dem Anwendungsbereich der Softwareentwicklung und dem Webdesign. In vorliegender Arbeit umfasst die Kartensortierung 18 Karten, auf denen die schriftliche Bezeichnung einer Emotion (keine Gesichter) steht; siehe Abb. 13. Grundsätzlich können sechs Primäremotionen unterschieden werden. Die Primäremotion 'anger' kann mit Wut, Ärger und Zorn übersetzt werden, 'disgust' steht für Ekel, Abneigung und Entrüstung, 'fear' für die Angst, 'happiness' für das Glücklichsein und 'sadness' bezeichnet die Traurigkeit sowie 'surprise' die Überraschung. Die Emotionen einer/s Mitarbeitenden umfassen eine Bandbreite dieser sechs Grundemotionen – für eine Emotionstypologie wird auf Fokkinga (2017) verwiesen. Die Anzahl und die Auswahl der 18 Emotionen vorliegender Arbeit geht

asymmetrische Form der Kommunikation mit festgelegten Rollen beinhaltet: Die Forschende stellt die Fragen, trägt aber ansonsten nicht wesentlich zum Gespräch bei. Die Interviewten bestreiten mit ihren Antworten den Großteil des Gespräches und stellen ihrerseits keine Fragen (Fuhs 2007, S. 70; Hussy et al. 2010, S. 215). Zum anderen dient das Interview dem Zweck der wissenschaftlichen Informationserhebung: Die Fragen sind offen und werden von den Interviewten in ihren eigenen Worten beantwortet (Hussy et al. 2010, S. 2015). Hierzu Fuhs (2007, S. 70): *„Das qualitative Interview ist als wissenschaftlich konstituierte Kommunikation eine besondere Form der Beziehung, da der Forscher oder die Forscherin die Form des Interviews gemäß eines Forschungsplans und vorausgegangener methodischer Überlegungen bestimmt.“*

69 Das Card-Sorting wird alternativ als *„Pile Sorting“*, *„Free Sort“*, *„Free Pilesort“*, *„Unconstrained Sort”* oder *„Open Card Sort“* bezeichnet. Der Richtwert zur Bestimmung der Anzahl der Befragten schwankt zwischen 10 und 30 (Borgatti 1999, S. 131; Fincher & Tenenberg 2005, S. 98; Harloff 2005, S. 119; Weller & Romney 1988, S. 22).

auf die Emotionskategorisierung von Folkman und Lazarus (1985) sowie Saunders und Thornhill (2014) zurück.[70]

Abb. 13: 18 Emotionen zur Kartensortierung

ängstlich	bange	begierig
besorgt	enttäuscht	entrüstet
erleichtert	glücklich	hocherfreut
hoffnungsvoll	kritisch	schuldig
traurig	vorsichtig	wütend
zufrieden	zuversichtlich	zynisch

Quelle: Eigene Darstellung

Die Methode des Kartensortierens wird dem persönlichen Interview vorgeschaltet, da eine Interviewhürde die Zugänglichkeit des Wissens sein kann, welches die Forschende von den interviewten Mitarbeitenden erlangen möchte. Ein wesentlicher Teil der Wissensbestände eines Menschen liegt unterhalb der Bewusstseinsschwelle und kann schwieriger verbalisiert werden (Polanyi, 1967; Seiler & Reinmann, 2004, S. 13–15). Dies gilt ganz besonders für alltägliches, habituelles Handlungswissen. Eine Vielzahl alltäglicher Tätigkeiten wird verrichtet, ohne sich des zugrunde liegenden Wissens bzw. der angewandten Handlungsstrategien bewusst zu sein. Hierbei handelt es sich um handlungsinhärentes Wissen, einen *„embodied mode"* von Wissen (Kinsella, 2007, S. 396). Ferner ist die Zugänglichkeit dieses Wissens erschwert, da Aussagen über das Wissen, das dem eigenen Handeln zugrunde liegt, nicht zwangsläufig mit dem tatsächlichen Handeln übereinstimmt. Bei einer direkten Nachfrage nach diesen handlungsleitenden Überzeugungen wird häufig übernommenes formalisiertes Wissen wiedergegeben, wie dies z. B. gemäß der Leitbilder oder Unternehmensregularien vorgegeben wird (Groeben & Scheele, 2000, §6). Zudem schränkt die soziale Situation des Interviews die Zugänglichkeit bestimmter Wissensinhalte ein (Alvesson, 2003, S. 169).[71] Dieses Problem der Unzugänglichkeit handlungsleitender innerpsychischer Vor-

---

70 Für vorliegende Arbeit stammen von Folkman & Lazarus (1985) die fundamentalen Emotionen, wie: 'threat' (worried, fearful, anxious), 'challenge' (confident, hopeful, eager), 'harm' (angry, sad, disappointed, guilty, disgusted), 'benefit emotions' (exhilarated, pleased, happy, relieved). Aus dem Emotionskatalog von Saunders & Thornhill (2014), die 36 Emotionen nennen und explizit einen Bereich *„expressions of high distrust"* unterscheiden, sind weitere drei Emotionen und zwar 'zynisch' (*„cynical"*), 'ängstlich' (*„fearful"*) und 'kritisch' im Sinne von skeptisch (*„sceptical"*) ausgewählt worden.

71 Die soziale Situation des Interviews schränkt die Zugänglichkeit bestimmter Wissensinhalte ein, wie Alvesson (2003, S. 169) deutlich macht: *„An interview is a social*

gänge adressiert die Arbeit, indem die Mitarbeitenden nicht explizit nach kognitiven oder affektiven Kategorien (Überzeugungen, Werten) gefragt werden. Vielmehr wird zu Beginn des persönlichen Treffens ein Stapel mit 18 Karten ausgelegt und zur Anwendung der Methode des Kartensortierens wird ein dreistufiger Sortierungsvorgang durchgeführt (Saunders & Thornhill, 2014). Zuerst unterscheiden die Mitarbeitenden zwischen den Emotionen, die auf die Unternehmensführung zutreffen und denen, die nicht zutreffen. Anschließend sortieren sie die Emotionen wiederum in zwei Stapel bzw. in zwei Kategorien: Emotionen, die sie sehr stark mit der Unternehmensführung verbinden und Emotionen, die sie eher weniger mit ihnen verbinden. Schließlich werden von dem Stapel, den sie mit der Unternehmensführung verbinden, die stärksten Emotionen bzw. Karten (mindestens drei Emotionskarten) ausgewählt.[72] Im Anschluss an die (Aus-) Sortierung der Karten bzw. die Identifizierung der stärksten Emotionen bittet die Forschende die/den Mitarbeitende(n) über die Ereignisse, die mit diesen Emotionen begleitet waren, zu sprechen (Krosgaard, Brodt & Whitener, 2002). Mit dem Anknüpfen an Emotionen können *vergangene* Ereignisse ins Gedächtnis gerufen werden und die/der Mitarbeitende kann sich in die Situation zurückversetzen (Bewsell, 2012), was die Erforschung der vergangenen Ereignisse und ihrer Emotionen ermöglicht (Roseman, Spindel & Jose, 1990; Smith & Ellsworth, 1985).[73] Mit dieser Methode der *„retrospektiven Introspektion"* (Hron, 1994, S. 134) erfolgt eine Vergegenwärtigung der in der Vergangenheit liegenden Situation. Die/der Mitarbeitende versetzt sich gedanklich in erlebte Situationen und setzt diese zu wesentlichen erlebten Reaktionen in Beziehung (Hron, 1994, S. 134). Die Erlebniserzählungen der/des Mitarbeitenden bilden den Ankerpunkt für eine erzählende Interviewepisode, wobei die in den Erzählungen gesammelten Charakteristika per Aufnahmegerät aufgenommen werden und anhand von Nachfragen weiter vertieft werden. Für einen strukturierteren Gesprächsverlauf dient das leitfragen-gestützte Interview.

3.3.2 Interview

Nach dem Sortierungsprozesses werden die Mitarbeitenden aufgefordert, die Auswahl der Karte, und somit der damit einhergehenden Emotion, laut zu kommentieren und das Erlebnis zu schildern, das ihnen beim Selektionsprozess der Karten

---

situation and that which is said is far too context dependent to be seen as a mirror of what goes on outside this specific situation – in the mind of the interviewee or in the organization ‚out there'. Interviewees speak in accordance with norms of talk and interaction in a social situation. The research interview is thus better viewed as the scene for a social interaction rather than a simple tool for collection of ‚data'. Critics object to the naive and rather romantic view of research and research subjects, which believes that genuine experiences can be captured with the help of interviews."

72 Während des Sortierungsprozesses werden Zwischenfragen seitens der Forschenden vermieden, da hierdurch der Selektionsprozess beeinflusst werden könnte.

73 Wie bei Posten & Gino (2016) basieren die Einschätzungen und Bewertungen der Interviewten auf ihren mentalen Erinnerungen.

„durch den Kopf ging“. In den Interviews erfolgte die Kommentierung unmittelbar im Anschluss – postaktional[74] (Hussy, Schreier & Echterhoff, 2010, S. 226f.; Willis, 2005). Um eine einheitliche Erzählstruktur zu ermöglichen und auf die Gesprächsbereitschaft der Interviewpartner/innen einzugehen, wurde das **halb-strukturierte episodische Interview** eingesetzt.[75] Das Interviewdesign ist ein episodisches Interview, da der Zugang zu dem Wissensbestand der/des interviewten Mitarbeitenden über das Nacherzählen konkreter erlebter Situationen erfolgt (Flick, 2009, S. 186). Ziel ist es, die Perspektive der/des Mitarbeitenden nachzuvollziehen, um so komplexe Zusammenhänge erkennen zu können (Flick et al., 2005, S. 23). Der/dem Mitarbeitenden kommt im Interview die Aufgabe zu, *„(...) aktiv Ereignisse, Erfahrungen, Handlungen und Wissen zu rekonstruieren“* (Honer, 2003, S. 95).

Der episodenartige Erzählvorgang über die Erlebnisse der/des Mitarbeitenden wird auf der Basis der ausgewählten Emotionskarten geleitet und mit einem **Interviewleitfaden** unterstützend strukturiert. Der Interviewleitfaden mit den sechs Fokusfragen bezieht sich auf die episodischen Erzählungen und enthält Erzählaufforderungen. Während des Interviews wird der Leitfaden ggf. um individuelle Einzelfragen ergänzt. Diese sukzessiv entwickelten Nachfragen knüpfen somit thematisch an die Erzählungen der Mitarbeitenden an. Um die vergangenen Erlebnisse „zurückzurufen“ (Smith & Ellsworth, 1985), fragte die Forschende die Mitarbeitenden u. a.:

- Was sind die allerstärksten Gefühle, die sie gegenüber ihrem Arbeitgeber, der Unternehmensführung haben?
- Wann bzw. in welcher Situation hatten sie diese Gefühle? Könnten sie Beispiele nennen?
- Wie hat das Erlebnis sie beeinflusst, über den Arbeitgeber bzw. die Unternehmensführung zu denken?

Neben der Festlegung der Interviewform sind die im Gespräch konstituierten Beziehungen relevant. Das Interview wird zu zweit, mit der Forschenden und der/dem Mitarbeitenden, in einem abgeschlossenen Raum, ungestört und ohne Zeitdruck, **persönlich** – nach den spezifischen Regeln der Interviewform –geführt (Fuhs, 2007, S. 73).

---

74 Bei der Erhebungsmethode ‘postaktionales lautes Denken’ wird die/der Mitarbeitende aufgefordert, die Gedanken nach der Kartensortierung zu verbalisieren. Dabei kann nicht ausgeschlossen werden, dass im Nachhinein alle Gedanken erinnert werden (Hussy et al. 2010, S. 226).

75 Nach Lamnek (1995, S. 91) können fünf Interviewgrundformen unterschieden werden: Narratives (Schütze 1977; 1982), problemzentriertes (Witzel 1982), fokussiertes Interview (Merton, Fiske & Kendall 1956) und Tiefen- oder Intensivinterview sowie rezeptives Interview. Als Unterform zum narrativen Interview ist das episodische Interview zu sehen, wenn lediglich episodenartige Erzählungen kurzer Ereignisse zugrunde liegen (Flick 1995).

3.3.3 Fragebogen

Die interviewten Mitarbeitenden füllen im Anschluss an das Kartensortieren und das persönliche Interview einen Fragebogen aus. Der Fragebogen ist eine Einstellungsmessung der Mitarbeitenden zu ihrem Menschenbild und zu ihrer grundsätzlichen Misstrauensneigung. In vorliegender Arbeit dient der Fragebogen einzig zur Ergänzung und Validierung der qualitativen Interviews. Es werden Multi-Item-Skalen verwendet, da einzelne Fragen nicht das gesamte Spektrum der Konstrukte Misstrauensneigung und Menschenbild abgreifen können. Folglich werden die Antworten auf die Fragen zur Misstrauensneigung bzw. zum Menschenbild nicht isoliert ausgewertet, sondern jeweils in einem Messwert zusammengefasst (Mummendey & Grau, 2014, S. 13). Vorliegender Fragebogen sieht skalierte Fragen vor, d. h. die 18 Mitarbeitenden ordnen dem zu beurteilten Objekt einen Wert auf einer vorgegebenen Skala zu. Als Skala wird die Skalierungsmethode der Likert-Skala mit fünf Stufen verwendet (Likert, 1932).[76] Die Pole der numerischen Likert-Skala gehen von „trifft überhaupt nicht zu“ bis „trifft voll und ganz zu“, sodass fünf Möglichkeiten bestehen. Im Rahmen der Überlegung, welche Anzahl von Stufen bei der Skala optimal sind, insbesondere, ob eine mittlere Alternative bei Auswahlstufen von skalierten Fragen verwendet werden, entschied sich die Forschende gegen eine vierer oder sechser Skala, da hier erzwungen wird, dass sich die Befragten in die eine oder andere Richtung entscheiden und das permanente Ankreuzen der Mitte verhindert wird (Diekmann, 2007, S. 446). Das Layout des Fragebogens ist übersichtlich und strukturiert aufgebaut, d. h. innerhalb eines Items liegen keine Seitenumbrüche, sondern die Fragen sind in logischen Sinnabschnitten auf einem einseitig bedruckten Fragebogen in Papierform ausgewiesen (Porst, 2014, S. 169; Schnell, Hill & Esser, 2005).

Machiavellismus-Skala für das Menschenbild

Das Menschenbild der Mitarbeitenden wird mittels einer Machiavellismus-Skala abgefragt (Cloetta, 1974; 2014); siehe Abb. 14. Die Skala Machiavellismus bzw. Mach-Skala geht auf Machiavellismus-Studien, wie z. B. Dahling, Whitaker und Levy (2009) und auf das theoretische Rollenmodell von Christie und Geis (1970) zurück, die das Konstrukt 'Machiavellismus' federführend begründen. Christie und Geis (1970) entwickelten und testeten dabei auch ein Maß von Machiavellismus, das eine 'Misstrauen in Menschen-Subskala' beinhaltet. Danach erfasst die Mach-

76 Eine Likert-Skala mit fünf bzw. sieben Stufen wird standardmäßig in den Sozialwissenschaften verwendet. Eine dreistufige Skala ist meist zu undifferenziert und bietet nur eine grobe Erkenntnis, eine fünfstufige Skala ist differenzierter und dennoch sehr leicht verständlich. Ab sieben Stufen wird eine zügige Orientierung schwieriger, die Befragten ermüden schneller und der Erkenntnisgewinn ist marginal und daher vernachlässigbar, da die meisten Menschen ihre Antworten nicht so fein differenzieren können (Diekmann 2007, S. 240; Porst 2014, S. 77).

Skala, ob die/der Befragte die Voraussetzungen für die Manipulation ihrer/seiner Mitmenschen aufweist. Hierzu werden der relative Gefühlsmangel in zwischenmenschlichen Beziehungen, die geringere Beachtung gängiger Moralvorstellungen und die geringe ideologische Bindung erfasst. Neben diesen Voraussetzungen für Manipulation umfasst eine machiavellistische Einstellung zum einen, dass „der Zweck die Mittel heilige“ und vereint zum anderen pessimistische bzw. zynische Ansichten über die menschliche Natur. Im Gegensatz dazu sind anti-machiavellistische Einstellungen und Ansichten geprägt vom Glauben an das Gute im Menschen und der Forderung nach Ehrlichkeit und Partnerschaft in zwischenmenschlichen Beziehungen (Christie & Geis, 1970; Cloetta, 2014).[77]

Skala von Chang und Fang (2013) für die Misstrauensneigung

Die **Misstrauensneigung** wird mittels der Skala von Chang und Fang (2013) abgefragt. Die Skala ist für die vorliegende Arbeit passend, da sie auf den Erkenntnissen früherer Misstrauensstudien im E-Commerce (Cho, 2006; McKnight et al., 2004) aufbaut und für den Kontext der Mitarbeitenden geeignet ist; siehe Abb. 14.[78]

77 Der theoretische Hintergrund hierzu ist, dass Vertrauen meist anhand der *„Interpersonal Trust (IT)“* -Skala und der *„Philosophies of Human Nature (PHN)“* -Skala gemessen wird. Die IT- und PHN-Skala wurden zur Untersuchung des generellen Vertrauens (*„generalized trust“*) entwickelt (Rotter 1967; Wrightsman 1964; 1991). Die PHN-Skala zeigt, dass Machiavellismus die Persönlichkeitsdimension ist, die mit Vertrauen in Beziehung gesetzt werden kann. Danach gehen Misstrauische davon aus, dass ihre (Ver-) Stärkungen im Leben (*„reinforcements in life“*) eher extern kontrolliert sind, als dass sie intern im Sinne von innerlichen Kräften und dem eigenen Antrieb (*„internal self forces“*) zu begründen sind. Aufgrund dieser Einstellung tendieren Misstrauische zum Machiavellismus (Stark 1978, S. 538). Die hohe negative Korrelation zwischen den beiden Skalen, IT- und PHN-Skala, weist darauf hin, dass misstrauende Personen sehr wahrscheinlich machiavellistischen Überzeugungen beipflichten (Stark 1978, S. 573).

78 Für die Einschätzung der Misstrauens- bzw. Vertrauensneigung und des Menschenbildes eruierte die Forschende weitere Skalen. Jedoch schieden diese aus, da sie nicht im Einklang mit dem hier vorliegenden theoretischen Ansatz stehen und/ oder die Items zur Abfrage zu umfangreich sind oder ferner, wie beispielsweise die Skala von Huff & Kelley (2003), sich ausschließlich auf die Beziehung zur Stakeholdergruppe Kunden bezieht, z. B.: *„Wenn ich etwas bestelle, bin ich überzeugt, dass das Produkt wie versprochen ankommt“*/ oder: *„Die meisten Mitarbeiter im Verkauf sind ehrlich“*, sodass keine Übertragbarkeit auf die/den Mitarbeitenden gegeben wäre.

Abb. 14: Fragebogen zur Messung des Menschenbildes und der Misstrauensneigung

Aussagen	**Trifft überhaupt nicht zu „falsch“**				**Trifft voll und ganz zu „richtig“**
	1	**2**	**3**	**4**	**5**
Man sollte nur dann den wahren Grund seiner Handlungen sagen, wenn es einem nützt.					
Am sichersten fährt man mit der Annahme, dass alle Menschen einen bösartigen Zug haben, der bei gegebener Gelegenheit zutage tritt.					
Mit Aufrichtigkeit kommt man in jeder Situation am weitesten.					
Wenn man jemanden um etwas bittet, dann sollte man die wahren Gründe seiner Bitte nennen und nicht solche vorschieben, von denen man sich mehr Erfolg verspricht.					
Alles in allem ist es besser, bescheiden und ehrlich zu sein, als bedeutend und unredlich.					
Ein weitgestecktes Ziel kann man nur erreichen, wenn man sich auch etwas außerhalb des Erlaubten bewegt.					
Man soll seine Bekanntschaften auch unter dem Gesichtspunkt auswählen, ob sie einem nützen können.					
Meistens ist es günstiger, seine wahren Absichten für sich zu behalten.					
Ich bin generell der Meinung, dass Menschen…	**Trifft überhaupt nicht zu „falsch“**				**Trifft voll und ganz zu „richtig“**
	1	**2**	**3**	**4**	**5**
…sich wirklich um das Wohlbefinden von anderen Mitmenschen kümmern und sorgen.					
…vielmehr vorgeben sich um andere Mitmenschen zu kümmern, als dass sie es in der Tat tun.					
…sich genügend bemühen, hilfsbereit und zuvorkommend zu sein, anstatt nur auf sich zu schauen.					
…es eher innerlich für sich ablehnen, sich die Mühe zu machen, anderen zu helfen.					
…bestrebt sind, dass ihre Wörter mit ihren Taten einhergehen.					
…eine Lüge erzählen würden, wenn sie davon einen Vorteil erzielen könnten.					
…meist ehrlich im Umgang mit anderen Mitmenschen sind.					

Quelle: Cloetta (2014) bzgl. des ersten Blockes an acht Fragen (Menschenbild) und Chang und Fang (2013) bzgl. des zweiten Blockes an sieben Fragen (Misstrauensneigung)

3.4 Datenanalyse

Die Datenerhebung umfasst die Auszählung der Emotionen im Rahmen der Kartensortierung und die Auswertung der Interviews sowie die Auswertung des Fragebogens.

3.4.1 Analyse der Kartensortierung

Die Sortierung der Karten wird für jede(n) Mitarbeitende(n) festgehalten und im Anschluss in das Tabellenkalkulationsprogramm MS-Excel eingetragen, sortiert und ausgezählt. Mittels der Auszählung kann dargestellt werden, welche Emotionen zentral sind und welche Rolle sie im Rahmen der Misstrauensbildung spielen.

3.4.2 Inhaltlich-strukturierte Inhaltsanalyse

Im Kontext des Postulats der Offenheit und des theoriegeleiteten Herangehens sowie dem Anspruch, eine ganzheitliche Analyse mittels strukturierten Vorgehens zu erreichen, erschließt sich für die vorliegende Arbeit das Ablaufmodell der inhaltlich-strukturierenden Inhaltsanalyse nach Mayring (2002; 2015); siehe Abb. 15.

Die ***Festlegung des Materials*** bezieht sich darauf, dass der Umfang, die Entstehung und die Charakteristika des zu analysierenden Datenmaterials eindeutig festgelegt werden (Mayring, 2003, S. 46f.), siehe hierzu 'Auswahl der Fälle' in Kapitel 3.2.1. vorliegender Arbeit. Mit der ***Analyse der Entstehungssituation*** wird die Durchführung der Datenerhebung angesprochen und mit den ***Charakteristika des gewonnenen Materials*** soll das Datenmaterial beschrieben werden, siehe hierzu die 'Datenerhebung' in Kapitel 3.3. der Arbeit. Mit dem Ablaufschritt ***Richtung der Analyse*** wird das Ziel des Forschungsprozesses im Sinne des Erkenntnisinteresses fokussiert, siehe hierzu die 'Einführung' im ersten Kapitel der Arbeit. Die ***theoretisch geleitete Differenzierung der Fragestellung*** weist auf die Tatsache hin, dass die Fragestellung theoriegeleitet gefasst wird, siehe hierzu das zweite Kapitel mit dem 'Forschungsstand'.

Abb. 15: Ablaufmodell der inhaltlich-strukturierenden Inhaltsanalyse

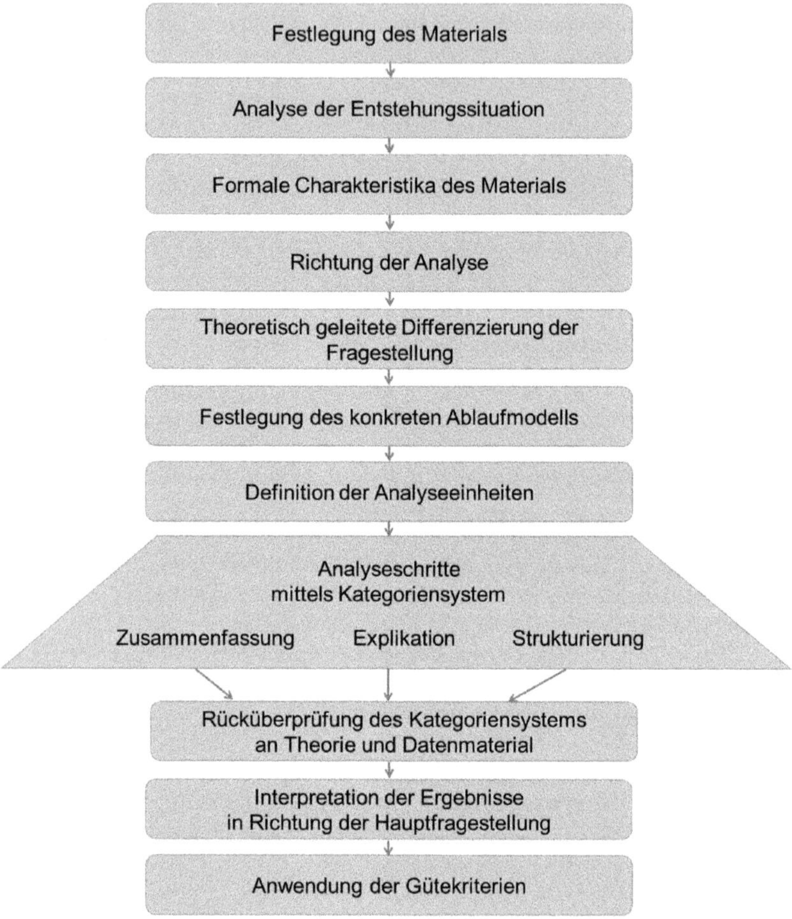

Quelle: Mayring (2003, S. 54)

Die Schritte der Inhaltsanalyse werden mit der ***Festlegung eines konkreten Ablaufmodells*** spezifiziert, damit: *„(…) jeder Analyseschritt, jede Entscheidung im Auswertungsprozess auf eine begründete und getestete Regel zurückgeführt werden kann“* (Mayring, 2010, S. 49). Die Dokumentation aller Arbeitsschritte und die Orientierung an vorab festgelegten Regeln der Textanalyse ist entscheidend, damit die Vorgehensweise nachvollziehbar und intersubjektiv überprüfbar ist (Mayring, 2010, S. 49; Schreier, 2012, S. 5). Hierfür geht die ***Definition der Analyseeinheiten*** einher, d. h. der inhaltsanalytischen Einheiten, wie der Codiereinheit, der Kontexteinheit und der Auswertungseinheit (Mayring, 2015, S. 50f.). Die *Codiereinheit* (Code) bestimmt den kleinsten Materialbestandteil, z. B. eine Aussage, einen Satz, ein Wort (Mayring, 2010, S. 59). Die Gesamtheit der Codes sind alle relevanten Textpassagen, die einer Kategorie zugordnet werden können (Schreier, 2012, S. 131). Die *Kontexteinheit* ist die größte mögliche Analyseeinheit, die unter eine Kategorie fallen kann, d. h. ein Sinnabschnitt (Schreier, 2012, S. 133). In vorliegender Forschungsarbeit bezieht sich die Kontexteinheit auf die Schilderung des Erlebnisses oder auf die Frage der Forschenden und die darauffolgende Antwort der/des interviewten Mitarbeitenden. Die *Auswertungseinheit* umfasst das Material, dass in die Inhaltsanalyse einbezogen werden soll und legt fest, welche Textteile jeweils nacheinander ausgewertet werden, ob chronologisch dem Gesprächsverlauf folgend oder thematisch über alle Materialbestandteile ausgewertet wird (Gläser & Laudel, 2010, S. 209, Schreier, 2012, S. 130, 2012, S. 131; Winkelhage et al., 2008, S. 5). Für die vorliegende Arbeit ist die Auswertungseinheit ein transkribiertes Interview.

Die ***Analyseschritte*** erfolgen ***mittels des Kategoriensystems***. Die Entwicklung der Kategorien reicht von der vollständig induktiven Kategorienbildung am Material bis hin zur deduktiven Bildung von Kategorien, die aus einer der Forschung zugrunde liegenden Theorie oder der Forschungsfrage abgeleitet sind (Kuckartz, 2012, S. 77). Zu der deduktiven Kategorienentwicklung meint Mayring (2000, S. 4): *„Hier geht es darum, schon vorher festgelegte, theoretisch begründete Auswertungsaspekte an das Material heranzutragen. Der qualitative Analyseschritt besteht dabei darin, deduktiv gewonnene Kategorien zu Textstellen methodisch abgesichert zuzuordnen.“* Daraus wird deutlich, dass sich die Theorie nicht aus den Daten kristallisiert, sondern dass die Theorie dem Text zugeordnet wird, was schwerlich einen neuen wissenschaftlichen Beitrag im Sinne qualitativer Forschung verspricht (Flick, 2002). Nach Mayring beinhaltet die deduktiv-induktive Kategorienbildung sowie die anschließende deduktive Kategorienanwendung, dass zuerst anhand der Interviews ein Analyseraster aus Codes erstellt und anschließend an das Material adaptiert wird. Ist dies abgeschlossen, werden diese Codes auf das gesamte Material angewandt (Mayring, 2000). Somit werden nach Mayring nur die Inhalte des Materials analysiert, die von einem zuvor generierten Code erfasst werden. Textpassagen jedoch, die nicht durch Codes abgedeckt sind, werden nicht weiter berücksichtigt (Flick, 2007, S. 25ff.). Gläser und Laudel (1999, S. 2–10) kritisieren dieses geschlossene, ex ante festgelegte Kategoriensystem Mayrings, da es nur am empirischen Material (induktiv) im ersten Prozesskreislauf mit Textteilen angepasst wird.[79]

---

79 Den Vorwurf des ex ante festgelegten Kategoriensystems, wonach das Schema einzig am empirischen Material im ersten Prozesskreislauf angepasst werden kann (Gläser & Laudel 1999), versuchte Mayring (2010) zwar zu entkräften, indem er auf die Möglichkeit hinwies, dass die Kategorien induktiv am Material revidiert werden könnten. Jedoch entspricht eine potentielle Revidierung nicht dem Anspruch an eine größtenteils voreingenommene datengeleitete Inhaltsanalyse bzw. dem Anspruch der qualitativen Forschung an Flexibilität, Kreativität und Offenheit (Gläser & Laudel 2010; Steigleder 2008). Bei Steigleder (2008, S. 108) sind die projektspezifischen Mo-

Diesen Vorwurf berücksichtigt vorliegende Arbeit. Das Kategoriensystem wird als ein offenes, im Forschungsprozess anzupassendes Analysesystem verstanden (gemäß Gläser & Laudel, 1999, S. 20). Die Kategorien werden in einem Wechselverhältnis zwischen der Theorie (der Fragestellung) und dem konkreten Material entwickelt, durch Zuordnungsregeln abgegrenzt und während der Datenanalyse stets überarbeitet und rücküberprüft (Schreier, 2012, S. 58; Winkelhage et al., 2008, S. 7). In Folge einer kontinuierlichen Anpassung der Kategorien am Material überarbeitet die Forschende das Kategoriensystem permanent, sodass die von Mayring genannte 'Probecodierung' für vorliegende Arbeit hinfällig ist (Steigleder, 2008, S. 188). Ziel des Vorgehens ist es, dass sich das Forschungsvorhaben der Arbeit in dem Kategoriensystem konkretisiert, das das Zentrum der Inhaltsanalyse darstellt.[80]

Zur Entwicklung des Kategoriensystems finden drei Vorgehensweisen Anwendung: Mit der ***Zusammenfassung*** wird das Material soweit reduziert, abstrahiert und generalisiert, als dass die in Bezug auf die Forschungsfragen relevanten Inhalte in Form von Kategorien erhalten bleiben. Mayring versteht mit der 'Zusammenfassung' die Paraphrasierung des Textes, um im Zuge weiterer Reduktionen die Paraphrasen zu einer zusammenfassenden Aussage und letztlich zur Formulierung von Kategorien zu verdichten (Mayring, 2003, S. 64–70). Da in der vorliegenden Arbeit die Analysesoftware Atlas.ti verwendet wird, ist der Schritt der Paraphrasierung des Textes nicht explizit durchzuführen. Die ***Explikation*** beabsichtigt die entgegengesetzte Richtung der Zusammenfassung. Anstatt das Datenmaterial zu reduzieren, wird das Material ausgebreitet bzw. angereichert, um unklare oder missverständliche Textpassagen zu verstehen, deren Sinn sich nicht unmittelbar erschließen lässt.[81] Die ***Strukturierung*** deckt anhand der Bildung und Zuordnung der Codes in dem Kategoriensystem die Struktur des Materials auf (Mayring, 2010, S. 61; Schreier, 2012, S. 58; Titscher, Meyer, Wodak & Vetter, 2000, S. 64; Winkelhage et al., 2008, S. 7). Im Rahmen der ***Rücküberprüfung des Kategoriensystems an Theorie und Material*** werden die erhobenen Daten auf bestehende Theorien bezogen, wie

---

difikationen der strukturierten qualitativen Inhaltsanalyse der von Mayring gegenübergestellt.

80 Hierzu Berelson (1952, S. 147): *„Content analysis stands or falls by its categories (...) since the categories contain the substance of the investigation, a content analysis can be no better than its system of categories."* Auch Titscher, Meyer, Wodak & Vetter (2000, S. 58) bezeichnen das Kategoriensystem als zentral, wobei sie die Kategorien als operationale Variablendefinitionen bezeichnen: *„The core and central tool of any content analysis is its system of categories: every unit of analysis must be coded, that is to say, allocated to one or more categories. Categories are understood as the more or less operational definitions of variables."*

81 Zur Explikation einer Textstelle ist zunächst der unmittelbare Kontext zur Interpretation heranzuziehen, beispielsweise lässt sich eine ironisch gemeinte Aussage identifizieren, wenn der Kontext, in dem die Aussage steht, mit in die Betrachtung einbezogen wird (Mayring 2003, S. 77–82).

vorliegend u. a. auf die Social Identity- und die Organizational Justice-Theorie.[82] Schließlich ist die ***Interpretation der Ergebnisse in Richtung der Hauptfragestellung*** vorzunehmen. Mayring (2015, S. 53) verbindet diesen qualitativen Analyse- und Interpretationsschritt mit quantitativen Auswertungsschritten, wie der Bestimmung der Häufigkeit, mit der eine Kategorie genannt wurde. In Anbetracht des qualitativen Paradigmas im Sinne eines post-positivistischen Ansatzes ist dies problematisch (Lincoln, Lynham & Guba, 2011; Schwandt, 2011).[83] Eine quantitative Häufigkeitsnennung von Codes und Kategorien wird bei vorliegendem fallanalytischem Vorgehen der Arbeit dargestellt, jedoch ohne zwangsläufig auf die Bedeutsamkeit zu schließen, da die Plausibilität der Äußerungen im Fokus steht und nicht die Häufigkeit der Übereinstimmung. Der letzte Schritt des Ablaufmodells, die ***Anwendung von Gütekriterien***, rückt die Qualitätskriterien an eine „gute" qualitative Forschung ins Bewusstsein der Forschenden.

3.4.3 Analyse des Fragebogens

Die Antworten des Fragebogens dienen als weitere Erklärungsrichtung zur Interpretation der Interviewergebnisse. Folglich soll die Persönlichkeitsabfrage mittels der Einschätzung des Menschenbildes und der Misstrauensneigung herauszufinden, ob die Interviewten, die gegenüber ihrem Arbeitgeber Misstrauen haben, auch im Zusammenhang mit ihrer Persönlichkeit, d. h., ob sie anhand ihrer Misstrauensneigung und ihrem Menschenbild erahnen lassen, eher dazu zu neigen, argwöhnisch zu sein und Misstrauen zu bilden. Bei vorliegender kleiner Anzahl von 18 Fragebögen werden die Antworten mittels deskriptiver Statistiken, wie Modus und Median analysiert. Eine Aussage könnte sein, dass die gemäß der Interviewergebnissen als misstrauisch identifizierten Mitarbeitenden zu über 50% nicht aufgrund ihrer Persönlichkeit (Menschenbild und Misstrauensneigung) misstrauisch sind, sondern andere Gründe als Persönlichkeitseigenschaften im vorliegenden Datensample eine Rolle spielen.

3.5 Gütekriterien

Verallgemeinernd kann nach Fuhs (2007, S. 90) **„gute" qualitative Forschung** wie folgt bezeichnet werden: *„Die Qualitative Forschung verbindet in der Auswertung Empirie mit Theorie. Unter einer problemgeleiteten Fragestellung des Forschenden*

82 Die jeweiligen Theorien dienen zur Interpretation der Daten und vice versa dienen die Daten auch dazu, die bestehende Theorie zu diskutieren, zu verändern oder weiterzuentwickeln (Fuhs 2007, S. 89).

83 Nach Mayring (2003) wird die Stärke einer Kategorie anhand der Anzahl der Paraphrasen beschrieben. Diese fälschliche Gleichsetzung von Quantität mit der Bedeutsamkeit bzw. Wichtigkeit einer Kategorie reduziert die Bedeutung des Einzelfalls zugunsten eines Interpretationsmodells, indem die Maße der Aussagen bestimmt, was ein Ergebnis ist.

und seiner Herkunftskultur werden empirische Daten einer „fremden" Lebenswelt in einem definierten Feld erhoben und durch Interpretation für eine Zielkultur verstehbar gemacht. Die gesamte Forschung muss sich an Problemen der Beziehung zwischen dem Eigenen und dem Anderen (Fremden) orientieren und einen theoretischen Ertrag zum Verständnis von Kultur bringen." Häufig liefern die Datenerhebung und -auswertung bei qualitativ ausgerichteten Untersuchungen Angriffspunkte zur Kritik. Unzulänglichkeiten werden vor allem in Bezug auf die methodische Kontrolle des Forschungsprozesses und die Erkenntnisgewinnung geäußert (Diefenbach, 2008; Gibbert & Ruigrok, 2010; Gibbert, Ruigrok & Wicki, 2008). Denn nicht (nur) die *„Subjektzentriertheit qualitativer Methoden"* sei problematisch, sondern: *„vielmehr die vielfach mangelnde Transparenz des qualitativ-methodischen Vorgehens, welche die intersubjektive Nachvollziehbarkeit erschwert, wenn nicht sogar unmöglich macht"* (Loosen, 2008, S. 596). Auf den Einwand der mangelnden Transparenz geht die Forschende ein. Alle Schritte werden für Außenstehende nachvollziehbar und plausibel dargestellt. Das Vorgehen des Forschungsvorhabens wird in Bezug auf die Fragestellung logisch begründet, die eingesetzten Methoden werden reflektiert (Fuhs, 2007, S. 54) und eine offene Diskussion der Reichweite der Befunde mit weiteren Forschern wird angestrebt (Mayring, 2002, S. 144f.; Steinke, 2005, S. 324). Hierfür werden Gütekriterien zugrunde gelegt, die die Vergleichbarkeit und die Gültigkeit qualitativ gewonnener Daten sicherstellen.[84]

---

84 Im Zuge der Auswahl von Gütekriterien werden Diskussionen über die wissenschaftliche Qualität und die Standards qualitativer Forschung geführt (Flick 2007; Lincoln & Guba 1985; 2011; Spencer, Ritchie, Lewis & Dillon 2003). Einige qualitativ Forschende sind der Ansicht, dass sich die qualitative Forschung hinsichtlich der Zielsetzung und dem Vorgehen grundlegend von der quantitativen Forschung unterscheidet und daher eigenständige Gütekriterien qualitativer Forschung zu entwickeln sind. Andere Forschende gehen von einer Übertragbarkeit der Gütekriterien des quantitativen Ansatzes auf die qualitative Forschung aus und nehmen lediglich Anpassungen vor (Hussy et al. 2010, S. 265f.). Dabei ist zu erwähnen, dass die Formulierung der Gütekriterien stets einen Bezug auf die „*World Views*", wie es bei Creswell (2014) und Creswell & Clark (2011) heißt, nimmt, d. h. auf die wissenschaftstheoretischen Grundannahmen im Rahmen des traditionellen Paradigmenstreits. In der Tradition des kritischen Rationalismus wird von der Möglichkeit objektiver Erkenntnis ausgegangen und auf standardisierte Forschungsverfahren gesetzt. Diese „objektivistischen" Ansätze bevorzugen quantitative Methoden in der Forschung (Johnson & Onwuegbuzie 2004, S. 14; Onwuegbuzie, Johnson & Collins 2011). Aufgrund der offenen Herangehensweise und des breit angelegten Datenzugangs werden seitens des kritischen Rationalismus Fallstudien dahingehend bemängelt, dass sie beliebig bei der Datensammlung und -interpretation vorgehen (Flyvbjerg 2004, S. 421). Die Tradition der „subjektivistisch" orientierten qualitativen Forschung widerspricht den kritischen Rationalisten insofern, als dass Generalisierungen nicht möglich und auch nicht beabsichtigt sind – weder zeit- noch kontextunabhängig – und die Subjektivität der/des Forschenden ein unweigerlicher Bestandteil jeder Forschung ist (Johnson & Onwuegbuzie 2004, S. 14).

Bei der Frage nach der Qualität eines Forschungsvorhabens bieten die am kritischen Rationalismus orientierten objektivistischen Ansätze den Vorteil, mit den Kriterien der Validität und der Reliabilität klare und allgemein akzeptierte Qualitätsstandards entwickelt zu haben. Die qualitative Forschung verfügt zwar ebenfalls über bewährte Methoden, die anzuwendenden Gütekriterien sind jedoch wesentlich weniger standardisiert und vor allem im Bereich der forschungspraktischen Anwendung oft nur oberflächlich beschrieben (Leech & Onwuegbuzie, 2007, S. 233). Gibbert und Ruigrok (2010), Gibbert et al. (2008) und auch Diefenbach (2008) versuchen, die Standards der Validität und der Reliabilität auf die Fallstudienforschung zu übertragen und konkrete Strategien für deren forschungspraktische Umsetzung zu entwickeln. Obwohl sich diese Autoren selbst der kritisch-rationalistischen Tradition zuordnen, stehen ihre Ausführungen nicht im Widerspruch zu vorliegender Arbeit. Die genannten Autoren gebrauchen die Begriffe der Validität und Reliabilität nicht im Sinne eines quantitativ-statistischen Forschungsverständnisses, sondern übertragen die hinter den Begriffen liegenden Konzepte auf die eher qualitativ ausgerichtete Fallstudienmethodologie. Insofern setzen deren vorgeschlagenen Strategien zur Gewährleistung von Validität und Reliabilität im Wesentlichen dies um, was unter dem subjektivistischen Ansatz des Konstruktivismus als intersubjektive Nachvollziehbarkeit des Forschungsprozesses bezeichnet wird. Die scheinbaren wissenschaftstheoretischen Gegensätze lösen sich somit auf, wenn das Problem der Qualität einer wissenschaftlichen Fallstudie auf der Ebene der forschungspraktischen Durchführung betrachtet wird. In diesem Sinne werden in vorliegender Arbeit die Begriffe der Validität und der Reliabilität von Gibbert und Ruigrok (2010) bzw. Gibbert et al. (2008) übernommen und als Teilaspekte intersubjektiver Nachvollziehbarkeit des Forschungsprozesses verstanden. Für die Beurteilung der Güte der Arbeit schlägt Yin (2003) oder auch Gibbert und Ruigrok (2010) sowie Onwuegbuzie, Johnson und Collins (2009) die Kriterien der internen und externen Validität, der Konstruktvalidität sowie der Reliabilität vor.[85] Hierzu betonen Gibbert et al. (2008, S. 1468) und ebenso Titscher et al. (2000, S. 65) die hierarchische Beziehung der dargestellten Qualitätskriterien. Die interne Validität und Konstruktvalidität, d. h. die Stimmigkeit des zugrunde gelegten theoretischen Konstrukts und des empirischen Forschungsdesigns sind eine unabdingbare Voraussetzung für die externe Validität.[86] Zu den Gütekriterien und deren Umsetzung in der Arbeit siehe Abb. 16.

85 Die Kriterien gelten nicht nur für Fallstudien, sondern für alle Vorhaben der empirischen Sozialforschung.

86 Der internen Validität und der Konstruktvalidität wird bei der Publikation von Fallstudien oft keine Aufmerksamkeit geschenkt (Gibbert, Ruigrok & Wicki 2008, S. 1470).

Abb. 16: Gütekriterien und deren Umsetzung in der Arbeit

Gütekriterium	Umsetzung in der Arbeit	Darstellung in der Arbeit
Interne Validität	• Theorietriangulation mittels Kombination verschiedener Forschungsstränge	Forschungsstand, Kapitel 2
	• Theoriegeleitete Forschungsfragen als Ausgangspunkt der Datenanalyse	Forschungsstand, Kapitel 2
	• Standardisierte Prozeduren zur Datenanalyse	Datenanalyse, Kapitel 3 & 4
Konstruktvalidität	• Mehrere Datenquellen & Erklärungsansätze: Kartensortierung, Interviews, Fragebogen	Datenerhebung, Kapitel 3 & 4
	• Validierungsverfahren bei der Dateninterpretation (Nachbesprechung & Diskussion)	Ergebnisdarstellung, Kapitel 5
	• Transparente Interpretationsprozesse im Rahmen der Fallstudiendarstellung bzw. der fallübergreifenden Analyse	Ergebnisdarstellung, Kapitel 5 & Anhang
Externe Validität	• Theoretisches Sampling	Auswahl der Fälle, Kapitel 3
	• Reflektion der analytischen Generalisierung	Fallstudien & Generalisierbarkeit, Kapitel 3
	• Multi-Case Design mit fallübergreifender Analyse	Interpretation der Ergebnisse, Kapitel 5 & 6
Reliabilität	• Transparente Darstellung des empirischen Forschungsprozesses	Datenerhebung & Anhang, Kapitel 4
	• Abspeicherung sämtlicher Daten, Erhebungs- & Analyseprozesse in digitalisierter Form: Memos, Transkripte, Codierungsregeln, erste Codierungsschemata, Kategoriensystem	Datenerhebung & Anhang, Kapitel 4
	• Datenanalyse geleitet durch explizite Forschungsfragen	Datenanalyse, Kapitel 4

Quelle: In Anlehung an Gibbert et al. (2008, S. 1467) und Yin (2003, S. 34).

3.5.1 Interne Validität

Die interne Validität bezieht sich auf den logischen Zusammenhang zwischen den zu untersuchenden Phänomenen und den erhobenen Daten bzw. deren Interpretation. In der qualitativen Forschung bezieht sich die interne Validität auf den gesamten Forschungsprozess und wird durch eine systematische, transparente Vorgehensweise gewährleistet (Mayring, 2010; Schreier, 2012, S. 27). In vorliegender Arbeit wird dieser Anspruch in Bezug auf die Auswahl des Datenanalyseverfahrens, der qualitativen Inhaltsanalyse, berücksichtigt. Nach Gibbert und Ruigrok (2010, S. 4) sowie Gibbert et al. (2008, S. 1466) ist bereits zu Beginn der Forschungsdesignphase ein theoretischer Rahmen zu spezifizieren. Diesem Anspruch wird Folge geleistet. Mit dem symbolischen Interaktionismus ist ein theoretischer Bezugsrahmen für das Forschungsdesign gegeben und auf der Grundlage der systematischen Aufarbeitung des Forschungsstandes im zweiten Kapitel der Arbeit kann die Datenanalyse verstärkt an die theoretischen Konzepte geknüpft werden. Des Weiteren spiegelt sich die Bedeutung der internen Validität in der Anforderung wider, das Kategoriensystem der Inhaltsanalyse derart zu erstellen, dass wesentliche Bedeutungsaspekte des Materials erfasst werden. Daher sind vorliegend einige Kategorien induktiv am Material entwickelt. Die Angemessenheit der Kategoriendefinitionen (Definitionen, Ankerbeispiele, Codierungsregeln) wird vorliegend mit der Überprüfung durch zwei Expertenurteile gewährleistet. Um der Validität bei der Datenerhebung Rechnung zu tragen, wurden die Forschungsmethoden vor dem Untersuchungsbeginn von weiteren qualitativen Forschenden begutachtet. Die Forschende diskutierte ferner die Forschungsmethoden und insbesondere den Interviewleitfaden im Rahmen von Doktorandenkolloquien (an der Universität Konstanz und St. Gallen) und überarbeitete diesen auf der Grundlage der Hinweise des GESIS, Leibniz-Institut für

Sozialwissenschaften.[87] Im Vorfeld der Erhebung (im Januar 2015) führte die Forschende zwei Probeinterviews, inklusive der Kartensortierung, durch. Im Zuge der Interviewsituation wurden die interviewten Mitarbeitenden über das Forschungsvorhaben aufgeklärt und die Verschwiegenheitserklärung sicherte ihnen die Vertraulichkeit zu. Anstatt die Mitarbeitenden zu Beginn des Treffens mit persönlichen Fragen „zu überfallen", leitete die Forschende das Gespräch mit einem „Small Talk" und der Schilderung des Untersuchungsablaufes ein, um das Treffen aufzulockern und eine vertrauensvolle Atmosphäre zu schaffen.

3.5.2 Konstruktvalidität

Die Konstruktvalidität fragt danach, inwiefern die eingesetzten empirischen Methoden in der Lage sind, jene Aspekte der Wirklichkeit zu erfassen, die die Forschende zu erklären sucht (Gibbert & Ruigrok, 2010, S. 3f.; Gibbert et al., 2008, S. 1466f.). Mehrere Datenquellen und die Anwendung unterschiedlicher Forschungsmethoden bewahren vorliegend davor, einen einseitigen Blick auf die Fallstudie zu bekommen. Die Konstruktvalidität macht insbesondere eine *„clear chain of evidence"* erforderlich (Gibbert & Ruigrok, 2010, S. 4). In Folge dessen werden die Interpretationsschritte der Arbeit dezidiert beschrieben und ggf. auch Abweichungen vom geplanten Vorgehen transparent gemacht (Gibbert & Ruigrok, 2010, S. 4f.).

3.5.3 Externe Validität

Während die interne Validität angibt, wie aussagekräftig die Ergebnisse in Bezug auf einen bestimmten Fall sind, erteilt die externe Validität Auskunft über die Verallgemeinerung der Ergebnisse auf die Grundgesamtheit, d. h. inwieweit die Daten über den untersuchten Einzelfall in der bestimmten Situation auf andere Fälle, wie Personen, Situationen und Operationalisierungen, generalisierbar sind und in einer breiteren Theorie umgesetzt werden können (Lincoln & Guba, 1985; Seawright & Collier, 2004, S. 292).[88] Im Zusammenhang mit dem vorliegenden qualitativen Fallstudiendesign ist eine statistische Verallgemeinerung von Untersuchungsergebnissen auf die Population nicht das Ziel der Untersuchung. Es werden keine generell gültigen Ursache-Wirkungsbeziehungen von Mitarbeitermisstrauen dargestellt, sondern lediglich potentielle Faktoren für die Bildung von Miss-

---

87 Mit den Hinweisen von Frau Dr. Natalja Menold, Dipl.-Psych., zuständig für Methodik und Umfragedesign am GESIS, Leibniz-Institut für Sozialwissenschaften, gestaltete die Forschende die Fragestellungen im Leitfaden offener und unterschied neben negativen auch positive Emotionen.

88 Die externe Validität steigt mit der Anzahl der Fälle und findet wesentlich in quantitativen Untersuchen Einsatz. Vorliegend wird auf das Prinzip der analytischen Generalisierung im Gegensatz zur statistischen Generalisierung in quantitativen Arbeiten verwiesen; siehe 'Fallstudien und deren Generalisierbarkeit' in vorliegender Arbeit.

trauen.[89] Der Anspruch der externen Validität auf die Verallgemeinerbarkeit von Situationen und Operationalisierungen besteht in der Fallstudienforschung darin, dass der Untersuchungsgegenstand in seinem natürlichen Umfeld untersucht und nicht aktiv verändert wird (Hussy et al., 2010, S. 268). In der vorliegenden Arbeit ist die Abstraktion vom Einzelfall dadurch ermöglicht, dass nicht nur eine/einer, sondern 14 misstrauische Mitarbeitende untersucht werden. Die Arbeit achtet bei der Fallauswahl auf eine möglichst systematische und theoriegeleitete Variation der relevanten Strukturmerkmale der jeweiligen Fälle (Gibbert & Ruigrok, 2010, S. 5f.).

3.5.4 Reliabilität

Die Reliabilität prüft, ob die Vorgänge der Untersuchung, wie die der Datensammlung, mit dem gleichen Ergebnis wiederholt werden könnten. Die Bedeutung des Reliabilitätskriteriums äußert sich darin, dass ein intersubjektiv-konsensuales Textverständnis angestrebt wird (Kuckartz, 2012, S. 82f.; Schreier, 2012, S. 170ff.). Bei der Inhaltsanalyse kann zwischen der Intra- und der Intercoder-Relibilität unterschieden werden (Krippendorff, 2013, S. 268). Hinsichtlich der Stabilität oder Intracoder-Reliabilität stellt sich die Frage, inwieweit die Inhaltsklassifikationen im Zeitablauf stabil und unverändert bleiben. In Bezug auf die Forschende bzw. die Coderin ist die Stabilität nicht mehr gegeben, wenn im Zeitablauf die gleichen Inhalte von ihr unterschiedlich vercodet werden („Intracoder-Reliabilität").[90] Das Kriterium der Wiederholbarkeit oder Intercoder-Reliabilität, d. h. nach Reproduzierbarkeit des Erkenntnisprozesses kann allerdings aus der Sicht der qualitativen Tradition als schwierig angesehen werden. In der qualitativen Forschung wird die Einzigartigkeit jeder (Forschungs-) Situation betont (Hussy et al., 2010, S. 267). Mit der Zuweisung eines Codes zu einer Textstelle wird einer unter vielen möglichen Bedeutungsaspekten dieser Textstelle herausgehoben, und zwar der, der in Bezug auf die Fragestellung am sinnhaftesten erscheint. Jedoch könnte jede Textstelle potenziell auf viele unterschiedliche Arten und Weisen codiert werden und von der „richtigen" Codierung ist nicht auszugehen (Hussy et al., 2010, S. 244). Folglich muss die quantitative Konzeption der Wiederholungsreliabilität bzw. Stabilität aus qualitativer Sicht abgelehnt werden. Um einer gewissen Transparenz und Reproduzierbarkeit des Erkenntnisprozesses bei vorliegender Untersuchung gerecht werden zu können, wird die ausführliche und nachvollziehbare Dokumentation des Forschungsprozesses angestrebt. Zum Nachvollzug des Forschungsprozesses fertigt die Forschende gemäß Gibbert und Ruigrok (2010, S. 6f.) Fallstudienprotokolle an und speichert die verwendeten Daten in digitaler Form. Zur Sicherstellung

89 Daher ist die externe Validität im Sinne der Verallgemeinerbarkeit der Ergebnisse auf die Grundgesamtheit nicht gegeben. (Hussy et al. 2010, S. 267).

90 Solche Instabilitäten können verschiedene Gründe haben, wie die Mehrdeutigkeiten im Text oder die Lernprozesse der Forschenden, z. B. profitieren später bearbeitete Analyseeinheiten von der Erfahrung der Forschenden und mit der Mehrdeutigkeit kann besser umgangen werden (Schnell, Hill & Esser 2008, S. 413).

der Intercoder-Reliabilität codierte die Forschende die Interviews mehrmals. Das erste Sichten des Datenmaterials begann im Juni 2015 und nach Interations- und Feedbackschleifen wurden die Interviews das letzte Mal im April 2017 überarbeitet. Dabei erfolgten auch die Codierung der Interviews von verschiedenen Codern mit der gleichen Inhaltsklassifikation und die Rücküberprüfung mit Experten.

3.6 Resultierendes Forschungsdesign

3.6.1 Datensample

Insgesamt führte die Forschende an den unterschiedlichen Standorten des Unternehmens 26 Interviews; das erste am 26.01.2015 und das letzte am 28.04.2015. Ein Interview ist nicht auswertbar wegen unzureichendem Sprachverständnis des interviewten Mitarbeitenden (MA21) und drei Interviews dienen zum Hintergrundverständnis des Kontextes (MA21, MA25, MA26): MA21 ist die Change-Management Beauftragte, sie arbeitet für den CEO und CFO. MA25 ist langjähriger Mitarbeitender der Personalabteilung. MA26 ist beauftragt für die Ausgestaltung des „Workplace-Management", d. h. die Ausgestaltungen am Arbeitsplatz, wie Desk-Sharing. Alle drei Mitarbeitenden sind der Abteilung 'oberste Unternehmensführung' zugeordnet bzw. arbeiten in diesem Bereich. Daraus ergibt sich eine Interviewanzahl von 22 Interviews für das Forschungsvorhaben der Arbeit. Diese 22 Mitarbeitenden entstammen allen Berufsgruppen des Unternehmens. Sie haben keine Vorgesetztenfunktion oder Personalverantwortung inne, sondern nur eine inhaltliche Fachverantwortung. Von den 22 befragten Mitarbeitenden sind 11 weiblich und 11 männlich, das Alter beträgt zwischen 23 und 57 Jahren (durchschnittlich 36,95 Jahre) und die Dauer der Betriebszugehörigkeit liegt zwischen 1,5 und 40 Jahren (durchschnittlich 14,27 Jahre). Alle befragten Mitarbeitenden arbeiten in Vollzeit, d. h. 42 Stunden pro Woche, wobei Überstunden in Zeit oder monetärer Entschädigung entgolten werden. Vier der 22 Interviews sind jedoch aufgrund von verschiedenen Ursachen, wie ihrer Kürze, geringen inhaltlichen Tiefe oder auch teilweise widersprüchlichen Aussagen, nicht in das Datensample eingeflossen (zwei Mitarbeiterinnen: MA22, MA23 und zwei Mitarbeiter: MA19, MA20). MA23 sagt, sie ist *„sehr commited"* und *„ich vertraue der Unternehmensspitze sehr"*, äußert aber auch ihre Negativbeispiele und diese nicht aus ihren eigenen Erfahrungen, sondern anhand der Erlebnisse anderer Kollegen/innen. Ebenso spricht MA19 kaum von sich, sondern nur von seinen Kollegen/innen. Er spricht stets davon, wie 'man' Dinge machen sollte und was 'man' kritisieren könnte. Die Verwendung der dritten Person Singular 'man' (Verwendung von 53 Mal 'man' bei einem Interview mit 38 Minuten) wirkt sehr normativ und wenig zielführend für die Datenanalyse. MA20 und MA22 scheiden aus, da sie widersprüchliche Schilderungen wiedergeben und zudem kaum Anknüpfungspunkte mit der Unternehmensführung schildern. Daher fließen 18 Interviews in das Datensample ein: 14 ausgeprägt misstrauische (Feld 3 - hohes Misstrauen/geringes Vertrauen) und zur Verifizierung der Ergebnisse weitere vier

Interviews von kaum misstrauischen Mitarbeitenden (Feld 2 – geringes Misstrauen/hohes Vertrauen).

Die 14 als explizit misstrauisch eingestuften Mitarbeitenden (7 weibliche und 7 männliche) wurden nach den folgenden **Abgrenzungskriterien** bestimmt. Ein(e) Mitarbeitende(r) gilt als ausgeprägt misstrauisch, wenn sie/er:

- im Rahmen des Interviews **ein konkretes Schlüsselerlebnis mit der Emotion 'enttäuscht/entrüstet'** schildert, wo sie/er eine persönliche Enttäuschung erfuhr, die zu ihrer/seiner Vertrauensverletzung führte,
- im Rahmen der Kartensortierung zusätzlich zu 'enttäuscht' **mindestens noch zwei Emotionen**, die mit Misstrauen in Verbindung gesetzt werden können, wie die **Emotionen 'kritisch'**, '**ängstlich'**, **'wütend'**, **'zynisch'** auswählt und hierzu ihre/seine Erlebnisse schildert,
- im Rahmen des Interviews die Aussagen und Schilderungen sehr präzise und ausführlich wiedergibt, d. h. teilweise mit Zitaten der Erlebnisse mit der Unternehmensführung untermauert, sodass das **Erinnerungsvermögen an die vergangenen Erlebnisse** auffällig ist.

Das letzte Kriterium Erinnerungsvermögen zur Unterscheidung von ausgeprägt misstrauischen oder kaum misstrauisch geprägten Mitarbeitenden resultiert aus den Ausführungen der vorliegenden Arbeit im Rahmen des Forschungsstandes zu den Konsequenzen von Misstrauen. Im Misstrauensfall ist von einem verstärkten Erinnerungsvermögen auszugehen, da negative Wahrnehmungen und Ansichten in Entscheidungssituationen dazu tendieren, starke emotionale Reaktionen hervorzurufen (Chang & Fang, 2013; Dimoka, 2010; Ou & Sia, 2009). Verbunden mit der emotionalen Intensität, die von Misstrauen ausgeht, erodieren die Emotionen in Bezug auf Misstrauen weniger (Kim et al., 2004). Die emotional stärkeren Wahrnehmungen mit Misstrauen sind mächtiger, glaubwürdiger und bleiben stärker in Erinnerung als die positiven, emotionalen Wahrnehmungen im Vertrauensfall (Kahneman & Tversky, 1979; McKnight & Choudhury, 2006; McKnight et al., 2003). Singh und Sirdeshmukh (2000) begründen, dass Misstrauen von sozialen Normen abweicht und daher wahrscheinlicher im Gedächtnis abgespeichert wird. Slovic (1993) erwähnt die Asymmetrie in Vertrauen und Misstrauen, indem er darlegt, dass vertrauensbildende Ereignisse weniger sichtbar sind, während vertrauenszerstörende Ereignisse mehr ins Gewicht fallen, was auch Keyton und Smith (2009) bestätigen: Misstrauen fällt in größerem Maße negativ ins Gewicht als positive Ergebnisse, wenn Vertrauen präsent ist. Darüber hinaus resultiert das Kriterium Erinnerungsvermögen zur Unterscheidung von ausgeprägt misstrauischen oder kaum misstrauisch geprägten Mitarbeitenden insbesondere aus den Resultaten der Studie von Posten und Gino (2016).[91] Posten und Gino (2016) fragten sich, welche Informa-

91 Während der Fokus der letzten Jahrzehnte auf der Erforschung ähnlicher Erinnerungsinhalte und deren Verletzung der Erinnerungsirrtümer lag, legte sich jüngst der Fokus auf die Untersuchung der zugrundeliegenden Mechanismen. In der Studie von Posten

tion eine Person erinnert und welche Information nicht. In ihren vier Experimenten zeigt sich, dass im Zusammenhang mit Misstrauen von einer akkurateren Identifizierung der Erlebnisse und einer gesteigerten Erinnerungsleistung im Vergleich zu Vertrauen auszugehen ist. Für das Forschungsvorhaben der Arbeit ist entscheidend, dass die Forschung zeigen kann, dass Verarbeitungsunterschiede zwischen erinnerten Inhalten bestehen. Die Verarbeitungsunterschiede ermöglichen zwischen den Inhalten zu differenzieren und weniger anfällig auf Erinnerung Irrtümer zu sein (Smith & Hunt, 2000). Individuen, die Misstrauen erfahren, konzentrieren sich mehr auf Unähnlichkeiten als Individuen, die Vertrauen erfahren haben (Posten & Mussweiler, 2013). Daher ist im Misstrauensfall von einem Unähnlichkeits- bzw. Ungleichheit-Fokus auszugehen, der wiederum dazu führt, mehr Unähnlichkeiten wahrzunehmen (Posten & Mussweiler, 2013). Aus den Ergebnissen der Erinnerungsforschung resultiert ferner, dass ähnliche Information einfacher zu Verwirrung führen können und daher schwieriger präzise erinnert werden können als nicht ähnliche Informationen. Es ist abzuleiten, je mehr unähnliche Informationen wahrgenommen werden, desto weniger wahrscheinlich ist, in der Erinnerung verwirrt zu sein (Smith & Hunt, 2000). Frühere Forschung betrachtete Teilnehmende in einer Erinnerungsaufgabe, die darauf abzielte, das Wiederaufrufen veranlasste Vergessen (*„retrieval-induced forgetting"*) zu messen (Anderson, Bjork & Bjork, 1994; Anderson, Bjork & Bjork, 2000). Diese Erinnerungsaufgabe basiert auf den Erkenntnissen, dass ähnliche Erinnerungsinhalte hinsichtlich des Wiederaufrufens konkurrieren und während des Prozesses des Wiederaufrufes von Erinnerung aktiv gehemmt sind. Verhinderte Erinnerungsinhalte führen daher zu dem Vergessen von ähnlichen Erinnerungsinhalten. Dies bestätigen auch Posten und Gino (2016). Vertrauen resultiert in einem höheren Vergessen als Misstrauen. Dieses Muster der höheren Vergessensraten bei Vertrauen ist besonders bei Begebenheiten feststellbar, bei denen das Wiederaufrufen von veranlasstem Vergessen besonders wahrscheinlich ist. In Folge dieser Logik geht vorliegende Arbeit davon aus, dass Misstrauen bzw. die Faktoren zur Misstrauensbildung stärker die Erinnerungsleistung steigern.[92] Nach Posten und Gino (2016) erfolgt im Misstrauensfall die Identifizierung und Einschätzung von Sachverhalten der Vergangenheit weniger unreflektiert, verschönt

---

& Gino (2016) handelt es sich um eine Erinnerungsaufgabe bei der die Teilnehmenden in einer Episode von Misstrauen und Vertrauen eine nicht in Bezug stehende Erinnerungserkennungsaufgabe wiederaufrufen sollen – ein klassisch „falsches" Erinnerungsparadigma (Roediger & McDermott 1995).

92 Posten & Gino (2016) untersuchen in zwei weiteren Experimenten den kognitiven Mechanismus, der dem Erinnerungs- bzw. Gedächtnisspeicher von Misstrauen zugrunde liegt und zeigen, dass Misstrauen einen besonderen Fokus auf das Wahrnehmen von Unterschieden besitzt (*„difference-focus"*). Das Misstrauen der Teilnehmenden führt dazu, Paare an Objekten – auf einer Skala von sehr ähnlich zu sehr unterschiedlich – als unterschiedlicher voneinander wahrzunehmen und dieser Fokus auf Unterschiede resultiert nachweislich in einer erhöhten Erinnerungsleistung, d. h. in einer Variante der Abruf-induzierten Vergessensaufgabe.

oder stereotypisch, sodass ein akkurateres Erfassen und Abrufen ermöglicht wird. Vorliegende Arbeit kann daher davon ausgehen, dass die Mitarbeitenden ihre vergangenen Erlebnisse mit einer guten Erinnerung, detailgetreu schildern können, da die erfahrenen Emotionen im Rahmen der Misstrauensereignisse erinnert und aus der Vergangenheit abrufen werden. Im Gegensatz zu den kaum misstrauischen Mitarbeitenden, die ihre Einstellung zu ihrem Arbeitgeber oberflächlicher und undifferenzierter beschreiben (Feld 2 bei Lewicki et al., 1998), ist im Misstrauensfall davon auszugehen, dass das Erinnerungsvermögen an die vergangenen Erlebnisse bei den misstrauischen Mitarbeitenden des Feldes 3 sehr auffällig ausgeprägt ist, da die mit Misstrauen verbundenen Emotionen im Vergleich zu den mit Vertrauen verbundenen Emotionen nicht nur stärker in Erinnerung bleiben, sondern „einschneidender" und weniger revidierbar sind.

3.6.2 Interviewsituation und Erhebung des Datenmaterials

Im Vorfeld des persönlichen Interviewtermins überlegte die Forschende, die Mitarbeitenden am Telefon vorab zu ihrer ggf. misstrauischen Einstellung mittels einer Zynismus-Skala zu befragen. Dies war dem Anspruch an ein theoretisches Datensample[93] geschuldet, das im Wesentlichen nur misstrauische Mitarbeitende enthalten sollte. Davon wurde jedoch nach reiflicher Überlegung abgesehen. Es erscheint wenig zielführend die Mitarbeitenden direkt auf das Phänomen Misstrauen anzusprechen und zu erwarten, „geradeaus" am Telefon Schilderungen oder Anzeichen auf Misstrauen zu erfahren – kaum ein/e Mitarbeitende(r) wird sich melden, um über ihr/sein Misstrauen in den Arbeitgeber zu berichten. Von daher musste ein praktikables Forschungsdesign gewählt werden, das nach der generellen Mitarbeitereinstellung fragt (für ein ähnliches Vorgehen siehe Saunders & Thornhill, 2014). Folglich wählte die Arbeit eine **indirekte Ansprache zur Untersuchung von Misstrauen**, d. h. die Forschende sprach die Mitarbeitenden nicht direkt auf die Konstrukte Misstrauen oder Vertrauen an und direkte Fragen, wie z. B.: „Wieviel Misstrauen bringen Sie Ihrem Arbeitgeber entgegen?" stellte sie nicht. Ähnlich zu dem Vorgehen wie es Kramer (2015) aufzeigt, beabsichtigt die Arbeit aus den geschilderten Erzählungen der Mitarbeitenden über ihre Erlebnisse und Erfahrungen mit ihrem Arbeitgeber, Aussagen zu Misstrauen ableiten zu können. Die indirekte Vorgehensweise ist zudem sinnvoll, da erstens keine generell gültige Auffassung über die Misstrauensbildung herrscht und zweitens aus anderen Studien hervorgeht – wie z. B. bei Welter und Alex (2015) oder auch aus den methodischen Empfehlungen von Kostera und Latusek (2007) – nicht direkt nach Misstrauen zu fragen, um Urteilsverzerrungen zu vermeiden (Yanow, 2006; Yanow & Schwartz-Shea, 2002). Im Übrigen folgte die Arbeit dem Vorgehen 'Vom Aufsetzen bis zum Fertigstellen des Interviewleitfadens' nach Bryman und Bell (2007); siehe Abb. 17. Ferner stellte

93 'Theoretisches Sampling' wird auch zielgerichtete Fallauswahl, *„purposeful sampling"* genannt (Patton 2002, S. 230; 2015).

die Forschende im Rahmen des Pilotinterviews fest, dass von dem ursprünglich detaillierteren Interviewleitfaden abzusehen ist und stattdessen „offen zu bleiben“, d. h. allgemein nach den (positiven und negativen) Erlebnissen der Mitarbeitenden zu fragen und nicht direkt auf Misstrauen, die sog. *„dark side“* abzuzielen (Bond & Lee, 2005; Levine & McCornack, 1991; Skinner, Dietz & Weibel, 2014).[94]

Abb. 17: Vom Aufsetzen bis zum Fertigstellen des Interviewleitfadens

Aufsetzen des Interviewleitfadens

- Darstellung des Erkenntnis- bzw. Forschungsinteresses
- Formulierung der Forschungsfrage(n)
- Darstellung der Interviewthemen und -fragen
- Überarbeitung des Interviewleitfadens aufgrund neuer Erkenntnisse
- Strukturierung des Interviewleitfadens in Fokusthemen

Fertiggestellter Interviewleitfaden

Quelle: Bryman und Bell (2007)

Als **Ort des Interviews** wurde ein ruhiger Besprechungsraum am jeweiligen Standort des Mitarbeitenden gewählt, an dem es keine Unterbrechungen und Hintergrundgeräusche gab und auch keine Blicke anderer Kollegen/innen zu erwarten waren. Die Wahl des Ortes und die Ausgestaltung der Interviewsituation, z. B. ob zuvor ein Kaffee genommen wurde, lag an der Präferenz der/des interviewten Mitarbeitenden. Der **Ablauf des Interviews** begann mit der Vorstellung der Forschenden und des Forschungsvorhabens als europäisches Forschungsprojekt mit dem Thema: „Die Einstellung und Meinung gegenüber ihrem Arbeitgeber“, wobei der Arbeitgeber explizit als die Unternehmensführung gefasst wurde.[95] Die Forschende sicherte den Mitarbeitenden zu, dass ihre Aussagen streng geheim gehalten werden. Sie erläuterte den Mitarbeitenden, dass sie mit ihrer Teilnahme einen Beitrag zur Erforschung der Einstellung der Mitarbeitenden gegenüber ihrem Arbeitgeber leisten und ihre Aussagen nur zu Forschungszwecken im Rahmen der Dissertation ausschnittsweise verwendet werden. Ferner stellte die Forschende klar, dass die Interviews auf ein Aufnahmegerät aufgenommen und transkribiert werden, um sie später inhaltsanalytisch auswerten zu können. Hierzu anonymisierte die Forschende alle personenbezogenen Informationen, damit später nicht zurückverfolgt werden kann, welche Mitarbeitende interviewt wurden und um sicherzustellen, dass sich die Mit-

94 Diese Erkenntnis ist der Durchführung der Pilotinterviews geschuldet und wurde final in Rücksprache mit der methodischen Expertise des GESIS getroffen.

95 Auf Wunsch schickte die Forschende den Mitarbeitenden die Studie mit der Kurzpräsentation zur Einführung in das Thema, den Fragen des leitfragen-gestützten Interviews und den Skalen zur Misstrauensneigung per Mail zu. Dies nahm jedoch nur ein Mitarbeitender in Anspruch.

arbeitenden unbeschwert auf die Beantwortung der Fragen einlassen können. Dies impliziert die Anonymisierung des Namens, der Berufsbezeichnung, der Angabe des Arbeitgebers und ebenso der Schwärzung branchenspezifischer Charakteristika, um Rückschlüsse zu vermeiden; siehe Anonymisierungsregeln Abb. A8.

Jeder/jedem Mitarbeitenden wurde eine **Einverständniserklärung** vorgelegt, in der ihnen zugesichert wird, dass kein Rückschluss auf ihre Person möglich ist und dass die Audiodateien nach Abschluss des Projektes gelöscht werden. Die/der Mitarbeitende erteilt in der Einwilligungserklärung sein Einverständnis für die digitale Aufnahme und Transkription des Gesprächs sowie deren Auswertung für Forschungszwecke. Im Anschluss an die beidseitige Unterzeichnung der Verschwiegenheitserklärung und die Schilderung des Forschungsinteresses folgen im weiteren Gesprächsablauf Fragen zum Hintergrund der/des Mitarbeitenden und hinführende Fragen. Die hinführenden Fragen dienen dem „Miteinander-Warm-Werden" und zur detaillierten Erläuterung der Methodik des Forschungsvorhabens; siehe Abb. 18.

Abb. 18: Gesprächsverlauf im Vorfeld des Interviews

Einführung

- *Vorstellung von Interviewerin/der Forschenden und zu interviewender Person*
- *Schilderung des Forschungsinteresses*
- *Zusicherung der Anonymität, der Unabhängigkeit und der Vertraulichkeit*
- *Frage nach der Erlaubnis der Tonbandaufzeichnung – Gerät wird ersichtlich platziert*

Fragen zum Hintergrund

- *Darf ich beginnen, Sie zu fragen, was Ihre momentane Berufsbezeichnung ist/ für welchen Bereich Sie zuständig sind?*
- *Wie lange arbeiten Sie schon in diesem Bereich als xyz und insgesamt für XXX?*
- *Verraten Sie mir noch Ihr Alter?*

Hinführende Fragen: *Darstellung der Thematik, des Ziels und des Vorgehens der Forschung – allgemein gefasst*

- *Wissenschaftliches Forschungsprojekt der Universitäten Konstanz und St. Gallen*
- *Fragen an die/den Mitarbeitende(n) nach der Einstellung zum Arbeitgeber*
- *Erläuterung des Forschungsdesigns: 18 Karten sortieren, daran anschließend ein leitfragen- gestütztes Interview*

Quelle: Eigene Darstellung

Nach der Einführung, den Fragen zum Hintergrund und den hinführenden Fragen folgt die Schilderung der Kartensortierung; siehe Abb. 19.

Abb. 19: Schilderung des Kartensortiervorganges

Schilderung der Kartensortierung

Schauen Sie bitte auf diese 18 Karten hier; sie sind in keiner Reihenfolge. Auf jeder Karte steht eine Emotion, die Sie möglicherweise im Zusammenhang mit Ihrem Arbeitgeber erfahren haben. Es gibt keine richtigen oder falschen Antworten oder Meinungen; alles was Sie in Ihrem Arbeitsalltag betrifft und beschäftigt, ist uns wichtig.

Anmerkung der Forschenden: Die Gesamtorganisation, verkörpert durch die Unternehmensführung ist als Arbeitgeber der/des Mitarbeitenden der Referent für das Interview.

Ich bitte Sie, diese 18 Karten zu sortieren.

Anmerkung der Forschenden: Ich werde gegebenenfalls Notizen machen, wenn Sie Ihre Sortierung erörtern, damit ich mich später besser an das Gesagte erinnern kann. Ich werde Sie während Ihres Sortiervorgangs nicht unterbrechen.

1. Sortieren Sie zunächst bitte die Karten in zwei Stapel: Ein Stapel, der zeigt, wie Sie sich in etwa momentan mit Ihrem Arbeitgeber fühlen und ein Stapel, der die Gefühle beinhaltet, die Sie nicht hegen. *#Sortiervorgang#*

2. Nun nehmen Sie den Stapel, den Sie momentan fühlen. Sortieren Sie diesen wiederum in zwei Stapel: Einen, der die Emotionen sehr stark wiedergibt und einen Stapel, der die Emotionen nur teilweise/wenig wichtig wiedergibt. *#Sortiervorgang#*

3. Den Stapel, der die Emotionen nur teilweise/wenig wichtig wiedergibt, legen wir zur Seite. Wir betrachten den Stapel „sehr starke Emotionen“.

Quelle: Eigene Darstellung

An die Kartensortierung schließt das Interview an, da es auf der Sortierung der Karten aufbaut. Dabei dienen die sechs Fokusfragen der gezielten Befragung der episodischen Erzählungen. Die Fokusfragen stellen den Kern des Interviews dar und wurden im Leitfaden stichwortartig festgehalten. Die Schlussfragen (Ad-hoc-Fragen) sind nicht geplant, sondern werden spontan im Interviewverlauf generiert. Sie dienen der Vertiefung unerwarteter Aspekte und werden hier beispielhaft angeführt; siehe Abb. 20. Es wurde darüber informiert, dass das Interview durchschnittlich 30 Minuten dauert, jedoch die endgültige Interviewlänge von der Gesprächsbereitschaft der/des Interviewten abhängt. Das Interview endet mit der Verabschiedung und Danksagung. Am Ende des Treffens bot die Forschende an, die Ergebnisse der Auswertung den Mitarbeitenden bei Interesse zu zuschicken.

Abb. 20: Darstellung des Interviewleitfadens

Fokusfragen: *Gezielte Fragen zur Thematik* *Sie identifizierten gerade die allerstärksten Emotionen, die Sie gegenüber ihrem Arbeitgeber haben.* *1. Wann bzw. in welcher Situation hatten Sie diese Emotionen? Können Sie mir Beispiele nennen?* *– War dies ein ungewöhnliches/seltenes Ereignis?* *– Passierte dies auch anderen Kollegen/innen bzw. waren noch weitere Kollegen/innen involviert in der Situation?* *– Wieso denken Sie, dass dies Ihnen passierte?* *– Was bedeutet dies für Ihren Arbeitsalltag und Ihre Einstellung gegenüber Ihrem Arbeitgeber?* *2. Wie hat das Erlebnis Sie beeinflusst über Ihren Arbeitgeber zu denken?* *– Stellen Sie seit diesem Erlebnis Dinge im Unternehmen eher in Frage?* *– Sind Sie seitdem aufmerksamer gegenüber Erneuerungen, wie z. B. Vorschriften, Restrukturierungen etc. als vor dem Erlebnis?* *3. Diskutieren Sie die Situationen und Erlebnisse am Arbeitsplatz mit Freunden, Familie oder Kollegen/innen?* *4. Würden Sie sagen, dass Ihre Kollegen/innen gleich empfinden bzw. die allermeisten Mitarbeitenden diese Erfahrung/Einschätzung teilen oder sehen sie es anders?* *5. Denken Sie, dass diese Erlebnisse Sie bzw. Ihre Kollegen/innen beeinflusst haben, wie Sie Ihre Arbeit erledigen?* *6. Denken Sie, dass das Image/die Reputation des Unternehmens Ihre Einstellung zu Ihrem Arbeitgeber prägt (und nicht nur Ihre eigenen alltäglichen Erlebnisse mit Ihrem Arbeitgeber)?* ***Schlussfragen:*** *Fragen nach weiteren Kommentaren und Anmerkungen* *– Allgemein, fällt Ihnen noch ein Ereignis ein, das Sie mir gerne mitteilen möchten?* *– Beschäftigt Sie noch etwas, dass Sie negativ gegenüber Ihrem Arbeitgeber „aufwühlt"? Was bereitet Ihnen Sorgen oder Befürchtungen?* *– Was würden Sie gerne an Ihrem Arbeitgeber für die Zukunft ändern (wenn Sie könnten und dürften)?* ***Verabschiedung:*** *Danksagung und ggf. Informationszusage zu den Forschungsergebnissen*

Quelle: Eigene Darstellung

Nach dem Interview erstellte die Forschende Notizen zu der Interviewsituation. Auffälligkeiten der/des Mitarbeitenden, wie das kontinuierliche Anschalten des Smartphones oder die Erwähnung, dass eine Person bereits zwei Selbstmordversuche hinter sich hat, wurden notiert. Ein Memo eines Interviews des Feldes 2 (geringes Misstrauen/hohes Vertrauen) ist in Abb. A12 exemplarisch dargestellt.

4 Datenauswertung

Abstract: Data Analysis
The data analysis demonstrates that none of the employees has a general distrust disposition solely because of their personality and experiences in childhood and afterwards. The narrated events of the employees show that employee distrust can be explained mainly because of trust breaches based on different "anchoring events" within their company. Emotions of disappointment, anger and fear, and the related anchoring events lead to a "tipping-point". Once the tipping point is reached, reactions to violations become disproportionate, creating feedback loops that reinforce only the negative perceptions and that allow no possibility of trust compensation through positive actions. The employee has only negative perceptions and forecasts a detrimental behaviour of the management; this state is called a "lock-in".

4.1 Datenaufbereitung und Systematisierung

Die Darstellung der Datenaufbereitung besitzt die Funktion der Dokumentation und macht plausibel, *„(...) that the researcher 'was there'"* und vermittelt der/dem Leser/in: *„the impression of knowing what it means to 'be there'"* (Flick, 2007, S. 81). Zur Systematisierung und Aufbereitung des Datenmaterials werden die Wahl der Emotionskarten, der Ankreuzmöglichkeiten auf den Fragebögen und das Kategoriensystem systematisch in Tabellenform aufbereitet. Die Interviews, die laut den Abgrenzungskriterien des Datensamples bestimmt wurden, sind detailtreu transkribiert. Die einzelnen Auswertungsschritte sind im Sinne der Wahrung der Gütekriterien nachvollziehbar beschrieben und visuell aufbereitet dargestellt (Gibbert & Ruigrok, 2010, S. 6f.; Miles & Huberman, 1994, S. 91). Die Auswertung der Fälle folgt dem Erkenntnisinteresse der Arbeit (Keuneke, 2005, S. 266).

4.1.1 Transkription der Interviews

Zur Sicherstellung eines systematischen und nachvollziehbaren Bezugs von Empirie und Theorie werden die digitalen Tonaufnahmen der Interviews mit der Software 'ExpressScribe'[96] transkribiert (Fuhs, 2007, S. 81; Kuckartz, 2007, S. 41).[97] Ziel der Transkription ist es, den verbalen Inhalt der geführten Interviews schriftlich fest-

---

96 Die Software 'ExpressScribe' ist in der Basisausstattung eine kostenlose, freiverfügbare Software zur Transkription von Tonaufnahmen.

97 Grundsätzlich sind Aufzeichnungen von Gesprächssituationen mit einer Reduktion von Informationen verbunden. Bei einer Audioaufnahme werden die Mimik und die Gesten der Interviewten nicht festgehalten. Auf der anderen Seite kann eine Transkription, die zu detailliert die mündliche Kommunikation umschreibt, bei der Interpretation hinderlich sein, da überflüssige Informationen die Analyse behindern

zuhalten (Flick, 2009, S. 380). Ein beispielhaftes Transkriptdokument und die Transkriptionsregeln sind im Anhang ersichtlich; siehe Abb. A13 und Abb. A7.

Die Interviews mit den misstrauischen Mitarbeitenden dauerten im Durchschnitt 48,20 Minuten, wobei das kürzeste Interview 27 Minuten und das längste eine Stunde und 18 Minuten dauerte. Die Interviews führte die Forschende in deutscher Sprache. Die interviewten Mitarbeitenden sind der deutschen Sprache als ihre Muttersprache mächtig.

4.1.2 Aufbereitung der Fragebogenantworten

Die Misstrauensneigung und die Einstellung zum Menschenbild dienen neben den Interviews als weitere Erklärung für die Misstrauensbildung. Die Abb. 21 und Abb. 22 zeigen die Fragebogenantworten der 14 Mitarbeitenden. Dies deutet daraufhin, dass das Menschenbild der Mitarbeitenden im Mittelwert positiv ist. Kein(e) Mitarbeitende(r) des Datensamples besitzt eine Misstrauensneigung im Sinne einer ausgeprägten Misstrauenspersönlichkeit und es ist nicht von misstrauischen Persönlichkeiten der 14 befragten Mitarbeitenden auszugehen. Das Misstrauen bildete sich primär aufgrund der Erlebnisse mit dem Unternehmen. Als Ergebnis kann daher festgehalten werden, dass die Ursache für eine(n) eher misstrauische(n) Mitarbeitende(n) bzw. ihre/seine Erlebnisse nicht auf ihre/seine Misstrauensneigung und/oder ihr/sein Menschenbild zurückzuführen ist. Jedoch ist generell zu erwähnen, dass ein etwaiger Einfluss der Persönlichkeit nicht auszuschließen ist, da die Persönlichkeit stets die Erfahrungen von Individuen prägt. Dieser Einfluss kann jedoch im vorliegenden Kontext nicht als Erklärung der Misstrauensbildung der/des Mitarbeitenden herangezogen werden.

(Fuhs 2007, S. 84). Zu weiteren Vor- und Nachteilen von Transkription und Audio-Aufzeichnungen wird auf Kuckartz (2012, S. 134f.) verwiesen.

Abb. 21: Fragebogenantworten der 14 Mitarbeitenden – Feld 3: MACH-Kurzskala

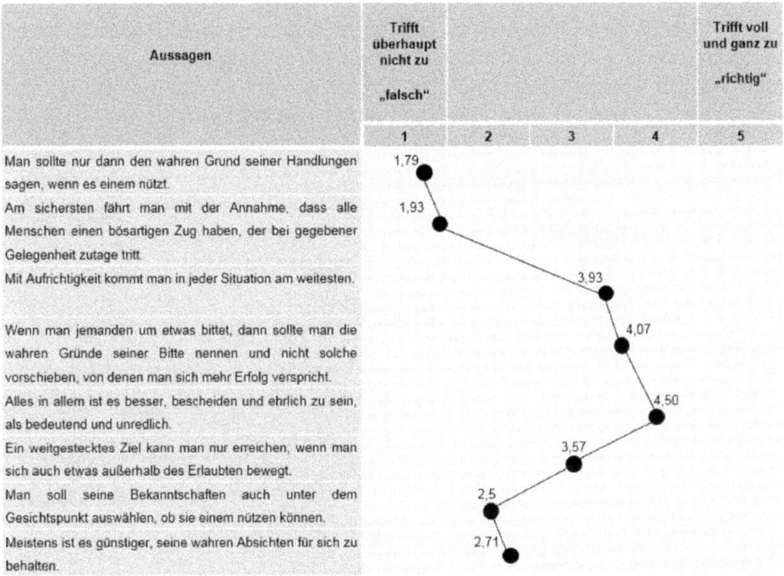

Quelle: Eigene Darstellung; MACH-Kurzskala zum Menschenbild nach Cloetta (2014)

Abb. 22: Fragebogenantworten der 14 Mitarbeitenden – Feld 3: Misstrauensneigung

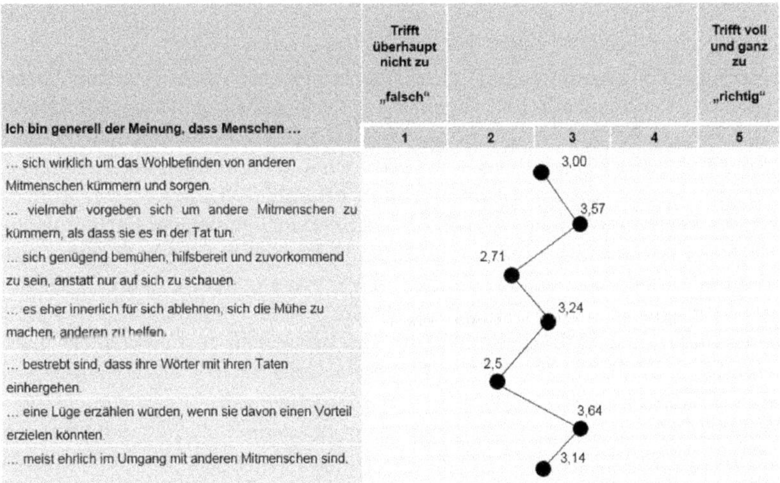

Quelle: Eigene Darstellung; Skala zur Misstrauensneigung nach Chang und Fang (2013)

4.1.3 Darstellung der Emotionskarten

Die Abb. 23 zeigt die Einteilung der 18 Emotionskarten in acht negative mit Misstrauen assoziierte Emotionen und in sieben positive mit Vertrauen assoziierte Emotionen. Die Häufigkeitsnennungen der ausgewählten Emotionen der dritten Kartensortierungsrunde sind in der Klammer ersichtlich.

Abb. 23: Negative mit Misstrauen bzw. positive mit Vertrauen assoziierte Emotionen

negative mit Misstrauen assoziierte Emotionen	**positive mit Vertrauen assoziierte Emotionen**
enttäuscht/ entrüstet (14)	zufrieden (10)
kritisch im Sinne von skeptisch (14)	zuversichtlich (7)
wütend (9)	glücklich (4)
besorgt (8)	erleichtert (3)
vorsichtig (8)	hoffnungsvoll (3)
ängstlich/ bange (6)	hocherfreut (2)
zynisch (5)	begierig (2)
traurig (3)	
~~schuldig (0)~~	

Quelle: Eigene Darstellung

Die Nennung der Emotionen des Feldes 3 für hohes Misstrauen/geringes Vertrauen sind in Abb. A2 dargestellt. Ihre zugehörigen Erlebnisaussagen sind detailgetreu in der Darstellung der Abb. A3 für hohes Misstrauen/geringes Vertrauen ersichtlich.

In der Vier-Felder-Darstellung von Vertrauen und Misstrauen nach Lewicki et al. (1998) befinden sich die **14 Mitarbeitenden im Feld 3: 'hohes Misstrauen' und 'geringes Vertrauen'**; siehe Abb. 24. Alle wählten im Rahmen der Kartensortierung die Emotion 'kritisch' und die Emotion 'enttäuscht' aus sowie zusätzlich mindestens noch eine Emotion, die mit Misstrauen in Verbindung gesetzt werden kann, wie 'wütend', 'ängstlich', 'zynisch', 'traurig', 'besorgt' und 'vorsichtig'. Zu diesen Emotionen schilderten die Mitarbeitenden ihre Erlebnisse sehr ausführlich, die ihre Enttäuschungen offenbaren. Alle 14 Mitarbeitenden erlebten ein Schlüsselerlebnis. Das Schlüsselerlebnis führte dazu, dass die/der Mitarbeitende der Unternehmensführung ein schädigendes, zukünftiges Verhalten in Bezug auf die Mitarbeitenden zuschreibt und daher misstraut. Die Mitarbeitenden grenzen von dieser Erwartung und Zuschreibung nahe Kollegen/innen und Vorgesetzte ab, indem sie sich als Innengruppe kategorisieren und die Unternehmensführung als Außengruppe; die Organisationspraxis spricht in diesem Zusammenhang häufig von einem „Freund-Feind-Schema". Die Innengruppe ist der Freund und die Unternehmensführung der böse Feind.

Von diesen 14 Mitarbeitenden des Feldes 3 können sieben als sehr stark misstrauisch klassifiziert werden: MA1, MA2, MA3, MA4, MA5, MA6, MA7. Bei diesen sieben stark misstrauischen Mitarbeitenden werden positive Emotionen nur rückblickend angesprochen und im weiteren Verlauf überwiegen die negativen Emotionen in der Erlebnisschilderung. Zur Unterscheidung der verbleibenden sieben Mitarbeitenden werden sie im Folgenden 'Mitarbeitende des Feldes 3 – starkes Misstrauen' genannt. Die verbleibenden sieben der 14 Mitarbeitenden, MA8, MA9, MA10, MA11, MA12, MA13, MA14, befinden sich zwar auch in der Vier-Felder-Darstellung nach Lewicki et al. (1998) im Feld 3 'hohes Misstrauen' und 'geringes Vertrauen' und sie schildern ihre Vertrauensverletzung ähnlich „einschneidend" mit der Emotion 'enttäuscht', wie die Mitarbeitenden des Feld 3 – starkes Misstrauen, jedoch hegen sie neben den mit Misstrauen assoziierten, negativen Emotionen, auch viele positive, mit Vertrauen assoziierte Emotionen, wie 'zufrieden', 'zuversichtlich', und 'glücklich' und dies nicht nur rückblickend im Zusammenhang mit dem Eintritt ins Unternehmen. Beispielsweise sagt MA9, dass sie trotz negativer Erlebnisse in Bezug auf die Arbeitsgesamtsituation zufrieden ist: *„Ja zufrieden, ich behaupte immer noch trotz allem, das jetzt in diesen Jahren war,* ***Negatives und Positives und so, dass ich zufrieden bin mit meinem Arbeitgeber*** *und zufrieden bin mit meinem Job und* ***grundsätzlich*** *auch* ***mit den Arbeitsbedingungen*** *und allem. Von dem her, ich habe immer das Gefühl, wenn denn, gerade vielleicht bei den Kollegen wieder vielleicht das Thema aufkommt über alles „runterzulassen" und zu lästern über dies und jenes."*

Der Unterschied zwischen den zwei Gruppen, d. h. den Mitarbeitenden des Feldes 3 – starkes Misstrauen (MA1, MA2, MA3, MA4, MA5, MA6, MA7) und den verbleibenden des Feld 3 – hohes Misstrauen und geringes Vertrauen (MA8, MA9, MA10, MA11, MA12, MA13, MA14), liegt darin begründet, dass letztere im Gegensatz zu den Mitarbeitenden mit sehr starkem Misstrauen, nicht nur in Bezug auf ihre Häufigkeitsnennung deutlich mehr positive Emotionen auswählen, sondern dass sie hoffen, dass ihre negative Prognose – ausgedrückt in den Emotionen 'kritisch', 'besorgt' und 'ängstlich' – hinfällig wird. MA12 äußert: *„(...) Wegen dem* ***habe ich aber trotzdem, vor allem jetzt gerade, in der Gegenwart habe ich eigentlich doch noch Hoffnung, dass es besser kommt.***" Die Mitarbeitenden mit geringem Vertrauen sind nicht die *„Ausgelöschten"* (MA10), wie die Mitarbeitenden mit starkem Misstrauen. Sie haben Hoffnung und Zuversicht, dass sich ihre negativen Erlebnisse und Erwartungen nicht bestätigen werden, sondern dass sie von dem positiven Gegenteil überzeugt werden, wie die Aussage von MA10 deutlich macht: *„(...) ich bin zwar* ***zuversichtlich, dass das*** *jetzt wirklich mit,* ***nach drei, vier, fünf Mal Projekten, bei denen wir immer wieder dieselben Punkte von „unten" in die Unternehmensführung tragen, dass das verstanden wird. Ich hoffe einfach, dass sie es jetzt begriffen haben!***"

Ferner begründen sich die positiven Emotionen der Mitarbeitenden mit geringem Vertrauen und hohem Misstrauen aus ihrer (noch vorhandenen) Verbundenheit zum Produkt, das sie herstellen bzw. der Dienstleistung, für die sie zuständig sind. Dass sie trotz Misstrauen in die Unternehmensführung, eine Verbundenheit und Treue zur Tätigkeit empfinden, könnte sich damit erklären lassen, dass das etablierte und wohlbekannte Unternehmen, entscheidende Dienstleistungen für die Bürger/innen des ganzen Landes zur Verfügung stellt. MA11 spricht von dem Berufsbild, das einmalig ist: *„'Zufrieden', **ich mag mein Job**. Ich finde es gibt, **ich habe mich auch schon mal umgeschaut**. (...) **Es gibt nichts Vergleichbares**, hab ich irgendwie das Gefühl, es ist kein Bürojob, es ist kein Job, es ist kein Job draußen an der kalten Luft, schon manchmal, aber nicht so, und darum mache ich ihn wirklich gerne. Von dem her, **das Berufsbild gefällt mir**."* Ebenso ist MA8 zufrieden mit seiner Tätigkeit an sich: *„'Zufrieden' bin ich mit meiner Arbeit, die ich darf machen, und mit meinem Arbeitsplatz."* Die Verbundenheit mit der Tätigkeit kann mit Sitkin und Roth (1993) als eine Aufgabenverlässlichkeit aufgefasst werden. Ihr Pendant, die Unzuverlässigkeit (*„reliability-related distrust"*) wird in der Studie von Hsiao (2003) als Misstrauensfaktor unterschieden.

Abb. 24: 14 misstrauische Mitarbeitende in Feld 3 – hohes Misstrauen/geringes Vertrauen

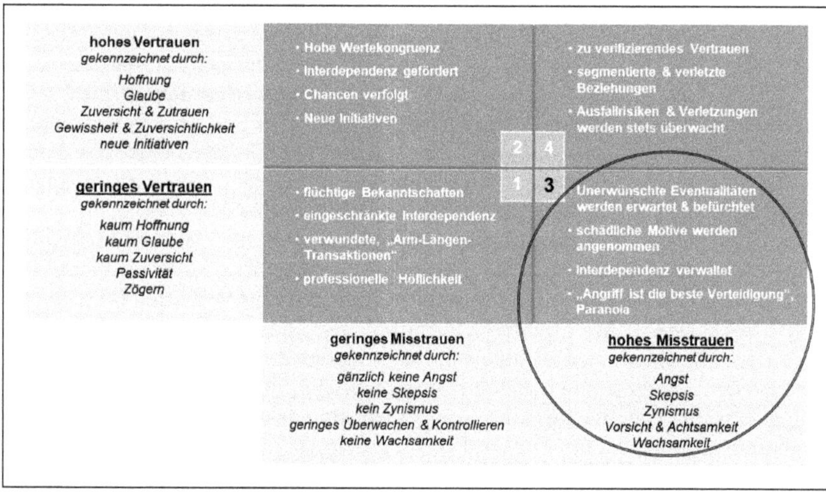

Quelle: Lewicki et al. (1998)

Von einer Klassifizierung der sieben Mitarbeitenden, MA8, MA9, MA10, MA11, MA12, MA13, MA14 zu dem Feld 4 – 'hohes Misstrauen' und 'hohes Vertrauen' ist nicht auszugehen (siehe Abb. 24), da sie, wie die anderen sehr stark misstrauischen Mitarbeitenden (MA1, MA2, MA3, MA4, MA5, MA6, MA7) des Feldes 3, negative Erwartungen im Umgang mit der Unternehmensführung hegen und eher achtsam und vorsichtig gegenüber Neuem sind. Aufgrund ihres Schlüsselerlebnisses prognostizieren sie, einen Schaden zu erleiden.

Aus der Datenaufbereitung der gewählten Emotionskarten ist ferner zu konstatieren, dass das Set der hier gewählten Emotionen nach Folkman und Lazarus (1985) reduziert werden kann, was zur Vereinfachung der Handhabung beitrage, ohne die Aussagekraft einzubüßen. Die Emotionen '**bange**' und '**ängstlich**' sind nicht zu unterscheiden, sondern sogleich zu 'ängstlich' zu vereinen. Ebenso können die Emotionen '**enttäuscht**' und '**entrüstet**' zu der Emotion 'enttäuscht' zusammengefasst werden. Die Emotion '**begierig**' wird zweimal von den 14 misstrauischen Mitarbeitenden ausgewählt und dabei in ihrer Bedeutung als begierig auf Wissen bzw. auf „Vorwärtskommen" ausgelegt. MA10 sagt: *„'Begierig'. Ich verbinde das mit wissbegierig. (...) 'Begierig' heißt für mich auch nicht nur im Sinne von Wissen, sondern auch im Sinne von Vorwärtskommen."* Daher kann die Emotion 'begierig' als 'wissbegierig' – im Sinne von 'nach Neuem zu streben' – gefasst werden. Die Emotion '**schuldig**' ist nach vorliegender Untersuchung zu vernachlässigen, da sie im Arbeitskontext einer/eines Mitarbeitenden als unpassend eingestuft wird. Die Emotion '**kritisch**' könnte sowohl als negativ, als auch als positiv assoziierte Emotion aufgefasst werden. Es zeigte sich vorliegend, dass die misstrauischen Mitarbeitenden die Emotion 'kritisch' als negativ im Sinne von skeptisch assoziieren und mit 'kritisch' ihre Bedenken und Einwände gegenüber der Unternehmensführung kundtun. Für eine weitere Forschung sollte die Emotion 'kritisch' zweifach als 'kritisch im Sinne von skeptisch' (negative Ausprägung) und als 'kritisch im Sinne von konstruktiv-kritisch' (positive Ausprägung) unterschieden werden. Die Emotionen **'besorgt'** und **'vorsichtig'** könnten ebenfalls zu beiden Ausprägungen (negativ und positiv) passen. Im vorliegenden Kontext werden sie den negativ assoziierten Emotionen zugeschrieben.

4.2 Datenanalyse mittels Kategoriensystem

Im Mittelpunkt stehen die Faktoren für die Bildung von Mitarbeitermisstrauen. Aus den 14 Interviews werden im Zuge der Datenanalyse in einer Pilotphase und einer anschließenden Hauptuntersuchung die **Misstrauensfaktoren mittels eines inhaltsanalytischen Kategoriensystems** herausgearbeitet. Sowohl die Erstellung als auch die Anwendung des Kategoriensystems erfolgen interpretativ und erlauben die Einbeziehung des latenten Äußerungsgehalts. Dabei ist grundsätzlich zu bemerken, dass in der qualitativen Inhaltsanalyse datenreduzierend vorgegangen wird, d. h. die Informationen werden auf ein einheitliches Abstraktionsniveau transformiert, wobei ein Verlust individueller Details beabsichtigt ist, um vom Konkreten zu abstrahieren (Schreier, 2012, S. 58). In Bezug auf die Anforderungen an ein Kategoriensystem besteht der Anspruch, dass es valide ist, d. h. die relevanten Textbedeutungen werden mit dem Kategoriensystem tatsächlich erfasst. Zur Systematik des Verfahrens werden die **Ebenen des Kategoriensystems** benannt und definiert. Das Kategoriensystem ist hierarchisch strukturiert (Hussy et al., 2010, S. 247). Die '**Familie**' gibt das thematische Grobkonzept bzw. das untersuchte Konzept wieder, das vorliegend 'Mitarbeitermisstrauen in die Unternehmensführung' ist. Die '**Kategorien**' umfassen die drei Bereiche der Misstrauensbildung: Negative Wahrnehmungen, negative Reziprozität und gegenseitige Selbstbestätigung. Unter diesen drei deduktiven Kategorien sind die deduktiv-induktiven misstrauensbildenden '**Faktoren**' für das Mitarbeitermisstrauen gefasst, die einen weiteren Detaillierungsgrad im Rahmen der '**Unterfaktoren**' erfahren.

Gemäß der Eindimensionalität pro Kategorie, erfasst jede Kategorie nur *einen* Aspekt des Datenmaterials (Hussy et al., 2010, S. 247; Kuckartz, 2007, S. 58; Winkelhage et al., 2008, S. 7). Dabei schließen sich die einzelnen Faktoren innerhalb ihrer gemeinsamen Kategorie gegenseitig aus, d. h. jede Codiereinheit kann nur genau einem Faktor zugeordnet werden (wechselseitige Ausschließlichkeit). Jedoch kann eine Codiereinheit mehreren Faktoren verschiedener Kategorien zugeordnet werden.[98] Der Unterfaktor bezieht sich inhaltlich unmittelbar auf die Daten, fasst deren Inhalt zusammen und stellt somit den Überbegriff für die gesamte Textstelle dar. Die Textstelle entspricht dem '**Zitat**' aus dem Originaltext eines vorliegenden Interviews der Mitarbeitenden. Das Kategoriensystem besitzt den Anspruch jede relevante Stelle im Material einem Unterfaktor zuzuordnen, d. h. alle relevanten Bedeutungsaspekte sind im Kategoriensystem abgebildet und jeder Unterfaktor wird im Verlauf der Inhaltsanalyse mindestens zweimal angewandt, sodass gemäß dem Prinzip der Saturiertheit keine leeren Unterfaktoren abgebildet werden. Neben der Nennung der theoretischen Einbettung der Kategorien und Faktoren werden die Faktoren durch mindestens ein typisches Textbeispiel, ein sog. Ankerbeispiel, veranschaulicht und somit auch voneinander abgegrenzt, falls sich die Faktoren in ihren Bedeutungen überschneiden sollten (Hussy et al., 2010, S. 246; Mayring, 2010, S. 61; Schreier, 2012, S. 94f.).

4.2.1 Pilotphase

Zur Sensibilisierung für das Datenmaterial begann die Datenanalyse mit einem forschenden Lesen der Interviews. Hierfür suchte die Forschende Muster und Raster, ohne vorschnell zu codieren (Ayaß & Bergmann, 2006, S. 30). Nach dem aufmerksamen Lesen und Markieren von Auffälligkeiten, wie besonderen Zitaten, erstellte die Forschende Notizen. Anschließend erfolgten die Codierungsphasen, um gemäß dem Selektionskriterium 'Misstrauensfaktoren aus Mitarbeitersicht' zu codieren. Die erste Codierungsphase beinhaltete das Codieren von vier Interviews, was 29%

98 Die in der klassischen Inhaltsanalyse erhobene Forderung nach disjunkten, präzisen definierten Kategorien wird teilweise dahingehend missverstanden, dass angenommen wird, eine Textstelle könne nur einer einzigen Kategorie zugeordnet werden. Dies mag jedoch nur für die Teile eines Kategoriensystems zutreffen, die in der Art konstruiert sind, dass sich Unterkategorien wechselseitig ausschließen (wie ggf. bei der deduktiven Kategorienbildung). Bei thematischer Codierung ist hingegen davon auszugehen, dass in einem Textabschnitt durchaus mehrere Themen angesprochen werden können, sodass diese auch den entsprechenden Kategorien zuzuordnen sind (Kuckartz 2012, S. 81).

der Interviews entspricht.[99] Die Interviews wurden Zeile für Zeile sequenziell durchgegangen und mit Faktoren versehen (Kuckartz, 2012, S. 77). Die Erstellung erfolgte mit Hilfe der Analysesoftware 'Atlas.ti'. Dadurch konnte nicht nur die Effizienz der Arbeit gesteigert werden, sondern auch der Validität und der Reliabilität der Untersuchung Rechnung getragen werden, da die einzelnen Arbeitsschritte gut nachprüfbar sind und die Analyse auch für weitere Forscher/innen leichter zugänglich ist (Kuckartz, 2007, S. 13, 19). Erste Faktoren, wie 'Werteinkongruenz' und 'Ungerechtigkeit' resultierten aus den theoretischen Vorüberlegungen und dienten als Ausgangspunkt. Diese und weitere Faktoren wurden iterativ am Material überprüft und induktiv mit Unterfaktoren angereichert (Kuckartz, 2012, S. 69; Schreier, 2012, S. 84; Winkelhage et al., 2008, S. 7f.).[100] Die induktiven Faktoren, die zu Beginn der Arbeit nicht bekannt waren, vermindern die Entstehung von Verzerrungen aufgrund von Vorannahmen (Früh, 2011, S. 86f.; Mayring, 2010, S. 84; Schreier, 2012, S. 35). Nicht sinntragende Textstellen oder Textpassagen, die für die Forschungsfrage nicht relevant sind, blieben nicht uncodiert (Kuckartz, 2012, S. 79). Sie wurden gemäß ihrem angesprochenen Inhalt einer der Forschungsfrage losgelösten Hauptkategorie 'Sonstige' bzw. 'weitere Einflussfaktoren der Misstrauensbildung' zugeordnet (Schreier, 2012: 93 f.), da erst nach der Analyse aller Interviews die Wertigkeit für die Interpretation der Forschungsergebnisse abschließend beurteilt werden kann; siehe Codierungsregeln Abb. A9 und zu der Mehrfachcodierung einer Textstelle Abb. A10 bzw. Abb. A11.

4.2.2 Hauptcodierungsphase und Rücküberprüfung

Basierend auf den ersten Faktoren der vier Interviews codierte die Forschende das Datenmaterial erstmals vollständig und überprüfte die bereits codierten Interviews nochmals in Bezug auf ihre ursprüngliche Codierung, sodass das Codierungsschema weiter am Material angepasst und differenziert werden konnte (Kuckartz, 2012, S. 77). Gemäß der Strategie der Subsumtion wurde entschieden, ob die Textstelle von einer der bereits gebildeten Unterfaktoren abgebildet wird. Traf kein vorhandener Unterfaktor für die Textstelle zu, wurde ein neuer (Unter-)Faktor erstellt (Mayring, 2010, S. 85; Schreier, 2012, S. 115f.). Das erste Codierungsschema

---

99 Kuckartz (2012, S. 79) bezeichnet für die Bildung eines ersten Kategoriensystems 10% bis 25% des gesamten Auswertungsmaterials als ausreichend und Schreier (2012, S. 91) geht von 15% aus.

100 Krippendorff (1980, S. 76) meinte zwar: *„How categories are defined (...) is an art. Little is written about it"*, jedoch lässt sich mittlerweile konstatieren, dass die Auswertungsaspekte nahe am Material zu entwickeln sind. In Reinform bedeutet dies, die Kategorie direkt aus der Sprache des Untersuchungsfeldes zu entnehmen, d. h. in vivo gemäß dem Wortlaut der/des Mitarbeitenden (Böhm, Legewie & Muhr 2008, S. 28). Des Weiteren sind induktive Kategorien zu unterscheiden, deren Benennung den Sinngehalt des Gesagten – subsumiert aus der Vielzahl der Interviews – wiedergibt.

zeigt die Codes nach dem Codieren aller Interviews (siehe Abb. A14), jedoch noch vor der Sortierung oder der Summierung. Auf der Grundlage dieses ersten Codierungsschemas entstand eine vorläufige Ergebnisskizze (siehe Abb. 25), die bei einem interdisziplinären Workshop zu Misstrauen in eine Posterpräsentation einfloss (Wohlrath, 2015).

Abb. 25: Ergebnisskizze nach dem Codieren aller Interviews

Misstrauen **bildet sich ganz individuell aufgrund von vergangenen Erfahrungen**, die den subjektiv wahrgenommenen Misstrauensfaktoren:

(1.) Ungerechtigkeit,
(2.) Werteinkongruenz,
(3.) unzureichende Partizipation der/des Mitarbeitenden an Entscheidungen,
(4.) fehlende Wertschätzung der Leistung der/des Mitarbeitenden,
(5.) unverständliche Organisationsprozesse und unausgereifte Umstrukturierungen und
(6.) Kontrollen und Vorgaben, wie eine „Desk-Sharing"-Quote und eine „Open-Space"-Büroausstattung

zuzuordnen sind.

Die Misstrauensbildung ist nicht an der Anzahl an Enttäuschungen abzulesen und ganz unterschiedliche Erlebnisse veranlassen die/den Mitarbeitende(n) zunehmend negative Emotionen zu empfinden und sich vorsichtig, argwöhnisch und kritisch zu zeigen, was sich teilweise auch in zynischen Aussagen widerspiegelt. Aufgrund eines besonderen **individuellen Schlüsselerlebnisses manifestiert sich das Mitarbeitermisstrauen**. Die Konsequenz daraus ist die Kündigungsabsicht bzw. die Ableistung der Arbeit im Sinne eines „Dienstes nach Vorschrift". Destruktiv-aktive Konsequenzen im Sinne der *„destructive force"* (Bijlsma-Frankema et al., 2014, S. 1) konnten anhand des Datenmaterials nicht festgestellt werden; hierfür wären Beobachtungen angebracht.

Quelle: Eigene Darstellung

Insgesamt konnten zu diesem Zeitpunkt der Analyse sechs Faktoren unterschieden werden (siehe Abb. 25), wobei die Faktoren (3.) bis (6.) noch unausgereift schienen und der Überarbeitung bedurften. Da die Auswertung des Datenmaterials: *„(…) durch die persönliche Deutungskompetenz des Forschers und durch seine Eindrücke von den jeweiligen Interviews beeinflusst"* (Lamnek, 2005, S. 406) wird, ist die Konsistenz der Codierung (Reliabilität) zu überprüfen. Zum Zwecke der Intercoder-Codierung bzw. Intercoder-Reliabilität stellte die Forschende das Datenmaterial bei einem qualitativen Doktorandenseminar zum Codieren zur Verfügung, wobei das *„blind coding"*-Verfahren gewählt wurde. Zwei Doktorandengruppen codierten jeweils zwei Interviews – insgesamt vier Interviews, d. h. 29% des gesamten Datenmaterials – unabhängig voneinander und auch ohne die Kenntnis über die bereits angedachten Kategorien und Faktoren seitens der Forschenden (Schreier, 2012, S. 198). Die Codierung der zwei Doktorandengruppen wurde im Plenum des Doktorandenseminars am Flipchart vorgestellt und von der Seminarleiterin moderiert.[101] Dabei zeigten sich viele Übereinstim-

101 Die Seminarleiterin war Frau Prof. Dr. Jana Costas, Professorin für qualitative Forschung an der FU Berlin.

mungen, aber auch Unterschiede. Die Codierungen wurden verglichen, indem die Moderatorin die Textstellen einzeln durchging (Mayring, Gläser-Zikuda & Ziegelbauer, 2005, S. 13). Die Doktorandengruppen begründeten ihre Zuordnungen bis ein gemeinsames Verständnis über die Codierung erreicht wurde (Gläser & Laudel, 2010, S. 210, Winkelhage et al., 2008, 2008, S. 13). Die Ergebnisse der Intercoder-Codierung flossen im Nachgang in das Kategoriensystem ein.[102] Der Überarbeitungsprozess erwies sich als äußerst sinnvoll. Hierdurch konnte das Codierungsschema unter strukturellen Gesichtspunkten gemäß einer Revidierung von ungenauen Definitionen oder zu spezifischen bzw. zu weit gefassten Kategorien und Faktoren weiter verbessert und überarbeitet werden. In den Fokus der Analyse traten dabei auch die formalen Anforderungen an ein inhaltsanalytisches Codierungsschema, wie der Anspruch der Eindimensionalität, der wechselseitigen Ausschließlichkeit und der Erschöpfung (Früh, 2011, S. 163; Schreier, 2012, S. 147). Die Forschende stellte das resultierende Codierungsschema erneut vor und diskutierte im Plenum mit den Doktoranden/innen, um neue Aspekte zu entdecken und einen Abgleich verschiedener Sichtweisen zu ermöglichen (Gläser & Laudel, 2010, S. 210; Schreier, 2012, S. 90). Die Abb. 26 zeigt das überarbeitete Codierungsschema nach der Sortierung und der Summierung der Kategorien und Faktoren sowie der Codierung durch Dritte.

Abb. 26: Überarbeitetes Codierungsschema

Kategorien mit Faktoren
K_KOMMUNIKATION und INFORMATIONsfluss von/zur Unternehmensführung ▪ Informationsaustausch von „oben“ nach „unten“ ▪ Informationsfluss „von unten“ nach „oben“ unklar & fragwürdig ▪ intransparente Entscheidungen der Unternehmensführung ▪ keine offene Kommunikation gegenüber den Mitarbeitenden

102 In der qualitativen Forschung wurden zur Messung der Zuverlässigkeit im Sinne der Wiederholbarkeit des interpersonellen Codiervorgangs verschiedene Koeffizienten entwickelt (Atteslander 2008, S. 192). Die Werte liegen zwischen 0 und 1, wobei 1 eine 100%-ige Übereinstimmung der unterschiedlichen Codiervorgänge anzeigt. Vorliegendes Codierungsschema wies bei der Codierung durch Dritte einen Reliabilitätskoeffizienten von unter 0,7 auf und konnte daher nicht als zuverlässig bezeichnet werden. Folglich überarbeitete die Forschende das Codierungsschema mit den Anregungen der Doktoranden/innen und der Professorin.

Kategorien mit Faktoren

I_INTRANSPARENZ VON ENTSCHEIDUNGEN/ABLÄUFEN

- „*fadenscheinige*" Entscheidungen/Darstellungen und „*Schönrederei*"
- Doppelarbeiten aufgrund undefinierter Prozesse
- wie soll die Zusammenarbeit funktionieren („*Termine kurzfristig abgesagt, weil Zahlenbasis nicht da war*")
- wirre Zustände bei der Erstellung von Unterlagen
- unklar, wie Unternehmenszusammenhänge sind
- Wechsel/Ersetzen der Unternehmensleitung („*Frage der Zeit*", „*häufige Wechsel*")
- unklar, was in Zukunft passiert
- inkonsequente Unternehmensführung bei Fehlern
- Prozesse, die nicht aufgehen/funktionieren
- Ausgestaltung des kontinuierlichen Verbesserungsprozesses

W_WERTEINKONGRUENZ

- Unternehmenswerte nicht gelebt/umgesetzt/runtergebrochen
- Vorgaben und Regeln werden „*holzhammermäßig runtergehämmert*"
- Unternehmenskultur der „*Rückenschüsse*"

F_FÄHIGKEIT und KOMPETENZ der Unternehmensführung fragwürdig/ zweifelhaft

- kein Lernen aus Fehlern (seitens der Unternehmensführung)
- kein Hinterfragen des Mitteleinsatzes/der Prozesse (seitens der Unternehmensführung)
- trotz Change kein Funktionieren des Unternehmens
- unzureichende Erklärung (für „*Neues*")
- überstürzte und unausgereifte Projekteinführung, „*Schnellschüsse*"
- Unternehmensentwicklung/-führung (strategisch) unzureichend

U_empfundene UNGERECHTIGKEIT

- Ausdünnen der breiten Mitarbeiterbasis, aber Aufstockung der Unternehmensführung
- Ausdünnen Mittleres Management (mit der Folge von „*inhomogenen Organisationsstrukturen und Entscheidungen*")
- Lohn- und Bewertungssystem intransparent/unklare Einstufung der eigenen Stelle
- unverständliches Kostensparen (zu Ungunsten der Mitarbeitenden)
- Rücksetzungen & „*Hin- und Herschieben*" von Mitarbeitenden

Kategorien mit Faktoren
P_empfundene PARTIZIPATION mangelnd ▪ Beitrag der/des Mitarbeitenden am Unternehmen unklar ▪ Unvollkommene Begleitung bei Change-Prozessen ▪ chancenlos/machtlos, etwas bewirken zu können ▪ keine Änderung/nichts passiert, wenn die/der Mitarbeitende *„die Stimme erhebt“*/ Vorschläge anbringt ▪ Vorsicht und Angst vor der Auseinandersetzung mit der Unternehmensführung ▪ kein Extra-Engagement (Abwägen unter dem Motto: *„bringt es was?“*) ▪ Übergangen fühlen/nicht gefragt werden ▪ Kein zur Verantwortung ziehen der Mitarbeitenden **W_empfundene WERTSCHÄTZUNG fehlend** ▪ wenig Vertrauen von der Unternehmensführung nach „unten“ ▪ unzulängliche Weiterentwicklungsmöglichkeit ▪ mehr Leistung seitens Mitarbeitenden ohne Gegenleistung/Entgegenkommen ▪ sich persönlich nicht wertgeschätzt fühlen/Anerkennung mangelt **Ü_KONTROLLEN und VORGABEN**: Die Vorgaben sind aus Mitarbeitersicht nicht sinnvoll, da sie sich dadurch überprüft fühlen; ihre Bedürfnisse werden unternehmensseitig nicht gesehen. ▪ Vorgaben und Kontrollen zur Ausgestaltung des Arbeitstages (bzgl. Home-Office, Kommen/Gehen außerhalb der Hauptverkehrszeit, *„nach 13Uhr Essen gehen“*), ▪ Vorgaben zur Arbeitsweise (Vorgabe zur Beantwortung der Mails) ▪ Vorgaben zu dem Arbeitsplatz (Desk-Sharing/Open Space-Ausstattung und Open Space-Quote, Dresscode-Broschüre)
Das **SCHLÜSSELERLEBNIS**: Vertrauensbruch/„Tor zu Misstrauen“ wird explizit codiert.
FOLGEN, die angegeben werden, aufgrund der Misstrauensbildung/-stimmung: ▪ F_Dienst nach Vorschrift ▪ F_Kündigung(-tendenz) ▪ F_negative Verbreitungseffekte ▪ F_Resignation und Frustration ▪ F_Lästern über Unternehmensentscheidungen

Quelle: Eigene Darstellung

Im Anschluss an die Rückmeldungen überarbeitete die Forschende das Codierungsschema erneut. Sie fügte eine Kurzerklärung und ein beispielhaftes Ankerbeispiel bei. Die Darstellung des Ankerbeispiels folgt dem Anspruch einer Repräsentativität innerhalb des jeweiligen Falles. Problematische Textstellen wurden durch ein präziseres Formulieren der Kategorien, dem Hinzufügen neuer Faktoren oder deren Streichung bzw. Zusammenfassen überarbeitet (Früh, 2011, S. 164).

4.2.3 Kategoriensystem

Die Forschende führte zwei weitere Codierungs- und Untersuchungsprozesse gemäß der Intracoder-Codierung durch, wofür alle Textsegmente der Interviews durchgegangen wurden (Hussy et al., 2010, S. 248). Anschließend erfolgte eine Rücküberprüfung mit Experten.[103] Ihnen legte die Forschende das Codierungsschema zur kritischen Reflektion vor, um die Kategorien und Faktoren sowie Kurzerklärungen und Ankerbeispiele final zu diskutieren; siehe Experten-Rückmeldung zum Codierungsschema Abb. A15.

Das finale Kategoriensystem besteht aus den drei deduktiven Kategorien: 'negative Wahrnehmungen, Erwartungen und Zuschreibungen', 'negative Reziprozität' und 'gegenseitige Selbstbestätigung'. Die erste Kategorie 'negative Wahrnehmungen, Erwartungen und Zuschreibungen' unterteilt sich in die drei Faktoren und zwar zum einen in die beiden deduktiven Faktoren 'Werteinkongruenz' und 'Ungerechtigkeit' sowie zum anderen in den induktiven Faktor 'Führungsversagen'. Der Faktor 'Werteinkongruenz' wird wiederum feiner detailliert in die Unterfaktoren: 'Entfremdung Innengruppe – Außengruppe', 'Unternehmenskultur „in den Rücken schießen"' und 'Diskrepanz Mitarbeiterwerte vs. Führungsgrundsätze und -vorgaben'. Der Faktor 'Ungerechtigkeit' wird weiter gemäß deduktiven Kriterien unterteilt in: 'distributive', 'prozedurale', 'interpersonale', und 'informationelle Ungerechtigkeit'. Der Faktor 'Führungsversagen' und die zweite Kategorie 'negative Reziprozität' sowie die dritte Kategorie 'gegenseitige Selbstbestätigung' werden nicht unterteilt; siehe Abb. 27. Das Kategoriensystem beinhaltet ferner auch die Konsequenzen von Mitarbeitermisstrauen. Die Konsequenzen für das Mitarbeitermisstrauen bestehen in einer 'argwöhnischen Wachsamkeit und Vorsicht', einer 'Vermeidung von Interaktion und Kooperation' sowie in einem 'Rückzug und einer (inneren) Kündigung'; siehe Abb. 28.

---

103 Die zwei Experten sind Prof. Dr. Jana Costas, Professorin für qualitative Forschung an der FU Berlin und Prof. Dr. Arjan Kozica, Professor für Organisation und Leadership an der ESB Business School, Reutlingen.

Abb. 27: Kategoriensystem der Bildung von Mitarbeitermisstrauen

<table>
<tr><td colspan="4">Kategorien der Misstrauensbildung von Mitarbeitenden</td></tr>
<tr><td colspan="4">Die Kategorien mit ihren Faktoren und Unterfaktoren werden kategorisiert, um die Misstrauensbildung der Mitarbeitenden zu erforschen.</td></tr>
<tr><td colspan="4">Kategorie 1: NEGATIVE WAHRNEHMUNGEN, ERWARTUNGEN UND ZUSCHREIBUNGEN
Die negativen Wahrnehmungen und Erwartungen zeigen sich in negativen Zuschreibungen von Absichten und Motiven gegenüber der Unternehmensführung.
Aus der Literatur zu Misstrauen (March & Olsen, 1975; Sitkin & Stickel, 1996) und der Konflikt- bzw. Eskalationsliteratur (Friedman & Currall, 2003; Pruitt & Kim, 2004) geht hervor, dass ein(e) misstrauische(r) Akteur(in) aufgrund ihrer/seiner negativen Wahrnehmung anderen negative Absichten und Motive unterstellt. Diese negativen Wahrnehmungen schreiben auch dem zukünftigen Verhalten und den bevorstehenden Handlungen eine negative Prognose zu (Cho, 2006; Dimoka, 2010; Kramer, 1994; Lewicki et al., 1998; Sitkin & Roth, 1993; Sitkin & Stickel, 1996).</td></tr>
<tr><td>Faktor</td><td>Unterfaktor</td><td>Kurzerklärung/Ausprägung</td><td>Ankerbeispiel</td></tr>
<tr><td colspan="4">Werteinkongruenz
Die Werteinkongruenz stellt eine Bedrohung der sozialen Identität der/des Mitarbeitenden dar. Der Social-Identity-Theorie liegt der Gedanke zugrunde, dass die Identität durch die Zugehörigkeit zu sozialen Gruppen geprägt ist. Das Wissen einer Person über diese Gruppenzugehörigkeit sowie der emotionale Wert und die Bedeutung dieser Gruppenzugehörigkeit bilden die soziale Identität (Bijlsma-Frankema et al., 2015; Sitkin & Roth, 1993; Sitkin & Stickel, 1996; Tajfel & Turner, 1986).</td></tr>
<tr><td></td><td>Entfremdung Innengruppe-Außengruppe
Die soziale Identität aus einer wahrgenommen Gruppenzugehörigkeit führt gemäß Tajfel und Turner (1986) zu einer Kategorisierung der sozialen Umgebung und einer Segregation in eine Innengruppe („wir“) und in eine Außengruppe („die anderen“).</td><td>Die/der Mitarbeitende fühlt eine Distanz zur Unternehmensführung, was daraufhin schließen lässt, dass eine gemeinsame Identität nicht ausgehandelt ist – organisationale vs. individuelle Identifikationsmerkmale („oben“ und „unten“).</td><td>MA5: „(...) alles was höher geht, da muss ich sagen, das ist nicht mehr nachvollziehbar, das ‘enttäuscht’ mich. (...) und wäre nicht dieser Part, also meine direkten Vorgesetzten und noch eine Stufe drüber, dann müsste ich wirklich sagen: XXX mit dir bin ich irgendwie, also mit Dir kann ich mich nicht vereinbaren.“</td></tr>
</table>

	Unternehmenskultur *„in den Rücken schießen"* induktiv, in-vivo-Unterfaktor	Die/der Mitarbeitende empfindet die Unternehmenskultur als heimtückisch („Kultur „in den Rücken schießen"; für blöd verkaufen"; „etwas unterjubeln").	MA8: *„Hier bei mir muss ich sagen, ist* ***das in den Rücken schießen, das ist etwas, wo in der Kultur der XXX ist.*** *(...) Traurig sind bei mir die Rückenschüsse, dass wir diese Kultur noch haben. Ich nehme mal an, dass ist, damit man weiterkommt, oder dass man nicht einstehen kann für seinen Mitarbeiter oder für seine Mitarbeiterin oder dass man den Mitarbeitenden nicht deckt."*
	Diskrepanz Mitarbeiterwerte vs. Führungsgrundsätze und –vorgaben induktiv	Die (vorgelebten) Führungsgrundsätze und Vorgaben entsprechen nicht den Werten der Mitarbeitenden. Die/der Mitarbeitende fühlt sich den Vorgaben und Richtlinien „ausgeliefert"; Mitarbeiterbedürfnisse werden vernachlässigt.	MA6: *„Also gut jetzt, Achtung Zynismus, wir haben ja da das* ***Ziel konstruktiv-kritische Auseinandersetzung*** *[zeigt auf die Abbildung, die im Raum hängt]. Wird „offensichtlich" gewünscht. Bei dem Beispiel, wo zwei Mitarbeitende das Unternehmen verlassen haben, hatte ich das Gefühl, dass es nicht gewünscht war [lacht]. (...)* ***Unsere Führungsgrundsätze! Die sind halt kommuniziert, aber vielleicht nicht von jeder Führungsperson verinnerlicht und gelebt.*** *"*

Ungerechtigkeit Die/der Mitarbeitende fühlt sich ungerecht behandelt aufgrund von vier Ausprägungen der Ungerechtigkeit: distributive, prozedurale, interpersonale und informationelle Ungerechtigkeit (Adams, 1963; Colquitt, 2001; Greenberg, 1987; Greenberg & Colquitt, 2005; Leventhal, 1980).			
	Distributive Ungerechtigkeit (Adams, 1965)	Im Vergleich zu anderen Mitarbeitenden fühlt sich die/der einzelne Mitarbeitende unfair monetär entlohnt.	MA8: *„'Wütend' macht mich immer noch unsere Lohnpolitik, wir hatten zwar ein Lohn- und Bewertungssystem, vielleicht sagt Ihnen das etwas, und das macht mich wütend, dass das immer noch unkorrekt ist,* ***wie jemand in der gleichen Funktion****, unser System sagt ja, dass man Funktion muss man haben, was braucht man für eine Ausbildung, was braucht man für Fähigkeiten, um den 'Job machen zu können?* ***Dass Leute, die das gleiche machen wie ich, in einer anderen Abteilung, klar ['mit'] etwas mehr Leuten, aber mit Fähigkeiten****, die man haben muss, ob man die für 1.000 oder 10.000 Leute hat, ist eigentlich das Gleiche, dass die* ***viel mehr verdienen****, das macht mich wütend. (...) Das Lohn- und Bewertungssystem sagt, die Stelle ist das, was der Kandidat muss mitbringen und die Stelle hat diesen Lohn zugute. Egal, was er mitbringt, das liegt dann am Vorgesetzten, jenen dorthin zu entwickeln. Und dass das innerhalb der XXX nicht übereinstimmt, das macht mich wütend.* ***Da sitzen Mitarbeitende, die den gleichen Job haben wie ich****. Bei einer anderen Abteilung, das* ***Jobprofil ist genau gleich, und er verdient mehr und macht genau das gleiche****."*
	Prozedurale Ungerechtigkeit bzgl. den Prozessen, die zu den Ergebnissen führen	**Intransparenz über die Prozesse** (Greenberg, 1993; Lind & Tyler, 1988) Unklarheit über den Prozess der Entscheidungsfindung	MA10: *„Ich bin 'kritisch' eingestellt, teilweise zu gewissen,* ***gegenüber gewissen Entscheidungen****, die gefällt werden, weil ich sagen muss, einerseits kommen mir gewisse Entscheidungen von der Unternehmensführung, also Stufe X, teilweise zu [Pause], also* ***zu wenig transparent rüber****. Ich* ***verstehe nicht warum*** *und wenn man nachfragt, kriegt man keine saubere Antwort oder klare Antwort, warum das man jetzt wirklich links, rot statt blau oder was immer gewählt hat."*

		„Voice“ – fehlende Mitsprache (Crant, Kim & Wang, 2011; LePine & van Dyne, 2001; Lind, Kanfer & Earley, 1990; Liu, Liao, Lioa & Wei, 2014) Fehlende Mitsprachemöglichkeit, den Standpunkt den Entscheidungsträgern zu präsentieren („alles über den Kopf“ entschieden, Dinge „versanden“).	MA9: *„Es kommen zum Teil Sachen, die eigentlich Verbesserungen bringen sollten, aber von den Mitarbeitenden her, hat man gerade schon das Gefühl, das wissen wir, dass das nicht funktionieren kann,* ***aber uns fragt man ja dann nicht.“*** MA10: *„Der* ***Beitrag eines jeden Mitarbeitenden*** *an der Vision oder auch Strategie der XXX insgesamt, respektive der jeweiligen Abteilungen, jetzt für die Abteilung XX kann ich das definitiv sagen, ja, das* ***fehlt.*** *Und das kommt ja auch aus den Mitarbeiterbesuchen raus:* ***‘Wieso fragt ihr uns erst jetzt, ihr habt doch letztes Jahr auch schon was anderes gemacht. Jetzt kommt ihr, weil ihr gemerkt habt, dass es nicht funktioniert hat? Wieso erst jetzt?’“*** MA5: ***„Man fragt die Mitarbeitenden nicht****, also zumindest nicht bis da runter, sondern diese* ***übergeordneten Entscheidungen werden halt so weit „oben“ getroffen und dann einfach nur noch runtergebrochen,*** *aber* ***ohne „unten“ zu fragen, was wollt ihr denn eigentlich?“***
	Interpersonale Ungerechtigkeit (Bies & Moag, 1986; Colquitt et al., 2001; Greenberg & Cropanzano, 1993)	wenig respektvoller Umgang und eine wenig würdevolle Wertschätzung des Arbeitsengagements der/des Mitarbeitenden seitens der Unternehmensführung („Einsparkurs“, keine Weihnachtsfeier, mehr Aufgaben den Mitarbeitenden „draufladen“)	MA11: *„Braucht man* ***vier, fünf Jahre lang für*** *uns, um* ***ein neues Personalzimmer*** *zu bauen oder umzubauen,* ***aber um das Büro umzubauen, hat man alle Jahre Zeit.*** *(...)* ***Ein Jahr später das Büro nochmal umbauen und ein Jahr später nochmal*** *umbauen, das begreife ich nicht. Wieso, eben, das ist etwas, was mich aufregt. (...)* ***Wir hatten fast keine Stühle gehabt, kein Personalzimmer*** *und wir sind das größte Depot in xOrtx mit xdreistellige Zahlx Mitarbeitenden.“* MA3: *„(...) und einfach auch die* ***Wertschätzung für das Ganze, das Verständnis der Führung merken wir nicht. Wir*** *[=Mitarbeitenden]* ***haben oft das Gefühl, die*** *[=Unternehmensführung]* ***wissen nicht, was da [‘läuft’].*** *(...) Ich sage es mal so,* ***wir*** *[=die Mitarbeitenden]* ***haben oft das Gefühl, unsere Probleme werden gar nicht erkannt*** *(...).“*

	Informationelle Ungerechtigkeit (Colquitt, 2001; Colquitt et al., 2001; Gebert & Rosenstiel, 2002; Montada, Sigrun-Heide & Lerner, 1992; Streicher & Frey, 2012)	Defizite in der Qualität und Quantität von Information und Kommunikation (in Form von inakkuraten, nicht zeitgerechten, unehrlichen Erklärungen)	MA2: *„2008, ich glaube, wir hatten* ***Umzug nach xneuer Ortx und diese, die Nachricht war im Januar. Im Dezember aber, sie*** *[=die Unternehmensführung]* ***hatten gesagt: Nein wir bleiben in xursprünglicher Ortx. Und in der Zeitung****, wir haben gesehen,* ***wir gehen nach xneuer Ortx!*** *Im Januar, wir haben in der Zeitung gesehen, in xName der Zeitungx, wir haben gesehen, wir gehen nach xneuer Ortx."* MA5: *„Also ich find wahrscheinlich, dass zur Unternehmensführung müsste die Kommunikationsstufe ['weniger sein'] oder* ***man müsste eigentlich „von unten" „nach oben", müsste man direkter kommunizieren können und auch „mit einem offeneren Ohr" empfangen werden können****. Weil man weiß nicht, wie die Informationen, die „von unten" kommen, dann „oben" wirklich ankommen."* MA13: *„Ja, so, irgendwie das Vertrauen ist irgendwie angekratzt, weil ich denke, die* ***Kommunikation ist nicht offen****. Es ist, grundsätzlich ist die Kommunikation nicht falsch. Es ist einfach nicht offen, denke ich mal.* ***Man versucht so irgendwie, oft Schönrederei zu betreiben."***

Führungsversagen Der Entscheidungsprozess der Führungskräfte ist wenig kompatibel mit den persönlichen Wertevorstellungen aus der Sichtweise der Mitarbeitenden, sodass der Unternehmensführung keine ethische Rechtfertigung für ihr Führungsverhalten entgegengebracht wird. Die Mitarbeitenden nehmen wahr, dass die Unternehmensführung nicht konsequent führt und ihre Führungsaufgabe wahrnimmt (*„Schnellschüsse“*). Abläufe oder Projekte werden zu wenig engagiert angegangen und Sanktionen bleiben aus. Zur Erreichung der Unternehmensziele vermittelt die Unternehmensführung den Mitarbeitenden keinen klaren Führungskurs. Sie äußern ihre Unsicherheit und Besorgnis hinsichtlich der Fähigkeit, das Unternehmen kompetent in die Zukunft zu führen. Induktiver Faktor, der mit der Literatur zu dem Vertrauensfaktor Kompetenz (Butler, 1991; Caldwell & Clapham, 2003; Mayer et al., 1995; Pirson et al., 2017; Shockley-Zalabak et al., 2000) einhergeht.	
Ankerbeispiel	*MA4: „In Wahrheit, das ist jetzt wirklich vertraulich, auch für sie persönlich [=als Forschende] vertraulich, das ist, denke ich, klar, haben wir momentan* ***keine vernünftige Zahlenbasis****, wo die Leute, die involviert sind, das Gefühl haben: 'Hey das stimmt, was da jetzt auf dem Papier steht!' Und all das führt, ja, zu einer* ***Unsicherheit*** *und es führt auch dazu, also es bringt auch so 'ängstlich' und 'bange' überhaupt.* ***'Haben wir unser Zahlenset langfristig im Griff? Wissen wir, was wir machen? Stimmen unsere Kosten?'*** *(…) Wie man das Ausmärzen kann und* ***wie wir ganz ehrlich zu einer vernünftigen Zahlenbasis kommen können****, wo wir, ja, wo das Unternehmen auch dahinter stehen kann und das verlangen kann und der XXX darauf eingeht. Also* ***'ängstlich' in die Richtung, was passiert in der Zukunft****, weil ohne die Gelder hat das viel Auswirkung auf die XXX. Ja.“* *MA6: „(…) ich habe manchmal das Gefühl, wie kann ich hier optimal einen Beitrag leisten, wenn ich irgendwie nicht genau weiß, wo es hingehen soll? Und sogar das Gefühl habe,* ***vielleicht weiß das, das Management auch nicht, wo es hingehören soll.****“* *MA9: „Verbesserungsmaßnahmen, die man probiert, die einfach gerade schon wie zum Scheitern verurteilt sind, bei denen man das Gefühl hat, ja, jetzt überstürzen sie etwas von „oben“,* ***von der Führungsetage überstürzten sie ein Projekt einzuführen****, das* ***noch gar nicht ausgereift ist und umsetzen und ausbaden müssen es dann die Mitarbeitenden*** *bei uns, die ja,* ***die merken, es funktioniert so nicht und nach kurzer Zeit wird es dann auch eingestellt****. [Schilderung eines Beispiels] (…) und das Projekt ist aber so noch nicht ausgereift gewesen, es war so wie ein* ***„Schnellschuss“****. Und auch unsere Ausbilder, welche die xBerufsbezeichnungx ausbilden, haben gesagt,* ***das verhebt es einfach noch nicht, ist ein „Schnellschuss“*** *und so war es dann auch, irgendwann. Dann ist es von „oben“ sogar wieder außer Kraft gesetzt worden und jetzt tut man noch mal, geht man noch mal über die Bücher und bringt es eben noch zu Ende, irgendwie wird es dann schon eingeführt und dann ist es wahrscheinlich auch nicht schlecht. Aber sind manchmal so* ***„Schnellschüsse“****, ja, mit denen schlussendlich die Leute hier leben müssen,* ***sie bekommen es einfach verordnet, es wird auch nicht im Voraus gefragt, bei dem man vielleicht das eine oder das andere, ja in einem Gespräch oder mit einem Dialog, gerade schon ausräumen und sagen könnte****, es ist eine gute Sache, aber da müssen wir zuerst noch diese und jene Veränderung vornehmen können.“* *MA1: „Ja, vielleicht so das Thema Kundenorientierung, dass passt da [zur Karte 'zynisch'] auch mit rein, wenn man sagt, wir setzen den Kunden zuerst und der ist immer der wichtigste und so weiter und intern sieht man dann* ***keine Bestrebungen****, die diese Aussage bestätigen würden. Also man hört die Aussage, aber fühlt* ***keine Aktion, dass man jetzt wirklich etwas tut, um sich auf den Kunden zu fokussieren.****“*

Kategorie 2: NEGATIVE REZIPROZITÄT	
Bringt die/der Mitarbeitende dem Unternehmen Vertrauen entgegen, erwartet sie/er, dass das Unternehmen ebenfalls in Vertrauen investiert und das Vertrauen nicht enttäuscht wird. Im Fall von Misstrauen ist von „*(...) another negative strategy to reduce complexity*" (Lane und Bachmann 1998, S. 24) auszugehen, wie dem Einsatz von Kontrollen (McKnight & Chervany, 2001a). Aufgrund der Vorgaben und Kontrollen bekommt die/der Mitarbeitende das Gefühl, dass der Vertrauensvorschuss in das Unternehmen nicht erwidert wird und reagiert in Folge dessen mit einem negativen Verhalten gegenüber dem Unternehmen (Friedman & Currall, 2003; Gill et al., 2016; Lane & Bachmann, 1998; Pruitt & Kim, 2004; Serva et al., 2005; Youngs, 1986).	
Ankerbeispiel	*MA10: „Ich verstehe nicht warum und* ***wenn man nachfragt, kriegt man keine saubere Antwort oder klare Antwort****, warum das man jetzt wirklich links, rot statt blau oder was immer gewählt hat. Auf der anderen Seite habe ich das* ***Gefühl, es wird auch eigentlich zu wenig Vertrauen nach unten geschenkt****, dass denn die Mitarbeitenden oder das was drunter ist, der Körper, auch die richtigen Entscheidungen fällen kann. (...)* ***Aber es gehört auch, dass eben dann oben drüber Vertrauen geschenkt wird nach unten und nicht übersteuert wird.*** *(...) diese* ***unternehmerische Verantwortung wirklich auch geben, auch irgendwie das Vertrauen schenken und da spüre ich einfach, da wird nicht viel gemacht.*** *[Pause]"* *MA13: „Wenn der X so Arbeits-, so Gruppen einsetzt, wo, wie soll ich sagen, vermutlich betrifft es eben jeden, dass er,* ***dass der X eigentlich wie „Undercover"-Gruppen einsetzt*** *für das, was die einen eigentlich im Job machen müssen, wie überprüft [lacht], wie und was eigentlich für ein Job, die machen müssten, sie überprüft. (...) Also für mich, also, für mich ist es ein bisschen, so wie er das sagt, ohne dass ich die Details jetzt wirklich weiß, ist es* ***eher ein Misstrauen****, anscheinend. Oder* ***man bekommt ein Misstrauen, so würde ich es interpretieren.*** *['Unter dem Motto']* ***Ich traue dem nicht, was die*** *[=die Mitarbeitenden]* ***eigentlich erarbeiten, ich will das noch überprüft haben, verifiziert haben, ob das stimmt, ob die zum gleichen Ergebnis kommen*** *oder was auch immer. (...),* ***ich brauche eine gewisse Freiheit. Und eben auch ein gewisses Vertrauen.****"*

Kategorie 3: GEGENSEITIGE SELBSTBESTÄTIGUNG	
Gegenseitige Selbstbestätigung durch negative Verbreitungseffekte in der Innengruppe. Die Misstrauensbildung innerhalb der eigenen Gruppe, *„intergroup distrust“*, nähert sich gegenseitig an. Die Innengruppe aus Kollegen/innen und nahen Vorgesetzten „beflügelt“ sich gegenseitig mit negativen Wahrnehmungen der Außengruppe (=Unternehmensführung) und sieht sich somit gegenseitig bestätigt, Misstrauen zu hegen und zu vertiefen. Dies ist ein dynamischer und selbstbestätigender Zyklus (Bijlsma-Frankema et al., 2015; Coleman et al., 2007; Nelson, 1989; Pruitt et al., 1997). Die Verbreitungseffekte können durch ein Schlecht-Reden, wie Meckern, Lästern und Tratschen über die Unternehmensführung auftreten und mittels des Weitererzählens von Einzelschicksalen, wie den Entlassungen von Kollegen/innen. Beide Verbreitungseffekte dienen der Abgrenzung „von denen da oben“(Außengruppe) und als gruppenbestätigendes Gefühl.	
Ankerbeispiel	***Schlecht-Reden***: MA11: *„Ja, also ganz allgemein, vom XXX-personal her, vom Gefühl, es ist immer, wenn eine Neuerung kommt, das bin jetzt nicht ich persönlich, aber da* ***wird zuerst mal rigoros geflucht****. Ganz allgemein,* ***weil alles was neu ist****, „es war ja gut wie es früher war“. Es gibt auch noch viel Arbeitskollegen, die noch von den „alten Zeiten“ schwärmen.* ***'Das jetzt ist ein Scheißdreck und so****. Bis man es dann mal hätt und so.' (...) Bei uns [=beim XXX-personal'] wird das dann eben wieder halt diskutiert und gelästert, bei uns wird viel diskutiert beim XXX-personal. Gelästert und ja.“* ***Weitererzählen von Einzelschicksalen:*** MA12: *„Es gab wirklich einige Kollegen, da hat, das war wirklich ein, ein Kollege ist, glaube ich, auch so um die 55 jetzt inzwischen, also damals vielleicht so was 53, 52. Es ist ein Mensch, der hat immer seine Ziele erreicht. Der hat immer seine Vorgaben umgesetzt auf „schlag mich Tod“. Aber der hat einfach jedes, welches das Unternehmen vorgegeben hat, hat er erreicht. Ob er dann das wirklich so gelebt hat oder ob das wirklich in seinem Inneren genau so, also das glaube ich nicht. Aber hat auf jeden Fall,* ***das was das Unternehmen wollte, hat er auch umgesetzt****. Also eben,* ***er musste gehen. Man wollte ihn nicht mehr.*** *Und da war ich eigentlich,* ***da war ich wirklich enttäuscht. Also ich hatte noch eine Stelle, aber mit dem hätte ich jetzt nie im Leben gerechnet. Also, wenn schon dann, ich hätte keine Stelle, aber er ganz bestimmt nicht!*** *Und da glaube ich einfach, da lag es wirklich, das war einfach nur ['...'], das,* ***diese Schuld gebe ich dem Unternehmen*** *(...).“*

Quelle: Eigene Darstellung nach dem Kategoriensystem in Atlas.ti

Abb. 28: Kategoriensystem der Konsequenzen von Mitarbeitermisstrauen

Konsequenzen der Misstrauensbildung von Mitarbeitenden		
Konsequenz / Folge	**Kurzerklärung**	**Ankerbeispiel**
argwöhnische Wachsamkeit & Vorsicht Ou und Sia (2010); Chang und Fang (2013); Kramer (1998); Lewicki und Brinsfield (2009); Fein (1996); Hilton et al. (1993)	Die Mitarbeitenden zeigen eine argwöhnische Wachsamkeit und Vorsicht gegenüber Projektvorhaben, generellen Veränderungen und im täglichen Miteinander gegenüber der Unternehmensführung. Im Falle von Misstrauen stehen die Mitarbeitenden jeder Information oder einer Entscheidung argwöhnisch gegenüber, hinterfragen Dinge und sind kritisch i.S.v. skeptisch.	MA9: *„Ich glaube,* ***jeder hinterfragt, je länger, dass er im Unternehmen*** *ist dann immer auch die Sachen, kommt es auch wirklich so? Kann man dem trauen?"* *MA3: „Und dann wird, leider wird* ***das Negative, wird dann auch so gesucht, oder, das ist klar!*** *Und dass die Führung das an die Mitarbeitenden bringen kann und diese Entscheidungen, das ist natürlich schwierig. Und wenn sie es noch macht, dann lesen wir es doch nicht, das ist noch das andere [lacht]."* *MA14: „'****Vorsichtig****', ja das ist* ***das Resultat daraus, eben wenn man nicht so genau weiß, was einen erwartet****, ist man sicher ein bisschen vorsichtiger mit seinen Äußerungen. Hingegen ist man auch 'kritisch', wie das halt immer ist, wenn es Umstrukturierungen gibt und ja, auch nicht so ganz sicher ist, wie das Ganze weitergeht."*
Vermeidung von Interaktion & Kooperation Kleiman et al. (2015); Gill et al. (2016); Lewicki und Tomlinson (2014); O'Reilly (1978); Komiak et al. (2005)	Die Mitarbeitenden begrenzen ihre inhaltliche und auch persönliche Interaktion und Kooperation in der Beziehung zu der Unternehmensführung auf ein Minimum – auf so viel, dass dem „Dienst nach Vorschrift" nachgegangen werden kann.	MA8: *„(…) Ich bekomme Pickel am Arsch, wenn ich das Thema höre. Verstanden? Oh ha! [lacht] (…)* ***Ich habe*** *es [=das* ***Raussuchen der Unterlagen****] nicht gemacht.* ***Nicht gemacht und nun warte ich ab, was passiert.*** *(…) Und für uns war es einfach: 'Sorry, Du hast Zugriff auf die Daten!* ***Schau doch selber, was Du nehmen willst!****' (…)"* MA2: *„(…) letztes Jahr, da war die große Abstimmung gewesen der XXX, ob die XXX mehr Geld bekommt.* ***Ich war nicht abstimmen. Interessiert mich nicht, also wirklich.****"* MA13: *„Wenn das [=Schenken von Vertrauen seitens der Führungskraft] nicht da ist, dann ['…']. [Pause] Sie [=die Führungskraft] hat mir dann manchmal gesagt: '****Ich bin wie ein „schlüpfriger Fisch"'!*** *Ja, einfach, oder, ja* ***ich habe möglichst versucht, mich dieser Kontrolle zu entziehen und nicht die ganze Zeit Rechenschaft ablegen zu müssen*** *und was ist jetzt und so."*

Konsequenzen der Misstrauensbildung von Mitarbeitenden		
Konsequenz / Folge	**Kurzerklärung**	**Ankerbeispiel**
Rückzug & innere Kündigung Stangl (2008); Scheibner et al. (2016)	Da die/der Mitarbeitende keine soziale gemeinsame Identität mit der Unternehmensführung wahrnimmt, sie/er sich verletzt fühlt und enttäuscht ist, zieht sie/er sich innerlich im Sinne der inneren Kündigung zurück. Sie/er erledigt nur die ihr/ihm aufgetragenen Aufgaben; ist gewillt zu kündigen bzw. hat sich bereits innerlich „verabschiedet"; sie/er vermeidet Risiken einzugehen.	MA7: *„Aber die Leute,* ***meine Arbeitskollegen sind****, übertrieben gesagt,* ***total frustriert, die machen doch keine Vorschläge mehr!*** *Wenn man überall sieht, dass das nicht, dass das gleich nicht zustande kommt, da muss ich nicht diesen Aufwand betreiben, ist wahrscheinlich* ***Resignation. Dann denkt man eben, „man hat dann die Nase voll", nützt ja eh nichts****. Das ist dann die Konsequenz daraus. Man sagt einfach, es hat keinen Wert, das nützt nichts. Ja, ist natürlich eine schlechte Grundlage, aber es ist nun leider so, so ist das."* MA12: *„Eben, das ist, das ist genauso, ich wollte eben noch, es gab ja da noch diese, diese* ***„korrosiven Energien"*** *– weiß was für Energie! Bei uns ist es doch so, alle sind eigentlich doch voll dran, aber eigentlich, eigentlich, [kl. Pause] ja, nicht wirklich, nicht zufrieden, sondern* ***es ist die Energie*** *zum,* ***zum „Doch-noch-Arbeiten"*** *und doch noch eben Vollgas geben."*

Quelle: Eigene Darstellung nach dem Kategoriensystem in Atlas.ti

5 Darstellung der Ergebnisse

Abstract: Presentation of Findings
The fifth chapter points out the antecedents and consequences of employee distrust in detail within three categories of distrust. (1) The first category of distrust is based on the break of employee trust and the resulting negative perceptions and expectations. More precisely, distrust is triggered by perceived value incongruence with management fundamentals. Therefore, the employees categorise themselves and their close chiefs as an in-group and the management as an out-group. In business practice, the categorisation is comparable to a classification of "friends" and "enemies". Moreover, the perceptions include the perception of an unfairly treatment – divided into a distributive, procedural, interpersonal and informational unfairness, and the perception of bad management. (2) The second category of distrust is based on the feeling of a negative reciprocity. The management does not place trust into their employees. The employees describe the leadership as monitoring and controlling. (3) The third category of distrust is mutual self-affirmation between the employees. Each employee affirms her/ his distrust with colleagues speaking badly about the management. The concequences of distrust are shown by emotions of concern, wariness and scepticism. Employees avoid interaction and cooperation, and just do "work-to-rule".

Die Arbeit wird von der Fragestellung geleitet, welche Wahrnehmungen der Mitarbeitenden die Bildung von Misstrauen in die Unternehmensführung prägen. Hierfür berichten die Mitarbeitenden von ihren Erlebnissen, interpretieren sie und erteilen ihnen einen Bedeutungszusammenhang. Die vorliegende Arbeit sagt aus, dass das **anfängliche Vertrauen verletzt** wird, was die Mitarbeitenden als absichtliches oder zumindest bewusstes Verhalten seitens der Unternehmensführung wahrnehmen. Die Vertrauensverletzung ist der Auslöser für die Bildung des Mitarbeitermisstrauens. Die Mitarbeitenden verabschieden sich von ihren anfänglichen positiven Erwartungen und Einschätzungen gegenüber der Unternehmensführung. Daraus resultieren negative Wahrnehmungen und Interpretationen des beobachteten Verhaltens der Unternehmensführung.

5.1 Emotionen der Mitarbeitenden

Positive Emotionen beim Unternehmenseintritt

Zum Eintritt in das Unternehmen sind die 14 Mitarbeitenden stolz für ein bedeutendes und großes Unternehmen ihres Landes arbeiten zu dürfen. Die Mitarbeitenden empfinden **beim Unternehmenseintritt bzw. Einstellungsbeginn positive Emotionen**. Der Start in die Arbeit wird u. a. mit der Emotion **'hocherfreut'** umschrieben. Rückblickend ist MA5 in Bezug auf den Einstellungsbeginn 'hocherfreut': *„Ich habe bei der XXX angefangen und da war ich echt 'hocherfreut'. Ich fand alles super und perfekt."* Ein weiteres Beispiel erteilt MA10: *„Also starten tue ich eigentlich,* ***als ich hier ge-***

startet bin bei der XXX und das war sicher, das verbinde ich mit 'hocherfreut'." Die Schilderungen der positiven Emotionen bzw. den damit verbundenen Erlebnissen drücken ein herzliches und angenehmes Willkommensein seitens des Unternehmens aus. Die/der neue Mitarbeitende fühlt sich zu den bereits eingestellten Mitarbeitenden und den Führungskräften sozial dazugehörig. Die Mitarbeitenden nehmen an, ein hohes Ausmaß an P-O-Fit mit dem Unternehmen zu haben.[104] Die Erlebniserzählungen decken sich mit den Ausführungen zur ersten Phase des Vertrauensentwicklungsprozesses („*Opening stance*") nach Dietz et al. (2010). In dieser Eintrittsphase nehmen die Mitarbeitenden die Unternehmensführung als offen und freundlich wahr, da sie noch keine persönlichen Erlebnisse gemacht haben, die dagegen sprechen könnten. Die Offenheit in der Eintrittsphase im Unternehmen stellt ein Persönlichkeitsmerkmal der Mitarbeitenden dar und ist daher unabhängig von der Interaktion am Arbeitsplatz. Jedoch wird diese Offenheit und Zuversichtlichkeit zum Einstellungsbeginn von den situativen Interaktionen zukünftiger Erlebnisse mit dem Unternehmen beeinflusst. Gerade in Verbindung mit den beiden Emotionen 'hocherfreut' und '**zufrieden**' ist ersichtlich, dass die Mitarbeitenden zum Einstellungsbeginn zufrieden waren und diese Emotionen im Laufe der Betriebszugehörigkeit revidierten (MA5, MA10, MA4, MA2). Ferner wird die Emotion 'zufrieden' gewählt, um sie auf sich persönlich zu beziehen oder auf die Tätigkeit bzw. das direkte Arbeitsumfeld, in dem die/der Mitarbeitende arbeitet, wie MA9 schildert: „*(...) zufrieden **bin mit meinem Job** und grundsätzlich auch mit den Arbeitsbedingungen.*" MA12 meint: „*Die **Tätigkeit an sich** macht mich zufrieden.*" MA13 sagt in Verbindung mit zufrieden: „*(...) meine Hauptmotivation ist das Produkt.*" MA10 bezieht 'zufrieden' insbesondere auf sich selbst und die Möglichkeiten im Unternehmen: „*Sonst **selber 'zufrieden' bin ich** im Sinne von, also mir selber jetzt, persönlich, eigentlich zufrieden. Ich bin in einem Umfeld gelandet, wo ich sagen kann, dass ich sicherlich mich weiterentwickeln kann, ich habe auch in sehr kurzer Zeit, sehr viele, sehr spannende Leute, Kontakte knüpfen können.*" Folglich vereinen diese vier Mitarbeitenden (MA9, MA12, MA13, MA10) die positive Emotion 'zufrieden' mit ihren – in der Gesamtschau des Interviews wiedergegebenen – negativen Emotionen, wie 'enttäuscht', 'kritisch' und 'wütend'. MA1 sieht zufrieden, „*einzig bezogen auf die pünktlichen und zuverlässigen Lohnzahlungen über 38 Jahre hinweg.*"

---

104 Der „*Person-Organization Fit*" (P-O Fit) ist nach Kristof (1996, S. 4f.): „*the compatibility between people and organizations that occurs when (a) at least one entity provides what the other needs, (b) they share similar fundamental characteristics, or (c) both.*" Ein hohes Maß an P-O Fit umfasst ein ausgeprägtes, unternehmerisches Commitment, ein sehr positives Mitarbeiterverhalten („*citizenship behaviors*") (Andrews, Baker & Hunt 2011; Gregory, Albritton & Osmonbekov 2010) und ist von einer hohen Wertekongruenz, d. h. gemeinsam geteilten Werte unter den Organisationsmitgliedern geprägt („*corporate community*") (Boon, Den Hartog, Searle & Skinner 2011). Nach der Selektionstheorie sind Mitarbeitende von Unternehmen angezogen, mit denen sie ein hohes Ausmaß an P-O Fit verbinden bzw. annehmen zu erfahren (Gregory et al. 2010).

Positive Emotionen in die Kollegen/innen und nahen Vorgesetzten

Die Mitarbeitenden unterscheiden hinsichtlich ihrer Emotionen zwischen ihrer Beziehung zu Kollegen/innen und direkten Vorgesetzten und davon abgegrenzt, zu der Unternehmensführung bzw. dem Unternehmen als Arbeitgeber. Wenngleich die Mitarbeitenden gegenüber der Unternehmensführung negative Emotionen schildern, gehen aus den Erlebniserzählungen über ihre direkten Vorgesetzten sowie über ihre Kollegen/innen positive Emotionen hervor. Beispielsweise werden die Emotionen '**erleichtert**' und '**hoffnungsvoll**' von MA8 auf die Vorgesetzten- bzw. Teamebene bezogen: *„'Erleichtert' bin ich, **was wir für eine Vorgesetzte bekommen haben**, die Leiterin Sicherheit und Qualität. (...) 'Hoffnungsvoll' bin ich auf mein nächstes Mitarbeitergespräch, dass das gut kommt. Da habe ich im Zwischengespräch auch die Lohnsituation angesprochen und dann bin ich guter Hoffnung, dass das gut kommt, mal schauen, das ist so."* Aus anderen Aussagen wird deutlich, dass die Mitarbeitenden von einem Vertrauen sowie positiven Erlebnissen und Emotionen in Verbindung mit den Kollegen/innen und direkten Vorgesetzten sprechen, jedoch nicht in Verbindung mit der Unternehmensführung. MA12 sagt: *„Ich habe eigentlich jetzt in den **direkten Vorgesetzten und auch in den Businessunit-Leiter, habe ich eigentlich mehr Vertrauen als in die Geschäftsführung**."* Oder MA5 äußert hierzu: *„(...) **mein Vertrauen basiert auf die unmittelbaren Leute, mit denen ich in Kontakt bin. Damit man vielleicht „nach oben" noch was bewegen kann. (...) Gegenüber der Unternehmensführung, da bin ich 'ängstlich', 'bange'** und auch bei allem, was in Richtung Unternehmensführung geht, da bin ich in der Richtung sehr 'kritisch' und auch 'vorsichtig'."* Ebenso spricht MA11 negativ über die Unternehmensführung: *„(...) **wenn sie [= die Unternehmensführung] irgendetwas gegen alle Widerstände durchsetzen müssen**, wo sie sagen: 'Das ist jetzt so, das müsst ihr umsetzen!' Dabei, ah, z. B., was macht mich '**wütend**', wenn wir jetzt zurück zur Einteilung gehen, **dann sagen sie, die Teamleiter seien zu teuer. Da werde ich richtig zynisch**."* In Bezug auf ihren Vorgesetzten spricht sich MA11 jedoch positiv aus: *„Mein Chef ist sehr, sehr 'fühlst du mich, spürst du mich'. Ich habe es gut mit ihm."* Aus diesen Aussagen geht nicht nur hervor, dass die Mitarbeitenden eine Kategorisierung in eine Innengruppe und eine Außengruppe vornehmen, sondern dass sie positive Assoziationen bzgl. den Kollegen/innen und den Vorgesetzten hegen, jedoch negative in Bezug auf die Unternehmensführung. Somit kann die/der Mitarbeitende – in Abhängigkeit des Zielobjektes – positive und negative Emotionen in sich vereinigen.

Enttäuschungen mit dem Unternehmen

Die Erwartungen in das Unternehmen werden enttäuscht. Die Mitarbeitenden empfinden negative Emotionen und erfahren zumindest ein entscheidendes Schlüsselerlebnis, das zum Bruch der vertrauensvollen Erwartungen bzw. des Vertrauens in die Unternehmensführung führt. Die Enttäuschungen mit dem Unternehmen schildern alle 14 Mitarbeitenden im Rahmen der Emotion 'enttäuschend'. Die Emotion '**enttäuscht bzw. entrüstet**' ist elementar zur Bildung von Misstrauen. Die Schlüsselerlebnisse sind ausführlich im Anhang dargestellt (Abb. A6). Mit der Enttäuschung schildern die Mitarbeitenden die persönliche, tiefgreifende Vertrauensverletzung, die sich auf ganz unterschiedliche Erfahrungen bezieht. MA9 schildert ihr persönliches Erlebnis in Bezug auf die Lohneinstufung, sie ist über die *„Sparübung"* am Mitarbeitenden enttäuscht: *„Ja und zu dem Enttäuscht-Kärtchen kommt mir zum Teil einfach in den Sinn, ein persönliches Erlebnis, jetzt. Wir sind, noch nicht so lange her, vielleicht vor drei Jahren, sind wir neu eingestuft worden von den Lohnskalen her, vielleicht haben sie davon auch schon gehört, und da ist ganz klar irgendwie aus unserer Sicht, das Anliegen von der XXX gewesen, zum – ja, man kann es nicht anders sagen – schon ein bisschen zum Sparen. Man hat sich schon zwar irgendwie probiert, es uns schmackhaft zu machen: Es ist keine Sparübung und im Endeffekt würde die gleiche Lohnsumme ausgeben. Aber jetzt, als wir auch schon paar Jahre damit leben, merkt eigentlich jeder,* ***also jeder „Hinterletzte" merkt, dass es doch, dass es doch eine Sparübung war****."* Für MA4 ist die empfundene Ungleichbehandlung eine große Enttäuschung: *„Enttäuscht bei mir persönlich bei dieser Umstrukturierung. (...) Und irgendwie ist das Ganze dann geendet in der Situation, dass, ja, ich denselben Vertrag habe und dieselbe Klasse und eine neue Funktion, die ich aber ganz ehrlich unter den Bedingungen nicht mal angenommen hätte. Also, hätte ich das gewusst! Ja, das enttäuscht extrem! (...) Es geht aber auch in die Richtung HR und* ***es geht für mich um Gleichbehandlung****. (...) Und für mich geht es dann noch ein Schritt weiter, weil die Situation schlussendlich, wenn man sich das Gesamtabbild jetzt anschaut, haben wir zwei Frauen in der, also drei Frauen in der Abteilung und wir drei Frauen sind alle eine Stufe weiter unten und die Männer alle eine Stufe weiter oben. (...) Wir haben auch dieselben Qualifikationen, dieselben Hintergründe."* MA10 fühlt sich *„im Stich gelassen"* seitens der Unternehmensführung: *„(...) Und das spannende jetzt da, die weiteren Schritte ['im Projekt'], die jetzt eine Begleitung benötigen, die werden wiederum, das ist ein bisschen, ja für mich eine Enttäuschung halt wieder, da wird man jetzt von der Unternehmensführung einfach im Stich gelassen, im Sinne von: 'Ja, die haben es jetzt verstanden, wie es gehen muss, die sollten sich jetzt selber organisieren!'"* MA1 ist nach 38 Jahren Betriebszugehörigkeit enttäuscht, dass ihn das Unternehmen für *„blöd verkauft"*: *„Enttäuscht, wütend, das ist vielleicht, das geht ein bisschen zusammen, das ist jetzt gerade wieder die Phase, dass ich, ich habe seit einer Woche einen anderen Arbeitsort. (...) Es wird, ja es wird so eine ['Flexibilität verlangt'] und wie man, ich habe so* ***gerade das Gefühl gehabt, dass ich für blöd verkauft werde.*** *Da ist vor sieben Jahren, da war, als man xOrtx für X2 den Standort gewählt hatte, da hieß es: 'Leute, das macht Sinn, schaut mal, wir haben hier die XYZ, wir haben die XYZ, wir sind eben, das Dreieck. X2 gehört eigentlich an den Puls!' (...) Und irgendwie nach zehn Jahren heißt es, der Zins ist zu teuer, wir gehen hier raus, wir gehen jetzt nach xOrtx. Das ist kein Thema mehr, dass man an den Puls müsste, da wird irgendwie lapidar gesagt: 'Ja xOrtx ist ja quasi ein Vorort von xOrtx.' Also eben, das ist,* ***da wird man für blöd verkauft****. (...) Und jetzt wird irgendwie, man habe in xOrtx keinen geeigneten Standort gefunden, das glaube ich nicht schlichtweg.*

Das glaubte ich denen [= der Unternehmensführung] nicht. Wenn man gewollt hätte, wäre das bestimmt möglich gewesen und dann nach zehn Jahren merkt man, dass man eigentlich zu viel Zins bezahlt. Wir waren im ['...'] Tor eingemietet und dass man jährlich eine Million sparen kann. Ja warum braucht denn das zehn Jahre [mit ironischem Unterton]? Daher bin ich schon wütend und auch enttäuscht irgendwie."

Die Vertrauensverletzungen der Mitarbeitenden sind auf die enttäuschten Erwartungen zurückzuführen, wie MA9 berichtet: „*(...), es gibt einfach immer so Episödchen oder so Geschichten, die einem dazu einfallen, bei denen man etwas Anderes erhofft hatte und ja, eben dann enttäuscht worden ist.*" In Folge der Enttäuschungen sieht die/der Mitarbeitende nicht mehr ihren/seinen Beitrag am Unternehmen. MA10 schildert: „*Der **Beitrag eines jeden Mitarbeitenden** an der Vision oder auch Strategie der XXX insgesamt, respektive der jeweiligen Abteilungen, jetzt für die Abteilung XX kann ich das definitiv sagen, ja, das **fehlt.***" Die Daseinsberechtigung der Mitarbeitenden wird in Frage gestellt, was MA13 schildert: „*Was machen die da jetzt in der Unternehmensführung? Das sind so viele Leute und haben eine neue Abteilung und warum braucht es uns [= die Mitarbeitenden] überhaupt?' Eben das ist die **Daseinsberechtigung** im klassischen Sinne.*" Die Mitarbeitenden nehmen wahr, „*dass einfach überall über den Kopf von einem entschieden wird*" (MA14) bzw. „*man einfach irgendetwas aufgesetzt bekommt*" (MA8) oder die Unternehmensführung „*irgendetwas gegen alle Widerstände durchsetzen*" will (MA11). Daraufhin wenden sich die Mitarbeitenden enttäuscht und gekränkt vom Unternehmen ab.

Wut gegenüber dem Unternehmen

Neben der Emotion 'enttäuscht' spüren die Mitarbeitenden eine Wut. Die Emotion '**wütend**' wird häufig gewählt und steht, wie die Emotion 'enttäuscht', für die Vertrauensverletzung. MA1 ist enttäuscht und 'wütend' über die Entlassung von Kollegen: „*Ja, aber gleichwohl, das hat mich auch wütend gemacht, irgendwie, wir hatten letztes Jahr, seit 30 Jahren, hatte X2 eine schwarze Zahl geschrieben und das war ein, es wurde sehr schön honoriert, also großzügig und so und danke an das Unternehmen. Aber es wurde eigentlich **nichts mehr gesagt, wie viele Kollegen das gehen mussten**! (...) Ja und **da ist jetzt so wunderbar, alles ist schön** [ironisch/zynisch]. Ich hatte manche Kollegen, die eben irgendwie doch abgebaut wurden und und und, man hat **so die Zitrone ausgepresst**. Das ist dann nicht so „fair play". Das ist alles vergessen und da hat man kein Wort mehr erwähnt und nichts oder.*" Wütend stellt MA4 fest: „*Es ist schon immer, ein wenig **Wutpotential** dahinter, nicht so, dass es mich irgendwie gleich zerfrisst oder irgendwer, aber ist schon ein Aufreger, die ganze Firmenpolitik!*" MA14 ist über die Arbeitsabläufe 'wütend': „*(...) und wenn man da eine saubere Arbeit gemacht hat und auch machen möchte, **dann wird das einfach gedreht**, obwohl die ja nicht wirklich wissen, was da gegangen ist, wie die Prozesse sind, wie die Punktzahlen sind, dann kann das auch sehr 'wütend' machen.*"

Zynismus in Verbindung mit Misstrauen

In Verbindung mit '**zynisch**' werden Erneuerungen und Wandelprozesse in Frage gestellt und schlecht über die Unternehmensführung und deren Entscheidungen geredet. Bei den Mitarbeitenden entwickelt sich Skepsis und Zynismus, wie MA5 wiedergibt: *„Also* ***ich mache schon meine Witze, bin zynisch****, jetzt über das Thema Desk-Sharing und ich sage mir einfach, dass reguliert sich von ganz alleine, weil kein Mensch lässt sich da irgendwo bevormunden."* Bei einem neuen, „echten" oder vermeintlichen Verstoß seitens der Führungskräfte in Bezug auf leitende Unternehmensgrundsätze, werden diese **zynisch** verhöhnt, insbesondere die, mit denen die/der Mitarbeitende die größten Enttäuschungen verbunden sieht. Beispielsweise sagt MA6: *„Also gut jetzt,* ***Achtung Zynismus****, wir haben ja da das* ***Ziel konstruktiv-kritische Auseinandersetzung*** *[zeigt auf die Abbildung zur Vision und dem Leitbild des Unternehmens, die im Raum hängt]. (...) Wird „offensichtlich" gewünscht. Bei dem Beispiel, wo zwei Mitarbeitende das Unternehmen verlassen haben, hatte ich das Gefühl, dass es nicht gewünscht war [lacht]. Unsere* ***Führungsgrundsätze! Die sind halt kommuniziert, aber vielleicht nicht von jeder Führungsperson verinnerlicht und gelebt****."* Unternehmensseitig ist zwar der Führungsgrundsatz einer konstruktiv-kritischen Auseinandersetzung als Unternehmenswert in das Leitbild niedergeschrieben (siehe im Anhang die Führungsgrundsätze), jedoch entspricht dessen Umsetzung nicht der der Mitarbeitererwartung. Die Mitarbeitenden stellen das Gegenteil einer konstruktiv-kritischen Auseinandersetzung seitens der Unternehmensführung fest, sodass dieser Führungsgrundsatz von den Mitarbeitenden belächelt und mit Zynismus besetzt wird.

Besorgt, ängstlich und vorsichtig

Die Emotion '**besorgt**' wird einerseits als Folge auf die erfahrenen Enttäuschungen gewählt, wie MA5 schildert: *„Dann kommt nämlich das, dass man sagt, da ist man traurig, da ist man besorgt, in welche Richtung das [= die Vorgaben der Unternehmensführung] geht.* ***Also, ich für mich persönlich bewege mich eher tendenziell, also auf dem, so nach unten****."* Andererseits wird die Emotion 'besorgt' in Sinne der Besorgnis über die Zukunft gewählt, wie MA6 ausführt: *„Besorgt ist für mich so etwa die* ***Frage, ob unser Management in der Lage ist, die XXX, ach das ist nun nicht anonymisiert, die XXX fit zu machen für die Herausforderungen der Zukunft****."* Im Sinne der Unsicherheit und Angst vor der Zukunft wird gleichwohl die Emotion '**ängstlich**' von sieben Mitarbeitenden gewählt, beispielsweise sagt MA6: *„Also, jetzt ängstlich eher vor der Zukunft oder davor, nicht gewappnet zu sein."* Die Emotion '**vorsichtig**' beziehen die Mitarbeitenden auf die Kommunikation im Unternehmen. Nach Ansicht der Mitarbeitenden ist stets Vorsicht geboten, hinsichtlich des Inhalts, was man sagt, und auch der Art und Weise, wie etwas gesagt wird. MA8 äußert hierzu: *„****Vorsichtig, aufgrund der Jahre, und was man sagt*** *(...), wie sagt man so schön, die Wege sind unergründlich, oder so, was manchmal stimmt. (...)* ***Eigentlich über alles vorsichtig, wo, wenn, mit wem, was man***

redet, so. *Man muss aufpassen, die* ***Wände haben Ohren****, oder solche Sachen. (…) Man muss sehr vorsichtig sein. Also, ich habe gelernt für mich, dass man vorsichtig sein muss.*" Darüber hinaus sei seitens der Mitarbeitenden Vorsicht in Verbindung mit der Unternehmenskommunikation und Information geboten, da zwar die Unternehmensführung kommuniziere, jedoch aus Sichtweise der Mitarbeitenden sehr unzureichend im Inhalt. Die Inhalte stellen sich für die Mitarbeitenden eher als „*Schönrederei*" dar, als dass klare Aussagen gemacht werden. Viele Informationen sind mit Änderungen und Unsicherheiten verbunden und teilweise erfahren die Mitarbeitenden wichtige Unternehmensentscheidungen erst über die Presse. MA6 meint, dass zwar kommuniziert werde, aber „*immer mit anderem Inhalt (…), vieles, was kommuniziert wird, wird dann nicht so heiß gegessen, wie es gekocht wird.*"

Glücklich und traurig

Die Emotion '**glücklich**' wird weniger mit den Unternehmenserlebnissen in Verbindung gesetzt. Keiner der stark misstrauischen Mitarbeitenden und nur zwei der weniger stark misstrauischen wählten 'glücklich'. 'Glücklich' wird weniger auf das Unternehmen oder die Arbeitssituationen bezogen, sondern auf die eigene Persönlichkeit, dass man sich generell als eine proaktive Person sieht, die 'glücklich' ist und im Leben etwas bewegen möchte. Die Emotion '**traurig'** wird kaum gewählt. Nur zwei stark Misstrauische wählten 'traurig'. MA2 ist traurig, da das Know-how der Mitarbeitenden nicht geschätzt werde: „*Ich bin traurig, weil sie [=die Unternehmensführung] das Know-how vom Personal vergessen. Es fehlt auch die Personen, die Bescheid wissen.*" MA8 ist hinsichtlich der Unternehmenskultur, die er als „*in den Rücken schießen*" beschreibt, traurig: „*Traurig ist für mich auch Sachen, die mehr auf dem Zwischenmenschlichen ablaufen, in gewissen Hierarchiestufen, in denen vielleicht das gegenseitige Vertrauen, das gegenseitiges Verständnis nicht vorhanden ist, das ist traurig.*"

5.2 Faktoren der Misstrauensbildung

Die Ausgangslage des Misstrauensszenarios umfasst aus der Sichtweise der Mitarbeitenden die **negativen Wahrnehmungen, Erwartungen und Zuschreibungen.** Neben den negativen Wahrnehmungen, empfindet die/der Mitarbeitende die Beziehung zwischen der Unternehmensführung und den Mitarbeitenden als misstrauenswürdig, da die/der Mitarbeitende eine **negative Reziprozität** seitens der Unternehmensführung wahrnimmt, sodass sie/er nicht gewillt ist, ein ausgeprägtes Vertrauensverhalten der Unternehmensführung gegenüber zu zeigen. Die Mitarbeitenden empfinden, dass die Führungskräfte ihre Mitarbeitenden für nicht vertrauenswürdig erachten und dass sie ihnen daher keinen Vertrauensvorschuss schenken, sondern den Mitarbeitenden gegenüber ein kontrollierendes Verhalten im Sinne eines sehr misstrauisch geprägten, sachorientieren Führungsstiles zeigen. Da die/der Mitarbeitende Misstrauen ihr/ihm gegenüber wahrnimmt, spiegelt sie/er dieses Verhalten der Führungskräfte. Die individuelle Bestätigung für die Empfindung von negativen Emotionen und die Einstufung der Unternehmensführung als misstrauenswürdig, erhält die/der Mitarbeitende über die **gegenseitige Selbstbestätigung** naher Kollegen/innen und direkter Vorgesetzter.

5.2.1 Negative Wahrnehmungen, Erwartungen und Zuschreibungen

Die erste Kategorie der 'negativen Wahrnehmungen, Erwartungen und Zuschreibungen' ist in den Faktor 'Werteinkongruenz' mit den Unterfaktoren: 'Entfremdung Innengruppe – Außengruppe', 'Unternehmenskultur „in den Rücken schießen"' und 'Diskrepanz Mitarbeiterwerte vs. Führungsleitsätze und -vorgaben' unterteilt. Der zweite Faktor 'Ungerechtigkeit' unterscheidet die 'distributive', 'prozedurale', 'interpersonale' und 'informationelle Ungerechtigkeit'. Der dritte Faktor beschreibt das 'Führungsversagen' und ist nicht weiter unterteilt.

5.2.1.1 Werteinkongruenz

Die Mitarbeitenden begründen ihr Misstrauen in die Unternehmensführung auf die kollektiven Wahrnehmungen im Zusammenhang mit den Werten, Leitlinien und Führungsgrundsätzen des Unternehmens. Dabei entscheidet die Beziehungsqualität der interpersonalen Beziehungen über die Kongruenz der Werte. Die Kategorie 'Werteinkongruenz' macht eine Diskrepanz von Mitarbeiterwerten und unternehmerischen Werten, Leitlinien und Führungsgrundsätzen sichtbar. Der Entscheidungsprozess der Führungskräfte ist wenig kompatibel mit persönlichen Wertvorstellungen, d. h. den fundamentalen, moralischen und ethischen Werten aus der Sichtweise der Mitarbeitenden. Im vorliegenden Misstrauensfall ist prinzipiell alles suspekt, was *„von oben"* kommt. Die Interviews zeigen, dass die Mitarbeitenden sich und ihre Kollegen/innen sowie nahe Vorgesetzte in die Innengruppe und die Unternehmensführung als davon abgegrenzte Außengruppe im Sinne von *„denen da oben"* klassifizieren. Die Mitarbeitenden sprechen direkt an, dass sie sich *„losgekoppelt"* von der Unternehmensführung fühlen und sie eine *„Kluft"* zwischen ihnen und der Unternehmensführung spüren. Diese Kategorisierung zeigt eine Entfremdung der Mitarbeitenden und ist der „Nährboden" der Unternehmensführung misstrauisch gegenüberzustehen. Dabei bezieht sich die Nichtvereinbarkeit der Mitarbeitenden mit den Werten und Führungsgrundsätzen nicht nur auf Einzelfälle, sondern die Mitarbeitenden stellen die Werte und Führungsleitsätze generell in Frage. Aufgrund der persönlichen Erfahrungen nach dem Eintritt der/des Mitarbeitenden in das Unternehmen verlieren der anfängliche Enthusiasmus und die positiven Emotionen für das Unternehmen ihre Wirkung. Die Mitarbeitenden stellen letztlich keine gemeinsame Unternehmensidentität zwischen ihnen und der Unternehmensführung fest, sondern fühlen sich von der Unternehmensführung entfremdet.

5.2.1.1.1 Entfremdung Innengruppe – Außengruppe

Gemäß den Aussagen der Interviews teilen die Mitarbeitenden das **Unternehmen in *„unten“* und *„oben“*** auf und sprechen von einer ***„Kluft“* dazwischen**. „Oben“ ist die Unternehmensführung und „unten“ sind die Mitarbeitenden. Die Mitarbeitenden und nahen Kollegen/innen sowie Vorgesetzte werden in die ‘Innengruppe’ und die Unternehmensführung als davon abgegrenzte Außengruppe im Sinne von *„denen da oben“* klassifiziert. Das **Denken in den Kategorien von Innen- und Außengruppe** zeigt eine Entfremdung zwischen den Mitarbeitenden und ihrer Unternehmensführung.

Aus den strikten Regeln und Vorgaben der Unternehmensführung könnte geschlussfolgert werden, dass ein tiefsitzendes Misstrauen nicht nur gegenüber denjenigen zum Ausdruck gebracht wird, die die Vorgaben kreieren, d. h. der Unternehmensführung, sondern auch gegenüber denen, die die Regelungen zur Anwendung bringen und umsetzen sollen, d. h. den Vorgesetzten. Dies ist jedoch nicht der Fall. In Abgrenzung zur Unternehmensführung, die im Sinne einer „Welt des Misstrauens“ gesehen wird, fühlt die Innengruppe der Mitarbeitenden und nahen Vorgesetzten innerhalb ihrer Gruppe positive Emotionen und neigt zu vertrauensvollen Umschreibungen im Sinne einer „Insel des Vertrauens“.

Dass die Mitarbeitenden ein Vertrauen in ihre Innengruppe, wie zu nahen Vorgesetzten und der Abteilung hegen, schildert MA6: *„Also ich glaube so, grundsätzlich, insbesondere* ***innerhalb der IT, habe ich ein großes Vertrauen in die Leute*** *und auch dass man eigentlich ehrlich und direkt miteinander kommunizieren kann. Selbstverständlich haben viele „Hidden Agenda“, aber trotzdem habe ich das* ***Gefühl, dass man mehrheitlich direkt miteinander sprechen kann****, man kann Probleme offen diskutieren und das würde ich jetzt als erleichternd sehen. Also es ist nicht so, dass ich das Gefühl habe, ich muss jedes Wort auf die Waagschale legen, weil ich dann vom Richter angeklagt werden könnte [lacht zynisch].“*

MA5 macht deutlich, dass sie zwischen der Unternehmensführung und ihrem Kollegenumfeld unterscheidet und beschreibt im Zusammenhang mit der Emotion ‘zuversichtlich’, dass ihre Zuversicht und ihr Vertrauen auf die *„unmittelbaren Vorgesetzten und Abteilungsleiter“* basiert, nicht aber in Bezug auf die Unternehmensführung vorhanden ist: *„Hoffnungsvoll oder zuversichtlich bin ich, ist aufgrund der Ebene von meinem unmittelbaren Vorgesetzten und Abteilungsleiter, weil die da immer noch irgendwie, es versucht wird „nach oben“, versucht wird hin zu kommunizieren: ‘Passt auf, was ihr da macht!’ Also ich, ich habe eigentlich, mein* ***Vertrauen basiert auf, auf die unmittelbaren Leute, mit denen ich in Kontakt bin****. Damit man vielleicht „nach oben“ noch was bewegen kann.“* MA5 spricht einzig ihren Kollegen/innen und nahen Vorgesetzten eine Vertrauenswürdigkeit zu, mit der Unternehmensführung kann sie sich nicht identifizieren: *„(…)* ***alles was höher geht****, da muss ich sagen, das ist nicht mehr nachvollziehbar,* ***das ‘enttäuscht’ mich****. (…) und* ***wäre nicht dieser Part, also meine direkten Vorgesetzten und noch eine Stufe drüber****, dann* ***müsste ich wirklich sagen: ‘XXX mit dir*** *bin ich irgendwie, also mit Dir* ***kann ich mich nicht vereinbaren****.’“*

Die Entfremdung von der Führung begründet sich ferner daraus, dass die Erstellung der Unternehmensvorgaben und Ziele bzw. der Strategie losgelöst von den Vorstellungen der Mitarbeitenden erfolgen, wie MA10 berichtet: *„Also wenn man das ganze System anschaut, da hätte ich die Erwartung gehabt, dass eben eine Unternehmensentwicklung in diesem Punkt schon viel weiter ist und eigentlich dies auch erkannt hat und entsprechend wirklich auch was tut. Was passiert ist,* ***es wurde zwar diskutiert, aber im Elfenbeinturm*** *und es wurden* ***paar Papiere geschrieben zur Strategie, aber das lief völlig losgelöst von dem was unten dran ist.*** *“* Daraus entspringt die Wahrnehmung der Mitarbeitenden, sich bei ihrer Arbeit, *„losgekoppelt“* zu fühlen, wie beispielsweise bei der Umsetzung von Projekten von der Unternehmensführung, wie MA10 schildert: *„Also 'besorgt' und 'entrüstet', das haben wir in unserem Projekt ganz klar gespürt, dass sich die* ***Mitarbeitenden bisschen losgekoppelt von der Unternehmensführung verstehen****. Das ist vornehmlich, sage ich jetzt mal, an die Geschäftsleitung XX gerichtet, kann natürlich auch mit dem Unternehmen zu tun haben. (...) Die Unternehmensführung noch heute, sagt immerzu – ich habe gerade erst vor zwei Tagen Feedback gekriegt – aus den Mitarbeiterdialogen, die ja von ganz „oben“ und von weiter „unten“, also über das mittlere Management eigentlich besprochen werden, da wird eigentlich, „von unten“ wurde scheinbar gemeldet, wir, wir [Pause]:* ***'Hört uns zu, wir helfen, wir wollen, sagt uns einfach, inwieweit ihr das uns machen lassen wollt oder wie wir uns einbringen soll'n!' Doch dann wird von ganz „oben“ gesagt: 'Nein, das sind die großen Handlungsfelder, schaut, dass ihr es selber hinkriegt!'*** *Das ist natürlich, das ist tödlich, das ist tödlich. Da fühlen sich die Leute zwar, sie hätten eine Plattform gehabt, um das, sich anzumelden,* ***haben sich auch getraut, das zu melden, aber dann werden sie wieder alleine gelassen*** *und es arbeiten die beiden Schichten eigentlich aneinander vorbei, oder parallel. Das ist von mir aus gesehen, speziell in diesen Themen, wo es dann zu einer geschäftsbereichsübergreifenden Zusammenarbeit kommen muss, ist es natürlich tödlich, weil irgendwie,* ***die Silos bleiben einfach da, weil von oben auch niemand wirklich sagt: 'Ok, jetzt verändern wir was*** *größer oder gröber.' Auch da fehlt ein bisschen der Mut wirklich, ja zur Veränderung!“*

Die Entfremdung zwischen der Unternehmensführung und den Mitarbeitenden wird auch deutlich, da die Vorgaben und Entscheidungen für den Mitarbeitenden als *„weit weg“* wahrgenommen werden, woran auch kein monatlicher Aushang an einer Pinnwand etwas ändert, meint MA9: *„Einerseits halt weil unsere Führungsetage so wahnsinnig weit weg ist von den Mitarbeitenden an der Basis. Ich weiß, das hört die Unternehmensführung nicht gerne, sie geben sich im gewissen Sinne auch Mühe, präsent zu sein bei uns, draußen* ***an der Pinnwand, wird jeden Monat wieder ein neues Führungsmitglied vorgestellt,*** *so ein bisschen persönlich gemacht,* ***dass man nicht sagen kann, man kennt die nicht****. Aber wir sehen sie [= die Unternehmensführung] halt eigentlich nicht. Auf der anderen Seite muss man sie [= die Unternehmensführung]* ***vielleicht auch gar nicht sehen und ihre Entscheidungen sind manchmal so weit weg und so fremd vom tatsächlichen Leben, vom Betrieb,*** *['von dem'] was wir hier jeden Tag wahrnehmen (...).“*

Ebenso bezeichnet MA7 die Unternehmensführung als *„eine Welt für sich"* und begründet dies mit der Entscheidung der Unternehmensführung, die Mitarbeitenden mit Kennzahlen zu messen, was für ihn wenig durchdacht ist und für die Welt der Mitarbeitenden realitätsfremd erscheint: *„Ja, also oder manchmal sind schon Ideen, eben in naher Zukunft wollen sie [= die Unternehmensführung] uns quasi nur noch an den Kosten messen, da sind Kennzahlen, die erhoben werden und das gab jetzt auch eine Situation und da waren wir eine Sitzung, also an einer Sitzung und da fragt der Eine zum Anderen: 'Es sei ja schon gut und recht, aber für, dass er denn diese Kennzahlen, es sei nur ein großer Aufwand, für was er denn diese Kennzahlen nutzen wollte? Da kam keine richtige Antwort!' Er hat dann ausgeschweift und ja, es ist manchmal* ***nicht recht im Detail durchdacht****. Das geht schlussendlich um meine Bewertung, wie gut, dass ich meine Arbeit gemacht habe,* ***wir werden nur noch am Geld gemessen****. Darum,* ***ich denke, „ganz oben" sind*** *sie [= die Unternehmensführung] im Gegensatz zum xBranchex, sind sie für mich, für mich ist das realitätsfremd zum Teil. (...) ja, also man muss die Sachen schon manchmal hinterfragen,* ***was jetzt der Sinn des Ganzen ist****, ja. Darum denke ich,* ***die Unternehmensleitung ist, ist auch wieder eine Welt für sich****, (...)."*

Die Mitarbeitenden fühlen sich *„losgekoppelt"* von der Unternehmensführung, da die Führungswelt *„eine Welt für sich"* ist. Folglich fühlen sich die Mitarbeitenden machtlos und MA9 sagt frustriert: *„Ich habe das Gefühl, also manchmal schon bisschen, man könnte „den Kopf in den Sand stecken (...)."* Welche Bedeutung die Mitarbeitenden im Unternehmen innehaben, ist den Mitarbeitenden unklar. MA13 fragt nach der *„Daseinsberechtigung"*: *„'Was machen die da jetzt in der Unternehmensführung?' Das sind so viele Leute und haben eine neue Abteilung und* ***warum braucht es uns*** *[= die Mitarbeitenden]* ***überhaupt?****' Eben das ist die* ***Daseinsberechtigung*** *im klassischen Sinne."*

MA10 beschreibt, dass die Entscheidungen *„oben drüber"*, nicht *„runtergedrückt"* werden sollten, da ansonsten die *„Kluft"*, d. h. die Entfremdung von Mitarbeitenden und der Unternehmensführung, gegeben ist: *„(...) Nein, das dürfen wir nicht machen! Wir müssen wirklich für die Sache einstehen und wenn die Entscheidung „oben drüber" einfach runtergedrückt werden oder respektive übersteuert werden, also* ***die Entscheidungen von der Unternehmensführung****, das was „unten" dran eigentlich für richtig gehalten wird, wenn das* ***übersteuert*** *wird,* ***dann ist die Kluft definitiv da****."* Das Gefühl von *„losgekoppelt"* spricht neben MA5 auch MA10 an. Beide äußern sich letztlich wenig mit dem Unternehmen *„vereinbaren"* zu können.

Die Entfremdung des Mitarbeitenden mit dem Unternehmen wird insbesondere **direkt an der Person des CEOs** festgemacht, der als narzisstischer Selbstdarsteller, nicht aber als Führungskraft des Unternehmens gesehen wird. MA8 erörtert das Verhalten der Führungskraft folgendermaßen: *„(...) die Art vom Herrn X. Ob die Art von Herrn X uns weiterbringt als XXX? Dass er so das Mikro-Management betreibt und dass er in der Öffentlichkeit so personenfokussiert ist. (...) Und der Herr X ist der Herr X. Und nicht XXX! Und ich weiß nicht, ob das der richtige Weg ist für unser Unternehmen. Für mich sind es zwei Sachen, einerseits das Mikro-Management, welches er betreibt und dass er versucht, sich in Sachen einzumischen und* ***da hatte ich ein ganz negatives***

Erlebnis mit ihm*. Und andererseits, wenn er in X Illustrierten ist, ist er und seine Frau, der Hund. Ja, sie ist jetzt nicht Ms. X oder er Mr. X oder so oder der Sänger so und so sagen wir [‘...’], sondern er ist unser Chef. Er verkörpert für mich mehr sich als Person und nicht die XXX.“* Auch für MA1 ist der CEO, ein Grund für die Entfremdung: *„Für mich ist das ganz klar die Äußerungen vom CEO, vom Herrn X, was der für,* ***was der raus lässt*** *und so. Ich hatte schon andere Direktoren und so, oder, und was er, das ist einfach ‘pfff’ [‘geht gar nicht’]! Alles [tiefes verhöhntes Lachen]!“*

Zum anderen fühlen die Mitarbeitenden eine Entfremdung, da das mittlere Management reduziert wurde und so der Informationsfluss zwischen Unternehmensführung und Mitarbeitenden nicht reibungslos funktioniert, meint MA10: *„Ja das ist einfach, das ist, ich sage jetzt mal, nicht unbedingt zwingend aufgrund des* ***fehlenden mittleren Managements*** *oder des ausgedünnten mittleren Managements, aber sicher auch. Es fehlt da, da ist ein* ***„Missing-Link“ zwischen Unternehmensführung und Mitarbeitenden und dann runter****, das ist irgendwie, da fehlt irgendwie ein Informationsrückfluss, respektive ein gesunder Austausch.“*

5.2.1.1.2 Unternehmenskultur „in den Rücken schießen“

Die Aussage der Interviews *„in den Rücken schießen“* kann mit ‘verraten’, ‘hintergehen’, ‘anschwärzen’, ‘ein Vertrauensverhältnis zerstören’ und ‘im Stich lassen’ umschrieben werden (Szuka, 2017) und bedeutet im vorliegenden Kontext, dass sich ein(e) Mitarbeitende(r) auf eine(n) Vertreter/in des Unternehmens verlässt, jedoch von diesem **unerwartet hintergangen** wird. Die/der Mitarbeitende empfindet dies als böswillig, da die/der Mitarbeitende hoffnungsvoll auf das Unternehmen bzw. auf deren Vertreter/innen setzte, jedoch durch das ‘in den Rücken schießen’ einen Schaden erleidet, wodurch die Beziehung Mitarbeitende – Unternehmen(-sführung) verletzt wird. Mit dem Faktor *„in den Rücken schießen“* wird seitens der Mitarbeitenden nicht die gesamte Unternehmenskultur abgelehnt, sondern lediglich eine negative Beurteilung von Teilen der Unternehmenskultur erteilt. Die Bezeichnung des Faktors geht auf die Schilderung eines Mitarbeitenden (MA8) zurück, der die Unternehmenskultur als *„in den Rücken schießen“* bezeichnet. Er sagt: *„Hier bei mir muss ich sagen, ist* ***das in den Rücken schießen, das ist etwas, wo in der Kultur der XXX ist.*** *(...) Traurig sind bei mir die Rückenschüsse, dass wir diese Kultur noch haben. Ich nehme mal an, dass ist, damit man weiterkommt, oder* ***dass man nicht einstehen kann für seinen Mitarbeiter oder für seine Mitarbeiterin*** *oder dass man den Mitarbeitenden nicht deckt.“* Daraus schlussfolgert MA8, dass: *„(...)* ***das gegenseitige Vertrauen, das gegenseitiges Verständnis nicht vorhanden*** *ist.“*

Mehrere Mitarbeitende geben an, dass sie eine Diskrepanz von Worten und Taten feststellen. Beispielsweise meint MA13: *„Nachvollziehbarkeit ist da immer schwierig, für mich ist es das Nachvollziehen, und vielleicht auch mehr in Bezug auf, eben Verständnis, das ist für mich mehr oder für uns mehr oder für mich das* ***Signal, was man sagt und was man dann auch macht, dass das eigentlich nicht so übereinstimmt.“*** Die Mitarbeitenden empfinden ein Gefühl von Enttäuschung und dass die Unternehmensführung sie hintergeht. Versprechen werden nicht eingehalten.

MA1 machte die Erfahrung, dass ein anfängliches Versprechen mit dem Unternehmen und dessen Vertretern gebrochen wurde: *„Die* ***Differenz*** *ist so, es* ***wird etwas angeordnet****, eine Aufgabe, es wird etwas entschieden, wir machen jetzt das,* ***aber angeordnet war eigentlich anders*** *[kl. Pause]. (...), ja, ich hatte vor einem Jahr, da war mein direkter Vorgesetzter, der ist gesundheitlich ausgeschieden und dann wurde vom Chef-Chef gesagt: 'Also Leute schaut mal, dass ihr euren Bereich bestmöglich über Wasser halten könnt. Wir blocken euch ab, wir helfen, wir machen, was wir können!' Doch letztlich haben wir für nix Unterstützung gehabt. Alles andere ['wie Mehrarbeit'] haben wir erhalten."*

MA9 stellte ebenso fest, dass die Unternehmensführung oft Dinge verspricht, diese jedoch letztlich nicht hält: *„Ich bin enttäuscht, es gibt einfach* ***immer so Episödchen oder so Geschichten, die einem dazu einfallen, bei denen man etwas Anderes erhofft hatte und ja, eben dann enttäuscht worden ist****. (...) ich glaube auch, bei vielen Kollegen und auch bei mir selber drinnen beobachte ich, dass man wahnsinnig vorsichtig damit umgeht, was man sagt und kann man einer Aussage auch bis ins Detail hin vertrauen, weil doch über die Jahre irgendwie bekommt man das vielleicht mit, es wird wahnsinnig viel geredet und geschrieben und schlussendlich läuft es darauf raus,* ***dass denn eben nicht alles so genau ist, wie es in einem gewissen Sinne versprochen worden ist****. Ich glaube,* ***jeder hinterfragt, je länger, dass er im Unternehmen ist dann immer auch die Sachen, kommt es auch wirklich so? Kann man dem trauen?"*** Ebenso schildert MA3, dass die Unternehmensvertreter nicht einhalten, was sie versprechen, sondern eher die Dinge *„verschleppen"*: *„Was immer wieder kommt, sind ja die Sachen, auf der einen Seite,* ***wird einem viel versprochen*** *und auf der anderen Seite wird einem viel ['...'] [Pause]. VIEL SUGGERIERT? Ja und dann wird es* ***ewig verschleppt, hinausgezögert oder es kommt dann gar nicht oder so****. Was natürlich sehr viel ist! Auf der einen Seite wird das Eine erzählt und sie wissen ganz genau, wo unsere Probleme liegen, aber auf der anderen Seite wird genau das Gegenteil praktiziert in der Praxis."*

MA7 berichtet als Schlüsselerlebnis mit der Unternehmensführung, dass ihm und seinen Kollegen/innen ein Vertrag über zusätzliche Nachtschichten vorgelegt wurde, dessen Umfang jedoch über dem gesetzlich zulässigen Rahmen war. Daher hegt er keine positiven Erwartungen, sondern erwartet von der Unternehmensführung, eher einen Schaden zu erleiden bzw. hintergangen zu werden: *„'Kritisch' bin ich darum, dadurch geworden, man hat uns einmal einen Vertrag zur Unterschrift gereicht auf dem wir sozusagen das Gesetz ausgehebelt haben. Also* ***das Gesetz war weniger straff als die intern, die Verzichtserklärung****.* GING DAS UM LOHN? *Nein. Das ging um Nachtschichten, um die gesetzlichen, erlaubten Nachtschichten und dann haben wir, ich habe dann nicht unterschrieben, oder, drum, da bin ich schon kritisch. Auf diesem, der Inhalt dieses Formulars war, dass wir mehr als vom Gesetz erlaubt Nachtschichten ['machen sollten'], dauernde Nachtarbeit. (...) Eine dauernde Nachtarbeit, dass man das Gesetz praktisch aushebelt, oder! Und der Inhalt dieses Formulars, ich habe es durchgelesen und für mich war dann einfach die Erkenntnis, sie [= die Unternehmensführung]* ***können nachher machen, was sie wollen*** *und dann habe ich den Zettel nicht unterschrieben. Ich war einer von wenigen, der nicht* *unterschrieben hat.*" Ferner schildert MA7 die Unternehmenspolitik grundsätzlich als „*Aufreger*" und verbindet mit der Unternehmensführung: „*(...) immer, ein wenig Wutpotential*" (siehe Kategorie Führungsversagen).

Auch MA12 schildert ihr persönliches Erlebnis in Verbindung mit einer Unternehmenskultur, die sich als „in den Rücken schießen" bezeichnen lässt. Ihres Erachtens handelte sie bei einer schnellen Auftragsabwicklung im Sinne des Kunden und somit für das Unternehmen, jedoch bekam sie unternehmensseitig missbilligende Rückmeldung für ihr Engagement. Daraufhin fühlte sie sich hintergangen und spricht von Misstrauen: „*Ich weiß nicht, ob ich das so direkt sagen kann? Aber doch, ich glaube schon. Also es ist, was das Misstrauen ist, ist einfach [Pause], weil ich habe es jetzt ja an eigener Haut erlebt.* ***Zuerst: 'Ja danke für die Offenheit, danke, tip-top, alles bestens!'*** *Aber* ***dann wiederum, ganz schlecht eigentlich.***"

5.2.1.1.3 Diskrepanz Mitarbeiterwerte vs. Führungsgrundsätze und -vorgaben

Die Beschreibung der Führungsgrundsätze im Unternehmen, geht einher mit denen von Wunderer (2009, S. 385), wonach die Führungsgrundsätze schriftlich definierte Prinzipien sind, die die Erwartungen an die Führungskräfte beinhalten und die Sollkultur im Unternehmen definieren. Damit die Führungsgrundsätze, Leitlinien und Vorgaben nicht als „*leere Floskeln*" für die Mitarbeitenden erscheinen (Funk, 2013, S. 47), sollten sie zur erfolgreichen Umsetzung mit einem Vorleben durch die Unternehmensführung und ggf. mit Aussagen über Sanktionen einher gehen. Jedoch geht aus vorliegenden Aussagen hervor, dass im Arbeitsalltag eine **große Diskrepanz zwischen den gelebten Führungsgrundsätzen der Unternehmensführung und den Wertevorstellungen der Mitarbeitenden** besteht. Auf der Grundlage der Interviews, ohne vorliegend eine explizite Überprüfung der Führungsgrundsätze im Abgleich mit den Werten der Mitarbeitenden vorzunehmen, ist aus den Aussagen zu schließen, dass der schriftlich fixierte Führungsgrundsatz „*konstruktiv-kritischen Auseinandersetzung*" von den Führungskräften nicht gelebt wird. MA6 verdeutlicht dies mit seiner Aussage: „*Also gut jetzt, Achtung Zynismus, wir haben ja da das Ziel konstruktiv-kritische Auseinandersetzung [zeigt auf die Abbildung, die im Raum hängt]. Wird „offensichtlich" gewünscht. Bei dem Beispiel, wo zwei Mitarbeitende das Unternehmen verlassen haben, hatte ich das Gefühl, dass es nicht gewünscht war [lacht]. [kl. Pause] Unsere Führungsgrundsätze! Die sind halt kommuniziert, aber vielleicht nicht von jeder Führungsperson verinnerlicht und gelebt.*"

Besonders zeigen die Interviews, dass die Mitarbeitenden im Sinne einer Eigenständigkeit und Verantwortlichkeit bei der Ausübung der Tätigkeit bzw. in der Ausgestaltung des Beschäftigungsverhältnisses den Wert der eigenen Autonomie für sich beanspruchen. Jedoch verletzen zahlreiche Unternehmensvorgaben die Autonomie der Mitarbeitenden. Nach MA10 ist die eigene Autonomie nicht gegeben, wenn: „***Vorgaben und Regeln definiert und dann „holzhammermäßig" runtergehämmert*** *['werden'].*" Ebenso fühlt sich MA14 in ihrer autonomen Ausübung ihrer Tätigkeit als Juristin begrenzt, wenn: „***einfach überall über den Kopf von***

***einem entschieden** wird.*“[105] Sie fühlt sich sehr bevormundet und sagt: „*(...) wenn man da eine saubere Arbeit gemacht hat und auch machen möchte, dann wird das einfach gedreht, obwohl die [= die Unternehmensführung] ja nicht wirklich wissen, was da gegangen ist, wie die Prozesse sind, wie die Punktzahlen sind (...).*“

Die Mitarbeitenden nehmen wahr, dass die Unternehmensführung einzig an dem Erlassen von Vorgaben interessiert ist und die/der Mitarbeitende die unternehmerischen Ziele, Vorgaben und Regeln konform erfüllen soll. Das Diktat an Vorgaben und Regeln der Unternehmensführung beziehe sich einerseits auf die **Arbeitszeit**, und zwar das Kommen und Gehen, wie MA5 schildert: „*(...) eben, die Vorgaben, die gemacht werden, also: ‘Wann kommt ihr [= die Mitarbeitenden] zur Arbeit? Wann habt ihr da zu sein?’ Eben außerhalb der Verkehrs-, der Hauptverkehrszeiten zu kommen, außerhalb der Verkehrszeiten zu gehen.*“ Das Diktat an Vorgaben beziehe sich andererseits auf die Mittagspause bzw. den **Mittagstisch**, wie MA5 weiter schildert: „*Und dann heißt es, wird kommuniziert, also alle Mitarbeitenden haben jetzt im Moment, weil noch das Restaurant nicht in Betrieb ist, erst ab 13 Uhr Mittagessen zu gehen, ab dann sind Tische reserviert. Wo man denkt bzw. bei den Mitarbeitenden kommt an: ‘13 Uhr? Das ist ja viel zu spät für mich.’ (...) also eigentlich hätte man die Kommunikation so machen müssen, das man sagt: ‘Ok, die X-Leute sind jetzt neu dazugekommen, passt auf, die Kantinen rundherum sind halt einfach voll, wir empfehlen Euch, erst nach 13 Uhr Essen zu gehen!’ Aber diese Vorgaben zu machen und dann noch zu schreiben: ‘**Die Mitarbeitenden halten sich nicht daran**!’ Das, die Mitarbeitenden halten sich nicht daran, kommt da auch noch [‘von Unternehmensseite’] ein bisschen enttäuscht rüber. Eigentlich reguliert sich das selber, weil wenn ich mittags um halb Eins Essen gehe und ich kriege nirgendswo ein Platz, dann reagiere ich von selbst. Dann sage ich, ich gehe entweder vorher oder nachher, aber ich habe nicht die Vorgabe, dass ich später gehen soll und **ich muss mir nicht vom Chef noch zweimal sagen lassen, geht doch erst um Eins!** Und vor allen Dingen, diese Informationen, die kriegen halt beide Einheiten, d. h. die Einheit, die bisher eh schon immer gegangen ist, wann sie wollte, für die ist diese Information einfach unnütz, weil warum muss ich denen jetzt sagen, geht erst um Eins? Die, die wissen selber, wann sie gehen müssen. Und nun, es kommt eben, also im Moment kommt das halt sehr, dass nie differenziert wird. (...), sondern alle [= Mitarbeitende] werden „**über einen Kamm geschert**“. Es werden alle gleich gemacht.*“

Ein weiteres Beispiel zu dem Diktat an Vorgaben ist die Erlassung von **Regeln zum Dress-Code und zur Beantwortung von Mails**, wie MA14 ausführt: „*Ja, es gibt dauernd Sachen [‘Vorgaben, Regeln’]. Ja gut, das ist wirklich eine sehr kleine Kleinigkeit. Da hatten wir so eine **kleine Broschüre gemacht, wie wir Juristen uns zu verhalten haben, wie schnell, dass wir zu antworten haben auf Emails, Dresscode**. Eigentlich sinnvolle Sachen zweifelsohne, aber für mich nicht notwendig. Ja, ja, harte Vorgaben, ja! Ich finde, es wäre nicht nötig gewesen. Aber dann kann*

105 Die Aussage von MA14, dass: „*einfach überall über den Kopf von einem entschieden wird*“ korrespondiert mit dem Faktor Ungerechtigkeit – ‘fehlenden Mitsprache’.

man auch; es ist wirklich nur, wenn man Kontakt nach außen hat, dass man dann entsprechend gekleidet sein soll. ***Aber da erachte ich es auch ein bisschen als Freiheit des Einen.*** *Aber ja, tja und genauso bei der Beantwortung der Emails. Also ich glaube schon, dass man darauf bedacht ist, möglichst schnell zu antworten. Innerhalb von 24 Stunden antworten oder sonst einfach ankündigen bis wann man das ganze erledigen kann.“*

Unternehmensseitig werden Zielvorgaben erlassen, die aus Mitarbeitersicht nicht für die tägliche Arbeit anwendbar sind. MA5 äußert dazu: *„Also allein schon die Idee, dann zu sagen: ‘Ihr seid flexibel, ihr könnt Home-Office machen oder so!’ Das ist ja die Frage, z. B. auch bei uns, war immer die Devise, man sollte gucken, das man möglichst viel im Büro ist, weil ein Projekt kann man eigentlich nur gut machen, wenn man auf kurzen Wegen schnell jemanden erreicht. (...). Und da werden quasi so, also* ***„von oben“ herunter, Sachen vorgegeben, die dann aber in der Praxis, in der Praxisumsetzung nicht wirklich gut funktionieren*** *(...).“*

In Folge der zahlreichen Vorgaben macht sich unter den Mitarbeitenden Ironie bzw. Zynismus breit, da die Unternehmensführung für jede Einzelheit und jeden denkbaren Sonderfall eine Vorgabe erlässt, wie MA11 erläutert: *„So Sachen, die keinen Sinn machen. Also so Kleinigkeiten. Ja, ebenso Lappalien gibt es schon, [lacht]. Ich darf meine Schuhe nicht mehr auf den Garderobenschrank stellen [lacht ironisch]. Ja, man soll sie reinstellen, nicht mehr oben stehen. Brandgefahr. Ist aber immer noch der gleiche Raum und vorher ist es über zehn Jahre gegangen. Das sind so Kleinigkeiten, eben, da mach mir nicht so Gedanken, was der Herr X so macht!“*

MA5 wird zynisch: *„Also* ***ich mache schon meine Witze, bin zynisch****, jetzt über das Thema Desk-Sharing und ich sage mir einfach, dass reguliert sich von ganz alleine, weil kein Mensch lässt sich da irgendwo bevormunden.“* Die Mitarbeitenden zeigen ihren Zynismus auch, wenn erwünschte Ergebnisse nicht eintreten. Beispielsweise führte das Open-Space-Großraumbüro im Fall der Juristen nicht zu einem Austausch der Mitarbeitenden und zu einer erhöhten Kommunikation, sondern zum Gegenteil, wie MA14 beschreibt: *„(...) ein kurzes Telefonat sollte auch im* ***Open-Space*** *möglich sein und ja, das* ***hat dann wirklich auch zu einigen Vorschriften geführt****. Wegen der Lautstärke, das war auch was. Naja, es [= das Großraumbüro / Open Space]* ***ist so ruhig, die sprechen kaum noch miteinander*** *und das Thema ist eigentlich das Vernetzen und das hat eher zum Gegenteil geführt.“*

5.2.1.2 Ungerechtigkeit

Die Mitarbeitenden erwarten, dass die Unternehmensführung sie ehrlich und ethisch korrekt behandelt. Im Rahmen von Misstrauen wird jedoch das Verhältnis zwischen der/dem Mitarbeitenden und der Unternehmensführung nicht als eine faire Behandlung wahrgenommen. Das Fehlen von Gerechtigkeit gegenüber den Mitarbeitenden schürt negative Emotionen. Die/Der Mitarbeitende fühlt sich **nicht als ein wertvolles, respektiertes Mitglied des Unternehmens**. Aus der wahrgenommenen Ungerechtigkeit begründet sie/er eine skeptische und ablehnende Haltung zu der Unternehmensführung und zu dem Unternehmen. Vier Ausprägungen der wahrgenommenen Ungerechtigkeit nimmt die/der Mitarbeitende wahr: distributive, prozedurale, interpersonale und informationelle Ungerechtigkeit.

5.2.1.2.1 Distributive Ungerechtigkeit

Die distributive Gerechtigkeit stützt sich auf die Equity-Theorie (Adams, 1965). Der zufolge liegt eine **ungerecht wahrgenommene Verteilung** vor, wenn das Verhältnis des eigenen Inputs, d. h. der eigenen Arbeitsleistung oder einer innovativen Idee der/des Mitarbeitenden, im Verhältnis zum eigenen Ertrag nicht dem entspricht, was relevante Bezugspersonen, wie Arbeitskollegen/innen für eine ähnliche Leistung erhalten (Dreu, Lualhati & Mccusker, 1994; Streicher & Frey, 2009).[106] Der Ertrag kann materiell (Gehalt, Beförderung, betriebliche Leistungen) und immateriell sein (Lob, Würdigung, Auszeichnungen).

Neben MA13, der zynisch von *„Missverständnissen"* unter den Mitarbeitenden bei der neuen Einreihung der Lohnstufen und Klassen spricht, berichten drei Mitarbeitende von einer distributiven Ungerechtigkeit ihnen gegenüber. Im Zusammenhang mit der Einreihung bzw. Einteilung in die Lohnstufen und Klassen fühlt sich MA8 ungerecht entlohnt, da er die gleiche Arbeit macht wie seine Kollegen/innen, aber weniger verdient: *„'Wütend' macht mich immer noch unsere Lohnpolitik, wir hatten zwar ein Lohn- und Bewertungssystem, vielleicht sagt Ihnen das etwas, und das macht mich wütend, dass das immer noch unkorrekt ist,* ***wie jemand in der gleichen Funktion****, unser System sagt ja, dass man Funktion muss man haben, was braucht man für eine Ausbildung, was braucht man für Fähigkeiten, um den Job machen zu können?* ***Dass Leute, die das gleiche machen wie ich, in einer anderen Abteilung klar ['mit'] etwas mehr Leuten, aber mit Fähigkeiten****, die man muss haben, ob man die für 1.000 oder 10.000 Leute hat, ist eigentlich das Gleiche, dass die* ***vielmehr verdienen****, das macht mich wütend. (...) Das Lohn- und Bewertungssystem sagt, die Stelle ist das, was der Kandidat muss mitbringen und die Stelle hat diesen Lohn zugute. Egal, was er mitbringt, das liegt dann am Vorgesetzten, jenen dorthin zu entwickeln. Und dass das innerhalb der XXX nicht übereinstimmt, das macht mich wütend.* ***Da sitzen Mitarbeitende, die den gleichen Job haben wie ich****. Bei einer anderen Abteilung, das* ***Jobprofil ist genau gleich, und er verdient mehr und macht genau das gleiche****."*

MA14 stellt fest, dass ihre Arbeitsleistung ungerecht vom Unternehmen entlohnt wird. Sie verdient im Vergleich zu neu eingestellten Mitarbeitenden weniger und muss zudem noch aufgrund des momentanen Einstellungsstopps weitere Aufgaben anderer, ausgeschiedener Mitarbeitenden erledigen: *„Letztes Jahr wurde beispiels-*

106 Dreu, Lualhati & Mccusker (1994) ließen die Zufriedenheit mit der Bezahlung von Aufgaben einschätzen. Sie zeigen, dass die höchste Zufriedenheit besteht, wenn die persönliche Bezahlung gleich der Bezahlung einer/s Kollegen/in ist, die/der eine gleich gute Leistung erbrachte, geringfügig weniger, wenn die Bezahlung, die der/des Kollegen/in übersteigt und geringer, wenn die Bezahlung geringer war als die der/des Kollegen/in.

weise mal präsentiert, ***was ein Jurist bei der XXX verdient und da habe ich erfahren, dass ich bedeutend weniger verdiene*** *und das wurde wirklich öffentlich in einem Teammeeting vorgestellt. Und bis dahin war ich eigentlich zufrieden mit meinem Lohn, aber das ändert sich dann schnell, wenn man dann weiß,* ***dass solche, die neu eingestellt werden, mindestens schon mehr verdienen als ich jetzt****. (...) Jetzt, ja nun bin ich auch schon 3,5 Jahre dabei, die Mehrverantwortung nimmt zu. Also von daher, da muss doch was draufkommen. Aber, es wird gedrückt, ganz bestimmt.“*

MA7 sieht eine distributive Ungerechtigkeit gegeben, da er nicht mit 60 Jahren in die Pension gehen kann, sondern erst mit 65 Jahren: *„****Wir sind gewerkschaftsmäßig bei den Lxxx*** *aufgestellt (...). Speziell für unsere Berufsgruppe, für den Gxxx,* ***passt*** *das natürlich* ***hinten und vorne nicht****, weil schlussendlich muss der, der knapp vor der Pension ist, der 64-jährige, der 63-jährige, der geht dann auch noch x-Nachtschichten, geht der arbeiten bis 65. Es ist nicht ohne Grund, dass man* ***beim Sxxx sagt, mit 60 ist fertig. Wir erfüllen die Auflagen, also wir haben genauso einen, einen vergleichbaren Beruf mit der physischen Anstrengung****. (...) der* ***Kollege, der Sxxx ist, kann z. B. mit 60 in die Pension*** *und wir schaffen, wir arbeiten genauso hart, fast noch [‘härter’].“*

5.2.1.2.2 Prozedurale Ungerechtigkeit

Die prozedurale Gerechtigkeit, auch **Prozess- oder Verfahrensgerechtigkeit** genannt, beschreibt, wie ein Ergebnis zustande gekommen ist und ob der damit verbundene Prozess als gerecht erlebt wird (Greenberg, 1993; Lind & Tyler, 1988). Die Verfahrensgerechtigkeit ist bedeutsam, da Mitarbeitende ein **grundlegendes Bedürfnis nach Sicherheit und Vorhersagbarkeit** haben. Vorliegend werden zwei Ausprägungen ‘Intransparenz der Prozesse’ und die ‘fehlende Mitsprachemöglichkeit’ der prozeduralen Gerechtigkeit unterschieden. Nehmen die Mitarbeitenden den Prozess der Entscheidungsfindung als gerecht wahr, engagieren sie sich für die Umsetzung einer Entscheidung, selbst wenn sie überzeugt sind, keinen oder einen nur sehr geringen Einfluss auf die Entscheidung zu haben – sie sind sogar bereit, auch nachteilige Ergebnisse zu akzeptieren (Grienberger, Rutte & van Knippenberg, 1997). Nimmt ein/e Mitarbeitende(r) jedoch wahr, dass sich die Entscheidungsfindung der Unternehmensführung für sie/ihn nicht erschließt, sondern sich als intransparent darstellt, steht die/der Mitarbeitende nicht vorurteilsfrei und mit positiven Emotionen der Unternehmensführung gegenüber.

Intransparenz der Prozesse

Eine Ausprägung der wahrgenommenen prozeduralen Ungerechtigkeit vorliegender Arbeit ist die **‘Intransparenz der Prozesse’**. Im Rahmen der Prozesse sprechen die Mitarbeitenden einerseits von dem **Prozess der Entscheidungsfindung** und andererseits von dem **Prozess der Beförderung und der Entlohnung sowie der Einstufung in das Personalbeurteilungssystem**. Die Mitarbeitenden äußern die Wahrnehmung, dass die unternehmerischen Prozesse und Vorgaben wenig transparent und nachvollziehbar sind. MA4 sagt, *„(...) dass die* ***Prozesse in sich komplett unstimmig sind.*** *Informationen, die man liefern muss zu einem Zeitpunkt, wo man sie noch nicht hat und man kriegt sie erst drei Minuten später."* Auch MA7 schildert eine Intransparenz über die Abwicklung von operativen Prozessen und findet die Unternehmensabläufe nicht verständlich: *„Die ganze* ***Auftragsabwicklung*** *(...).* ***Für die Arbeit, wo zwei Stunden geht, habe ich einen administrativen Aufwand von sechs Stunden.*** *(...) Da* ***erschließt sich für mich der Sinn nicht.*** *Man hat ja die andere Liste, man sieht das ja. Die Tendenz ist eigentlich immer, dass es immer aufwendiger wird und nicht das es wieder einfacher wird. UND WARUM IST DAS SO? Ich kann mir das nicht recht erklären für was, eben, das sind genauso Sachen, wo ich dann nicht sehe,* ***für was ist denn überhaupt der Sinn dahinter?"***

MA10 versteht nicht die Hintergründe zu Entscheidungen und diese werden ihm auch nicht erklärt: *„Ich bin 'kritisch' eingestellt, teilweise zu gewissen,* ***gegenüber gewissen Entscheidungen,*** *die gefällt werden, weil ich sagen muss, einerseits kommen mir gewisse Entscheidungen von der Unternehmensführung, also Stufe X, teilweise zu [kl. Pause], also* ***zu wenig transparent rüber.*** *Ich* ***verstehe nicht warum*** *und wenn man nachfragt, kriegt man keine saubere Antwort oder klare Antwort, warum das man jetzt wirklich links, rot statt blau oder was immer gewählt hat."*

Für MA14 erschließt sich in dem Entscheidungsprozess nicht, weshalb ihre Arbeit ad acta gelegt wird und nicht in die Entscheidungsprozesse einfließt: *„Für eine Entscheidung gibt es manchmal, einfach so, dass die* ***Unternehmensleitung*** *dann vielleicht auch schon eine Idee haben oder andere im Projekt* ***eine Idee haben, wer es sein könnte und dann das Ganze wieder drehen wollen*** *und* ***wenn man da eine saubere Arbeit gemacht hat und auch machen möchte, dann wird das einfach gedreht,*** *obwohl die ja nicht wirklich wissen, was da gegangen ist, wie die Prozesse sind, wie die Punktzahlen sind, dann kann das auch sehr 'wütend' machen."*

Auch MA13 äußert eine Intransparenz über den Prozess der Entscheidungsfindung: *„Wo eine Entscheidung getroffen wurde, in einem Projekt, auf SAP-Seite, und da ist immer die Frage, macht man was auf SAP oder nicht. Warum eine Entscheidung getroffen wurde, wo wir eigentlich nicht gleichwertig beurteilen können, ob SAP oder nicht SAP und man hat sich gegen SAP entschieden. Dabei* ***hat mich nicht die Entscheidung selber 'wütend' gemacht,*** *in dem Sinne,* ***sondern mehr der Weg, wie man dazugekommen ist*** *und wer, was, wo dazu beigetragen hatte, dass man sich schlussendlich dagegen entschied."*

Neben MA13 kritisiert auch MA8 die Intransparenz der Entscheidungsfindung: *„Enttäuscht, vielleicht ein wenig nicht verstanden, fühle ich mich manchmal, wenn eine* ***Managemententscheidung getroffen worden*** *ist, egal wo,* ***wenn diese nicht mit den Mitarbeitenden abgestimmt worden*** *ist. (...) Vielleicht kann ich das Beispiel sagen, da kann ich wirklich sagen, da bin ich enttäuscht, dass man das nicht machen kann. Man hat anno irgendwann die Berufsunfallzahlen und Nicht-Berufsunfallzahlen, das Ziel, beschlossen. (...)* ***acht ist ein gutes Ziel*** *und jetzt ist es auf sechs und* ***was mich enttäuscht, ist nicht das Ziel,*** *also nicht. (...), sondern eben enttäuscht über die Argumentation. (...) X1, wo auf den Entscheid pfeift. Ja, bei denen wird das akzeptiert! Sie haben jetzt statt nächstes Jahr 4,8, fünf irgendwie, dann 5,4 geschätzter*

Wert errechnet (...) und bei uns kommt man [= die Unternehmensführung] nicht auf den Entscheid von vor fünf Jahren zurück, sondern man [= die Unternehmensführung] sagt, das haben wir [= die Unternehmensführung] damals entschieden. Bei XXX1 sagt man [= die Unternehmensführung], das haben wir [= die Unternehmensführung] zwar damals entschieden, aber ja, ihr [= Abteilung X3] seid ja so 'lieb' [ironisch gemeint], wir machen es trotzdem anders."

Für MA8 sind die Kriterien der Entscheide unklar. Welche Kriterien bei der Entlassung von Kollegen/innen zugrunde liegen, ist für MA2 undurchsichtig, sodass sie die Entlassungen als willkürlich wahrnimmt: *„Traurig, nervös auch und ja, unzufrieden und vor allem kritisch auch, weil* ***wir nicht verstanden, auf welchen Kriterien, sie das*** *[= die Restrukturierungen, insbesondere die Entlassungen]* ***gemacht haben****. Für uns, es war nicht logisch. Nein,* ***wir haben keine Antwort****."*

MA3 schildert, dass er in die Unternehmensführung Hoffnung hatte. Die Hoffnung und Erwartung in eine vertrauenswürdige Unternehmensführung schwand jedoch mit der Feststellung, dass die Kriterien der Entlassung einer Führungskraft, die *„die alten Zöpfe abschneiden"* wollte, dem Mitarbeitenden fraglich blieben: *„Da kam auch mal* ***ein neues Führungsmitglied und da hatten wir Hoffnung, der wollte mal wirklich die alten Zöpfe abschneiden****. Aber der war* ***nach einem halben Jahr wieder weg****. WARUM WAR DER WIEDER WEG AUF EINMAL? Wir haben immer gesagt: 'Ja der hat der ganz obersten Leitung nicht gepasst.' Das war der XY, der von außen kam.* ***Das sind so die Tiefpunkte, wo man die Führung, in die Führung am wenigsten Vertrauen hat,*** *denke ich mir mal."*

MA5 äußert sein Unverständnis bezüglich der Frage, wie und welche Mitarbeitende oder Führungskräfte zur Entscheidungsfindung in einer Arbeitsgruppe einbezogen werden: *„(...) Man wusste es gibt Arbeitsgruppen, ja dann war die Frage: Wer ist denn in den* ***Arbeitsgruppen*** *drin? Weiß man nicht! Ja keine Ahnung! Und dann hat man so ein bisschen mitbekommen, aha, da gibt es eine Gruppe, die redet und dann gibt es da Gruppen, die reden. Das war dann auch wieder auf einer Ebene. Das so auf meiner Stufe, Mitarbeitende einbezogen werden, das gibt es nicht. Also wenn, dann sind das die Abteilungsleiter, die einbezogen sind.* ***Aber man hat nicht den Durchblick, wie sie jetzt einbezogen sind****. Ja, man weiß jetzt nicht, inwieweit die Vorgesetzten mitarbeiten können. Also ich weiß jetzt die* ***Vorgesetzten, die Abteilungsleiter****, die, die* ***haben irgendwie eine Rolle, die arbeiten irgendwo mit, aber wie das ausschaut, weiß ich nicht****."*

Zu dem **Prozess der Beförderung und Entlohnung**, d. h. die Art und Weise, wer befördert wird und wie die Entscheidung einer Beförderung getroffen wird, äußert MA4 ihr persönliches Schlüsselerlebnis mit dem Unternehmen, das sich auf den intransparenten Beförderungsprozess und insbesondere auf die monetäre Ungleichbehandlung von Mitarbeiterinnen bezieht: *„Also irgendwie so eine, eine Erhöhung und jetzt nach einem Jahr später, denkt man sich, hey,* ***jetzt habe ich zwei Jahre mir da „den Arsch aufgerissen" und habe mich bemüht und Zeit investiert*** *und es wird gesehen, ich kriege eine Stelle angeboten und ich mache das.* ***Doch raus kommt, in Wahrheit bin ich immer noch beim Startgehalt von vor zwei Jahren.*** *(...) Und irgendwie ist das Ganze dann geendet in der Situation, dass, ja, ich*

denselben Vertrag habe und dieselbe Klasse und eine neue Funktion, die ich aber ganz ehrlich unter den Bedingungen nicht mal angenommen hätte. *Also, hätte ich das gewusst! (...) Und* ***für mich geht es dann noch ein Schritt weiter****, weil die Situation schlussendlich,* ***wenn man sich das Gesamtabbild jetzt anschaut****, haben wir zwei Frauen in der, also drei Frauen in der Abteilung und* ***wir drei Frauen sind alle eine Stufe weiter unten und die Männer alle eine Stufe weiter oben.***"

MA13 spricht unternehmensspezifische Systeme, wie das **Personalbeurteilungssystem** an und beurteilt die Personalbeurteilungen als nicht nachvollziehbar: *„Aber es hat eben so Situation gegeben, wo es [= das Personalbeurteilungssystem] mathematisch 2.0 ist, was eigentlich das C [= C ist das Mittel 'gut'; B ist 'übertroffen' und A 'sehr übertroffen'] ist, 2.0 und das ist mathematisch gerechnet worden. So gesehen, was sie [kl. Pause], sie haben ihre Vorgaben bekommen, dass es über alles [= über alle Mitarbeitenden] hinweg, also das ganze Team hinweg, muss es 2.0 sein. Also wenn man einem 2,2 gibt, muss man einem Anderen 1,8 geben. (...)* ***Für mich ist es wichtig, dass man es nachvollziehen kann****. Also das Gespräch ist für mich wichtig. Es sind Kompetenzen relativ viel, vielleicht um die 20. So Kompetenzen, wie Selbständigkeit und Umgang mit. MAN BEKOMMT NOTEN ODER A, B, C? A, B, C, ja, das muss ich sagen,* ***was da für Algorithmen hintendran sind, kann ich nicht sagen****. Aber ich kann es nicht sagen, ich lese, ich habe das, vermutlich, wie ich das sehe, nicht sagen, fast nirgends sagen, was hintendran passiert, was für ein System. Es gibt dann eine Zusammenfassung* ***im System, spuckt dann irgendetwas aus****. Irgendeinen Buchstaben aus. (...) Aber das Ziel, es geht ja um Kompetenzen und dann gibt es noch Ziele. Und Kompetenzen zählen 60% und Ziele 40% im Ganzen. Das ist das einzige, was ich weiß. Aber* ***im Einzelnen, ob das noch eine Gewichtung hat und wie genau, was es tut, weiß ich nicht****. (...) Bis jetzt habe ich nicht, also* ***wichtig für mich*** *ist nicht einfach der Buchstabe, sondern* ***wie kommt man jetzt auf das****."*

MA8 stellte in Bezug auf die Beförderung und Auswahl der Führungskräfte fest, *„(...), was sehr viel hilft, ist Vitamin B, Vitamin Beziehung, das nützt sehr viel!"* Auch MA13 spricht den Aspekt an, dass es auf das **Netzwerk im Unternehmen** ankommt: *„Das Interessante ist eben, dass so* ***auf einer gewissen Stufe****, dort die Konsequenzen eben, das nichts zu tun hat [=* ***keine Konsequenzen haben****], (...)* ***gewisse Kompetenz muss man dort mitbringen und da staunen wir*** *gleich, weil eigentlich, ja, grundsätzlich wird das [= die Stelle] schon irgendwo ausgeschrieben in dem Sinn. Aber* ***es läuft einfach viel über Beziehung, über Netzwerk****. IM UNTERNEHMEN? Ja."*

Ebenso schildert MA12, dass nicht die Arbeitsleistung für die Beförderung im Unternehmen zählt. Für sie ist es unverständlich, weshalb beide, sie und eine andere Kollegin, zum Kundenmanager befördert wurden, obwohl die andere Kollegin weniger engagiert in Teilzeit arbeitete und MA12 sich langfristig in ihre zukünftige Position in Vollzeit einarbeitete: *„(...) Und dann wurde* ***ich aber nicht gleich befördert, sondern dann konnte ich noch ein ganzes Jahr, also das ganze Jahr 2013 konnte ich dann so eigentlich nichts außer das, mich selbst in das Solution Management einzuarbeiten.*** *Ich hatte niemanden, der mich begleitet hat, ich habe mich* ***selber dort eingearbeitet****. Eigentlich* ***zur Anstellung zum Kundendienst***

***und zum Lohn als Kundendienst**. Aber ich habe diese Chance genützt und dieses Jahr eigentlich davon zu profitieren. Weil das **Ziel war ja dann mich 2014 effektiv zum Solution-Manager zu machen**, was ich danach auch geschafft habe. Und **ich habe eine Kollegin, die arbeitet 80%,** also bei mir im Team oder sie hat dazu mal 80% gearbeitet, **hat eigentlich die viel weniger Erfahrung** bei X2. **Sie wollte dann auch** [sehr betont] **Solution-Manager werden**, weil sie dann auch mit dieser Anstellung Kundendienst unterfordert war. **Sie wurde dann aber schwanger** [kl. Pause], wurde aber dann 2014 dann trotzdem Solution-Manager. Also da ist eigentlich, Du [= die Kollegin] bist schwanger, bist eigentlich, man weiß, Du [= die Kollegin] bist Januar, Februar da, ab März bist Du [= die Kollegin] nicht mehr da, **bis Ende des Jahres [‘nicht mehr da’], wirst aber trotzdem zum Solution-Manager! Und wenn Du** [= die Kollegin] **dann zurückkommst, dann kommst nur zu 60%.** Also von dem her! FINDEN SIE DAS UNGERECHT? Ich fand es unfair! (...) Nur halt **für uns, die dann geblieben sind, irgendwer musste natürlich den Job übernehmen oder da gab es ja keinen Ersatz für sie**. Ich denke, dass **sie** [= die Kollegin] **die Chance hatte zum Solution-Manager zu werden, ist schon ok**, aber [Pause]. Wenn man dann nur noch Januar, Februar da ist und ab März überhaupt nicht mehr da ist bis Ende des Jahres und dann trotzdem irgendwie Solution-Manager ist, dann weiß ich auch nicht! Gut für sie [= die Kollegin], aber [kl. Pause]. WIE FÜHLEN SICH DIE MITARBEITENDEN? Das ist eben, da sind wir wieder beim selben Thema, da ist, **mein direkter Vorgesetzter z. B. hat auch gesagt: ‘Das geht nicht.’ Aber der nächsthöhere hat das bewilligt**. IST DAS NACH „OBEN HIN“ UNDURCHSICHTIG? Ja genau, warum und weshalb. Es hat sicher Gründe, also ich will, ich sage ja nicht, das hat er einfach so gemacht. ABER SIE WISSEN JETZT NICHT WARUM. Nein, **da ist er** [= der Vorgesetzte und nächsthöhere] **auch nicht transparent uns gegenüber**.“*

Fehlende Mitsprachemöglichkeit

Die zweite Ausprägung der wahrgenommenen prozeduralen Ungerechtigkeit vorliegender Arbeit ist die ‘**fehlende Mitsprache**’ der Mitarbeitenden. Unter Mitsprache, in der Forschung *„Voice“* betitelt, ist nicht die tatsächliche Abstimmung bzw. Partizipation bei Entscheidungen zu verstehen, sondern die **Möglichkeit als Mitarbeitende(r), die Stimme zu erheben** und den Standpunkt aus Mitarbeitersicht gegenüber der Unternehmensführung vertreten zu dürfen (Crant et al., 2011; LePine & van Dyne, 2001; Liu et al., 2014). Wenngleich Mitarbeitenden bewusst ist, nur einen faktisch geringen Einfluss auf die Entscheidung zu haben, reagieren sie auf die Möglichkeit der Meinungsäußerung stets positiv (Lind et al., 1990). Besteht hingegen keine Möglichkeit, die Meinung im Unternehmen zu äußern oder das Vorgehen aufgrund eigener Sichtweisen beeinflussen zu können, fühlt sich die/der Mitarbeitende machtlos ausgeliefert und fragt sich, weshalb sie/er nicht eingebunden wird, wie MA10 erläutert: *„Der **Beitrag eines jeden Mitarbeitenden** an der Vision oder auch Strategie der XXX insgesamt, respektive der jeweiligen Abteilungen, jetzt für die Abteilung XX kann ich das definitiv sagen, ja, das **fehlt**. Und das kommt ja auch aus den Mitarbeiterbesuchen raus: **‘Wieso fragt ihr uns erst jetzt, ihr habt***

doch letztes Jahr auch schon was anderes gemacht. Jetzt kommt ihr, weil ihr gemerkt habt, dass es nicht funktioniert hat? Wieso erst jetzt?'"

Die Mitarbeitenden nehmen wahr, dass ihre **Meinung nicht erwünscht** ist, wie beispielsweise MA9 schildert: „*Es kommen zum Teil Sachen, die eigentlich Verbesserungen bringen sollten, aber von den Mitarbeitenden her, hat man gerade schon das Gefühl, das wissen wir, dass das nicht funktionieren kann,* ***aber uns fragt man ja dann nicht.***" Gemäß MA9 ist es erstens nicht erwünscht, dass Mitarbeitende ihre Meinung kundtun und zweitens, selbst wenn sich die Mitarbeitenden äußern, kommen die Meinungsäußerungen nicht bei den Entscheidern an, sondern „*versanden*": „*Und gelangen, tut man zu ihnen [= der Unternehmensführung] eigentlich schwer, weil wenn wir [= die Mitarbeitenden] das Anliegen haben, ist unser Ansprechpartner, ist immer der Teamleiter, die nächste Stufe. Es ist eigentlich, in einem gewissen Sinne* ***auch nicht vorgesehen oder angedacht, dass wir irgendwie weiter „oben" etwas „anziehen" gehen****, sondern unser nächster Vorgesetzter, ist unsere Ansprechperson. Und ich glaub auch gar nicht, dass das wahnsinnig weit hinaufgegeben würde, wenn wir irgendetwas beanstanden oder etwas Kritisches einwenden. Da hat man manchmal das* ***Gefühl, es versandet auf dem Weg „nach oben", bis zur Führungsetage versandet das*** *und irgendwie kommt nichts an. Handkehrum [= umgekehrt] aber eben vielleicht auch von „oben" her auch nicht immer Alles, das ist* ***nicht immer alles so nachvollziehbar****. (...) Wenn ich ihr Etwas sage, dann nachher höre ich: 'Ja dessen sind wir uns bewusst, aber ja du weißt ja, wie es läuft bei uns und so.' Und dann denke ich, ok, also* ***es wird einfach hingenommen*** *und* ***weiter hinauf könnte ich eigentlich gar nicht mehr*** *['mich einbringen']."* Auch im Zusammenhang mit **Verbesserungsvorschlägen** spricht MA9 von „*versanden*", d. h. sie würde zwar gerne Verbesserungen anbringen, jedoch sei ihr bewusst, dass dies bei der Unternehmensführung kaum Gehör finden würde: „*(...) und ['ich'] denke, es könnte eine noch bessere XYZ für ihren xArbeitsbereichx rausschauen, wenn man noch das und das und das verändern würde. Aber wie gesagt, dann* ***versandet es manchmal bei jemandem oder*** *man [= die Unternehmensführung]* ***will das einfach nicht****. Es ist* ***einfach nicht vorgesehen von ganz oben****."*

Dass die **Mitsprache im Rahmen von Verbesserungsvorschlägen** kaum Gehör findet, schildert auch MA3: „*Ich habe auch mal einen ['Verbesserungsvorschlag'] eingebracht, das war so, (...) ich wollte, dass man den ['Gegenstand'] mit Gummi ersetzt, aber das war nicht,* ***das versandete einfach****."* Ebenso spricht MA7 davon, dass die Verbesserungsvorschläge wenig Aufmerksamkeit bekommen: „*Wo ich Vorschläge anbringen könnte, habe ich aber* ***im Endeffekt*** *noch nie erlebt, dass aus diesen ['Vorschlägen'] etwas Brauchbares hervorgegangen ist, nachher* ***versickert das einfach****. Wir hatten ein konkretes Beispiel (...) und schlussendlich hat man, erst hat man lang, da war die Sache noch aktiv, dann* ***hat man lang nichts gehört****, hat* ***immer wieder nachgefragt****. Ja und dann hat man wieder nachgefragt, wie sieht es aus mit diesem Haken? Noch keine Antwort,* ***halbes Jahr später noch keine Antwort*** *und irgendwann hat man gar nichts mehr dergleichen getan. Schlussendlich haben wir heute,* ***im Endeffekt hat man einen riesen Aufwand betrieben*** *um diesen Kranhaken* ***und man hat heute keinen besseren*** *['Kranhaken']* ***wie vorher****. Es* *hat sich nichts geändert und man hat einen riesigen Aufwand mit dem.*" Zwar räumt MA7 ein, dass das Unternehmen mittlerweile die Verbesserungsvorschläge sammelt und den Mitarbeitenden mit dem Eingang des Mitarbeitervorschlages über den Verlauf und die Bewilligung des Vorschlages via Mail informiert, dennoch nehmen die Mitarbeitenden bislang nicht wahr, dass die Unternehmensführung bzw. das Unternehmen ihre Mitarbeitermeinung schätzen würde: ***„Aber die Leute, meine Arbeitskollegen sind, übertrieben gesagt, total frustriert, die machen doch keine Vorschläge mehr! Wenn man überall sieht, dass das nicht, dass das gleich nicht zustande kommt****, da muss ich nicht diesen Aufwand betreiben, ist wahrscheinlich* ***Resignation****. Dann denkt man,* ***eben „man hat dann die Nase voll", nützt ja eh nichts****. Das ist dann die Konsequenz daraus. Man sagt einfach,* ***es hat keinen Wert, das nützt nichts****. (...) Also* ***wir hatten diesen einzelnen, bei uns in der alten Gruppe, hatten wir diesen einzelnen Fall*** *und* ***von dieser Stelle ist nie mehr ein Vorschlag gekommen****. Ja, ja, das bekommt natürlich die ganze Gruppe mit, wenn einer diesen Vorschlag macht und sagt. (...) Die [= Verbesserungsvorschläge] werden natürlich aufgenommen und behandelt und* ***eben, es führt dann am Schluss sehr wahrscheinlich zu nichts.*** *Die Chancen, dass nichts passiert sind, sind wesentlich, sind sehr hoch oder. Auch wenn die Idee gut ist.*"

MA5 klagt an, dass die Entscheidungen auf einer höheren Managementstufe getroffen und ohne Mitsprachemöglichkeit der Mitarbeitenden *„runtergebrochen"* werden: ***„Man fragt die Mitarbeitenden nicht****, also zumindest nicht bis da runter, sondern diese* ***übergeordneten Entscheidungen werden halt so weit „oben" getroffen und dann einfach nur noch runtergebrochen****, aber* ***ohne „unten" zu fragen, was wollt ihr denn eigentlich?****"* Die Möglichkeit, eine Stimme zu haben und ggf. einen Beitrag zu liefern, der vom Unternehmen umgesetzt oder wenigstens „gehört" wird, würde den Mitarbeitenden die Botschaft vermitteln, ein geschätztes Mitglied des Unternehmens zu sein, wie MA5 weiter schildert: *„Z. B. alles was so auf der flachen Ebene passiert, jetzt z. B. wir haben einen neuen Standard, d. h. xStandardx bekommen,* ***da bin ich auch involviert gewesen, man hat mich gefragt****: 'Was meinst Du dazu?'* ***Da setze ich mich natürlich ein****. Vor allen Dingen, weil man auch gefragt wird und ich finde das immer,* ***solange man Dich noch fragt, dann kannst Du Dich ja auch einbringen, weil dann weißt Du, es wird geschätzt*** *und es ist in Ordnung,* ***aber von ganz „oben", wird man ja nicht mal gefragt****. Man wird nicht mal gefragt.*"

Aufgrund der Tatsache, dass die Informationen der Mitarbeitenden nicht bei der Unternehmensführung ankommen, fordert MA5 die Mitsprachemöglichkeit für die Mitarbeitenden: *„Also ich find wahrscheinlich, dass zur Unternehmensführung müsste die Kommunikationsstufe ['weniger sein'] oder man müsste eigentlich* ***„von unten" „nach oben", müsste man direkter kommunizieren können und auch „mit einem offeneren Ohr" empfangen werden können****. Weil man weiß nicht, wie die Informationen, die „von unten" kommen, dann „oben" wirklich ankommen.*" Jedoch stellt MA5 fest, dass eine Mitsprache im Sinne einer **offenen Ansprache** von Themen und dem Ansprechen von kritischen Fragen **unerwünscht** ist: *„Ja also das hier [auf die Karte 'hocherfreut' zeigend], das wird immer begrüßt. Aber* ***wenn***

***man irgendwas 'kritisch', also ich sage mal, kritische Äußerungen hat**, da habe ich immer den Eindruck, mitdenkend, vorausdenkend, Fragen stellen, also auch durchaus unbequeme Fragen, da hat man **keine zufriedenstellenden Antworten** bekommen. (...) Aber aufgrund meiner persönlichen Erfahrung, habe ich immer gemerkt, dass **wenn man kritische Fragen stellt**, dann gibt es da irgendwo ein Filter, wo, wie **rote Knöpfe gedrückt werden**. Und dann geht das gleich noch eine Stufe höher. Also es gibt so ein **Filter,** wo, wenn bestimmte Schlagworte kommen, das auf eine Ebene getragen werden muss, wohl von der anderen Stelle. Und dann kommt irgendwo ein Anruf, wo es dann heißt: 'Ihre Mitarbeiterin hat da Fragen gestellt, kritische Fragen. [kl. Pause] **Pfeifen sie die doch bitte mal zurück!'** [lacht zynisch] Und dann muss man sich sagen lassen: 'Ja also, Du hast die richtigen Fragen gestellt, die waren auch, die waren ganz objektiv und sachlich gestellt, also völlig richtig, aber ['...'].' Also ich bin, ich sage mal, ich war dann in dem Moment ['als die Interviewte „zurückgepfiffen wurde", keine zu kritischen Fragen zu stellen'], da habe ich gedacht: 'Oh, das gibt es ja nicht!'*
Da MA9 die Erfahrung machte, dass die Mitarbeitermitsprache nicht erwünscht ist, vermutet sie: *„Ich weiß nicht, **gelten wir** [= die Mitarbeitenden] **vielleicht für die Führungsetage als kritisch oder generell als zu ablehnend**, dass man das [= die Mitarbeitenden und deren Meinung] gar nicht will?"* Ebenso bestätigt MA2 die Wahrnehmung von MA9 und MA5: *„(...) sie [= die Unternehmensführung] nehmen nur, was sie wollen und die negativen ['Mitarbeitenden / die Äußerungen der Mitarbeitenden'] wollen und nehmen sie nicht."*

MA14 empfindet auch, dass ihr keine Mitsprache zuteil kommt, sondern dass: *„(...) **einfach über den Kopf von einem entschieden** wird"* und sie Entscheidungen, die sie und ihre Arbeit betreffen, *„es als letzte erfährt."* Daher ist MA14 von der Unternehmensführung enttäuscht und verbindet mit der fehlenden Mitsprachemöglichkeit auch eine fehlende Wertschätzung ihrer Arbeit: *„Ja, ich denke schon, dass das ['wütend bzgl. „über den Kopf entscheiden"'] in dasselbe ['wie enttäuscht'] rein geht. **Enttäuscht**, ja jetzt beispielsweise eben mit der Kommunikation „von oben", **dass man da einfach so das Gefühl hat** oder enttäuscht ist, **dass man es als letzte erfährt**. Obwohl ja, oder dann **halt auch das Gefühl hat,** dass **die Arbeit oder so nicht so richtig geschätzt wird oder in Frage gestellt wird**."*

5.2.1.2.3 Interpersonale Ungerechtigkeit

Die interpersonale Gerechtigkeit bezieht sich auf die Wahrnehmung der sozialen Interaktion bei der Entscheidungsfindung und beurteilt, wie viel Respekt der/dem Mitarbeitenden entgegengebracht wird, die/der von einer Entscheidung betroffen ist (Bies, 2005; Bies & Moag, 1986). Eine Unternehmensführung tritt mit **Respekt, Höflichkeit und Feingefühl gegenüber den Anliegen und den Erwartungen der Mitarbeitenden** und involvierten Dritten auf, wenn sie empathisch kommuniziert, d. h. Sorgen und Befürchtungen aufgreift, den Standpunkt der/des Mitarbeitenden berücksichtigt und Verständnis sowie Unterstützung der/dem Mitarbeitenden vermittelt (Bies & Moag, 1986; Colquitt et al., 2001; Greenberg & Cropanzano, 1993). Die Wahrnehmung von interpersonaler Gerechtigkeit ist wichtig für die/den Mitarbeitenden, da ein signifikanter positiver Zusammenhang mit der Arbeitszufriedenheit und dem organisationalen Commitment besteht (Cameron, Freeman & Mishra, 1991; Lewin & Johnston, 2000). Die interpersonale Ungerechtigkeit hingegen umfasst, dass die Bedürfnisse und Meinungen aller betroffenen Parteien nicht hinlänglich berücksichtigt werden. Gemäß den Interviews nehmen die Mitarbeitenden kaum eine würdevolle **Wertschätzung oder einen respektvollen Umgang** seitens der Unternehmensführung wahr.

Unternehmensübergreifend wurden beispielsweise zur Zeit der Interviews **Großraumbüros im Sinne des „Open-Space"-Gedankens** eingeführt und eine Desk-Sharing-Quote erlassen. MA5 setzte sich für die Umgestaltung der Mitarbeiterbüros ein, jedoch wird ihr Engagement nicht gelobt und geschätzt, wie sie sich dies von der Unternehmensführung wünschen würde. Ihr Arbeitsengagement wird als *„unproduktiv"* bezeichnet, was sie als eine große Kränkung empfindet. MA5 äußert: *„Ja, das Arbeitspensum ist so ein anderes Thema, wo ich sage, ich habe letztes Jahr* ***sehr viel Zeit*** *auch für da drüben* ***investiert.*** *(...) Für solche Sachen,* ***da habe ich Stunden über Stunden und Überstunden „reingebuttert" und dann hieß es: 'Die Frau XY*** *[ihren Namen nennend]* ***ist viel zu unproduktiv****!' (...) Ja, ich meine,* ***man hat wertvolle Arbeit gemacht, weil man ja guckt, dass die Mitarbeitenden, also irgendwie 150 Leute möglichst gute Arbeitsplätze haben und eine gute Situation bekommen****, weiterhin zum Arbeiten und dann heißt es halt: 'Zu problematisch, das ist ja unproduktiv!'* ***Allein der Begriff unproduktiv****, also man ist ja nicht unproduktiv im Sinne von, es hat keinen Mehrwert geschaffen, sondern es ist einfach nur buchhalterisch unproduktiv, weil man kein Projekt hat, das da drauf zu buchen."* MA5 empfindet, dass ihr und auch ihren Kollegen/innen wenig Verständnis und Unterstützung seitens des Unternehmens entgegengebracht werden.

Aus den Interviews geht hervor, dass die Mitarbeitenden nicht generell die neue Ausgestaltung des Arbeitsplatzes ablehnen. Es herrscht Verständnis, wirtschaftlicher in Bezug auf Büroflächen zu werden. Angeklagt wird seitens der Mitarbeitenden, wie MA5 schildert, dass dabei nicht die Bedürfnisse der Mitarbeitenden berücksichtigt werden, obwohl sie diese gegenüber der Unternehmensführung kundtat: *„Also dann hat man das [= die Desk-Sharing-Quote] so analysiert und das dann auch vorgetragen, also das ging dann halt „nach oben". Aber* ***die Entscheidung war halt gefallen und da kann man da nichts machen.*** *DIE 1,2 QUOTE WIRD JEDEM ['...']? Wird dann* ***einfach durchgezogen. Gedrückt.*** *Und das war dann so der Moment für mich, wo ich dann angefangen habe, nachzudenken und ich habe gedacht. Ok, das finde ich ja jetzt echt „interessant". Ich verstehe, dass man sagt, ich sehe ja selber, wenn wir jetzt durch das Bürogebäude gehen, dann sind oftmals Plätze leer,* ***dass man wirtschaftlicher werden will und sagt, wir reduzieren die Bürofläche. Aber ich finde es halt ignorant, wenn man z. B. auch ein Gebäude anmietet und sich nicht vorher überlegt, welche Leute möchten wir denn dort überhaupt reinsetzen?*** *(...) Und da wurde man überhaupt nicht gefragt, sondern es gab diese Unternehmensentscheidung. Die Unternehmensführung entscheidet sich zum Thema Desk-Sharing zum Beispiel."*

Die **Ignoranz in Bezug auf die Bedürfnisse der Arbeitsplatzausgestaltung** führt zu Unverständnis und lässt die Mitarbeitenden wahrnehmen, keinen wohlwollenden Arbeitgeber zu haben. MA5 schildert dies an dem Beispiel des Einsatzes der **Kaffeemaschinen**: *„Heutzutage haben wir hier im Haus Kaffeemaschinen, die wurden mal von Mitarbeitenden zusammengelegt oder angeschafft und als sie sich dann amortisiert hatten, kostete der Kaffee oder der Kaffee kostete schon immer nur 50 xGeldeinheitenx. Auf jeden Fall, als sie sich dann amortisiert hatten, wurde dann von dem Geld, was mit den Kaffeemaschinen eingenommen wurde, zum Nikolaus gab es kleine Nikoläuse oder so Gebäck. Wir haben ein Grillfest davon gemacht für das gesamte Haus. Und was gab es noch? Ach zu Ostern gab es einen Schokoosterhasen. Und es wurde dann auch immer noch ein gewisser Anteil an eine Krebsstation gespendet. Also wir haben diese Kaffeemaschine, das Geld, was dort eingenommen wurde, für 50 xGeldeinheitenx pro Kaffee, wurde auch wieder für die Mitarbeitenden zurückgegeben und sogar noch für einen guten Zweck gespendet. Und jetzt* ***mit dem Umzug in das neue Gebäude haben wir dann gefragt: ‘Dürfen wir denn dort unsere eigenen Kaffeemaschinen hinstellen?’ ‘Nein, dürft ihr nicht!*** *Wir haben dort mit „X“ einen Vertrag, wir haben dort mit „X“ einen Vertrag; die zwei Sorten Kaffee gibt es da, ihr müsst dort Kaffee beziehen!’ Und dann haben wir gesagt: ‘Das kann doch nicht sein! Was verlangt ihr denn dafür?’ Bei „X“ ist es ein xGeldeinheitx und bei „X“ kostet er wohl 2,50. Und da haben wir gesagt: ‘2,50 für den Kaffee? Das kommt nicht durch!’ Und dann haben wir dafür wirklich* ***versucht zu kämpfen, zu sagen: ‘Lasst uns doch bitte diese Kaffeemaschine hinstellen!*** *Oder wir nehmen zwei Kaffeemaschinen mit; lasst uns bitte die mitnehmen!’ [Antwort] ‘Nein, gibt es nicht. Dafür braucht ihr einen Wasseranschluss, wir stellen Euch das nicht her.’ Und wir hätten genug Techniker hier bei uns im Gebäude, die in der Lage wären unsere Kaffeemaschine dort drüben anzuschließen. Und dass sie wieder funktionieren würde. Aber nein, das geht nicht und dann ist der Kompromiss dann irgendwann, sie [= die Unternehmensführung] merkten, sie stoßen auf Widerstand und dann hieß es: ‘Ihr könnt ja kleine Kaffeemaschinen hinstellen, die keinen Wasseranschluss benötigen, aber auch nur in dem Küchenbereich.’“*

MA3 fühlt sich ebenso ungerecht von der Unternehmensführung behandelt, da er für seine tägliche Arbeit **keine Anerkennung erhält und seine Sorgen und Befürchtungen nicht aufgegriffen** werden: *„(...) und einfach auch die* ***Wertschätzung für das Ganze, das Verständnis der Führung merken wir nicht. Wir*** *[= Mitarbeitenden]* ***haben oft das Gefühl, die*** *[= Unternehmensführung]* ***wissen nicht, was da [‘läuft’].*** *(...) Ich sage es mal so,* ***wir*** *[= die Mitarbeitenden]* ***haben oft das Gefühl, unsere Probleme werden gar nicht erkannt****, weil wir sind an der Front, wir baden das jeden Tag und vor allem in der Nacht aus.* ***Das gelangt gar nicht in die Führung****, also das ist meine persönliche Erfahrung.“* MA3 sagt weiter: *„(...) dass man [= als Mitarbeitender] manchmal das Gefühl hat,* ***sie*** *[= die Unternehmensführung]* ***haben gar nicht so Ahnung, was hier bei uns abgeht****.“* MA3 schildert sein persönliches Schlüsselerlebnis, dass er nicht nur stets über die vielen Berufsjahre sehr bemüht war, seine Tätigkeit engagiert auszuüben, sondern dass er auch für das Unternehmen Prioritäten setzte und seine Urlaubsplanung mit der

Familie verschob. Nach MA3 wird jedoch sein Einsatz nicht wertgeschätzt: „*Ich hätte jetzt noch ein schönes Beispiel aus meiner Karriere [lacht ironisch wegen dem Wort 'Karriere']. (...) Da war eine Ausschreibung für den „xAusschreibungsnamex" und da habe ich mich beworben. Ich war der jüngste xBerufsbezeichnungx im Raum xOrtx und es hatten sich 84 beworben, 12 haben sie genommen; ich war dabei. Und dann wir schmissen das, der läuft ja sehr rund, sehr zuverlässig und wir haben, wir 12 xBerufsbezeichnungx, haben da eine kleine Gruppe, das lief gut, ein tolles Team und das. Und nach einem Jahr endete dann das Ganze, die XXX wurde in Abteilungen aufgeteilt (...) und da hat nie jemand nachgefragt, wieso, dass wir jetzt da nicht weiter xAusschreibungsnamex fahren wollen, obwohl wir haben,* ***wir machten sehr viele Verbesserungsvorschläge, wir kommunizierten untereinander, wir schauten, dass das Projekt läuft*** *und als wir da wie quasi gekündigt ['hatten']. Ich habe ja wie gekündigt, das interessierte niemanden,* ***da hat nie jemand nachgefragt****, wieso, möchtest du nicht doch bei xAusschreibungsnamex bleiben. Vielleicht wäre ich geblieben, wenn jemand gesagt hätte:* ***'Du hast doch da an diesem Projekt gerissen, du hast das geschmissen und so weiter, alles gut!' Das hat nie jemand gefragt.*** *WAS SAGT DAS FÜR SIE AUS?* ***Ja, das ist die Wertschätzung*** *und so! (...)* ***ich schau schon für mich****, aber da sehen Sie einfach,* ***wenn man damit nicht umgehen kann, dann verliert man das Vertrauen dann in die Führung****.*" MA3 lernte aus diesem Erlebnis, dass ihm sein Einsatz nicht gedankt wird und die Unternehmensführung ihm eine mangelnde Fürsorge für seine Belange und seinen Arbeitseinsatz entgegenbringt.

MA1 fühlt sich **nicht respektvoll behandelt**, da ihm seitens der Unternehmensführung vermittelt wird, ein „*schlechter Mitarbeitender*" zu sein, da er sich nicht an die Vorgaben hält: „*Es wird nahegelegt, dass man [= als Mitarbeitende(r)] erst nach neun Uhr kommt und dass man vor, quasi vor 15 Uhr wieder geht und so. Also der xBerufsbezeichnungx soll nicht mehr mit dem xVerkehrsmittelx kommen, wir sollen Platz für die anderen Leute [= Kunden] machen. Irgendwie, also, sollen wir xBerufsbezeichnungx mit dem Auto oder was ist denn los? Da habe ich Mühe, das ist, das finde ich irgendwie ['...'] [kl. Pause]. Manchmal geht es nicht,* ***es hat sogar schon einen*** *xVerkehrsmittelx,* ***der ist gesperrt*** *für die xMitarbeitendenx von xOrtx nach xOrtx. Ich verstehe das schon auch, aber jetzt in meiner Situation, ich konnte ja nichts dazu sagen, dass ich jetzt nach xOrtx pendeln muss.* ***Wenn ihnen*** *[= der Unternehmensführung]* ***das so nicht passt, dann müsste ich konsequent sein und das Unternehmen verlassen****, oder. Letztendlich. Immerhin habe ich meinen Job, aber es wird ja verlangt und es ist abgemacht und so, ich muss ja pendeln. (...) So langsam, aber sicher* ***habe ich das Gefühl, mir wird eingeredet, dass ich ein schlechter xMitarbeitenderx bin, wenn ich in den Stoßzeiten auf den xVerkehrsmittelx gehe****.*"

Auch MA11 findet, dass die Bedürfnisse der Mitarbeitenden wenig zählen und veranschaulicht dies an einem Beispiel, wonach es fünf Jahre dauerte bis die Mitarbeitenden einen Personalaufenthaltsraum zur Verfügung gestellt bekamen, wohingegen für die Führungskräfte zeitnah Büros gebaut und bauliche Anpassungen oder Ausstattungsvorschläge umgesetzt wurden: „*Braucht man* ***vier, fünf Jahre lang für*** *uns, um* ***ein neues Personalzimmer*** *zu bauen oder umzubauen,* ***aber***

um das Büro umzubauen, hat man alle Jahre Zeit. *(...)* ***Ein Jahr später das Büro nochmal umbauen und ein Jahr später nochmal*** *umbauen, das begreife ich nicht. Wieso, eben, das ist etwas, was mich aufregt. (...)* ***Wir hatten fast keine Stühle gehabt, kein Personalzimmer*** *und wir sind das größte Depot in xOrtx mit xdreistellige Zahlx Mitarbeitenden.*" Dies veranlasst MA11 zur Annahme, nicht als eine wertvolle Unternehmensressource geschätzt und behandelt zu werden und Personal zweiter Klasse zu sein.

MA8 berichtet von einem anderen Beispiel, Personal zweiter Klasse zu sein bzw. dass die Unternehmensführung am Mitarbeitenden spart. Er nimmt eine interpersonale Ungerechtigkeit wahr, da bei der Unternehmensführung personell aufgestockt wird, jedoch unter den Mitarbeitenden keine neuen Einstellungen erfolgen: „*Also es gibt eine Linienführung und Fachführung, die das Fachwissen hinaufbringt, welches die Linie nicht unbedingt haben muss, das unterstützend sein soll. Nun gibt aber die Fachführung sehr, sehr viele Aufgaben und Arbeit in die Abteilungen hinaus. Wir als kleine Abteilung sind mehr betroffen, als andere Abteilungen und* ***wir haben nicht aufgestockt und wir werden den Eindruck nicht los, dass die Unternehmensführung ziemlich aufgestockt worden ist.***"

Insbesondere die **Kürzungen bei der Entlohnung** interpretieren die Mitarbeitenden als wenig gerecht von der Unternehmensführung. MA9 fühlt sich und ihre Arbeit wenig respektvoll honoriert und stellt fest, dass das Unternehmen an ihr sparen möchte: „*Wir sind, noch nicht so lange her, vielleicht vor drei Jahren, sind* ***wir neu eingestuft worden von den Lohnskalen*** *her, vielleicht haben sie davon auch schon gehört, und da ist ganz klar irgendwie aus unserer Sicht, das Anliegen von der XXX gewesen, zum – ja, man kann es nicht anders sagen – schon ein bisschen zum Sparen. Man hat sich schon zwar irgendwie* ***probiert, es uns schmackhaft zu machen: 'Es ist keine Sparübung und im Endeffekt würde die gleiche Lohnsumme ausgeben.'*** *Aber jetzt, als wir auch schon paar Jahre damit leben, merkt eigentlich jeder,* ***also jeder „Hinterletzte" merkt, dass es doch, dass es doch eine Sparübung war****! (...) und jetzt eben merkt man so ein bisschen, man wird „gekappt", jetzt in meinem Beruf habe ich immer so ein wenig das Gefühl, man ist nicht gleich wertgeschätzt. Am liebsten hätten sie mich jetzt eben in einer anderen Version! (...) Und ja, manchmal fehlt es ein bisschen an der Wertschätzung, man macht immer noch die gleich gute Arbeit und* ***ich glaube jeder da vorne, von meinen Kollegen setzt sich wirklich für den Kunden und eigentlich für das Unternehmen ein****. Aber man hat manchmal* ***das Gefühl, man sei wie das Geld nicht mehr wert, am liebsten, die Führung hätte es gern so, halt weniger Lohn gezahlt****. Ich habe viele Kollegen da vorne, die mit einer Lohngarantie arbeiten, also dass heißt, dass sie über gewisse Jahre ein Teil von ihrem Geld dann verlieren. Ja, das ist so die* ***Wertschätzung, dass man das Gefühl hat, man sei das Geld von früher nicht wert.***"

MA2 schildert auch ihre Wahrnehmung, dass an den Mitarbeitenden gespart werde: „*Das erste Gefühl für die Leute, für mich auch, das ist,* ***sie*** *[= die Unternehmensführung]* ***wollen immer sparen!*** *Wer ist betroffen?* ***Das ist immer das Personal, die Mitarbeitenden!*** *(...)* ***Das Ziel ist, wir sparen Mitarbeitende****. Alors, jetzt sind schon drei Personen gespart.*" Ferner empfindet MA5 es wenig respektvoll, den Mitarbeitenden das Weihnachtsessen zu streichen bzw. kein Geld zur Verfügung zu stellen: *„Wir haben für das Weihnachtsessen oder im Jahr wurden irgendwie 50xGeldeinheitenx ausgegeben, um die Mitarbeitende irgendwie, damit man mit denen einen Mitarbeiteranlass machen kann, so ein Abteilungsessen. Das wurde dieses Jahr abgeschafft! Also da hieß es: 'Wir haben aufgrund der finanziellen Situation ['das Weihnachtsessen abgeschafft'], es gibt diese 50xGeldeinheitenx nicht mehr.' Im gleichen Zug wurde aber diese teure xGegenstandx angeschafft. Die auch noch mega viel Strom verbraucht, also auch ordentliche Unterhaltskosten produziert und dann sagt man [= das Unternehmen] aber im gleichen Zug: '**Mitarbeitende, ihr kriegt das Geld nicht mehr!**' Und dann sagt man [= die/der Mitarbeitende] : 'Ok, diese xGegenstandx, wer braucht diese xGegenstandx? Also an jeden xOrtx hängt eine xGegenstandx!' Also ich brauche diese große xGegenstandx, brauche ich als Mitarbeitender ja nicht wirklich. Aber dieses, **um das Wir-Gefühl zu stärken, wären die 50xGeldeinheitenx besser investiert gewesen pro Mitarbeitenden.**"*

MA6 teilt ebenso wie MA5 die Auffassung, dass die Mitarbeitenden seitens der Unternehmensführung unzureichend wertgeschätzt werden und fühlt daher eine Ungerechtigkeit, wenn hohe PR-Ausgaben getätigt werden, jedoch Mitarbeiterleistungen stark gekürzt werden: *„Ja, fangen wir mit 'zynisch' an, da fällt mir jetzt direkt was ein. Es ist eben so, das ganze Thema Spardruck, dann wird kommuniziert, die **Weihnachtsfeste sind klein zu halten oder aber ganz auszufallen** und zwei Tage nachdem das kommuniziert wurde, wird dann kommuniziert, wir haben eine neue xGegenstandx im Hauptsitz xOrtx; hat übrigens irgendwie xGeldeinheitenx gekostet."* Die Kürzungen und Einsparungen gegenüber den Mitarbeitenden veranlasst, die Mitarbeitenden zu denken, nicht wertvoll für das Unternehmen zu sein.

Auch MA13 berichtet von einer unerklärlichen Diskrepanz zwischen einem Spardruck und den hohen Ausgaben im PR-Bereich: *„Also ich habe jetzt nicht persönlich das Problem mit der xGegenstandx, die sieht cool aus. Die braucht viel Strom und ist nicht gerade billig. Aber ich sag jetzt mal, als Beispiel, wenn man sagt: 'Wir wollen Strom, wir wollen Energie sparen.' Und dann tut man so eine xGegenstandx hin, die so viel Strom braucht. Ist schon nicht so toll! Das ist mehr, da habe ich mehr Mühe oder **man muss sparen**, mit dem Kostendruck **und gleichzeitig macht man große Veranstaltungen, wo „man mit der großen Kelle anrichtet"**.*

MA14 schildert ein als **ungerecht empfundenes Sparen am Mitarbeitenden** im Zusammenhang mit dem Einstellungsstopp. Sie nimmt bezüglich der Mitarbeitenden und somit zu der Erreichung der Unternehmensziele eine fehlende unternehmerische Sorge wahr und beklagt daher, dass bei einem Einstellungsstopp die Mitarbeitenden nicht nur die Mehrarbeiten übernehmen müssen, sondern dass die Stellen nach dem Einstellungsstopp auch nicht wiederbesetzt werden: *„Wir hatten auch ein Einstellungsstopp, also das heißt, jede Stelle, die nicht mehr besetzt ist, die muss während eines halben Jahres, muss die freistehen und das heißt, alle anderen müssen sich natürlich diesen Aufgaben annehmen. (...) Ich glaube, das **Beste an einer Gegenleistung** ['für meine Arbeit'] **wäre einfach, dass die Stellen, die halt frei werden, wieder besetzt werden**, nicht für andere Aufgaben verwendet werden, die* *bis dahin eigentlich nicht notwendig waren. (...) Ich bin dafür,* ***dass die Stellen, die ganz offensichtlich gebraucht werden, ersetzt werden.*** *"*

Ebenso berichtet MA10, dass bei einem Personalabbau die Unternehmensführung kaum eine unternehmerische Sorge oder Umsicht für das verbleibende Personal zeigt, die das Ausdünnen des mittleren Managements kompensieren müssen: *„Man hat natürlich auch, ich sage jetzt mal, man hat das* ***mittlere Management ausgedünnt****, man hat, man hat respektive, man hat* ***nicht nur aktiv ausgedünnt, weil man Kosten sparen wollte,*** *man [= die Unternehmensführung] sah nicht ein, was die [= das mittlere Management] denn leisten, man hat auch dem mittleren Management* ***immer mehr aufgebürdet****. Bei denen, die dann zurückgeblieben sind, hat man dann auch in Kauf genommen, dass, sage ich mal ein bisschen provokativ,* ***in Kauf genommen, dass sie verbrennen****. Es sind viele gegangen, die unten sind nachgezogen, die das aber teilweise nicht können und also die Kompetenzen vielleicht nicht ganz umfassend mitbringen."*

Die Auswirkungen auf die verbleibenden Mitarbeitenden schildert MA2 folgendermaßen: *„Und ich war ein wenig [kl. Pause] ängstlich und kritisch auch und ich weiß nicht mehr. Weil wir wissen, es war eine,* ***wie eine große Familie****, aber wir kennen alle und ein Teil, sie sind weg und ein Teil ist geblieben, aber jedes Jahr derselbe Prozess. Weil wir müssen sparen. Zuviel Personell, sie müssen, wir müssen sparen. Alors, das sind* ***die Chefs, sie sagen: 'Du bleibst, Du bleibst nicht!' Wir haben keine Infos.*** *(...) für meine Augen,* ***sie haben einen „Putz gemacht"****! Die schlechten Personen. Ein Teil ja, aber ein Teil nein, weil einige Personen mussten weggehen, das ist klar, aber die anderen nein. Und das* ***macht einen großen Einfluss auf das Team****. (...) während dieser Zeit der Restrukturierung, ich war,* ***ich hatte viel Angst****, ich weiß nicht, bleibe ich oder nicht und ich habe eine Familie, das ist eine große Frage. Wir haben auch in dieser Zeit gehört, wir müssen umziehen. Ein Teil sagte 'Nein' wir bleiben in xOrtx, ein anderer Teil sagte 'Ja' wir gehen nach xOrtx und für mich war ['die Unsicherheit'] nicht gut. Wer hat Recht?"* Da MA2 die Kriterien und Vorgehensweise des Personalabbaus als nicht gerecht einschätzt, leitet sie und die **verbleibenden** Mitarbeitenden ab, dass sie sich nicht auf das Unternehmen verlassen können.[107] In Bezug auf zukünftige Veränderungsprozesse kommt das Gefühl auf, dass es ihre Arbeitsstelle in einer nächsten Personalabbaurunde auch „treffen könnte" und ihre Interessen wenig Berücksichtigung finden werden. Die Mitarbeitenden empfinden somit eine Unsicherheit für die Vorhersagbarkeit der Vorhaben des Unternehmens.

MA12 schildert, dass ihre Führungskraft **wenig fürsorglich** ist und schildert an ihrem persönlichen Schlüsselerlebnis die mangelnde Achtung und Wertschätzung ihrer Person: *„(...) Und dann meinte er [= der Businessunit-Leiter], es interessiert ihn nicht,* ***das muss einfach bis heute Abend fertig gestellt sein****. Und er lasse mir jetzt das da. Und da dachte ich, ok was soll ich damit? Ähm ja, dann genau ich fragte: 'Ja,*

107 In diesem Zusammenhang ist von dem *„Survivor Syndrom"* auszugehen (Andrzejewski 2008; De Vries & Balazs 1997).

was soll ich damit?' Das sei ihm egal und wenn ['der Chef im Urlaub ist']. Eben der Chef war in den ***Ferien****, in den Skiferien. Er sagte:* ***'Ihm ist es eigentlich egal, was ich damit mache, auch wenn ich auf diesen verdammten Berg raufklettern müsste zum dieses Formular fertigstellen!'*** *Also das sagte er mir und* ***da habe ich****, glaube ich,* ***geweint am Schluss****. (...) eben* ***ich wusste nicht mal, um was es geht****. Also das* ***finde ich dann wirklich auch nicht ok****, von einer Führungskraft. Vor allen* ***von so einer Führungskraft****!"*

5.2.1.2.4 Informationelle Ungerechtigkeit

Die informationelle Gerechtigkeit bezieht sich darauf, inwiefern das Informationsverhalten der entscheidungstreffenden Person wahrheitsgemäß ist, Begründungen und spezifische Informationen enthält sowie zeitnah erfolgt (Shapiro et al., 1994). Dies beinhaltet umfassende und detaillierte Informationen in Form von akkuraten, zeitgerechten, ehrlichen und angemessenen Erklärungen (Bies & Moag, 1986; Greenberg & Cropanzano, 1993). Die informationelle Ungerechtigkeit spezifiziert die Wahrnehmung, dass **die Qualität und Quantität der Informationen und Erklärungen unzureichend** ist, da nicht alle wichtigen Informationsquellen nahegelegt werden (Colquitt, 2001; Colquitt et al., 2001; Gebert & Rosenstiel, 2002; Montada et al., 1992; Streicher & Frey, 2012). In den Interviews sind die Mitarbeitenden der Auffassung, dass die Unternehmensführung nicht ausreichend akkurat, d. h. zeitgerecht (Pünktlichkeit), ehrlich (Wahrheitsgehalt) und/oder genau Informationen sammelt (Spezifizität) und diese bei der Entscheidungsfindung berücksichtigt sowie den Mitarbeitenden zukommen lässt. Die Aussagen im Rahmen der prozeduralen Ungerechtigkeit, zu der 'fehlenden Mitsprache', insbesondere die Aussage, dass *„über den Kopf entschieden wird"*, unterstreicht die Mitarbeiterwahrnehmung einer informationellen Ungerechtigkeit.

Die Mitarbeitenden beklagen besonders den **unzutreffenden Wahrheitsgehalt der Kommunikation**. MA13 bezeichnet die Kommunikation als *„nicht offen"*, da die Unternehmensführung wenig ehrlich oder authentisch kommuniziert, sondern *„Schönrederei"* betreibt: *„Ja, so, irgendwie das Vertrauen ist irgendwie angekratzt, weil ich denke, die* ***Kommunikation ist nicht offen****. Es ist, grundsätzlich ist die Kommunikation nicht falsch. Es ist einfach nicht offen, denke ich mal.* ***Man versucht so irgendwie, oft Schönrederei zu betreiben****. Das ist recht schwierig jetzt zu sagen, so. Ich denke, man macht das [= die Schönrederei] schön nach Außen, damit die Bevölkerung meint, wir seien top und gut und so, aber nach Innen ist das nicht so. Da ist der Glanz schon lange nicht, wie sie [= die Unternehmensführung] meinen."*

Auch MA5 spricht davon, dass Informationen *„verschönert"* werden und der Informationsfluss zur Unternehmensführung nicht funktioniert, da die Informationen nicht wahrheitsgetreu beim Adressaten, der Unternehmensführung, ankommen: *„(...) Und* ***je höher man kommt, umso mehr wird es verschönert und verschleiert****. (...) Das ist einfach so, man versucht, Verantwortungen weiterzuschieben und je, je höher ich komme, da wird dann,* ***es kommen einfach die Informationen, die „von unten" entstehen, nicht mehr richtig „nach oben" an****."*

Ähnlich dem Aspekt der Schönrederei schildert MA1, dass die Unternehmensführung eine Kommunikation pflegt, neue Entscheidungen als *„das Gelbe vom Ei“* zu verkaufen, obwohl damit kaum ein Innovationsgehalt verbunden wäre: *„(...) Und wenn das [= die Prozesse, eine Struktur im Kundenbereich] dann restrukturiert wurde, kam immer das Gefühl:* ***'Jetzt haben wir [= die Unternehmensführung] „das Gelbe vom Ei!“ Jetzt kommt alles gut.'*** *[ironisch gemeint] (...) es wird dann immer so ein bisschen kommuniziert: 'Jetzt aber! Jetzt aber!' (...)* ***Warum*** *eigentlich kann ein Unternehmen, das frage ich mich jetzt so, können die [= die Unternehmensführung]* ***nicht sagen,*** *ja,* ***wir haben die, wir hatten jetzt diese Organisation oder diese Struktur und das ist nicht so gut gelaufen, weil usw.*** *Darum ändern wir wieder. Es wurde ja schon oft genau aus diesem Grund geändert,* ***aber das wurde nie kommuniziert.*** *“* MA1 unterstreicht seine Aussage, dass er keine ehrliche Kommunikation empfindet und die Erklärungen der Unternehmensführung unbefriedigend für ihn sind, anhand eines zweiten Beispiels im Rahmen von Restrukturierungen im Unternehmen: *„Oder dann gab es auch so die Zeiten, bei* ***jeder Wandlung, bei jeder Reorganisation,*** *das da so, da wird dann* ***immer so kommuniziert: 'Jetzt haben wir „das Gelbe vom Ei“!'*** *Und das ist irgendwie ['...']. Ich hatte letztens, gerade letzten Herbst das Erlebnis, da war ein Projekt, es geht um die, vor allem um die Kunden, um die Kundenbetreuung und um die Kundenzufriedenheit, Kundenmanagement. Und dann haben sie [= die Unternehmensführung] irgendetwas, das Gefühl gehabt, sie [= die Unternehmensführung] haben jetzt irgendetwas,* ***das wäre doch top und so*** *und* ***ich sage: 'Ja, ja, das haben wir vor acht Jahren auch gemacht, aber das wurde dann abgeblockt.'*** *“*

MA2 bezweifelt ebenso die Ehrlichkeit der Unternehmensführung und ihrer Kommunikation. Die Unternehmensführung gibt ihres Erachtens meist nicht die wahren Gründe für eine Unternehmensentscheidung an. In Bezug auf den Standortwechsel sagt MA2, dass nicht der vorgegebene Grund einer *„besseren Kommunikation zwischen verschiedenen Diensten“* der wahre Grund sei, sondern einzig die Kostenersparnis: *„Nein, für uns alle, es [= der Umzug] war nicht ein guter Grund. Sie [= die Unternehmensführung] wollen nur sparen und die Leute weg.“* Ferner führt MA2 aus, dass es zwar genügend Kommunikation (Quantität) im Unternehmen gäbe, jedoch wünscht sie sich: *„(...)* ***eine klare Kommunikation.*** *Voilà. Wir haben viel Kommunikation – klar, das geht. Aber* ***wir wollen wichtige und richtige Kommunikation hören.*** *Klar, die können nicht nur positiv sein; wir müssen die richtigen Informationen haben.“*

Auch MA9 äußert im Zusammenhang mit einem früheren Standortwechsel, dass nicht die wahren Gründe kommuniziert werden, sondern *„fadenscheinig“* Informationen vermittelt werden: *„Ich glaube zum Teil, ich glaube man weiß, dass vielleicht eine strategische Entscheidung für xOrtx, gefallen ist. Vom Ort liegt es halt einfach schon am besten, das muss man sagen. Ich glaube man kann bis zu einem gewissen Teil auch nachvollziehen, wieso die XXX zentralisiert, wieso wir alle zusammen ins gleiche Gebäude ziehen. Nur, gewisse Sachen akzeptiert man [= als Mitarbeitende(r)] auch nicht im gleichen Maß wie es die XXX einem vermittelt.* ***Man hat das Gefühl,***

gewisse Sachen sind auch ein bisschen fadenscheinig *[= dass man gleich erkennt, dass es unwahr ist].“*

MA10 berichtet, dass die Unternehmensführung die Informationen den Mitarbeitenden nicht zukommen lässt und **kaum eine Bereitschaft zeigt, zu informieren und zu erklären**: *„Aber* ***wenn man es den Leuten nicht erklärt hat, warum****, dass es das braucht, dann ja, ist von Anfang an programmiert, dass zwar vielleicht ein Tool oder was auch immer da steht, aber irgendwie falsch verwendet wird; das ist, die Wahrscheinlichkeit ist relativ groß.“* MA10 berichtet weiter, dass ihm viele Erklärungen fehlen: *„Und da, was mir fehlt,* ***wir haben zwar irgendwelche übergeordneten Bilder, wie das ganz grob funktioniert, auch prozessual, Wertschöpfungskette betreffend, aber ich hab noch niemanden gefunden, der mir wirklich erklären kann,*** *klar, vereinfacht und vielleicht auch ungenau, aber* ***wie die groben Zusammenhänge wirklich sind,*** *weil erst wenn wir die wirklich kennen, können wir dann auch wirklich sagen: ‘Ok!’“*

MA5 schildert, dass die Unternehmensführung eine Umstrukturierung ankündigte, aber im Laufe des Jahres wiederum kommunizierte, dass es keine Umstrukturierungsmaßnahmen gäbe. Dies führt zu **Verwirrungen und Unsicherheit** unter den Mitarbeitenden: *„Z. B. also, unser Bereich soll umstrukturiert werden und dann kam letztes Jahr fing das, weiß ich nicht,* ***im Frühling*** *ging das so los, dass man gesagt hat,* ***es gibt eine Umstrukturierung. Doch es war immer so, keiner weiß was. Wie wird es werden?*** *Und* ***dann kam die Info, im Herbst wird informiert****. So, und dann* ***hat man erwartungsvoll diesen Herbst abgewartet und dann kam und dann hieß es: ‘Morgen kommt das Mail*** *und dann wisst ihr es dann.’ Und* ***dann kam das Mail, ich habe das Mail gelesen und habe gedacht, das gibt es ja nicht. Da stand in dem Mail drin, dass man eigentlich nix weiß****, dass man eigentlich noch jetzt sich die Struktur überlegen muss. Man hat sich entschieden, umzustrukturieren, aber man weiß noch nicht, wie und es werden jetzt Arbeitskreise gebildet, um zu überlegen, wie es denn ausschaut. Und dann, also* ***meine Erwartungshaltung war: ‘Ok, Umstrukturierung****, ja mein Gott, wenn es halt eine Umstrukturierung sein muss,* ***das gibt es halt eine Umstrukturierung****.’ Ich sag mal, die Arbeit wird, muss auf jeden Fall gemacht werden und es hieß dann auch schon, es war von Anfang an kommuniziert, man wird keine Stellen streichen und von dem her war das für mich erst mal ok. Ich habe dann gesagt: ’Ok, ob ich jetzt so heiße oder so heiße in meinem Kürzel, das spielt keine Rolle.’ Weil die Arbeit ist ja da und muss gemacht werden,* ***aber dass man dann kommuniziert, dass man vielleicht nichts weiß und noch nicht weiß, wie die Struktur aussieht, da habe ich gedacht, dann hätten sie besser gar nichts schreiben sollen.“***

Ebenso spricht MA6 von einer mangelhaften Unternehmenskommunikation, die die Mitarbeitenden eher verunsichert und verwirrt, als klare Inhalte zu vermitteln. MA6 ist daher vorsichtig und kritisch und nimmt somit Ankündigungen nicht allzu ernst bzw. hinterfragt deren Ziele und Motive: *„(…) gerade bei uns in der IT hat es mal geheißen, wir ziehen nach xOrtx um. Dann hat es wieder geheißen: ‘Nein, von uns hat es keinen Platz!’ Mittlerweile wurde etwa drei bis fünf Mal kommuniziert und immer mit anderen Inhalt.* ***Das ist dann schön, dass überhaupt kommuniziert***

wurde, das ist begrüßenswert, aber ich frage mich dann schon, weshalb kommuniziert man nicht erst, wenn man gefestigte Informationen hat? *Deshalb ['bin ich'] auch* ***vorsichtig, weil ich das Gefühl habe, Vieles, was kommuniziert wird, wird dann nicht so heiß gegessen, wie es gekocht wird.*** *Und* ***'kritisch' passt auch da mit rein.*** *Also, ich würde jetzt mal sagen,* ***nicht alles, was vom Management kommuniziert wird, wird unreflektiert ausgeführt. Man hinterfragt auch, insbesondere wenn die Motivation und die Ziele unklar sind,*** *dann denke ich, darf man auch 'kritisch' sein."*

Im Fall der Situation einer Kündigung eines Teamkollegen sorgt eine wenig offene Kommunikation für **Besorgnis und Angst um den Arbeitsplatz**, wie MA14 schildert: *„Gerade in unserem Team und letzten, ja letzten Sommer* ***wurde auch noch jemandem gekündigt und das hat natürlich auch für viel Unruhe und Besorgnis gesorgt, weil nicht offen kommuniziert wird.*** *(...) Man weiß einfach, dass er wirklich einen guten Job gemacht hat. (...) ich weiß,* ***dass eine Angst*** *['um den eigenen Arbeitsplatz']* ***da ist.*** *Es sind* ***auch noch andere Leute „verschwunden", ob die gekündigt worden sind oder nicht, weiß man nicht so genau.*** *Aufgrund der Restrukturierungen und auch Rücksetzungen von Personen, die eigentlich vorher eine Führungskraft waren, waren plötzlich nur noch Mitarbeitende da."*

Gerade **ältere Mitarbeitende**, die aufgrund ihres Berufes oder ihrer langen Betriebszugehörigkeit in der Abhängigkeit zu dem Unternehmen stehen, sind von der Angst betroffen, ihren Arbeitsplatz zu verlieren und finden es beispielsweise intolerant, dass das Unternehmen nicht kommuniziert, zu welchem Preis „schwarze Zahlen" erreicht werden konnten. MA1 berichtet hierzu: *„Ja, aber gleichwohl, das hat mich auch wütend gemacht, irgendwie wir hatten letztes Jahr, seit 30 Jahren hatte X2 eine schwarze Zahl geschrieben und das war ein, es wurde sehr schön honoriert, also großzügig und so und danke an das Unternehmen. Aber es wurde eigentlich* ***nichts mehr gesagt, wie viele Kollegen das gehen mussten!*** *(...) Ja und da ist jetzt so wunderbar, alles ist schön. [= ironisch/zynische Aussage]* ***Ich hatte manche Kollegen, die eben irgendwie doch abgebaut wurden*** *und, und, und* ***man*** *[= die Unternehmensführung / das Unternehmen]* ***hat so die Zitrone ausgepresst. Das ist dann nicht so „fair play".*** *Das ist alles vergessen und da hat man kein Wort mehr erwähnt und nichts, oder."*

MA14 nimmt das Informationsverhalten der Führungskräfte als enttäuschend wahr, da persönliche Informationen nicht direkt an sie gelangen, sondern erst an den Vorgesetzten: *„Ja und sonst ein Punkt ist bestimmt auch so die Kommunikation, die finde ich mehr mäßig. Also jetzt, wenn ich, wenn mich jetzt etwas betrifft, dann* ***erfährt das zuerst mein Chef und erst dann kommt das zu mir, wenn das dann überhaupt zu mir kommt.*** *Und so ist das auch häufig mit anderen Informationen,* ***da kann man nicht ganz sicher sein, ob man die wirklich erfährt und erhält.****"* MA14 bringt es *„zur Weißglut"*, dass ihr im Entscheidungs- und Kommunikationsprozess unklar ist, *„(...)* ***was die Kriterien sind,*** *wer jetzt wo steht"*, sodass sie *„(...) einfach so das Gefühl hat oder* ***enttäuscht ist, dass man es als letzte erfährt.****"*

Nach MA2 sollte die unternehmensinterne Kommunikation die Priorität vor der Kommunikation gegenüber Dritten (Medien und Kunden) einnehmen. Die Mitarbeitenden fühlen sich hintergangen und wenig wertgeschätzt, wenn sie über die Medien informiert werden. MA2 schildert, dass die Mitarbeitenden wichtige **interne Informationen über die Zeitung erhalten, anstatt die betroffenen Mitarbeitenden zu informieren**: *„2008, ich glaube, wir hatten* ***Umzug nach xneuer Ortx und diese, die Nachricht war im Januar. Im Dezember aber, sie*** *[= die Unternehmensführung]* ***hatten gesagt: Nein wir bleiben in xursprünglicher Ortx. Und in der Zeitung****, wir haben gesehen,* ***wir gehen nach xneuer Ortx****! Im Januar, wir haben in der Zeitung gesehen, in „xName der Zeitungx", wir haben gesehen, wir gehen nach xneuer Ortx. UND DIE MITARBEITENDEN WUSSTEN NICHTS DAVON? Nein und die Chefs haben uns auch nichts gesagt. Zuerst wir dachten, dass die Information kommt von unserer Chefin, nicht von Zeitung. Das ist eine schlechte Kommunikation!"* MA2 schlussfolgert aus der unzureichenden Informationspolitik der Unternehmensführung, dass die Mitarbeitenden für die Führungskräfte nur *„Ware"* seien: *„Alle haben gedacht, sie, für sie [= für die Unternehmensführung], wir sind nur Ware! Sie [= die Unternehmensführung] haben kein Gefühl. Wir sind nicht, oui, wir sind,* ***wir sind wie die Ware!"***

Für MA11 ist die Unternehmenskommunikation nach Außen – zum Kunden und zu der Öffentlichkeit – unverständlich und wenig nachvollziehbar: *„Ich bin nicht immer einverstanden, mit dem, was die XXX kommuniziert, auch nicht gegenüber außen. Ich finde es auch nicht ok, zum Teil sagen sie [= die Unternehmensführung] schon vorneweg: 'Ja,* ***ihr*** *[= Mitarbeitende]* ***müsst aufpassen, die Kunden werden reklamieren.' Wenn man das schon weiß, wieso macht man*** *[= die Unternehmensführung] es* ***dann?*** *Sie [= die Unternehmensführung] sagen einfach, dass müssen sie [= die Unternehmensführung] machen wegen der Baustelle, weil das xMaterialx schneller ist. Finde ich nicht,* ***warum macht man das, wenn man weiß, das kommt negativ für den Kunden auch? Das begreife ich z. B. nicht****. Grundsätzlich erst mal schauen, dass das gar nicht aufkommt, die Problematik, finde ich."*

MA3 findet es ungerecht und er ist wütend, da das Unternehmen personenunspezifisch an alle kommuniziert, obgleich nur vereinzelte Mitarbeitende anzusprechen wären: *„Ich sag mal 90% machten ihre Arbeit richtig und 10% nicht. Dann geht einfach ein Schreiben, ein Mail an alle, ja, dann ist die Loyalität ['gegeben'], aber sie haben nicht die Eier hinzustehen und zu sagen: 'Der Kollege und der Kollege und der Kollege!' Das macht mich sehr wütend."* Daher wünscht sich MA3 eine klare, personenspezifische Kommunikation.

5.2.1.3 Führungsversagen

Als dritten Faktor der negativen Wahrnehmungen, Erwartungen und Zuschreibungen der Mitarbeitenden besitzt der Faktor 'Führungsversagen' der Unternehmensführung einen Einfluss auf die Mitarbeiterwahrnehmung der Misstrauenswürdigkeit der Unternehmensführung. Mit dem Faktor Führungsversagen wird das Nichterfüllen von Mitarbeitererwartungen an die Unternehmensführung verstanden. Die

Mitarbeitenden nehmen eine **fehlende Führungsverantwortung und fehlende Kompetenz der Unternehmensführung** wahr.[108] Der Entscheidungsprozess der Führungskräfte ist wenig kompatibel mit den persönlichen Wertevorstellungen aus der Sichtweise der Mitarbeitenden, sodass der Unternehmensführung **keine ethische Rechtfertigung für ihr Führungsverhalten** entgegengebracht wird. Die Mitarbeitenden geben eine **Angst vor der Unternehmenszukunft** wieder, sie sind skeptisch und kritisch in Bezug auf die Unternehmensführung und verhalten sich daher vorsichtig und zurückhaltend und äußern sich skeptisch und zynisch. In der Folge kommt es zu Skepsis „hinter vorgehaltener Hand" und die Mitarbeitenden betrachten *„gewisse Aussagen"* der Unternehmensführung *„einfach zynisch"*, wie MA10 wiedergibt: *„Dies* ***führt dann auch dazu****, dass dann gewisse,* ***gewisse Aussagen unserer Unternehmensführung einfach fast zynisch betrachtet werden;*** *erscheint dann auch zynisch!"*

Die Unternehmensführung zeigt **keinen klaren Führungskurs**, MA4 sagt dazu: *„Also es ist* ***keine klare Führung****. Das ist das Thema!"* Die Mitarbeitenden nehmen wahr, dass die Unternehmensführung nicht konsequent führt. Abläufe oder Projekte werden zu wenig engagiert angegangen und Sanktionen bleiben aus. Zur Erreichung der Unternehmensziele vermittelt die Unternehmensführung den Mitarbeitenden keinen klaren Führungskurs. MA6 schildert dazu: *„(...) ich habe manchmal das Gefühl,* ***wie kann ich hier optimal einen Beitrag leisten, wenn ich irgendwie nicht genau weiß, wo es hingehen soll? Und sogar das Gefühl habe, vielleicht weiß das, das Management auch nicht, wo es hingehören soll.****"* MA6 fragt skeptisch, ob die Unternehmensführung per se zu Veränderungen bereit und fähig ist: *„(...) ob unser* ***Management in der Lage*** *ist, die XXX, ach das ist nun nicht anonymisiert, die XXX* ***fit zu machen für die Herausforderungen der Zukunft****? (...) Das wir am Prozess beteiligt sind, aber ja, ich bin noch etwas* ***skeptisch, dass man das Veränderungspotential von solchen Dingen schon erkannt hat. Und auch gewappnet ist****, genau."*

Neben MA6 äußern auch MA4 und MA10 ihre **Zweifel hinsichtlich der Fähigkeit der Unternehmensführung, das Unternehmen kompetent, in die Zukunft lenken zu können**. MA4 gibt zu bedenken, dass trotz häufiger Reorganisationen das Unternehmen nicht erfolgreich aufgestellt werden konnte: *„(...)* ***trotz dieser 100 Reorganisationen, ist die Organisation nicht so aufgestellt, dass***

108 Die Zuschreibung von 'Mangel von Kompetenz' stellt nicht zwangsläufig 'Inkompetenz' dar und wird daher vorliegend nicht 'Inkompetenz' genannt. Zwar benennt die Bezeichnung Inkompetenz das Gegenteil zu Kompetenz, wie dies beispielsweise auch bei Keyton & Smith (2009) in Bezug auf 'Offenheit' und 'Verschlossenheit' der Fall ist, jedoch bedeutet dies nicht, dass die Konstrukte begrenzt sind. Die Charakteristika des offenen Konstrukts sind mit den Charakteristika des verschlossenen Konstrukts verbunden und sie unterscheiden sich insofern, als dass ein Fehlen von Kompetenz, wie vergleichsweise bei einem Fehlen von 'Offenheit', nicht zwangsläufig als Inkompetenz, 'Geschlossen-Sein', interpretiert werden muss.

sie funktionieren kann. *"* MA4 ist insbesondere in Bezug auf die Geldgeber misstrauisch und bezweifelt, dass die Unternehmensführung die zukünftigen Projekte und damit verbundenen Kosten *„im Griff"* hat: *„In Wahrheit, das ist jetzt wirklich vertraulich, auch für sie persönlich [= als Forschende] vertraulich, das ist, denke ich, klar, haben wir momentan* ***keine vernünftige Zahlenbasis****, wo die Leute, die involviert sind, das Gefühl haben: 'Hey das stimmt, was da jetzt auf dem Papier steht!' Und all das führt, ja, zu einer* ***Unsicherheit*** *und es führt auch dazu, also es bringt auch so 'ängstlich' und 'bange' überhaupt.* ***'Haben wir unser Zahlenset langfristig im Griff? Wissen wir, was wir machen? Stimmen unsere Kosten?'*** *(...) Wie man das Ausmärzen kann und* ***wie wir ganz ehrlich zu einer vernünftigen Zahlenbasis kommen können****, wo wir, ja, wo das Unternehmen auch dahinter stehen kann und das verlangen kann und der XXX darauf eingeht. Also* ***'ängstlich' in die Richtung, was passiert in der Zukunft****, weil ohne die Gelder hat das viel Auswirkung auf die XXX. Ja."*

Die Mitarbeitenden erachten die Unternehmensführung für wenig kompetent, die personellen und monetären Ressourcen adäquat zu planen und das angebrachte Anwendungs- und Sachwissen aufzuzeigen, wie MA10 sagt: *„(...) Aber was wir effektiv damit [= mit dem Geld] machen, ob wir, also das* ***Hinterfragen des Mitteleinsatzes, das findet nicht statt*** *und da ist, das sehe ich persönlich, ein ziemlicher* ***Handlungsbedarf.*** *"* Folglich ist es gerade bei Veränderungsvorhaben wenig verantwortungsvoll, *„zu viel aufs Mal"* zu wollen und zu *„übersteuern"*, wie MA10 erläutert: *„(...) da wurden jetzt wirklich auch* ***Rückmeldungen laut oder gegeben: 'Hey, seit 2014 oder so, schlaf ich nicht mehr gut.'*** *Also die Anlageverantwortlichen draußen, die sagen: 'Bis dahin konnte ich irgendwie, verstand ich das ganze System noch,* ***jetzt wird irgendwie übersteuert****, es sind gewisse Dinge plötzlich anders,* ***der Wandel wird nicht verstanden, wie man das jetzt, die Transition schaffen soll.*** *' (...) eben, ja, es* ***entwickelt sich ein banges Gefühl oder eben, die schlafen nicht mehr gut, weil sie nicht mehr verstehen, wie das jetzt, wie die Rückkopplung eigentlich dann funktioniert.*** *Weil das, wenn man da zu lange zusieht,* ***dann wird es einfach mal knallen und was dann passiert, ist klar, dann gibt es eine neue Leitung, also Unternehmensführung****, [Pause] neue Mitglieder der Unternehmensführung, denn das, das färbt dann ab, dann kommen neue Leute her, die dann per se und das ist ja, glaube ich, ja sogar bewiesen, sowieso alles nach ihren Vorstellungen umkrempeln wollen, d. h. dann haben wir noch mal wieder alles neu! Oder das heißt dann, noch mal mehr eine* ***Verunsicherung****. (...) Das ist einfach* ***meine Erwartung an die Unternehmensleitung****, dass man das [= dass die Mitarbeitenden an ihrer Belastungsgrenze sind] erkennt und auch richtig,* ***nicht zu viel aufs Mal will****, auch vielleicht mal den Kunden, sorry, stehenlässt und sagt, ganz klar sagt: 'Wir können nicht mehr, nicht mehr anders!' Und auch Gegensteuer der Politik gibt."*

Nach MA10 besitzt das Unternehmen hinsichtlich der Unternehmensentwicklung kaum eine Führungskompetenz, sondern bezeichnet diese als *„verkümmert"*, sodass es der Personalabteilung auch nicht gelingen kann, die Mitarbeitenden kompetent zu entwickeln: *„(...) das Selbstverständnis von der HR geht eben nicht in* *diese Richtung, die Mitarbeitenden wirklich weiterentwickeln zu wollen;* ***vielleicht auch nicht zu wissen, wohin dass man*** *[= die HR]* ***sie*** *[= die Mitarbeitenden]* ***entwickeln sollte.*** *Da schaffe ich dann den Link zu der* ***Unternehmensentwicklung****, wo ich sagen muss, die [= die Unternehmensentwicklung] ist ja bei der XX insbesondere* ***sehr verkümmert.*** *(...)* ***wohin müssen wir uns entwickeln, strategisch gesehen, also mittel- bis langfristig, da auch wirklich die Handlungsfelder aufzeigen kann****, wonach soll sich denn auch dann HR konkret orientieren soll oder muss,* ***wenn's um die Mitarbeiterförderung*** *geht, also da sehe ich, eine* ***rege, eklatante Lücke im System.****"*

Aus Mitarbeitersicht ist die '**Kundenorientierung**' ein selbstverständlicher, wichtiger Unternehmensgrundsatz für ein Dienstleistungsunternehmen. Jedoch verwundert es MA1, dass die Unternehmensführung 'Kundenorientierung' explizit als Grundsatz in das Leitbild schreibt, jedoch unfähig ist, die Kundenorientierung konsequent umzusetzen: *„Ja, vielleicht so das Thema Kundenorientierung, dass passt da [zur Karte 'zynisch'] auch mit rein, wenn man sagt, wir setzen den Kunden zuerst und der ist immer der wichtigste und so weiter und intern sieht man dann* ***keine Bestrebungen****, die diese Aussage bestätigen würden. Also man hört die Aussage, aber fühlt* ***keine Aktion, dass man jetzt wirklich etwas tut, um sich auf den Kunden zu fokussieren.****"* Auch MA11 zeigt Unverständnis für die Umsetzung der Kundenorientierung: *„Ich finde es auch nicht ok, zum Teil sagen sie [= die Unternehmensführung] schon vorneweg: 'Ja, ihr müsst aufpassen, die Kunden werden reklamieren.' Wenn man das schon weiß, wieso macht man es dann? HABEN SIE DA EIN KONKRETES BEISPIEL? Ja, z. B. letztes Jahr haben wir zwischen X und X das X geändert, (...), die [= die Kunden] sind natürlich alle am Motzen gewesen. Sie [= die Unternehmensführung] sagen einfach, dass müssen sie machen (...). Finde ich nicht, warum macht man das, wenn man weiß, das kommt negativ für den Kunden? Das begreife ich z. B. nicht."*

Die Unternehmensführung geht nicht offen und objektiv an Projekte heran, sondern stoppt ein Projekt aus *„Angst vor der Auseinandersetzung"*, sodass MA10 die Führungsverantwortung hinsichtlich eines fehlenden unternehmerischen Mutes und eines proaktiven Auftretens beklagt: *„(...)* ***Ziel des Projektes*** *['war mit'] Daten, eine gesunde Datengrundlage zu schaffen und auch prozessual, einen Schritt vorwärts zu kommen und die Enttäuschung war dann damit verbunden, dass das Projekt, als man eigentlich sah,* ***wo „der Fisch auf dem Tisch lag"*** *und wo man wirklich hätte sagen müssen, ok und jetzt einen Gang hochschalten, jetzt brauchen wir noch mehr Ressourcen, wir brauchen mehr Leute, die sich dem wirklich annehmen und auch sich den mutigen, also den frechen Fragen stellen und auch eine Antwort liefern und auch irgendwie wirklich einen Schritt vorwärts machen, da wurde das* ***Projekt zensiert um zwei bis drei Jahre.*** *'Das Business sei noch nicht reif etc.!' Das war, das ist eben noch, das ist eben noch das Dümmere an der Sache. Das Projekt war schon gestartet. Das sollte gut und gerne zweieinhalb Jahre dauern.* UND DANN WAR ES NACH ZWEI MONATEN ZU ENDE ODER WANN WURDE DAS GESTOPPT? *Das wurde gestoppt. Also ich kam früher, eigentlich vor der eigentlichen Initialisierung des Projektes schon dazu, aber nach rund einem Jahr,* ***als ich wirklich***

voll drin war und wir den „Drive" und all die Leute hatten, um da vorwärts zu machen, kam dann der Stopp. UND WOHER WUSSTEN DIEJENIGEN, DIE DAS STOPPTEN, DASS ES GUT WÄRE, ZU STOPPEN ODER WIE, WARUM KAM DER STOPP? *Der Stopp ist, ich sage jetzt mal, [kl. Pause] vordergründig wird, der Grund [kl. Pause]. Der Grund ['für den Stopp des Projektes'], der vorgehalten wird, finanzielle Mittel sind nicht vorhanden, das waren damals IT-Gelder. Das stimmt, das ist, „das schlägt keine Geiß weg". Aber auf der anderen Seite war es, glaube ich auch, irgendwie* ***Angst vor der Auseinandersetzung in der Unternehmensführung****, die Wichtigkeit des Projektes wirklich aufzuzeigen und dort wirklich auch einen Punkt zu setzen, auch den zehn Königreichen da zu sagen: 'Ok, wir müssen, einen gemeinsamen Weg finden und das ist jetzt der gemeinsame Weg.' Da, da fehlte der, sage ich jetzt mal, ich würde es jetzt als, weil ich ja auch Unternehmen, also auch KMUs geführt habe, selbst als Geschäftsleiter, da* ***fehlte aus meiner Sicht der unternehmerische Mut*** *dazu, weil da kann man sich, da eckt man an, da muss man sich rechtfertigen, da muss man, und das spüre ich einfach, da, im, im – da dies hier ja anonymisiert wird, ist es ja kein Problem – dass der Leiter von XX einfach irgendwie zu* ***wenig Power, Wille, Interesse auch, da den Hebel umzulegen****."*

Ferner klagt MA10 an, dass **keine unternehmerische Konsequenz im Zusammenhang mit dem Lernen aus Fehlern** besteht: *„(...) Also* ***aus den Fehlern lernen*** *und ob das nun wirklich so passiert, da* ***bin ich mir jetzt, da bin ich mir jetzt nicht so ganz sicher****. (...) Ja, es fehlt an, schließlich auch an, also ich verbinde das, dass das, dieses, wie man dieses Problem lösen könnte, das* ***verbinde ich ganz klar mit Unternehmerischen, ja wieder mit Konsequenz!*** *Ja, es muss einfach irgendwie [Pause]. Ja Fehlerkultur ist gut, Fehlerkultur ist nötig, aber zur Fehlerkultur gehört auch, dass* ***gewisse Fehler einfach auch nicht toleriert werden****. Also ich spür jetzt einfach. (...) Also wenn,* ***wenn Projekte „in den Sand gesetzt werden"****, egal jetzt, von der IT-Seite gibt es diverse und das ist nicht „Fingerpointing" gegen IT, weil vor dem IT-Projekt muss ja das Business eigentlich wissen, was es will, also der Fingerzeig geht eigentlich direkt wieder an uns zurück, ans Business. Es gibt diverse IT-Projekte, die sind jetzt definitiv, da haben wir viel Geld verloren, viel Geld verloren, das man anderweitig wirklich gut hätte gebrauchen können und was passiert? Man macht sogar offizielle Review, also* ***Projekt-Reviews und noch die interne Revision kommt schauen usw., aber unter dem Strich passiert nichts****. Sind immer,* ***die Leute werden umverteilt****, man kriegt irgendwie, die* ***Projektleiter*** *werden,* ***verlieren das Projekt, es kommt ein anderer drauf****."*

MA9 spricht von einer **unzureichenden Abschätzung und Begleitung bei der Implementierung von Projekten und Veränderungsvorhaben** seitens der Unternehmensführung: *„Verbesserungsmaßnahmen, die man probiert, die einfach gerade schon wie zum Scheitern verurteilt sind, bei denen man das Gefühl hat, ja, jetzt überstürzen sie etwas von „oben",* ***von der Führungsetage überstürzten sie ein Projekt einzuführen****, das* ***noch gar nicht ausgereift ist und umsetzen und ausbaden müssen es dann die Mitarbeitenden*** *bei uns, die ja,* ***die merken, es funktioniert so nicht und nach kurzer Zeit wird es dann auch eingestellt****. [Schilderung eines Beispiels] (...) und das Projekt ist aber so noch nicht ausgereift* *gewesen, es war so wie ein „**Schnellschuss**". Und auch unsere Ausbilder, welche die xBerufsbezeichnungx ausbilden, haben gesagt, **das verhebt es einfach noch nicht, ist ein „Schnellschuss"** und so war es dann auch, irgendwann. Dann ist es von „oben" sogar wieder außer Kraft gesetzt worden und jetzt tut man noch mal, geht man noch mal über die Bücher und bringt es eben noch zu Ende, irgendwie wird es dann schon eingeführt und dann ist es wahrscheinlich auch nicht schlecht. Aber sind manchmal so „**Schnellschüsse**", ja, mit denen schlussendlich die Leute hier leben müssen, **sie bekommen es einfach verordnet, es wird auch nicht im Voraus gefragt, bei dem man vielleicht das eine oder das andere, ja in einem Gespräch oder mit einem Dialog, gerade schon ausräumen und sagen könnte**, es ist eine gute Sache, aber da müssen wir zuerst noch diese und jene Veränderung vornehmen können."*[109]

MA10 und MA4 sehen die Zukunft des Unternehmens gefährdet. Sie sprechen von **Führungsversagen hinsichtlich der Entlassung des mittleren Managements**, den sog. Wissensträgern. MA4 erörtert: *„Aber einfach im Moment **die Knowhow-Träger**, die früher da waren, um das zu generieren und das zu erstellen, **sind nicht mehr da** auf diese Art und Weise und jetzt sitzt man vor einem riesen Unternehmen, also so mit einem riesen Unternehmen mit vielen Anlagen und viel Informationen und es wird einfach **schwierig da auf einen** ['Nenner zu kommen'], also wirklich **zu sagen, das brauchen wir**."* Mit der Entlassung der Wissensträger fehlen nicht nur, *„die Personen, die Bescheid wissen"*, sodass die Entscheidungsprozesse um ein Vielfaches länger dauern, sondern dadurch zeige die Unternehmensführung auch wenig Verantwortung gegenüber den verbleibenden Mitarbeitenden. Auch MA2 gibt diesen Aspekt wieder: *„(...), wir warten auf eine Antwort und jemand muss Bescheid sagen. Voilà. Das ist sehr schwierig dann, einen Bescheid zu haben."* Nach MA10 führt die Verschlankung des Mittleren Managements, den Wissensträgern des Unternehmens: *„(...) **zu sehr inhomogenen organisatorischen Strukturen,** wo die Entscheidungsfindung beispielsweise sehr schwierig wird, wenn es darum geht, ja, dürften wir, können wir, müssen wir, ein Projekt mit mehreren Millionen verschieben, um ein paar Jahre, wenn man **nicht die richtigen Leute hat, die Erfahrungen mitbringen und auch die den Mut haben, mal auf den Tisch zu klopfen**."*

MA12 beklagt das **geringe Führungsengagement** der Unternehmensführung und schildert hierzu ihr persönliches Erlebnis: *„Also es ist wirklich nicht die Arbeit an sich, also die Tätigkeit, die Kunden, die mich mürrisch und verdrießlich machen, weil da suche ich halt nach Lösungen. (...) Weil ich setze mich für dieses Unternehmen so ein als wäre es mein eigenes."* Wenn jedoch auf Seiten der Unternehmensführung wenig vorangetrieben wird, ist MA12 sehr erzürnt darüber: *„(...), also eben dann vielleicht mal „den Finger aus dem ['Arsch nehmen']! Entschuldigung, aber genau. Mach mal was! Und habe mich umgedreht und dachte, jetzt passiert was. Nur dort*

109 Bei der Schilderung von MA9 zu den *„Schnellschüssen"* beklagt MA9 auch, dass die Mitarbeitenden, *„es einfach verordnet bekommen"* und *„nicht im Voraus gefragt"* werden, was die Kritik an der 'fehlenden Mitsprache' unterstreicht (siehe Faktor 'prozedurale Ungerechtigkeit').

passiert halt einfach nichts und meine Meinung ist einfach, so kann es nicht, so kann es nicht auf Dauer gehen!"

Nach MA7 werden „schlechte" Arbeitskräfte entlastet und „gute" Arbeitskräfte erhalten Extraarbeiten. Er berichtet, dass die Führung **keine Verantwortung zur Sanktionierung von „schlechten" Arbeitskräften** übernimmt, jedoch den „guten" Mitarbeitenden mehr Arbeit aufbürdet, ohne hierfür eine Belohnung in Aussicht zu stellen: *„Ja bei der XXX ist das Problem, oder,* ***wenn Einer seine Arbeit nicht richtig macht, dann wird er einfach, sozusagen ersetzt.*** *Dann wird die Arbeit, die er nicht gut gemacht hat ['...'], man sagt nicht, du muss jetzt das weitermachen bis es gut wird, sondern man sagt dann einfach, dann macht das ein anderer. (...) Aber das* ***Problem ist, man macht seine Sachen gut und dann hat man gleich drei andere Extrajobs.*** *Man wird gar* ***nicht belohnt****, das macht mich ein klein wenig wütend,* ***man belohnt die, die es schlecht machen und die, die es gut machen, die bekommen dann einfach, der Stapel wird dann höher mit Spezialaufträgen****. Dann heißt es dann, ja super, das hast du super gemacht, kannst du gleich wieder ['...'] [lacht zynisch]! Es ist schon immer, ein wenig* ***Wutpotential dahinter****, nicht so, dass es mich irgendwie gleich zerfrisst oder irgendwer,* ***aber ist schon ein Aufreger, die ganze Firmenpolitik****! (...) Ja, der [= der es „schlecht macht"] hat einfach diese Extraarbeit nicht, der hat dann am Schluss weniger Arbeit. (...) Das ist durch die ganze Firma so, so wie ich die Firma kenne, ist das ein roter Faden durchgehend!"* MA3 appelliert deutlich an die Unternehmensführung: *„Einfach ihre* ***Führungsaufgabe mehr wahrnehmen****!"*

5.2.2 Negative Reziprozität

Die Beziehung zwischen der/dem Mitarbeitenden und den Unternehmensvertretern ist von Interaktionen und Reziprozitäten geprägt. Eines der Charakteristika von starkem Zugehörigkeitsgefühl zum Unternehmen und der Annahme, dass Vertrauen geschenkt wird bzw. dass das Vertrauen der Mitarbeitenden nicht missbraucht wird, ist die **Empfindung von Gemeinsamkeit und Gegenseitigkeit in der Beziehung**. Vorliegende Aussagen zeigen, dass die Mitarbeitenden empfinden, **kein Vertrauen von den Führungskräften** der Unternehmensführung geschenkt zu bekommen. Daher fällt es einer/einem Mitarbeitenden schwer, die Unternehmensführung als vertrauenswürdig einzuschätzen. MA10 sagt, dass Führungskräfte den Mitarbeitenden Vertrauen schenken müssen und schildert aus seiner Erfahrung: *„Aber* ***es gehört*** *auch, dass eben dann* ***„oben drüber" Vertrauen geschenkt wird „nach unten"*** *und nicht übersteuert wird. (...) Genau solchen Leuten ['mit Esprit und Eigeninitiative'], (...) müsste man ja eigentlich dieses, diese* ***unternehmerische Verantwortung wirklich auch geben, auch irgendwie das Vertrauen schenken und da spüre ich einfach, da wird nicht viel gemacht****."* Ein Führungsverhalten sollte die Fähigkeit umfassen, den Mitarbeitenden Vertrauen zu schenken, wie MA10 ferner an anderer Stelle des Interviews weiter ausführt: *„(...) es wird auch eigentlich* ***zu wenig Vertrauen nach unten geschenkt****, dass denn die Mitarbeitenden oder das was drunter ist, der Körper, auch die richtigen Entscheidungen fällen kann. (...) Und* *das spannende jetzt da, die weiteren Schritte ['im Projekt'], die jetzt eine Begleitung benötigen, die werden wiederum, das ist ein bisschen, ja für mich eine 'Enttäuschung' halt wieder, da* ***wird man jetzt von der Unternehmensführung einfach im Stich gelassen****, im Sinne von: „Ja, die haben es jetzt verstanden, wie es gehen muss, die sollten sich jetzt selber organisieren!' Aber sie [=* ***die Unternehmensführung] hören das wirkliche Bedürfnis nicht unbedingt gern*** *oder sie begreifen es nicht, warum das die [= Mitarbeitenden], dass das sie eigentlich weiterhin so eng, wie man das jetzt im Projekt gemacht hat, weiterarbeiten sollte und sich austauschen sollte, das will."*

Die Mitarbeitenden nehmen wahr, **kontrolliert und überprüft** zu werden und schließen daraus, dass die Unternehmensführung ihnen gegenüber misstrauisch ist, wie MA13 schildert: *„Wenn der X so Arbeits-, so Gruppen einsetzt, wo, wie soll ich sagen, vermutlich betrifft es eben jeden, dass er,* ***dass der X eigentlich wie „Undercover"-Gruppen einsetzt*** *für das, was die einen eigentlich im Job machen müssen, wie überprüft [lacht], wie und was eigentlich für ein Job, die machen müssten, sie überprüft. (...) Also für mich, also, für mich ist es ein bisschen, so wie er das sagt, ohne dass ich die Details jetzt wirklich weiß, ist es* ***eher ein Misstrauen****, anscheinend. Oder* ***man bekommt ein Misstrauen, so würde ich es interpretieren.*** *['Unter dem Motto:']* ***Ich traue dem nicht, was die*** *[= die Mitarbeitenden]* ***eigentlich erarbeiten****,* ***ich will das noch überprüft haben, verifiziert haben, ob das stimmt, ob die zum gleichen Ergebnis kommen*** *oder was auch immer. (...),* ***ich brauche eine gewisse Freiheit. Und eben auch ein gewisses Vertrauen****."*

Auch MA11 spricht eher von unternehmerischer Kontrolle als von einem Vertrauen in die Mitarbeitenden: *„Ja jetzt zum Beispiel, dass man im Sommer bei 25 Grad Krawatte tragen muss und das kontrolliert wird und genau geschaut, ob man auch wirklich Krawatte und Foulard anhat. Das wird kontrolliert. UND WER KONTROLLIERT DAS DANN? Ahh, [lacht], der Herr X hat auch schon Leute gemeldet, wirklich. Ein Mal ist er zwischen xOrtx und xOrtx, anscheinend sei einer zwischen xOrtx und xOrtx kontrolliert worden ['...']. WÜRDEN SIE SAGEN, DASS DIE XXX EIN KONTROLLUNTERNEHMEN IST? Ja es gibt schon dieses Schreiben hier, also Meldung machen sagen wir dem, finde ich nicht ok. Entweder hat man genug Eier zum ins Gesicht sagen, was los ist, oder man soll es sein lassen. (...) Bei der XXX muss man* ***alles, was man macht, begründen können und dann hat man seine Ruhe****. [lacht] Ja, das ist wichtig, alles begründen, dann sind sie [= die Unternehmensführung] happy."*

Des Weiteren fühlt sich MA11 überprüft, da seitens der Personalabteilung ihre Krankheitstage kontrolliert werden und sie darüber **Rechenschaft ablegen** muss: *„Ja, aber ich z. B., mit einer Rotznase, wenn meine Nase läuft, läuft sie 24 Stunden am Tag. Dann kann ich gut im Büro hocken, hab ich kein Problem, aber so kann ich nicht zum Kunden! Kann nicht so vor den Kunden. Ich kann nicht gehen, wenn ich Kopfweh habe oder mir ist schwindelig. Ich muss gehen, ich muss stehen, ich habe eine Verantwortung im xVerkehrsmittelx. Ich bin verantwortlich für die Leute, die im xVerkehrsmittelx sind. Ja, dabei ist das doch positiv, wenn der Mitarbeitende so schnell wie möglich wiederkommt! (...) Ja, grundsätzlich ist es ja so, wie das Unternehmen denkt, wenn ich nach einem Tag wiederkomme und schaffe und nicht länger zu Hause bleibe. (...) Die glauben, sicher gibt es immer mal wieder welche,* *die „blau machen". Aber ich schaff ja da, also* ***ich hab ja nicht blau gemacht****, ich komm ja immer wieder gleich zurück. (...) Die Frau vom HR hat sich dann beim Chef über mich beschwert. Weil ich von Anfang an sagte, das kotzt mich an [lacht], dass ich das nicht ernst nehme. Wenn ich krank bin, bin ich krank und ich komme so schnell wie möglich wieder zum Dienst."*

Ebenso schildert MA2, sich von der Unternehmensführung überwacht und kontrolliert zu fühlen: *„Sie [= die Unternehmensführung] wollen, dass wir zu Hause arbeiten. (...) Wir haben jetzt ein Telefonsystem und ich sehe,* ***dass sie kontrollieren****, wenn wir Zuhause sind. Ah, das ist grün, sie arbeitet. Wir arbeiten im System und wenn das rot ist, heißt es beschäftigt. Voilà gelb, wir arbeiten nicht. Rot, das ist besetzt. (...) Wir haben drei Farben. Ich höre meine Kollegen sagen, sie [= die Unternehmensführung] kontrollieren."* In Bezug auf die Mitarbeiterzufriedenheitsstatistik meint MA2 überprüft zu werden: *„Wenn wir eine Statistik machen müssen, wenn sie [= die Unternehmensführung] die Mitarbeiterzufriedenheit abfragen, das ist anonym. Wir wissen, das ist nicht anonym."* Daraus leitet MA2 ab: ***„Ich schreibe nicht, was ich wirklich denke.*** *(...) ich kenne meinen Chef und ich weiß, was er will und was er nicht will. Donc."*

Als Grund für eine eher misstrauische Beziehung zwischen der Unternehmensführung und den Mitarbeitenden nennt MA1 die mangelnde ehrliche und offene Kommunikation, insbesondere seitens des CEOs als Hauptvertreter der Unternehmensführung: *„Ja, so, irgendwie das* ***Vertrauen ist irgendwie angekratzt****, weil ich denke,* ***die Kommunikation ist nicht offen****. (...) Er [= der CEO] tut so und ist immer so „Feuer und Flamme" und man könnte meinen, bla, bla, bla. Aber es läuft halt schon nicht alles so gut, wie das eben dem Kunden kommuniziert wird, oder. Ja, ich meine, wenn man ihn so hört! In ihn habe ich jetzt nicht viel Vertrauen!"*

5.2.3 Gegenseitige Selbstbestätigung

Die **Verbreitungseffekte gegenseitiger Selbstbestätigung** finden durch ein **generelles Schlecht-Reden** im Sinne eines *„Motzens"* oder *„Witze machen"* der Mitarbeitenden in der Küche, beim Vorbeigehen im Flur oder einem kurzen Austausch beim Kaffee statt. MA9 sagt, dass ***„relativ schnell über dies und jenes hergezogen"*** wird. Über aktuelle Themen und Veränderungsvorhaben wird negativ gesprochen, sodass sich neue Vorhaben der Unternehmensführung nur schwerlich durchsetzen lassen und Mitarbeitende ihre Witze machen, wie von MA5 geschildert: *„Also ich* ***mache schon meine Witze****, bin zynisch, jetzt über das Thema Desk-Sharing und ich sage mir einfach, dass reguliert sich von ganz alleine, weil kein Mensch lässt sich da irgendwo bevormunden."*

MA11 erzählt, dass generell *„bei Neuem, rigoros geflucht"* wird: *„Ja, also ganz allgemein, vom XXX-personal her, vom Gefühl, es ist immer, wenn eine Neuerung kommt, das bin jetzt nicht ich persönlich, aber da* ***wird zuerst mal rigoros geflucht****. Ganz allgemein,* ***weil alles was neu ist****, „es war ja gut wie es früher war". Es gibt auch noch viel Arbeitskollegen, die noch von den „alten Zeiten" schwärmen. '****Das jetzt ist ein Scheißdreck und so****. Bis man es dann mal hätt und so.' (...) Bei uns [= beim*

XXX-personal'] wird das dann eben wieder halt diskutiert und gelästert, bei uns wird viel diskutiert beim XXX-personal. Gelästert und ja." Als Hintergrunderklärung für die Nörgelei und Motzerei räumt MA1 ein: *„Es gibt doch auch Leute, wenn man will, findet man immer etwas zu motzen. (...) Das ist einfach so. Die ewigen Nörgler und wie ist es bei der XXX, das ist an für sich, das ist manchmal wie bei einem, einer Fußball- oder Hockeymannschaft. Jeder Zuschauer weiß, wie man coachen müsste und weiß wie man spielen müsste und so!*" Jedoch verbreite sich die Nörgelei einer/eines Mitarbeitenden auf die anderen Mitarbeitenden, wie MA1 weiter ausführt: *„Wenn sie [= eine/ein Mitarbeitende/r] eine gute Laune haben* ***und alles motzt****: 'Schon wieder dieser Scheiß und alles und überhaupt, und der nächste kommt und motzt auch.'* ***Ach, dann werden sie auch nach unten runter gezogen!*** *So viel Kraft hat man dann auch nicht, oder.*"

Neben einem generellen „Lästern und Motzen" findet **durch das konkrete Weitererzählen von Einzelschicksalen** unter den Mitarbeitenden eine gegenseitige Selbstbestätigung und Verbreitung statt. Es werden Geschichten von Mitarbeitenden erzählt, die gehen mussten. MA12 schildert beispielsweise eine Entlassung eines Kollegen: *„Es gab wirklich einige Kollegen, da hat, das war wirklich ein, ein Kollege ist, glaube ich, auch so um die 55 jetzt inzwischen, also damals vielleicht so was 53, 52. Es ist ein Mensch, der hat immer seine Ziele erreicht. Der hat immer seine Vorgaben umgesetzt auf „schlag mich Tod". Aber der hat einfach jedes, welches das Unternehmen vorgegeben hat, hat er erreicht. Ob er dann das wirklich so gelebt hat oder ob das wirklich in seinem Inneren genau so, also das glaube ich nicht. Aber hat auf jeden Fall,* ***das was das Unternehmen wollte, hat er auch umgesetzt****. Also eben,* ***er musste gehen. Man wollte ihn nicht mehr.*** *Und da war ich eigentlich,* ***da war ich wirklich enttäuscht. Also ich hatte noch eine Stelle, aber mit dem hätte ich jetzt nie im Leben gerechnet. Also, wenn schon dann, ich hätte keine Stelle, aber er ganz bestimmt nicht!*** *Und da glaube ich einfach, da lag es wirklich, das war einfach nur ['...'], das,* ***diese Schuld gebe ich dem Unternehmen****, also den Vorgesetzten und dem Unternehmen, seinen Vorgesetzten. (...)* REDEN SIE MIT KOLLEGEN, ANDEREN MITARBEITENDEN DARÜBER? *Also mit, über dies [= das Erlebnis der Kündigung des Kollegen] habe ich auch schon ['...'], hab ich darüber ['geredet'].* ***Also ich habe mit, ich habe mit anderen Kollegen darüber geredet*** *und auch schon mit Vorgesetzten. Nur die Ausrede halt: 'Ja, er ist halt einer von den Älteren!' Aber also, er ist inzwischen 55 oder 56 oder so was. Ich weiß nicht genau, vielleicht ist auch 57, ungefähr. Also er war nicht einer von den Ältesten, also ganz bestimmt nicht!*" Aufgrund dieses speziellen Einzelschicksals empfindet MA12 Unsicherheit. Wenn in Umstrukturierungsphasen nahe Kollegen/innen entlassen werden und sie selbst im Unternehmen – *„ohne augenscheinlichen Grund"* – verbleibt, ist ihr unklar, weshalb sie noch nicht entlassen wurde. Die Geschichten der Kollegen/innen über unerklärliche Entlassungen führen zu Besorgnis und Unsicherheit unter den Mitarbeitenden, wie auch MA14 berichtet: *„Gerade in unserem Team und letzten, ja letzten Sommer wurde* ***auch noch jemandem gekündigt und das hat natürlich auch für viel Unruhe und Besorgnis gesorgt, weil nicht offen kommuniziert*** *wird. Das ist auch einerseits verständlich, aber ['...']. (...) Man weiß einfach, dass er* *wirklich einen guten Job gemacht hat. Das Ganze ist persönlich und ja. (...) aber ich weiß, dass eine Angst ['um den eigenen Arbeitsplatz'] da ist. Es sind auch noch andere Leute „verschwunden", ob die gekündigt worden sind oder nicht, weiß man nicht so genau. Aufgrund der Restrukturierungen und auch Rücksetzungen von Personen, die eigentlich vorher eine Führungskraft waren, waren plötzlich nur noch Mitarbeitende da."*

5.3 Konsequenzen von starkem Mitarbeitermisstrauen

Die Folgen des Mitarbeitermisstrauens gegenüber den Unternehmensvertretern bestehen gemäß vorliegendem Datenmaterial in einer 'argwöhnischen Wachsamkeit und Vorsicht', in der 'Vermeidung von Interaktion und Kooperation' sowie in einem 'Rückzug und einer inneren Kündigung'.

5.3.1 Argwöhnische Wachsamkeit und Vorsicht

Die Mitarbeitenden zeigen eine argwöhnische Wachsamkeit und Vorsicht gegenüber Projektvorhaben, generellen Veränderungen und im täglichen Miteinander gegenüber der Unternehmensführung. Im Falle von Misstrauen stehen die Mitarbeitenden **jeder Information oder einer Entscheidung argwöhnisch gegenüber, hinterfragen Dinge und sind skeptisch**, wie MA1 berichtet: *„Wenn man, ja, was man erlebt hat so und dann kommt wieder etwas Neues, dann schaut man das schon ein bisschen mit Argusaugen an. Weil vielleicht weiß man ja an und für sich, wie das kommt und was da kommt, oder."* Auch MA9 bestätigt ihre Skepsis und die ihrer Kollegen/innen: *„'Vorsichtig' habe ich gewählt, weil, ich glaube auch,* ***bei vielen Kollegen und auch bei mir selber*** *drinnen beobachte ich, dass man* ***wahnsinnig vorsichtig*** *damit umgeht,* ***was man sagt und kann man einer Aussage auch bis ins Detail hin vertrauen****, weil doch über die Jahre irgendwie bekommt man das vielleicht mit, es wird wahnsinnig viel geredet und geschrieben und schlussendlich läuft es darauf raus, dass denn eben nicht alles so genau ist, wie es in einem gewissen Sinne versprochen worden ist. Ich glaube,* ***jeder hinterfragt, je länger, dass er im Unternehmen ist*** *dann immer auch die Sachen, kommt es auch wirklich so? Kann man dem trauen?"*

MA9 spricht den Aspekt der Betriebszugehörigkeit an, wonach Mitarbeitende kritischer und argwöhnischer seien, wenn sie eine lange Betriebszugehörigkeit aufweisen: *„Bei dem '****kritisch****', denke ich mehr, ist eher so, dass man einfach kritisch wird über,* ***mit den Jahren****. Ich beobachte das bei den Jüngeren, die wir im Unternehmen bei uns haben oder die wir gerade ausgebildet haben, dass die noch relativ, ja so mit einer Lockerheit und Naivität manchmal da sind und je älter die Mitarbeitenden sind, oder besser gesagt,* ***je länger sie im Betrieb sind, wird man kritischer und hinterfragt gewisse Sachen.****"*

Als Beispiel des Hinterfragens führt MA9 die Unternehmenszeitung an: *„Das sieht man in* ***unserer*** *XXX-****Zeitung*** *z. B., die wir haben, da ist auch nicht immer alles wahr, was da drin ist, sondern man hat das Gefühl, ja, ist auch ein bisschen ein* ***Propaganda-Instrument der Unternehmung****. Viele Kollegen sagen immer, man müsse* *immer das XXX-Organ, also die XXX-Zeitung, und dann noch das Gewerkschaftsorgan lesen und dazwischen liegt das Richtige, ja. Weil die einen schreiben natürlich nur vom Positiven, das hier läuft und die Gewerkschaft ist manchmal sehr, sehr kritisch. Ja, das glaube ich, das lernt man einfach, so ein bisschen, ja.“* MA9 ist dem Unternehmen gegenüber generell argwöhnisch eingestellt, weil sie nicht weiß, *„(...)* ***was sie einem immer wieder probieren unterzujubeln*** *[lacht zynisch].“*

Da die Mitarbeitenden wenig empfänglich sind, die Informationen aufzunehmen, sondern eher Schwachstellen und *„das Negative“* suchen, werden **Unternehmensentscheidungen negativ und aus der subjektiven Warte beurteilt**. Für die Unternehmensführung ist es daher schwierig, Entscheidungen oder Projekte durchzusetzen, wie MA3 zugibt: *„Und dann wird, leider wird* ***das Negative, wird dann auch so gesucht****, oder, das ist klar! Und dass die Führung, das an die Mitarbeitenden bringen kann und diese Entscheidungen, das ist natürlich schwierig. Und wenn sie es noch macht, dann lesen wir es doch nicht, das ist noch das andere [lacht].“* Dass die Mitarbeitenden vorsichtig sind und die Unternehmensführung negativ beäugen, schildert auch MA6: *„(...) Deshalb auch vorsichtig, weil ich das Gefühl habe, Vieles, was kommuniziert wird, wird dann nicht so heiß gegessen, wie es gekocht wird. Und ‘kritisch’ passt auch da mit rein. Also, ich würde jetzt mal sagen,* ***nicht alles, was von der Unternehmensführung kommuniziert wird, wird unreflektiert ausgeführt. Man hinterfragt*** *auch, insbesondere wenn die Motivation und die Ziele unklar sind, dann denke ich, darf man auch ‘kritisch’ sein.“* Dies geht mit MA14 einher, die sagt: *„****‘Vorsichtig’, ja das ist das Resultat daraus, eben wenn man nicht so genau weiß, was einen erwartet****, ist man sicher ein bisschen vorsichtiger mit seinen Äußerungen. Hingegen ist man* ***auch ‘kritisch’****, wie das halt immer ist, wenn es Umstrukturierungen gibt und ja, auch nicht so ganz sicher ist, wie das Ganze weitergeht.“*

In Folge der Misstrauenswürdigkeit der Unternehmensführung bezieht sich die Wachsamkeit und Vorsicht der Mitarbeitenden auch darauf, wie und was sie sagen. MA8 berichtet: *„Ja ‘vorsichtig’, aufgrund der Jahre, und was man sagt. (...) weil, wie sagt man so schön, die Wege sind unergründlich. (...) Vorsichtig, was man sagt. WAS ODER WIE? ODER BEIDES? Beides [‘was und wie’]. Eigentlich* ***über alles vorsichtig, wo, wann, mit wem, was man redet, so. Man muss aufpassen, die Wände haben Ohren****, oder solche Sachen. (...) Also, ich habe gelernt für mich, dass man vorsichtig sein muss. Zuerst die Leute kennenlernen bevor man Vollgas gibt. (...) Mich hat es einfach gelehrt, dass man versucht, erst mal abzuschätzen. Die Person versucht, kennenzulernen und erst dann weiß man, was die für Verbindungen hat usw.“*

Ebenso berichtet MA5, dass er **vorsichtig** ist, **was, wie und wann er etwas sagt**: *„Beides eigentlich [‘beim Wie- und Was-Sagen bin ich vorsichtig’]. Also beim Wie-Sagen bin ich eigentlich immer eher der Typ, ich sage es sachlich und vor allen Dingen, wenn ich es schreibe und das meiste funktioniert ja dann über das Schreiben. Also wenn ich etwas schreibe, dann bin ich immer vorsichtig, also das geht nur sachlich. (...)* ***Bei bestimmten Themen da sagt man sich: ‘Oh, das schneide ich jetzt besser nicht an****.’ Bei anderen bestimmten Themen sagt man sich: ‘Naja, da sieht man vielleicht noch eine Chance, da kann man mal was sagen, aber man sagt es dann jetzt* *nur noch vorsichtig. (...) also es gibt Sachen, wo man auch sagt hinterher, ich weiß gar nicht, wie ich es beschreiben soll, ich glaube, es ist situativ, wo ich einfach sage: **'Ok, ist es jetzt wert dazu noch was zu sagen oder ist es, ist es nicht wert**, sind es auch meine Nerven wert, dazu noch was zu sagen?' Also ich glaube, ich bin eher an dem Punkt, wo ich sage, wenn ich jetzt dazu was sage, hast Du entweder **hinterher noch mehr Arbeit**, also lass ich es eher aus dem Grund, weil ich sage, es bringt mich jetzt nicht weiter.*"

MA11 ist auch von einer argwöhnischen Vorsicht und Wachsamkeit begleitet: *„'Vorsichtig' ist mehr, mehr gegenüber dem, ja eben, dass man alles begründen muss können. [kl. Pause] Aber eh, und **wissen, wem man, was sagt**. Also **wenn man lästert oder flucht, wo man was sagen kann, damit es nicht zurückkommt**.*" MA10 unterstreicht den Aspekt, dass die Mitarbeitenden achtsam und vorsichtig sind, da sie Angst vor einer *„Retourkutsche"* haben: *„(...) aufgrund der Rückmeldung von Kollegen, jetzt auch aus dem Projekt, von den Mitarbeitenden, da scheint mir doch noch von früher irgendwie so eine Angst, wie sagt man da, ein **Angstumfeld** geherrscht zu haben: **'Oh ja, nicht zu stark nach oben drücken oder rufen!' Weil es kommt dann die Retourkutsche**, also wieder rum, also wieder runter.*"

5.3.2 Vermeidung von Interaktion und Kooperation

Die Mitarbeitenden begrenzen ihre inhaltliche und auch **persönliche Interaktion und Kooperation in der Beziehung zu der Unternehmensführung auf ein Minimum** – auf so viel, dass dem „Dienst nach Vorschrift" nachgegangen werden kann. MA8 schildert an seinem Beispiel, dass er und seine Kollegen/innen sich zusammengetan haben, gegen ein Vorhaben der Führungskraft zu steuern. Sie zeigen kein Interesse an einem kooperativen Verhalten und halten Informationen zurück: *„**Wir müssen wieder irgendetwas machen** und der Clou von der ganzen Sache ist, die Person, die die Fachgruppe betreut, die jene eingeladen hatte, die will das ['die Aufgabe X-Assessment'] von uns und gibt es ihr wieder. Aber sie [= die Führungskraft] hat eigentlich auf dem File Zugriff auf unsere Sachen. **Sie könnte sie** [= die Unterlagen] **selber raussuchen, weil wir müssen unsere Sachen auch selber suchen.** Und das sind für mich Sachen, bei denen ich das Gefühl habe: Oh ha! Ich bekomme Pickel am Arsch, wenn ich das Thema höre. Verstanden? [lacht] (...) **Ich habe es** ['das Raussuchen der Unterlagen'] **nicht gemacht**. Nicht gemacht und nun warte ich ab, was passiert. (...) Und für uns war es einfach: 'Sorry, Du hast Zugriff auf die Daten! Schau doch selber, was Du nehmen willst!' WIE VIELE LEUTE SIND SIE IN DIESER ARBEITSGRUPPE? Vier, fünf. **Wir sind die, die sagen, schau doch selber!** OK, HALTEN SIE ZUSAMMEN, SIE FÜNF? In dieser Gruppe gibt es den einen oder anderen, der gerne noch ein wenig, der gerne noch ein wenig Karriere machen will. Weil er vielleicht positiv auffallen will, weil er vielleicht noch nicht so lange bei der XXX. WENN SIE FÜNF ZUSAMMEN HALTEN, WÜRDEN SIE AUCH EINE GEWISSE MACHT HABEN? Genau. UND KÖNNTEN ETWAS DURCHSETZEN? Genau. In gewissen Arbeitsgruppen gibt es das und man merkt gut, dass da die etwas die gestandeneren Leute dabei sind, da geht das gut. WARUM DENKEN*

SIE, DASS DAS GEMACHT WERDEN MUSS? [kl. Pause] IST ES EINE GESETZLICHE ANFORDERUNG? Nee. Nein, das ist gleich wie ein Furz. GIBT ES ÖFTERS SOLCHE „FÜRZE"? Genau!"

Dass die Vermeidung von Interaktion und Kooperation zu einem erhöhten **Zeit- und Arbeitsaufwand für das Herbeiführen von Entscheidungen** führt, ist den Mitarbeitenden durchaus bewusst und wird in Kauf genommen, wie MA1 schildert: *„Wenn sie selber in einem Workshop sind und sie haben irgendwie, sie sind zu sechst und da* ***haben sie einen, der eigentlich, ja immer nur das Negative erwähnt oder das Negative unterstreicht****, wie: 'Habt Ihr gedacht, und überhaupt und denkt mal daran und tut mal und man sollte ['...'], dann wissen wir selber,* ***das wird mühsam****, oder."* Die Mitarbeitenden versuchen sich einzig an die Entscheidungen oder Vorgaben zu halten, die ihr/ihm zusagen, ansonsten zeigen sie eher ein destruktives Verhalten gegenüber den Erneuerungen bzw. den Vorgaben der Unternehmensführung. Beispielsweise zeigt MA5 und ihre Kollegen/innen, dass sie die Vorgaben umgeht und „liberal" auslegt, indem sie und ihre Kollegen/innen sich privat einen Telefonhörer kaufen, wie MA5 schildert: *„Jetzt gerade Anfang Februar sind die Telefone, die* ***Festnetztelefone abgeschaltet worden und da haben dann auch Kollegen angerufen****: 'Ja, Frau MA5, mein Telefon funktioniert nicht, warum?' Da hab ich gesagt: 'Ihr wisst doch, es wurde Ende letzten Jahres kommuniziert, Telefone werden zum Ende Januar abgeschaltet.' Jetzt ist halt der Zeitpunkt gekommen; jetzt geht es nicht mehr. Und dann hat er [= der Kollege] gesagt: 'Ja, aber ich habe doch so viel nach extern zu telefonieren und jetzt muss ich das alles mit dem Handy machen und das Handy ist dann gleich warm am Ohr!' Und* ***wir haben jetzt so reagiert, ich habe mir z. B. so ein Retrotelefonhörer gekauft, den werde ich jetzt*** *dann im neuen Gebäude* ***in Betrieb nehmen****, d. h. auf dem kann ich abnehmen und dann habe ich meinen Telefonhörer* ***und andere haben das auch gemacht****, also bei uns in der Abteilung haben das* ***ungefähr die Hälfte der Mitarbeitenden*** *schon. UND DIE DÜRFEN SIE DANN BESTELLEN, AUCH ÜBER DIE XXX? Nein, nein. Das ist privat gekauft."* MA1 reagiert mit Gegenwehr zu der Vorgabe, nicht das Verkehrsmittel zu Stoßzeiten zu nehmen: *„(...) da muss ich sagen, das ist mir egal."*

Im Misstrauensfall sinkt die Interaktion und Kooperationsbereitschaft mit der Unternehmensführung nicht nur, da die Mitarbeitenden eine **Blockadehaltung** einnehmen, wie von MA8, MA5 und MA1 geschildert, sondern auch aus dem Grund, dass die Mitarbeitenden **Diskussionen und Auseinandersetzungen vermeiden** wollen. MA11 beispielsweise beteiligt sich kaum an Abstimmungen für das Unternehmen: *„(...) Ich hab, sogar letztes Jahr, da war die große Abstimmung gewesen der XXX, ob die XXX mehr Geld bekommt.* ***Ich war nicht abstimmen. Interessiert mich nicht, also wirklich****. Mein Chef fragt mich auch, was ist denn so? Meistens bin ich nicht die erste, die er fragt, sodass ich sage: 'Ja ist gut.' Dann habt ihr eine Freud! [ironisch gemeint; MA11 lacht]."* Die Mitarbeitenden fürchten, dass *„etwas zurückkommt"*, wie im weiteren Interviewverlauf von MA11 geschildert und von MA10 als *„Retourkutsche"* bezeichnet. MA10 und seine Kollegen/innen sprechen von einem *„Angstumfeld"*, dass für das Minimum an Interaktion und Kooperation von den Mitarbeitenden verantwortlich gemacht werden kann. Somit möchten die Mitarbeitenden auch der Überprüfung oder Rechenschaftspflicht seitens des Unternehmens *„entkommen"* und interagieren so wenig wie möglich, wie MA13 schildert: *„Wenn das [= Schenken von Vertrauen seitens der Führungskraft] nicht da ist, dann ['...']. [Pause] Sie [= die Führungskraft] hat mir dann manchmal gesagt:* ***'Ich bin wie ein „schlüpfriger Fisch"!'*** *Ja, einfach, oder, ja* ***ich habe möglichst versucht, mich dieser Kontrolle zu entziehen und nicht die ganze Zeit Rechenschaft ablegen zu müssen*** *und was ist jetzt und so."*

5.3.3 Rückzug und innere Kündigung

Da die/der Mitarbeitende **keine soziale, gemeinsame Identität mit der Unternehmensführung** wahrnimmt, sie/er sich verletzt fühlt und enttäuscht ist, zieht sie/er sich innerlich im Sinne der inneren Kündigung zurück. MA10 spricht in diesem Zusammenhang *„(...) von den „Abgelöschten, die dann so Dienst nach Vorschrift denken, (...)."* MA9 zieht sich innerlich zurück, da sie keinen Weg sieht, sich einbringen zu dürfen bzw. eine Stimme, zu haben: *„Ich habe das Gefühl, also manchmal schon bisschen,* ***man könnte „den Kopf in den Sand stecken"*** *und denke, es könnte eine noch bessere Kundeninformation rausschauen, wenn man noch das und das und das verändern würde. Aber wie gesagt,* ***dann versandet es bei jemandem oder man*** *[= die Unternehmensführung/ das Unternehmen]* ***will das einfach nicht****. Es ist einfach nicht vorgesehen von „ganz oben". Auch wenn wir Mitarbeitenden das Gefühl haben, es wäre eine bessere Kundeninformation, wenn man Spezialisten hätte, wenn jetzt halt die Unternehmensleitung das Gefühl hat, sie möchte gerne diese Polyvalenz wieder haben, dann ist das keine Entscheidung, die von uns umgestoßen werden kann."* MA7 schildert im Zusammenhang mit Verbesserungsvorschlägen die Resignation unter den Kollegen/innen: *„Aber die Leute,* ***meine Arbeitskollegen sind****, übertrieben gesagt,* ***total frustriert, die machen doch keine Vorschläge mehr!*** *Wenn man überall sieht, dass das nicht, dass das gleich nicht zustande kommt, da muss ich nicht diesen Aufwand betreiben, ist wahrscheinlich* ***Resignation****.* ***Dann denkt man eben, „man hat dann die Nase voll", nützt ja eh nichts****. Das ist dann die Konsequenz daraus. Man sagt einfach, es hat keinen Wert, das nützt nichts. Ja, ist natürlich eine schlechte Grundlage, aber es ist nun leider so, so ist das."* Die Mitarbeitenden empfinden eine Ohnmacht nach dem Motto, dass es nichts bringt, sich einzubringen, da sie keine Mitsprache haben und falls sie Vorschläge machen, diese versanden.

Anhand des Beispiels der Verbesserungsvorschläge sind die negativen Verbreitungseffekte unter den Mitarbeitenden erkenntlich, wie MA7 weiter schildert: *„Die [= Verbesserungsvorschläge] werden natürlich aufgenommen und behandelt und eben, es* ***führt dann am Schluss sehr wahrscheinlich zu nichts****. Die Chancen, dass nichts passiert sind, sind wesentlich, sind sehr hoch oder. Auch wenn die Idee gut ist. Also wir hatten diesen einzelnen, bei uns in der alten Gruppe, hatten wir diesen einzelnen Fall und von dieser Stelle ist nie mehr ein Vorschlag gekommen. Ja, ja,* ***das bekommt natürlich die ganze Gruppe mit, wenn Einer diesen Vorschlag macht****."*

Andererseits wird aufgrund der zahlreichen Vorgaben der Unternehmensführung und die dadurch verursachte Verletzung des Mitarbeiterwerts ‘eigene Autonomie’ die Motivation für die Arbeit reduziert, wie MA5 ausführt: *„Und also, ich sage mal, mir darf gerne jemand* ***Vorgaben*** *machen, so* ***„von oben“ „nach unten“, aber man muss sich immer überlegen, wie*** *sehen denn die Vorgaben aus, dass der* ***Mitarbeitende noch die Möglichkeit hat, irgendwie eine gewisse Befriedigung zu bekommen*** *und auch eine Herausforderung zu haben. Aber je mehr ich die Leute ins Spezielle, in Einheitsbrei dränge, indem ich [= die Unternehmensführung] sage: ‘Ich habe nur noch, ich verfolge den einen Standard.’ [kl. Pause] Ich sag dir, es fängt mit den Büromöbeln an!“*

Die/der Mitarbeitende ist resigniert, frustriert und fühlt sich wenig wertgeschätzt. MA12 erklärt: *„Eben, das ist, das ist genauso, ich wollte eben noch, es gab ja da noch diese, diese* ***„korrosiven Energien“*** *– weiß was für Energie! Bei uns ist es doch so, alle sind eigentlich doch voll dran, aber eigentlich, eigentlich, [kl. Pause] ja, nicht wirklich, nicht zufrieden, sondern* ***es ist die Energie*** *zum,* ***zum „Doch-noch-Arbeiten“*** *und doch noch eben Vollgas geben.“* MA12 ist besonders als Reaktion auf die fehlende Mitsprachemöglichkeit resigniert und zieht sich zurück: *„Zum Teil* ***lasse ich es lieber [‘etwas zu sagen’].*** *Außer es ist wirklich so offensichtlich, dass es eigentlich gar nicht mehr meinen Kommentar dazu braucht, sondern dass es eigentlich alle von Grund auf sehen, dass es, dass was nicht stimmt. Ähm,* ***ich lebe einfach damit. Es ändert sowieso nichts****. Ich habe es zwei Jahre lang versucht!“*

MA1 spricht von Frust unter den Kollegen/innen, die ihre Tage bis zur Pensionierung zählen: *„Weil ich habe, es gibt solche* ***Kollegen, die sind irgendwie gefrustet*** *und weiß ich was* ***und laufen rum [‘und sagen’]: ‘Jetzt habe ich nur noch 839 Tage [‘bis zur Pensionierung’]’*** *und morgen kommen sie: ‘Jetzt habe ich nur noch 838 Tage!’“* MA11 schildert: *„Ja, ich denke, ich komme einfach schaffen, kassiere an meinem Zahltag“* und MA10 berichtet von Kollegen/innen, die innerlich resignieren und daher *„Dienst nach Vorschrift“* machen: *„Das sind dann* ***die Abgelöschten, die dann so Dienst nach Vorschrift denken****, von denen gibt es sehr viele, das ist speziell dann auch in der breiten Mitarbeiterfläche, wo sie sagen: ‘Ok, jetzt kommt ihr wieder mit einer Risikomatrix, die wir ausfüllen sollen, für mich nur noch Bürokratie, nur noch zusätzlich Bürokratie.’“*

Auf die Frage, weshalb sich MA3 zurückzieht und kein Interesse an Unternehmensinformationen zeigt, meint er, neben der Tatsache, dass die Informationen beschönigt seien, dass er sich **innerlich verabschiedet** habe: *„Ja, weil, also ich bin ja sehr interessiert, ich mache das schon, also ich will nicht, dass sie mich jetzt [‘...’]. Einfach, ich glaube, je mehr, zum einen natürlich, weil es [= die Information] beschönigt ist.* ***Wir haben das Gefühl****, es [= die Information] ist beschönigt, ja, das ist das eine und zum anderen hat* ***man halt schon resigniert und macht einfach noch seine Arbeit****. Ja, genau. Kommt das in etwa rüber? [Lacht zynisch/ironisch]“* MA3 bringt sich kaum noch ein und wartet ab: *„(...)* ***ich investiere nicht mehr dort, wo ich genau sehe, das hat keinen Sinn****, das sehe ich mittlerweile. Es gibt direkte Sachen, also, ich hatte da ein schwerwiegendes Sicherheitsproblem und das sagte ich auch, hier muss ich reagieren, da muss ich versuchen, zu* *sagen: 'Hey, Kameraden, das, sonst mache ich mir Vorwürfe, wenn es dann einen Kollegen erwischt. Da gibt es kein Pardon!' Aber es gibt Sachen, da muss ich sagen, ['das nehme ich hin']. (...) Viele, viele von uns haben auch, sind,* ***ja, schon fast frustriert*** *(...). Das ist so."*

MA5 schildert am Beispiel des Open Space und Desk-Sharing, dass sie sich und die Kollegen/innen mit Unternehmensentscheidungen abfinden und resignieren: *„Ja, es [= die Zugeständnisse der Unternehmensführung, wie z. B. ein Beistelltisch] ist Schadensbegrenzung, weil der Mitarbeitende hat sich dann damit abgefunden.* ***Man findet sich ja einfach damit ab.*** *Oder sagt: 'Ok, das ist besser als nix.' Man* ***resigniert dann einfach,*** *weil irgendwann, man versucht es irgendwie optimal zu machen, irgendwann merkt man,* ***es ist bodenlos. Du schaffst das gar nicht, also es ist ein Fass ohne Boden,*** *Du schaffst es nicht, es optimaler zu machen. Ok dann, dann geht man zurück und sagt: 'Ok, besser als nix. Nehmen wir halt das.' Wir finden uns schon zurecht und das ist dann wirklich ja, man macht das, es wird dann schon passen."*

Nach MA5 müsse sich ein(e) Mitarbeitende(r) an die Situationen im Unternehmen anpassen oder das Unternehmen verlassen: *„Es wird dann darauf hinauslaufen,* ***entweder man kann eine Situation verändern, man kann mit ihr leben oder man geht.*** *So, und wenn man dann irgendwann feststellt, man bewegt sich nur noch in einem Bereich, wo man noch nicht einmal das, diese Hoffnung oder die Zuversicht hat, dass sich noch irgendwas bewegen kann, dann wird es darauf hinauslaufen, dass man geht. Weil dafür weiß man selber, was man in der Tasche hat, an Ausbildung und mit dem man was anstellen kann* ***und dann wird die letzte Konsequenz sein, zu sagen: 'Ich werde das Unternehmen verlassen.'"*** Aufgrund ihrer Erlebnisse spricht MA4 von ihrer Kündigungsabsicht: *„Ähm bei den Kollegen, also ich habe den Eindruck, dass das einfach, dass* ***das Grundgefühl*** *ist, ja, es* ***ist eh nichts fix hier****! Also, es ist eigentlich, dass sich jeder auf seine Aufgabe konzentriert und sagt,* ***es ist mir eigentlich „furzegal", wie sie die Organisation aufsetzten, weil ich habe meine Aufgabe und egal was rundum passiert und wo sie mich morgen hinsetzen, ich mache es so und so.*** *Zumindest ist das, das, was alle die sagen, die schon länger dabei sind. Jede Umstrukturierung, die gekommen ist, hat eigentlich keine Auswirkung auf meine Arbeit gehabt, weil ich mache noch immer das Gleiche. (...) Man wird irgendwo anders zugeordnet, man hat irgendwelche anderen Vorgesetzten. Man hat irgendwelche sonstigen Veränderungen. Ja, aber die Aufgaben an sich sind ja gleich. (...) Es ist halt viel Frustration, denke ich, bei manchen noch zugekommen, wenn man unabsichtlich plötzlich, ups, eine Stufe, eine ganze Stufe runtergeordnet wird oder ohne gefragt zu werden, einem anderen zugeordnet wird. Es ist ein bisschen, ja ['...'] [kl. Pause]. WILLKÜRLICH? Ja, genau.* ***Es gibt keine Stabilität*** *in dem, in dem Gefühl. (...) Es wird uns ja auch gesagt, dass da alles nicht funktioniert und wir müssen es aufbauen. Aber irgendwie ist es total, also, was soll man da groß, ja, es ist das Gesamtbild noch nicht zu Ende und man hat* ***das Gefühl, man muss gar nicht anpacken,*** *weil in einem halben Jahr ist vielleicht eh wieder alles anders."*

Gerade junge und ehrgeizige Mitarbeitende, „High Potentials“ wie MA4, beschäftigen sich mit der Suche nach einem neuen Job: *„Nein ich glaube nicht, dass es [= Motivation und Engagement] bei mir als Person ist, das dies von der Art her weniger wird, aber* ***ich weiß, dass ich gehen werde.“*** MA4 möchte das Unternehmen verlassen, da sie nicht resignieren möchte oder einen „Dienst nach Vorschrift“ anstrebt: *„Also eigentlich, es gibt schon Höhen und Tiefen, es gibt also sicher in der Arbeit Tage, wo ich voll Spaß habe und alles passt, aber diese* ***Grundtendenz, dass man einfach eben eine Organisation hat, die nicht stimmt und es kommt nicht auf die Beine****. Es ist, also wenn sich da mit dem Thema Personal nichts, irgendetwas jetzt drastisch mir entgegenkommen würde oder irgendwie ändern würde, dann ist das Gefühl [= hohes Misstrauen und kein Interesse mehr zu bleiben, Kündigungsabsicht] auf jeden Fall so.“* Auf die Frage, ob es bei ihr schon „5 vor 12“ sei, antwortet MA4: *„Ja, doch, doch. Ich habe schon das Gefühl [‘es ist „5 vor 12“’]. Aber vor allem als Person gerade deshalb,* ***weil ich ein Mensch bin, ich will nicht in die Resignation gehen****, da habe ich keine Lust drauf, das muss ja auch nicht sein. (...) Also so Phasen hat, denke ich, jeder mal, so Höhen und Tiefen und* ***wenn ich ein Tief habe und Job nach Vorschrift mache, macht mich ja nicht glücklich****, gibt mir ja auch nichts.“*

Ebenso meint MA2, dass sie sich bereits nach einer anderen Arbeit umschaut: *„Ja, ich schaue.“* Sie würde kündigen, sobald sie eine alternative Beschäftigungsmöglichkeit findet: *„Bon, ich kann Adieu sagen, wenn ich im Lotto gewinne, wenn ich eine andere Stelle für mich habe. Es wäre sehr schwierig, Adieu zu sagen. Weil ich kenne nicht eine andere Firma. Deshalb habe ich ein Problem. Ich kenne die XXX sehr gut, das ist, war wie meine Familie. Deshalb habe ich eine Schwierigkeit, das [= die Kündigung] zu machen. Aber ich, oui.* ***Ich brauche eine andere Stelle, wenn ich die habe, kann ich Adieu sagen.“*** Wie auch MA2, sagt MA11 über ihren Verbleib im Unternehmen: *„Naja, die Frage ist, was soll ich sonst machen, oder?“* Für MA14 sind das Nicht-Gehört-Werden und die kontinuierliche Mehrarbeit, Gründe, um nicht nur „innerlich“ zu kündigen, sondern in der Tat zu kündigen: *„Ja, ich könnte mir vorstellen, dass es wirklich dann so wäre [‘zu kündigen’], dass man nicht gehört wird. (...) es kommt immer noch mehr Arbeit oben drauf. Ich denke, das wären so die Gründe, auch die Monotonie (...).“*

5.4 Weitere Einflussfaktoren

Neben diesen situativen Komponenten ist die Zuschreibung der Misstrauenswürdigkeit der Unternehmensführung von weiteren Einflussfaktoren geprägt, die unter die Bezeichnung ‘VOR-Einstellung’ gefasst werden. Zum einen ist die **individuelle Misstrauensneigung** einer/eines Mitarbeitenden zu nennen, wie im Rahmen des Kapitels 2.3.1. beschrieben. Darüber hinaus ist bei der Misstrauensbildung der Mitarbeitenden von externen Faktoren Dritter auszugehen. Insbesondere die **Medienberichterstattung** über das Unternehmen kann hierfür betont werden. Als interner, organisationaler Faktor ist das **Lebensalter bzw. eine lange Betriebszugehörigkeit** mit dem Unternehmen anzusprechen.

Externe Faktoren Dritter: Medienberichterstattung

Die Zuschreibung der Misstrauenswürdigkeit der Unternehmensführung wird von den Beobachtungen des eigenen vergangenen Verhaltens beeinflusst und insbesondere gemäß der Theorie der Informationsweitergabe, *„Social Information Processing-Theorie“* (Salancik & Pfeffer, 1978), von den Informationen festgelegt, die in den sozialen Kontext eingebettet sind. Die Vertrauensforschung zeigt, dass eine positive Reputation und Meinungen Dritter positive Effekte zur Vertrauensbildung auslösen können (Ferrin et al., 2006). Die Forscher Dutton, Dukerich und Harquail (1994) beschreiben eine starke Verknüpfung zwischen der Identifikation der Mitarbeitenden und dem Image des Unternehmens. So konstatieren Zimmermann, Falkner und Müllner (2013), dass sich Mitarbeitende besonders identifizieren, wenn sie glauben, dass die Organisation auch von Außenstehenden in hohem Maße geschätzt wird, d. h. wenn sie ein gutes Image hat. Analog hierzu kann für den Misstrauensfall impliziert werden, dass externe Einflüsse, wie eine **negative Medienberichtserstattung**, **Einfluss auf die Misstrauensbildung** der Mitarbeitenden nehmen. In dem vorliegenden Erhebungszeitraum herrschten negative Schlagzeilen vor und es wurde von einem „angekratzten“ Unternehmensimage berichtet. Wenngleich der externe Einfluss der Medien nicht aussagekräftig aus den Interviews ablesbar ist, ist davon auszugehen, dass die Mitarbeitenden in ihrer Wahrnehmung der Unternehmensführung nicht unbeeinflusst blieben.

Interner, organisationaler Faktor: Lebensalter und Dauer der Betriebszugehörigkeit

Die Arbeit stellt eine Tendenz fest, dass **mit einem hohen Lebensalter bzw. einer langen Betriebszugehörigkeit** die Aussagen gegenüber der Unternehmensführung **skeptischer und argwöhnischer** formuliert werden und die Grundsätze des Unternehmens als wenig vereinbar zu den eigenen gesehen werden. Aufgrund ihrer enttäuschten Erfahrungen mit der Unternehmensführung zeigen sie eine generelle Zurückhaltung und Argwohn in Bezug auf die Vorhaben, Projekte oder Entscheidungen der Unternehmensführung, wie beispielsweise MA1 (38 Jahre Betriebszugehörigkeit) oder MA9 (17 Jahre Betriebszugehörigkeit) berichten. MA9 sagt, dass ***„relativ schnell über dies und jenes hergezogen“*** wird. Auch verschiedene Vertrauensstudien legen die Aussage nahe, dass das Lebensalter und die Dauer der Betriebszugehörigkeit einen Einfluss auf die Vertrauens- bzw. Misstrauensbildung nehmen. Beispielsweise zeigt Bartelt (2011, S. 160), dass mit zunehmender Dauer der Betriebszugehörigkeit das Vertrauen der Mitarbeitenden in die Unternehmensführung abnimmt.[110] Aus der Studie geht weiter hervor, dass

110 Nach Bartelt (2011, S. 169–171) sinkt mit zunehmendem Alter das Vertrauensniveau. Dies bedeutet zum einen, dass Mitarbeitende unter 50 Jahre der Unternehmensführung mehr Vertrauen entgegenbringen als Ältere über 50 Jahre und ferner,

älteren Mitarbeitenden (über 50 Jahre) eher getraut wird als Jüngeren, da sie auf die Erfahrungen blicken und ihre Professionalität im Umgang geschätzt wird. Dies könnte für vorliegenden Kontext bedeuten, dass den älteren Mitarbeitenden bzw. denen mit längerer Betriebszugehörigkeit eine höhere Bedeutung bei der gegenseitigen (negativen) Selbstbestätigung zukommen könnte. Von ihnen ist großer Einfluss auf die Meinungsbildung der Innengruppe anzunehmen, da ihren Aussagen verlässlich getraut wird. Sie sind sich der Aufmerksamkeit der Kollegen/innen sicher und könnten so verstärkt zu einer Dynamik der gegenseitigen Selbstbestätigung antreiben. Allerdings zeigt sich aus den Interviews, dass sich alle befragten Mitarbeitenden einig sind, wenn Projekte nicht konsequent durchgesetzt und Führungsgrundsätze nicht unternehmensseitig vorgelebt werden, schlägt die Hoffnung, die Zuversicht und der Tatendrang nicht nur bei den älteren Mitarbeitenden in Enttäuschung und Zynismus um, sondern auch bei den jüngeren Mitarbeitenden, die etwas bewegen möchten, wie bei MA5 (34 Jahre, 3 Jahre Betriebszugehörigkeit), MA10 (38 Jahre, 2 Jahre Betriebszugehörigkeit) und MA4 (31 Jahre, 2,5 Jahre Betriebszugehörigkeit).

Zusammenfassende Darstellung zu den Komponenten von Mitarbeitermisstrauen

Die im fünften Kapitel dargelegten Kategorien, Faktoren und Konsequenzen von Misstrauen sowie die weiteren Einflussfaktoren und das Schlüsselerlebnis sind als Komponenten modellhaft in Abb. 29 enthalten. Die Abbildung zeigt, dass die Misstrauensbildung mit der Verletzung von Vertrauen aufgrund eines Schlüsselerlebnisses beginnt. Anschließend erwarten die Mitarbeitenden einen Schaden zu erleiden, wenn sie der Unternehmensführung vertrauen würden. Sie schreiben der Unternehmensführung mit ihren Faktoren der Misstrauensbildung die Misstrauenswürdigkeit zu. Das resultierende Misstrauen in die Unternehmensführung zeigt sich in den Folgen des Mitarbeitermisstrauens, wie der argwöhnischen Wachsamkeit und Vorsicht, der Vermeidung von Interaktion und Kooperation sowie dem Rückzug und der (inneren) Kündigung. Die Abbildung deckt nicht alle Aspekte der Realität ab, sondern nur die der spezifischen Fragestellung, sodass sie keinen Anspruch auf ein formales Modell oder ein Kausalmodell erhebt. Ausgehend von diesem Konzeptmodell ist eine Übertragung auf weitere Anspruchsgruppen für die zukünftige Forschung vereinfacht und es besteht die Möglichkeit, Komponenten zur Untersuchung herauszunehmen.

---

je älter die Mitarbeitenden sind, desto weniger Willens sind sie, dem Unternehmen zu trauen.

Abb. 29: Modellhafte Darstellung: Misstrauensbildung und Konsequenzen

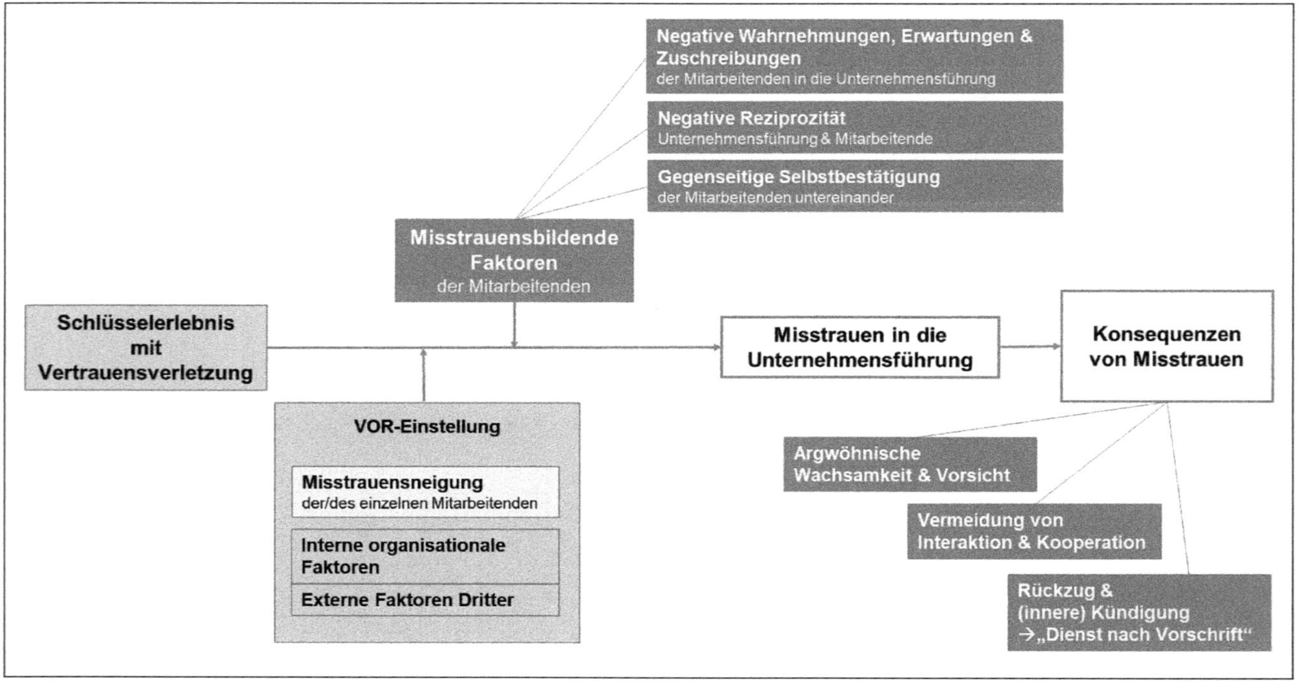

Quelle: Eigene Darstellung

5.5 Verifizierung der Ergebnisse

Das vorliegende Kategoriensystem für misstrauische Mitarbeitende des Feldes 3 wird ferner zur Codierung von weiteren vier Interviews angewendet. Die Interviewaussagen der vier Mitarbeitenden entsprechen dem Feld 2 – **geringes Misstrauen/hohes Vertrauen**. Das Ziel der Codierung besteht darin, das Kategoriensystem zu reflektieren, um die Aussagen der Gesamtergebnisse der Arbeit im sechsten Kapitel zu verifizieren.

Feld 2 – 'geringes Misstrauen/hohes Vertrauen'

Die vier Mitarbeitenden (MA1, MA2, MA3, MA4) mit hohem Vertrauen und geringem Misstrauen wählten insgesamt 13 positive und 3 negative Emotionen aus. Dies entspricht im Durchschnitt der vier Mitarbeitenden mit hohem Vertrauen und geringem Misstrauen knapp einer negativen und 13 positiven Emotionen. Die Nennungen der Emotionen des Feldes 2 für geringes Misstrauen/hohes Vertrauen sind in Abb. A3 dargestellt. Ihre zugehörigen Erlebnisaussagen sind detailgetreu in der Abb. A5 für geringes Misstrauen/hohes Vertrauen ersichtlich. Die vier Interviews sind durchschnittlich mit knapp 30 Minuten um ca. 20 Minuten kürzer als die 14 Interviews des Feldes 3 für hohes Misstrauen und geringes Vertrauen. Das kürzeste Interview ist 19 Minuten, das längste Interview 39 Minuten.

Generell fällt auf, dass die positiven Emotionen der vier Mitarbeitenden des Feldes 2 mit geringem Misstrauen und hohem Vertrauen stark überwiegen. Die Mitarbeitenden des Feldes 2 tragen zur positiven Beziehung untereinander bei. MA17 empfindet eine gute Stimmung unter den Kollegen/innen: *„'Glücklich'. Das hat den Zusammenhang mit dem Team, wo ich zusammen arbeite. Mit dem X-Team, weil* ***wir witzen zusammen****, haben auch Spaß, genau.* ***Wir machen unsere Arbeit****. Eigentlich locker, wenn es locker sein muss und ernst, wenn es ernst sein muss. (...) Im Team selbst* ***kommunizieren wir sehr gut, wir haben ein gutes Klima****. Das passt mir schon."* Im Gegensatz zu den Mitarbeitenden des Feldes 3 zeigen sie sich rege im positiven Kommunikationsverhalten untereinander. Sie sind zuversichtlich, dass die Unternehmensführung weiß, was gut für sie und das Unternehmen ist. Die gegenseitige Selbstbestätigung ist keine zu unterscheidende Kategorie für die Mitarbeitenden des Feldes 2. Sie sind im Gegensatz zu denen des Feldes 3 nicht verletzt in ihrem Vertrauen und suchen daher keine gegenseitige Bestätigung, die Unternehmensführung als Bedrohung ihrer Identität als Mitarbeitende(r) oder als Gruppe der Mitarbeitenden anzusehen. Die Mitarbeitenden des Feldes 2 identifizieren sich mit dem Unternehmen und zeigen eine **Wertekongruenz** – nicht nur mit der Innengruppe, wie die Mitarbeitenden des Feldes 3. MA18 schildert, dass er sich *„**gefordert und gefördert**"* fühlt und sich mit dem Unternehmen identifiziert: *„(...)* ***ich spüre eine gewisse Sicherheit vom Arbeitgeber****. Ich habe das* ***Gefühl, dass er auf mich setzt und das macht mich natürlich hoffnungsvoll auch für die Zukunft****."* Ebenso findet MA15, dass es für ihn *„passt"*: *„Wenn ich jetzt guck, ich bin 'zufrieden' an dem Platz, wo ich als Mensch heute stehe.* ***Die XXX passt zu***

***mir**, da sie etwas Beständiges ist.“* MA15 sagt zuversichtlich: *„Die Firma wird mich weiterhin auch in schweren Zeiten durchtragen.“* MA16 spricht von einem gemeinsamen Nutzen: *„Unser Beitrag, für die Ersatzteilbeschaffung, (…) auch allgemein für das Umfeld, was dann die Wirkung daraus war, **der gemeinsame Nutzen, der war wirklich gut. Wenn ich auf das zurückschaue, auch in die Zukunft, dann bin ich einfach ‘glücklich’.**“*

Die Mitarbeitenden des Feldes 2 stehen loyal hinter dem Unternehmen, sehen ihren Beitrag und fühlen sich nicht ausgeliefert. Dies geht über die Möglichkeit, eine Mitsprache zu haben, hinaus. Sie nehmen wahr, dass ihre **Partizipation** am Unternehmen gegeben ist. Sie haben Einfluss, der umgesetzt wird und fühlen sich verantwortlich, Vorhaben aktiv zu unterstützen, um zur Leistungsverbesserung des Unternehmens ihren Anteil beizutragen. MA16 schildert beispielsweise: *„(…) ich merke, **dass man hier sehr schnell etwas bewegen [kann] und auch die Leute ziehen mit, die wollen**. Das finde ich, das gibt mir Hoffnung. **Wenn ich etwas an mich reiße und dann weiß ich die Leute ziehen mit** und das sehe ich. Und darum merke ich das, das ‘hoffnungsvolle’. Ich habe einfach das Gefühl, dass man hier schneller **etwas bewegen kann, dass dann auch greift**. Das 1:1, dass man **zum Gesamtergebnis etwas beitragen** kann.“*

Wenngleich die Mitarbeitenden Offenheit gegenüber Erneuerungen und Projekten des Unternehmens zeigen und der Unternehmensführung **Führungskompetenz** zuschreiben, dass Unternehmen kompetent zu führen und die „richtigen“ Entscheidungen zu treffen, sind die vier Mitarbeitenden des Feldes 2 auch kritisch. MA15 äußert sich sehr ausführlich und kritisch über die zu hohe Lohnzahlung an den CEO des Unternehmens. MA17 zeigt sich konstruktiv-kritisch, da er stets auf die Sicherheit bedacht ist: *„(…) **wenn es um die Sicherheit geht**. Weil am Schluss fahren ja Personen mit dem Fahrzeug tagtäglich hin und her und deshalb sind wir kritisch, dass es zu 100% geht.“* MA18 wählte die Emotion ‘enttäuscht’, um zu kritisieren, dass er nicht rechtzeitig über eine Umstrukturierung von der Unternehmensführung informiert wurde: *„Ja, das war anfangs letztes Jahr. Da haben sie uns mitgeteilt, **dass eigentlich unsere OE [= Organisationseinheit] nicht mehr existiert** in diesem Rahmen, oder. Und ich war dann ein bisschen geschockt. Ich war auch ein **bisschen ‘enttäuscht’ in diesem Moment**. Weil ich habe das Gefühl, ich bin jetzt in der Weiterbildung, in der Fachschule, da hatten wir auch Organisationsentwicklung durchgenommen. Da gibt es sehr interessante Bücher und da steht immer, **man soll Betroffene zu Beteiligten machen** und so zeitig wie möglich informieren. Und das war ein Schock, die Belegschaft. Es waren 30 Leute dort. Plötzlich das neue Organigramm. Aber ich muss jetzt wirklich sagen, ich habe mich da, es hat mich enttäuscht. **Ich bin dann auf meinen Leiter zugegangen und jetzt muss ich sagen, da haben wir auch jetzt heute oder kürzlich werden wir jetzt vorinformiert. Ich habe das Gefühl, ein Lerneffekt hat stattgefunden**. Aber ich weiß noch, an dem Tag, ich war geschockt. Die Leute haben mir das auch angesehen. **Wir wurden nicht vorinformiert**. Es ist ein komisches Gefühl, wenn du dich nicht mehr auf dem Organigramm siehst. Du weißt nicht mehr, wer ist unserer Leiter. Gibt es uns noch in diesem Umfeld?“* Aus der Enttäuschung ging für MA18 jedoch kein einschneidendes, negatives Schlüsselerlebnis hervor. Er erwartet zukünftig nicht, geschädigt zu werden, da seines Erachtens ein *„Lerneffekt“* stattfand und er sich proaktiv an seinen Vorgesetzten bzw. Leiter wandte. Daher äußert er: *„(...)* ***Aus der heutigen Lage, wenn ich jetzt sehe, die Realität, für mich ist es überhaupt nicht schlimm. Aber in diesem Moment war die Information [‘nicht vorhanden’].*** *“*

Die Mitarbeitenden des Feldes 2 zeigen in ihrer Beziehung mit dem Unternehmen als Arbeitgeber eine **positive Reziprozität**. MA15 spricht von einem Geben und Nehmen: *„(...) wobei es ist ja* ***ein Geben und Nehmen.*** *Ich* ***gebe ihnen meine Arbeitskraft.*** *Ich gebe ihnen meine Arbeitskraft und auf der anderen Seite habe ich quasi wie einen sicheren Hafen. Das ist ein Geben und Nehmen.“* Auch MA16 spricht die positive Reziprozität an, da für ihn gehalten wurde, was versprochen wurde, sodass er zufrieden ist: „(...) ***ich weiß am Ende des Monats auf was ich hingearbeitet habe, sprich was mir versprochen wurde, wurde genau eingehalten*** *und das ist auch nicht selbstverständlich.* ***Man gibt was und kriegt was zurück.*** *Und das ist, ja, so viel zur Zufriedenheit. Ich würde sagen, ja, das ist eigentlich durch’s Band gezogen, das spielt immer überall hinein.“*

Die Abb. 30 zeigt die Reflektion der vier Mitarbeitenden des Feldes 2 mit dem Kategoriensystem der Mitarbeitenden des Feldes 3.

Abb. 30: Reflektion des Kategoriensystems der Mitarbeitenden des Feldes 3 und 2

KATEGORIEN und Faktoren von Vertrauen in die Unternehmensführung
I. POSITIVE WAHRNEHMUNGEN, ERWARTUNGEN UND ZUSCHREIBUNGEN – **Identifikation/Wertekongruenz** mit dem Unternehmen: soziale Identität, keine Entfremdung oder Kategorisierung in eine Innengruppe, kein innerer Rückzug – **Partizipation**: keine Intransparenz der Prozesse, sondern Einfluss, etwas bewegen zu können – **Führungskompetenz:** keine Wahrnehmung von fehlender oder mangelnder Führung
II. POSITIVE REZIPROZITÄT „Geben und Nehmen“: Vertrauen wird geschenkt, Vertrauenssprung der Unternehmensführung
III. GEGENSEITIGE SELBSTBESTÄTIGUNG stellt keine zu unterscheidende Kategorie dar.

Quelle: Eigene Darstellung

Aus den zwei kritischen Aussagen und der einen enttäuschten Aussage kann abgeleitet werden, dass die Mitarbeitenden des Feldes 2 nicht vollends vertrauen – in der Organisationsforschung und Praxis als „blindes Vertrauen“ bezeichnet. Das moderate Misstrauen der Mitarbeitenden des Feldes 2 stellt den gesunden Mechanismus dar, ein zu hohes Maß an Vertrauen in ihren Beziehungen im Arbeitsumfeld zu balancieren. Das moderate Level an Misstrauen von MA17 schützt ihn, seine Arbeit unreflektiert auszuführen und etwaige Sicherheitsmängel zu übersehen. MA17 zeigt ein **gesundes Maß an Misstrauen** gegenüber seinem Produkt bzw. seinem Tätigkeitsbereich. Sein kritischer Gedanke ist die vernünftige und ratsame Antwort auf potentielle Gefahren (Larson, 2004). Daher zeigt sich hier die positive Seite von Misstrauen. Misstrauen schützt vor einem nachlässigen Umgang bzgl. Risiken (Granovetter, 1983; Lämsä & Savolainen, 2000; Molina-Morales & Martínez-Fernández, 2009). Folglich lässt sich feststellen, dass die Äußerungen der Mitarbeitenden des Feldes 2 als ein gesundes Maß an Misstrauen aufzufassen sind – das *„healthy level of distrust*, wie es auch die Forscher Kramer (1998, S. 64) oder Cook (2015, S. 138) bezeichnen. Ihr Maß an Misstrauen ist im Arbeitsumfeld förderlich und schützt die Mitarbeitenden des Feldes 2 vor einer (allzu vertrauensblinden) Ausnutzung (Lewicki et al., 2006). Daher ist ein schwaches Misstrauen ein grundlegendes Erfordernis für die effektive Dynamik von Unternehmen und für das Verhalten von Mitarbeitenden in Unternehmen. Die Mitarbeitenden des Feldes 2 klassifiziert die Forschende als die Gruppe an Mitarbeitenden, die ein **Optimum an Vertrauen und förderlichen Misstrauen** auf sich vereinen. Ihr geringes Misstrauenslevel macht sie aufmerksam, Herausforderungen und etwaige Probleme zu erkennen, um neue Vorhaben oder Entscheidungen der Unternehmensführung konstruktiv zu hinterfragen, wie MA18. Dies geht einher mit McKnight und Chervany (2001a), die konstatieren, dass ein Individuum mit einem moderaten Misstrauenslevel aufmerksamer ist, Probleme zu erkennen, wodurch ihre/seine Gesamtleistung gesteigert werden kann. Aus der Sicht des Unternehmens sind die Mitarbeitenden des Feldes 2, die Gruppe der Mitarbeitenden, auf die das Unternehmen setzen kann und von denen positive Effekte für das Unternehmen resultieren. Von ihnen ist auszugehen, die vielfältigen positiven Effekte von Vertrauen in ihrem Arbeitsumfeld zu zeigen, wie u. a. ein kooperatives Verhalten (Boersma et al., 2003; Brower et al., 2000; Chami & Fullenkamp, 2002; Golembiewski & McConkie, 1975; McAllister, 1995; Morgan & Hunt, 1994; Nooteboom, 1996; Parkhe, 1998; Shaw, 1997). Aus den Äußerungen zum Glücklich-Sein und der Zufriedenheit mit dem Unternehmen ist die Arbeitszufriedenheit der Mitarbeitenden erkenntlich. Die Mitarbeitenden können partizipieren und sehen ihren Beitrag. Da sie die Beziehung zum Unternehmen und der Unternehmensführung als ein *„Geben und Nehmen"* ansehen (MA15, MA16) und ihr psychologischer Vertrag mit dem Unternehmen sehr gut „passt" (MA15), zeigen sie sich engagiert, Zusatzarbeiten übernehmen zu wollen bzw. gehen proaktiv an Dinge heran (MA16) – in der Organisationsforschung als *„extra effort"* bezeichnet. MA17 spricht die gute und vertrauensvolle Arbeitsatmosphäre unter den Kollegen/innen an, in der sie rege kommunizieren können und Probleme lösen. Daraus ist ableitbar, dass diese positiven Effekte die Teamleistungen ansteigen lassen, was dem Unternehmen zugutekommt (Dirks, 2000). Da MA18 vertraut, kann er sich an die Restrukturierung anpassen, wenngleich er anfangs *„geschockt"* war. Gerade sein Vertrauen in die Unternehmensführung ist wichtig, da es ihm erlaubt, die Entscheidungen der Unternehmensführung zu akzeptieren (Dirks, 2000, S. 1005). Dieses Verhalten korrespondiert mit der Vertrauensforschung, wonach bei Vertrauen ein flexibles Anpassen an Veränderungen begünstigt ist (Clegg et al., 2013; Grabner-

Kräuter & Kaluscha, 2003; Harrison et al., 2010; Kegan & Rubenstein, 1973; Lusch et al., 2003; Nahapiet & Ghoshal, 1998; Politis, 2003; Scott, 1980; Tsai & Ghoshal, 1998).

Aus diesen hier aufgeführten Beeinträchtigungen des Mitarbeitervertrauens lässt sich der Unterschied zu hohem Misstrauen feststellen. Bei hohem Vertrauen, wie im Feld 2, können einzelne Vertrauenskomponenten in ihrer Ausprägung reduziert werden, woraus sich vermuten lässt, dass dies eine kurzfristige Verringerung von Vertrauen im Rahmen des beeinträchtigten Vertrauensfaktors zur Folge haben kann. Im Gegensatz zu Misstrauen und den Mitarbeitenden des Feldes 3 berichten die Mitarbeitenden des Feldes 2 von keiner einschneidenden Vertrauensverletzung, die zu einem Misstrauenssprung führt. Ihre **Reduzierung des Vertrauens** bezieht sich auf einen Faktor in einem spezifischen Bereich und vermag nur das Vertrauen zu reduzieren. Das Mitarbeitervertrauen bleibt ***„domain-specific"***, wie von Mayer et al. (1995, S. 717) bezeichnet. Dass MA15 den Lohn des CEO zu hoch einstuft, zeigt, dass er diesen – im Vergleich zu ihm und den Mitarbeitenden auf einer hierarchisch niedrigeren Stufe – als ungerecht im Sinne der distributiven Ungerechtigkeit empfindet. Daher ist sein Vertrauen bzw. die Zuschreibung von Vertrauenswürdigkeit gegenüber der Führungskraft der Unternehmensführung lediglich in einem Vertrauensfaktor beeinträchtigt. MA15 schildert sich ansonsten sehr zufrieden und fühlt sich, gerecht behandelt. In Bezug auf die Vertrauensfaktoren der Literatur könnte angenommen werden, dass der Vertrauensfaktor, wie 'Fairness' gemäß Butler (1991) reduziert wurde. Dies beeinträchtigt ihn jedoch keineswegs, der Unternehmensführung kein Vertrauen zuzuschreiben. Ihn begleiten grundsätzlich positive Erwartungen und er identifiziert sich mit dem Unternehmen. Auch MA18 identifiziert sich mit dem Unternehmen und hegt positive Erwartungen, wenngleich er ein enttäuschendes Erlebnis hatte. Das Erlebnis vermochte jedoch nicht seine Vertrauensentscheidung in das Unternehmen und die Unternehmensführung zu revidieren, wenngleich er sich gewünscht hätte, dass die Unternehmensführung, *„die Betroffenen zu Beteiligten"* macht und er persönlich *„vorinformiert"* wird. Es war einzig ein Erlebnis, dass sein Vertrauen einmalig bzgl. dem Vertrauensfaktor 'Verantwortung zu informieren' einschränkte – gemäß Caldwell und Clapham (2003), siehe Kapitel 2.2.1. Die Unternehmensführung zeigte nicht, wie von ihm erwartet, ein Informations- und Kommunikationsverhalten, dass er für angebracht und verantwortungsvoll hält.

6 Reflektion der Ergebnisse

Abstract: Reflection and Contribution to Research
The dissertation contributes to ongoing research because of two major findings. Firstly, if the employee has negative expectations in one or more domains, like competence, benevolence and integrity etc., trust is reduced but not broken jet and the domain specificity of trust still applies. Thus, high trust in other domains can serve to dampen negative effects. But if negative experiences increase, and as trust is lowered, its dampening capacity can decrease as well. In contrast to (low) trust, distrust breaks trust entirely. Distrust indicates negative perceptions and expectations within a nonlinear, self-amplifying cycle. It constitutes an overall negative forecast that the management is detrimental to the interests of employees. Secondly, following the approach that distrust and trust are two separate constructs and that distrust has its own antecedences and consequences, it is essential to apply different distrust repair strategies for the management practice than the ones that the existing trust repair literature suggests.

Im Rahmen des sechsten Kapitels werden die Ergebnisse zusammengefasst. Die Ergebnisse der Arbeit werden in die Forschung eingebettet, um der Qualität der Fallstudienforschung Rechnung zu tragen (Diefenbach, 2008). Die modellhafte Darstellung der Komponenten zur Entstehung von Mitarbeitermisstrauen und den Misstrauenskonsequenzen am Ende des sechsten Kapitels dient dem Überblick und diskutiert weitere zwei mögliche Komponenten des Mitarbeitermisstrauens. Aus den Ergebnissen und der Literatur skizziert die Arbeit erste Implikationen für ein Misstrauensmanagement.

6.1 Zusammenfassung

Auf der Individualebene der/des Mitarbeitenden ist der Auslöser für die Bildung von Mitarbeitermisstrauen das **Schlüsselerlebnis**, das mit der Verletzung des Vertrauens im Sinne des Bruches mit dem psychologischen Vertrag zwischen der/dem Mitarbeitenden und dem Unternehmen einhergeht. Die im Rahmen des Eintrittes in das Unternehmen gefassten positiven Erwartungen werden enttäuscht. Die misstrauischen Mitarbeitenden des Feldes 3 – hohes Misstrauen/geringes Vertrauen schildern retrospektiv ihren Einstellungsbeginn im Unternehmen als äußerst positiv. Aus den Aussagen ist auf ein hohes Commitment und eine gemeinsam empfundene Identität im Sinne eines hohen P-O-Fit mit dem Unternehmen zu schließen. Diese hohen Erwartungen in das Unternehmen wurden durch ein oder mehrere einschneidende Erlebnisse enttäuscht. Zumindest ein persönliches Schlüsselerlebnis ist der Auslöser für die Bildung von Misstrauen. Bei der Schilderung ihres Schlüsselerlebnisses sprechen die Mitarbeitenden des Feldes 3 von den negativen Emotionen, wie Enttäuschung, Wut und Angst. Das Schlüsselerlebnis führt zum sog. „**Misstrauenssprung**". Die Erwartung an einen Schaden lässt die wahrgenommene Verletzlichkeit zu einem Punkt ansteigen, an dem die Mitarbeitenden des Feldes 3 unwillig werden, diesen eventuellen Schaden zu akzeptieren bzw. abzuwarten. Auf Basis ihres Schlüsselerlebnisses mutmaßen sie, geschädigt zu werden und hegen negative Erwartungen hinsichtlich zukünftiger Handlungen der Unternehmensführung. Die Abb. A6 stellt das Schlüsselerlebnis für jede(n) Mitarbeitende(n) des Feldes 3 (hohes Misstrauen/geringes Vertrauen) detailgetreu dar.

Für die Bildung von Mitarbeitermisstrauen in die Unternehmensführung sind der Arbeit drei Kategorien zugrunde gelegt: 'negative Wahrnehmungen, Erwartungen und Zuschreibungen', 'negative Reziprozität' und 'gegenseitige Selbstbestätigung'. Gemäß den Erlebnisaussagen der Mitarbeitenden können unter der Kategorie **'negative Wahrnehmungen, Erwartungen und Zuschreibungen'** der Mitarbeitenden die misstrauensbildenden Faktoren 'Werteinkongruenz', 'Ungerechtigkeit' und 'Führungsversagen' angeführt werden.

In vorliegendem Kontext bleibt die soziale Identität basierend auf gemeinsamen, unternehmerischen Werten aus, da ein Mangel an geteilter Vision und Identität besteht. Die wahrgenommene **Werteinkongruenz** impliziert den Glauben, dass die Unternehmensführung (einzelne Führungskräfte oder die Gruppe der Führungskräfte) nicht die Werte der Mitarbeitenden des Feldes 3 akzeptiert bzw. für sich als kompatibel ansieht, die für die Mitarbeitenden des Feldes 3 gelten. Stimmen die zentralen Werte von Mitarbeitenden und dem Unternehmen bzw. der Unternehmensführung nicht überein, ist die Identifikation mit dem Unternehmen nicht gegeben. Als Beispiel für die Werteinkongruenz werden die Bevormundung und der Einschnitt in die eigene Autonomie der Mitarbeitenden des Feldes 3 genannt, da sie wahrnehmen, keinen Einfluss auf die Vorgaben und Regeln zu besitzen. Die Festschreibung von Vorgaben, deren Durchsetzung und eine Kontrolle seitens der Unternehmensführung stehen im Widerspruch zu den in den Interviews genannten Ansichten und Werten der Mitarbeitenden. Ebenso steht die Vorgehensweise im Bezug auf das Treffen von Entscheidungen seitens der Unternehmensführung im Widerspruch zu den Erwartungen der Mitarbeitenden des Feldes 3 an die unternehmerische Gerechtigkeit. Für die Wahrnehmung von Gerechtigkeit im Unternehmen sind die transparente Entscheidungsfindung und ein transparentes Vorgehen bei der Beförderung von Mitarbeitenden bedeutsam. Vorliegend interpretiert die/der Mitarbeitende mit der Wahrnehmung von **Ungerechtigkeit** eine unternehmensseitig geringe Wertschätzung und Anerkennung der Arbeitsleistung, womit negative Emotionen, wie Enttäuschung, Wut und Ärger einhergehen. Einige Mitarbeitende empfinden bei ihrer Arbeit das Gefühl, „im Stich gelassen" zu werden. Sie nehmen wahr, einen geringen Wert als Arbeitskraft im Unternehmen zu haben. Die Mitarbeitenden des Feldes 3 nehmen nicht wahr, dass ihre Sorgen und Befürchtungen aufgegriffen werden, ihre Standpunkte berücksichtigt werden oder ihnen Verständnis entgegengebracht wird. Sie sehen kaum eine Möglichkeit, ihren Standpunkt und ihre Argumente den Entscheidungsträgern zu präsentieren oder Entscheidungen ändern zu können. Darüber hinaus vermissen die Mitarbeitenden des Feldes 3 eine empathische Kommunikation. Die Unternehmenskommunikation wird als wenig offen angesehen, da die Mitarbeitenden des Feldes 3 wenig detaillierte und zeitgerechte Erklärungen zu anstehenden Entscheidungen erhalten. Sie zweifeln an dem Wahrheitsgehalt zu inhaltlichen Sachständen. Ihres Erachtens betreibt die Unternehmensführung *„Schönrederei"*, d. h. sie kommuniziert wenig ehrlich oder authentisch. Ferner schreiben die Mitarbeitenden des Feldes 3 der Unternehmensführung ein **Führungsversagen** zu. Sie halten die Unternehmensführung für wenig kompetent, die personellen und monetären Ressourcen adäquat zu planen und das angebrachte Anwendungs- und Sachwissen aufzuzeigen. Die Unternehmensführung ist ihrer Meinung nach nicht fähig, die Abläufe und die Projekte engagiert zu steuern und Sanktionen bleiben aus. Zur Erreichung der Unternehmensziele sehen die Mitarbeitenden des Feldes 3 keinen klaren Führungskurs.

Neben den drei Misstrauensfaktoren Werteinkongruenz, Ungerechtigkeit und Führungsversagen der ersten Kategorie 'negative Wahrnehmung, Erwartung und Zuschreibung', ist die '**negative Reziprozität**' die zweite Kategorie der Misstrauensbildung. Die Mitarbeitenden des Feldes 3 nehmen wahr, kontrolliert und überprüft zu werden. Sie schließen daraus, dass die Unternehmensführung ihnen gegenüber nicht Vertrauen schenkt, sondern misstrauisch ist. Daher erwidern die Mitarbeitenden des Feldes 3 die argwöhnische, misstrauische Einstellung der Unternehmensführung und tendieren zu misstrauischen Erwartungen gegenüber der Unternehmensführung und ihren Entscheidungen. In der Gruppe der Mitarbeitenden des Feldes 3 und nahen Vorgesetzten wird das Misstrauen gegenüber der Unternehmungsführung durch die dritte Kategorie der Misstrauensbildung '**gegenseitige Selbstbestätigung'** bekräftigt. Das Schlechtreden, wie ein „Motzen" und ein Austauschen von zynischen Sprüchen und Witzen sowie das konkrete Weitererzählen von Einzelschicksalen bestätigen die/den Mitarbeitenden, in ihrer/seiner Misstrauensentscheidung gegenüber der Unternehmensführung richtig zu liegen.

Die Abb. 31 zeigt den Kreislauf der Misstrauensbildung von Mitarbeitenden des Feldes 3. Die Kreislaufabbildung wurde gewählt, da sie die Dynamik von Misstrauen symbolisiert. Misstrauen ist ein selbstbestätigendes Prinzip. Wenngleich der Arbeit keine Prozessbetrachtung zugrunde liegt, ist davon auszugehen, dass die Misstrauensbildung ein durchdringender, sich selbstbestätigender Prozess ist. Ihm liegen Urteilsverzerrungen zugrunde. Der Kreislauf nimmt seinen Anfang mit dem Eintritt der/des Mitarbeitenden in das Unternehmen. Beim Unternehmenseintritt waren die Mitarbeitenden des Feldes 3 hocherfreut und vertrauensvoll für das Unternehmen zu arbeiten. Im Laufe der Tätigkeit in dem Unternehmen entwickelten die Mitarbeitenden des vorliegenden Datensamples Misstrauen. Das Misstrauen resultiert aus einer tiefgreifenden Vertrauensverletzung. Dieses Erlebnis der Verletzung von Vertrauen nennt die Arbeit 'Schlüsselerlebnis'. Das Schlüsselerlebnis jeder/s Mitarbeitenden ist verantwortlich für ihre/seine Entscheidung zu misstrauen. Aufgrund des Schlüsselerlebnisses erwartet die/der Mitarbeitende zukünftig einen Schaden erleiden zu können, wenn sie/er nicht misstraut. Die/der Mitarbeitende erachtet daher, die Unternehmensführung als misstrauenswürdig. Die Misstrauensbildung bezieht sich auf drei Bereiche, die die Arbeit im Rahmen theoretischer Befunde und eigener Empirie herausfand: 1) 'negative Wahrnehmungen, Erwartungen und Zuschreibungen' mit den Misstrauensfaktoren 'Werteinkongruenz', 'Ungerechtigkeit' und 'Führungsversagen', 2) 'negative Reziprozität', da die Unternehmensführung nicht in die Vorleistung geht, den Mitarbeitenden Vertrauen zu schenken und 3) 'gegenseitige Selbstbestätigung'. Die gegenseitige Selbstbestätigung ist für die Mitarbeitenden und ihr Misstrauen entscheidend, da sie sich gegenseitig mit negativen Erzählungen sowie einem „Lästern und Motzen" in ihrem Misstrauen gegenüber der Unternehmensführung bestärken und bestätigen können. Die **Konsequenzen aus dem Mitarbeitermisstrauen** sieht die Arbeit in der **'argwöhnischen Wachsamkeit und Vorsicht'**, der **'Vermeidung von Interaktion und Kooperation'** sowie dem **'Rückzug und der inneren Kündigung'**. Die/der Mitarbeitende ist nur noch bereit, „Dienst nach Vorschrift" abzuleisten.

Abb. 31: Misstrauenskreislauf Mitarbeitende – Unternehmensführung

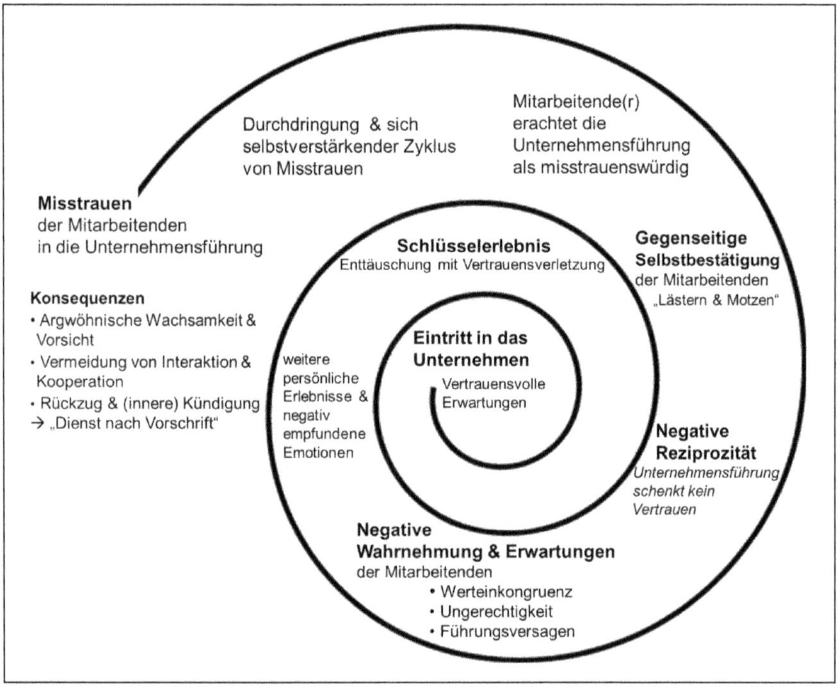

Quelle: Eigene Darstellung

6.2 Einbettung in die Misstrauens- und Vertrauensliteratur

Während bei (geringem) Vertrauen positive Erwartungen gehegt und bei einer Beeinträchtigung der Vertrauensfaktoren lediglich reduziert werden, wird bei Misstrauen Vertrauen gebrochen. Das Vertrauen wird gebrochen im Rahmen des Schlüsselerlebnisses, das das Misstrauen konstituiert. Mit dem Vertrauensbruch gehen die Emotionen enttäuscht, kritisch-skeptisch und wütend einher. Im Gegensatz zu (geringem) Vertrauen ist Misstrauen die negative Erwartung und Zuschreibung, dass auch zukünftig von einem schädigenden Verhalten auszugehen ist. Diese negative Prognose wird mit den Emotionen besorgt, ängstlich und vorsichtig umschrieben.

6.2.1 Emotionen und Koexistenz von Misstrauen und Vertrauen

Im Kontext des Arbeitsumfeldes erfahren die Mitarbeitenden des Feldes 3 verschiedene positive und negative Emotionen. Im Folgenden wird dargelegt, welche Emotionen mit Misstrauen einhergehen und somit für die Misstrauensbildung ursächlich sind. Es wird über das Schlüsselerlebnis als der Auslöser für die Misstrauensbildung referiert und eine Aussage über die Koexistenz von negativen und positiven Emotionen im Rahmen von Misstrauen und Vertrauen gegeben.

Mit Misstrauen einhergehende Emotionen

Aus den im Rahmen der Interviews erlangten Ergebnissen ist zu schließen, dass sich die **mit Misstrauen einhergehenden Emotionen von denen mit Vertrauen einhergehenden Emotionen unterscheiden**. Gemäß der vier Interviews des Feldes 2 zeigt sich Vertrauen in den Emotionen Hoffnung, Zuversicht und Zuversichtlichkeit. In Bezug auf Misstrauen sind aus der vorliegenden Analyse die Emotionen Enttäuschung, Wut, Skepsis und Zynismus sowie Besorgnis, Angst und Vorsicht charakteristisch. Die Nicht-Erfüllung anfänglicher Vorstellungen und Erwartungen in Bezug auf das Unternehmen schildern die Mitarbeitenden mit der Emotion '**enttäuschend**'. Um die persönliche, tiefgreifende Vertrauensverletzung zu schildern, wählen die Mitarbeitenden neben der Emotion 'enttäuscht' die Emotion '**wütend**'. Mit der Emotion '**zynisch**' stellt die/der Mitarbeitende Erneuerungen und Wandelprozesse in Frage und redet negativ über die Unternehmensführung und deren Entscheidungen. Gerade Unternehmensführungsgrundsätze, wie der Leitsatz 'konstruktiv-kritische Auseinandersetzung mit den Mitarbeitenden' werden „hinter vorgehaltener Hand" von den Mitarbeitenden mit Skepsis und Zynismus kritisiert, da sich die Unternehmensführung aus der Sichtweise der Mitarbeitenden sehr gegensätzlich in ihrer Anwendung des Leitsatzes zeigt. Die Emotion '**besorgt**' ist die Folge der erfahrenen Enttäuschungen. Aufgrund der Erlebnisse mit der Unternehmensführung zweifeln die Mitarbeitenden an der Führungskompetenz und hegen daher eine Besorgnis über die Zukunft des Unternehmens. Im Sinne der Besorgnis und Unsicherheit vor der Zukunft wird gleichwohl die Emotion '**ängstlich**' gewählt. Die Emotion '**vorsichtig**' beziehen die Mitarbeitenden stets auf die Kommunikation zwischen der Unternehmensführung und den Mitarbeitenden. Gegenüber der Unternehmensführung ist hinsichtlich des Inhalts, was man sagt und auch der Art und Weise, wie etwas gesagt wird, Vorsicht geboten. Ferner ist Vorsicht hinsichtlich der kommunizierten Inhalte der Unternehmensführung an die Mitarbeitenden geboten, da die Unternehmensführung eher eine *„Schönrederei"* betreibe, als ehrlich und transparent zu informieren.

Die Arbeit sieht die Emotionen 'enttäuscht', 'kritisch im Sinne von skeptisch', 'wütend' und 'vorsichtig' sowie 'ängstlich' und 'besorgt' als zentral für Misstrauen an. Dies zeigen auch andere Studien, wie Bewsell (2012), Lewicki et al. (1998), Webb (1996) und Wehmeyer (2004), die die Emotionen Enttäuschung, Wut und Angst in Verbindung mit Misstrauen setzten. Gerade mit der Studie von Bewsell (2012) kann geschlussfolgert werden, dass die Emotion Angst zentral für Misstrauen ist. Die Mitarbeitenden (MA6, MA5, MA10 MA11, MA9) schildern im Nachhinein ihre Erlebnisse oft mit **Ironie und Zynismus**. Dies lässt sich damit erklären, dass Zynismus aus der erfahrenen Desillusionierung oder der Enttäuschung in Andere resultiert (Adams, Highhouse & Zickar, 2010; Kanter & Mirvis, 1989). Dass die Mitarbeitenden ihre moralische Enttäuschung mit Zynismus gegenüber dem Unternehmen zeigen, bestätigen auch weitere Studien (Cameron, Freeman & Mishra, 1993; Cummings & Staw, 1987; De Vries & Balazs, 1997). Ein sehr zynisches oder misstrauisches Individuum betrachtet die Handlungen von anderen unaufrichtig (Kanter & Mirvis, 1989).

Schlüsselerlebnis als Auslöser für die Misstrauensbildung

Aus den Ergebnissen ist zu schließen, dass sich die Emotionen Enttäuschung und Wut auf die persönliche Beziehung mit und emotionale Einstellung gegenüber der Unternehmensführung beziehen. Die **Enttäuschung und die Wut führen zur Vertrauensverletzung mit dem Schlüsselerlebnis**. Das Schlüsselerlebnis fungiert im Sinne eines *„anchoring events"*, wie im Rahmen von Ballinger und Rockmann (2010, S. 385) thematisiert. Die Emotionen **Besorgnis, Angst und Vorsicht sind auf die Zukunftsfähigkeit des Unternehmens bezogen** und treten als Konsequenz der Enttäuschung bzw. der enttäuschten Erwartungen auf. Die Mitarbeitenden entwickeln aufgrund ihrer Enttäuschung ein Misstrauensverhältnis, das dazu führt, einen Schaden für sich und das Unternehmen auch zukünftig zu vermuten. Gerade die **Vorsicht ist eine Konsequenz, weitere Enttäuschungen zu vermeiden**. Die/der Mitarbeitende verhält sich wachsam und vorsichtig, da sie/er fürchtet, einen Schaden zu erleiden.

Die Vertrauensliteratur nimmt an, dass sich Vertrauen über eine gewisse Zeit und im Rahmen vielseitiger Interaktionen zwischen Personen bildet, wohingegen Misstrauen aus einer (einzigen) Verletzung des Vertrauens resultiert (Lewicki & Bunker, 1995; Wiethoff & Lewicki, 2005). Die Frage ist, ob Misstrauen aus einer *einzigen* emotionalen Verletzung des vormals existierenden Vertrauens resultiert. Die Arbeit beantwortet im Rahmen ihrer Ergebnisse, dass es *einen* Vertrauensbruch im Sinne eines Auslösers bzw. Schlüsselerlebnisses bedarf. Jedoch kann nicht hinreichend beantwortet werden, ob es lediglich eines einzigen Schlüsselerlebnisses zur Vertrauensverletzung bedarf oder ob ferner weitere Erlebnisse zur Misstrauensentscheidung dazukommen (müssen). Die Ergebnisse der Arbeit sagen aus, dass das **Schlüsselerlebnis verantwortlich für den Misstrauenssprung** ist, das heißt, die Unternehmensführung nicht mehr als vertrauenswürdig einzustufen und auch kein geringes Vertrauen, sondern negative

Erwartungen im Sinne von Misstrauen zu hegen. Dies beantwortet die Frage, ob Misstrauen und Vertrauen als Ein- oder Zwei-Konstrukte zu fassen sind. Die Arbeit geht von einem Übertritt einer Reizschwelle aus. Für die Mitarbeitenden des Feldes 3 wird eine Schwelle („Tipping-point") an Verletzung überschritten, die „das Fass zum Überlaufen bringt", d. h. an dem der Bruch des psychologischen Vertrages vollzogen und somit die Misstrauensbildung hervorrufen wird.

Die Arbeit zeigt, dass ein persönliches Schlüsselerlebnis ausschlaggebend für die Entstehung von **(Zukunfts-)Angst bei den Mitarbeitenden** ist. Beispielsweise bestand das Schlüsselerlebnis von MA7 darin, dass ihm ein Vertrag seitens des Unternehmens zur Unterschrift vorgelegt wurde, der mehr Nachtschichten als gesetzlich erlaubt, vorsah. Dies verletzte sein Vertrauen in die Unternehmensführung und MA7 ist kritisch geworden. Er bezeichnet die Firmenpolitik als *„Aufreger"*, die bei ihm *„Wutpotential"* entfacht, sodass er auch zukünftig von negativen Erwartungen ausgeht. Das Schlüsselerlebnis von MA5 war, dass sie sich unermüdlich einbrachte und über ihre eigentliche Arbeit Zusatzleistungen erbrachte. Jedoch wurde ihr dieser Einsatz nicht gedankt. Sie erhält keine Wertschätzung und ihre Vorschläge werden nicht gehört. Wenn MA5 kritische Fragen stellt, wird sie *„zurückgepfiffen"*. Sie ist vorsichtig, da es *„einen Filter ['gibt'], wo, wie rote Knöpfe gedrückt werden,* um weitere Enttäuschungen zu vermeiden. MA9 hat Angst und ist vorsichtig, was das Unternehmen *„versucht ihr unterzujubeln"*, da ihre Erlebnisse sie wachsam gemacht haben, dass die Unternehmensführung nicht Wort halde und unehrlich kommuniziere. MA8 berichtet darüber, dass Entscheidungen nicht abgestimmt werden, sondern ihm *„aufgesetzt"* werden und er seine Mitsprache nicht feststellen könne. In Folge seiner Erlebnisse ist er: *„(...) über alles vorsichtig, wo, wenn, mit wem, was man redet, so. Man muss aufpassen, die Wände haben Ohren, oder solche Sachen. (...) Man muss sehr vorsichtig sein. Also, ich habe gelernt für mich, dass man vorsichtig sein muss."* Für MA1 besteht die Enttäuschung darin, dass er sich von der Unternehmensführung *„für blöd verkauft"* vorkommt. Er stellt die Unternehmensführung unter Generalverdacht, wenn neue Projekte oder Vorhaben geplant werden. MA1 ist mit dem Unternehmen enttäuscht, da die Kommunikation inkonsistent und nicht nachvollziehbar sei. Er reagiert nicht nur vorsichtig, sondern steht der Unternehmensführung zynisch gegenüber. Da die Führungsgrundsätze von den Führungskräften nicht gelebt werden, überlegt er sich stets, mit wem er, was an Information teilt und zeigt sich kritisch und besorgt, was zu erwarten ist.

Im Rahmen des Schlüsselerlebnisses bleibt jedoch bislang offen, wie schwerwiegend ein Schlüsselerlebnis sein muss, um den Tipping-Point zu erreichen, der dann zum Misstrauenssprung führt – geschweige denn, wie dies zu messen wäre. Da der Arbeit keine Prozessbetrachtung zugrunde liegt, wonach ein Kreislauf mit verschiedenen Zeitpunkten nachvollzogen werden könnte, kann zur Beschreibung der Misstrauensbildung einzig auf die Aussagen der Mitarbeitenden über ihr Empfinden zum Eintritt in das Unternehmen und ihre Einschätzungen im Zeitablauf der Betriebszugehörigkeit Bezug genommen werden. Die Arbeit vermag daher nicht, die Ausprägung bzw. das Misstrauens- und Vertrauenslevel zu quantifizieren und generelle Aussagen zur Schwere eines Schlüsselerlebnisses zu treffen.

Misstrauen und Vertrauen – eigenständige, koexistierende Konstrukte

In Bezug auf die Diskussion zur Ein- oder Zwei-Konstrukt-Sichtweise kann die Arbeit aussagen, dass die mit Misstrauen einhergehenden Emotionen im Gedächtnis der Mitarbeitenden des Feldes 3 stark verhaftet sind. Die Mitarbeitenden des Feldes 3 können sich sehr gut und ausführlich erinnern und geben teilweise genaue Aussagen der Unternehmensführung wieder. Daher geht die Arbeit davon aus, dass es anzuzweifeln ist, dass Enttäuschungen, Ängste und Zweifel im Zustand eines Mittelpunktes (Ein-Konstrukt-Sichtweise) revidierbar oder abzuändern wären. Bei einem Zweifel oder der Vorsicht ist ein/e Mitarbeitende(r) nicht sicher, ob etwas wahr oder nicht wahr ist und sie/er ist argwöhnisch und misstraut, ohne eine klare Begründung zu haben. Daher kann weder Misstrauen auf beiden Seiten eines theoretischen Mittelpunktes existieren, noch ist der theoretische Mittelpunkt zu definieren.

Die Arbeit trägt zur Validierung der Annahme von Lewicki et al. (1998) bei, wonach Misstrauen und Vertrauen sowie ihre einhergehenden Emotionen koexistieren können. Die hier vorliegenden Ergebnisse zeigen, dass Mitarbeitende trotz misstrauischen Äußerungen und negativen, mit Misstrauen assoziierten Emotionen auch positive Emotionen hegen können, wie die Mitarbeitenden in Interview (MA8, MA9, MA10, MA11, MA12, MA13, MA14) beispielhaft beschreiben. Daraus folgt, dass **die mit Misstrauen assoziierten (negativen) Emotionen durchaus mit den positiven (mit Vertrauen assoziierten) Emotionen koexistieren können**.

Die sieben Mitarbeitenden (MA1, MA2, MA3, MA4, MA5, MA6, MA7), die sich gemäß der Vier-Felder-Darstellung von Vertrauen und Misstrauen nach Lewicki et al. (1998) im Feld 3: 'hohes Misstrauen' und 'geringes Vertrauen' befinden und vorliegend als 'Mitarbeitende des Feldes 3 – sehr starkes Misstrauen' genannt werden, schildern die positiven Emotionen, wie 'hocherfreut' oder 'zufrieden' nur rückblickend und im weiteren Verlauf überwiegen die negativen Emotionen in der Erlebnisschilderung mit dem Unternehmen. Daraus wäre ableitbar, dass die anfänglich positiven Emotionen von den Erlebnissen und den damit verbundenen negativen Emotionen überlagert wurden und somit die mit Misstrauen assoziierten (negativen) Emotionen und Wahrnehmungen und Zuschreibungen dominieren. Sie würden dazu beitragen, dass das Misstrauen der Mitarbeitenden weiter bekräftigt wird und sich ausbreitet. Die Arbeit unterstreicht den Aspekt der Durchdringung und Selbstbestätigung von Misstrauen. Jedoch kann aus den Aussagen der Mitarbeitenden nicht geschlossen werden, dass die mit Misstrauen assoziierten, negativen Emotionen es vollumfassend vermögen, sich über die Kontexte und Bereiche der vorliegenden Mitarbeiterbeziehung mit der Unternehmensführung auszubreiten, wie von Sitkin und Roth (1993) sowie Sitkin und Stickel (1996) theoretisiert. In Bezug auf die negativen Emotionen mit der Unternehmensführung kann mit der affektiven Komponente der Affekttheorie die Implikation gezogen werden, dass negative, starke Emotionen in der Lage sind, über eine Zeitdauer die positiv empfundenen Emotionen gänzlich zu verdrängen; vorliegend jedoch nicht über alle Bereiche, sondern nur in Bezug auf die Unternehmensführung. Gemäß Bijlsma-Frankema et al. (2015) ist von einem **durch-**

dringenden Charakter von Misstrauen und einem sich selbstverstärkenden Kreislauf bei der Misstrauensbildung der Mitarbeitenden mit starkem Misstrauen auszugehen, wonach negative Emotionen Misstrauen auslösen und Beziehungskonflikte antreiben. Die Annahme der Verdrängung beschreiben auch Saunders et al. (2014) und sie ließe sich mit der Theorie der Ressourcenerhaltung[111] stützen, die darlegt, dass ein Mangel an (psychologischen) Ressourcen, wie hier in die Zuversicht oder in die Hoffnung, zu sehr schwer umzukehrenden Abwärtsspiralen führt (Hobfoll, 2001).

Neben den negativen Emotionen in die Unternehmensführung empfinden die stark misstrauischen sieben Mitarbeitenden (MA1, MA2, MA3, MA4, MA5, MA6, MA7) und die Mitarbeitenden mit hohem Misstrauen und hohem Vertrauen (MA8, MA9, MA10, MA11, MA12, MA13, MA14) auch positive Emotionen. Diese positiven Emotionen schreiben sie ihrer Innengruppe aus nahen Kollegen/innen und Vorgesetzten zu. Sie zeigen sich 'zufrieden' in Bezug auf das nahe Umfeld und auf ihre Tätigkeit, der sie verlässlich nachgehen. Sie stufen die Innengruppe als vertrauenswürdig ein, wenngleich sie Misstrauen gegenüber der Unternehmensführung hegen. Somit kann ein/e Mitarbeitende(r) positive und negative Emotionen (bzw. Vertrauen und Misstrauen) in sich vereinen. Die Koexistenz beider Konstrukte ist hier jedoch auf unterschiedliche Zielobjekte des Misstrauens und Vertrauens ausgelegt. Folglich zeigen die vorliegenden Ergebnisse, dass Mitarbeitende trotz misstrauischen Äußerungen und negativen, mit Misstrauen assoziierten Emotionen auch positive Emotionen hegen können. Bei den stark misstrauischen Mitarbeitenden ist einzig in Bezug auf die Unternehmensführung von der Verdrängung der positiven Emotionen auszugehen. Sie zeigen in die Unternehmensführung Misstrauen und kein Vertrauen. Jedoch gilt das Misstrauen nicht der Innengruppe, der sie vertrauen. Die Mitarbeitenden mit hohem Misstrauen und geringem Vertrauen misstrauen der Unternehmensführung ebenfalls, zeigen aber deutlich mehr positive Emotionen, die sie auch mit der Innengruppe haben und zusätzlich damit verbunden sind, dass sie hoffen, dass ihre negative Prognose – ausgedrückt in den Emotionen 'kritisch', 'besorgt' und 'ängstlich' – hinfällig wird. Sie haben Hoffnung und Zuversicht, dass sich ihre negativen Erlebnisse und Erwartungen nicht bestätigen werden, sondern dass sie von dem positiven Gegenteil überzeugt werden. Sie zeigen auch Vertrauen in die Innengruppe. Somit kann ein(e) Mitarbeitende(r) des Feldes 3 positive und negative Emotionen (bzw. Vertrauen und Misstrauen) in sich vereinen.

Im Rahmen der **Mitarbeitenden des Feldes 2 mit hohem Vertrauen und geringem Misstrauen** ist ebenfalls von einer **Koexistenz von Vertrauen und Misstrauen** auszugehen. Im Hinblick auf die Äußerungen der Mitarbeitenden des Feldes 2 ist Misstrauen als ein gesundes Maß aufzufassen. Ihr Maß an Misstrauen ist im Arbeitsumfeld förderlich und schützt die Mitarbeitenden des Feldes 2 vor einer

111 Die Theorie der Ressourcenerhaltung, „*Conservation of Resources Theory*" (COR-Theorie), bietet ein theoretisches Modell, das sich zur Erklärung von Stress auf die menschlichen Ressourcen konzentriert (Hobfoll 2001, S. 337).

(allzu vertrauensblinden) Ausnutzung (Lewicki et al., 2006). Daher ist ein schwaches Misstrauen ein grundlegendes Erfordernis für die effektive Dynamik von Unternehmen und für das Verhalten von Mitarbeitenden in Unternehmen. Die Mitarbeitenden des Feldes 2 klassifiziert die Forschende als die Gruppe an Mitarbeitenden, die ein Optimum an Vertrauen und an förderlichem Misstrauen auf sich vereinen. Ihr geringes Misstrauenslevel macht sie aufmerksam, lässt sie Herausforderungen und etwaige Probleme, um neue Vorhaben oder Entscheidungen der Unternehmensführung konstruktiv zu hinterfragen, wie MA18. Dies geht einher mit McKnight und Chervany (2001a), die konstatieren, dass ein Individuum mit einem moderaten Misstrauenslevel aufmerksamer ist, Probleme zu erkennen, wodurch ihre/seine Gesamtleistung gesteigert werden kann. Aus der Sicht des Unternehmens sind die Mitarbeitenden des Feldes 2, die Gruppe der Mitarbeitenden, auf die das Unternehmen setzen kann und von denen positive Effekte für das Unternehmen resultieren. Von ihnen ist anzunehmen, dass sie die vielfältigen positiven Effekte von Vertrauen in ihrem Arbeitsumfeld zeigen, wie u. a. ein kooperatives Verhalten (Boersma et al., 2003; Brower et al., 2000; Chami & Fullenkamp, 2002; Golembiewski & McConkie, 1975; McAllister, 1995; Morgan & Hunt, 1994; Nooteboom, 1996; Parkhe, 1998; Shaw, 1997). Aus den Äußerungen zum Glücklich-Sein und der Zufriedenheit mit dem Unternehmen ist die Arbeitszufriedenheit der Mitarbeitenden erkenntlich. Die Mitarbeitenden können partizipieren und sehen ihren Beitrag. Da sie die Beziehung zum Unternehmen und der Unternehmensführung als ein „Geben und Nehmen“ ansehen und ihr psychologischer Vertrag mit dem Unternehmen intakt ist, zeigen sie sich engagiert, Zusatzarbeiten übernehmen zu wollen bzw. gehen proaktiv an Dinge heran. Daraus ist ableitbar, dass diese positiven Effekte die Teamleistungen ansteigen lassen, was dem Unternehmen zugutekommt (Dirks, 2000).

Da das Schlüsselerlebnis ursächlich für den Misstrauenssprung ist und daraus negative Emotionen resultieren, ist es unwahrscheinlich, dass die Mitarbeitenden ein hohes Misstrauen <u>und</u> ein hohes Vertrauen (Feld 4) in Bezug auf die Unternehmensführung in sich vereinen können. Der Forschenden ist nach vorliegendem Kenntnisstand auch keine Studie bekannt, die zeigt, dass Mitarbeitende (oder eine andere Stakeholdergruppe) gleichzeitig hohe positive und negative Emotionen, wie beispielsweise Hoffnung und Angst, empfinden können, die für die Koexistenz von hohem Misstrauen und Vertrauen sprächen. Da die Arbeit *nicht* die Ausprägungen von schwachem Misstrauen und schwachem Vertrauen (Feld 1) untersucht, kann sie **keine Aussage zur Koexistenz von schwachem Misstrauen und schwachem Vertrauen** machen. Für die Koexistenz von schwach empfundenen Emotionen zeigen Saunders et al. (2014) erste Hinweise. Saunders et al. (2014) gehen von der Koexistenz von Misstrauen und Vertrauen aus, wenn sich Misstrauen und Vertrauen auf schwach empfundene Emotionen beziehen. Wie vorliegende Arbeit vermutet, gehen die Forscher auch davon aus, dass die Koexistenz von Misstrauen und Vertrauen auf einem hohen Niveau in der Realität anzuzweifeln ist. Mit Saunders et al. (2014) kann konstatiert werden, dass Misstrauen und Vertrauen als eigenständige Konstrukte auftreten können, es aber nicht wahrscheinlich erscheint, dass sie im Rahmen der Emotionen von Mitarbeitenden auf einem hohen Niveau (Feld 4) koexistieren können.

6.2.2 Faktoren der Misstrauensbildung

Im Sinne der Ein-Konstrukt-Sichtweise könnte angedacht werden, Misstrauen und Vertrauen mit den gleichen Faktoren und Skalen zu messen. Dieser Ansicht widerspricht die Arbeit. Die Faktoren für Misstrauen sind nicht das Gegenteil der Faktoren für Vertrauen, sondern unterscheiden sich. Eine Verminderung oder Verletzung eines Vertrauensfaktors, wie z. B. von Gerechtigkeit, vermag nicht, umfassend Vertrauen zu verletzen. Die 14 Mitarbeitenden des Feldes 3 erleben eine tiefgreifende Vertrauensverletzung, die sie in ihrer Identität mit dem Unternehmen tief erschüttert, sodass sie negative Erwartungen und Zuschreibungen prognostizieren. Die Arbeit geht insbesondere davon aus, dass der misstrauensbildende Faktor der Werteinkongruenz im Stande ist, einen bzw. andere Faktor(en) zu verdrängen. Dies führt dazu, dass im Rahmen der negativen Abwärtsspirale von Misstrauen die/der Mitarbeitende die einzelnen Misstrauensfaktoren nicht mehr als voneinander getrennt betrachtet, sondern dass sich die Faktoren im Laufe der Misstrauensbildung negativ miteinander verstärken. Eine negative Wahrnehmung in einem Misstrauensfaktor führt dazu, sich auf die anderen auszubreiten. Diese Aussage kann durch die Studien zu gerechten Entscheidungsverhalten untermauert werden. So zeigen diese, dass objektiv gerechte Entscheidungsverfahren nicht zur Wahrnehmung von Ergebnis- und Verfahrensgerechtigkeit führen, wenn sie die moralischen Überzeugungen einer Person verletzen (Mullen & Skitka, 2006). Die Aussage, dass Werteinkongruenz im Stande ist, einen bzw. andere Faktor(en) zu verdrängen, geht mit Lau, Lam und Wen (2014) einher, die davon sprechen, dass die Gegenseite unter Generalverdacht gestellt wird.

Als Misstrauenskategorien unterscheidet die Arbeit die drei Kategorien: 'negative Wahrnehmungen, Erwartungen und Zuschreibungen' und 'negative Reziprozität' sowie 'gegenseitige Selbstbestätigung'.

Kategorie 'negative Wahrnehmungen, Erwartungen und Zuschreibungen'

In der Organisationsforschung wird die Kongruenz mit den Werten in vielerlei Hinsicht angesprochen und die Misstrauensliteratur weist explizit darauf hin, dass sich Misstrauen unter den Bedingungen von wahrgenommener **Werteinkongruenz** bildet (siehe Kapitel 2.4.1). Aus den geführten Interviews geht die **Inkompatibilität der Mitarbeiterwerte mit den Werten der Organisation** als entscheidenden Misstrauensfaktor hervor. Diese Bedeutsamkeit von Werten für die Bildung von Misstrauen lässt sich in den Worten von Hsiao (2003, S. 174) zusammenfassen, der *„value-oriented distrust"* beschreibt als: *„incompatibility of employees' beliefs with the organization's cultural values appeared to be in conflict that contradicts employees' expectations"*; siehe Kapitel 2.3.4. Wie die Interviews zeigen, entsteht die Inkompatibilität daraus, dass die Mitarbeitenden eine Loyalität bzw. Treue und Verbundenheit mit dem Produkt bzw. der Dienstleistung des Unternehmens als leitenden Wert sehen und im Sinne einer Eigenständigkeit und Verantwortlichkeit bei der Ausübung der Tätigkeit den Wert der eigenen Autonomie beanspruchen. Die Unternehmensführung aber setzt aus Sicht der Mitarbeitenden dieser produktiven, motivierten Autonomiebestrebung ein Diktat an Vorgaben und Regeln gegenüber um die Konformität mit unternehmerischen Zielen, Vorgaben und Regeln zu erreichen. Es stehen somit der Autonomiewunsch der Mitarbeitenden der Regelungsabsicht gegenüber, wodurch es zu einer Inkompatibilität im Arbeitsalltag der Mitarbeitenden kommt. Die Mitarbeitenden müssen ihre Wertevorstellung der eigenständigen Arbeit für das Unternehmen dem Regelwerk der Unternehmensführung unterordnen. Diese Erkenntnisse über die Inkompatibilitätserfahrungen der Mitarbeitenden decken sich mit den Ergebnissen zu widersprüchlichen Wertesystemen von Vandenberg und Scarpello (1994, S. 535f.). In Zusammenfassung der Literatur von Gouldner (1957), Kornhauser (1962) sowie Lachman und Aranya (1986) unterscheiden Vandenberg und Scarpello (1994, S. 535f.) ein Wertesystem der/des Mitarbeitenden, das in: *„collegial and self control and authority over the occupation, compliance to occupational objectives and standards, autonomy, and client orientation and loyalty"* besteht. Für das Wertesystem der Unternehmensführung gehen Vandenberg und Scarpello (1994, S. 535f.) und Lachman und Aranya (1986, S. 228) in ihren Ausführungen von: *„bureaucratic or hierarchical control and authority, conformity to organizational goals, norms and regulations, and organizational loyalty"* aus. Zwar kann vorliegend über die gelebten Werte der Unternehmensführung und die Sicht der Unternehmensführung keine explizite Aussage gemacht werden, da einzig die Mitarbeitersicht in der vorliegenden Arbeit Betrachtung findet. Die Mitarbeiteraussagen lassen aber darauf schließen, dass die Führung mit Kontrolle sowie Konformität mit Zielen und Vorgaben nicht von den Werten der/des Mitarbeitenden geteilt wird, sodass die Unternehmenswerte aus Sicht der Mitarbeitenden keineswegs im Einklang mit denen der Mitarbeitenden stehen.

Aufgrund der Inkompatibilität der Mitarbeiterwerte mit den Werten der Organisation stellen die Mitarbeitenden des Feldes 3 letztlich keine gemeinsame Unternehmensidentität zwischen ihnen und der Unternehmensführung fest, sondern fühlen sich von der Unternehmensführung entfremdet. Die **Werteinkongruenz stellt eine Bedrohung der sozialen Identität** für die/den Mitarbeitenden dar. Diese Feststellung deckt sich sehr gut mit der Aussage von Tomlinson und Lewicki (2006, S. 222) in Bezug auf die Mitarbeitenden, die das Gefühl so beschreiben: *„We expect that we have little in common with the other and that the other is a committed adversary who is out to harm us."* In anderen Worten heißt das, die Mitarbeitenden erwarten eine kleine Schnittmenge ihrer gemeinsamen Werte und nehmen von der Unternehmensführung an, den Mitarbeitenden eher zu schaden. Diese identitätsbezogene Dimension von Werteinkongruenz im Zusammenhang mit der Misstrauensbildung konstatieren auch Searle et al. (2014). Ferner führt die Nicht-Übereinstimmung mit der Unternehmungsführung zu einer unterbewussten **Kategorisierung der Unternehmensführung in eine Außengruppe**. Damit geht einher, dass sich die Aussagen der Mitarbeitenden des Feldes 3 zur Unvereinbarkeit nicht nur auf die Unternehmensführung beziehen, sondern auf das Unternehmen als Ganzes.

Die Mitarbeitenden des Feldes 3 grenzen sich von der Unternehmensführung mit einer unterschwelligen Kategorisierung ab und fühlen sich ihrer Innengruppe zugehörig. Sie schreiben sich und ihren Kollegen/innen sowie nahen, direkten Vorgesetzten eine kollektive Identität zu, sei es auf die Abteilung bezogen oder berufsbedingt. Mit dieser kollektiven Identität der Innengruppe assoziieren die Mitarbeitenden ein Set von Werten und Standards, wie z. B. bei Pratt (1998, S. 181–184) ausgeführt und davon ist abhängig, welche Erwartungen der Mitarbeitenden sich herausbilden, welches Verhalten gezeigt wird und welche Ansprüche sich in welcher Weise durchsetzen lassen (Ebers, 1995, S. 1664).[112] Im Rahmen ihrer geteilten Identität der Innengruppe fühlen sich die Mitarbeitenden des Feldes 3 verpflichtet und verbunden, oder zumindest berechtigt, diese in ihren Beziehungen mit der Unternehmensführung anzuwenden und die Unternehmensführung und ihre Handlungen und Entscheidungen auf Basis dieser Standards zu beurteilen, wie bspw. im Zusammenhang mit einem Personalabbau. Aus den Interviews geht hervor, dass die Mitarbeitenden ein Interesse haben, ihre kollektiven Normen und Werte und die Verletzlichkeit dieser Mitarbeiternormen und Werte vor den Handlungen der Unternehmensführung zu bewahren. Im Zusammenhang mit der sozialpsychologischen Forschung und insbesondere der Theorie der sozialen Identität basiert die vorliegende Gruppenzugehörigkeit der Mitarbeitenden auf einer Einteilung der sozialen Umgebung in Innengruppe und Außengruppe, die die Mitarbeitenden zu einer positiven Distinktheit von der Außengruppe streben lässt. Die soziale Identität aus einer wahrgenommen Gruppenzugehörigkeit führt gemäß Tajfel (1978) zu einer Kategorisierung der sozialen Umgebung und einer Segregation in die Innengruppe („wir") und die Außengruppe („die anderen"). Die Mitarbeitenden mit ihrer Innengruppe umschreiben sich gegenseitig positiv und sprechen von Vertrauen zueinander. Die Außengruppe wird als eine Bedrohung der (positiven) kollektiven Identität angesehen, von der sich die Mitarbeitenden abgrenzen möchten. Diesen Zusammenhang bestätigen auch Hornsey und Hogg (2000) sowie Voci (2006) in ihren Ausführungen zur Bedrohung der sozialen Identität und den Emotionen. Williams (2001) stellt in ihrer Forschung einen positiven Effekt von Vertrauen in der gleichen Innengruppe der Mitarbeitenden und einen negativen Effekt im Sinne von Misstrauen zu den „ungleichen" Außengruppen-Unternehmensvertretern fest. Die Außengruppe kann daher mit den Worten von Grant und Brown (1995, S. 198) für den vorliegenden Kontext als: *„(...) an attack on central, shared in-group*

112 Das Wertesystem ist ein Orientierungskonzept für Mitarbeitende und Führungskräfte und eine effektive Möglichkeit im Führungsprozess, die Interaktion innerhalb des Unternehmens und nach außen zu steuern (Klimecki 1995, S. 1656). Dabei beeinflussen sich das Wertesystem der Mitarbeitenden und der Unternehmensführung und die Unternehmenskultur wechselseitig. Einerseits vollziehen sich die Führungsprozesse in Unternehmen unter spezifischen, unternehmenskulturellen Bedingungen und andererseits entwickelt und verfestigt sich eine Unternehmenskultur, die vice versa in Rückkopplung mit den Interaktionen der Unternehmensführung steht (Ebers 1995, S. 1664).

attitudes, values, beliefs, norms and group practices" beschrieben werden. Dass die Social Identity-Theorie (Hogg, 2001; Hogg & Terry, 2000; Tajfel & Turner, 1986) zentral für den theoretischen Rahmen von Misstrauen ist, geht neben den vorliegenden Ausführungen auch aus den Erkenntnissen von Sitkin und Roth (1993), Lewicki et al. (1998) und Tomlinson und Lewicki (2006) sowie Bijlsma-Frankema et al. (2015) hervor.

In Organisationsstudien wird die Werteinkongruenz als konfliktauslösend diskutiert. Ein Organisationsmitarbeiterkonflikt kann entstehen und gemeinsames Misstrauen kann sich entwickeln, wenn die Werte der Mitarbeitenden und die organisationalen Werte als inkompatibel wahrgenommen werden (Fiol, Pratt & O'Connor, 2009; Fox, 1974; Glynn, 2000; Sorensen & Sorensen, 1974). Die Konfliktliteratur unterscheidet als konfliktbezogene Faktoren die Bedrohung, die Verletzlichkeit und die Angst vor Betrug und beleuchtet ganz ähnlich zur Organisationsliteratur die kritische Rolle von abweichenden oder inkompatiblen Werten (Biernat, Vescio & Theno, 1996; Lewicki, Gray & Elliott, 2003; Pruitt & Kim, 2004; Riek et al., 2006).

Daneben zeigen die Aussagen der Interviews, dass die Mitarbeitenden eine organisationale **Ungerechtigkeit** wahrnehmen. Im Sinne der Austauschtheorie (Blau, 1964) wird Gerechtigkeit durch Belohnungen und Beiträge bestimmt (Adams, 1963; Blau, 1964; Thibaut & Kelley, 1959; 1986). Im vorliegenden Unternehmenskontext nimmt die/der Mitarbeitende des Feldes 3 eine Ungerechtigkeit wahr, sodass sie/er negativ regiert. Da ihr/ihm die zustehende Gegenleistung nicht zuteilwird, leistet die/der Mitarbeitende nur unmotiviert „Dienst nach Vorschrift". Ferner bezieht die/der Mitarbeitende über die gerechte oder ungerechte Behandlung ihrer/seiner Person identitätsrelevante Informationen über ihre/seine sozialen Beziehungen. Diese Informationen führen gemäß der Theorie der sozialen Identität zu der Identifikation mit sozialen Einheiten, hier der Innengruppe aus nahen Kollegen/innen und Vorgesetzten (Tajfel, 2010; Tajfel & Turner, 1986). Da die/der Mitarbeitende des Feldes 3 wahrnimmt, keine positive, respektierte Position innerhalb des Unternehmens einzunehmen, fühlt sie/er sich (un-)gerecht behandelt. Die Mitarbeitenden des Feldes 3 streben nach einem positiven Selbstwert und möchten sich daher identifizieren, jedoch können sie sich nicht mit der Unternehmensführung als vereinbar ansehen. Ihre Wahrnehmung von Ungerechtigkeit im Unternehmen, vermittelt ihnen einerseits, **wenig respektiert und wertgeschätzt** von der Unternehmensführung zu sein (interpersonale Ungerechtigkeit) und andererseits, erhöht diese Wahrnehmung die Attraktivität der Innengruppe und das Bewusstsein der Mitgliedschaft. Die fehlende Mitsprachemöglichkeit ist ein Hinweis auf ihren/seinen geringen sozialen Status im Unternehmen. Dadurch fühlt sich die/der Mitarbeitende in ihrem/seinem Selbstwert bedroht und die Attraktivität der Unternehmensführung bzw. der Außengruppe ist reduziert. Hinsichtlich der **distributiven** Ungerechtigkeit nimmt die/der Mitarbeitende wahr, dass ihre/seine Arbeitsleistung und die Gegenleistung des Unternehmens an sie/ihn nicht in einem zufriedenstellenden Verhältnis stehen (Adams, 1965). Die Mitarbeitenden des Feldes 3 empfinden die persönliche Bezahlung nicht gerecht, da sie nicht gleich der Bezahlung einer/s

Kollegen/in ist, die/der eine gleich gute Arbeitsleistung erbringt bzw. den Mitarbeitenden, die eingestellt werden. Ferner ist das Gerechtigkeitsempfinden von der Wahrnehmung **prozeduraler** Ungerechtigkeit geschürt. Aus früherer Forschung ist bestätigt, dass der Prozess der Entscheidungsfindung und insbesondere die Art und Weise, wer und wie Beförderungen im Unternehmen durchgeführt werden, Einfluss auf die Wahrnehmung von organisationaler Ungerechtigkeit nehmen (García-Izquierdo, Moscoso & Ramos-Villagrasa, 2012; Tzafrir & Hareli, 2009). Die prozedurale Ungerechtigkeit ist ein Prädikator von organisationalem Commitment, Kündigungsabsichten und dem Arbeitseinsatz (Andrzejewski, 2008; Siegel et al. 2005; Brockner & Siegel, 1996; Cascio & Wynn, 2004) und, wie die vorliegende Arbeit darlegt, von Misstrauen gegenüber der Unternehmensführung, was als die Grundlage für Kündigungsabsichten und einen verminderten Arbeitseinsatz gesehen werden kann. Die Mitarbeitenden des Feldes 3 nehmen wahr, dass sie **nicht gefragt werden** bzw. dass ihre Meinung unerwünscht ist. Die Forschung zeigt, dass die Mitsprachemöglichkeit und ein respektvoller Umgang sich auf das individuelle, innovative Verhalten auswirken (Streicher & Frey, 2012, S. 338). Das Gerechtigkeitsempfinden eines Mitarbeitenden kann gesteigert werden, wenn sie/er sich in die Arbeitsprozesse einbringen kann (Bies & Shapiro, 1988; Greenberg & Folger). In den für die vorliegende Arbeit geführten Interviews sind jedoch die Entscheidungsprozesse für die Mitarbeitenden des Feldes 3 nicht einsehbar. Gerade die Beförderung und die Beurteilung sind für die Mitarbeitenden des Feldes 3 **intransparent**, da die Entscheidungskriterien und das Vorgehen, wer und wann befördert wird, der/dem Mitarbeitenden unklar bleiben. Beispielsweise zeigen die Interviews, dass nach Meinung der Mitarbeitenden nicht einzig die Leistungskriterien für die Entscheidung zur Beförderung verantwortlich seien, sondern sogar Fälle auftreten, in denen die/der mehr leistende Mitarbeitende nicht die Beförderung erhalte, sondern es vielmehr auf das persönliche Netzwerk oder gar das Geschlecht ankomme. Ferner resultiert daraus, dass nicht nur die Wahrnehmung der/des Mitarbeitenden, die/der nicht befördert wurde, negativ beeinträchtigt wird, sondern unter allen Mitarbeitenden intransparente Prozessen und eine geringe Wertschätzung der Ressource Mitarbeitende/r im Unternehmen wahrgenommen werden und diese Wahrnehmung gegenseitig bestätigt wird.[113] Dies führt zu Misstrauen in Personalfragen. Dass ungerecht empfundene Beförderungen und Entlassungen in besonderen Maße zu einer negativen

113 Die Gründe einer Beförderung sind laut der Forschung (Ng, Eby, Sorensen & Feldman 2005) eher in subjektiven Kriterien, wie der Beziehung zur Unternehmensführung (Wayne, Liden, Kraimer, & Graf, 1999), der Fähigkeit, ein Netzwerk aufzubauen und ein Netzwerker zu sein (Wolff & Moser, 2010) oder dem Eingebundensein per se im Unternehmen (Feldman & Ng, 2007) oder aufgrund von demographischen Unterschieden (Landau, 1995) sowie neben vielen weiteren Ansätzen, die erklären, weshalb Beförderungsentscheidungen nicht einzig auf der Arbeitsleistung basieren (z.B. Beehr, Nair, Gudanowski, & Such, 2004; Ferris, Buckley, & Allen, 1992; London & Stumpf, 1983; Scandura, 1992), zu sehen. Gerade

Einstellung einer/eines Mitarbeitenden führt, zeigen explizit Schwarzwald, Koslowsky und Shalit (1992) sowie Schaubroeck, Lam und Xie (2000), die erforschen, wie sich die Einstellung und das Verhalten von Mitarbeitenden ändert, die nicht befördert werden und in dem Unternehmen auf gleicher Stufe verbleiben. Eine als prozedural gerecht wahrgenommene Entscheidungspraxis würde dazu führen, dass sich die betroffenen Mitarbeitenden ernst genommen und mit Respekt behandelt fühlen, wie Tyler und Degoey (1996) in ihrem Vertrauenskonzept annehmen. Ein respektvoller Umgang führt zu der Bereitschaft, einen „Entscheider" als vertrauenswürdig wahrzunehmen, und damit dessen Entscheidungen zu akzeptieren. Jedoch stellen die Mitarbeitenden des Feldes 3 keine Mitsprachemöglichkeit fest, sodass sie sich einer Machtlosigkeit ausgesetzt fühlen. Aufgrund ihrer Wahrnehmung, dass ihre Sorgen und Befürchtungen nicht aufgegriffen werden oder ihr Standpunkt nicht berücksichtigt oder ihnen kein Verständnis entgegengebracht wird, nehmen die Mitarbeitenden wahr, dass eine **interpersonale** Ungerechtigkeit besteht. Diesen Zusammenhang zeigen auch die Ergebnisse von Greenberg und Cropanzano (1993). Die vorliegende Arbeit zeigt, dass die unternehmensseitig ausgesendeten „Signale" wenig Wertschätzung für die/den Mitarbeitenden und ihre/seine Arbeit vermitteln und damit seitens der Mitarbeitenden negative Emotionen, wie Enttäuschung, Wut und Ärger verbunden sind. Dies lässt sich mit den Erkenntnissen von Elsbach et al. (2012, S. 254) erklären. Sie unterscheiden die Nichtachtung, in ihrem Bezugsrahmen *„dis-respect for employees"* genannt (Kapitel 2.3.5., Abb. 8), als einen entscheidenden Faktor für die Misstrauensbildung und zeigen, dass aus der Ungerechtigkeit der Behandlung von Mitarbeitenden Misstrauen resultiert. Aus vorliegenden Aussagen geht hervor, dass die Mitarbeitenden des Feldes 3 keine Sorge um ihr Mitarbeiterwohlergehen wahrnehmen. Die Unternehmensführung nimmt sich nicht ihrer Bedürfnisse und Ängste an. Die Mitarbeitenden des Feldes 3 nehmen einzig wahr, ein zu reduzierender Kostenfaktor zu sein. Solche Wahrnehmungen und Emotionen, die mit enttäuschenden Erlebnissen und Erfahrungen verbunden sind, behindern gemäß der Organisationsforschung eine Wiederherstellung des Gerechtigkeitsempfindens (Gill et al., 2016; Lewicki & Tomlinson, 2014). In vorliegender Arbeit führt dies zu einem Frustrationsverhalten und dem Gefühl von „innerer Kündigung" bzw. dem Bedürfnis, das Unternehmen tatsächlich verlassen zu wollen. Neben der interpersonalen Ungerechtigkeit wird auch die **informationelle** Ungerechtigkeit wahrgenommen. Die Mitarbeitenden des Feldes 3 fühlen sich hintergangen und wenig wertgeschätzt, wenn sie nicht informiert werden, insbesondere wenn sie anstatt durch die Unternehmensführung über die Medien informiert werden. Daher kann festgestellt werden, dass Misstrauen die menschliche Antwort auf einen Mangel an Informationen ist, was auch Gowda (1999, S. 130) hervorhebt. Es ist davon auszugehen, dass eine verbesserte Information und

jüngst wies Marineau (2017) daraufhin, dass es bei der Beförderung darauf ankommt, „wen man im Unternehmen kennt."

Kommunikation mit den Mitarbeitenden Misstrauen schmälern kann, wie auch aus der Forschung von Earle und Cvetkovich (1999) hervorgeht.

Die Arbeit beschreibt als misstrauensbildende Faktoren neben der Werteinkongruenz und der Ungerechtigkeit, das **Führungsversagen** als dritten Faktor der negativen Wahrnehmungen, Erwartungen und Zuschreibungen. Die Unternehmensführung steuert das Unternehmen und ihre Abläufe und Projekte zu wenig engagiert. Zur Erreichung der Unternehmensziele vermittelt die Unternehmensführung den Mitarbeitenden des Feldes 3 keinen klaren Führungskurs. Sie antizipieren aus ihren Erlebnissen eine Vorsicht, Besorgnis und Angst über die Zukunft des Unternehmens. Dass die Mitarbeitenden des Feldes 3 aufgrund ihrer vergangenen Erfahrungen mit der Unternehmensführung ein schädigendes Führungsverhalten auch zukünftig erwarten, zeigen auch die Ausführungen der Misstrauensliteratur (March & Olsen, 1975; Sitkin & Stickel, 1996) und der Konflikt- bzw. Eskalationsliteratur (Friedman & Currall, 2003; Pruitt & Kim, 2004). Mit dem Führungsversagen sprechen die Mitarbeitenden des Feldes 3 die mangelnde Führungskompetenz an. Sie erachten die Unternehmensführung für wenig fähig, das Unternehmen zu führen. Den Faktor der Inkompetenz als Misstrauensfaktor unterscheiden auch McKnight und Chervany (2001a; 2001c) im Rahmen ihrer Misstrauenswahrnehmungen und -überzeugungen, *„distrusting beliefs"*, siehe Kapitel 2.3.5., Abb. 9. Ferner sprechen Bewsell (2012) sowie Komiak und Benbasat (2008) davon, dass sich Misstrauen bildet, wenn die Erwartung bzgl. des Verhaltens des Gegenübers unter den eigenen Erwartungen liegt oder ihnen widerspricht und sich die Einschätzungen des Gegenübers primär darauf belaufen, das Gegenüber für inkompetent zu erklären (*„incompetence attribution distrust")*. Dass Kompetenz nicht nur ein geeigneter Faktor für die Untersuchung von Misstrauen, sondern auch für Vertrauen ist, geht aus den empirischen Ergebnissen von Cho (2006, S. 32f.) zu den Mechanismen von Misstrauen und Vertrauen hervor.

Kategorie 'negative Reziprozität' und die Schlüsselrolle der Führungskräfte

Aus den Aussagen der Interviews geht hervor, dass die Unternehmensführung aus Sicht einiger Mitarbeitenden des Feldes 3 nicht gerecht mit der/dem Mitarbeitenden umgeht, sodass sie/er sich gemäß der Reziprozitätsnorm nicht veranlasst sieht, sich gerecht und urteilsfrei gegenüber der Unternehmensführung zu verhalten. Die ungerechte Behandlung vermittelt den Mitarbeitenden des Feldes 3, dass die Unternehmensführung beabsichtigt, die Mitarbeitenden zu benachteiligen. Darüber hinaus basiert die Beziehung der Unternehmensführung zu der/dem Mitarbeitenden auf **Vorgaben und Kontrollen**. Die Kontrollen, Regeln und Vorgaben seitens des Unternehmens beeinflussen die Reziprozität negativ. Die/der Mitarbeitende ist angespannt und hegt Zweifel, da ihr/ihm **kein Vertrauen** geschenkt wird. Die ungerechte Behandlung und das Kontrollverhalten der Unternehmensführung führen dazu, von den Mitarbeitenden erwidert zu werden. Forscher/innen, wie Serva et al. (2005), Bijlsma-Frankema et al. (2016) und Sitkin und Bijlsma-Frankema (2018) oder Gill et al. (2016) konstatieren das hier gezeigte reziproke Mitarbeiterverhalten.

Ferner beschreiben Doney et al. (1998) und Zaheer und Zaheer (2006), dass Überwachung, Kontrolle und Argwohn die Misstrauensbeziehung prägen.

Insbesondere das Interview mit MA10 bestätigt die wissenschaftliche Erkenntnis der Vertrauensforschung, dass Führungskräfte den ersten Schritt der Vertrauensbildung machen sollten (Rotter, 1971; Whitener et al., 1998; Zand, 1972).[114] Im Falle von Vertrauen nennt u. a. Meifert (2008, S. 320–324) für die langfristige Etablierung und Stabilisierung einer Vertrauenskultur in einem Unternehmen die positive Reziprozität in Form eines Gebens und Nehmens. Dabei fungieren die Unternehmensführung als Vorbilder und Orientierungsmuster für ihre Mitarbeitenden, indem sie Interpretationen von Ereignissen anbieten, Bedeutungszusammenhänge schaffen, Erwartungen äußern und Ziele formulieren, deren Erreichung das Unternehmen wiederum steuert, kontrolliert und sanktionieren kann (Ebers, 1995, S. 1665). Zur Bildung dieser Reziprozität ist nach Geramanis (2002, S. 151) die Freiheit der Mitarbeitenden entscheidend, wonach beispielsweise viele vertragliche Regelungen der Idee des Vertrauens widersprechen.

Kategorie 'gegenseitige Selbstbestätigung'

Die individuellen Wahrnehmungen und Einstellungen sind von den Informationen des sozialen Umfeldes und den Situationen im Arbeitsumfeld geprägt, sodass diese sozial konstruierte Realitäten die Zuschreibung der Misstrauenswürdigkeit der Unternehmensführung festlegen (siehe auch Berger & Luckmann, 2010). Die Mitarbeitenden formen ihre Misstrauenseinstellung nicht unabhängig, sondern das Misstrauen der Mitarbeitenden basiert auf kollektiven Wahrnehmungen und Bewertungen, wie insbesondere auf ihrer Unternehmensidentität, Normen und Werten. Die Mitarbeitenden sind in Teams bzw. Sub-Gruppen eingebettet und erzählen die negativen Erlebnisse an die Kollegen/innen weiter, sodass sich ihr Misstrauen nicht nur aufgrund von individuellen Erfahrungen begründet, sondern sich gegenseitig in ihrer Innengruppe verbreitet. Die Aussagen der Interviews zeigen, dass sich die Misstrauensbildung innerhalb der Innengruppe gegenseitig annähert. Im Rahmen einer Selbstbestätigung „beflügelt" sich die Innengruppe gegenseitig mit negativen Wahrnehmungen und sieht sich stets miteinander bestätigt, Misstrauen zu hegen und zu vertiefen, sodass von **negativen Verbreitungseffekten zur gegenseitigen Selbstbestätigung der Mitarbeitenden** auszugehen ist. Daher machen sich die Mitarbeitenden des Feldes 3 nicht nur als Individuum, sondern auch als Gruppenmitglied verletzlich gegenüber der Unternehmensführung. Die kollektive Manifesta-

---

114 Basierend auf der Agency- und Social-Exchange-Theorie entwickeln Whitener, Brodt, Korsgaard & Werner (1998, S. 513) ein beziehungsbasiertes Modell, das organisationale, beziehungsspezifische und individuelle Faktoren, die ein vertrauenswürdiges Verhalten der Führungskräfte fördern können, berücksichtigt. Dabei untersuchen sie die Faktoren von vertrauenswürdigem Verhalten von Führungskräften bzw. Vorgesetzten und insbesondere, welche Aspekte zur Förderung der Vertrauensentstehung beitragen.

tion von Misstrauen entspringt vorliegend aus der Tatsache, dass die Mitarbeitenden des Feldes 3, die sich in geteilten Situationen von Verletzlichkeit befinden, dazu tendieren, Gruppensolidarität zu zeigen und sich in einem sozialen Informationsaustausch engagieren. Im Misstrauensfall misst die/der Mitarbeitende der negativen Erlebnisschilderung eines/r Kollegen/in einen hohen Wert bei, da sie/er sich mit dem Ereignis und den negativen Emotionen im Rahmen der Innengruppe solidarisiert. Die/der Mitarbeitende fühlt sich zu den Mitarbeitenden sozial dazugehörig. Das Zugehörigkeitsgefühl steigert die Attraktion und Eingebundenheit innerhalb der Innengruppe (Moreland, 1987). Diese Erkenntnisse zum kollektiven Misstrauensempfinden ähneln den Forschungsergebnissen zu Vertrauen von Shamir und Lapidot (2003), die *„Trust in Organizational Superiors"* untersuchten. Shamir und Lapidot (2003) stellten ebenso fest, dass Vertrauen ein kollektives Phänomen ist.

Ferner kann angenommen werden, dass die gegenseitige Selbstbestätigung der Mitarbeitenden gemäß einer selbsterfüllenden Prophezeiung an Dynamik gewinnt, wie auch die Ergebnisse anderer Forscher aufweisen (Sharma & Sharma, 2015). Darüber hinaus geht die Forschende davon aus, dass Dritte, wie Freunde, Familie oder die Medien – in und außerhalb des Unternehmens – im Stande sind, die Mitarbeiterwahrnehmung via „Klatsch und Geschwätz" zu färben. Daher unterscheidet die Forschende diesen Einfluss als eine weitere Komponente im Sinne von „Externen Faktoren Dritter" (siehe Kapitel 5.4.). Von diesem Einfluss Dritter gehen auch andere Studien aus (Burt & Knez, 1995; Labianca et al., 1998). Besonders zeigt sich das kollektive, gegenseitig bestätigte Mitarbeitermisstrauen bei dem gemeinsamen Empfinden und Weitererzählen von Erlebnissen im Zusammenhang mit einer fehlenden unternehmerischen Sorge der Unternehmensführung, wie bei Einstellungsstopp und dem Abbau von Personal.[115] Für die Mitarbeiterschaft bleibt ungeklärt, wie die Verteilung anstehender, zu übernehmender Aufgaben bewerkstelligt werden soll. Die Mitarbeitenden des Feldes 3 empfinden Umstrukturierungen, einen Einstellungsstopp oder einen Personalabbau als eine unsichere, negative Situation. Da die Unternehmensführung hierfür kaum Verständnis aufbringt, interpretieren die im Unternehmen verbleibenden Mitarbeitenden des Feldes 3 das Verhalten als fehlende unternehmerische Sorge und empfinden die Entlassungen naher Kollegen/innen als ungerecht. Diese Unsicherheit und das Unrechtsempfinden bestätigen auch andere Studien (Andrzejewski, 2008; Lewin & Johnston, 2000). Nach dem Survivor-Syndrom und den Erkenntnissen der Traumaforschung (Kübler-Ross, 1969) kann das Verhalten der verbliebenen Mitarbeitenden des Feldes 3 und ihre gegenseitige Selbstbestätigung als Reaktion auf einen gebrochenen bzw. als verletzt erlebten psychologischen Vertrag zwischen Arbeitgeber/in und Arbeitnehmer/in angesehen werden (Hareli & Tzafrir, 2006).

115 Dass sich ein Personalabbau auffallend stärker auf die Beziehung zum obersten Management auswirkt als auf das Vertrauensverhältnis zum direkten Vorgesetzten, zeigen empirische Studien zum Downsizing (Weiss & Udris 2006).

6.2.3 Konsequenzen von Misstrauen

Die Mitarbeitenden des Feldes 3 fühlen sich geschädigt und können (zum Zeitpunkt der Interviews) keine Wiedergutmachung ihrer tiefen Verletzung feststellen. Die Beziehung zur Unternehmensführung lässt sich aus den Interviews als vorsichtig, wachsam und emotional angespannt beschreiben. Auch Luhmann (1979, S. 71f.) spricht davon, dass die Beziehung im Misstrauensfall von einer gegenseitigen emotionalen Angespanntheit und einem verzweifelten Charakter geprägt ist. In Folge der Zuschreibung von Misstrauenswürdigkeit der Unternehmensführung mit den vorliegenden Kategorien und Faktoren der Misstrauensbildung leiten sich die Konsequenzen von Misstrauen ab.

Argwöhnische Wachsamkeit und Vorsicht

Die Interviews zeigen, dass im Zusammenhang mit Misstrauen von **erhöhter Wachsamkeit bzw. Achtsamkeit und ausgeprägter Vorsicht** auszugehen ist; dies wird auch von Chang und Fang (2013), Ou und Sia (2010) sowie Lewicki und Brinsfield (2009) beschrieben. McKnight und Chervany (2001c) nennen nicht nur ein skeptisches Verhalten, sondern sprechen sogar von einer Abwehrhaltung als Folgen der Misstrauensbildung. Kleiman et al. (2015) zeigen, dass Misstrauen die Zugänglichkeit des Individuums blockiert bzw. dessen Erreichbarkeit sperrt. Dies zeigen auch vorliegende Interviews. Unternehmensentscheidungen werden negativ aus der subjektiven Warte beurteilt und eingeengt. Kleine Unklarheiten oder eine Informationslücke werden mit negativen Mutmaßungen gefüllt. MA3 berichtet, dass die Mitarbeitenden wenig empfänglich sind, Informationen aufzunehmen, sondern die Schwachstellen und *„das Negative“* suchen. Daraus kann abgeleitet werden, dass Misstrauen Einfluss darauf nimmt, mit welcher Erwartung und Zuschreibung Informationen aufgenommen und reflektiert werden. Im Gegensatz zu den Mitarbeitenden des Feldes 2 zeigen sich die Mitarbeitenden des Feldes 3 weniger rege im Kommunikationsverhalten und im Informationsaustausch. Ihr Kommunikationsverhalten zeigt sich in der gegenseitigen Bestätigung negativer Wahrnehmungen. Dieses Ergebnis geht einher mit Komiak et al. (2005) und Wrightsman (1974), die ebenso feststellten, dass sich das Kommunikationsmuster der Misstrauenden und Vertrauenden in deutlicher Weise unterscheidet. Vertrauende bieten ihren Partnern/innen mehr Hilfe an und lassen ihnen häufiger vertrauensvolle Nachrichten zukommen, wohingegen Misstrauen die Interaktion und Kooperation einschränkt (Dirks & Ferrin, 2002; McKnight & Chervany, 2001c). Folglich ist es für die Unternehmensführung schwierig, Entscheidungen oder Projekte durchzusetzen, wie beispielsweise den vorgesehenen Standortwechsel und dies erklärt letztlich, weshalb Entscheidungsprozesse teilweise als ineffizient und als zu lang von den Mitarbeitenden des Feldes 3 wahrgenommen werden. Mit dem Fokus auf Schwachstellen und auf das Negative engt die/der misstrauende Mitarbeitende darüber hinaus auch die Informationen ein, auf die sie/er sich stützen könnte, um eine neue Einschätzung zur Vertrauenswürdigkeit zu fassen, wie MA8 schildert. Diese Erkenntnis deckt sich mit den Studien von Searle et al. (2014) und Bijlsma-Frankema et al. (2015) sowie Luhmann (2000, S. 93). Daher ist davon auszugehen, dass es für die Unternehmensführung schwierig sein wird, Rückmeldungen zu erhalten, die diese Negativität seitens der Mitarbeitenden des Feldes 3 aushebeln und entgegenwirken könnten (Elsbach et al., 2012; Keyton & Smith, 2009; Lewicki et al., 1998). Selbst wenn die Unternehmensführung inhaltlich gut und intensiv kommunizieren würde und erläutert, welche Absichten sie mit einem neuen Projekt verfolgt, sehen die Mitarbeitenden des Feldes 3 im Gegensatz zu denen des Feldes 2 stets einen potentiellen Schaden. Im Falle von Misstrauen stehen die Mitarbeitenden des Feldes 3 jeder Information oder einer neuen Entscheidung argwöhnisch und skeptisch gegenüber. Lösungsvorschläge oder objektive Unternehmensgründe werden nicht eruiert. Dies begründet sich daraus, dass die/der misstrauische Mitarbeitende die Vorschläge und Projekte als Bedrohung wahrnimmt und schwerlich aus dem Misstrauenskreis ausbrechen kann (Keyton & Smith, 2009). Dass im Misstrauensfall Unternehmensentscheidungen negativ und subjektiv beurteilt werden, zeigen auch die Arbeiten von Wiethoff und Lewicki (2005) sowie Gill et al. (2016). Ferner spricht die Literatur davon, dass Misstrauen Kontrollstrategien, wie das *„double-checking of information"* auslösen kann (Kramer, 1994) und dass im Misstrauensfall aufwendige, zusätzliche Analysen vorgenommen werden (Fein, 1996; Hilton et al., 1993). Diese misstrauensbedingte Konsequenzen seitens der Mitarbeitenden des Feldes 3 werden allerdings im vorliegenden Unternehmenskontext von den befragten Mitarbeitenden nicht erwähnt.

Vermeidung von Interaktion und Kooperation

Die Interviews zeigen, dass die Mitarbeitenden des Feldes 3 Interaktion und Kooperation mit der Unternehmensführung grundsätzlich vermeiden möchten. MA13 spricht von seiner Absicht, stets der Überprüfung oder Rechenschaftspflicht seitens des Unternehmens zu „entkommen". Die Mitarbeitenden scheuen den persönlichen Umgang, da sie Angst vor einer *„Retourkutsche"* der Unternehmensführung haben, wie MA10 äußert. Ein solches Sinken der Kooperationsbereitschaft stellen auch Bijlsma-Frankema et al. (2015) fest. Die Mitarbeitenden des Feldes 3 zeigen Angst vor Diskussionen und vermeiden potentielle Diskussionen und Auseinandersetzungen. MA8 schildert an seinem Beispiel, dass er und seine Kollegen/innen **Informationen zurückhalten und wenig Kooperationsbereitschaft** ihrer Führungskraft gegenüber zeigen. Dies korrespondiert mit den Erkenntnissen der Forschung, wonach die mit Misstrauen einhergehenden Emotionen die Informationsweitergabe und -verarbeitung beeinflussen (Galinsky et al., 2003; Lange & Crusius, 2015) und im Misstrauensfall Informationen vorenthalten werden (Gill et al., 2016; Lewicki & Tomlinson, 2014). Dass das Zurückhalten von Informationen zu einem erhöhten Zeit- und Arbeitsaufwand für das Herbeiführen von Entscheidungen führt, ist MA8 und seinen Kollegen/innen durchaus bewusst, wird aber in Kauf genommen. Somit ist davon auszugehen, dass die Entscheidungen um ein Vielfaches verlängert werden. In der Forschung ist die Rede von einer Verringerung der organisationalen

Produktivität und der Performance bzw. einer organisationalen Ineffektivität als Folge der verlängerten Entscheidungsprozesse (Felps et al., 2006; Harrison et al., 2010; Mishra & Morrissey, 1990; Sparrowe et al., 2001; Wicks et al., 1999). Da die Mitarbeitenden des Feldes 3 keine oder wenig wahrheitsgemäße Informationen erhalten und die Kommunikation mit dem Unternehmen als nicht befriedigend ansehen (informationelle Ungerechtigkeit) sowie die Entscheidungsprozesse als intransparent beurteilen (prozedurale Ungerechtigkeit), sind sie im Gegenzug auch nicht bereit, ihre Informationen zu teilen und halten sie daher eher zurück. Diese Erkenntnis kann mit Vlaar et al. (2007, S. 414) bekräftigt werden, die diesen Zusammenhang zwischen unzureichender Informationspolitik seitens des Unternehmens und dem Informationsverhalten von Mitarbeitenden darlegen.

Rückzug und innere Kündigung

Aufgrund der Vorgaben am Arbeitsplatz und die dadurch verursachte Verletzung des Mitarbeiterwerts der eigenen Autonomie wird die Motivation, in den Interviews spricht MA5 von *„Befriedigung"* mit der Arbeit, reduziert. Die Mitarbeitenden des Feldes 3 sind enttäuscht und distanzieren sich bewusst von der Unternehmensführung. MA9 zieht sich innerlich zurück, da sie keinen Weg sieht, sich einbringen zu dürfen bzw. eine Stimme zu haben. MA3 empfindet ebenso eine Ohnmacht unter dem Motto, dass es nichts bringt, sich einzubringen, da die Mitarbeitenden keine Mitsprache haben und falls sie Vorschläge machen, diese versanden. Die Mitarbeitenden des Feldes 3 wirken frustriert und sprechen von **Resignation** unter den Kollegen/innen (MA2, MA12, MA3 und MA5). Die Mitarbeitenden ziehen sich **im Sinne der inneren Kündigung** zurück, wie MA14 schildert. Sie zeigen ein Mitarbeiterverhalten, das sich als „Dienst nach Vorschrift" beschreiben lässt. Andere Mitarbeitende des Feldes 3 beabsichtigen die Kündigung in die Tat umzusetzen, wie MA4, die nicht resignieren möchte oder einen „Dienst nach Vorschrift" anstrebt. Sie spricht davon, das Unternehmen verlassen zu wollen. MA2 und MA11 sprechen eher von einer Strategie des Anpassens an die Begebenheiten, da ihres Erachtens keine Beschäftigungsalternative existiere. Die Folgen der inneren Kündigung und das angepasste Arbeitsverhalten, das sich als **„Dienst nach Vorschrift"** beschreiben lässt, werden vornehmlich von Praxisstudien, wie dem Report von Gallup (2016) oder dem IGA-Report von Scheibner et al. (2016) wiedergeben. Wissenschaftliche Studien zur inneren Kündigung sind in der englischsprachigen Literatur vornehmlich unter *„inner resignation"* zu finden und sprechen die psychosomatischen Themengebiete von Depression und dem 'Burnout-Syndrom' an, z. B. Weber und Jaekel-Reinhard (2000).

6.3 Implikationen für das Misstrauensmanagement

Aufgrund der Annahme, Misstrauen und Vertrauen als eigenständig aufzufassen, resultiert für die Organisationspraxis, dass **für Misstrauen andere Beziehungsreparaturstrategien** nötig sind, **als die Maßnahmen der existierenden Ver-**

trauensreparatur. Zur Reparatur der Vertrauensverletzungen unterscheidet die Forschung zwei Sichtweisen von Maßnahmen, einerseits: *„repair as moving from negative valence to positive valence along a continuum"* (Guo et al., 2015, S. 43) und andererseits: *„repair as downplaying negative states while enhancing the positive within each domain or facet"* (Guo et al., 2015, S. 44). Die zweite Sichtweise erkennt die simultane Existenz von positiven und negativen Valenzen bzw. Wertigkeiten sowie deren Ambivalenz an, die erste nicht. Folglich könnte nach der ersten Sichtweise ein Unternehmen gewillt sein, zu folgern, dass der Fokus auf die vertrauensbildenden Faktoren gelegt werden kann, Misstrauen zu schmälern. Die angewendeten Maßnahmen zur Steigerung des Mitarbeitervertrauens könnten ebenso für die Verringerung von Misstrauen angewendet werden. Wird jedoch nach der zweiten Sichtweise unterstellt, dass beide eigenständige, koexistierende Konstrukte sind und die misstrauensbildenden von den vertrauensbildenden Faktoren zu unterscheiden sind, wären in der Organisationspraxis neben Maßnahmen zur Vertrauensreparatur explizit Maßnahmen zur Überwindung von Misstrauen anzuwenden. Zur Anwendung von Maßnahmen, die ursächlich für die schädlichen Konsequenzen von Misstrauen im Organisationskontext sind, ist die **Kenntnis der misstrauensbildenden Faktoren entscheidend**. Hierzu leistet die Arbeit einen Beitrag. Sie benennt, welche Emotionen hervorgerufen und welche Faktoren der Beziehung verletzt wurden, um davon ausgehend Maßnahmen zur Abmilderung von starkem Misstrauen ableiten zu können. Die Kenntnis ist bedeutsam, da dies Wissen nach Lazarus und Cohen-Charash (2001, S. 75) eine Richtlinie zur Steuerung von ungünstigen, schädigenden Konsequenzen der Misstrauensfaktoren und Emotionen auf individuellem und organisationalem Level für das Unternehmen darstellt (Lazarus & Cohen-Charash, 2001, S. 75). Für die Unternehmenspraxis stellen folglich die vorliegenden misstrauensbildenden Faktoren einen ersten Anhaltspunkt dar, Gestaltungsaspekte für die Überwindung von starkem Misstrauen zu formulieren. Damit geht die Arbeit der Forderung von Dimoka (2010) und McKnight et al. (2003) nach, wonach sich Akademiker und Praktiker nicht nur, wie bisher geschehen, auf die Untersuchung der Vertrauensbildung fokussieren sollten, sondern die Bemühungen auf Misstrauen legen sollten, um davon ausgehend, erste Aussagen zur Reduktion von „nicht förderlichem" Misstrauen formulieren zu können. Für das Unternehmen besteht die **Aufgabe**, sich **beiden Konstrukten zu widmen und das Maß von Misstrauen und Vertrauen zu koordinieren** und daher die Ambivalenz von komplexen interpersonalen Beziehungen in sich verändernden Kontexten zu fokussieren.

Misstrauens- und vertrauensbildende Faktoren zur Misstrauensreparatur

Im ersten Schritt bedarf es der Betrachtung, welche Faktoren der Beziehung zerstört worden, um daraus die Anforderungen an die Reparatur abzuleiten. Im zweiten Schritt stellt sich die Frage, unter welchen Umständen und in welchem Ausmaß die Faktoren für Misstrauen (und Vertrauen) in einer komplexen Beziehung zur Beziehungsreparatur beitragen können. Aus vorliegenden Ergebnissen folgt, dass die Werteinkongruenz ein entscheidender Faktor für die Bildung von Misstrauen ist. Im Rahmen von Vertrauen stellt der *„Organizational Trust Index"* von Shockley-Zalabak et al. (2000, S. 41f.) heraus, dass die **Identität in Verbindung mit dem Vertrauensfaktor Wertekongruenz** einen bedeutenden Faktor für Vertrauen darstellt (siehe Kapitel 2.2.1.). Daher ist zu mutmaßen, dass einerseits eine kaum ausgeprägte Wertekongruenz für die Bildung von Misstrauen und andererseits eine hohe Identität und eine stark ausgeprägte Wertekongruenz für die Bildung von hohem Vertrauen (mit kaum Misstrauen) zuträglich sind. Allerdings ist zwischen der erlebten Wertekongruenz und Werte*in*kongruenz zu unterscheiden. Mit der Wahrnehmung von Werte*in*kongruenz wird Misstrauen gebildet und die Wertekongruenz trägt als vertrauensbildender Faktor zur Vertrauensbildung bei, jedoch ist davon auszugehen, dass enttäuschte Erwartungen bei bestehender wahrgenommener Wertekongruenz lediglich zu einer kontextspezifischen Verminderung des Vertrauens führen, wie vorliegende Arbeit zwischen einer Beeinträchtigung oder Reduzierung des Vertrauens und dem Entstehen von Misstrauen diskutiert (siehe Kapitel 2.2.4.). Im Fall von Misstrauen ist die Entwicklung von negativen Wahrnehmungen und Erwartungen bzgl. des Verhaltens oder der Absichten gegenüber anderen inbegriffen.

Ferner lässt sich annehmen, dass Maßnahmen zur Förderung von Kompetenz im Rahmen der Förderung von Vertrauen und auch für die Misstrauensminderung geeignet sein könnten. Der Faktor **Kompetenz** ist ein elementarer Faktor von Vertrauen (u. a. Caldwell & Clapham, 2003; Mayer et al., 1995; Pirson & Malhotra, 2011; Shockley-Zalabak et al., 2000). In vorliegender Arbeit ist die fehlende Führungskompetenz im Rahmen der Zuschreibung von Führungsversagen seitens der Unternehmensführung ein Faktor zur Bildung von Misstrauen, der auch von den Forschern im Forschungsbereich des E-Commerce, wie McKnight und Chervany (2001a; 2001c), Komiak und Benbasat (2008) und Bewsell (2012) sowie Cho (2006, S. 32f.) als misstrauensbildender Faktor unterschieden wird. Daher kann im Zusammenhang mit dem Faktor Kompetenz davon ausgegangen werden, dass er ein misstrauensvermeidender Faktor ist. Insbesondere die Studie von Cho (2006) zeigt dies. Darüber hinaus zeigt Cho (2006), dass Kompetenz nicht nur ein misstrauensvermeidender Faktor ist, sondern auch, dass von einer wenig oder schlecht ausgebildeten Kompetenz mehr Misstrauen erzeugt wird, als dies die positive Gegenseite vermag, d. h. eine gute Kompetenz, Vertrauen zu bilden. Cho (2006, S. 32f.) konstatiert: *„(...) competence is likely to be a distrust-avoidance factor whose negative performance engenders distrust more than its positive performance builds trust."* Demnach wäre wenig oder keine Kompetenz der Unternehmensführung ein größerer und maßgeblicherer Faktor für Misstrauen, als es Kompetenz für Vertrauen wäre. Wenngleich sich das Ausmaß unterscheidet, ist mit Cho (2006) und vorliegenden Ergebnissen davon auszugehen, dass Kompetenz Misstrauen vermindern und auch Vertrauen bilden kann. Welche kompetenzbasierten Maßnahmen zum Misstrauensabbau relevant erscheinen, wäre zukünftig zu eruieren.

Ausgehend von den Ergebnissen der Arbeit sind die Entscheidungen im Unternehmen dadurch gekennzeichnet, dass die Mitarbeitenden sie nicht beeinflussen können. Das **Gerechtigkeitsempfinden** eines Mitarbeitenden kann gesteigert werden, indem das Vorgehen von Entscheidungsprozessen einen Regelcharakter aufweist, d. h. einen normativen Gehalt in der Unternehmenspraxis entfaltet. Entscheidungen sind den Mitarbeitenden zu erläutern und für jeden Mitarbeitenden nachvollziehbar zu gestalten. Durch ein prozedural gerechtes Führungsverhalten ist die/der Mitarbeitende ermutigt, die Meinung kund zu tun und so bestehende Probleme und Verbesserungsmöglichkeiten anzusprechen. Verschiedene Studien zeigen, dass Individuen positiv auf prozedurale Gerechtigkeit reagieren, wenngleich sie wissen mit ihrer Meinungsäußerung einen nur sehr geringen Einfluss auf die Entscheidung zu haben (Bies & Shapiro, 1988; Lind et al., 1990; Lind & Tyler, 1988). Damit sich die Mitarbeitenden einbringen können und sich trauen, nachzufragen, sind die seitens der Mitarbeitenden erwähnten Frühstückstreffen mit der Unternehmensführung, ein guter, erster Schritt. Die Forschungsergebnisse zur Führung von interorganisationalen Beziehungen, z. B. Paulraj, Lado und Chen (2008) betonen die Vorteile von Interaktion und Integration zwischen hierarchischen Unternehmensebenen. Die Gewissheit, als Mitarbeitende(r) Gehör zu finden und sich darauf zu verlassen, gerecht behandelt zu werden, kann die positiven Emotionen bestärken. Über regelmäßige Treffen oder Kommunikationsplattformen könnte der Meinungsaustausch fest installiert werden. Hierzu gehört auch, dass Mitarbeitenden ihren Ärger und ihre Enttäuschung mitteilen können und dies von den Führungskräften unterstützt wird. Gerade das **mittlere Management sollte als „Übersetzer" für Strategien** und Visionen der Unternehmensführung dienen. Fühlen sich die Mitarbeitenden ernst genommen, sind sie eher bereit, neue Projekte und Veränderungsprozesse zuversichtlich zu unterstützen und das *„Wir-Gefühl"* (siehe Interview MA5) zu leben, sodass die Ängste und das Gefühl, ausgeliefert zu sein, minimiert werden könnte.

Im Zusammenhang mit der gegenseitigen Selbstbestätigung könnte ein Ansatz zur Überwindung des Misstrauens der Innengruppe in der Rekrutierung von extrovertierten Personen gesehen werden. Jüngst stellte Cullen-Lester, Leroy, Gerbasi und Nishii (2016) fest, dass bei der Stellenbesetzung bzw. der Zusammensetzung eines Projektteams extrovertierte Personen eine energiegeladenere Beziehung mit Kollegen/innen entwickeln. Extrovertierte äußern eher proaktive Beiträge als vergleichsweise eher Introvertierte und erhöhen daher die Wahrscheinlichkeit, dass ihre Annahmen und Vorschläge geäußert werden und von der Unternehmensführung Gehör finden (z.B. Fang et al., 2015; LePine & van Dyne, 2001; Van Scotter & Motowidlo, 1996). Die Erkenntnis bezüglich einer proaktiven Performance – meist im Sinne von *'Voice'*, *'taking charge'* und *'demonstrating upward influence'* (Grant, Parker, & Collins, 2009; Parker & Collins, 2010) – stützt sich auf das Konzept, dass Extrovertierte ihre Ideen und auch Befürchtungen eher zur Sprache bringen.[116]

116 Mehrere Studien bestätigen eine positive Beziehung zwischen Extraversion und Mitarbeiterstimme (*„employee voice"*) (Crant, Kim, & Wang, 2011; LePine & Van Dyne, 2001; Liu, Liao, & Liao, 2014). Extrovertierte zeichnen sich in der Zusammenarbeit mit anderen bei einer Entscheidungsfindung durch eine verstärkt

Daher sieht die Arbeit die **Einstellung von extrovertierten Mitarbeitenden** als einen Weg zur positiven gegenseitigen Selbstbestätigung misstrauischer Gruppen-/Teammitglieder, gerade in Gruppen von langjähriger Mitarbeitenden.

Maßnahmen zur Misstrauensreparatur

Die Misstrauensreparatur ist eine Beziehungsreparatur und tritt auf, *„(...) when a transgression causes the positive state(s) that constitute(s) the relationship to disappear and/or a negative states to arise, as perceived by one or both parties, and activities by one or both parties substantively return the relationship to a positive state"* (Dirks et al., 2009, S. 69). Einige Studien stellen die theoretischen Abläufe dar, die im Zusammenhang mit der Reparatur einer Beziehung sinnvoll erscheinen (Dirks et al., 2009; Kramer & Lewicki, 2010). Hierbei ist jedoch eine große Divergenz in der Literatur festzustellen, als dass ungeklärt ist, was es bedeutet, eine Beziehung zu reparieren. Obwohl die Forschung zum Prozess der Vertrauensreparatur in Verbindung mit Konstrukten, wie 'Vergebung' oder 'Wiedergutmachung' gesetzt wird, bleibt unklar, welche potentiellen Konstrukte oder welches sichtbare Verhalten für ein Misstrauensmanagement präferiert werden sollte.

Die Arbeit diskutiert – analog zur Vertrauensforschung – drei Ansätze zur Beziehungsreparatur: verbale Reaktionen, materielle Rückerstattungen und die Einführung von strukturellen Mechanismen (Dirks et al., 2009; Gillespie & Dietz, 2009; Kim et al., 2009). Zur Reparatur der Beziehung und insbesondere für die Aufarbeitung des Schlüsselerlebnisses könnten **verbale Reaktionen** geeignet sein. Studien zu der Reparatur von Beziehungen untersuchen die Effekte verschiedener verbaler Reaktionen, wie Entschuldigung, Rechtfertigung und Reue bzw. „dem Buße tun" (Ferrin, Kim, Cooper & Dirks, 2007; Kim et al., 2006; Kim et al., 2004). Beispielsweise geht aus der Forschung zur Vertrauensreparatur hervor, dass die Reparatur am erfolgreichsten ist, wenn eine Entschuldigung auf eine kompetenzbasierte Vertrauensverletzung folgt, d. h. einer Verletzung des Vertrauensfaktors Kompetenz, während eine Verneinung der Verantwortlichkeit oder der Zuständigkeit (*„denial of responsibility"*) auf eine integritätsbasierte Verletzung folgt (Bottom et al., 2002; Kim

konstruktive, veränderungsorientierte Kommunikation aus (LePine & Van Dyne, 2001). Die Forschung zeigt, dass Extrovertierte der Möglichkeit, ihre Ideen mit anderen zu teilen, einen größeren Wert beimessen (Avery, 2003). Wenn Extrovertierte Energie in ihrer Konversation versprühen, ermutigen sie andere Mitarbeitende, ihre eigene Zeit und Mühe zu investieren, die diskutierten Ideen zu unterstützen (Dutton, 2003). Somit hilft die Fähigkeit der Extrovertierten innerhalb des Teams „in Schwung zu kommen" (Cullen-Lester, Leroy, Gerbasi & Nishii 2016). Ferner konnte aus der Beobachtung von non-verbalem Verhalten der Extrovertierten im Gegensatz zu den Introvertierten herausgefunden werden, in welcher Art und Weise (Gestik, Intonation) es Extrovertierte vermögen, die Energie der Introvertierten in geringen und hohen Aufgabenkonfliktsituationen zu beeinflussen (Cullen-Lester et al. 2016).

et al., 2013; Kim et al., 2006). Daraus könnte abgeleitet werden, dass die Entschuldigung auch zur Aufarbeitung des verletzten Vertrauens im Rahmen des Schlüsselerlebnisses dienen könnte. Teilweise geht allerdings aus der Vertrauensforschung hervor, dass Entschuldigungen nur unwesentlich nützlich sind. Farrell und Rabin (1996) stufen Entschuldigungen als *„cheap talk"* ein. Eine wirkungsvolle Maßnahme zur Beziehungsreparatur bestünde nach den Forschern darin, dem „Opfer" einen materiellen Ausgleich für den erlittenen Schaden zu erstatten. Zu dieser Aussage kommt auch die Studie von Bottom et al. (2002).[117] Daher wäre in Bezug auf Misstrauen zu untersuchen, ob verbale Reaktionen, wie die Entschuldigung oder die Rechtfertigung zur Überwindung von starken Misstrauen helfen und / oder eine **materielle Rückerstattung** ausschlaggebend(er) ist. Für die zukünftige Forschung wäre ferner spannend, den relativen Effekt von alternativen verbalen Aussagen auf das beabsichtigte Level von Misstrauen und Vertrauen für die Beziehungsreparatur zu untersuchen. Wird unterstellt, dass sich Vertrauen eher auf Aufgabenverlässlichkeit und die Demonstration von Kompetenz bezieht und im Gegensatz dazu Misstrauen eher mit wahrgenommener Werteinkongruenz und Ungerechtigkeit assoziiert wird, wäre es interessant zu beurteilen, ob z. B. eine Entschuldigung effektiver für die Vertrauensreparatur wäre, während beispielsweise eine Verneinung der Verantwortlichkeit (oder eine Anerkennung) eher für das Misstrauensmanagement geeignet erscheinen könnte. Ein anderer Ansatz zur Überwindung von Misstrauen könnte in der Einführung von **strukturellen Mechanismen** gesehen werden, wie regulatorischen Steuerungssystemen, Verträgen und stärkeren vertraglich fixierten Formalisierungen sowie Sanktionen. Erste Arbeiten von Vertrauensforschern setzen sich bereits damit auseinander, wie mit den strukturellen Mechanismen eine verletzte Vertrauensbeziehung geheilt werden kann (Bottom et al., 2002; Dirks, Kim, Ferrin, and Cooper, 2011; Lumineau, 2015; Nakayachi and Watabe, 2005; Sitkin and Roth, 1993). Im Misstrauensfall sind fundamentale Werte verletzt, da die wahrgenommene Vertrauenswürdigkeit über den konkreten Kontext hinweg untergraben ist und negative Erwartungen vorherrschen. Aus diesem Grund vermuten Sitkin und Roth (1993) jedoch, dass *„legalistic remedies"* schlecht geeignet wären, die Beziehung zu reparieren. Diese Rechtsmittel würden das misstrauische Beziehungsproblem negativ verschärfen. Daher ist zukünftig zu erforschen, ob strukturelle Mechanismen für das Misstrauensmanagement sinnvoll sind.

117 In Bezug auf einen materiellen Ausgleich fand die Studie von Desmet, Cremer & van Dijk (2011) heraus, dass die wirksamste Rückerstattung darin besteht, wenn die Summe des Vergütungsrahmens bzw. die Festsetzung der Entschädigung einen leicht höheren Umfang einnimmt als der erlittene Schaden bzw. der Verlust aufgrund des Vertrauensbruches, wenngleich der Betrag keine Rolle spielt, wenn die Verletzung von täuschenden oder betrügerischen Aktionen verursacht wurde.

7 Leistung und Grenzen der Arbeit

Abstract: Challenges and limitations
The dissertion discusses the approach of distrust as a separate concept to trust and the possibility of both constructs to coexist in the relationship of employees and management. The findings suggest accepting this approach: Distrust is a separate concept and has its own emotions, antecedences and consequences in comparison to trust. Moreover, the dissertation describes distrust as a nonlinear, self-amplifying cycle with biases in judgements and no possibility of trust compensation through positive actions. Distrust can suppress positive emotions. The dissertation has its limitations mainly because of its context specificity. The data do not provide evidence in the sence of empirical causality, telling that negative emotions leads directly to distrust and positive emotions to trust, and both concepts can coexist in the practice.

Ziel der vorliegenden Fallstudie ist die **Herausarbeitung des Misstrauensmechanismus**, um die spezifische Wirklichkeit im Kontext allgemeiner Bedingungen umfassend zu verstehen und zu rekonstruieren. Sie kann keine bestehende Theorie in ihrer Gesamtheit bestätigen oder widerlegen. Ihre Stärke liegt in der Differenzierung der Theorieentwicklung, wodurch Hinweise auf Subtypen oder bestimmte Beziehungen gegeben werden können. Indem die Arbeit die Forschungsergebnisse mit der existierenden Literatur vergleicht, trägt sie zur **Theoriebildung** bei. Die Arbeit leistet einen Beitrag zur wissenschaftlichen Debatte, ob Misstrauen und Vertrauen Gegenpole sind oder separate, koexistierende Konstrukte. Aus den Aussagen von 14 Mitarbeitenden mit hohem Misstrauen und niedrigem Vertrauen eines europäischen Unternehmens resultiert, dass die mit Misstrauen und Vertrauen assoziierten Emotionen koexistieren können. Daher kann die Arbeit aussagen, dass **Misstrauen und Vertrauen koexistierende Konstrukte** sind. Da der Arbeit die Annahme zugrunde liegt, beide Konstrukte als eigenständig aufzufassen, können die misstrauensbildenden Faktoren nicht aus den ins Gegenteil formulierten Vertrauensfaktoren resultieren. Zur Erforschung der misstrauensbildenden Faktoren stellt die Arbeit die Frage, welche Wahrnehmungen und Vorstellungen der Mitarbeitenden die Bildung von Misstrauen in die Unternehmensführung prägen. Der empirische Beitrag der Arbeit liegt in der **Identifikation der Emotionen und der Faktoren zur Bildung von Mitarbeitermisstrauen** mittels der Analyse der subjektiv erzählten Ereignisse der Mitarbeitenden im Rahmen von Interviews.

Die Arbeit stellt gemäß der Misstrauens- und Vertrauensliteratur und unter Bezugnahme der Konfliktliteratur sowie weiterer Studien der Organisationsforschung dar, dass Misstrauen und (geringes) Vertrauen eigenständige Konzepte sind und zeigt die Faktoren und Konsequenzen der Misstrauensbildung auf. Eine Herausforderung der Arbeit bestand in der **Herleitung der Kategorien, Faktoren und Konsequenzen von Misstrauen** für den empirischen Teil der Arbeit. Dies ist insbesondere anspruchsvoll, da für die Aussagen zu Misstrauen zunächst auch die Vertrauensliteratur betrachtet werden musste, um Gemeinsamkeiten festzustellen und Abgrenzungen vorzunehmen sowie generelle Einblicke in die soziologisch-psychologische Forschungsdisziplin und ihre Denkweise zu erlangen. Eine weitere Herausforderung der Arbeit bestand in der **Identifikation eines Sets an Emotionen**, das nicht nur aus wissenschaftlicher Perspektive zur Erforschung von Misstrauen sinnvoll erscheint, sondern auch praktikabel im Unternehmenskontext anwendbar ist. Nach einer theoretischen Herleitung der Emotionen wurde für die Untersuchung im Unternehmenskontext die einfache Methode des Kartensortierens angewandt. Dadurch konnte die/der Mitarbeitende Erlebnisse mit dem Unternehmen ins Gedächtnis „zurückzurufen" und diese im Rahmen eines Interviews schildern. Der ausschlaggebende Grund für die Wahl der qualitativen Interviews lag darin, die Faktoren für das Entstehen von Misstrauen möglichst umfassend und auf einem hohen Komplexitätsniveau benennen und beschreiben zu können. Dementsprechend sind die Forschungsziele offen formuliert und verzichten darauf, Ausprägungen von Misstrauen oder Misstrauensfaktoren vorzugeben. Dies wäre in einer quantitativen Umfrage nötig gewesen und hätte damit das Erkenntnispotential der Arbeit eingeschränkt. Daher wurde der Einsatz einer quantitativen Befragung anstatt von Interviews für die Arbeit abgelehnt. Das komplexe Konstrukt Misstrauen ließe sich einzig verlässlich abbilden, wenn es sich insoweit zerlegen und operationalisieren lässt, dass eindeutig messbare Variablen mit jeweiligen Ausprägungen entstünden. Für das Konstrukt Mitarbeitermisstrauen war diese Voraussetzung mit dem zum Zeitpunkt des Starts der Erhebung vorliegendem Forschungsstand (Anfang 2014) nicht gegeben. Ferner eruierte die Forschende weitere Möglichkeiten zur quantitativen Untersuchung von Misstrauen, die ebenfalls abgelehnt werden können, da in jedem Fall auf bestehende Skalen anderer Forschungskontexte zurückzugreifen gewesen wäre. Darauf wurde verzichtet, da die Übernahme von Typologien und Kategorisierungen die Gefahr birgt, die zu untersuchende Wirklichkeit von vornherein durch ein zu kontextfremdes und damit möglicherweise wenig passendes Wahrnehmungs- bzw. Bezugsanalyseraster einzuschränken, das vorwiegend auf den Zuschreibungen der Forschenden basieren würde.

Die Vorgehensweise zur Erforschung von Misstrauen unterscheidet vorliegende Arbeit von den existierenden Misstrauensstudien, wie von McKnight und Chervany (2001c), Komiak und Benbasat (2008) oder Hsiao (2003) sowie Elsbach et al. (2012). Ferner wird in diesen Studien, bis auf letztere, nicht die Beziehung zwischen Mitarbeitenden und der Unternehmensführung betrachtet, sondern die Käufer-Verkäufer-Beziehung. Die Käufer-Verkäufer-Beziehung ist jedoch im Vergleich zu der Beziehung der/des Mitarbeitenden und der Unternehmensführung nicht durch eine asymmetrische Abhängigkeit im Sinne einer vertraglichen und finanziellen Abhängigkeit gekennzeichnet, wie die **Beziehung zwischen Mitarbeitenden und der Unternehmensführung**. Daher erweitert vorliegende Arbeit die Erkenntnisse zu den Misstrauensfaktoren laut den E-Commerce Studien. Sie liefert zudem einen Beitrag zur Erforschung von Misstrauen **im Kontext der europäischen Misstrauensliteratur**. Bisherige Misstrauens- und Vertrauensstudien beziehen sich primär auf englischsprachige Länder und Organisationen in USA, Canada und

Australien. Äußerst selten sind empirische Studien im europäischen, insbesondere im deutschsprachigen Kontext (Seifert, 2001, S. 119) und somit kommt die Arbeit den Aufrufen zu mehr praxisorientierter und kontextabhängiger Forschung zu Misstrauen und Vertrauen nach (Bamberger, 2008; Sandberg & Tsoukas, 2011; Schilke & Cook, 2015).

Wenngleich die Arbeit einen wichtigen Beitrag zum Verständnis von Misstrauen und den Misstrauensfaktoren von Mitarbeitenden leistet, ist eine offensichtliche, durch den qualitativen Forschungsansatz bedingte, Einschränkung, dass die Ergebnisse **kontextspezifisch** sind. Es ist anzuerkennen, dass die Art und Weise, wie Misstrauen sich präsentiert, in verschiedenen Situationen und unterschiedlichen Studien variiert, da Misstrauen ein unbeständiger, situationsbedingter bzw. kontextspezifischer Zustand ist. Daher liegen die Grenzen der Arbeit primär darin, dass sich ihre Ergebnisse über den Einzelfall hinaus nur in gewissen Grenzen verallgemeinern lassen. Die Interviews sind als „Snapshots" der Wahrnehmung, Erwartung und Zuschreibung seitens der Mitarbeitenden aufzufassen und die Ergebnisse der Arbeit sind miteinander verflochten. Einige spezifische Merkmale der hier studierten Situation können die Generalisierung der Ergebnisse zusätzlich einschränken, wie beispielsweise, dass die Erhebung zu einem Zeitpunkt durchgeführt wurde, an dem das Unternehmen an einen neuen Standort umzog. Aufgrund der Kontextbedingtheit von Misstrauen ist die Basis für die kollektiven Wahrnehmungen, die die vorliegende Arbeit identifizierte, mit dieser spezifischen Situation eines Umzugs verbunden. Jedoch repräsentiert diese Situation durchaus auch vielfältige Merkmale, die in vielen anderen unternehmerischen Situationen gefunden werden können. Somit schließen weder spezielle Merkmale einer Situation noch die kontextspezifische Interpretation der Ergebnisse eine Generalisierbarkeit der Ergebnisse für ähnliche Situationen aus.

Als weitere Einschränkung der Arbeit sind Antwortverzerrungen durch den **Effekt der sozialen Erwünschtheit** zu erwähnen.[118] Die Mitarbeitenden könnten an der Folgelosigkeit ihrer Antworten zweifeln und daher die Antworten nach der Erwünschtheit ihrer/seiner sozialen bzw. betrieblichen Umwelt anpassen (Kromrey, 2009, S. 360). In Anlehnung an die empirische Sozialforschung ist von intendierten Antwortverzerrungen insbesondere dann auszugehen, wenn die/der Mitarbeitende einen Konflikt zwischen dem gruppenspezifischen (der Gruppe der Mitarbeitenden) und dem interviewspezifischen Normenverhalten (neutraler Informationslieferant/in) sieht und dementsprechend eine bewusste Rationalisierung im Interesse des zu vertretenden Unternehmens vornimmt. Dabei kann eine Antwortverzerrung in Richtung der gewünschten Wahrnehmung der Unternehmensführung bzw. des Vorgesetzten und des unternehmensweiten Selbstverständnisses oder der be-

118 In der Literatur wird der verzerrende Einfluss der Forschenden als 'Versuchsleiter-Artefakt', 'Pygmalion-Effekt' oder gemäß dem Psychologen, der das Gebiet intensiv beforschte, als 'Rosenthal-Effekt' diskutiert (Bortz & Döring 2006).

absichtigten bzw. nach außen kommunizierten Unternehmensstrategie vorliegen.[119] Auch ist zu vermuten, dass die/der Mitarbeitende bei seiner Einschätzung eine Rationalisierung des Sachverhalts im Sinne des eigenen Unternehmens und nicht im Sinne der Forschenden vornimmt. Gerade bei dem Phänomen Misstrauen könnten Antwortverzerrungen auftreten, da Misstrauen als negativ und nachteilig in Bezug auf Beziehungen und Leistungen gilt. Zur Abmilderung möglicher Antwortverzerrungen sicherte die Forschende den Interviewpartner/innen die Anonymität zu. Zudem wurde die Befragung als europäisches Forschungsprojekt betitelt, das nach der Selbsteinschätzung der/des Mitarbeitenden und auch nach den Einschätzungen der Kollegen/innen in die Unternehmensführung – stellvertretend für ihren Arbeitgeber – fragt. Dadurch sollte verhindert werden, dass die Nennung des Begriffs Misstrauen als Forschungsobjekt die Offenheit und Ehrlichkeit der Antwortenden einschränkt. Bezüglich der Antwortverzerrungen im Zusammenhang mit der Abfrage der Misstrauensneigung mittels Fragebogen ist ferner zu bemerken, dass Befragte unabhängig vom Inhalt grundsätzlich zu positiven Antworttendenzen neigen und diese potentielle Ergebnisverzerrung mit einer Reversibilität der Items nicht zu lösen ist.[120] Bei der Verwendung der Likert-Skala besteht der stets generell angeführte Kritikpunkt in der verbalen Verankerung. Danach kann nicht davon ausgegangen werden, dass die Abstände zwischen den Antwortkategorien bzw. Feldern gleich sind, sodass streng genommen die Skala nicht als intervallskaliert behandeln werden darf. Demzufolge wäre die Interpretation der Berechnungen schwierig und die Auswertung sehr begrenzt. Da der Fragebogen zur Misstrauensneigung einzig zur Ergänzung und Validierung der qualitativen Interviews dienen sollte und sich letztlich rausstellte, dass die Ergebnisse des Fragebogens keine Relevanz für die vorliegende Misstrauenswürdigkeit der Unternehmensführung spielen, ist dieser Kritikpunkt hinfällig.

Misstrauen entsteht aus den Erfahrungen vergangener Erlebnisse und des Verhaltens. Die Arbeit kann keine Aussage erteilen, ob die vergangenen Erlebnisse im vorliegenden Unternehmen **Auswirkung auf die Misstrauens- bzw. Vertrauensneigung** der Mitarbeitenden nehmen, d. h. dass die kontextabhängigen

---

119 Vor dem Hintergrund des Stimulus-Prozess-Antwort-Modells („S-P-R-Modell“) lässt sich der Verzerrungseffekt so begründen, dass die befragten Mitarbeitenden eine eigenständige Bewertung ihrer Antworten in Bezug auf die Zielrichtung der von der Forschenden gesetzten Stimuli vornehmen. In diesem Fall würde die/der Mitarbeitende seine Antwort nach dem S-R-Prinzip hinsichtlich der Forschungsfrage reflektieren und zu dem Schluss kommen, dass eine sachgemäße Beantwortung nicht in ihrem/seinem eigenen Interesse (bzw. dem der/des Vorgesetzten oder des Unternehmens) liegt, sodass sie/er eine hiervon abweichende Beantwortung vornimmt.

120 Zum Problem der Reversibilität, d. h. der Umkehrung einer Aussage, wird auf Mummendey & Grau (2014, S. 156) hingewiesen, die konstatieren, *„dass es fast unmöglich, zumindest aber sehr aufwendig ist, selbst scheinbar einfache sprachliche Formulierungen in einer gewünschten Weise präzise zu verändern.“*

Erlebnisse nicht nur auf die Erwartungen in Bezug auf zukünftige Ereignisse im vorliegenden Unternehmen übertragen werden, sondern dass ihre/seine Misstrauensneigung insoweit beeinflusst wird, als dass sie/er die Erlebnisse auch auf weitere (zukünftige) Beschäftigungsverhältnisse mit anderen Unternehmen überträgt und so sich ihre/seine individuelle Misstrauensneigung zunehmend in Richtung eines misstrauischen Menschenbildes entwickeln könnte.

Die Ergebnisse legen nahe, dass Misstrauen und Vertrauen zwei Konstrukte sind, die koexistieren können und ferner legen sie nahe, dass negative Emotionen eher mit Misstrauen assoziiert werden können, jedoch beweisen sie dies nicht und folglich kann die Arbeit **keine Aussage über die kausale Beziehung** treffen – im Sinne davon, dass negative Emotionen zu Misstrauen führen. Zur Bestätigung der Hypothesen sollte auf die vorliegende qualitative Arbeit eine quantitative Studie folgen. In einer Faktoranalyse könnte gezeigt werden, dass Misstrauen und Vertrauen unabhängige Variablen sind, die nicht korrelieren. Hierfür sind die Misstrauens- und Vertrauensfaktoren in einem Fragebogen zu operationalisieren. Zur Untersuchung, ob negative Emotionen zu Misstrauen führen, könnte einerseits ein Fragebogen zu den negativen Emotionen, Misstrauen und diversen Stör- und Kontrollvariablen erstellt werden, um mittels einer multiplen Regressionsanalyse den prädiktiven Wert von negativen Emotionen für die Misstrauensbildung quantitativ zu erfassen. Andererseits könnte ein Experiment zur Manipulation der Bedingung 'negative Emotionen' aufschlussreich sein. Dafür müsste beispielsweise eine erste Gruppe von Mitarbeitenden mit einer Coverstory in einen negativen emotionalen Zustand versetzt werden und Fotos von Mitarbeitenden nach einem Misstrauensvorfall bewerten. Eine zweite Gruppe wäre mit einer Coverstory in einen positiven emotionalen Zustand zu versetzen, um die gleichen Bilder zu bewerten und eine dritte Gruppe an neutralen Mitarbeitenden würde der Kontrolle dienen. Bestünde ein signifikanter Unterschied in der Misstrauensbewertung, könnte ausgesagt werden, dass die Hypothese, negative Emotionen führen zu stärkerem Misstrauen, bestätigt werden kann.

8 Fazit und Ausblick

Abstract: Final Conclusion and Further Research
Negative perceptions and expectations due to value incongruence perceptions, unfairness and bad management, and negative reciprocity as well as mutual self-affirmation build employee distrust into the management. The consequences of employee distrust are a state of suspicion and of wariness, avoidance of interaction and cooperation, and doing "work-to-rule" only. These findings can be used for further research doing for example a comparison within a cross-case study. Moreover, the findings' external validity could be tested quantitatively using factor analysis or other tools. Besides, there are research opportunities regarding the stages of distrust and its differentiation, and regarding the measurement of the "tipping-point". Further distrust research may support the implementation of best practice exemples to manage high employee distrust.

Die Arbeit trägt zur Beantwortung der Annahme von Lewicki et al. (1998) bei, wonach **Misstrauen und Vertrauen sowie ihre einhergehenden Emotionen koexistieren können**. Die Mitarbeitenden, die sich gemäß der Vier-Felder-Darstellung von Vertrauen und Misstrauen nach Lewicki et al. (1998) im Feld 3: 'hohes Misstrauen' und 'geringes Vertrauen' befinden und vorliegend als 'Mitarbeitende des Feldes 3 – sehr starkes Misstrauen' genannt werden, schildern die positiven Emotionen, wie hocherfreut oder zufrieden nur rückblickend und im weiteren Verlauf überwiegen die negativen Emotionen in der Erlebnisschilderung mit dem Unternehmen. Daraus wäre ableitbar, dass die anfänglich positiven Emotionen von den Erlebnissen und den damit verbundenen negativen Emotionen überlagert wurden und somit die mit Misstrauen assoziierten, negativen Emotionen und Wahrnehmungen dominieren. Sie würden dazu beitragen, dass das Misstrauen der Mitarbeitenden weiter bekräftigt wird und sich ausbreitet. Die Arbeit unterstreicht den Aspekt der Durchdringung und Selbstbestätigung von Misstrauen. Jedoch kann aus den Aussagen der Mitarbeitenden nicht geschlossen werden, dass die mit Misstrauen assoziierten, negativen Emotionen es vollumfassend vermögen, sich über die Kontexte und Bereiche der vorliegenden Mitarbeiterbeziehung mit der Unternehmensführung auszubreiten, wie von Sitkin und Roth (1993) sowie Sitkin und Stickel (1996) theorisiert. Gemäß Bijlsma-Frankema et al. (2015) ist von einem **durchdringenden Charakter von Misstrauen und einem sich selbstverstärkenden Kreislauf** bei der Misstrauensbildung der Mitarbeitenden mit starkem Misstrauen auszugehen, wonach negative Emotionen Misstrauen auslösen und Beziehungskonflikte antreiben, jedoch empfinden die stark misstrauischen Mitarbeitenden des Feldes 3 auch positive Emotionen, sodass nicht von einer Verdrängung über die Kontexte und Bereiche auszugehen ist. Neben den negativen Emotionen in die Unternehmensführung empfinden die stark misstrauischen Mitarbeitenden und die Mitarbeitenden mit hohem Misstrauen und hohem Vertrauen des Feldes 3 auch positive Emotionen. Diese positiven Emotionen schreiben sie ihrer Innengruppe aus nahen Kollegen/innen und Vorgesetzten zu. Die Mitarbeitenden mit hohem Misstrauen und geringem Vertrauen misstrauen der Unternehmensführung zwar ebenfalls, zeigen aber deutlich mehr positive Emotionen, da sie der Innengruppe vertrauen. Zusätzlich hoffen sie, dass ihre negative Prognose – ausgedrückt in den Emotionen kritisch, besorgt und ängstlich – hinfällig wird. Sie haben Hoffnung und Zuversicht, dass sich ihre negativen Erlebnisse und Erwartungen nicht bestätigen werden, sondern dass sie von dem positiven Gegenteil überzeugt werden. Somit können die 14 Mitarbeitenden positive und negative Emotionen (bzw. Vertrauen und Misstrauen) in sich vereinen. Im Rahmen der Mitarbeitenden des Feldes 2 mit hohem Vertrauen und geringem Misstrauen ist ebenfalls von einer Koexistenz von Vertrauen und Misstrauen auszugehen. Im Hinblick auf die Äußerungen der Mitarbeitenden des Feldes 2 ist Misstrauen als ein gesundes Maß aufzufassen. Ihr Maß an Misstrauen ist im Arbeitsumfeld förderlich und schützt die Mitarbeitenden des Feldes 2 vor einer (allzu vertrauensblinden) Ausnutzung (Lewicki et al., 2006). Daher ist ein schwaches Misstrauen ein grundlegendes Erfordernis für die effektive Dynamik von Unternehmen und für das Verhalten von Mitarbeitenden in Unternehmen. Die Mitarbeitenden des Feldes 2 klassifiziert die Forschende als die Gruppe an Mitarbeitenden, die ein Optimum an Vertrauen und förderlichem Misstrauen auf sich vereinen. Ihr geringes Misstrauenslevel macht sie aufmerksam, Herausforderungen und etwaige Probleme zu erkennen und konstruktiv zu hinterfragen.

Ferner kann die Arbeit eine Aussage zur Unterscheidung von (geringem) Vertrauen und Misstrauen machen. Während bei (geringem) Vertrauen positive Erwartungen gehegt und bei einer Beeinträchtigung der Vertrauensfaktoren lediglich reduziert werden, wird bei Misstrauen Vertrauen verletzt. Das **Vertrauen wird im Rahmen des Schlüsselerlebnisses, das das Misstrauen konstituiert, verletzt.** Mit der Vertrauensverletzung gehen die Emotionen enttäuscht, kritisch-skeptisch und wütend einher. Im Gegensatz zu (geringem) Vertrauen ist Misstrauen die negative Erwartung und Zuschreibung, dass auch zukünftig von einem schädigenden Verhalten auszugehen ist. Diese negative Prognose wird mit den Emotionen besorgt, ängstlich und vorsichtig umschrieben.

In Bezug auf die Misstrauensbildung in die Unternehmensführung sind nach den Ergebnissen der Arbeit drei **Kategorien** zugrunde zu legen: **'negative Wahrnehmungen, Erwartungen und Zuschreibungen', 'negative Reziprozität' und 'gegenseitige Selbstbestätigung'**. Gemäß den Erlebnisaussagen der Mitarbeitenden des Feldes 3 sind unter der Kategorie 'negative Wahrnehmungen, Erwartungen und Zuschreibungen' der Mitarbeitenden die misstrauensbildenden Faktoren 'Werteinkongruenz', 'Ungerechtigkeit' und 'Führungsversagen' anzuführen. In vorliegendem Kontext bleibt die soziale Identität basierend auf gemeinsamen, unternehmerischen Werten aus, da ein Mangel an geteilter Vision und Identität besteht. Für die Wahrnehmung von Gerechtigkeit im Unternehmen sind die transparente Entscheidungsfindung und ein transparentes Vorgehen bei der Beförderung von Mitarbeitenden bedeutsam. Vorliegend interpretiert die/der Mitarbeitende mit der Wahrnehmung von Ungerechtigkeit eine unternehmensseitig geringe Wertschätzung und Anerkennung der Arbeitsleistung. Die Mitarbeitenden des Feldes 3 nehmen nicht wahr, dass ihre Sorgen und Befürchtungen aufgegriffen oder ihre Standpunkte berücksichtigt werden und ihnen Verständnis entgegengebracht wird. Sie sehen kaum eine Möglichkeit, ihren Standpunkt und ihre Argumente den Entscheidungsträgern zu präsentieren oder Entscheidungen ändern zu können. Darüber hinaus vermissen die Mitarbeitenden des Feldes 3 eine empathische Kommunikation. Die Unternehmenskommunikation wird als wenig offen angesehen, da die Mitarbeitenden des Feldes 3 wenig detaillierte und zeitgerechte Erklärungen zu anstehenden Entscheidungen erhalten. Sie zweifeln an dem Wahrheitsgehalt zu inhaltlichen Sachständen. Ferner schreiben die Mitarbeitenden des Feldes 3 der Unternehmensführung ein Führungsversagen zu. Sie halten die Unternehmensführung für wenig kompetent, die personellen und monetären Ressourcen adäquat zu planen und das angebrachte Anwendungs- und Sachwissen aufzeigen. Die Unternehmensführung ist ihrer Meinung nach nicht fähig, die Abläufe und die Projekte engagiert zu steuern und Sanktionen bleiben aus. Zur Erreichung der Unternehmensziele sehen die Mitarbeitenden des Feldes 3 keinen klaren Führungskurs. Als zweite Kategorie der Misstrauensbildung unterscheidet die Arbeit die negative Reziprozität. Die Mitarbeitenden des Feldes 3 nehmen wahr, kontrolliert und überprüft zu werden. Sie schließen daraus, dass die Unternehmensführung ihnen gegenüber nicht Vertrauen schenkt, sondern misstrauisch ist. Daher erwidern die Mitarbeitenden des Feldes 3 die argwöhnische, misstrauische Einstellung der Unternehmensführung und tendieren zu misstrauischen Erwartungen gegenüber der Unternehmensführung und ihren Entscheidungen. In der Gruppe der Mitarbeitenden des Feldes 3 und nahen Vorgesetzten wird das Misstrauen gegenüber der Unternehmungsführung durch die dritte Kategorie der Misstrauensbildung ‘gegenseitige Selbstbestätigung’ bekräftigt Das Schlechtreden, wie ein „Motzen“ und ein Austauschen von zynischen Sprüchen und Witzen sowie das konkrete Weitererzählen von Einzelschicksalen bestätigen die/den Mitarbeitenden, in ihrer/seiner Misstrauensentscheidung gegenüber der Unternehmensführung richtig zu liegen.

Der **Ausblick auf die künftige Forschung ist vielfältig**. Zunächst ergibt sich ein zukünftiger Forschungsbedarf daraus, dass die Arbeit eine Einzelfallstudie ist und vorliegende Ergebnisse kontextspezifisch auf ein Unternehmen in einer bestimmten Branche bezogen sind. Weitere Forschung in anderen Organisationssituationen kann die Verlässlichkeit und Validität der hier geschilderten Ergebnisse erhöhen und ein breites Verständnis über die kompliziert verschachtelten Dynamiken von Misstrauen in Organisationen erteilen. Daher bietet sich die Untersuchung von vergleichbaren Unternehmen im Sinne einer „Cross-Case-Analyse“ an, um nicht nur einen Beitrag zur Replikationslogik zu leisten, sondern auch die Bildung von Clustern und Typen misstrauischer Mitarbeitenden zu ermöglichen (Yin, 1993). Da die Unternehmenskultur und die Führungs- und Koordinationsmechanismen in anderen Unternehmen variieren, ist davon auszugehen, dass die Emotionsreaktionen bzw. die Bedeutungszuschreibungen der Erlebnisse der Mitarbeitenden kulturell normiert und standardisiert sind. Eine **Übertragung** der vorliegenden Erkenntnisse **auf andere Unternehmen und auch Länder** würde sich daher anbieten.

Die zukünftige Forschung kann auf die Ergebnisse der vorliegenden Arbeit aufbauen und eine quantitative Umfrage hinsichtlich der Misstrauensfaktoren und Konsequenzen in Bezug auf die Beziehungen in einer Organisation anstreben. Neben der individuellen Ebene bedarf es der Betrachtung der Theorie und der Untersuchung von **Misstrauen auf der Gruppenebene und auf der Ebene des Gesamtunternehmens**, wobei die drei Ebenen interagieren. Daher sind die theoretischen Modelle bzw. Ansätze von Misstrauen über den Fokus von interpersonalen Prozessen hinaus zu erweitern, um das Phänomen systematisch zu betrachten. Um die Einflüsse für die Misstrauensbildung in Unternehmen festzustellen, ist ferner explizit der CEO zu betrachten. Aus den vorliegenden Aussagen geht hervor, dass die misstrauischen Spekulationen seitens der Mitarbeitenden besonders stark der Führungskraft des CEO entgegenschlagen. Der CEO wird in der Öffentlichkeit, besonders von der Presse, für das Führen des Unternehmens, wie z.B. für Entscheidungsfehler, Verluste des Unternehmens und Kostenerhöhungen kritisiert. Analog zu Vertrauen und der Studie von Ingenhoff und Sommer (2010), die fragen, ob ein Unterschied zwischen dem Ausmaß an Vertrauen in das Unternehmen und in den CEOs bestünde, könnte zukünftige Forschung im Rahmen von Misstrauen dazu beitragen, die Unterschiede zwischen Misstrauen in das Unternehmen und direkt in den CEOs zu klären. Die fehlende reziproke Beziehung zwischen der/dem Mitarbeitenden und der/dem CEO legt nahe, die Medienberichtserstattung zu betrachten, da die Mitarbeitenden ihre wesentlichen Informationen aus den Medien erhalten (Ingenhoff & Sommer, 2010).

Bislang existieren nur wenige Erkenntnisse bzgl. der **Zusammensetzung an Faktoren** von Misstrauen und Vertrauen **über einen längeren Zeitraum**. Die wahrgenommene Werteinkongruenz fand bis dato nicht als Faktor für sinkendes Vertrauen, sondern nur als Determinante von Misstrauen Betrachtung. Dem hier vorliegenden Faktor der interpersonalen Ungerechtigkeit ist der Vertrauensfaktor Wohlwollen nahe. Nach Cho (2006) bilden die positiven Effekte von Wohlwollen in signifikanteren Ausmaß Vertrauen, als dass die negativen Effekte Misstrauen erzeugen und der Faktor Kompetenz trägt zur Verminderung von Misstrauen bei. Diese Aussagen wären auch für den Misstrauensfaktor der wahrgenommenen Werteinkongruenz interessant. Werteinkongruenz ist insbesondere im Hinblick auf die gegenseitige Selbstbestätigung von Misstrauen zwischen Gruppen interessant zu erforschen. Ferner stellt sich die Frage, ob es die gleichen oder unterschiedliche Faktoren sind, die zu einem bestimmten Misstrauens- bzw. Vertrauenslevel über die Zeit im Organisationskontext führen und ob für die Anfangszeit einer Beziehung andere Faktoren zu unterscheiden sind als zu einem späteren Zeitpunkt der Beziehung, respektive wie sich die unterschiedlichen Faktoren über die Zeit beeinflussen. Beispielsweise identifizieren einige empirische Studien, wie von Babar, Verner und Nguyen (2007) oder Oza, Hall, Rainer und Grey (2006) verschiedene Faktoren, die der Bedeutsamkeit von Vertrauen in verschiedenen Phasen einer Geschäftsbeziehung zuschreibbar sind. Danach unterscheiden sich die Vertrauensfaktoren für ein frühes Vertrauen von denen zur Bekräftigung der Vertrauensbeziehung. Folglich ist anzunehmen, dass dem Misstrauenskonstrukt ein unterschiedlicher Stellenwert in Abhängigkeit der Phase einer Beziehung zuzuschreiben ist. Zur Untersuchung von

Misstrauen über die Zeit biete sich ähnlich der Fallstudie von Elsbach et al. (2012) eine Betrachtung über mehrere Phasen an.

Vorliegende Fallstudie beruht auf einem Querschnittsdesign. Bislang wird der Misstrauensprozess theoretisiert (Sitkin & Roth, 1993; Sitkin & Stickel, 1996) und kaum mit Empirie belegt. Zwar liefern Bijlsma-Frankema et al. (2015) erste Bezeichnungen der Merkmale im Misstrauenszyklus, jedoch bleibt fraglich, welche Phasen im Misstrauensprozess und mit welchen Abgrenzungskriterien für die Misstrauensbildung zu unterscheiden sind. Ein spezifischeres Konzeptverständnis zum durchdringenden Charakter von Misstrauen und dem sich selbstverstärkenden Misstrauenszyklus im Zeitverlauf stellt ein sehr spannendes Forschungsfeld für die Misstrauensforschung dar. Die Arbeit vermag nicht, die Ausprägung bzw. das **Misstrauens- und Vertrauenslevel** zu **quantifizieren** und generelle **Aussagen zur Schwere eines Schlüsselerlebnisses** zu treffen. Daher besteht für die weitere Forschung die Frage nach der Spezifizierung und Messung der Reizschwelle (bzw. des Tipping-Points) bei dem Übergang zu Misstrauen. Hierfür könnte eine engere Kooperation mit Psychologen sowie eine Panelstudie hilfreich sein, um durch die Betrachtung derselben Mitarbeitenden zu verschiedenen Zeitpunkten die Akkumulation von Erfahrungen sowie die Bedeutsamkeit von und den Umgang mit Schlüsselerlebnissen aus der Perspektive verschiedener Mitarbeitender über einen Zeitraum untersuchen zu können. Diese Betrachtung wäre nicht nur für die Misstrauensforschung spannend. Die Konflikteskalationsliteratur fragt ähnlich, weshalb sich ein Konflikt entwickelt und ggf. sogar zu einem unlösbaren (Misstrauens-) Konflikt wird und welche Reizschwelle ursächlich dafür ist (Fiol et al., 2009; Wallace, 1995).

Die Erforschung von Misstrauen und Vertrauen über mehrere Zeitpunkte ist auch insofern entscheidend, als dass diese zur Unterscheidung der Maßnahmen zum Misstrauensmanagement und der Vertrauensreparatur beitrage und Handlungsempfehlungen für die Praxis abgeleitet werden könnten. Während die Vertrauensverletzungen und die damit verbundenen Herausforderungen zur Thematik des Vertrauensreparaturprozesses bereits von verschiedenen Forschern, wie beispielsweise Kramer und Lewicki (2010), Dirks et al. (2009), Gillespie und Dietz (2009), Mishra (1996) und Robinson (1996) sowie Lewicki und Bunker (1995) beleuchtet werden und in der Literatur rege Betrachtung finden, erlangt das **Misstrauensmanagement** im Sinne der Beziehungsreparatur jedoch bislang kaum Forschungsinteresse. Lediglich einige wenige Studien fassen theoretische Prozesse zusammen, die im Zusammenhang mit der Reparatur einer Beziehung sinnvoll erscheinen, wie bspw. Dirks et al. (2009) sowie Kramer und Lewicki (2010) und Lumineau (2017). Die Arbeit empfiehlt für verlässliche Handlungsempfehlungen im Sinne von „Best-Practice" zur Überwindung von stark ausgeprägtem Misstrauen die messbaren und beobachtbaren Unterschiede zwischen den Prozessen des Misstrauensmanagement und der Vertrauensreparatur zu untersuchen. Einige Autoren konstatieren, dass Misstrauen, sobald es erzeugt ist, schwer zu überwinden ist (Bijlsma-Frankema et al., 2015; Sitkin & Stickel, 1996). Gemäß dem Prinzip der Vertrauenssymmetrie (Slovic, 1993) und im Hinblick auf die kompensatorischen Dynamiken zwischen Misstrauen und Vertrauen kann angenommen werden, dass Vertrauen schwer aufzubauen, aber leicht zu verlieren ist, wohingegen Misstrauen leicht zu bilden, aber schwerlich zu minimieren ist. Folglich mag es einfacher sein, Vertrauen zurückzugewinnen, da die Beziehung sich über die Zeit entwickelt, jedoch mag es schwierig sein, Vertrauen am Beginn einer Beziehung zu reparieren. Im Gegensatz dazu könnte es einfacher sein, Misstrauen am Anfang einer Beziehung zu organisieren, da sich der Spill-over-Effekt von Misstrauen über die Bereiche noch nicht ausgebreitet hat, jedoch dürfte die Überwindung von Misstrauen schwieriger sein, wenn die Beziehung bereits mehrere Bereiche über die Zeit umfasst und Misstrauen über die Bereiche „kontaminiert" ist. Folglich wäre für die verlässliche Aussage von Handlungsempfehlungen wichtig, dass die zukünftige Forschung die Bedeutung jedes Faktors und dessen Ausmaß an Misstrauen und Vertrauen zu verschiedenen Zeitpunkten untersucht. Wenn die Bedeutung von jedem Faktor an einem bestimmten Punkt unterschiedlich zum Ausmaß an Misstrauen und Vertrauen beiträgt, sind unterschiedliche Strategien und Mittel nötig, um die verletzte Beziehung zu heilen. Bislang bleibt im Fall von Misstrauen jedoch unklar, welche potentiellen Reparaturmaßnahmen in Verbindung mit dem Misstrauensmanagement eingesetzt werden könnten.

Darüber hinaus ist zu erwähnen, dass die Forschung zu Emotionen am Arbeitsplatz die **Emotionsintensität** unterbetont. Einzig in konfliktreichen Arbeitssituationen kann die Intensität der Emotionen hinreichend nachgewiesen werden. Hierzu könnte sich eine Analyse der Sprache anbieten, da die Wahl der Sprache, um sich in einer Situation auszudrücken, in Verbindung mit der dabei vorhandenen emotionalen Intensität steht (Bowers, 1964; Rogan, 1995; Whissell, 1989). Wenn der Konflikt noch nicht geklärt ist, wird eine intensivere Sprache verwendet (Donohue, 1991). Gayle und Preiss (1998) fanden heraus, dass die emotionale Intensität in der Sprache mit dem Anstieg an Verletzungen in der Beziehung oder einem Missverhältnis bzw. Ungleichgewicht ansteigt. In Folge dessen ist davon auszugehen, dass Emotionalität evident ist, wenn Misstrauen existiert, was in weiterer Forschung überprüft werden sollte. Ein weiterer Zusammenhang zwischen emotionaler Intensität und Misstrauen kann von den Ergebnissen von Campbell und Muncers (1987) abgeleitet werden. Sie zeigen, dass gerade Bedrohungen der Integrität die Wahrnehmung von Kompetenz beeinträchtigen und eine ausgeprägte Entrüstung und Wut hervorrufen (Campbell & Muncer, 1987). Dies ist mutmaßlich der Fall, da Integrität und Kompetenz zwei Vertrauensfaktoren sind (Butler & Cantrell, 1984). Gemäß den vorliegenden Erkenntnissen wäre demnach zu untersuchen, ob die Werteinkongruenz die Wahrnehmung von Führungskompetenz und die Wahrnehmung von Gerechtigkeit beeinträchtigt und inwieweit Misstrauen einen intensiveren Sprachgebrauch zur Folge hat.

Die hier skizzierten **Konsequenzen von Misstrauen** basieren auf den Aussagen der Mitarbeitenden, wonach sie schilderten, sich zu verweigern einen Auftrag anzunehmen und dass sie mit anderen Kollegen/innen schlecht über das Unternehmen reden, abgeleitet. Um „wirkliche" Konsequenzen, wie ein destruktives Handeln, von Misstrauen aufzeigen zu können, bieten sich eine Konzeption der Misstrauenskonsequenzen, wie die Einteilung in 'inaktive' und 'aktive' Konsequenzen an, die mit der Erhebungsmethode der Beobachtungen erforscht werden könnten. Jüngst folgten die Forscher Schutter, VanDijk und Kwaadsteniet (2017) der Empfehlung, Misstrauen mit negativen Emotionen zu untersuchen und die Konsequenzen in 'inaktive' und 'aktive' einzuteilen. Schutter et al. (2017), die auf die Ergebnisse der Masterarbeit von Boerop (2015) aufbauen, erachten es ebenfalls als sinnvoll von inaktiven Konsequenzen, z. B. der Vermeidung von Informationsweitergabe oder dem Anbieten eines Verbesserungsvorschlages und aktiven Konsequenzen von Misstrauen, z. B dem destruktives Verhalten im Sinne von Schädigung auszugehen. Dieser Unterteilung der Misstrauenskonsequenzen könnte zukünftige Forschung folgen.

Die zukünftige Misstrauensforschung könnte analog zu *„the dark side of trust"* (Bond & Lee, 2005; Levine & McCornack, 1991; Skinner et al., 2014) einen stärkeren Fokus auf die **positive Seite von Misstrauen** legen. Im Zusammenhang mit Unternehmensgründungen kann Misstrauen als eine potentielle Quelle von Innovationen angesehen werden, was jüngst aus dem First Cut Paper von Kreis und Lewandowski (2017) hervorging.[121] Auch Van de Walle und Six (2014) fanden heraus, dass Misstrauen zu regulatorischen Innovation führen kann. Nach Mayer und Mussweiler (2011) ist davon auszugehen, dass die Eigenschaften von Misstrauen die Kreativität steigert.

121 Ein aktuellerer Beitrag von Kreis & Lewandowski (2017) zu *„the bright side of distrust"* liegt mit Abgabe der Dissertation, Stand 6. August 2018 nicht vor.

Literaturverzeichnis

Abelson, R. & Clarke, D. D. (1963). Computer simulation of "hot" cognition. In S. S. Tomkins & S. Messick (Hrsg.), *Computer Simulation of Personality. Frontier of Psychological Theory* (1. Aufl., S. 277–298). New York: Wiley.

Adams, J. S. (1965). Inequity in social exchange. In L. Berkowitz (Hrsg.), *Advances in Experimental Social Psychology* (2. Aufl., S. 267–299). New York: Academic Press.

Adams, J. S. (1963). Towards an understanding of inequity. *The journal of abnormal and social psychology, 67* (5), 422–436.

Adams, J. E., Highhouse, S. & Zickar, M. J. (2010). Understanding general distrust of corporations. *Corporate Reputation Review, 13* (1), 38–51.

Adams, S. H. & Wiswell, A. K. (2008). *Further Exploration of Organizational Trust Factors.* Online Submission, Virginia Polytechnic Institute and State University. Zugriff am 16.02.2018. Verfügbar unter https://files.eric.ed.gov/fulltext/ED501630.pdf

Adler, P. S. (2012). The Sociological Ambivalence of Bureaucracy: From Weber via Gouldner to Marx. *Organization Science, 23* (1), 244–266.

Adler, T. R. (2005). The swift trust partnership: A project management exercise investigating the effects of trust and distrust in outsourcing relationships. *Journal of Management Education, 29* (5), 714–737.

Aguinis, H. & Glavas, A. (2012). What we know and don't know about corporate social responsibility: A review and research agenda. *Journal of Management, 38* (4), 932–968.

Ajala, E. M. (2015). The Influence of Organisational Justice on Employees' Commitment in Manufacturing Firms in Oyo State, Nigeria: Implications for Industrial Social Work. *African Journal of Social Work, 5* (1), 92–130.

Allen, J., Jimmieson, N. L., Bordia, P. & Irmer, B. E. (2007). Uncertainty during organizational change: Managing perceptions through communication. *Journal of Change Management, 7* (2), 187–210.

Alvesson, M. (2003). Beyond Neopositivists, Romantics, and Localists: A Reflexive Approach to Interviews in Organizational Research. *The Academy of Management Review, 28* (1), 13–33.

American Psychological Association. (2010). *Concise Rules of APA Style* (6. Aufl.). Washington, DC: American Psychological Association.

Anderson, M. C., Bjork, E. L. & Bjork, R. A. (2000). Retrieval-induced forgetting: Evidence for a recall-specific mechanism. *Psychonomic Bulletin & Review, 7* (3), 522–530.

Anderson, M. C., Bjork, R. A. & Bjork, E. L. (1994). Remembering can cause forgetting: Retrieval dynamics in long-term memory. *Journal of Experimental Psychology: Learning, Memory, and Cognition, 20* (5), 1063–1087.

Andersson, L. M. & Pearson, C. M. (1999). Tit for tat? The spiraling effect of incicility in workplace. *Academy of Management Review, 24* (3), 452–471.

Andrews, M. C., Baker, T. & Hunt, T. G. (2011). Values and person-organization fit: Does moral intensity strengthen outcomes? *Leadership & Organization Development Journal, 32* (1), 5–19.

Andrzejewski, L. (2008). *Trennungskultur: Handbuch für ein professionelles wirtschaftliches und faires Kündigungsmanagement* (3. Aufl.). München: Luchterhand Verlag.

Arnulf, J., Dreyer, H. & Grenness, C. (2005). Trust and knowledge creation: How the dynamics of trust and absorptive capacity may affect supply chain management development projects. *International Journal of Logistics, 8* (3), 225–236.

Arrow, K. J. (1974). *The Limits of Organization. Fels Center of Government Series: Fels lectures on public policy analysis* (1. Aufl.). New York: Norton.

Ashforth, B. E., Rogers, K. M. & Corley, K. G. (2011). Identity in organizations: Exploring cross-level dynamics. *Organization Science, 22* (5), 1144–1156.

Ashforth, B. E., Rogers, K. M., Pratt, M. G. & Pradies, C. (2014). Ambivalence in organizations: A multilevel approach. *Organization Science, 25* (5), 1453–1478.

Astley, W. G. (1985). Administrative Science as Socially Constructed Truth. *Administrative Science Quarterly, 30* (4), 497–513.

Atteslander, P. (2008). *Methoden der empirischen Sozialforschung* (12. Aufl.). Berlin: Erich Schmidt Verlag.

Ayaß, R. & Bergmann, J. R. (2006). *Qualitative Methoden der Medienforschung* (1. Aufl.). Reinbek bei Hamburg: Rohwolt Taschenbuch Verlag.

Baba, M. L. (1999). Dangerous Liaisons: Trust, Distrust, and Information Technology in American Work Organizations. *Human Organization, 58* (3), 331–346.

Babar, M. A., Verner, J. M. & Nguyen, P. T. (2007). Establishing and Maintaining Trust in Software Outsourcing Relationships: An Empirical Investigation. *Journal of Systems and Software, 80* (9), 1438–1449.

Bachmann, R. & Zaheer, A. (Hrsg.). (2006). *Handbook of Trust Research* (1. Aufl.). Cheltenham, UK: Edward Elgar Publishing.

Bachmann, R., Gillespie, N. & Priem, R. (2015). Repairing trust in organizations and institutions: Toward a conceptual framework. *Organization Studies, 36* (9), 1123–1142.

Ballinger, G. & Rockmann, K. (2010). Chutes versus Ladders: Anchoring events and a punctuated-equilibrium perspective on social exchange relationships. *The Academy of Management Review, 35* (3), 373–391.

Bamberger, P. (2008). Beyond contextualization: Using context theories to narrow the micro-macro gap in management research. *Academy of Management Journal, 51* (5), 839–846.

Barber, B. (1983). *The Logic and Limits of Trust.* New Brunswick, NJ: Rutgers University Press.

Barney, J. B. & Hansen, M. H. (1994). Trustworthiness as a Source of Competitive Advantage. *Strategic Management Journal, 15* (1), 175–190.

Bartelt, D. (2011). *Wertschätzende, kompetente und ethische Führung: das Vertrauen der Mitarbeiter in ihre Führungskräfte.* Dissertation, Universität Duisburg-Essen. Zugriff am 01.03.2018. Verfügbar unter https://duepublico.uni-duisburg-essen.de/servlets/DerivateServlet/Derivate-29413/Bartelt_Diss.pdf

Baumeister, R. F., Wotman, S. R. & Stillwell, A. M. (1993). Unrequited love: On heartbreak, anger, guilt, scriptlessness, and humiliation. *Journal of Personality and Social Psychology, 64* (3), 377–394.

Benamati, J., Serva, M. A. & Fuller, M. A. (2006). Are Trust and Distrust Distinct Constructs? An Empirical Study of the Effects of Trust and Distrust among Online Banking Users. In HICSS – Hawaii International Conference on System Sciences (Hrsg.), *Proceedings of the 39th Annual Hawaii International Conference on System Sciences* (S. 1–8). Los Alamitos, CA: IEEE Computer Society.

Benamati, J., Serva, M. A. & Fuller, M. A. (2010). The productive tension of trust and distrust: the coexistence and relative role of trust and distrust in online banking. *Journal of Organizational Computing and Electronic Commerce, 20* (4), 328–346.

Berelson, B. (1952). *Content analysis in communication research* (1. Aufl.). Glencoe: Free Press.

Berg, J., Dickhaut, J. & McCabe, K. (1995). Trust, reciprocity, and social history. *Games and Economic Behavior, 10* (1), 122–142.

Berger, P. L. & Luckmann, T. (2010). *Die gesellschaftliche Konstruktion der Wirklichkeit. Eine Theorie der Wissenssoziologie* (Bd. 6623, 23. Aufl.). Frankfurt am Main: Fischer Taschenbuch Verlag.

Berner, W. (2017a). *Misstrauen: Lähmung durch Unterstellen böser Absichten,* Die Umsetzungsberatung. Zugriff am 24.09.2017. Verfügbar unter https://www.umsetzungsberatung.de/psychologie/misstrauen.php

Berner, W. (2017b). *Psychologie der Veränderung. Zyniker: Das Doppelgesicht gescheiterter Missionare,* Die Umsetzungsberatung. Zugriff am 16.09.2017. Verfügbar unter http://www.umsetzungsberatung.de/psychologie/zyniker.php?layout=druck

Bewsell, G. R. (2012). Distrust, Fear and Emotional Learning: An Online Auction Perspective. *Journal of Theoretical and Applied Electronic Commerce Research, 7* (2), 1–12.

Bierhoff, H. W. (2002). *Einführung in die Sozialpsychologie* (1. Aufl.). Weinheim: Beltz Verlag.

Biernat, M., Vescio, T. K. & Theno, S. A. (1996). Violating American values: A "value congruence" approach to understanding outgroup attitudes. *Journal of Experimental Social Psychology, 32* (4), 387–410.

Bies, R. J. (2005). Are procedural justice and interactional justice conceptually distinct? In J. Greenberg & J. A. Colquitt (Hrsg.), *Handbook of Organizational Justice* (1. Aufl., S. 85–112). Mahwah, NJ: Erlbaum.

Bies, R. J. & Shapiro, D. L. (1988). Voice and Justification: Their influence on procedural fairness judgements. *Academy of Management Journal, 31* (3), 676–685.

Bies, R. J. & Tripp, T. (1996). Beyond trust: Getting even and the Need for Revenge. In R. M. Kramer & T. R. Tyler (Hrsg.), *Trust in Organizations: Frontiers of Theory and Research* (1. Aufl., S. 246–260). Thousand Oaks, CA: Sage Publications.

Bies, R. J. & Moag, J. F. (1986). Interactional justice: Communication Criteria of Fairness. In R. J. Lewicki, R. J. Bies & M. H. Bazerman (Hrsg.), *Research on Negotiations in Organizations* (1. Aufl., S. 43–55). Greenwich, Ct.: JAI Press.

Bigley, G. A. & Pearce, J. L. (1998). Straining for shared meaning in organizations science: Problems of trust and distrust. *Academy of Management Review, 23* (3), 405–421.

Bijlsma-Frankema, K. & Täuber, S. (2017). Distrust Dynamics: Engenderment and Pervasion. In FINT – First International Network on Trust (Hrsg.), *Proceedings of the 9th FINT Workshop on Trust Within and Between Organizations* (S. 1–3). Zugriff am 04.03.2018. Verfügbar unter http://programme.exordo.com/fint2016/delegates/presentation/23/

Bijlsma-Frankema, K., Sitkin, S. B. & Weibel, A. (2015). Distrust in the balance: The emergence and development of intergroup distrust in a court of law. *Organization Science, 26* (4), 1018–1039.

Bijlsma-Frankema, K., Wisse, B., Täuber, S., Sanders, S. & Sitkin, S. B. (2016). Distrust of Supervisors: Relational and Organizational Effects. In EIASM – European Institute for Advanced Studies in Management (Hrsg.), *Proceedings of the 1st Workshop on Distrust and Conflict Escalation in Organizations and Societies* (S. 1–40). Zugriff am 17.02.2017. Verfügbar unter http://www.eiasm.org/frontoffice/event_announcement.asp?event_id=1157

Blatter, J., Janning, F. & Wagemann, C. (2007). *Qualitative Politikanalyse. Eine Einführung in Forschungsansätze und Methoden* (Bd. 44, 1. Aufl.). Wiesbaden: VS Verlag für Sozialwissenschaften, Springer Fachmedien.

Blau, P. (1964). *Exchange and power in social life* (1. Aufl.). New York: Wiley.

Blau, P. (1986). *Exchange and power in social life* (2. Aufl.). New Brunswick, N.J.: Transaction Publishers.

Blumer, H. (1980). Der methodologische Standort des Symbolischen Interaktionismus. In Arbeitsgruppe Bielefelder Soziologen (Hrsg.), *Alltagswissen, Interaktion und Gesellschaftliche Wirklichkeit. 1: Symbolischer Interaktionismus und Ethno-*

methodologie. 2: Ethnotheorie und Ethnographie des Sprechens (WV studium, 54/55, 5. Aufl., S. 80–146). Wiesbaden: VS Verlag für Sozialwissenschaften, Springer Fachmedien.

Bodtker, A. M. & Jameson, J. K. (2001). Emotion in conflict formation and its transformation: Application to organizational conflict management. *International Journal of Conflict Management, 12* (3), 259–275.

Boerop, L. (2015). *Reactions to being distrusted: How active and inactive distrust influence our affective and behavioral responses.* Masterarbeit, Leiden Universität, Fakultät für Sozial- und Verhaltenswissenschaften. Zugriff am 11.03.2018. Verfügbar unter http://hdl.handle.net/1887/36546

Boersma, M. F., Buckley, P. J. & Ghauri, P. N. (2003). Trust in international joint venture relationships. *Journal of Business Research, 56* (12), 1031–1042.

Böhm, A., Legewie, H. & Muhr, T. (2008). *Kursus Textinterpretation: Grounded Theory* (1. Aufl.). Berlin: Technische Universität Berlin. Zugriff am 15.03.2018. Verfügbar unter http://nbn-resolving.de/urn:nbn:de:0168-ssoar-26629

Bond, G. D. & Lee, A. Y. (2005). The darkest side of trust: Validating the generalized communication suspicion scale with prison inmates. *Personality and Individual Differences, 38* (6), 1429–1438.

Boon, C., Den Hartog, D. N., Searle, R. H. & Skinner, D. (Hrsg.). (2011). *Trust and human resource management* (1. Aufl.). Cheltenham, UK: Edward Elgar Publishing.

Boon, S. D. & Holmes, J. G. (1991). The dynamics of interpersonal trust: Resolving uncertainty in the face of risk. In R. A. Hinde & J. Groebel (Hrsg.), *Cooperation and prosocial behaviour* (1. Aufl., S. 190–211). Cambridge, UK: Cambridge University Press.

Borgatti, S. P. (1999). Elicitation techniques for cultural domain analysis. In J. J. Schensul (Hrsg.), *Enhanced ethnographic methods. Audiovisual techniques, focused group interviews, and elicitation techniques* (The ethnographer's toolkit, Bd. 3., S. 115–151). Walnut Creek, CA: Altamira Press.

Bortz, J. & Döring, N. (Hrsg.). (2006). *Forschungsmethoden und Evaluation für Human- und Sozialwissenschaftler* (4. Aufl.). Heidelberg: Springer-Verlag.

Boss, R. W. (1978). Trust and managerial problem solving revisited. *Group & Organization Studies, 3* (3), 331–342.

Bottom, W. P., Gibson, K., Daniels, S. E. & Murnighan, J. K. (2002). When Talk Is Not Cheap: Substantive Penance and Expressions of Intent in Rebuilding Cooperation. *Organization Science, 13* (5), 497–513.

Bowers, J. W. (1964). Some correlates of language intensity. *Quarterly Journal of Speech, 50* (4), 415–420.

Brand, A. G. (1985). Hot cognition: Emotions and writing behavior. *Journal of Advanced Composition, 6* (1985/1986), 5–15.

Breuer, F. (2003). Subjekthaftigkeit der sozial-/wissenschaftlichen Erkenntnistätigkeit und ihre Reflexion: Epistemologische Fenster, methodische Umsetzungen. *Forum Qualitative Sozialforschung, 2* (4), 25 Art.

Breuer, F. (2010). Wissenschaftstheoretische Grundlagen qualitativer Methodik in der Psychologie. In G. Mey & K. Mruck (Hrsg.), *Handbuch qualitative Forschung in der Psychologie* (S. 35–49). Wiesbaden: Springer-Verlag.

Brewer, M. B. (1999). The Psychology of Prejudice: Ingroup Love or Outgroup Hate? *Journal of Social Issues, 55* (3), 429–444.

Briner, R. (1999). The Neglect and Importance of Emotion at Work. *European Journal of Work and Organizational Psychology, 8* (3), 323–346.

Brocke, J. V., Simons, A., Niehaves, B., Plattfaut, R. & Cleven, A. (2009). Reconstructing the giant: On the importance of rigour in documenting the literature search process. In ECIS – European Conference On Information Systems (Hrsg.), *Proceedings of the 17th European Conference On Information Systems* (Paper 161, S. 1–14). Zugriff am 02.03.2018. Verfügbar unter https://www.iwi.uni-hannover.de/fileadmin/wirtschaftsinformatik/lehre/RECONSTRUCTING_THE_GIANT__ON_THE_IMPORTANCE_OF_RIGOUR_IN_DOCUMENT.pdf

Bröcker, H. F. (FOCUS online, Hrsg.). (2008). *Vertrauen – ein knappes Gut, ungleich verteilt,* Egon Zehnder International. Das vierte International Executive Panel von Egon Zehnder International: 01/2008. Zugriff am 10.09.2017. Verfügbar unter http://www.egonzehnder.com/international-executive-panel

Brockner, J., Siegel, P. A., Daly, J. P., Tyler, T. & Martin, C. (1997). When trust matters: The moderating effect of outcome favorability. *Administrative Science Quarterly, 42* (3), 558–583.

Brower, H. H., Lester, S. W., Korsgaard, M. A. & Dineen, B. R. (2009). A closer look at trust between managers and subordinates: Understanding the effects of both trusting and being trusted on subordinate outcomes. *Journal of Management, 35* (2), 327–347.

Brower, H. H., Schoorman, F. D. & Tan, H. H. (2000). A model of relational leadership: The integration of trust and leader–member exchange. *The Leadership Quarterly, 11* (2), 227–250.

Brown, G., Crossley, C. & Robinson, S. L. (2014). Psychological ownership, territorial behavior, and being perceived as a team contributor: The critical role of trust in the work environment. *Personnel Psychology, 67* (2), 463–485.

Bruner, J. S. (1990). *Acts of meaning* (The Jerusalem-Harvard lectures, 1. Aufl.). Cambridge, Massachusetts: Harvard University Press.

Bryman, A. (2012). *Social research methods* (4. Aufl.). Oxford: Oxford University Press.

Bryman, A. & Bell, E. (2007). *Business research methods* (2. Aufl.). Oxford: Oxford University Press.

Buber, R. & Holzmüller, H. H. (2009). *Qualitative Marktforschung: Konzepte – Methoden – Analysen* (2. Aufl.). Wiesbaden: Springer Gabler.

Burke, C. S., Sims, D. E., Lazzara, E. H. & Salas, E. (2007). Trust in leadership: A multi-level review and integration. *The Leadership Quarterly, 18* (6), 606–632.

Burt, R. S. & Knez, M. (1995). Kinds of third-party effects on trust. *Rationality and society, 7* (3), 255–292.

Butler, J. K. (1991). Toward Understanding and Measuring Conditions of Trust: Evolution of a Conditions of Trust Inventory. *Journal of Management, 17* (3), 643–663.

Butler, J. K., Cantrell, R. S. & Flick, R. J. (1999). Transformational leadership behaviors, upward trust, and satisfaction in self-managed work teams. *Organization Development Journal, 17* (1), 13–28.

Butler, J. K. & Cantrell, R. S. (1984). A behavioral decision theory approach to modeling dyadic trust in superiors and subordinates. *Psychological Reports, 55* (1), 19–28.

Caldwell, C. & Clapham, S. E. (2003). Organizational trustworthiness: An international perspective. *Journal of Business Ethics, 47* (4), 349–364.

Cameron, K. S., Freeman, S. J. & Mishra, A. K. (1991). Best practices in white-collar downsizing: Managing contradictions. *The Executive, 5* (3), 57–73.

Cameron, K. S., Freeman, S. J. & Mishra, A. K. (1993). Downsizing and redesigning organizations. In G. P. Huber & W. H. Glick (Hrsg.), *Organizational change and redesign. Ideas and Insights for Improving Performance* (1. Aufl., S. 19–63). New York: Oxford University Press.

Campbell, A. & Muncer, S. (1987). Models of anger and aggression in the social talk of women and men. *Journal for the Theory of Social Behaviour, 17* (4), 489–511.

Chami, R. & Fullenkamp, C. (2002). Trust and efficiency. *Journal of Banking and Finance, 26* (9), 1785–1809.

Chan, M. (2003). Corporate Espionage and Workplace Trust/Distrust. *Journal of Business Ethics, 42* (1), 45–58.

Chan, M. E. & McAllister, D. J. (2014). Abusive supervision through the lens of employee state paranoia. *Academy of Management Review, 39* (1), 44–66.

Chang, Y.-S. & Fang, S.-R. (2013). Antecedents and Distinctions Between Online Trust and Distrust: Predicting High- and Low-Risk Internet Behaviors. *Journal of Electronic Commerce Research, 14* (2), 149–166.

Chen, C. C., Saparito, P. & Belkin, L. (2011). Responding to trust breaches: The domain specificity of trust and the role of affect. *Journal of Trust Research, 1* (1), 85–106.

Child, J. (2001). Trust-the fundamental bond in global collaboration. *Organizational Dynamics, 29* (4), 274–288.

Cho, J. (2006). The mechanism of trust and distrust formation and their relational outcomes. *Journal of Retailing, 82* (1), 25–35.

Christie, R. & Geis, F. (Hrsg.). (1970). *Studies in Machiavellianism* (1. Aufl.). San Diego, CA: Academic Press.

Chua, R. Y., Ingram, P. & Morris, M. W. (2008). From the head and the heart: Locating cognition-and affect-based trust in managers' professional networks. *Academy of Management Journal, 51* (3), 436–452.

Clark, L. A. & Watson, D. (1994). Distinguishlng functional from dysfunctional affective responses. In P. Ekman & R. Davidson (Hrsg.), *The Nature of Emotion: Fundamental Questions* (1. Aufl., S. 131–136). New York: Oxford University Press.

Clark, M. C. & Payne, R. L. (1997). The nature and structure of workers' trust in management. *Journal of Organizational Behavior, 18* (3), 205–224.

Clegg, S., Hardy, C., Lawrence, T. B. & Nord, W. R. (Hrsg.). (2013). *The Sage Handbook of Organization Studies* (2. Aufl.). Los Angeles, CA: Sage Publications.

Cloetta, B. (1974). *Neue Daten zum Machiavellismus/Konservatismus* (Arbeitsbericht 18 SFB 23), Konstanz.

Cloetta, B. (2014). Machiavellismus-Konservatismus. In D. Danner & A. Glöckner-Rist (Hrsg.), *Zusammenstellung sozialwissenschaftlicher Items und Skalen* (S. 1–10). Mannheim: GESIS – Leibniz-Institute for the Social Sciences, Center for Historical Social Research. Zugriff am 23.02.2018. Verfügbar unter http://zis.gesis.org/skala/Cloetta-Machiavellismus-Konservatismus

Clore, G. C. (1994). Why emotions are felt. In P. Ekman & R. Davidson (Hrsg.), *The Nature of Emotion: Fundamental Questions* (1. Aufl., S. 103–111). New York: Oxford University Press.

Coase, R. H. (1937). The nature of the firm. *economica, 4* (16), 386–405.

Cofta, P. (2006). Distrust. In ICEC – International Conference on Electronic Commerce (Hrsg.), *Proceedings of the 8th international conference on Electronic commerce: The new e-commerce innovations for conquering current barriers, obstacles and limitations to conducting successful business on the internet* (S. 250–258). Zugriff am 12.07.2014. Verfügbar unter http://dl.acm.org/citation.cfm?doid=1151454.1151498

Cole, M. & Wertsch, J. V. (1996). Beyond the individual-social antinomy in discussions of Piaget and Vygotsky. *Human Development, 39* (5), 250–256.

Coleman, J. S. (1990). *Foundations of social theory* (1. Aufl.). Cambridge, Massachusetts: Harvard University Press.

Coleman, P. T., Vallacher, R. R., Nowak, A. & Bui-Wrzosinska, L. (2007). Intractable conflict as an attractor: A dynamical systems approach to conflict escalation and intractability. *American Behavioral Scientist, 50* (11), 1454–1475.

Coleman, T. F. & Li, Y. (2000). A trust region and affine scaling interior point method for nonconvex minimization with linear inequality constraints. *Mathematical Programming, 88* (1), 1–31.

Colquitt, J. A. (2001). On the dimensionality of organizational justice: a construct validation of a measure. *Journal of Applied Psychology, 86* (3), 386–400.

Colquitt, J. A., Conlon, D. E., Wesson, M. J., Porter, C. & Ng, K. Y. (2001). Justice at the millennium: A meta-analytic review of 25 years of organizational justice research. *Journal of Applied Psychology, 86* (3), 425–445.

Colquitt, J. A., Scott, B. A. & LePine, J. A. (2007). Trust, trustworthiness, and trust propensity: A meta-analytic test of their unique relationships with risk taking and job performance. *Journal of Applied Psychology, 92* (4), 909–927.

Colquitt, J. A. & Shaw, J. C. (2005). How should organizational justice be measured. *Handbook of Organizational Justice, 1,* 113–152.

Conley, R. (2014). *5 Stages of Distrust and How it Destroys Your Relationships. Leading with Trust.* Blog at WordPress.com: Trust Practice Leader at The Ken Blanchard Companies. Zugriff am 11.09.2017. Verfügbar unter https://leadingwithtrust.com/2014/05/18/5-stages-of-distrust-and-how-it-destroys-your-relationships/

Cook, K. S. (2015). Institutions, Trust, and Social Order. In E. J. Lawler, S. R. Thye & J. Yoon (Hrsg.), *Order on the Edge of Chaos* (1. Aufl., S. 125–144). New York: Cambridge University Press.

Cooper, C. & Hedges, L. (2009). Research synthesis as a scientific process. In H. Cooper, L. Hedges & V. Jeffrey (Hrsg.), *The Handbook of Research Synthesis and Meta-Analysis* (2. Aufl., S. 3–16). New York: Russell Sage Foundation. Zugriff am 03.03.2018. Verfügbar unter https://www.russellsage.org/sites/default/files/Cooper_Hedges_2d_Chap1_0.pdf

Cooper, H., Hedges, L. & Jeffrey, V. (Hrsg.). (2009). *The Handbook of Research Synthesis and Meta-Analysis* (2. Aufl.). New York: Russell Sage Foundation.

Costa, A. C., Roe, R. A. & Taillieu, T. (2001). Trust within teams: The relation with performance effectiveness. *European Journal of Work and Organizational Psychology, 10* (3), 225–244.

Crant, M. J., Kim, T.-Y. & Wang, J. (2011). Dispositional Antecedents of Demonstration and Usefulness of Voice Behavior. *Journal of Business and Psychology, 26* (3), 285–297.

Creswell, J. W. & Clark, V. (2011). *Designing and Conducting Mixed Methods Research* (1. Aufl.). Thousand Oaks, CA: Sage Publications.

Creswell, J. W. (2014). *Research design: Qualitative, quantitative, and mixed methods approaches* (1. Aufl.). Thousand Oaks, CA: Sage Publications.

Crisp, C. B. & Jarvenpaa, S. L. (2013). Swift trust in global virtual teams. *Journal of Personnel Psychology, 12* (1), 45–56.

Cropanzano, R. & Greenberg, J. (1997). Progress in organizational justice: Tunneling through the maze. In C. Cooper & I. Robertson (Hrsg.), *International Review of Industrial and Organizational Psychology, 1996* (1. Aufl., S. 317–372). New York: John Wiley & Sons.

Cropanzano, R. & Mitchell, M. S. (2005). Social exchange theory: An interdisciplinary review. *Journal of Management, 31* (6), 874–900.

Cullen-Lester, K. L., Leroy, H., Gerbasi, A. & Nishii, L. (2016). Energy's role in the extraversion (dis)advantage: How energy ties and task conflict help clarify the relationship between extraversion and proactive performance. *Journal of Organizational Behavior, 37* (7), 1003–1022.

Cummings, L. L. & Staw, B. M. (Hrsg.). (1987). *Research in Organizational Behavior* (Bd. 9, 1. Aufl.). Greenwich, Ct.: JAI Press.

Currall, S. C. & Judge, T. A. (1995). Measuring trust between organizational boundary role persons. *Organizational Behavior and Human Decision Processes, 64* (2), 151–170.

Dachrodt, G., Henning, K.-P., Kieckbusch, M. & Marquardt, B. (2014). Personalmanagement als strategischer Wertschöpfungsfaktor. In H.-G. Dachrodt, W. Koberski, V. Engelbert & G. Dachrodt (Hrsg.), *Praxishandbuch Human Resources: Management-Arbeitsrecht-Betriebsverfassung* (S. 1–90). Wiesbaden: Springer Gabler.

Dahling, J. J., Whitaker, B. G. & Levy, P. E. (2009). The Development and Validation of a New Machiavellianism Scale. *Journal of Management, 35* (2), 219–257.

Darke, P. R., Ashworth, L. & Ritchie, R. J. (2008). Damage from Corrective Advertising: Causes and Cures. *Journal of Marketing, 72* (6), 81–97.

Darke, P. R. & Ritchie, R. J. (2007). The Defensive Consumer: Advertising Deception, Defensive Processing, and Distrust. *Journal of Marketing Research, 44* (1), 114–127.

Davis, J. H., Schoorman, F. D., Mayer, R. C. & Tan, H. H. (2000). The trusted general manager and business unit performance: Empirical evidence of a competitive advantage. *Strategic Management Journal, 21* (5), 563–576.

De Dreu, C., Nijstad, B. A. & van Knippenberg, D. (2008). Motivated information processing in group judgment and decision making. *Personality and Social Psychology Review, 12* (1), 22–49.

De Rivera, J. (1992). Emotional climate: Social structure and emotional dynamics. In Strongman, K., T. (Hrsg.), *International review of studies on emotion* (1. Aufl., Bd. 2, S. 197–218). Oxford, UK: John Wiley & Sons, Inc.

De Vries, K. & Balazs, K. (1997). The downside of downsizing. *Human Relations, 50* (1), 11–50.

De Wit, F., Jehn, K. A. & Scheepers, D. (2013). Task conflict, information processing, and decision-making: The damaging effect of relationship conflict. *Organizational Behavior and Human Decision Processes, 122* (2), 177–189.

Deppe, M., Schwindt, W., Kugel, H., Plassmann, H. & Kenning, P. (2005). Nonlinear responses within the medial prefrontal cortex reveal when specific implicit information influences economic decision making. *Journal of Neuroimaging, 15* (2), 171–182.

Desmet, P. T. M., Cremer, D. de & van Dijk, E. (2011). In money we trust? The use of financial compensations to repair trust in the aftermath of distributive harm. *Organizational Behavior and Human Decision Processes, 114* (2), 75–86.

Deutsch, M. (1958). Trust and Suspicion. *The Journal of Conflict Resolution, 2* (4), 265–279.

Deutsch, T. (2003). Book review. Köhn, F.: Brand new – How entrepreneurs earned consumers' trust from Wedgwood to Dell, in Harvard Business School Press, Boston. *Journal of American History, 90* (2), 683–684.

Deutsche Gesellschaft für Psychologie. (2016). *Richtlinien zur Manuskriptgestaltung* (4. Aufl.). Göttingen: Hogrefe Verlag.

Diefenbach, T. (2008). Are case studies more than sophisticated storytelling?: Methodological problems of qualitative empirical research mainly based on semi-structured interviews. *Quality & Quantity, 43* (6), 875–894.

Diekmann, A. (2007). *Empirische Sozialforschung: Grundlagen, Methoden, Anwendungen* (4. Aufl.). Reinbek bei Hamburg: Rowohlt Taschenbuch Verlag.

Dietz, G. (2011). Going back to the source: Why do people trust each other? *Journal of Trust Research, 1* (2), 215–222.

Dietz, G. & Den Hartog, D. (2006). Measuring trust inside organisations. *Personnel Review, 35* (5), 557–588.

Dietz, G., Gillespie, N. & Chao, G. T. (2010). Unravelling the Complexities of Trust and Culture. In M. Saunders, D. Skinner, G. Dietz, N. Gillespie & R. J. Lewick (Hrsg.), *Organizational Trust: A Cultural Perspective* (1. Aufl., S. 3–41). Cambridge: Cambridge University Press.

Dimoka, A. (2010). What Does the Brain Tell Us About Trust and Distrust? Evidence from a Functional Neuroimaging Study. *Mis Quarterly, 34* (2), 1–24.

Dirks, K. T. (2000). Trust in leadership and team performance: Evidence from NCAA basketball. *Journal of Applied Psychology, 85* (6), 1004–1012.

Dirks, K. T. (2006). Three fundamental questions regarding trust in leaders. In R. Bachmann & A. Zaheer (Hrsg.), *Handbook of Trust Research* (1. Aufl., S. 15–28). Cheltenham, UK: Edward Elgar Publishing.

Dirks, K. T. & Ferrin, D. L. (2001). The Role of Trust in Organizational Settings. *Organization Science, 12* (4), 450–467.

Dirks, K. T. & Ferrin, D. L. (2002). Trust in Leadership: Meta-analytic Findings and Implications for Research and Practice. *Journal of Applied Psychology, 87* (4), 611–628.

Dirks, K. T., Kim, P. H., Ferrin, D. L. & Cooper, C. D. (2011). Understanding the effects of substantive responses on trust following a transgression. *Organizational Behavior and Human Decision Processes, 114* (2), 87–103.

Dirks, K. T., Lewicki, R. J. & Zaheer, A. (2009). Repairing Relationships within and between Organizations; building a conceptual Foundation. *Academy of Management Review, 34* (1), 68–84.

Doney, P. M., Cannon, J. P. & Mullen, M. R. (1998). Understanding the influence of national culture on the development of trust. *Academy of Management Review, 23* (3), 601–620.

Donohue, W. A. (1991). *Communication, marital dispute, and divorce mediation.* Hillsdale, NJ: Lawrence Erlbaum Associates.

Dresing, T. & Pehl, T. (2013). *Praxisbuch Interview, Transkription & Analyse. Anleitungen und Regelsysteme für qualitativ Forschende* (5. Aufl.). Marburg.

Dreu, C. de, Lualhati, J. & Mccusker, C. (1994). Effects of gain-loss frames on satisfaction with self-other outcome-differences. *European Journal of Social Psychology, 24* (4), 497–510.

Dreu, C. de, West, M. A., Fischer, A. H. & MacCurtain, S. (2001). Origins and consequences of emotions in organizational teams. In R. Payne & C. L. Cooper (Hrsg.), *Emotions at work. Theory, research, and applications in management* (S. Chapter 8, 199–217). Chichester, UK: Wiley-Blackwell.

Drewing, K. & Spiegel, A. (2006). *Kognitive Emotionstheorien. Attributionstheorie – Weiner,* Universität Gießen. Zugriff am 23.02.218. Verfügbar unter http://www.allpsych.uni-giessen.de/knut/2006-ss06-seminar-emotion/Praesentationen/Weiner.pdf

Dunn, J. R. & Schweitzer, M. E. (2005). Feeling and Believing: The Influence of Emotion on Trust. *Journal of Personality and Social Psychology, 88* (5), 736–748.

Dunn, M. H. (1988). Trust and Political Agency. In D. Gambetta (Hrsg.), *Trust: Making and Breaking Cooperative Relations.* (1. Aufl., S. 73–93). New York: Brasil Blackwell.

Dutton, J. E., Dukerich, J. M. & Harquail, C. V. (1994). Organizational images and member identification. *Administrative Science Quarterly, 39* (2), 239–263.

Earle, T. C. & Cvetkovich, G. (1999). Social trust and culture in risk management. In R. Löfstedt & G. Cvetkovich (Hrsg.), *Social trust and the management of risk* (1. Aufl., S. 9–21). London: Earthscan.

Earley, P. C. (1986). Trust, perceived importance of praise and criticism, and work performance: An examination of feedback in the United States and England. *Journal of Management, 12* (4), 457–473.

Ebers, M. (1995). Organisationskultur und Führung. In A. Kieser (Hrsg.), *Handwörterbuch der Führung* (1. Aufl., S. 1664–1682). Stuttgart: Schäffer-Poeschel Verlag.

Eisenhardt, K. M. (1989). Building Theories from Case Study Research. *Academy of Management Review, 14* (4), 532–550.

Ekman, P. & Davidson, R. (Hrsg.). (1994). *The Nature of Emotion: Fundamental Questions* (1. Aufl.). New York: Oxford University Press.

Elangovan, A. R. & Shapiro, D. L. (1998). Betrayal of trust in organizations. *Academy of Management Review, 23* (3), 547–566.

Elsbach, K. D., Stigliani, I. & Stroud, A. (2012). The building of employee distrust: A case study of Hewlett-Packard from 1995–2010. *Organizational Dynamics, 41* (3), 254–263.

Emerson, R. M. (1976). Social exchange theory. *Annual Review of Sociology, 2* (1), 335–362.

Erikson, E. H. (1950). *Childhood and society* (Bd. 61976). New York: Norton.

Evans, D. & Kowanko, I. (1999). Literature reviews: evolution of a research methodology. *The Australian journal of advanced nursing: A quarterly publication of the Royal Australian Nursing Federation, 18* (2), 33–38.

Fang, R., Landis, B., Zhang, Z., Anderson, M. H., Shaw, J. D. & Kilduff, M. (2015). Integrating Personality and Social Networks: A Meta-Analysis of Personality, Network Position, and Work Outcomes in Organizations. *Organization Science, 26* (4), 1243–1260.

Farrell, J. & Rabin, M. (1996). Cheap Talk. *Journal of Economic Perspectives, 10* (3), 103–118.

Fein, S. (1996). Effects of suspicion on attributional thinking and the correspondence bias. *Journal of Personality and Social Psychology, 70* (6), 1164–1184.

Fein, S. & Hilton, J. L. (1994). Judging others in the shadow of suspicion. *Motivation and Emotion, 18* (2), 167–198.

Felps, W., Mitchell, T. R. & Byington, E. (2006). How, when, and why bad apples spoil the barrel: Negative group members and dysfunctional groups. *Research in Organizational Behavior, 27,* 175–222.

Ferrin, D. L., Dirks, K. T. & Shah, P. P. (2006). Direct and indirect effects of third-party relationships on interpersonal trust. *Journal of Applied Psychology, 91* (4), 870–883.

Ferrin, D. L., Kim, P. H., Cooper, C. D. & Dirks, K. T. (2007). Silence speaks volumes: The effectiveness of reticence in comparison to apology and denial for responding to integrity-and competence-based trust violations. *Journal of Applied Psychology, 92* (4), 893–908.

Fichman, M. (2003). Straining towards trust: some constraints essay on studying trust in organizations. *Journal of Organizational Behavior, 24* (2), 133–157.

Fincher, S. & Tenenberg, J. (2005). Making sense of card sorting data. *Expert Systems, 22* (3), 89–93.

Fiol, C. M., Pratt, M. G. & O'Connor, E. J. (2009). Managing Intractable Identity Conflicts. *Academy of Management Review, 34* (1), 32–55.

Fiske, S. T. (2002). What we know now about bias and intergroup conflict, the problem of the century. *Current Directions in Psychological Science, 11* (4), 123–128.

Fiske, S. T. & Ruscher, J. B. (1993). Negative interdependence and prejudice: Whence the affect. In Mackie, Diane M. & Hamilton, David L. (Hrsg.), *Affect, Cognition and Stereotyping. Interactive Processes in Group Perception* (1. Aufl., S. 239–269). Santa Barbara, CA: Harcourt Brace Jovanovich Publishers.

Flick, U. (2002). *Qualitative Sozialforschung: Eine Einführung* (6. Aufl.). Reinbek bei Hamburg: Rowohlt Taschenbuch Verlag.

Flick, U. (2009). *An Introduction to Qualitative Research* (4. Aufl.). London: Sage Publications.

Flick, U. (Hrsg.). (1995). *Handbuch Qualitative Sozialforschung. Grundlagen, Konzepte. Methoden und Anwendungen.* Weinheim, Basel: Beltz Verlag.

Flick, U. (2005). Design und Prozess qualitativer Forschung. In U. Flick, E. v. Kardorff & I. Steinke (Hrsg.), *Qualitative Forschung. Ein Handbuch* (12. Aufl., S. 252–265). Reinbek bei Hamburg: Rowohlt Taschenbuch Verlag.

Flick, U. (2007). *Qualitative Sozialforschung: Eine Einführung* (Rororo Rowohlts Enzyklopädie, Bd. 55694, 1. Aufl.). Reinbek bei Hamburg: Rowohlt Taschenbuch Verlag.

Flick, U., Kardorff, E. v. & Steinke, I. (Hrsg.). (2005). *Qualitative Forschung. Ein Handbuch* (12. Aufl.). Reinbek bei Hamburg: Rowohlt Taschenbuch Verlag.

Flyvbjerg, B. (2004). Five misunderstandings about case-study research. In C. Seale, G. Gobo, J. F. Gubrium & D. Silverman (Hrsg.), *Qualitative Research Practice* (1. Aufl., S. 390–404). London: Sage Publications.

Fokkinga, S. (2017). *Negative emotion typology. Discover the nuances of 36 negative emotions.* : University of Amsterdam, Delft Institute of Positive Design. Zugriff am 10.03.2017. Verfügbar unter http://emotiontypology.com/

Folkman, S. & Lazarus, R. S. (1985). If It Changes It Must Be a Process: Study of Emotion and Coping During Three Stages of a College Examination. *Journal of Personality and Social Psychology, 48* (1), 150–170.

Fox, A. (1974). *Beyond contract: Work, power and trust relations* (1. Aufl.). London: Faber & Faber.

Friedman, R. A. & Currall, S. C. (2003). Conflict Escalation: Dispute Exacerbating Elements of E-mail Communication. *Human Relations, 56* (11), 1325–1347.

Frijda, N. H. (1986). *The Emotions* (1. Aufl.). Cambridge: Cambridge University Press.

Frijda, N. H. (1994). Emotions are functional, most of the time. In P. Ekman & R. Davidson (Hrsg.), *The Nature of Emotion: Fundamental Questions* (1. Aufl., S. 112–122). New York: Oxford University Press.

Frijda, N. H., Kuipers, P. & Ter Schure, L. (1987). Relations among emotion, appraisal and action tendency. *Journal of Personality and Social Psychology, 57* (1987), 212–228.

Frijda, N. H. & Mesquita, B. (1994). The social roles and functions of emotion. In S. Kitayama & H. R. Markus (Hrsg.), *Emotion and Culture: Empirical Studies of Mutual Influence* (S. 51–89). Washington, DC: American Psychological Association.

Früh, W. (2011). *Inhaltsanalyse: Theorie und Praxis* (Bd. 2501, 7. Aufl.). Stuttgart: utb.

Fuhs, B. (2007). *Qualitative Methoden in der Erziehungswissenschaft* (1. Aufl.). Darmstadt: Wissenschaftliche Buchgesellschaft.

Fukuyama, F. (1995). *Trust. The social virtues and the creation of prosperity* (1. Aufl.). New York: Free Press.

Fulmer, C. A. & Gelfand, M. J. (2012). At What Level (and in Whom) We Trust: Trust Across Multiple Organizational Levels. *Journal of Management, 38* (4), 1167–1230.

Funk, A. (2013). *Führungsgrundsätze – leere Floskeln oder nützliches Führungsinstrument?* Bachelor-Thesis, Berner Fachhochschule. Bern.

Galinsky, A. D., Gruenfeld, D. H. & Magee, J. C. (2003). From Power to Action. *Journal of Personality and Social Psychology, 85* (3), 453–466.

Gallup. (2016). *Engagement Index Deutschland,* Gallup GmbH. Zugriff am 30.09.2017. Verfügbar unter http://www.gallup.de/183104/engagement-index-deutschland.aspx

Gans, G., Jarke, M., Kethers, S. & Lakemeyer, G. (2001). Modeling the Impact of Trust and Distrust in Agent Networks. In RWTH Aachen (Hrsg.), *3. CAiSE Workshop on Agent-Oriented Information Systems (AOIS)* (S. 45–58). Zugriff am 21.05.2014. Verfügbar unter https://kbsg.rwth-aachen.de/fileskbsg/legacy/literature/Gans2001Modeling.pdf

García-Izquierdo, A. L., Moscoso, S. & Ramos-Villagrasa, P. J. (2012). Reactions to the Fairness of Promotion Methods: Procedural justice and job satisfaction. *International Journal of Selection and Assessment, 20* (4), 394–403.

Garfinkel, H. (2011). A conception of and experiments with "trust" as a condition of concerted stable actions. In J. O'Brien (Hrsg.), *The production of reality: Essays and readings of social interaction* (5. Aufl., S. 379–390). Thousand Oaks, CA: Pine Forge Press.

Gayle, B. M. & Preiss, R. W. (1998). Assessing Emotionality in Organizational Conflicts. *Management Communication Quarterly, 12* (2), 280–302.

Gebert, D. & Rosenstiel, L. (2002). *Organisationspsychologie. Person und Organisation* (Kohlhammer-Standards Psychologie, 5. Aufl.). Stuttgart: Kohlhammer Verlag.

Gefen, D. (2000). E-commerce: the role of familiarity and trust. *Omega, 28* (6), 725–737.

Gellner, E. (1988). Trust, Cohesion, and the Social Order. In D. Gambetta (Hrsg.), *Trust: Making and Breaking Cooperative Relations.* (1. Aufl., S. 142–157). New York: Brasil Blackwell.

Geramanis, O. (2002). *Vertrauen – Die Entdeckung einer sozialen Ressource* (1. Aufl.). Stuttgart: S. Hirzel Verlag.

Gerrig, R. J. (2016). *Psychologie* (1. Aufl.). Hallbergmoos: Pearson Studium.

Gerrig, R. J. & Zimbardo, P. G. (2008). *Psychologie* (18. Aufl.). Hallbergmoos: Pearson Studium.

Gersick, C. J. G. (1988). Time and transition in work teams: Toward a new model of group development. *Academy of Management Journal, 31* (1), 9–41.

Giacalone, R. A. & Greenberg, J. (Hrsg.). (1997). *Antisocial Behavior in Organizations* (1. Aufl.). Thousand Oaks, CA: Sage Publications.

Gibbert, M. & Ruigrok, W. (2010). The "what" and "how" of case study rigor: Three strategies based on published research. *Organizational Research Methods, 13* (4), 710–737.

Gibbert, M., Ruigrok, W. & Wicki, B. (2008). What Passes as a Rigorous Case Study? *Strategic Management Journal, 29* (13), 1465–1474.

Giddens, A. (1984). *Interpretative Soziologie* (1. Aufl.). Frankfurt am Main: Campus Verlag.

Giddens, A. (1991). *Modernity and self-identity: Self and society in the late modern age*. Stanford, CA: Stanford University Press.

Gill, R., Thompson, M. & Weinbender, J. (2016). Distrust, Conflict Escalation and Mitigation Strategies: An Application to Civil-Military Cooperation (CIMIC). In EIASM – European Institute for Advanced Studies in Management (Hrsg.), *Proceedings of the 1st Workshop on Distrust and Conflict Escalation in Organizations and Societies* (S. 1–15). Zugriff am 17.02.2017. Verfügbar unter http://www.eiasm.org/frontoffice/event_announcement.asp?event_id=1157

Gillespie, N. & Dietz, G. (2009). Trust repair after an organization-level failure. *Academy of Management Review, 34* (1), 127–145.

Gillham, B. (2000). *Case Study Research Methods* (Continuum Research Methods, 1. Aufl.). New York: Bloomsbury Academic.

Gladwell, M. (2016). *Tipping point: Wie kleine Dinge Großes bewirken können* (1. Aufl.). München: Goldmann Verlag.

Glaser, B. & Strauss, A. L. (1998). Theoretisches Sampling. In B. Glaser & A. L. Strauss (Hrsg.), *Grounded Theory. Strategien qualitativer Forschung* (2. Aufl., S. 53–84). Göttingen: Hogrefe Verlag.

Glaser, B. G. & Strauss, A. L. (1967). *The discovery of grounded theory. Strategies for qualitative research* (1. Aufl.). Chicago: Aldine de Gruyter.

Gläser, J. & Laudel, G. (1999). Theoriegeleitete Textanalyse? Das Potential einer variablenorientierten qualitativen Inhaltsanalyse. *WZB Discussion Paper* (1999), 99–401.

Gläser, J. & Laudel, G. (2010). *Experteninterviews und qualitative Inhaltsanalyse als Instrumente rekonstruierender Untersuchungen* (4. Aufl.). Wiesbaden: VS Verlag für Sozialwissenschaften, Springer Fachmedien.

Glasersfeld, E. v. (2005). Konstruktion der Wirklichkeit und des Begriffs der Objektivität. In H. Gumin & H. Meier (Hrsg.), *Einführung in den Konstruktivismus* (11. Aufl., S. 9–39). München, Zürich: Piper.

Glynn, M. A. (2000). When Cymbals Become Symbols: Conflict Over Organizational Identity Within a Symphony Orchestra. *Organization Science, 11* (3), 285–298.

Golembiewski, R. T. & McConkie, M. (1975). The centrality of interpersonal trust in group processes. In C. L. Cooper (Hrsg.), *Theories of Group Processes* (S. 131–185). New York: Wiley.

Gouldner, A. W. (1957). Cosmopolitans and locals: Toward an analysis of latent social roles. I. *Administrative Science Quarterly, 2* (3), 281–306.

Gouldner, A. W. (1984). *Reziprozität und Autonomie. Ausgewählte Aufsätze* (Suhrkamp Taschenbuch Wissenschaft, Bd. 304, 1. Aufl.). Frankfurt am Main: Suhrkamp Verlag.

Gowda, M. (1999). Social trust, risk management and culture: Insights from native america. In R. Löfstedt & G. Cvetkovich (Hrsg.), *Social trust and the management of risk* (1. Aufl., S. 128–139). London: Earthscan.

Grabner-Kräuter, S. & Kaluscha, E. A. (2003). Empirical research in on-line trust: a review and critical assessment. *International Journal of Human-Computer Studies, 58* (6), 783–812.

Graeff, P. (1998). *Vertrauen zum Vorgesetzten und zum Unternehmen. Modellentwicklung und empirische Überprüfung verschiedener Arten des Vertrauens, deren Determinanten und Wirkungen bei Beschäftigten in Wirtschaftsunternehmen* (1. Aufl.). Berlin: wvb Wissenschaftlicher Verlag Berlin.

Graen, G. & Schiemann, W. (1978). Leader-member agreement: A vertical dyad linkage approach. *Journal of Applied Psychology, 63* (2), 206–212.

Granovetter, M. (1983). The strength of weak ties: A network theory revisited. *Sociological theory, 1983* (1), 201–233.

Grant, P. R. & Brown, R. (1995). From Ethnocentrism to Collective Protest: Responses to Relative Deprivation and Threats to Social Identity. *Social Psychology Quarterly, 58* (3), 195–212.

Greenberg, J. (1987). A Taxonomy of Organizational Justice Theories. *The Academy of Management Review, 12* (1), 9–22.

Greenberg, J. (1993). The intellectual adolescence of organizational justice: You've come a long way, maybe. *Social Justice Research, 6* (1), 135–148.

Greenberg, J. (1994). Using socially fair treatment to promote acceptance of a work site smoking ban. *Journal of Applied Psychology, 79* (2), 288–297.

Greenberg, J. & Colquitt, J. A. (Hrsg.). (2005). *Handbook of Organizational Justice* (1. Aufl.). Mahwah, NJ: Erlbaum.

Greenberg, J. & Cropanzano, R. (1993). The social side of fairness: Interpersonal and informational classes of organizational justice. In R. Cropanzano (Hrsg.), *Justice in the Workplace: Approaching Fairness in Human Resource Management* (1. Aufl., S. 79–103). Hillsdale, NJ: Lawrence Erlbaum Associates.

Greenberg, J. & Folger, R. Procedural justice, participation, and the fair process effect in groups and organizations. In P. B. Paulus (Hrsg.), *Basic Group Processes* (Springer Series in Social Psychology, 1. Aufl., S. 235–256). New York: Springer-Verlag.

Greenglass, E. R. & Julkunen, J. (1989). Construct validity and sex differences in Cook-Medley hostility. *Personality and Individual Differences, 10* (2), 209–218.

Greenwood, M. & Van Buren, H. (2010). Trust and stakeholder theory: Trustworthiness in the organisation–stakeholder relationship. *Journal of Business Ethics, 95* (3), 425–438.

Gregory, B. T., Albritton, M. D. & Osmonbekov, T. (2010). The mediating role of psychological empowerment on the relationships between P–O fit, job satisfaction, and in-role performance. *Journal of Business and Psychology, 25* (4), 639–647.

Grienberger, I. V., Rutte, C. G. & van Knippenberg, A. F. M. (1997). Influence of social comparisons of outcomes and procedures on fairness judgments. *Journal of Applied Psychology, 82* (6), 913–919.

Grodzins, M. (1957). Metropolitan segregation. *Scientific American, 197* (4), 33–41.

Groeben, N. & Scheele, B. (2000). Dialog-Konsens-Methodik im Forschungsprogramm Subjektive Theorien. *Forum Qualitative Sozialforschung, 1* (2), Art.10.

Grosser, K. M. (2016). Framing issues through distrust and trust problemes: Introduction of a theoretical concept for the analysis of the media's depiction of organizational distrust and trust problems. In EIASM – European Institute for Advanced Studies in Management (Hrsg.), *Proceedings of the 1st Workshop on Distrust and Conflict Escalation in Organizations and Societies* (S. 1–20). Zugriff am 17.02.2017. Verfügbar unter http://www.eiasm.org/frontoffice/event_announcement.asp?event_id=1157

Grovier, T. (1994). An Epistemology of Trust. *International Journal of Moral Social Studies, 8* (2), 155–174.

Guo, S.-L., Lumineau, F. & Lewicki, R. J. (2017). Revisiting the Foundations of Organizational Distrust. *Foundations and Trends in Management, 1* (1), 1–88.

Guo, S.-L., Lumineau, F. & Lewicki, R. J. (2015). Revisiting the Foundations of Organizational Distrust. *Foundations and Trends in Strategic Management, July* (2015 forthcoming), 1–91.

Habermas, J. (1981). *Theorie des kommunikativen Handelns* (Bd. 1, 1. Aufl.). Frankfurt am Main: Suhrkamp Verlag.

Hardin, R. (Hrsg.). (2004). *Distrust* (1. Aufl.). New York: Russell Sage Foundation.

Hardin, R. (1993). The Street-Level Epistemology of Trust. *Politics & Society, 21* (4), 505–529.

Hareli, S. & Tzafrir, S. S. (2006). The role of causal attributions in survivors' emotional reactions to downsizing. *Human Resource Development Review, 5* (4), 400–421.

Harloff, J. (2005). Multiple Level Weighted Card Sorting. *Methodology: European Journal of Research Methods for the Behavioral and Social Sciences, 1* (4), 119–128.

Harrison, J. S., Bosse, D. A. & Phillips, R. A. (2010). Managing for stakeholders, stakeholder utility functions, and competitive advantage. *Strategic Management Journal, 31* (1), 58–74.

Hartley, J. (1994). Case studies in organizational research. In C. Cassell & G. Symon (Hrsg.), *Qualitative methods in organizational research, a practical guide* (1. Aufl., S. 208–229). London: Sage Publications.

Hartley, J. (2004). Case Study Research. In C. Cassell & G. Symon (Hrsg.), *Essential guide to qualitative methods in organizational research* (1. Aufl., S. 323–333). London: Sage Publications.

Hays, R. B. (1985). A longitudinal study of friendship development. *Journal of Psychology and Social Psychology, 48* (4), 909–924.

Heider, F. (1958). *The psychology of interpersonal relations* (1. Aufl.). Hillsdale, NJ: Erlbaum.

Heimovics, R. D. (1984). Trust and influence in an ambiguous group setting. *Small Group Behavior, 15* (4), 545–552.

Herzberg, F., Mausner, B. M. & Snydermann, B. (1959). *The motivation to work* (1. Aufl.). New York: Wiley.

Hickey, D. T. & Granade, J. B. (2004). The influence of sociocultural theory on our theories of engagement and motivation. In D. M. McInerney & S. van Etten (Hrsg.), *Big Theories Revisited* (1. Aufl., S. 223–248). Charlotte, North Carolina: Information Age Publishing.

Hilton, J. L., Fein, S. & Miller, D. T. (1993). Suspicion and Dispositional Inference. *Personality and Social Psychology Bulletin, 19* (5), 501–512.

Hobfoll, S. E. (2001). The Influence of Culture, Community, and the Nested-Self in the Stress Process: Advancing Conservation of Resources Theory. *Applied Psychology, 50* (3), 337–421.

Hogg, M. A. (2001). A Social Identity Theory of Leadership. *Personality & Social Psychology Review, 5* (3), 184–200.

Hogg, M. A. & Terry, D. J. (2000). Social identity and self-categorization processes in organizational contexts. *Academy of Management Review, 25* (1), 121–140.

Holmes, J. G. (1991). Trust and the Appraisal Process in Close Relationships. In W. H. Jones & D. Perlman (Hrsg.), *Advances in personal relationships* (1. Aufl., S. 57–104). London: Jessica Kingsley Publishers.

Honer, A. (2003). Interview. In R. Bohnsack & Marotzki, Winfried, Meuser, Michael (Hrsg.), *Hauptbegriffe qualitativer Sozialforschung* (1. Aufl., S. 94–99). Wiesbaden: VS Verlag für Sozialwissenschaften, Springer Fachmedien.

Hornsey, M. J. & Hogg, M. A. (2000). Subgroup Relations: A Comparison of Mutual Intergroup Differentiation and Common Ingroup Identity Models of Prejudice Reduction. *Personality and Social Psychology Bulletin, 26* (2), 242–256.

Hosmer, L. T. (1995). Trust: The connecting link between organizational theory and philosophical ethics. *Academy of Management Review, 20* (2), 379–403.

Hron, A. (1994). Interview. In G. L. Huber & H. Mandl (Hrsg.), *Verbale Daten. Eine Einführung in die Grundlagen und Methoden der Erhebung und Auswertung* (2. Aufl., S. 119–140). Weinheim, Basel: Beltz Verlag.

Hsiao, R.-L. (2003). Technology fears: distrust and cultural persistence in electronic marketplace adoption. *The Journal of Strategic Information Systems, 12* (3), 169–199.

Huff, L. & Kelley, L. (2003). Levels of Organizational Trust in Individualist Versus Collectivist Societies: A Seven-Nation Study. *Organization Science, 14* (1), 81–90.

Hussy, W., Schreier, M. & Echterhoff, G. (2010). *Forschungsmethoden in Psychologie und Sozialwissenschaften für Bachelor* (1. Aufl.). Berlin, Heidelberg: Springer-Verlag.

Ingenhoff, D. & Sommer, K. (2010). Trust in companies and in CEOs: A comparative study of the main influences. *Journal of Business Ethics, 95* (3), 339–355.

Inglehart, R. (1999). Trust, well-being and democracy. In M. E. Warren (Hrsg.), *Democracy and trust* (1. Aufl., S. 88–120). Cambridge, UK: Cambridge University Press.

Jandura, O., Quandt, T. & Vogelgesang, J. (Hrsg.). (2011). *Methoden der Journalismusforschung* (1. Aufl.). Wiesbaden: VS Verlag für Sozialwissenschaften, Springer Fachmedien.

Jarvenpaa, S. L. & Leidner, D. E. (1998). Communication and trust in global virtual teams. *Journal of Computer-Mediated Communication, 3* (4), 791–815.

Jensen, M. C. & Meckling, W. H. (1976). Theory of the firm: Managerial behavior, agency costs and ownership structure. *Journal of Financial Economics, 3* (4), 305–360.

Jiang, Z., Mookerjee, V. S. & Sarkar, S. (2005). Lying on the Web: Implications for Expert Systems Redesign. *Information Systems Research, 16* (2), 131–148.

Jick, T. D. (1979). Mixing Qualitative and Quantitative Methods: Triangulation in Action. *Administrative Science Quarterly, 24* (4), 602–611.

Johnson, R. B. & Onwuegbuzie, A. J. (2004). Mixed Methods Research: A Research Paradigm Whose Time Has Come. *Educational researcher, 33* (7), 14–26.

Jones, T. S. (2001). Emotional communication in conflict:. Essence and impact. In W. F. Eadie & P. E. Nelson (Hrsg.), *The language of conflict and resolution* (S. 81–104). Thousand Oaks, Calif.: Sage Publications.

Judge, T. A. & Colquitt, J. A. (2004). Organizational justice and stress: the mediating role of work-family conflict. *Journal of Applied Psychology, 89* (3), 395–404.

Kahneman, D. & Tversky, A. (1979). Prospect Theory: An Analysis of Decision under Risk. *Econometrica, 47* (2), 263–292.

Kanter, D. L. & Mirvis, P. H. (1989). *The cynical Americans: Living and working in an age of discontent and disillusion* (1. Aufl.). New Jersey, USA: Wiley: Jossey-Bass.

Kaplan, M. F. (1976). Measurement and generality of response dispositions in person perception. *Journal of Personality, 44* (2), 179–194.

Kee, H. W. & Knox, R. E. (1970). Conceptual and methodological considerations in the study of trust and suspicion. *Journal of Conflict Resolution, 14* (3), 357–366.

Kegan, D. L. & Rubenstein, A. H. (1973). Trust, effectiveness, and organizational development: A field study in R & D. *The Journal of Applied Behavioral Science, 9* (4), 498–513.

Kelle, U. (2006). Qualitative Evaluationsforschung und das Kausalitätsparadigma. In U. Flick (Hrsg.), *Qualitative Evaluationsforschung: Konzepte-Methoden-Umsetzung* (Rowohlts Enzyklopädie, Bd. 55674, 1. Aufl., S. 117–134). Reinbek bei Hamburg: Rowohlt Taschenbuch Verlag.

Kelly, G. A. (1955). *The Psychology of Personal Constructs* (1. Aufl.). New York: Norton.

Keltner, D. & Haidt, J. (1999). Social functions of emotions at four levels of analysis. *Cognition and Emotion, 13* (5), 505–523.

Kenning, P. & Plassmann, H. (2005). NeuroEconomics: An overview from an economic perspective. *Brain Research Bulletin, 67* (5), 343–354.

Kern, H. (1998). Lack of trust, Surfeit of Trust: Some Causes of the Innovation Crises in German Industry. In C. Lane & R. Bachmann (Hrsg.), *Trust Within and Between Organizations. Conceptual Issues and Empirical Applications: Conceptual Issues and Empirical Applications* (1. Aufl., S. 203–213). Oxford: Oxford University Press.

Keuneke, S. (2005). Qualitatives Interview. In L. Mikos & C. Wegener (Hrsg.), *Qualitative Medienforschung: Ein Handbuch* (1. Aufl., S. 254–267). Konstanz: UVK Verlagsgeseschaft mbH.

Keyton, J. & Smith, F. L. (2009). Distrust in Leaders: Dimensions, Patterns, and Emotional Intensity. *Journal of Leadership & Organizational Studies, 16* (1), 6–18.

Kidder, L. H. (1982). Face validity from multiple perspectives. *New Directions for Methodology of Social & Behavioral Science, 1982* (12), 41–57.

Kim, P. H., Dirks, K. T. & Cooper, C. D. (2009). The repair of trust: A dynamic bilateral perspective and multilevel conceptualization. *Academy of Management Review, 34* (3), 401–422.

Kim, P. H., Dirks, K. T., Cooper, C. D. & Ferrin, D. L. (2006). When more blame is better than less: The implications of internal vs. external attributions for the repair of trust after a competence- vs. integrity-based trust violation. *Organizational Behavior and Human Decision Processes, 99* (1), 49–65.

Kim, P. H., Ferrin, D. L., Cooper, C. D. & Dirks, K. T. (2004). Removing the Shadow of Suspicion: The Effects of Apology Versus Denial for Repairing Competence- Versus Integrity-Based Trust Violations. *Journal of Applied Psychology, 89* (1), 104–118.

Kinsella, E. A. (2007). Embodied reflection and the epistemology of reflective practice. *Journal of Philosophy of Education, 41* (3), 395–409.

Kleiman, T., Sher, N., Elster, A. & Mayo, R. (2015). Accessibility is a matter of trust: Dispositional and contextual distrust blocks accessibility effects. *Cognition, 142* (2015), 333–344.

Kleining, G. (1982). Umriß zu einer Methodologie qualitativer Sozialforschung. Outline of a methodology of qualitative social research. *Kölner Zeitschrift für Soziologie und Sozialpsychologie, 2* (1982), 224–253.

Kleining, G. & Witt, H. (2000). The Qualitative Heuristic Approach: A Methodology for Discovery in Psychology and the Social Sciences. Rediscovering the Method of Introspection as an Example. *Forum Qualitative Sozialforschung, 1* (1), Art.13.

Klimecki, R. (1995). Organisationsentwicklung und Führung,. In A. Kieser (Hrsg.), *Handwörterbuch der Führung* (1. Aufl., S. 1652–1664). Stuttgart: Schäffer-Poeschel Verlag.

Knorr-Cetina, K. (1989). Spielarten des Konstruktivismus: Einige Notizen und Anmerkungen. *Soziale Welt, 40* (1/2), 86–96.

Komiak, S. & Benbasat, I. (2008). A Two-Process View of Trust and Distrust Building in Recommendation Agents: A Process-Tracing Study. *Journal of the Association for Information Systems, 9* (12), 727–747.

Komiak, S., Weiquan, W. & Benbasat, I. (2005). Trust Building in Virtual Salespersons Versus in Human Salespersons: Similarities and Differences. *e-Service Journal, 3* (3), 49–63.

König, R. (1973). *Handbuch der empirischen Sozialforschung* (3. Aufl.). Stuttgart: Enke.

Konovsky, M. A. & Pugh, S. D. (1994). Citizenship behavior and social exchange. *Academy of Management Journal, 37* (3), 656–669.

Kornhauser, W. (1962). *Scientists in Industry: Conflict and Accommodation* (1. Aufl.). Berkeley, CA: University of California Press.

Kornmeier, M. (2016). *Wissenschaftlich schreiben leicht gemacht: für Bachelor, Master und Dissertation* (7. Aufl.). Bern: utb.

Kostera, M. & Latusek, D. (2007). *Organisational Ethnography: Methods and Inspirations* (1. Aufl.). Lund, Schweden: Studentlitteratur AB.

Kramer, M. W. & Hess, J. A. (2002). Communication rules for the display of emotions in organizational settings. *Management Communication Quarterly, 16* (1), 66–80.

Kramer, R. M. & Tyler, T. R. (1996). Whiter Trust. In R. M. Kramer & T. R. Tyler (Hrsg.), *Trust in Organizations: Frontiers of Theory and Research* (1. Aufl., S. 1–15). Thousand Oaks, CA: Sage Publications.

Kramer, R. M. (1994). The sinister attribution error: Paranoid cognition and collective distrust in organizations. *Motivation and Emotion, 18* (2), 199–230.

Kramer, R. M. (1998). Paranoid Cognition in Social Systems: Thinking and Acting in the Shadow of Doubt. *Personality & Social Psychology Review, 2* (4), 251–275.

Kramer, R. M. (1999). Trust and distrust in organizations: Emerging perspectives, enduring questions. *Annual Review of Psychology, 50* (1), 569–598.

Kramer, R. M. (2004). Collective Paranoia: Distrust Between Social Groups. In R. Hardin (Hrsg.), *Distrust* (1. Aufl., S. 136–167). New York: Russell Sage Foundation.

Kramer, R. M. (2015). Pursuing ecological validity in trust research: merits of multi-method research. In F. Lyon, G. Möllering & M. N. Saunders (Hrsg.), *Handbook of research methods on trust* (2. Aufl., S. 25–35). Cheltenham, UK: Edward Elgar Publishing.

Kramer, R. M. & Cook, K. S. (Hrsg.). (2004). *Trust and Distrust in Organizations. Dilemmas and Approaches* (Series on trust, Bd. 7, 1. Aufl.). New York: Russell Sage Foundation.

Kramer, R. M. & Lewicki, R. J. (2010). Repairing and enhancing trust: Approaches to reducing organizational trust deficits. *Academy of Management Annals, 4* (1), 245–277.

Kreis, Y. & Lewandowski, M. (2017). The bright side of distrust. In FINT – First International Network on Trust (Hrsg.), *Proceedings of the 9th FINT Workshop on Trust Within and Between Organizations* (S. 1–10). Zugriff am 04.03.2018. Verfügbar unter http://programme.exordo.com/fint2016/delegates/presentation/30/

Krippendorff, K. (1980). *Content analysis: An introduction to its methodology* (Sage commtext series, Bd. 5, 1. Aufl.). Beverly Hills, CA: Sage Publications.

Krippendorff, K. (2013). *Content analysis. An introduction to its methodology* (3. Aufl.). Los Angeles: Sage Publications.

Kristof, A. L. (1996). Person- Organization Fit: An integrative review of its conceptualizations, measurement, and implications. *Personnel Psychology, 49* (1), 1–49.

Kromrey, H. (2009). *Empirische Sozialforschung: Modelle und Methoden der standardisierten Datenerhebung und Datenauswertung* (12. Aufl.). Stuttgart: Lucius und Lucius Verlagsgesellschaft.

Krosgaard, M. A., Brodt, S. E. & Whitener, E. M. (2002). Trust in the face of conflict: The role of managerial trustworthy behavior and organizational context. *Journal of Applied Psychology, 87* (2), 312–319.

Kübler-Ross, E. (1969). *On death and dying* (1. Aufl.). New York: Simon & Schuster.

Kuckartz, U. (2007). *Einführung in die computergestützte Analyse qualitativer Daten* (2. Aufl.). Wiesbaden: Springer-Verlag.

Kuckartz, U. (2012). *Qualitative Inhaltsanalyse. Methoden, Praxis, Computerunterstützung* (1. Aufl.). Weinheim: Juventa Verlag.

Kujala, J., Lehtimäki, H. & Pučėtaitė, R. (2016). Trust and distrust constructing unity and fragmentation of organisational culture. *Journal of Business Ethics, 139* (4), 701–716.

Kuwabara, K., Willer, R., Macy, M. W., Mashima, R., Terai, S. & Yamagishi, T. (2007). Culture, identity, and structure in social exchange: A web-based trust experiment in the United States and Japan. *Social Psychology Quarterly, 70* (4), 461–479.

Labianca, G., Brass, D. J. & Gray, B. (1998). Social networks and perceptions of intergroup conflict: The role of negative relationships and third parties. *Academy of Management Journal, 41* (1), 55–67.

Lachman, R. & Aranya, N. (1986). Evaluation of alternative models of commitments and job attitudes of professionals. *Journal of Organizational Behavior, 7* (3), 227–243.

Lamnek, S. (1995). *Qualitative Sozialforschung – Methoden und Techniken* (1. Aufl.). Weinheim: Beltz Verlag.

Lamnek, S. (2005). *Qualitative Sozialforschung. Lehrbuch* (4. Aufl.). Weinheim: Beltz Verlag.

Lämsä, A.-M. & Savolainen, T. (2000). The nature of managerial commitment to strategic change. *Leadership & Organization Development Journal, 21* (6), 297–306.

Lane, C. & Bachmann, R. (Hrsg.). (1998). *Trust Within and Between Organizations. Conceptual Issues and Empirical Applications: Conceptual Issues and Empirical Applications* (1. Aufl.). Oxford: Oxford University Press.

Lange, J. & Crusius, J. (2015). The tango of two deadly sins: The social-functional relation of envy and pride. *Journal of Personality and Social Psychology, 109* (3), 453–472.

Larson, D. W. (2004). Distrust: Prudent, if not always wise. In R. Hardin (Hrsg.), *Distrust* (1. Aufl., Bd. 2, S. 34–59). New York: Russell Sage Foundation.

Latusek, D. (2014). Distrust: Forgotten, yet Promising. *Social Sciences, 85* (3), 15–21.

Lau, D. C., Lam, L. W. & Wen, S. S. (2014). Examining the effects of feeling trusted by supervisors in the workplace: A self-evaluative perspective. *Journal of Organizational Behavior, 35* (1), 112–127.

Lazarus, R. S. (1991). *Emotion and Adaptation* (1. Aufl.). New York: Oxford University Press.

Lazarus, R. S. & Cohen-Charash, Y. (2001). Discrete emotions in organizational life. In R. Payne & C. L. Cooper (Hrsg.), *Emotions at work. Theory, research, and applications in management* (S. 45–84). Chichester, UK: Wiley-Blackwell.

LeDoux, J. (2003). The emotional brain, fear, and the amygdala. *Cellular and Molecular Neurobiology, 23* (4–5), 727–738.

Lee, J.-N. & Huynh, M. (2005). An Integrative Model of Trust on IT Outsourcing: From the Service Receiver's Perspective. In PACIS – Pacific Asia Conference on Information Systems (Hrsg.), *PACIS 2005 Proceedings* (S. 766–779). Zugriff am 21.05.2014. Verfügbar unter http://aisel.aisnet.org/pacis2005/66/

Leech, N. L. & Onwuegbuzie, A. J. (2007). An array of qualitative data analysis tools: A call for data analysis triangulation. *School Psychology Quarterly, 22* (4), 557–584.

LePine, J. A. & van Dyne, L. (2001). Voice and cooperative behavior as contrasting forms of contextual performance: Evidence of differential relationships with Big Five personality characteristics and cognitive ability. *Journal of Applied Psychology, 86* (2), 326–336.

Levenson, R. W. (1994). Human emotion: A functional view. In P. Ekman & R. Davidson (Hrsg.), *The Nature of Emotion: Fundamental Questions* (1. Aufl., S. 123–126). New York: Oxford University Press.

Leventhal, G. S. (1980). What should be done with equity theory? In K. J. Gergen (Hrsg.), *Social exchange* (S. 27–55). Berlin: Springer-Verlag.

Levin, D. Z. & Cross, R. (2004). The strength of weak ties you can trust: The mediating role of trust in effective knowledge transfer. *Management Science, 50* (11), 1477–1490.

Levine, T. R. & McCornack, S. A. (1991). The dark side of trust: Conceptualizing and measuring types of communicative suspicion. *Communication Quarterly, 39* (4), 325–340.

Lewicki, R. & Brinsfield, C. (2011). Trust as a heuristic. In W. A. Donohue, R. G. Rogan & S. Kaufman (Hrsg.), *Framing Matters: Perspectives on Negotiation Research and Practice in Communication* (1. Aufl., S. 110–135). New York: Peter Lang Publishing.

Lewicki, R. J. & Brinsfield, C. (2015). Measuring trust beliefs and behaviours. In F. Lyon, G. Möllering & M. N. Saunders (Hrsg.), *Handbook of research methods on trust* (2. Aufl., S. 46–64). Cheltenham, UK: Edward Elgar Publishing.

Lewicki, R. J. & Bunker, B. B. (1995). Trust in Relationships: A Model of Trust Development and Decline. In B. B. Bunker & J. Z. Rubin (Hrsg.), *Research on negotiation in organizations* (1. Aufl., S. 133–173). San Francisco: JAI Press.

Lewicki, R. J. & Bunker, B. B. (1996). Developing and maintaining trust in work relationships. In R. M. Kramer & T. R. Tyler (Hrsg.), *Trust in Organizations: Frontiers of Theory and Research* (1. Aufl., S. 114–139). Thousand Oaks, CA: Sage Publications.

Lewicki, R. J. & Tomlinson, E. C. (2003). *Distrust. Beyond Intractability* (1. Aufl.) (Burgess, G. & Burgess, H., Hrsg.) (Conflict Information Consortium), University of Colorado, Boulder. Zugriff am 30.07.2018. Verfügbar unter http://www.beyondintractability.org/essay/distrust/

Lewicki, R. J., Tomlinson, E. C. & Gillespie, N. (2006). Models of Interpersonal Trust Development: Theoretical Approaches, Empirical Evidence, and Future Directions. *Journal of Management, 32* (6), 991–1022.

Lewicki, R., Gray, B. & Elliott, M. (2003). *Making sense of intractable environmental conflicts: Concepts and cases* (1. Aufl.). Washington, DC: Island press.

Lewicki, R. J. & Brinsfield, C. T. (2009). Trust, distrust, and building social capital. In V. O. Bartkus & J. H. Davis (Hrsg.), *Social capital. Reaching out, reaching in* (S. 275–303). Cheltenham, UK: Edward Elgar.

Lewicki, R. J., McAllister, D. J. & Bies, R. J. (1998). Trust and Distrust: New Relationships and Realities. *The Academy of Management Review, 23* (3), 438–458.

Lewicki, R. J. & Tomlinson, E. C. (2014). Trust, Trust Development, and Trust Repair. In P. T. Coleman, M. Deutsch & E. C. Marcus (Hrsg.), *The Handbook of Conflict Resolution: Theory and Practice* (3. Aufl., S. 104–136). New York: Wiley: Jossey-Bass.

Lewin, J. E. & Johnston, W. J. (2000). The impact of downsizing and restructuring on organizational competitiveness. *Competitiveness Review: An International Business Journal, 10* (1), 45–55.

Lewis, J. D. & Weigert, A. (1985). Trust as a social reality. *Social Forces, 63* (4), 967–985.

Lewis, J. D. (1999). *Trusted partners: How companies build mutual trust and win together* (1. Aufl.). New York: Simon and Schuster.

Likert, R. (1932). A technique for the measurement of attitudes. *Archives of psychology, 22* (1932–1933), 5–55.

Lin, N. (2002). *Social capital: A theory of social structure and action* (1. Aufl.). Cambridge, UK: Cambridge University Press.

Lincoln, Y. S., Lynham, S. A. & Guba, E. G. (2011). Paradigmatic controversies, contradictions, and emerging confluences, revisited. In N. K. Denzin & Y. S. Lincoln (Hrsg.), *The SAGE Handbook of Qualitative Research* (1. Aufl., S. 97–128). Thousand Oaks, CA: Sage Publications.

Lincoln, Y. S. & Guba, E. G. (1985). *Naturalistic inquiry* (1. Aufl.). Beverly Hills, CA: Sage Publications.

Lind, E. A., Kanfer, R. & Earley, P. C. (1990). Voice, control, and procedural justice: Instrumental and noninstrumental concerns in fairness judgments. *Journal of Personality and Social Psychology, 59* (5), 952–959.

Lind, E. A. & Tyler, T. R. (1988). *The social psychology of procedural justice* (1. Aufl.). New York: Plenum Press.

Liu, C. H. & Matthews, R. (2005). Vygotsky's Philosophy: Constructivism and Its Criticisms Examined. *International Education Journal, 6* (3), 386–399.

Liu, S.-M., Liao, J.-Q., Lioa, S. & Wei, H. (2014). The influence of prohibitive voice on proactive personality traits of extraversion, conscientiousness, and neuroticism. *Social Behavior & Personality: An international journal, 42* (7), 1099–1104.

Loosen, W. (2008). Die Einheit der Differenz. In B. Pörksen, W. Loosen & A. Scholl (Hrsg.), *Paradoxien des Journalismus* (1. Aufl., S. 583–607). Wiesbaden: Springer-Verlag.

Luhmann, N. (1979). *Trust and power. Two works* (1. Aufl.). Chichester: Wiley.

Luhmann, N. (2000). *Vertrauen. Ein Mechanismus der Reduktion sozialer Komplexität* (UTB für Wissenschaft, Bd. 2185, 4. Aufl.). Stuttgart: Lucius und Lucius Verlagsgesellschaft.

Lumineau, F. (2017). How contracts influence trust and distrust. *Journal of Management, 43* (5), 1553–1577.

Lusch, R. F., O'Brien, M. & Sindhav, B. (2003). The critical role of trust in obtaining retailer support for a supplier's strategic organizational change. *Journal of Retailing, 79* (4), 249–258.

Madhok, A. (1995). Revisiting multinational firms' tolerance for joint ventures: A trust-based approach. *Journal of International Business Studies, 26* (1), 117–137.

Maguire, S. & Phillips, N. (2008). 'Citibankers' at Citigroup: A study of the loss of institutional trust after a merger. *Journal of Management Studies, 45* (2), 372–401.

Maier, G. W., Streicher, B., Jonas, E. & Woschée, R. (2007). Gerechtigkeitseinschätzungen in Organisationen. *Diagnostica, 53* (2), 97–108.

Malhotra, D. & Murnighan, J. K. (2002). The effects of contracts on interpersonal trust. *Administrative Science Quarterly, 47* (3), 534–559.

Mancini, P. (1993). Between trust and suspicion: How political journalists solve the dilemma. *European Journal of Communication, 8* (1), 33–51.

March, J. G. & Olsen, J. P. (1975). Uncertainty of past – Organizational learning under ambiguity. *European Journal of Political Research, 3* (2), 147–171.

Marineau, J. E. (2017). Trust and Distrust Network Accuracy and Career Advancement in an Organization. *Group and Organization Management, 42* (4), 487–520.

Marková, I. & Gillespie, A. (Hrsg.). (2011). *Trust and conflict: Representation, culture and dialogue* (1. Aufl.). London: Routledge.

Mayer, J. & Mussweiler, T. (2011). Suspicious spirits, flexible minds: When distrust enhances creativity. *Journal of Personality and Social Psychology, 101* (6), 1262–1277.

Mayer, R. C. & Davis, J. H. (1999). The effect of the performance appraisal system on trust for management: A field quasi-experiment. *Journal of Applied Psychology, 84* (1), 123–136.

Mayer, R. C., Davis, J. H. & Schoorman, F. D. (1995). An Integrative Model of Organizational Trust. *The Academy of Management Review, 20* (3), 709–734.

Mayer, R. C. & Gavin, M. B. (2005). Trust in management and performance: who minds the shop while the employees watch the boss? *Academy of Management Journal, 48* (5), 874–888.

Mayring, P. (2000). Qualitative Inhaltsanalyse. *Forum Qualitative Sozialforschung, 1* (2), 28 Art.

Mayring, P. (2002). *Einführung in die qualitative Sozialforschung, Eine Anleitung zu qualitativem Denken* (5. Aufl.). Weinheim, Basel: Beltz Verlag.

Mayring, P. (2003). *Qualitative Inhaltsanalyse. Grundlagen und Techniken.* (8. Aufl.). Basel, Weinheim: Beltz Verlag.

Mayring, P. (2010). *Qualitative Inhaltsanalyse. Grundlagen und Techniken* (Beltz Pädagogik, 11. Aufl.). Weinheim, Basel: Beltz Verlag.

Mayring, P. (2015). *Qualitative Inhaltsanalyse. Grundlagen und Techniken* (12. Aufl.). Weinheim und Basel: Beltz Verlag.

Mayring, P., Gläser-Zikuda, M. & Ziegelbauer, S. (2005). Auswertung von Videoaufnahmen mit Hilfe der Qualitativen Inhaltsanalyse – ein Beispiel aus der Unterrichtsforschung. *MedienPädagogik: Zeitschrift für Theorie und Praxis der Medienbildung* (9), 1–17. Zugriff am 17.09.2017. Verfügbar unter http://nbn-resolving.de/urn:nbn:de:0168-ssoar-3414

McAllister, D. J. (1995). Affect- and Cognition-Based Trust as Foundations for Interpersonal Cooperation in Organizations. *The Academy of Management Journal, 38* (1), 24–59.

McAllister, D. J. (1997). The second face of trust: Reflections on the dark side of interpersonal trust in organizations. *Research on negotiation in organizations, 6* (1997), 87–111.

McEvily, B., Perrone, V. & Zaheer, A. (2003). Trust as an Organizing Principle. *Organization Science, 14* (1), 91–103.

McEvily, B. & Tortoriello, M. (2011). Measuring trust in organisational research: Review and recommendations. *Journal of Trust Research, 1* (1), 23–63.

McGregor, D. (1960). *The human side of enterprise* (1. Aufl.). New York: McGraw-Hill Education Ltd.

McGregor, D. (1967). *The professional manager* (1. Aufl.). New York: McGraw-Hill Education Ltd.

McGregor, D. (2005). *The Human Side of Enterprise. Annotated Edition:* McGraw-Hill Education Ltd. (Updated and with new commentary by Joel Cutcher-Gershenfeld).

McKnight, D. H., Carter, M., Thatcher, J. B. & Clay, P. F. (2011). Trust in a specific technology: An investigation of its components and measures. *ACM Academy of Management: Transactions on Management Information Systems (TMIS);, 2* (2), 12 Art.

McKnight, D. H. & Chervany, N. L. (1996). *The meanings of trust* (1–86). Zugriff am 19.04.2017. Verfügbar unter http://www.misrc.umn.edu/workingpapers/fullpapers/1996/9604_040100.pdf

McKnight, D. H. & Chervany, N. L. (2001a). Trust and distrust definitions: One bite at a time. In R. Falcone, M. Singh & Y. H. Tan (Hrsg.), *Trust in Cyber-societies* (S. 27–54). Berlin, Heidelberg: Springer-Verlag.

McKnight, D. H. & Chervany, N. L. (2001b). What Trust Means in E-Commerce Customer Relationships: An Interdisciplinary Conceptual Typology. *International Journal of Electronic Commerce, 6* (2), 35–59. Zugriff am 23.02.2018. Verfügbar unter https://msu.edu/~mcknig26/TrTypology.pdf

McKnight, D. H. & Chervany, N. L. (2001c). While Trust is Cool and Collected, Distrust is Fiery and Frenzied: A Model of Distrust Concepts. *Proceedings of the AMCIS – Americas Conference on Information Systems* (171), 882–888. Zugriff am 19.05.2014. Verfügbar unter http://aisel.aisnet.org/amcis2001/171/

McKnight, D. H. & Choudhury, V. (2006). Distrust and Trust in B2C E-Commerce: Do They Differ? Proceedings of the 8th international conference on Electronic commerce: The new e-commerce: innovations for conquering current barriers, obstacles and limitations to conducting successful business on the internet, *14–16. August,* 482–491.

McKnight, H., Choudhury, V. & Kacmar, C. (2004). Dispositional Trust and Distrust Distinctions in Predicting High- and Low-Risk Internet Expert Advice Site Perceptions. *e-Service Journal, 3* (2), 35–58.

McKnight, H., Kacmar, C. & Choudhury, V. (Hrsg.). (2003). *Whoops... did I use the wrong concept to predict e-commerce trust? Modeling the risk-related effects of trust versus distrust concepts* (Proceedings of the 36th Annual Hawaii International Conference).

Meifert, M. (2008). Ist Vertrauenskultur machbar? Vorbedingungen und Überforderungen betrieblicher Personalpolitik. In R. Benthin & U. Brinkmann (Hrsg.), *Unternehmenskultur und Mitbestimmung: Betriebliche Integration zwischen Konsens und Konflikt* (1. Aufl., S. 309–327). Frankfurt am Main, New York: Campus Verlag.

Mellewigt, T., Madhok, A. & Weibel, A. (2007). Trust and formal contracts in interorganizational relationships – substitutes and complements. *Managerial and Decision Economics, 28* (8), 833–847.

Menges, J. & Kilduff, M. (2015). Group Emotions: Cutting the Gordian Knots Concerning Terms, Level of Analysis, and Processes. *The Academy of Management Annals, 9* (1), 845–928.

Merriam-Webster, I. (1983). *Webster's ninth new collegiate dictionary* (9. Aufl.): Merriam-Webster.

Merton, R. K., Fiske, M. & Kendall, P. (1956). *The Focused Interview. A manual of problems and procedures* (2. Aufl.). New York: The Free Press.

Merton, R. K. (1976). *Sociological ambivalence and other essays.* New York: Simon and Schuster.

Miles, M. B. & Huberman, A. M. (1994). *Qualitative Data Analysis: An Expanded Sourcebook* (2. Aufl.). Thousand Oaks, CA: Sage Publications.

Mintzberg, H. (1979). An emerging strategy of "direct" research. *Administrative Science Quarterly, 24* (4), 580–589.

Mishra, A. K. (1996). Organizational responses to crisis. In R. M. Kramer & T. R. Tyler (Hrsg.), *Trust in Organizations: Frontiers of Theory and Research* (1. Aufl., S. 261–287). Thousand Oaks, CA: Sage Publications.

Mishra, A. K. & Spreitzer, G. M. (1998). Explaining how survivors respond to downsizing: The roles of trust, empowerment, justice, and work redesign. *Academy of Management Review, 23* (3), 567–588.

Mishra, J. & Morrissey, M. A. (1990). Trust in employee/employer relationships: A survey of West Michigan managers. *Public Personnel Management, 19* (4), 443–485.

Molina-Morales, F. X. & Martínez-Fernández, M. T. (2009). Too much love in the neighborhood can hurt: How an excess of intensity and trust in relationships may produce negative effects on firms. *Strategic Management Journal, 30* (9), 1013–1023.

Montada, L., Sigrun-Heide, F. & Lerner, M. J. (Hrsg.). (1992). *Life Crises and Experiences of Loss in Adulthood* (1. Aufl.). New York: Routledge.

Moody, G. D., Galletta, D. F. & Lowry, P. B. (2014). When trust and distrust collide online: The engenderment and role of consumer ambivalence in online consumer behavior. *Electronic Commerce Research and Applications, 13* (4), 266–282.

Moreland, R. L. (1987). The formation of small groups. In C. Hendrick (Hrsg.), *Group Processes: Review of Personality and Social Psychology* (Bd. 8, 1. Aufl., S. 80–100). Newbury Park, CA: Sage Publications.

Morgan, R. M. & Hunt, S. D. (1994). The commitment-trust theory of relationship marketing. *Journal of Marketing, 58* (3), 20–38.

Morrill, C. & Thomas, C. K. (1992). Organizational conflict management as disputing process the problem of social escalation. *Human Communication Research, 18* (3), 400–428.

Morton, D. & Krauss, R. M. (1962). Studies of Interpersonal Bargaining. *The Journal of Conflict Resolution, 6* (1), 52–76.

Mullen, E. & Skitka, L. J. (2006). Exploring the psychological underpinnings of the moral mandate effect: Motivated reasoning, group differentiation, or anger? *Journal of Personality and Social Psychology, 90* (4), 629.

Mulrow, C. D., Cook, D. J. & Davidoff, F. (1997). Systematic reviews: critical links in the great chain of evidence. *Annals of Internal Medicine, 126* (5), 389–391.

Mummendey, A. & Wenzel, M. (1999). Social discrimination and tolerance in intergroup relations: Reactions to intergroup difference. *Personality and Social Psychology Review, 3* (2), 158–174.

Mummendey, H. D. & Grau, I. (2014). *Die Fragebogen-Methode: Grundlagen und Anwendung in Persönlichkeits-, Einstellungs- und Selbstkonzeptforschung* (6. Aufl.). Göttingen: Hogrefe Verlag.

Nahapiet, J. & Ghoshal, S. (1998). Social capital, intellectual capital, and the organizational advantage. *Academy of Management Review, 23* (2), 242–266.

Nelson, R. E. (1989). The strength of strong ties: Social networks and intergroup conflict in organization. *Academy of Management Journal, 32* (2), 377–401.

Neuberger, O. (1995). Unternehmenskultur. In W. Sarges (Hrsg.), *Management-Diagnostik* (S. 162–165). Göttingen: Hogrefe Verlag.

Ng, T. W. H., Eby, L. T., Sorensen, K. L. & Feldman, D. C. (2005). Predictors of objective and subjective career success: A meta-analysis. *Personnel Psychology, 58* (2), 367–408.

Nicholson, C. Y., Compeau, L. D. & Sethi, R. (2001). The Role of Interpersonal Liking in Building Trust in Long-Term Channel Relationships. *Journal of the Academy of Marketing Science, 29* (1), 3–15.

Nikolova, N., Möllering, G. & Reihlen, M. (2015). Trusting as a 'leap of faith': Trust-building practices in client–consultant relationships. *Scandinavian Journal of Management, 31* (2), 232–245.

Nooteboom, B. (1996). Trust, opportunism and governance: A process and control model. *Organization Studies, 17* (6), 985–1010.

O'Reilly, C. A. (1978). The intentional distortion of information in organizational communication: A laboratory and field investigation. *Human Relations, 31* (2), 173–193.

Omodei, M. M. & McLennan, J. (2000). Conceptualizing and Measuring Global Interpersonal Mistrust-Trust. *Journal of Social Psychology, 140* (3), 279–294.

Onwuegbuzie, A. J., Johnson, R. B. & Collins, K. M. T. (2009). Call for mixed analysis: A philosophical framework for combining qualitative and quantitative approaches. *International Journal of Multiple Research Approaches, 3* (2), 114–139.

Onwuegbuzie, A. J., Johnson, R. B. & Collins, K. M. T. (2011). Assessing legitimation in mixed research: a new Framework. *Quality & Quantity, 45* (6), 1253–1271.

Organ, D. W., Podsakoff, P. M. & MacKenzie, S. B. (2005). *Organizational citizenship behavior: Its nature, antecedents, and consequences* (2. Aufl.). Thousand Oaks, CA: Sage Publications.

Ostell, A. (1996). Managing dysfunctional emotions in organizations. *Journal of Management Studies, 33* (4), 525–557.

Osterloh, M. & Frey, B. S. (2000). Motivation, knowledge transfer, and organizational forms. *Organization Science, 11* (5), 538–550.

Osterloh, M. & Weibel, A. (2006). *Investition Vertrauen. Prozesse der Vertrauensentwicklung in Organisationen* (Uniscope, 1. Aufl.). Wiesbaden: Gabler Verlag.

Oswald, M. E. (2010). Vertrauen in Organisationen. In M. Schweer (Hrsg.), *Vertrauensforschung 2010: A state of the art* (Psychologie und Gesellschaft, Bd. 9, S. 63–85). Frankfurt am Main: Peter Lang Verlag.

Otto, J., Euler, H. & Mandl, H. (2000). Begriffsbestimmungen. In J. Otto, H. Euler & H. Mandl (Hrsg.), *Handbuch Emotionspsychologie* (S. 11–18). Weinheim: Beltz, PsychologieVerlagsUnion.

Ou, C. X. & Sia, C. L. (2009). To trust or to distrust, that is the question. *Communications of the ACM – Academy of Management, 52* (5), 135–139.

Ou, C. X. & Sia, C. L. (2010). Consumer trust and distrust: An issue of website design. *International Journal of Human-Computer Studies, 68* (12), 913–934.

Oxford Wörterbuch. (2017). *Oxford English Dictionary. The definitive record of the English language.* Oxford: Oxford University Press. Zugriff am 10.09.2017. Verfügbar unter http://www.oed.com/view/Entry/61249?rskey=rL9pyG&result=1#eid

Oza, N. V., Hall, T., Rainer, A. & Grey, S. (2006). Trust in software outsourcing relationships: An empirical investigation of Indian software companies. *Information and Software Technology, 48* (5), 345–354.

Parkhe, A. (1998). Understanding trust in international alliances. *Journal of World Business, 33* (3), 219–240.

Patton, M. Q. (2002). *Qualitative research and evaluation methods* (3. Aufl.). Thousand Oaks, CA: Sage Publications.

Patton, M. Q. (2015). *Qualitative research & evaluation methods. Integrating theory and practice* (4. Aufl.). Thousand Oaks, CA: Sage Publications.

Paulraj, A., Lado, A. A. & Chen, I. J. (2008). Inter-organizational communication as a relational competency: Antecedents and performance outcomes in collaborative buyer–supplier relationships. *Journal of Operations Management, 26* (1), 45–64.

Pavlou, P. A. & Gefen, D. (2005). Psychological Contract Violation in Online Marketplaces: Antecedents, Consequences, and Moderating Role. *Information Systems Research, 16* (4), 372–399.

Perlow, L. A. & Repenning, N. P. (2009). The dynamics of silencing conflict. *Research in Organizational Behavior, 2009* (29), 195–223.

Phillips, B. & McKnight, D. H. (Hrsg.). (2006). *A Model of User Distrust of Information Systems* (Proceedings of the MWAIS – First Midwest United States Association for Information Systems, Bd. 4). Zugriff am 19.05.2014. Verfügbar unter http://aisel.aisnet.org/mwais2006/4/

Piaget, J. (1976). *Die Äquilibration der kognitiven Strukturen* (1. Aufl.). Stuttgart: Klett-Verlag.

Pinfield, L. T. (1986). A field evaluation of perspectives on organizational decision making. *Administrative Science Quarterly, 31* (3), 365–388.

Pirson, M. & Malhotra, D. (2011). Foundations of Organizational Trust: What Matters to Different Stakeholders? *Organization Science, 22* (4), 1087–1104.

Pirson, M., Martin, K. & Parmar, B. (2017). Formation of stakeholder trust in business and the role of personal values. *Journal of Business Ethics, 145* (1), 1–20.

Podsakoff, P. M., MacKenzie, S. B., Paine, J. B. & Bachrach, D. G. (2000). Organizational citizenship behaviors: A critical review of the theoretical and empirical literature and suggestions for future research. *Journal of Management, 26* (3), 513–563.

Polanyi, M. (1967). *The Tacit Dimension* (1. Aufl.). London: Routledge.

Politis, J. D. (2003). The connection between trust and knowledge management: what are its implications for team performance. *Journal of Knowledge Management, 7* (5), 55–66.

Popper, K. R. (1972). Naturgesetze und theoretische Systeme. In H. Albert (Hrsg.), *Theorie und Realität: ausgewählte Aufsätze zur Wissenschaftslehre der Sozialwissenschaften* (2. Aufl., S. 87–102). Tübingen: Mohr Siebeck.

Porst, R. (2014). *Fragebogen. Ein Arbeitsbuch* (4. Aufl.). Wiesbaden: Springer Verlag für Sozialwissenschaften.

Posten, A.-C. & Gino, F. (2016). What you see shapes what you forget! How trust and distrust shape memory and group perception. In EIASM – European Institute for Advanced Studies in Management (Hrsg.), *Proceedings of the 1st Workshop on Distrust and Conflict Escalation in Organizations and Societies* (S. 1–4). Zugriff am 17.02.2018. Verfügbar unter http://www.eiasm.org/frontoffice/event_announcement.asp?event_id=1157

Posten, A.-C. & Mussweiler, T. (2013). When distrust frees your mind: The stereotype-reducing effects of distrust. *Journal of Personality and Social Psychology, 105* (4), 567–584.

Pratt, M. G. & Doucet, L. (2000). Ambivalent feelings in organizational relationships. In S. Fineman (Hrsg.), *Emotion in organizations* (S. 204–226). Thousand Oaks, CA: Sage Publications.

Pratt, M. G. (1998). Central questions in organizational identification. In D. A. Whetten & P. C. Godfrey (Hrsg.), *Identity in Organizations: Building Theory Through Conversations* (1. Aufl., S. 171–208). Thousand Oaks, CA: Sage Publications.

Pruitt, D. G. & Kim, S. H. (2004). *Social conflict: Escalation, stalemate, and settlement* (3. Aufl.). New York: McGraw-Hill Companies.

Pruitt, D. G., Parker, J. C. & Mikolic, J. M. (1997). Escalation as a reaction to persistent annoyance. *International Journal of Conflict Management, 8* (3), 252–270.

Pugliese, A., Bezemer, P.-J., Zattoni, A., Huse, M., Van den Bosch, F. A. J. & Volberda, H. W. (2009). Boards of Directors' Contribution to Strategy: A Literature Review and Research Agenda. *Corporate Governance: An International Review, 17* (3), 292–306.

Punch, K. F. (2013). *Introduction to Social Research: Quantitative and Qualitative Approaches* (1. Aufl.). London: Sage Publications.

Rafaeli, A. & Sutton, R. I. (1987). Expression of emotion as part of the work role. *Academy of Management Review, 12* (1), 23–37.

Random House Lexikon. (2006). *Random House.* New York.

Real, C., Van der Werff, L. & Buckley, F. (2016). An Exploration of Propensity to Trust and Distrust in the Context of New Organisational Relationships. In EIASM – European Institute for Advanced Studies in Management (Hrsg.), *Proceedings of the 1st Workshop on Distrust and Conflict Escalation in Organizations and*

Societies (S. 1–15). Zugriff am 17.02.2017. Verfügbar unter http://www.eiasm.org/frontoffice/event_announcement.asp?event_id=1157

Ren, H. & Gray, B. (2009). Repairing relationship conflict: How violation types and culture influence the effectiveness of restoration rituals. *Academy of Management Review, 34* (1), 105–126.

Riek, B. M., Mania, E. W. & Gaertner, S. L. (2006). Intergroup threat and outgroup attitudes: A meta-analytic review. *Personality and Social Psychology Review, 10* (4), 336–353.

Riesmeyer, C. (2011). Das Leitfadeninterview. Königsweg der qualitativen Journalismusforschung? In O. Jandura, T. Quandt & J. Vogelgesang (Hrsg.), *Methoden der Journalismusforschung* (1. Aufl., S. 223–236). Wiesbaden: VS Verlag für Sozialwissenschaften, Springer Fachmedien.

Rigotti, T. (2010, Juni). *Vertrauen als betriebliche Ressource.* Vortrag zu „Wenn Arbeit krank macht" an der Universität Hannover, 15.06.2010. Zugriff am 04.03.2018. Verfügbar unter http://www.gesundheit-nds.de/CMS/images/stories/PDFs/vortrag_rigotti.pdf

Ripperger, T. (2003). *Ökonomik des Vertrauens. Analyse eines Organisationsprinzips* (Die Einheit der Gesellschaftswissenschaften, Bd. 101, 2. Aufl.). Tübingen: Mohr Siebeck.

Robert, L. P., Denis, A. R. & Hung, Y.-T. (2009). Individual swift trust and knowledge-based trust in face-to-face and virtual team members. *Journal of Management Information Systems, 26* (2), 241–279.

Roberts, K. H. & O'Reilly, C. A. (1974). Measuring organizational communication. *Journal of Applied Psychology, 59* (3), 321–326.

Robinson, S. L., Dirks, K. T. & Ozcelik, H. (2004). Untangling the knot of trust and betrayal. In R. M. Kramer & K. S. Cook (Hrsg.), *Trust and Distrust in Organizations. Dilemmas and Approaches* (Series on trust, Bd. 7, 1. Aufl., S. 327–341). New York: Russell Sage Foundation.

Robinson, S. L. (1996). Trust and breach of the psychological contract. *Administrative Science Quarterly, 41* (4), 574–599.

Robinson, S. L. & Rousseau, D. M. (1994). Violating the psychological contract: Not the exception but the norm. *Journal of Organizational Behavior, 15* (3), 245–259.

Roediger, H. L. & McDermott, K. B. (1995). Creating false memories: Remembering words not presented in lists. *Journal of Experimental Psychology: Learning, Memory, and Cognition, 21* (4), 803–814.

Rogan, R. G. (1995). Language intensity: Testing a content-based metric. *Communication Reports, 8* (2), 128–135.

Rojon, C., McDowall, A. & Saunders, M. (2011). On the Experience of Conducting a Systematic Review in Industrial, Work, and Organizational Psychology. *Journal of Personnel Psychology, 10* (3), 133–138.

Rokeach, M. (1973). *The nature of human values* (1. Aufl.). New York: Free Press.

Roseman, I. J., Spindel, M. S. & Jose, P. E. (1990). Appraisals of emotion-eliciting events: Testing a theory of discrete emotions. *Journal of Personality and Social Psychology, 59* (5), 899–915.

Ross, C. E., Mirowsky, J. & Pribesh, S. (2001). Powerlessness and the Amplification of Threat: Neighborhood Disadvantage, Disorder, and Mistrust. *American Sociological Review, 66* (4), 568–591.

Rother, W. & Baer, J. (Hrsg.). (2015). *Vertrauen* (1. Aufl.). Basel: Schwabe Verlag.

Rotter, J. B. (1967). A new scale for the measurement of interpersonal trust. *Journal of Personality, 35* (4), 651–665.

Rotter, J. B. (1971). Generalized expectancies for interpersonal trust. *American Psychologist, 26* (5), 443–452.

Rotter, J. B. (1980). Interpersonal trust, trustworthiness, and gullibility. *American Psychologist, 35* (1), 1–7.

Rousseau, D. M. (1995). *Psychological contracts in organizations. Understanding written and unwritten agreements* (1. Aufl.). Thousand Oaks, CA: Sage Publications.

Rousseau, D. M., Sitkin, S. B., Burt, R. S. & Camerer, C. (1998). Not so different after all: A cross-discipline view of trust. *Academy of Management Review, 23* (3), 393–404.

Rowley, J. & Slack, F. (2004). Conducting a literature review. *Management Research News, 27* (6), 31–39.

Rupf Schreiber, M. (2006, 24. März). *Identifikation und Vertrauen in Organisationen. Eine empirische Untersuchung in der Bankenbranche.* Dissertation, Universität Friburg in der Schweiz.

Ruppel, C. P. & Harrington, S. J. (2000). The relationship of communication, ethical work climate, and trust to commitment and innovation. *Journal of Business Ethics, 25* (4), 313–328.

Salancik, G. R. & Pfeffer, J. (1978). A Social Information Processing Approach to Job Attitudes and Task Design. *Administrative Science Quarterly, 23* (2), 224–253.

Sandberg, J. & Tsoukas, H. (2011). Grasping the logic of practice: Theorizing through practical rationality. *Academy of Management Review, 36* (2), 338–360.

Saunders, M. N., Dietz, G. & Thornhill, A. (2014). Trust and distrust: Polar opposites, or independent but co-existing? *Human Relations, 67* (6), 639–665.

Saunders, M. & Thornhill, A. (2004). Trust and mistrust in organizations: An exploration using an organizational justice framework. *European Journal of Work and Organizational Psychology, 13* (4), 493–515.

Saunders, M. N. & Thornhill, A. (2014). Researching sensitively without sensitizing: Using a card sort in a concurrent mixed methods design to research trust and distrust. *International Journal of Multiple Research Approaches, 5* (3), 334–350.

Scandura, T. A., Graen, G. B. & Novak, M. A. (1986). When managers decide not to decide autocratically: An investigation of leader–member exchange and decision influence. *Journal of Applied Psychology, 71* (4), 579–584.

Scanzoni, J. (1979). Social Exchange and Behavioral Interdependence. In R. L. Burgess & T. L. Huston (Hrsg.), *Social exchange in developing relationships* (1. Aufl., S. 61–98). New York.

Schalk, R., Jong, J. de, Rigotti, T., Mohr, G., Peiró, J. M. & Caballer, A. (2010). The psychological contracts of temporary and permanent workers. In D. E. Guest, K. Isaksson & H. Witte De (Hrsg.), *Employment Contracts, Psychological Contracts, and Employee Well-Being: An International Study* (1. Aufl., S. 89–121). Oxford: Oxford University Press.

Schaubroeck, J., Lam, S. S. K. & Xie, J. L. (2000). Collective efficacy versus self-efficacy in coping responses to stressors and control: A cross-cultural study. *Journal of Applied Psychology, 85* (4), 512–525.

Scheibner, N., Hapkemeyer, J. & Banko, L. (Hrsg.). (2016) Engagement erhalten – innere Kündigung vermeiden. Wie steht es um das Thema innere Kündigung in der betrieblichen Praxis? [Themenheft]. *iga.Report 33- Initiative Gesundheit und Arbeit, 2016* (33). Dresden.

Schelling, T. C. (1971). Dynamic models of segregation. *Journal of Mathematical Sociology, 1* (2), 143–186.

Schilke, O. & Cook, K. S. (2015). Sources of alliance partner trustworthiness: Integrating calculative and relational perspectives. *Strategic Management Journal, 36* (2), 276–297.

Schnell, R., Hill, P. B. & Esser, E. (2005). *Methoden der empirischen Sozialforschung* (7. Aufl.). München: Oldenbourg Wissenschaftsverlag.

Schnell, R., Hill, P. B. & Esser, E. (2008). *Methoden der empirischen Sozialforschung* (8. Aufl.). München: Oldenbourg Wissenschaftsverlag.

Schoorman, F. D., Mayer, R. C. & Davis, J. H. (2007). An integrative model of organizational trust: Past, present, and future. *Academy of Management Review, 32* (2), 344–354.

Schreier, M. (2012). *Qualitative content analysis in practice* (1. Aufl.). London: Sage Publications.

Schul, Y., Mayo, R. & Burnstein, E. (2004). Encoding Under Trust and Distrust: The Spontaneous Activation of Incongruent Cognitions. *Journal of Personality and Social Psychology, 86* (5), 668–679.

Schul, Y., Mayo, R. & Burnstein, E. (2008). The value of distrust. *Journal of Experimental Social Psychology, 44* (5), 1293–1302.

Schutter, M., VanDijk, E. & Kwaadsteniet, E. de. (2017). The effects of being distrusted: How we react to active and inactive distrust. In FINT – First International Network on Trust (Hrsg.), *Proceedings of the 9th FINT Workshop on Trust Within and Between Organizations* (S. 1–3). Zugriff am http://programme.exordo.com/fint2016/delegates/presentation/29/.

Schütze, F. (1982). Narrative Repräsentation kollektiver Schicksalsbetroffenheit. In E. Lämmert (Hrsg.), *Erzählforschung: Ein Symposion* (S. 568–590). Stuttgart: JB Metzler.

Schütze, F. (1977). *Die Technik des narrativen Interviews in lnteraktionsfeldstudien, dargestellt an einem Projekt zur Erforschung von kommunalen Machtstrukturen.* Bielefeld: Universität Bielefeld, Fakultät für Soziologie.

Schwandt, T. A. (2011). Three epistemological stances for qualitative inquiry. In N. K. Denzin & Y. S. Lincoln (Hrsg.), *The SAGE Handbook of Qualitative Research* (1. Aufl., S. 189–213). Thousand Oaks, CA: Sage Publications.

Schwarzwald, J., Koslowsky, M. & Shalit, B. (1992). A field study of employees' attitudes and behaviors after promotion decisions. *Journal of Applied Psychology, 77* (4), 511–514.

Schweer, M. (Hrsg.). (2010). *Vertrauensforschung 2010: A state of the art* (Psychologie und Gesellschaft, Bd. 9). Frankfurt am Main: Peter Lang Verlag.

Schweer, M. & Thies, B. (2003). *Vertrauen als Organisationsprinzip. Perspektiven für komplexe soziale Systeme* (1. Aufl.). Bern: Hans Huber Verlag.

Scott, D. (1980). The causal relationship between trust and the assessed value of management by objectives. *Journal of Management, 6* (2), 157–175.

Searle, R., Weibel, A. & Den Hartog, D. (2011). Employee trust in organizational contexts. In G. P. Hodgkinson & J. K. Ford (Hrsg.), *International review of industrial and organizational psychology* (Bd. 26, 1. Aufl., S. 143–192). Chichester: Wiley-Blackwell.

Searle, R., Den Hartog, D., Weibel, A., Gillespie, N., Six, F., Hatzakis, T. et al. (2011). Trust in the employer: The role of high-involvement work practices and procedural justice in European organizations. *The International Journal of Human Resource Management, 22* (5), 1069–1092.

Searle, R., Weibel, A., Nienaber, A.-M. & Legood, A. (2014). Trust and Distrust: Two Sides of the Same Coin? Exploring Distrust – A Study in the Current Turmoil of the British Public Sector. In ACM – Academy of Management (Hrsg.), *Proceedings of the Academy of Management 2014* (S. 1–21).

Seawright, J. & Collier, D. (2004). Glossary. In H. E. Brady & D. Collier (Hrsg.), *Rethinking Social Inquiry: Diverse Tools, Shared Standards* (2. Aufl., S. 273–316). Lanham, UK: Rowman & Littlefield Publishers.

Seifert, M. (2001). *Vertrauensmanagement in Unternehmen. Eine empirische Studie über Vertrauen zwischen Angestellten und ihren Führungskräften* (Arbeit, Organisation und Personal im Transformationsprozess, 1. Aufl.). München: Hampp Verlag.

Seiler, T. B. & Reinmann, G. (2004). Der Wissensbegriff im Wissensmanagement: Eine sturkturgenetische Sicht. In G. Reinmann & H. Mandl (Hrsg.), *Psychologie des Wissensmanagements: Perspektiven, Theorien und Methoden* (S. 11–23). München: Hogrefe Verlag.

Seppanen, R. & Blomqvist, K. (2006). It is not all about trust-the role of distrust in inter-organizational relationships. In Network-Centric Collaboration and Supporting Frameworks (Hrsg.), *IFIP: PRO-VE 2006* (International Federation for Information Processing, Bd. 224, S. 181–188). Boston, Mass.: Springer-Verlag. Zugriff am 24.02.2018. Verfügbar unter https://link.springer.com/content/pdf/10.1007/978-0-387-38269-2_19.pdf

Serva, M. A., Fuller, M. A. & Mayer, R. C. (2005). The reciprocal nature of trust: A longitudinal study of interacting teams. *Journal of Organizational Behavior, 26* (6), 625–648.

Shamir, B. & Lapidot, Y. (2003). Trust in Organizational Superiors: Systemic and Collective Considerations. *Organization Studies, 24* (3), 463–491.

Shapiro, D. L., Buttner, E. H. & Barry, B. (1994). Explanations: What factors enhance their perceived adequacy? *Organizational Behavior and Human Decision Processes, 58* (3), 346–368.

Sharma, N. & Sharma, K. (2015). 'Self-Fulfilling Prophecy': A Literature Review. *International Journal of Interdisciplinary and Multidisciplinary Studies, 2* (3), 41–42.

Shaw, R. B. (1997). *Trust in the balance. Building successful organizations on results, integrity, and concern* (Jossey-Bass business & management series, 1. Aufl.). San Francisco: Wiley: Jossey-Bass.

Sherif, M., Harvey, O. J., White, B. J., Hood, W. R. & Sherif, C. W. (1961). *Intergroup conflict and cooperation: The robbers cave experiment* (1. Aufl.). Norman: University of Oklahoma Book Exchange.

Shockley-Zalabak, P., Ellis, K. & Winograd, G. (2000). Organizational trust: What it means, why it matters. *Organization Development Journal, 18* (4), 35–48.

Simons, T. (2002). The high cost of lost trust. *Harvard Business Review, 80* (9), 18–19.

Singh, J. & Sirdeshmukh, D. (2000). Agency and Trust Mechanisms in Consumer Satisfaction and Loyalty Judgments. *Journal of the Academy of Marketing Science, 28* (1), 150–167.

Sitkin, S. & Bijlsma-Frankema, K. (2018). Distrust. In R. Searle, A.-M. Nienaber & S. Sitkin (Hrsg.), *The Routledge Companion to Trust* (1. Aufl., S. 50–62). New York: Routledge.

Sitkin, S. B. & Roth, N. L. (1993). Explaining the Limited Effectiveness of Legalistic "Remedies" for Trust/Distrust. *Organization Science, 4* (3), 367–392.

Sitkin, S. B. & Stickel, D. (1996). The road to hell: The dynamics of distrust in an era of quality. In R. M. Kramer & T. R. Tyler (Hrsg.), *Trust in Organizations: Frontiers of Theory and Research* (1. Aufl., S. 196–216). Thousand Oaks, CA: Sage Publications.

Skinner, D., Dietz, G. & Weibel, A. (2014). The dark side of trust: When trust becomes a 'poisoned chalice'. *Organization, 21* (2), 206–224.

Slonim, J., Chiasson, T., Gates, C. & McAllister, M. (2001). An extensible, human-centric framework that promotes universal access to electronic commerce. In ISEC – International Symposium in Electronic Commerce (Hrsg.), *Proceedings of the Second International Symposium on Topics in Electronic Commerce* (S. 116–126).

Slovic, P. (1993). Perceived Risk, Trust, and Democracy. *Risk Analysis, 13* (6), 675–682.

Smircich, L. (1983). Concepts of Culture and Organizational Analysis. *Administrative Science Quarterly, 28* (3), 339–358.

Smith, C. A. & Ellsworth, P. C. (1985). Patterns of cognitive appraisal in emotion. *Journal of Personality and Social Psychology, 48* (4), 813–838.

Smith, R. E. & Hunt, R. R. (2000). The influence of distinctive processing on retrieval-induced forgetting. *Memory & Cognition, 28* (4), 503–508.

Soanes, C. (2002). *The compact Oxford English dictionary of current English* (2. Aufl.). Oxford: Oxford University Press.

Sorensen, J. E. & Sorensen, T. L. (1974). The conflict of professionals in bureaucratic organizations. *Administrative Science Quarterly, 19* (1), 98–106.

Sparrowe, R. T., Liden, R. C., Wayne, S. J. & Kraimer, M. L. (2001). Social networks and the performance of individuals and groups. *Academy of Management Journal, 44* (2), 316–325.

Spencer, D. (2009). *Card sorting. Designing usable categories* (1. Aufl.). Brooklyn, NY: Rosenfeld Media. Zugriff am 15.01.2018. Verfügbar unter http://rosenfeldmedia.com/books/card-sorting/

Spencer, L., Ritchie, J., Lewis, J. & Dillon, L. (2003). *Quality in qualitative evaluation: a framework for assessing research evidence* (1. Aufl.). London: National Centre for Social Research, UK.

Spreitzer, G. M. & Mishra, A. K. (2002). To stay or to go: Voluntary survivor turnover following an organizational downsizing. *Journal of Organizational Behavior, 23* (6), 707–729.

Sprenger, R. K. (2002). *Vertrauen führt: Worauf es im Unternehmen wirklich ankommt* (1. Aufl.). Frankfurt am Main: Campus Verlag.

Stake, R. E. (1995). *The art of case study research* (1. Aufl.). Thousand Oaks, CA: Sage Publications.

Stangl, W. (2008). *Misstrauen und Kontrolle in Unternehmen führen zur „inneren Kündigung"* (arbeitsblätter news – Werner Stangls Arbeitsblätter). Zugriff am 11.02.2018. Verfügbar unter http://arbeitsblaetter.stangl-taller.at/news/83/misstrauen-und-kontrolle-in-unternehmen-fuehren-zur-inneren-kuendigung

Stark, L. (1978). Trust. In H. London & J. E. Exner (Hrsg.), *Dimensions of personality* (Wiley series on personality processes, Bd. 45, 1. Aufl., S. 561–599). New York: John Wiley & Sons, Inc.

Steigleder, S. (2008). *Die strukturierende qualitative Inhaltsanalyse im Praxistest* (1. Aufl.). Marburg: Tectum Verlag.

Steinke, I. (2005). Gütekriterien qualitativer Forschung. In U. Flick, E. v. Kardorff & I. Steinke (Hrsg.), *Qualitative Forschung. Ein Handbuch* (12. Aufl., S. 319–331). Reinbek bei Hamburg: Rowohlt Taschenbuch Verlag.

Stevenson, C. & Sagherian-Dickey, T. (2016). Collectively coping with contact: The role of intragroup support in dealing with the challenges of intergroup mixing in residential contexts. *British Journal of Social Psychology, 55* (4), 681–699.

Stevenson, C. & Sagherian-Dickey, T. (2017). Territoriality and migration in a divided society: Lay theories of citizenship and place in Northern Ireland. *Qualitative Psychology, 5* (1), 135–154.

Streicher, B. & Frey, D. (2009). Vier wichtige Dimensionen von Gerechtigkeit bei Reorganisationen. HR Strategie Organisationsentwicklung. *HR Today* (4), 20–21. Zugriff am 27.07.2018. Verfügbar unter https://www.hrtoday.ch/de/article/vier-wichtige-dimensionen-von-%E2%80%A8gerechtigkeit-bei-reorganisationen-

Streicher, B. & Frey, D. (2012). Prinzipien der Fairness als Führungskultur der Zukunft. In Grote S. (Hrsg.), *Die Zukunft der Führung* (1. Aufl., S. 331–346). Berlin, Heidelberg: Springer-Verlag.

Strutton, D., Toma, A. & Pelton, L. E. (1993). Relationship between psychological climate and trust between salespersons and their managers in sales organizations. *Psychological Reports, 72* (3), 931–939.

Swift, T. (2001). Trust, reputation and corporate accountability to stakeholders. *Business Ethics: A European Review, 10* (1), 16–26.

Sztompka, P. (1999). *Trust: A Sociological Theory* (Cambridge cultural social studies, 1. Aufl.). Cambridge, UK: Cambridge University Press.

Szuka, C. (2017). *Etymologie: Sprichwörter, Redewendungen, Idiome, geflügelte Worte* (Internetdokument). Zugriff am 30.10.2017. Verfügbar unter http://etymologie.tantalosz.de/i.php

Tabibnia, G., Satpute, A. B. & Lieberman, M. D. (2008). The sunny side of fairness: preference for fairness activates reward circuitry (and disregarding unfairness activates self-control circuitry). *Psychological Science, 19* (4), 339–347.

Tajfel, H. (1982). *Gruppenkonflikt und Vorurteil* (1. Aufl.). Bern: Hans Huber Verlag.

Tajfel, H. & Turner, J. (1986). The social identity theory of intergroup behavior. In S. Worchel & W. G. Austin (Hrsg.), *Psychology of Intergroup Relations* (1. Aufl., S. 7–24). Chicago, IL: Nelson-Hall.

Tajfel, H. (2010). *Social Identity and Intergroup Relations* (1. Aufl.). Cambridge, UK: Cambridge University Press.

Tan, H. H. & Lim, A. K. H. (2009). Trust in coworkers and trust in organizations. *The Journal of Psychology, 143* (1), 45–66.

Tan, H. H. & Tan, C. S. F. (2000). Toward the Differentiation of Trust in Supervisor and Trust in Organization. *Genetic, Social & General Psychology Monographs, 126* (2), 241–260.

Taylor, S. E. (1991). Asymmetrical effects of positive and negative events: The mobilization-minimization hypothesis. *Psychological Bulletin, 110* (1), 67–85.

Thibaut, J. W. & Kelley, H. H. (1959). *The social psychology of groups* (1. Aufl.). New York: Wiley.

Thibaut, J. W. & Kelley, H. H. (1986). *The social psychology of groups* (Social science classics series, 2. Aufl.). New Brunswick, USA: Transaction Books.

Thibaut, J. W. & Walker, L. (1975). *Procedural Justice: A Psychological Analysis* (1. Aufl.). Hillsdale, NJ: Lawrence Erlbaum Associates.

Titscher, S., Meyer, M., Wodak, R. & Vetter, E. (2000). *Methods of text and discourse analysis* (1. Aufl.). London: Sage Publications.

Tomkins, S. S. (1962). *Affect imagery consciousness. Volume I: The positive affects* (1. Aufl.). New York: Springer-Verlag.

Tomkins, S. S. (1963). *Affect imagery consciousness. Volume II: The positive affects* (1. Aufl.). New York: Springer-Verlag.

Tomlinson, E. C., Dineen, B. R. & Lewicki, R. J. (2004). The road to reconciliation: Antecedents of victim willingness to reconcile following a broken promise. *Journal of Management, 30* (2), 165–187.

Tomlinson, E. C. & Lewicki, R. J. (2006). Managing distrust in intractable conflicts. *Conflict Resolution Quarterly, 24* (2), 219–228.

Tomlinson, E. C. & Mryer, R. C. (2009). The role of causal attribution dimensions in trust repair. *Academy of Management Review, 34* (1), 85–104.

Trotter, A. (2002). Plagiarism controversy engulfs Kansas school. *Education week, 21* (29), 5–6.

Tsai, W. & Ghoshal, S. (1998). Social capital and value creation: The role of intrafirm networks. *Academy of Management Journal, 41* (4), 464–476.

Tyler, T. R. & Lind, E. A. (1992). A relational model of authority in groups. In M. Zanna (Hrsg.), *Advances in Experimental Social Psychology* (1. Aufl., Bd. 25, S. 115–191). Amsterdam: Academic Press.

Tzafrir, S. S. & Hareli, S. (2009). Employees' emotional reactions to promotion decisions: The role of causal attributions and perceptions of justice. *Career Development International, 14* (4), 351–371.

Ullmann-Margalit, E. (2004). Trust, distrust, and in-between. In R. Hardin (Hrsg.), *Distrust* (1. Aufl., S. 60–82). New York: Russell Sage Foundation.

Urban, G. L., Sultan, F. & Qualls, W. J. (2000). Placing trust at the center of your Internet strategy. *Sloan Management Review, 42* (1), 39–48.

Van de Walle, S. & Six, F. (2014). Trust and distrust as distinct concepts: Why studying distrust in institutions is important. *Journal of Comparative Policy Analysis: Research and Practice, 16* (2), 158–174.

Van den Bos, Kees. (2005). What is responsible for the fair process effect Van den Bos, Kees. In J. Greenberg & J. A. Colquitt (Hrsg.), *Handbook of Organizational Justice* (S. 273–300). Hillsdale, NJ: Lawrence Erlbaum Associates.

Van der Werff, L. & Buckley, F. (2017). Getting to know you: A longitudinal examination of trust cues and trust development during socialization. *Journal of Management, 43* (3), 742–770.

Van Scotter, J. R. & Motowidlo, S. J. (1996). Interpersonal facilitation and job dedication as separate facets of contextual performance. *Journal of Applied Psychology, 81* (5), 525–531.

Vandenberg, R. J. & Scarpello, V. (1994). A longitudinal assessment of the determinant relationship between employee commitments to the occupation and the organization. *Journal of Organizational Behavior, 15* (6), 535–547.

Vlaar, P., Van den Bosch, F. A. J. & Volberda, H. (2007). On the evolution of trust, distrust, and formal coordination and control in interorganizational relationships toward an integrative framework. *Group and Organization Management, 32* (4), 407–428.

Voci, A. (2006). The link between identification and in-group favouritism: effects of threat to social identity and trust-related emotions. *The British Journal of Social Psychology, 45* (2), 265–284.

Vygotskiĭ, L. S. (1978). *Mind in society. The development of higher psychological processes* (1. Aufl.). Cambridge, UK: Harvard University Press.

Walgenbach, P. (2001). The Production of Distrust by Means of Producing Trust. *Organization Studies, 22* (4), 693–714.

Wallace, J. E. (1995). Organizational and professional commitment in professional and nonprofessional organizations. *Administrative Science Quarterly, 40* (2), 228–255.

Walster, E., Walster, G. W. & Berscheid, E. (1978). *Equity: Theory and research* (1. Aufl.). Boston, Massachusetts: Allyn & Bacon.

Wang, L. & Pratt, M. G. (2008). An identity-based view of emotional ambivalence and its management in organizations. In N. M. Ashkanasy & C. L. Cooper (Hrsg.), *Research Companion to Emotion in Organizations* (1. Aufl., S. 589–604). Cheltenham, UK: Edward Elgar.

Watson, D. & Clark, L. A. (1994). Emotions, moods, traits, and temperament: Conceptual distinctions and empirical findings. In P. Ekman & R. Davidson (Hrsg.), *The Nature of Emotion: Fundamental Questions* (1. Aufl., S. 89–93). New York: Oxford University Press.

Wayne, S. J., Shore, L. M. & Liden, R. C. (1997). Perceived organizational support and leader-member exchange: A social exchange perspective. *Academy of Management Journal, 40* (1), 82–111.

Webb, E. J. (1996). Trust and Crisis. In R. M. Kramer & T. R. Tyler (Hrsg.), *Trust in Organizations: Frontiers of Theory and Research* (1. Aufl., S. 288–301). Thousand Oaks, CA: Sage Publications.

Weber, A. & Jaekel-Reinhard, A. (2000). Burnout syndrome: a disease of modern societies? *Occupational Medicine, 50* (7), 512–517.

Wehmeyer, K. (2004). *Vertrauensbildende Maßnahmen in web-basierten Beratungssituationen* (1. Aufl.). Hamburg: Diplomica Verlag (Diplomarbeit).

Weiner, B. (1985). An attributional theory of achievement motivation and emotion. *Psychological Review, 92* (4), 548–573.

Weiner, B., Graham, S. & Chandler, C. (1982). Pity, anger, and guilt: An attributional analysis. *Personality and Social Psychology Bulletin, 8* (2), 226–232.

Weiss, H. M. & Cropanzano, R. (1996). Affective events theory: A theoretical discussion of the structure, causes and consequences of affective experiences at work. In B. M. Staw & L. L. Cummings (Hrsg.), *Research in Organizational Behavior* (Bd. 18, 1. Aufl., S. 1–74). Greenwich, CN: JAI Press.

Weiss, V. & Udris, I. (2006). Downsizing in Organisationen: Und was ist mit den Verbleibenden nach Personalabbau? In B. Badura, H. Schellschmidt & C. Vetter (Hrsg.), *Fehlzeiten-Report 2005* (S. 125–146). Berlin: Springer-Verlag.

Weller, S. C. & Romney, A. K. (1988). *Systematic data collection* (Qualitative research methods, 1. Aufl.). Newbury Park, CA: Sage Publications.

Welter, F. & Alex, N. (2015). Researching trust in different cultures. In F. Lyon, G. Möllering & M. N. Saunders (Hrsg.), *Handbook of research methods on trust* (2. Aufl., S. 50–60). Cheltenham, UK: Edward Elgar Publishing.

Whissell, C. M. The dictionary of affect in language. In *Plutchik, R.; Kellerman, H.* (S. 113–131).

Whissell, C. M. (1989). The dictionary of affect in language. In R. E. Plutchik & H. E. Kellerman (Hrsg.), *The Measurement of Emotions* (1. Aufl., S. 113–131). San Diego, CA: Academic Press.

Whitener, E. M., Brodt, S. E., Korsgaard, M. A. & Werner, J. M. (1998). Managers as initiators of trust: An exchange relationship framework for understanding managerial trustworthy behavior. *Academy of Management Review, 23* (3), 513–530.

Whitley, R. (1987). Taking firms seriously as economic actors: Towards a sociology of firm behaviour. *Organization Studies, 8* (2), 125–147.

Whitney, J. O. (2001). The Economics of Mistrust. *Boston University Law Review* (03/06/2001), 687–705. Symposium: Trust relationships.

Wicks, A. C., Berman, S. L. & Jones, T. M. (1999). The structure of optimal trust: Moral und strategic implications. *Academy of Management Review, 24* (1), 99–116.

Wiener, Y. (1982). Commitment in organizations: A normative view. *Academy of Management Review, 7* (3), 418–428.

Wiethoff, C. M. & Lewicki, R. J. (2005). Trust and Distrust in Work Relationships: A Grounded Approach. In IACM (Hrsg.), *Paper presented at the 18th Annual Conference on International Association for Conflict Management* (S. 1–20). Zugriff am 27.02.2018. Verfügbar unter http://dx.doi.org/10.2139/ssrn.736273

Willemyns, M., Gallois, C. & Callan, V. (2003). Trust me, I'm your boss: Trust and power in supervisor–supervisee communication. *International Journal of Human Resource Management, 14* (1), 117–127.

Williams, M. (2007). Building genuine Trust through interpersonal emotion management: A threat regulation model and collaboration across boundaries. *Academy of Management Review, 32* (2), 595–621.

Williams, M. (2001). In whom we trust: Group membership as an affective context for trust development. *Academy of Management Review, 26* (3), 377–396.

Williamson, O. E. (1975). *Markets and hierarchies, analysis and antitrust implications: a study in the economics of internal organization. A study in the economics of internal organization* (1. Aufl.). University of Pennsylvania, Philadelphia, PA: Free Press.

Willis, G. B. (2005). *Cognitive Interviewing. A tool for improving questionnaire design* (1. Aufl.). Thousand Oaks, CA: Sage Publications.

Wilson, T. B. (Hrsg.). (1973). *Theorien der Interaktion und Modelle soziologischer Erklärung* (Alltagswissen, Interaktion und gesellschaftliche Wirklichkeit, 1. Aufl.). Reinbek bei Hamburg.

Wimmer, R. D. & Dominick, J. R. (2013). *Mass Media Research: An Introduction* (9. Aufl.). Boston, Mass.: Wadsworth Cengage Learning.

Winkelhage, J., Winkel, S., Schreier, M., Heil, S., Lietz, P. & Diederich, A. (2008). *Qualitative Inhaltsanalyse: Entwicklung eines Kategoriensystems zur Analyse von Stakeholder-Interviews zu Prioritäten in der medizinischen Versorgung* (1. Aufl.) (Jacobs University Bremen, Hrsg.) (FOR655, 15). Zugriff am 10.03.2018. Verfügbar unter http://www.priorisierung-in-der-medizin.de/documents/FOR655_Nr15_Winkelhage.pdf

Wittgenstein, L. & Anscombe, G. E. (1963). *Philosophical investigations* (1. Aufl.). Oxford: Blackwell.

Witzel, A. (1982). *Verfahren der qualitativen Sozialforschung. Überblick und Alternativen* (Campus Forschung, Bd. 322). Frankfurt am Main, New York: Campus Verlag.

Wohlrath, C. (2015, August). *Das Misstrauen der Mitarbeiter gegenüber ihrem Arbeitgeber – Antezedenzien und Emotionen.* Misstrauen. Interdisziplinäre theoretische, methodische und empirische Zugänge zu Begriff und Praxis, Universität Bielefeld, ZIF – Zentrum für interdisziplinäre Forschung.

Worchel, P. (1979). Trust and distrust. In W. G. Austin & S. S. Worchel (Hrsg.), *The Social Psychology of Intergroup Relations* (1. Aufl., S. 174–187). Belmont, CA: Wadsworth.

Wrightsman, L. S. (1974). *Assumptions about human nature. A social-psychological approach* (1. Aufl.). Monterey, CA: Brooks/Cole Publishing Company.

Wrightsman, L. S. (1964). Measurement of philosophies of human nature. *Psychological Reports, 14* (3), 743–751.

Wrightsman, L. S. (1991). Interpersonal trust and attitudes toward human nature. In J. P. Robinson, P. R. Shaver & L. S. Wrightsman (Hrsg.), *Measures of Personality and Social Psychological Attitudes* (1. Aufl., S. Chapter 8, 373–412). San Diego, CA: Academic Press.

Wunderer, R. (2009). *Führung und Zusammenarbeit. Eine unternehmerische Führungslehre.* Köln: Luchterhand Verlag.

Xiao, S. & Benbasat, I. (2003). The formation of trust and distrust in recommendation agents in repeated interactions. In ICEC – International Conference on Electronic Commerce (Hrsg.), *Proceedings of the 5th international conference on Electronic commerce (ICEC)* (S. 287–293).

Yamagishi, T. & Yamagishi, M. (1994). Trust and commitment in the United States and Japan. *Motivation and Emotion, 18* (2), 129–166.

Yanow, D. (Hrsg.). (2006). *Dear Reviewer, Dear Author: Looking for Reflexivity and other Hallmarks of Interpretive Research.* Philadelphia, PA: Paper presented at the Annual Meeting of the American Political Science Association. Zugriff am 11.03.2018. Verfügbar unter http://citation.allacademic.com//meta/p_mla_apa_research_citation/1/5/2/8/7/pages152878/p152878-2.php

Yanow, D. & Schwartz-Shea, P. (2002). "Reading" "Methods" "Texts": How Research Methods Texts Construct Political Science. *Political Research Quarterly, 55* (2), 457–486.

Yin, R. K. (1993). *Applications of case study research* (1. Aufl.). Newbury Park, CA: Sage Publications.

Yin, R. K. (2003). *Case Study Research: Design and methods* (3. Aufl.). Los Angeles, CA: Sage Publications.

Yin, R. K. (1981). The case study crisis: Some answers. *Administrative Science Quarterly, 26* (1), 58–65.

Yin, R. K. (2009). *Case study research: Design and methods* (4. Aufl.). Los Angeles, CA: Sage Publications.

Youngs, G. A. (1986). Patterns of threat and punishment reciprocity in a conflict setting. *Journal of Personality and Social Psychology, 51* (3), 541–546.

Zaheer, A., McEvily, B. & Perrone, V. (1998). Does Trust Matter? Exploring the Effects of Interorganizational and Interpersonal Trust on Performance. *Organization Science, 9* (2), 141–159.

Zaheer, S. & Zaheer, A. (2006). Trust across borders. *Journal of International Business Studies, 37* (1), 21–29.

Zak, P. J. & Knack, S. (2001). Trust and growth. *The Economic Journal, 111* (470), 295–321.

Zand, D. E. (1972). Trust and managerial problem solving. *Administrative Science Quarterly, 17* (2), 229–239.

Zand, D. E. (1977). Vertrauen und Problemlösungsverhalten von Managern. In H. E. Lück (Hrsg.), *Mitleid – Vertrauen – Verantwortung* (1. Aufl., S. 61–74). Stuttgart: Klett-Verlag.

Zhang, A. Y., Tsui, A. S., Song, L. J., Li, C. & Jia, L. (2008). How do I trust thee? The employee-organization relationship, supervisory support, and middle manager trust in the organization. *Human Resource Management, 47* (1), 111–132.

Zhao, H. A., Wayne, S. J., Glibkowski, B. C. & Bravo, J. (2007). The impact of psychological contract breach on work-related outcomes: a meta-analysis. *Personnel Psychology, 60* (3), 647–680.

Ziegler, C.-N. & Lausen, G. (2005). Propagation models for trust and distrust in social networks. *Information Systems Frontiers, 7* (4–5), 337–358.

Zimmermann, A., Falkner, G. & Müllner, J. (2013). Identifikation und Nicht-Identifikation der Mitarbeiter mit ihrer Organisation nach Veränderungsprozessen. *Journal für Psychologie, 21* (3), 1–30.

Zolfaghari, B. (2016). The development of high-trust versus distrust across culturally diverse team members. In EIASM – European Institute for Advanced Studies in Management (Hrsg.), *Proceedings of the 1st Workshop on Distrust and Conflict Escalation in Organizations and Societies* (S. 1–49). Zugriff am 17.02.2017. Verfügbar unter http://www.eiasm.org/frontoffice/event_announcement.asp?event_id=1157

Zucker, L. G. (1986). Production of trust: Institutional sources of economic structure, 1840–1920. *Research in Organizational Behavior, 8* (1986), 53–111.

Anhang

Führungsgrundsätze und Werte des Unternehmens

Die Führungsgrundsätze sind schriftlich definierte Prinzipien, die die Unternehmenskultur wiedergeben (Wunderer, 2009, S. 385). Die Unternehmensführung formulierte ihre Führungsgrundsätze erstmals xJahrx, wobei sie die Grundsätze aus der Unternehmensstrategie ableitete. Gemäß den Angaben des Unternehmens sind die gemeinsam gelebten Führungsgrundsätze die Basis für eine verlässliche Führung und beinhalten Grundsätze, die allerdings um Rückschlüsse zum Unternehmen zu vermeiden, gelöscht worden. Im Geschäftsbericht werden die Werte und Führungsgrundsätze erwähnt und erklärt.

Abb. A1: Führungsgrundsätze

gelöscht, um Rückschlüsse zum Unternehmen zu vermeiden

Datenauswertung

Emotionsnennung und Erlebnisaussagen

Feld 3: hohes Misstrauen/geringes Vertrauen (14)

Die Nennung der Emotionen des Feldes 3 für hohes Misstrauen/geringes Vertrauen sind in Abb. A2 dargestellt. Ihre zugehörigen Erlebnisaussagen sind detailgetreu in der Darstellung der Abb. A4 für hohes Misstrauen/geringes Vertrauen ersichtlich.

Die 14 Mitarbeitenden mit hohem Misstrauen und geringen Vertrauen wählten insgesamt 67 negative und 30 positive Emotionen aus. Dies entspricht im Durchschnitt aller 14 Mitarbeitenden mit hohem Misstrauen und geringen Vertrauen ca. fünf negativen und zwei positiven Emotionen. Von diesen 14 Mitarbeitenden des Feldes 3 können **sieben als sehr stark misstrauisch klassifiziert** werden: **MA1, MA2, MA3, MA4, MA5, MA6, MA7**. Bei diesen sieben stark misstrauischen Mitarbeitenden werden positive Emotionen nur rückblickend angesprochen und im weiteren Verlauf überwiegen die negativen Emotionen in der Erlebnisschilderung. Die sieben Mitarbeitenden mit sehr hohem Misstrauen und sehr geringen Vertrauen wählten insgesamt 33 negative und acht positive Emotionen aus. Dies entspricht im Durchschnitt der sieben Mitarbeitenden mit sehr hohem Misstrauen und sehr geringem Vertrauen ca. fünf negativen Emotionen und einer positiven Emotion. Weitere sieben der 14 Mitarbeitenden, **MA8, MA9, MA10, MA11, MA12, MA13, MA14**, befinden sich zwar auch in der Vier-Felder-Darstellung nach Lewicki et al. (1998) im Feld 3 für hohes Misstrauen/geringes Vertrauen und schildern ihre Vertrauensverletzung ähnlich „einschneidend“ mit der Emotion ‘enttäuscht’, wie die Mitarbeitenden mit sehr hohem Misstrauen, jedoch hegen sie neben den mit

Misstrauen assoziierten negativen Emotionen, auch viele positive mit Vertrauen assoziierte Emotionen. Die sieben Mitarbeitenden **mit sehr hohem Vertrauen und sehr geringem Misstrauen** wählten insgesamt 34 negative und 22 positive Emotionen aus. Dies entspricht im Durchschnitt der sieben Mitarbeitenden mit hohem Misstrauen und Vertrauen ca. fünf negativen und drei positiven Emotionen.

Feld 2: geringes Misstrauen/hohes Vertrauen (4)

Die Nennung der Emotionen des Feldes 2 für geringes Misstrauen/hohes Vertrauen sind in Abb. A3 dargestellt. Ihre zugehörigen Erlebnisaussagen sind detailgetreu in der folgenden Darstellung der Abb. A5 für geringes Misstrauen/hohes Vertrauen ersichtlich.

Die 4 Mitarbeitenden (MA1, MA2, MA3, MA4) mit hohem Vertrauen und geringem Misstrauen wählten insgesamt 13 positive und 3 negative Emotionen aus. Dies entspricht im Durchschnitt der vier Mitarbeitenden mit hohem Vertrauen und geringem Misstrauen knapp einer negativen und 13 positiven Emotionen. Die drei negativen Emotionen beziehen sich zum einen auf die Emotion 'kritisch'. MA15 bezieht kritisch auf die hohe Lohnzahlung an den CEO des Unternehmens und MA17 auf die Sicherheit mit dem Produkt, das er herstellt. Zum anderen wählt MA18 die Emotion 'enttäuscht', da er zu spät über eine Umstrukturierung informiert wurde.

Abb. A2: Emotionen je Interview – Feld 3 (hohes Misstrauen/geringes Vertrauen)

Auszählung der Emotionen 7 Mitarbeitende mit sehr hohem Misstrauen und sehr geringem Vertrauen				
Feld 3	**neg.**	**pos.**	**negative Emotionen**	**positive Emotionen**
MA1	4	1	besorgt, enttäuscht, kritisch, wütend	zufrieden: in Bezug auf die *„pünktliche und verlässliche Lohnzahlung über 38 Jahre“*
MA2	5	1	ängstlich, enttäuscht, kritisch, traurig, wütend	zufrieden: am Anfang/ zum Einstellungsbeginn
MA3	5	0	besorgt, enttäuscht, kritisch, zynisch, wütend	–
MA4	3	1	ängstlich/bange, enttäuscht, kritisch	zufrieden: zunächst als erstes beim Interviewbeginn genannt, jedoch im Laufe stark „revidiert“
MA5	7	2	ängstlich/bange, besorgt, entrüstet/ enttäuscht, kritisch, zynisch, traurig, vorsichtig	hocherfreut: bei Einstiegsbeginn hoffnungsvoll: in Bezug auf den direkten Vorgesetzten & Umfeld zuversichtlich: in Bezug auf direkten Vorgesetzten & Umfeld
MA6	6	2	ängstlich, besorgt, enttäuscht, kritisch, zynisch, vorsichtig	erleichtert: in Bezug auf sein Umfeld, seine Abteilung: *„großes Vertrauen in die Leute und auch dass man eigentlich ehrlich und direkt miteinander kommunizieren kann“* zufrieden: in Bezug auf das Produkt / die Dienstleistung, für die er arbeitet
MA7	3	1	enttäuscht, kritisch, wütend	zuversichtlich: *„Auf einen Satz, dass sich Leistung wieder lohnt!“*
N=7	**33**	**8**		

Auszählung der Emotionen **7 Mitarbeitende mit hohem Misstrauen und geringem Vertrauen**				
Feld 3	**neg.**	**pos.**	**neg. Emotionen**	**positive Emotionen**
MA8	6	6	ängstlich, enttäuscht, kritisch, traurig, vorsichtig, wütend	hoffnungsvoll: *„auf mein nächstes Mitarbeitergespräch, dass das gut kommt.“* glücklich: *„mehrheitlich mit der ganzen Situation“* erleichtert: eine Vorgesetzte bekommen zu haben begierig: wissensbegierig zuversichtlich: *„dass das funktioniert, die Linienführung und die Fachführung“* zufrieden: mit der Arbeit an sich und in Bezug auf das Produkt / die Dienstleistung, für die er arbeitet
MA9	3	2	enttäuscht, kritisch, vorsichtig	zuversichtlich: in Bezug auf die Zukunft, *„dass es gut kommt“* zufrieden: mit der Tätigkeit und sich selbst
MA10	5	5	besorgt, entrüstet/enttäuscht, kritisch, zynisch, vorsichtig	hocherfreut: bei Einstellungsbeginn als Quereinsteiger glücklich: mit der Tätigkeit an sich und sich selbst begierig: wissbegierig zuversichtlich: *„ich bin zwar ‘zuversichtlich’, dass das jetzt wirklich mit, nach 3, 4, 5 Mal Projekten, bei denen wir immer wieder dieselben Punkte von „unten“ zur Unternehmensführung tragen, dass das verstanden wird. Ich hoffe einfach, dass sie es jetzt begriffen haben!“* zufrieden: ganzheitlich und auf die Person bezogen

Auszählung der Emotionen 7 Mitarbeitende mit hohem Misstrauen und geringem Vertrauen				
Feld 3	**neg.**	**pos.**	**neg. Emotionen**	**positive Emotionen**
MA11	6	3	besorgt, enttäuscht, kritisch, vorsichtig, wütend, zynisch	glücklich: „*wenn ich positive Kundenfeedbacks bekomme*“ zuversichtlich: „*alles was neu ist, wird schon mal bei uns kritisiert und solche Sachen. Aber ich bleib zuversichtlich, warte mal ab, denke vielleicht kommt es ja trotzdem gut*“ zufrieden: in Bezug auf das Produkt / die Dienstleistung, für die sie arbeitet
MA12	5	2	besorgt, enttäuscht, kritisch, vorsichtig, wütend	zufrieden: mit der Tätigkeit an sich hoffnungsvoll: „*dass es besser kommt*“
MA13	4	2	besorgt, enttäuscht, kritisch, wütend	erleichtert: über eine Studie, die er gut machte zuversichtlich: in Bezug auf die Zukunft und seine Bedenken, dass diese ausgeräumt werden
MA14	5	2	ängstlich, enttäuscht, kritisch, vorsichtig, wütend	glücklich: auf die Person bezogen zufrieden: mit Tätigkeit an sich
N=7	**34**	**22**		

Quelle: Eigene Darstellung

Abb. A3: Emotionen je Interview – Feld 2 (geringes Misstrauen/hohes Vertrauen)

Auszählung der Emotionen 7 Mitarbeitende mit geringem Misstrauen und hohem Vertrauen				
Feld 2	**neg.**	**pos.**	**neg. Emotionen**	**positive Emotionen**
MA15	1	2	kritisch: in Bezug auf die hohe Lohnzahlung an den CEO des Unternehmens	zufrieden, zuversichtlich
MA16	0	3	–	zufrieden, hoffnungsvoll, glücklich
MA17	1	3	kritisch: in Bezug auf die Sicherheit mit dem Produkt	hocherfreut, glücklich, zuversichtlich
MA18	1	5	enttäuscht: in Bezug auf ein spätes Informieren über eine Umstrukturierung	hoffnungsvoll, glücklich, erleichtert, begierig, zuversichtlich
N=4	**3**	**13**		

Quelle: Eigene Darstellung

Abb. A4: Emotionen und ihre zugehörigen Erlebnisaussagen – Feld 3 (hohes Misstrauen/geringes Vertrauen)

Emotion	**Aussage der/des interviewten Mitarbeitenden je Emotion**
Kritisch (14): nicht kritisch-konstruktiv, sondern negativ im Sinne von Skepsis	
MA1	*„Ja, Home-Working ist an für sich eine gute Sache, aber ich habe da, das ist dann so, ein bisschen in die Besorgung rein oder auch 'kritisch'. Wo ich einfach* ***schon mich hinterfrage, ob da das Home-Working wirklich konsequent gemacht wird oder ob das nicht Profit ist****."*

Emotion	Aussage der/des interviewten Mitarbeitenden je Emotion
MA2	*„'Kritisch' auch, weil wir* ***verstanden nicht, auf welchen Kriterien****, sie das [=die Restrukturierungen, insbesondere die Entlassungen] gemacht haben. Für uns, es war* ***nicht logisch****. (…) Nein, wir haben keine Antwort. Und während dieser Zeit der Restrukturierung, ich war, ich hatte* ***viel Angst****, ich weiß nicht, bleibe ich oder nicht und ich habe eine Familie, das ist eine große Frage. Wir haben auch in dieser Zeit gehört, wir müssen umziehen. Ein Teil sagte 'Nein' wir bleiben in xOrtsbezeichnungx ein anderer Teil sagte 'Ja' wir gehen nach xOrtsbezeichnungx und für mich war [die Unsicherheit] nicht gut."*
MA3	*„Ich hätte jetzt noch ein schönes Beispiel aus meiner Karriere [lacht ironisch wegen dem Wort Karriere]. Da war ich vielleicht, wir haben, als junge xBerufsbezeichnungx mussten wir immer nur xTätigkeitx, also minderwertige Arbeit. (…) Dann war eine Ausschreibung für den „xAusschreibungsname" und da habe ich mich beworben. Ich war der jüngste xBerufsbezeichnungx im Raum xOrtx und es hatten sich 84 beworben, 12 haben sie genommen; ich war dabei. Und dann, wir schmissen das, der läuft ja sehr rund, sehr zuverlässig und wir haben, wir 12 xBerufsbezeichnungx, haben da eine kleine Gruppe, das lief gut, ein tolles Team und das. Und nach einem Jahr endete dann das Ganze, die XXX wurde divionalisiert (…) und da hat nie jemand nachgefragt, wieso, dass wir jetzt da nicht weiter xAusschreibungsnamex fahren wollen, obwohl wir haben,* ***wir machten sehr viele Verbesserungsvorschläge, wir kommunizierten untereinander, wir schauten, dass das Projekt läuft.*** *Und als wir da wie quasi gekündigt ['wurden']; ich habe ja wie gekündigt, das interessierte niemanden!* ***Da hat nie jemand nachgefragt****, wieso, möchtest du nicht doch bei xAusschreibungsnamex bleiben. Vielleicht wäre ich geblieben, wenn jemand gesagt hätte:* ***'Du hast doch da an diesem Projekt gerissen, du hast das geschmissen und so weiter, alles gut!' Das hat nie jemand gefragt.*** *WAS SAGT DAS FÜR SIE AUS?* ***Ja, das ist die Wertschätzung*** *und so! (…)* ***ich schau schon für mich****, aber da sehen Sie einfach,* ***wenn man damit nicht umgehen kann, dann verliert man das Vertrauen in die Führung****."*
MA4	*„Gehen wir zu 'kritisch'. Kritisch habe ich genommen, weil es so ist, dass wir, denke ich, eine Kultur haben, die auch kritisch, sagen wir mal von den Mitarbeitenden und mir selbst, ich sage auch da, ich erzähle viel und wir reden viel über Dinge, die nicht so gut laufen im Unternehmen. Die* ***Offenheit, dass ich so was ansprechen kann, also ich könnte jetzt das mit den Finanzen ansprechen, das wird zurückgespielt. Es wird besprochen, ob viel daraus passiert, ist nicht gegeben****, aber es wird zumindest viel darüber geredet. (…) Und es ist auch so, dass eine sehr* ***kritische Haltung gegenüber der Unternehmensführung besteht****. Also, das* ***sieht man auch in den Personalbefragungen und überall****. Ich würde auch sagen, als normal, als Mitarbeiterin, es ist ja gut, wenn jemand 'kritisch' gegenüber manchen Dingen ist und das ist* ***nicht immer gut, wenn man jede Veränderung so rucki-zucki mitmacht****."*

Emotion	Aussage der/des interviewten Mitarbeitenden je Emotion
MA5	*„Ja also das hier [auf die Karte 'hocherfreut' zeigend], das wird immer begrüßt. Aber wenn man irgendwas 'kritisch', also ich sage mal,* ***kritische Äußerungen hat, da habe ich immer den Eindruck, mitdenkend, vorausdenkend, Fragen stellen, also auch durchaus unbequeme Fragen, da hat man keine zufriedenstellenden Antworten bekommen.*** *"*
MA6	*„Also, ich würde jetzt mal sagen,* ***nicht alles, was vom Management kommuniziert wird, wird unreflektiert ausgeführt. Man hinterfragt auch, insbesondere wenn die Motivation und die Ziele unklar sind****, dann denke ich, darf man auch 'kritisch' sein."*
MA7	*„'Kritisch' bin ich darum, dadurch geworden, man hat uns einmal einen Vertrag zur Unterschrift gereicht auf dem wir sozusagen das Gesetz ausgehebelt haben. Also das Gesetz war weniger straff als die intern, die* ***Verzichtserklärung****. Das ging um Nachtschichten, um die gesetzlichen, erlaubten Nachtschichten und dann haben wir,* ***ich habe dann nicht unterschrieben****, oder, drum, da bin ich schon 'kritisch'. Auf diesem, der Inhalt dieses Formulars war, dass wir* ***mehr als vom Gesetz erlaubt Nachtschichten*** *['machen'], dauernde Nachtarbeit."*
MA8	*„'Kritisch' bin ich so ein wenig mit einer gewissen Fachführung vom Unternehmen, die den Ressourcenbedarf bei den Abteilungen ausmacht. (...) Wir als kleine Abteilung sind mehr betroffen, als andere Abteilungen und wir haben nicht aufgestockt und wir werden den Eindruck nicht los, dass das Unternehmen ziemlich aufgestockt worden ist. (...) Dass in den Fachgebieten die oberste Unternehmensführung aufbaut wird und in den Abteilungen drinnen bleibt es eigentlich ziemlich gleich oder es wird eher abbaut und die Aufgaben, weil es mehr Leute hat, kommen mehr zu uns.* ***Also ihr müsst noch das machen, ich müsste noch über jenes wissen und ich müsste noch dieses oder jenes haben, oder so****."*
MA9	*„Bei dem 'kritisch', denke ich mehr, ist eher so, dass man einfach kritisch wird über, mit den Jahren. Ich beobachte das bei den Jüngeren, die wir im Unternehmen bei uns haben oder die wir gerade ausgebildet haben, dass die noch relativ, ja so mit einer Lockerheit und Naivität manchmal da sind und je älter die Mitarbeitenden sind, oder besser gesagt,* ***je länger sie im Betrieb sind, wird man kritischer und hinterfragt gewisse Sachen****. Das sieht man in unserer XXX-Zeitung z. B., die wir haben, da ist auch nicht immer alles wahr, was da drin ist, sondern man hat das Gefühl, ja, ist auch ein bisschen ein Propaganda-Instrument der Unternehmung. Viele Kollegen sagen immer, man müsse immer das XXX-Organ, also die XXX-Zeitung, und dann noch das Gewerkschaftsorgan lesen und dazwischen liegt das Richtige, ja. Weil die einen schreiben natürlich nur vom Positiven, dass es hier läuft und die Gewerkschaft ist manchmal sehr, sehr kritisch. Ja, das glaube ich, das lernt man einfach, so ein bisschen, ja."*

Emotion	Aussage der/des interviewten Mitarbeitenden je Emotion
MA10	*„Ich bin ‘kritisch’ eingestellt, teilweise zu gewissen,* ***gegenüber gewissen Entscheidungen, die gefällt werden, weil ich sagen muss, einerseits kommen mir gewisse Entscheidungen von der Unternehmensführung****, also Stufe X, teilweise zu [Pause], also* ***zu wenig transparent rüber. Ich verstehe nicht warum und wenn man nachfragt, kriegt man keine saubere Antwort oder klare Antwort,*** *warum das man jetzt wirklich links, rot statt blau oder was immer gewählt hat.* ***Auf der anderen Seite habe ich das Gefühl, es wird auch eigentlich zu wenig Vertrauen nach unten geschenkt****, dass denn die Mitarbeitenden oder das was drunter ist, der Körper, auch die richtigen Entscheidungen fällen kann.“*
MA11	*„‘Kritisch’.* ***Ich bin nicht immer einverstanden, mit dem, was die XXX kommuniziert****, auch nicht gegenüber Außen. Ich finde es auch nicht ok, zum Teil sagen sie schon vorneweg: ‘Ja, ihr müsst aufpassen, die Kunden werden reklamieren.’ Wenn man das schon weiß, wieso macht man es dann?“ (…) Was finde ich noch ‘kritisch’? Ja, also ganz allgemein, vom X-personal her,* ***vom Gefühl, es ist immer, wenn eine Neuerung kommt****, das bin jetzt nicht ich persönlich, aber da wird* ***zuerst mal rigoros geflucht.*** *Ganz allgemein, weil alles was neu ist, „es war ja gut wie es früher war“. Es gibt auch noch* ***viele Arbeitskollegen, die noch von den „alten Zeiten“ schwärmen: ‘Das jetzt ist ein Scheißdreck und so****. Bis man es dann mal hätt und so.’“*
MA12	*„Da muss ich jetzt ganz ehrlich sein, der Businessunit-Leiter meiner Branche [kl. Pause],* ***manchmal weiß man einfach nicht, woran dass man ist.*** *(…) Aber es sind [Pause]. Ich weiß nicht, ob ich das so direkt sagen kann? Aber doch, ich glaube schon. Also* ***es ist, was das Misstrauen ist, ist einfach die Person selbst****. [Pause]* ***Weil ich habe es jetzt ja an eigener Haut erlebt. Zuerst: ‘Ja danke für die Offenheit, danke, tip-top, alles bestens!’ Aber dann wiederum, ganz schlecht eigentlich.****“*
MA13	***„Auf das Ganze gesehen, ist sicher ‘kritisch’.*** *(…) Also ‘kritisch’ ist, wenn ich mir die Mitarbeitenden betrachte, sicher, ich bin gegenüber der Unternehmensführung kritisch:* ***‘Was machen die da jetzt in der Unternehmensführung?*** *Das sind so viele Leute und haben eine neue Abteilung und* ***warum braucht es uns*** *[=die Mitarbeitenden] überhaupt?’ Eben das ist die* ***Daseinsberechtigung im klassischen Sinne****. Ich meine, es könnte den Endanwender und die IT geben, oder? Und die gehen gerade direkt zur IT und „macht doch mal“, oder? Für was braucht es uns überhaupt noch bei der Drehscheibenfunktion.“*

Emotion	Aussage der/des interviewten Mitarbeitenden je Emotion
MA14	*„Zurzeit denke ich, ist so diese* ***besorgte, 'kritische' Haltung bei uns*** *doch noch, ja, ziemlich vorherrschend, weil es auch wieder eine Umstrukturierung gegeben hat, die ist zwar jetzt auch schon wieder über ein Jahr her, aber es hat nicht so wirklich aufgehört. Es ist, es ist sich immer noch am Verändern und man weiß, dass es nach wie vor noch Änderungen gibt. Gerade in unserem Team und letzten, ja* ***letzten Sommer wurde auch noch jemandem gekündigt*** *und das hat natürlich auch für* ***viel Unruhe und Besorgnis*** *gesorgt,* ***weil nicht offen kommuniziert wird****. (…) Und 'kritisch' ist natürlich einfach auch, wenn man sieht, wie hoch diese Ziele gesteckt sind und* ***wenn man genau weiß, was zumindest die Ressourcen in einem Bereich sind, dass das zum Vorherein eigentlich zum Scheitern verurteilt ist****!“*
Enttäuscht (14): spiegelt das Schlüsselerlebnis der Vertrauensverletzung wider	
MA1	*„'Enttäuscht', 'wütend', das ist vielleicht, das geht ein bisschen zusammen, das ist jetzt gerade wieder die Phase, dass ich, ich habe seit einer Woche einen anderen Arbeitsort. Und da wird halt immer die Flexibilität, die wird vom Mitarbeitenden, vom untersten Mitarbeitenden verlangt. (…) Es wird, ja es wird so eine ['Flexibilität verlangt'] und wie man, ich habe so gerade das* ***Gefühl gehabt, dass ich für blöd verkauft werde****. Da ist vor sieben Jahren, da war, als man xOrtsbezeichnungx für X3 den Standort gewählt hatte, da hieß es: 'Leute, das macht Sinn, schaut mal, wir haben hier (…) (gelöscht, um Rückschlüsse zu vermeiden). X2 gehört eigentlich an den Puls!' […] Und* ***irgendwie nach zehn Jahren heißt es, der Zins ist zu teuer, wir gehen hier raus,*** *wir gehen jetzt nach xOrtsbezeichnungx. Da ist kein Thema mehr, dass man an den Puls müsste, da wird irgendwie lapidar gesagt: 'Ja xOrtsbezeichnungx ist ja quasi ein Vorort von xOrtsbezeichnungx.' Also eben, das ist, da wird man für blöd verkauft. (…) Und jetzt wird irgendwie, man habe in xOrtsbezeichnungx keinen geeigneten Standort gefunden,* ***das glaube ich nicht schlichtweg****. Das glaubte ich Denen [=der Unternehmensführung] nicht. Wenn man gewollt hätte, wäre das bestimmt möglich gewesen und dann nach zehn Jahren merkt man, dass man eigentlich zu viel Zins bezahlt. Wir waren im ['…'] Tor eingemietet und dass man jährlich eine Million sparen kann. Ja warum braucht denn das zehn Jahre [mit ironischem Unterton]? Daher bin ich schon 'wütend' und auch 'enttäuscht' irgendwie.“*
MA2	*„Seit 2000, fast 2000 haben wir jedes Jahr, jedes Jahr, eine neue Organisation. Am Anfang hatten wir viel* ***Angst****, aber jetzt.* ***Resigniert*** *und 'enttäuscht'. Voilà, das ist jedes Jahr, wir wissen jemand ist weg, jemand ist neu. Donc, ['abgestumpft, ja'] sonst können wir nicht leben. Das ist, wir lachen, wenn wir hören, dass die anderen Abteilungen das machen, weil das fängt bei X1 oder X2 an, das ist nicht neu. Das ist ein Teil von unserem Leben. Das ist schade.“*

Emotion	Aussage der/des interviewten Mitarbeitenden je Emotion
MA3	Im Zusammenhang mit 'kritisch' und der Schilderung des Schlüsselerlebnisses; weiter kurze Erwähnung von: *„Also die ['Schichten'] waren dann, wahnsinnig lange Schichten und schlecht gelegt und so und dann waren auch viele Kollegen wieder enttäuscht darüber, wie das ganze umgesetzt wird."*
MA4	*„'Enttäuscht' noch bei mir persönlich bei dieser Umstrukturierung. Wir haben da diese Veränderung gehabt, dass unser Bereich „hochgeschoben" wurde. (...) Bei mir persönlich ist es so, bei diesen ganzen Wechseln und wie wir uns da umgebaut haben, haben wir auch unsere Abteilung neu strukturiert und da habe ich, bin ich von meinem Vorgesetzten, vom Team rausgelöst wurden und bin jetzt bei dem oberen Vorgesetzten angehängt. (...) Und da ist aber recht schnell was passiert, also wurde auch umgesiedelt, hat im ersten Moment auch noch für mich gestimmt, weil ich in der ganzen Situation mit der gleichen Erwartungshaltung reingegangen bin: 'Ok, das heißt aber auch, ich bin jetzt bei ihm angeordnet und als Fachleiter habe auch mehr Verantwortung, weil es ist nicht mehr nur Energie, sondern auch die andere drei Bereiche und das müsste doch auch in die Stellenbeschreibung und auch auf die Einordnung, vielleicht auf Lohn wirksam sein, irgendwelche Anpassungen haben!' Und habe dann auch noch zwischenzeitlich mein MBA-Studium abgeschlossen, d. h. ich habe auch noch mal Qualifikationen dazu gewonnen und es ist aber in die Richtung nichts passiert. Also ich habe dann ewig lang gebraucht bis die Stellenbeschreibung vorhanden war. Dann war eine unendliche Diskussion, ['die Stellenbeschreibung'] wurde fünf Mal zur HR hingeschickt, dann wieder geändert, wieder zurückgeschickt. Währenddessen sind meine anderen Mitleute, die genau dieselbe Situation gehabt haben wie ich, bei denen hat das auf einmal geklappt und haben neue Einstufungen bekommen und auch gehaltswirksame Änderungen und bei mir nicht. Und irgendwie ist das Ganze dann geendet in der Situation, dass, ja, ich denselben Vertrag habe und dieselbe Klasse und eine neue Funktion, die ich aber ganz ehrlich unter den Bedingungen nicht mal angenommen hätte. Also, hätte ich das gewusst! Jaaa, das enttäuscht extrem! Das war auch er [= der Vorgesetzte], das kreide ich ganz klar ihm an, das ist auch kommuniziert, also, das sage ich auch. Es geht aber auch in die Richtung HR und* ***es geht für mich um Gleichbehandlung****. (...) Er [= der Vorgesetzte] ist immer wieder mit unserem Vorschlag hin und HR hat gesagt: 'Nein die Stellenbeschreibung, das passt ihnen so nicht, das können sie nicht so einstufen.' Denn die haben da auch ihre komischen Klassen, wie sie das einstufen und sie nehmen dann andere Stellenbeschreibungen zum Vergleich. Und für mich geht es dann noch ein Schritt weiter, weil die Situation schlussendlich, wenn man sich das Gesamtabbild jetzt anschaut, haben wir zwei Frauen in der, also drei Frauen in der Abteilung und wir drei Frauen sind alle eine Stufe weiter unten und die Männer alle eine Stufe weiter oben. (...)* ***Wir haben auch dieselben Qualifikationen, dieselben Hintergründe****. (...) Das zweite [neben der ausbleibende Lohnerhöhung & Ungleichbehandlung, was enttäuscht], was ich noch mit ihm (dem Vorgesetzten) besprochen habe, dann in dem Zusammenhang, ist, dass er doch, also dass ich das sehe und dass es aus meiner Sicht etwas zu Prüfendes ist, ob das ein* ***Diskriminierungsproblem*** *ist und er hat dann mit ihr (= der HR-Chefin) Kontakt aufgenommen, hat dann gesagt, er will das erst mit ihr bilateral machen und daraus ist aber aus meiner Sicht nicht viel passiert. Also ich weiß, sie haben sich dann mal getroffen, aber ich habe dann nichts mehr gehört."*

Emotion	Aussage der/des interviewten Mitarbeitenden je Emotion
MA5	*„**So in-house**, intern, wenn man jetzt gerade so unser Gebäude **betrachtet, da funktioniert es gut, da wird man gefragt**: ‘**Wie würdet ihr es machen oder was sind eure Bedürfnisse?**’ Da, da habe ich jetzt hier, wo bin ich [zeigt auf den Tisch mit den Kärtchen], bin ich hier immer noch da [auf eine Karte zeigend, die ‘zufrieden’ angibt], **aber alles was höher geht, da muss ich sagen, das ist nicht mehr nachvollziehbar, das ‘enttäuscht’ mich.** Also da frage ich, da frage ich mich persönlich, **wie ich auf Dauer mit so was** [= Vorgaben, Entscheidungen der Unternehmensführung] umgehen kann **und wäre nicht dieser Part, also meine direkten Vorgesetzten und noch eine Stufe drüber, dann müsste ich wirklich sagen: ‘XXX mit dir bin ich irgendwie, also mit Dir kann ich mich nicht vereinbaren.’** (...) Aber aufgrund meiner persönlichen Erfahrung, habe ich immer gemerkt, dass wenn **man kritische Fragen stellt, dann gibt es da irgendwo ein Filter, wo, wie rote Knöpfe gedrückt werden**. Und dann geht das **gleich noch eine Stufe höher**. Also es gibt so ein Filter, wo, wenn bestimmte Schlagworte kommen, das auf eine Ebene getragen werden muss, wohl von der anderen Stelle. (...) Und dann kommt irgendwo ein Anruf, wo es dann heißt: ‘Ihre Mitarbeiterin hat da Fragen gestellt, kritische Fragen. [kl. Pause] **Pfeifen sie die doch bitte mal zurück!**’ [lacht zynisch] Und dann muss man sich sagen lassen: ‘Ja also, Du hast die richtigen Fragen gestellt, die waren auch, die waren ganz objektiv und sachlich gestellt, also völlig richtig, aber [‘...’].’ Also ich bin, ich sage mal, ich war dann in dem Moment [‘als die Interviewte „zurückgepfiffen wurde“, keine zu kritischen Fragen zu stellen’], da habe ich gedacht: ‘**Oh, das gibt es ja nicht!**’ (...) Ich war wie, ich war, wo ist das hier [auf die Karte ‘entrüstet’ tippend]. Also da, das eigentlich hier, ich war so ‘entrüstet’, wo ich sage, also das gibt es ja jetzt mal gerade gar nicht. (...) Und da muss man sagen, deswegen [=wegen der Erfahrung, „zurückgepfiffen zu werden“, keine zu kritischen Fragen zu stellen] bewegt man sich im Moment bei ‘vorsichtig’, ‘kritisch’, ‘zynisch’; und mit dem muss man auch schon aufpassen!“*
MA6	*„Ich denke, das [auf die Karte ‘enttäuscht’ zeigend] passt nicht schlecht. So im Sinne von ich habe eine starke **Bindung, eben zum Unternehmen und Produkt, aber ich habe manchmal das Gefühl, wie kann ich hier optimal einen Beitrag leisten, wenn ich irgendwie nicht genau weiß, wo es hingehen soll?** Und sogar das Gefühl habe, **vielleicht weiß das, dass Management auch nicht, wo es hingehören soll.**“*
MA7	*siehe Aussage zu ‘wütend’*

Emotion	Aussage der/des interviewten Mitarbeitenden je Emotion
MA8	*„'Enttäuscht', vielleicht ein wenig* ***nicht verstanden, fühle ich mich manchmal, wenn eine Managemententscheidung getroffen wurden ist,*** *egal wo, wenn diese nicht mit den Mitarbeitenden abgestimmt worden ist. (...) Und* ***wenn man einfach irgendetwas aufgesetzt bekommt****. Da dafür bin ich 'enttäuscht', das* ***ist für mich militärisch****, das ist* ***nicht mehr Führungsstil von Heutzutage****, sondern dass man Einwände kann bringen und* ***dann heißt es nicht einfach so: 'Das ist jetzt einfach so, fertig!'*** *Sondern, dass man sagt: 'Ok, wir schauen das noch mal zusammen an und vielleicht ist es dann so, es ist dann einfach so, fertig.' Aber dass die Variante, dass man es noch mal anschaut, dass diese manchmal bei gewissen Geschäften, gewissen Entscheidungen nicht mehr besteht."*
MA9	*„Ich bin 'enttäuscht', es gibt* ***einfach immer so Episödchen oder so Geschichten, die einem dazu einfallen, bei denen man etwas Anderes erhofft hatte*** *und ja,* ***eben dann 'enttäuscht' worden ist****. Einerseits halt, weil unsere Führungsetage so wahnsinnig weit weg ist von den Mitarbeitenden an der Basis. Ich weiß, das hört die Unternehmensführung nicht gerne, sie geben sich im gewissen Sinne auch Mühe, präsent zu sein bei uns, draußen an der Pinnwand wird jeden Monat wieder ein neues Führungsmitglied vorgestellt, so ein bisschen persönlich gemacht, dass man nicht sagen kann, man kennt die nicht. Aber wir sehen sie [= die Unternehmensführung] halt eigentlich nicht. Auf der anderen Seite muss man sie [=die Unternehmensführung] vielleicht auch gar nicht sehen und ihre Entscheidungen sind manchmal so weit weg und so fremd vom tatsächlichen Leben, vom Betrieb, ['von dem'] was wir hier jeden Tag wahrnehmen, dass man manchmal das Gefühl hat, sie haben gar nicht so Ahnung, was hier bei uns abgeht. Und gelangen, tut man zu ihnen eigentlich schwer, weil wenn wir das Anliegen haben, ist unser Ansprechpartner, ist immer der Teamleiter, die nächste Stufe. Es ist eigentlich, in einem gewissen Sinne auch nicht ['...'],* ***ist es auch nicht vorgesehen oder angedacht, dass wir irgendwie weiter „oben" etwas „anziehen" gehen****, sondern unser nächster Vorgesetzter, ist unsere Ansprechperson. Und ich glaub auch gar nicht, dass das wahnsinnig weit hinaufgegeben würde, wenn wir irgendetwas beanstanden oder etwas Kritisches einwenden. Da hat man manchmal das Gefühl, es versandet auf dem Weg nach „oben", bis zur Führungsetage versandet das und irgendwie kommt nicht an. Handkehrum [= umgekehrt] aber eben vielleicht auch* ***von „oben" her auch nicht immer alles, das ist nicht immer alles so nachvollziehbar.*** *(...) Ja und zu dem Enttäuscht-Kärtchen kommt mir zum Teil einfach in den Sinn, ein persönliches Erlebnis, jetzt. Wir sind noch nicht so lange her, vielleicht vor drei Jahren, sind wir neu eingestuft worden von den Lohnskalen her, vielleicht haben sie davon auch schon gehört, und da ist ganz klar irgendwie aus unserer Sicht, das Anliegen von der XXX gewesen, zum – ja, man kann es nicht anders sagen – schon ein bisschen zum Sparen. Man hat sich schon zwar irgendwie* ***probiert, es uns schmackhaft zu machen****: Es ist keine Sparübung und im Endeffekt würde die gleiche Lohnsumme ausgeben. Aber jetzt, als wir auch schon paar Jahre damit leben,* ***merkt eigentlich jeder, also jeder „Hinterletzte" merkt, dass es doch, dass es doch eine Sparübung war****."*

Emotion	Aussage der/des interviewten Mitarbeitenden je Emotion
MA10	*„Das Projekt, warum ich eigentlich zur XXX gekommen bin, das war ein Projekt, das geschäftsbereichsübergreifend wirken sollte. (…) Und das war, das war ein* ***Ziel des Projektes****, da Daten, eine* ***gesunde Datengrundlage zu schaffen*** *und auch prozessual, einen Schritt vorwärts zu kommen und die 'Enttäuschung' war dann damit verbunden, dass das Projekt, als man eigentlich sah, wo „der Fisch auf dem Tisch lag“ und wo man wirklich hätte sagen müssen, ok und jetzt einen Gang hochschalten, jetzt brauchen wir noch mehr Ressourcen, wir brauchen mehr Leute, die sich dem wirklich annehmen und auch sich den mutigen, also den frechen Fragen stellen und auch eine Antwort liefern und auch* ***irgendwie wirklich einen Schritt vorwärts machen, da wurde das Projekt zensiert*** *um zwei bis drei Jahre. 'Das Business sei noch nicht reif etc.!' (…) Das wurde gestoppt. Also ich kam früher, eigentlich vor der eigentlichen Initialisierung des Projektes schon dazu, aber nach rund einem Jahr, als ich wirklich voll drin war und wir den „Drive“ und all die Leute hatten, um da vorwärts zu machen, kam dann der Stopp. (…) Und das spannende jetzt da, die weiteren Schritte ['im Projekt'], die jetzt eine Begleitung benötigen, die werden wiederum, das ist ein bisschen, ja für mich eine Enttäuschung halt wieder,* ***da wird man jetzt von der Unternehmensführung einfach im Stich gelassen, im Sinne von: 'Ja, die haben es jetzt verstanden, wie es gehen muss, die sollten sich jetzt selber organisieren!*** *' Aber* ***sie [= die Unternehmensführung] hören das wirkliche Bedürfnis nicht unbedingt gern oder sie begreifen es nicht,*** *warum dass die [= Mitarbeitenden], dass sie eigentlich weiterhin so eng, wie man das jetzt im Projekt gemacht hat, weiterarbeiten sollten. Die Unternehmensführung löst sich dann relativ, wenn dann was beschlossen worden ist, relativ wieder rasch von der Umsetzung, einer Veränderung. (…) 'Entrüstet' war viel mehr [Pause], man hat letztes Jahr, also 2013, über* ***das Budget überstoßen****, 130 Millionen in der XX. Größtenteils wegen Fahrbahn; es ist wurscht. ['Auf jeden Fall'] 2014 hat man gebremst, sehr stark gebremst und hat gesagt, wir können nicht mehr so viel ausgeben, alles runterfahren, wir brauchen auch noch eine kleine Reserve, damit wir dann vielleicht wieder durch das Jahr kommen; gut ist. Aber man hat zu stark gebremst, war ein bisschen absehbar, man hat entsprechend Geld übriggehabt und plötzlich im September und was machen wir: 'Ok, jetzt alles wieder, Hahn auf, 17 Millionen innerhalb von zwei Monaten umsetzen, nicht planen. Raus und umsetzen!' Und* ***die Leute haben da gesagt: 'Hey, ihr spinnt! Wir kriegen das gar nicht hin****, wir haben die Leute nicht, die Maschinen nicht und und und.'“*

Emotion	Aussage der/des interviewten Mitarbeitenden je Emotion
MA11	*„Ja, grundsätzlich ist es ja so,* ***wie das Unternehmen denkt, wenn ich nach einem Tag wiederkomme und schaffe und nicht länger zu Hause bleibe*** *[zeigt auf die Karte ‘enttäuscht’]. Die* ***Frau vom HR hat sich dann beim Chef über mich beschwert****. Weil ich von Anfang an sagte, das kotzt mich an [lacht], dass ich das nicht ernst nehme. Wenn ich krank bin, bin ich krank und ich komme so schnell wie möglich wieder zum Dienst. Ich weiß, nein,* ***das ist ja das Konzept [= das Unternehmenskonzept]. Die glauben, sicher gibt es immer mal wieder welche, die „blau machen“****. Da überlegt er sich es zweimal, ob er nachher blau macht. Aber ich schaff ja da, also ich hab ja nicht blau gemacht, ich komm ja immer wieder gleich zurück.“*
MA12	*„Es gab wirklich einige Kollegen, da hat, das war wirklich ein, ein Kollege ist, glaube ich, auch so um die 55 jetzt inzwischen, also damals vielleicht so was 53, 52. Es ist ein Mensch, der hat immer seine Ziele erreicht. Der hat immer seine Vorgaben umgesetzt auf „schlag mich Tod“. Aber der hat einfach jedes, welches das Unternehmen vorgegeben hat, hat er erreicht. Ob er dann das wirklich so gelebt hat oder ob das wirklich in seinem Inneren genau so, also das glaube ich nicht. Aber hat auf jeden Fall, das was das Unternehmen wollte, hat er auch umgesetzt, dass das [‘...’]. Also* ***eben, er musste gehen. Man wollte ihn nicht mehr****. Und da war ich eigentlich, da war ich wirklich ‘enttäuscht’.* ***Also ich hatte noch eine Stelle, aber mit dem hätte ich jetzt nie im Leben gerechnet. Also, wenn schon dann, ich hätte keine Stelle, aber er ganz bestimmt nicht!*** *Und da glaube ich einfach, da lag es wirklich, das war einfach nur [‘...’], das, diese Schuld gebe ich dem Unternehmen (...).“*
MA13	*„Ja, ich glaube ‘enttäuscht’, also, vielleicht doch noch enttäuscht. Ich konnte gerade eben [‘...’]. Meine Chefin ist jetzt ein halbes Jahr, also vier Monate, ist sie in Reiseurlaub gewesen und ich habe das Team übernommen in dieser Zeit. Und ich kann jetzt mal sagen, ‘enttäuscht’ bin ich, ein Stück weit, wenn ich zurückschaue, das ist eben gerade fertig, insofern bin eigentlich ich vom* ***Funktionieren von unserem Führungsteam enttäuscht****, z. B. aktuell. Und enttäuscht bin ich,* ***wie unserer Führungsteam funktioniert****.“*
MA14	*„‘Enttäuscht’, ja jetzt beispielsweise eben* ***mit der Kommunikation „von oben“, das man da einfach so das Gefühl hat oder enttäuscht ist, dass man es als letzte erfährt.*** *Obwohl ja oder* ***dann halt auch das Gefühl hat, dass die Arbeit oder so nicht so richtig geschätzt wird oder in Frage gestellt wird****.“*

Emotion	Aussage der/des interviewten Mitarbeitenden je Emotion
Wütend (9): in Bezug auf das Schlüsselerlebnis	
MA1	*„Ja, aber gleichwohl, das hat mich auch wütend gemacht, irgendwie wir hatten letztes Jahr seit 30 Jahren, hatte X2 eine schwarze Zahl geschrieben und das war ein, es wurde sehr schön honoriert, also großzügig und so und danke an das Unternehmen. Aber es wurde eigentlich nichts mehr gesagt, wie viele Kollegen das gehen mussten! (...) Ja und da* ***ist jetzt so wunderbar, alles ist schön*** *[=ironisch/zynisch]. Ich hatte manche Kollegen, die eben irgendwie doch abgebaut wurden und und und,* ***man hat so die Zitrone ausgepresst. Das ist dann nicht so „fair play". Das ist alles vergessen und da hat man kein Wort mehr erwähnt*** *und nichts oder."*
MA2	*„'Wütend'. Ich denke, sie [=die Unternehmensführung] müssen schauen bei diesem Teil,* ***„oben" auch sparen, nicht immer „unten"****. (...) Für uns, es wäre sehr gut, dass sie [=die Unternehmensführung],* ***sie erklären uns, dass sie brauchen so viele Leiter****. Wir sehen viele neue Mitarbeitende, aber „oben" und „unten" immer weniger, weniger."*
MA3	*„Was mich 'wütend' macht gegenüber, ja, das ist dann die Führung, dass die einfach auch nicht die Eier haben, auf die Kollegen direkt einzuwirken. (...) Einfach* ***ihre Führungsaufgabe mehr wahrnehmen!*** *Wenn sie jetzt ein Problem haben mit, sagen wir mal, die Schuhe werden nicht getragen. Dann haben nicht, dann gingen sie nicht auf die Kollegen zu, die sie nicht tragen, sondern sie sagen einfach an alle: 'Ihr müsst alle die Schuhe tragen!' (...) Da hatten wir ein Problem in einem xOrtx, da wurde nicht richtig angehalten. Ich sag mal 90% machten ihre Arbeit richtig und 10% nicht, dann geht einfach ein Schreiben, ein Mail an alle, ja, dann ist die ['Loyalität'] [...], aber* ***sie haben nicht die Eier hinzustehen und zu sagen: 'Der Kollege und der Kollege und der Kollege!'*** *Das macht mich sehr 'wütend'."*

Emotion	Aussage der/des interviewten Mitarbeitenden je Emotion
MA7	*„Ja bei der XXX ist das Problem, oder, wenn Einer seine Arbeit nicht richtig macht, dann wird er einfach, sozusagen ersetzt. Dann wird die Arbeit, die er nicht gut gemacht hat, [‘...’] man sagt nicht, du muss jetzt das weitermachen bis es gut wird, sondern man sagt dann einfach, dann macht das ein anderer. Das, das macht mich zum Teil bisschen ‘wütend’, weil ich habe das Gefühl für mich selber, weil wenn ich schon hier bin, dann kann ich auch meine Zeit sinnvoll nutzen und ich mache gerne die Sache einmal und dann dafür richtig anstatt drei Mal und immer schlauer, wie man sagt. (...) Aber das Problem ist, man macht seine Sachen gut und dann hat man gleich drei andere Extrajobs. Man wird gar nicht belohnt, das macht mich ein kleinwenig wütend, man belohnt die, die es schlecht machen und die, die es gut machen, die bekommen dann einfach [‘...’], der Stapel wird dann höher mit Spezialaufträgen. Dann heißt es dann, ja super, das hast du super gemacht, kannst Du gleich wieder [‘...’] [lacht zynisch]! Es ist schon immer, ein wenig* ***Wutpotential dahinter****, nicht so, dass es mich irgendwie gleich zerfrisst oder irgendwer, aber* ***ist schon ein Aufreger, die ganze Firmenpolitik!****“*
MA8	*„‘Wütend’ macht mich immer noch unsere* ***Lohnpolitik****, wir hatten zwar ein Lohn- und Bewertungssystem, vielleicht sagt ihnen das etwas, und das macht mich wütend, dass das immer noch unkorrekt ist, wie jemand in der gleichen Funktion, unser System sagt ja, dass man Funktion muss man haben, was braucht man für eine Ausbildung, was braucht man für Fähigkeiten, um den Job machen zu können? Dass Leute, die das gleiche machen wie ich, in einer anderen Abteilung, klar [‘mit’] etwas mehr Leuten, aber mit Fähigkeiten, die man muss haben, ob man die für 1.000 oder 10.000 Leute hat, ist eigentlich das Gleiche, dass die vielmehr verdienen, das macht mich wütend.“*
MA11	*„Ja, also wenn sie irgendetwas,* ***wenn sie (=die Unternehmensführung) irgendetwas gegen alle Widerstände durchsetzen*** *müssen, wo sie sagen: ‘Das ist jetzt so, das müsst ihr umsetzen!’ Dabei, ah, z. B., was macht mich ‘wütend’, wenn wir jetzt zurück zur Einteilung gehen, dann sagen sie, die Teamleiter seien zu teuer. Da werde ich richtig zynisch. Aber* ***im dritten Stock haben sie innerhalb eines Jahres das dreimal umgebaut, für das haben sie Geld****. So Sachen, begreif ich dann nicht, also wirklich. (...) Was macht mich noch ‘wütend’? [Pause] Ja, was ich nicht begreife.* ***Es gibt, in letzter Zeit sind viele schneller befördert wurden.****“*
MA12	‘Wütend’ im Zusammenhang mit ‘vorsichtig’: *„Ja, naja das hängt eigentlich alles ein bisschen zusammen. Wenn [‘Nachfragen’] dann kritisch und ‘vorsichtig’, weil ich eben schon mal enttäuscht wurde und ‘wütend’ war.“*

Emotion	Aussage der/des interviewten Mitarbeitenden je Emotion
MA13	*„Also sehr 'wütend', also [Pause]. Wo eine Entscheidung getroffen wurde, in einem Projekt, auf SAP-Seite, und da ist immer die Frage, macht man was auf SAP oder nicht. Warum eine Entscheidung getroffen wurde, wo wir eigentlich nicht gleichwertig beurteilen können, ob SAP oder nicht SAP und man hat sich gegen SAP entschieden. Dabei hat mich nicht die Entscheidung selber 'wütend' gemacht, in dem Sinne,* ***sondern mehr der Weg, wie man dazugekommen ist und wer, was, wo dazu beigetragen hatte****, dass man schlussendlich, sich dagegen entschied."*
MA14	*„Ja,* ***'wütend' sind wirklich solche Sachen, die eigentlich mich betreffen, direkt betreffen, aber zuerst an meinen Vorgesetzten gehen****. Da, da bin ich wirklich wütend. (...) Ansonsten, wütend? Ja, es geht in die gleiche Richtung, dass* ***einfach überall über den Kopf von einem entschieden wird****, das kann auch sehr wütend machen. (...) Für eine Entscheidung gibt es manchmal, einfach so, dass die* ***Unternehmensleitung*** *dann vielleicht auch schon eine Idee haben oder andere im Projekt* ***eine Idee haben, wer es sein könnte und dann das Ganze wieder drehen wollen*** *und* ***wenn man da eine saubere Arbeit gemacht hat und auch machen möchte, dann wird das einfach gedreht****, obwohl die ja nicht wirklich wissen, was da gegangen ist, wie die Prozesse sind, wie die Punktzahlen sind, dann kann das auch sehr 'wütend' machen."*
Ängstlich/bange (6): auf die Zukunft des Unternehmens bezogen	
MA2	*„Ich hatte ein sehr gutes Gefühl, aber um ungefähr, ich weiß nicht mehr, 2004 ungefähr gab es eine neue Reorganisation. Große, neue Reorganisation, weil vorher es gab kleinere, aber keine Angst für das. Aber da wir haben neue Position, neuer Job, neue alles. Und ich war ein wenig [Pause] 'ängstlich' und kritisch auch und ich weiß nicht mehr. Weil wir wissen, es war eine, wie eine große Familie, aber wir kennen alle und ein Teil, sie sind weg und ein Teil ist geblieben, aber jedes Jahr derselbe Prozess.* ***Weil wir müssen sparen. Zu viel Personell, sie müssen, wir müssen sparen****. (...) Alors, das sind die Chefs, sie sagen: 'Du bleibst, Du bleibst nicht!'* ***Wir haben keine Infos****. (...) Wir haben gehört, dass die Arbeit schlecht, zu lang ist (...). Sie haben für uns, einige Personen mussten bleiben und sie haben für uns, für meine Augen, sie haben einen „Putz gemacht"! Die schlechten Personen. Ein Teil ja, aber ein Teil nein, weil einige Personen mussten weggehen, das ist klar, aber die anderen nein. Und das* ***macht einen großen Einfluss auf das Team****."*

Emotion	Aussage der/des interviewten Mitarbeitenden je Emotion
MA4	*„'Ängstlich', 'bange' habe ich jetzt genommen* ***wegen der finanziellen Situation oder wie es kommuniziert wird*** *und wie ja, wir sind gerade in der XYZ-Verhandlung mit dem XXX und ja, da diese Unsicherheiten, wie die Verhandlungen laufen, auf welcher Ebene die geführt werden, inwieweit da, ja noch sachlich geredet werden kann oder vielleicht Unstimmigkeiten bestehen zwischen den Parteien: XXX und XXX. Wie man das Ausmärzen kann und wie wir ganz ehrlich zu einer vernünftigen Zahlenbasis kommen können, wo wir, ja, wo das Unternehmen auch dahinter stehen kann und das verlangen kann und der XXX darauf eingeht. Also* ***'ängstlich' in die Richtung, was passiert in der Zukunft****, weil ohne die Gelder hat das viel Auswirkung auf die XX."*
MA5	***„Gegenüber der Unternehmensführung, da bin ich 'ängstlich', 'bange' und auch bei allem, was in Richtung Unternehmensführung geht****, da bin ich in der Richtung sehr* ***'kritisch' und auch 'vorsichtig'****. Weil ich ja auch nicht weiß; ich habe auch so Erfahrung gemacht. Deswegen war ich* ***vorhin bei der Frage, inwieweit kriegt HR da was an Informationen? Ich habe die Erfahrung gemacht, dass das nicht alles wasserdicht ist.****"*
MA6	*„'Ängstlich' würde ich jetzt in dasselbe Gefühlsmuster einordnen. Also, jetzt* ***ängstlich eher vor der Zukunft oder davor, nicht gewappnet zu sein.****"*
MA8	*„'Ängstlich' macht mich, ja das tun wir mal noch weg [eine Karte weglegend], 'ängstlich' und 'besorgt' macht mich, kann ich zusammen nehmen, die Art vom Herrn X.* ***Ob die Art von Herrn X uns weiterbringt als XXX?****"*
MA14	*„Ich habe es bereits oder wir haben es bereits angesprochen, besorgt, 'ängstlich' geht ins Selbe [bzgl. Umstrukturierung] rein. Es ist, es ist sich immer noch am Verändern und man weiß, dass es nach wie vor noch Änderungen gibt. (...) ich weiß, dass eine Angst ['um den eigenen Arbeitsplatz'] da ist. Es sind auch noch andere Leute „verschwunden", ob die gekündigt worden sind oder nicht, weiß man nicht so genau. Aufgrund der Restrukturierungen und auch Rücksetzungen von Personen, die eigentlich vorher eine Führungskraft waren, waren plötzlich nur noch Mitarbeitende da."*
Besorgt (7): in Bezug auf die Zukunft des Unternehmens	
MA1	*„Ja, das ist, kritisch, 'besorgt' und so, ich frage mich jetzt, ich habe ja nicht im Sinne noch 20 Jahre zu arbeiten und ich frage mich z. B. jetzt, ist das jetzt meine Endstation? Oder ist in fünf Jahren wieder ein Umzug angesagt? Das ist* ***so das Langfristige irgendwie****. Man hat die Garantie eigentlich nicht mehr ['für das was kommt']."*

Emotion	Aussage der/des interviewten Mitarbeitenden je Emotion
MA3	*„'Besorgt' sind wir natürlich immer. Die Wirtschaftslage so quasi, das trifft natürlich immer die XYZ. Es betrifft immer stark, wie jetzt auch mit den xGeldeinheitx. Da ist man natürlich dann immer sehr besorgt."*
MA5	*„Dann kommt nämlich das, dass man sagt, da ist man traurig, da ist man 'besorgt', in welche Richtung das (=die Vorgaben der Unternehmensführung) geht. Also, **ich für mich persönlich bewege mich eher tendenziell, also auf dem, so nach unten.**"*
MA6	*„'Besorgt' ist für mich so etwas **die Frage, ob unser Management in der Lage ist, die XXX, ach das ist nun nicht anonymisiert, die XXX fit zu machen für die Herausforderungen der Zukunft?**"*
MA10	*„Also 'besorgt' und 'entrüstet', das haben wir in unserem Projekt ganz klar gespürt, **dass sich die Mitarbeitenden bisschen losgekoppelt von der Unternehmensführung verstehen.** Das ist vornehmlich, sage ich jetzt mal, an die Geschäftsleitung gerichtet, kann natürlich auch mit dem Unternehmen zu tun haben. Weil immer nur auf Unternehmensführungsstufe den Kunden in den Vordergrund stellen, das ist sicher wichtig und richtig, aber dann, wenn man dann A sagen muss, muss man auch B sagen und muss sagen: 'Ok, dann brauchen wir auch entsprechende Mittel, beispielsweise, den Unterhalt zu finanzieren und konsequent dafür einzustehen!' (...) Ja doch, besorgt und bange, das passt, also mit der breiten Fläche der Mitarbeitenden eben, das hat mich schon bisschen schockiert. Das haben wir jetzt auch im Abschlussbericht zum Projekt explizit drin gelassen, die Leute, die gesagt haben oder der **Eine, der gesagt hat, er könne nachts jetzt nun nicht mehr gut schlafen, weil er nicht weiß, ob irgendwie aufgrund irgendeiner Entscheidung in der Zentrale, jetzt die eine XYZ nicht ausgewechselt werden konnte, dass da nicht noch ein Unfall passiert. Das ist ein sehr krasses Beispiel.**"*
MA11	*„Also ich habe 'besorgt' genommen, weil es jetzt noch mal Änderungen gibt bei uns, in der Einteilung. Wo es jetzt, ja ab Juni-Einteilung, wird es anders sein. (...) 'Besorgt' bin ich deswegen, weil ein Schreiben herauskam, sie sagen, dass man nur noch drei Wünsche pro Monat haben darf. Und jetzt ist meine **Sorge, dass meine Einteilung nicht mehr so genial ist,** wie die letzten zwei Jahre, wo es wirklich super war. Für mich ist die Einteilung ein absoluter Motivationsfaktor, für mich, weil wir wirklich Schichten schaffen und das muss wirklich stimmen. Finde ich ganz, ganz wichtig."*
MA13	*„'Besorgt', das ist aktuell schon die Situation, wo sehr schwierig abschätzbar ist, **mit der ganzen Verschuldung**, die wir haben und die Prognose, die wir haben von der Verschuldung, dass ist doch ein besorgniserregender Anstieg, das ist, das besorgt mich schon, ja. "*

Emotion	Aussage der/des interviewten Mitarbeitenden je Emotion
Vorsichtig (8): hinsichtlich der Kommunikation mit der Unternehmensführung	
MA5	***„Gegenüber der Unternehmensführung, da bin ich ‘ängstlich’, ‘bange’ und auch bei allem, was in Richtung Unternehmensführung geht**, da bin ich in der Richtung sehr **‘kritisch’ und auch ‘vorsichtig’**. Weil ich ja auch nicht weiß; ich habe auch so Erfahrung gemacht. Deswegen war ich **vorhin bei der Frage, inwieweit kriegt HR da was an Informationen? Ich habe die Erfahrung gemacht, dass das nicht alles wasserdicht ist.** (…) Also ich persönlich bin ein Mensch, der dann, wenn ich höre, es tut sich was, dann gehe ich halt zu meinem Vorgesetzten und frage: ‘Du, was tut sich denn da?’ Und dann frage ich halt und wenn er die Chance hat, mir dazu was zu sagen, bestimmte Sachen darf er ja nicht kommunizieren. Bei Sachen, die er kommunizieren darf oder mir halt einfach sagt, da sage ich ihm dann auch meine Meinung, da werden wir schon sehr wohl gefragt. Aber die Frage ist halt einfach von, also **bestimmte Sachen auf einer anderen Ebene**, sage ich mittlerweile auch schon [‘Vorsicht!’]. **Beides eigentlich [‘beim Wie- und Was-Sagen bin ich vorsichtig’**]. Also beim Wie-Sagen bin ich eigentlich immer eher der Typ, ich sage es sachlich und vor allen Dingen, wenn ich es schreibe und das meiste funktioniert ja dann über das Schreiben. Also wenn ich etwas schreibe, dann bin ich immer, also das geht nur sachlich.“*
MA6	*‘Vorsichtig’. Würde ich jetzt mal sagen, gerade bei uns in der IT hat es mal geheißen, wir ziehen nach xOrtsbezeichnungx um. Dann hat es wieder geheißen: ‘Nein, von uns hat es keinen Platz!’ Mittlerweile wurde etwa **drei bis fünf Mal kommuniziert und immer mit anderem Inhalt**. Das ist dann schön, dass überhaupt kommuniziert wurde, das ist begrüßenswert, aber ich frage mich dann schon, **weshalb kommuniziert man nicht erst, wenn man gefestigte Informationen hat**? Deshalb auch vorsichtig, weil ich das Gefühl habe, **Vieles, was kommuniziert wird, wird dann nicht so heiß gegessen, wie es gekocht wird**.“*
MA8	*„‘Vorsichtig’, aufgrund der Jahre, und **was man sagt** (…), **wie sagt man so schön sagt, die Wege sind unergründlich**, oder so, was manchmal stimmt. (…) Eigentlich **über alles vorsichtig, wo, wen, mit wem, was man redet, so.** Man muss **aufpassen, die Wände haben Ohren,** oder solche Sachen. (…) Man muss sehr vorsichtig sein. Also, **ich habe gelernt für mich, dass man vorsichtig sein muss**.“*

Emotion	Aussage der/des interviewten Mitarbeitenden je Emotion
MA9	*„'Vorsichtig' habe ich gewählt, weil, ich glaube auch, bei vielen Kollegen und auch bei mir selber drinnen beobachte ich, dass man wahnsinnig vorsichtig damit umgeht, was man sagt und* ***kann man einer Aussage auch bis ins Detail hin vertrauen****, weil doch über die Jahre irgendwie bekommt man das vielleicht mit, es wird wahnsinnig* ***viel geredet und geschrieben und schlussendlich läuft es darauf raus, dass denn eben nicht alles so genau ist, wie*** *es in einem gewissen Sinne* ***versprochen worden ist****. Ich glaube, jeder hinterfragt, je länger, dass er im Unternehmen ist dann immer auch* ***die Sachen, kommt es auch wirklich so?*** *Kann man dem trauen? Nicht weil die Menschen dahinter böse sind oder einen bei jeder Gelegenheit, hintergehen oder bescheißen möchten oder so, aber man lernt, vielleicht ein bisschen, ja, wie mit allem, dass man eigentlich Sachen, die man schriftlich hat, wäre immer die beste Sache, dann kann man es wieder vorweisen und sagen, ich habe da etwas Schriftliches, es hat ja mal anders geheißen. (...) 'Vorsichtig' einfach so ein wenig, was auf einen zukommt, wo man für, wenn man sich jetzt so eine Waagschale vorstellt,* ***was die XXX am liebsten noch gerne möchte, noch aufladen möchte, an Verantwortung, an zusätzlicher Arbeit und auf der anderen Seite aber nichts draufgeben möchte****, da bin ich schon ein bisschen 'vorsichtig'. (...) Ja oder auch 'vorsichtig' mit [in Bezug auf] Lohn, Wertschätzung! [kl. Pause] Genau, wie soll ich sagen? Boni, gibt es bei uns in diesem Sinne eigentlich nicht einfach, auch dass man auch auf der anderen Seite ein bisschen etwas merkt, man möchte ['...']. Mein Empfinden ist zum Teil,* ***dass man für möglichst wenig oder nichts den gleichen Leuten****, die halt mittlerweile fachliche Kapazitäten sind, die sind nicht mehr die Jüngsten, die noch viel lernen müssen, sondern eigentlich Fachspezialisten sind, dass man denen* ***am liebsten noch gerne mehr drauf und mehr drauf****. Ja, da bin ich ein bisschen* ***vorsichtig, was sie einem immer wieder probieren, unterzujubeln*** *[lacht ironisch]."*
MA10	*„Das ist mehr wegen der* ***Angstkultur, die da von den Mitarbeitenden, von ganz „unten" hoch, teilweise noch spürbar ist****, auch kommuniziert wird."*
MA11	*„'Vorsichtig' ist mehr, mehr gegenüber dem, ja eben,* ***dass man alles begründen muss können****. [kl.Pause] Aber eh,* ***und wissen, wem man, was sagt. Damit es nicht wiederkommt*** *[=weitergeht]. [lacht] Also,* ***wenn man lästert oder flucht, wo man was sagen kann, damit es nicht zurückkommt****. "*
MA12	*„Wenn ['Nachfragen'] dann kritisch und* ***'vorsichtig', weil ich eben schon mal enttäuscht wurde und 'wütend' war****."*
MA14	*„'Vorsichtig', ja das ist das Resultat daraus, eben* ***wenn man nicht so genau weiß, was einen erwartet****, ist man sicher ein bisschen* ***vorsichtiger mit seinen Äußerungen****. Hingegen ist man auch kritisch, wie das halt immer ist, wenn es Umstrukturierungen gibt und ja, auch nicht so ganz sicher ist, wie das Ganze weitergeht."*

Emotion	Aussage der/des interviewten Mitarbeitenden je Emotion
Zynisch (6): zynisch gegenüber der Unternehmensführung	
MA3	*„'Zynisch' macht uns sehr oft, ['...']* ***auf der einen Seite wird das erzählt, auf der anderen Seite wird genau das Gegenteil gemacht****. (...) Aber es sind schon diese Sachen, halt genau die Sachen, die ich erklärt habe, die uns so ['zynisch'] machen. Die Sache mit der* ***Weihnachtskarte****. Auf der einen* ***Seite jammern, die Führung jammert ja: 'Wir müssen sparen und alles!'*** *Und auf der anderen Seite,* ***am anderen Tag, kommt ein Hochglanzprospekt nach Hause*** *geschickt,* ***persönlich adressiert. Völlig unnötig! Jeder schmeißt es nur grad ins Altpapier! Solche Sachen, die machen uns so ['zynisch'].*** *"*
MA5	*„Also ich* ***mache schon meine Witze, bin 'zynisch'****, jetzt über das Thema Desk-Sharing und ich sage mir einfach, dass reguliert sich von ganz alleine, weil* ***kein Mensch lässt sich da irgendwo bevormunden****."*
MA6	*„Es ist eben so, das ganze* ***Thema Spardruck****, dann wird kommuniziert, die* ***Weihnachtsfeste sind klein zu halten oder aber ganz auszufallen*** *und zwei Tage nachdem das kommuniziert wurde, wird dann kommuniziert, wir haben eine neue XXX-Uhr im Hauptsitz xOrtsbezeichnungx; hat übrigens irgendwie xGeldeinheiten gekostet. (...) Aber* ***wie viele Weihnachtsfeste man damit machen könnte!?!*** *(...) Ich glaube, ich störe mich jetzt gar nicht, gar nicht mal da dran, dass die Weihnachtsfeste gekürzt wurden, sondern* ***dass die Aussagen so widersprüchlich sind****. (...) Eben es ist immer dann, wenn irgendwelche* ***nicht nachvollziehbare Entscheidungen getroffen werden oder inkonsistente Kommunikationen*** *gemacht werden. (...) Also gut jetzt, Achtung Zynismus, wir haben ja da das* ***Ziel konstruktiv-kritische Auseinandersetzung*** *[zeigt auf die Abbildung, die im Raum hängt]. (...) Wird „offensichtlich" gewünscht. Bei dem Beispiel,* ***wo zwei Mitarbeitende das Unternehmen verlassen haben, hatte ich das Gefühl, das es nicht gewünscht war*** *[lacht]. Unsere Führungsgrundsätze! Die sind halt kommuniziert, aber vielleicht nicht von jeder Führungsperson verinnerlicht und gelebt. Und deshalb, ich habe in einigen Bereichen, ['festgestellt'] da kann man gut mit kritischem Feedback umgehen, anderen Ortes habe ich wirklich das Gefühl einen, es ist besser,* ***wenn man es für sich behält.*** *"*

Emotion	Aussage der/des interviewten Mitarbeitenden je Emotion
MA10	*„Aber was wir effektiv damit [=mit dem Geld] machen, ob wir, also* ***das Hinterfragen des Mitteleinsatzes, das findet nicht statt*** *und da ist, das sehe ich persönlich,* ***einen ziemlichen Handlungsbedarf****. Dies führt dann auch dazu, eben da sind wir in der breiten Fläche von Mitarbeitenden, dass dann gewisse,* ***gewisse Aussagen unserer Unternehmensführung einfach fast zynisch betrachtet werden; erscheint dann auch zynisch!****“*
MA11	*„Von meinem Team z. B. haben zwei die Einteilung [=Schichteinteilung] gemacht, immer sehr gut, die letzten zwei Jahre hatten wir eine super Einteilung gehabt. Und jetzt haben sie es geändert. Es sei zu teuer, ja. Jetzt könnte man das zynische [Kärtchen] nehmen! [Lacht] Es sei zu teuer [lacht], deshalb machen es jetzt wieder nur Fachleute?!? Da haben sie jetzt ein, drei Stellen kreiert und die machen im Büro jetzt diese Einteilung zu 100%.“*
Traurig (3): wird mit dem Umgang von Unternehmensführung und Mitarbeitenden verbunden	
MA5	*siehe ‘besorgt’*
MA2	*„Ich bin ‘traurig’, weil sie [=die Unternehmensführung]* ***vergessen das Know-how des Personals. Es fehlt auch die Personen, die Bescheid wissen****. Wenn sie, […] wir warten auf eine Antwort und jemand muss Bescheid sagen. Voilà. Das ist sehr schwierig dann, einen Bescheid zu haben. Es dauert lange und wir denken, sie haben Angst, diese Antwort zu geben.“*
MA8	*„‘Traurig’ ist für mich auch Sachen, die mehr auf dem Zwischenmenschlichen ablaufen, in gewissen Hierarchiestufen, in denen vielleicht das gegenseitige Vertrauen, das gegenseitige Verständnis nicht vorhanden ist, das ist traurig. Und zwar habe ich das Gefühl, dass ich bei mir manchmal schon denke, wie es an anderen Orten wäre. Hier* ***bei mir muss ich sagen, ist das nicht in den Rücken schießen, das ist etwas, wo in der Kultur der XXX ist****.“*
Zufrieden (10): bezogen auf die Tätigkeit und auf das Produkt/die Dienstleistung, zufrieden zum Einstellungsbeginn oder ganzheitlich zufrieden	
MA1	*„‘Zufrieden’ das sehe ich eindeutig über die 38 Jahre, schon bald sind es 39 Jahre.* ***Immer ausnahmslos spätestens am 25. des Monats hatte ich meinen Lohn****, all die Jahre, all die Jahrzehnte, ausnahmslos, immer. Das ist sehr, da bin ich sehr zufrieden, das finde ich sehr schön.“*

Emotion	Aussage der/des interviewten Mitarbeitenden je Emotion
MA2	*„Am Anfang, es war, ich war sehr 'zufrieden', weil ich habe eine neue Familie entdeckt. Wo ich arbeite im xyz und wir kennen alle die Familien von den anderen Mitarbeitenden, die Kinder. Es war eine große Familie. Wir sehen uns einmal pro Jahr mindestens. Es war eine schöne Zeit bis 2012, ich war bei xyz und dann haben wir gehört, diese xOrtsbezeichnungenx müssen schließen. Ok, ich muss mir was anderes suchen, deshalb bin ich zu X2 gekommen in dieser Zeit. xOrtsbezeichnungx und am Anfang, es gab nichts. Wir haben alles neugebaut. Es war sehr interessant, viele Personen kennengelernt, viele verschiedene Muttersprachen. Es war noch zufrieden und interessant.“*
MA4	*„Das ist, also 'zufrieden' habe ich jetzt gewählt, weil aus meiner Sicht, wenn man mich jetzt fragen würde, wie ich mit meinem Arbeitgeber, wie ich mich dem gegenüber, ja, gerade empfinde, würde ich sagen, 'zufrieden'. Und ich habe auch den Eindruck, dass die Mitarbeitenden rundum zufrieden sind, so als Grundeinstellung. GENERELL? Ja, deshalb habe ich das jetzt mal genommen. Es ist so, ja, es gibt einfach viel Sicherheitsgefühl. Man weiß, es ist ein Großunternehmen, ein langlebiges, es gibt bestimmte Werte, die damit vertreten sind und auch, wo man selbst dahinter stehen kann und mit der, dieser Grundsituation würde ich sagen, ja, besteht Zufriedenheit. Es ist jetzt nicht komplett 'ängstlich' oder irgendetwas. (…) Also eigentlich, es gibt schon Höhen und Tiefen, es gibt also sicher in der Arbeit Tage, wo ich voll Spaß habe und alles passt, aber diese Grundtendenz, dass man einfach, eben* ***eine Organisation*** *hat,* ***die nicht stimmt und es kommt nicht auf die Beine.*** *Es ist, also wenn sich da mit dem Thema Personal nichts, irgendetwas jetzt drastisch mir entgegenkommen würde oder irgendwie ändern würde, dann ist das Gefühl [hohes Misstrauen & kein Interesse mehr zu bleiben, somit Kündigungsabsicht] auf jeden Fall so. (…) Ich habe schon das Gefühl [es ist „fünf vor 12“]. Aber vor allem als Person gerade deshalb, weil ich ein Mensch bin, ich will nicht in die Resignation gehen, da habe ich keine Lust drauf, das muss ja auch nicht sein. (…) und* ***wenn ich ein Tief habe und Job nach Vorschrift mache, macht mich ja nicht glücklich, gibt mir ja auch nichts****. “*
MA6	*„Ich würde mal sagen, meine* ***Hauptmotivation ist das Produkt und nicht unbedingt die Führung****. OK. Also ich finde einfach, ich will bei einem Arbeitgeber arbeiten,* ***wo ich hinter dem Produkt stehen kann und das ist hier ganz klar der Fall****. “*
MA8	*„'Zufrieden' bin ich* ***mit meiner Arbeit****, die ich machen darf und meinem Arbeitsplatz.“*

Emotion	Aussage der/des interviewten Mitarbeitenden je Emotion
MA9	*„Ja '**zufrieden**', ich behaupte immer noch **trotz allem**, das jetzt in diesen Jahren war, **Negatives und Positives** und so, dass ich zufrieden bin mit meinem Arbeitgeber und zufrieden bin mit meinem Job und grundsätzlich auch mit den Arbeitsbedingungen und allem. Von dem her, ich habe immer das Gefühl, wenn denn, gerade vielleicht bei den Kollegen wieder vielleicht das Thema aufkommt über alles „runterzulassen" und zu lästern über dies und jenes, denke ich auch wieder, es ist eigentlich kein schlechter Arbeitgeber, bei dem wir angestellt sind und man muss manchmal auch einfach wieder dran denken, dass man auch Positives hat, dadurch dass man in dem noch halb XXX arbeitet, in der Privatwirtschaft ist auch nicht alles immer nur rosig oder zum Teil bläst dort auch ein anderer Wind als bei uns."*
MA10	*„Sonst **selber 'zufrieden' bin ich** im Sinne von, also mir **selber jetzt, persönlich**, eigentlich zufrieden. Ich bin in einem Umfeld gelandet, wo ich sagen kann, dass ich sicherlich mich weiterentwickeln kann, ich habe auch in sehr kurzer Zeit, sehr viele, sehr spannende Leute ['getroffen'], Kontakte knüpfen können."*
MA11	*'Zufrieden', **ich mag mein Job**. Ich finde es gibt, ich habe mich auch schon mal umgeschaut. (...) Wir müssen kommunikativ sein, schon rein vom Job her und das macht wirklich der „Pleasure", auch mit denen zusammen schaffen, im Team und und. Es gibt nichts Vergleichbares, hab ich irgendwie das Gefühl, es ist kein Bürojob, es ist kein Job, es ist kein Job draußen an der kalten Luft, schon manchmal, aber nicht so, und darum mache ich ihn wirklich gerne. Von dem her, **das Berufsbild gefällt mir.**"*
MA12	*„Das ist eigentlich im Großen und Ganzen, bin ich, bin ich eigentlich **'zufrieden' mit meinen, also mit der Tätigkeit, mit dieser Stelle**, welche ich im Moment bin. Ähm, ja genau, also angefangen habe ich bei der XXX, habe ich natürlich zufrieden, weil ich konnte die, mein Lehrabschluss machen und gleich am Folgetag eine feste Anstellung annehmen und das war eigentlich schon der erste Schritt und da war ich eigentlich glücklich. Es ging aber, **es ['die Zufriedenheit'] hat aber nicht, leider nicht so lange gehalten,** weil dann kam schon die erste Reorganisation, also irgendwie zwei Monate nach meiner Festanstellung kam das Thema [kl. Pause] Reorganisation von, von einer Branche, aus einem Branchenverkauf, wie wir es heute wieder haben zu einem Flächenverkauf."*
MA14	*„Ich denke auch, dass **'zufrieden' auch auf das Team** zu beziehen ist, dass da doch ein **gutes Zusammenspiel** ['herrscht'] und jetzt meine ich wieder das Team, das zusammengewürfelte Team, man versteht sich gut, man geht respektvoll miteinander um. Man wird unterstützt, falls nötig, also da ist sicher auch eine Zufriedenheit vorhanden."*

Emotion	Aussage der/des interviewten Mitarbeitenden je Emotion
Zuversichtlich (7): in Bezug auf die Unternehmenszukunft; teilweise auf Team- & Vorgesetztenebene (nicht auf Unternehmensführungsebene) bezogen	
MA5	*„'Hoffnungsvoll' oder **'zuversichtlich' bin ich, ist aufgrund der Ebene von meinem unmittelbaren Vorgesetzten und Abteilungsleiter**, weil die da immer noch irgendwie, **es versucht wird „nach oben", versucht wird hin zu kommunizieren: 'Passt auf, was ihr da macht!'** Also ich, ich habe eigentlich, **mein Vertrauen basiert auf, auf die unmittelbaren Leute, mit denen ich in Kontakt bin.** Damit man **vielleicht „nach oben" noch was bewegen kann.**"*
MA7	*„Ich bin 'zuversichtlich', dass das [=ausbleibende Sanktionen] langfristig nicht funktionieren kann und dass das irgendwie, dass das auch besser wird. **Auf einen Satz, dass sich Leistung wieder lohnt!** Alles in einem gesunden Rahmen, aber, ja. Ich glaube nicht, dass das ewig so weitergehen kann, oder, darum bin ich eigentlich schon zuversichtlich, dass das dann, dass das dann klappt."*
MA8	*„'Zuversichtlich' bin ich eigentlich, dass es so weitergeht, dass **unsere Struktur so bleibt** und dass das so bleibt und so, aber es hat Verbesserungspotential, aber das ist überall und je nachdem, wie man es anschaut, für den Einen stimmt es mehr als für mich und für den anderen vielleicht ein bisschen weniger. Ich bin zuversichtlich, dass **das funktioniert, die Linienführung und die Fachführung**."*
MA9	*„Das erste, 'zuversichtlich', was ich da gewählt habe, das ist eigentlich wie gesamtumfassend, habe ich das Gefühl. Ich und mein Team, ich glaube, schlussendlich glaubt jeder von uns dran, **dass Zukunft da ist und das man in einem guten Unternehmen arbeitet** und ich glaube auch, wir sind zuversichtlich, dass unsere Führung eine gute Arbeit abliefern will, also dass der Wille zumindest da ist, uns in eine gute Zukunft zu führen auch auf der Seite vom Geld und der Politik und so die richtigen Entscheidungen zu treffen, aus dem Grund zuversichtlich."*

Emotion	Aussage der/des interviewten Mitarbeitenden je Emotion
MA10	*„Das, das muss ich sagen,* ***das „Change" initiieren, aber dann nicht begleiten****, das ist ein fataler Fehler und da habe ich natürlich schon bisschen [Pause]. Ich bin zwar* ***'zuversichtlich', dass das jetzt wirklich*** *mit, nach drei, vier, fünf Mal Projekten, bei denen wir immer wieder dieselben Punkte* ***von „unten" zur Unternehmensführung tragen, dass das verstanden wird. Ich hoffe einfach, dass sie*** *(= die Unternehmensführung)* ***es jetzt begriffen haben!*** *Weil die Handlung danach [nach dem Change] eben jetzt in meinem Projekt XYZ für einen Teil eher, ist ja wiederum tendenziell so, der Change ist beschlossen, aber wir müssen es jetzt, die XX kann jetzt selber schauen, und da bin ich ein bisschen anderer Meinung, das braucht Begleitung."*
MA11	*„Ja, 'zuversichtlich', das ist mehr, meistens so, alles was neu ist, wird schon mal bei uns kritisiert und solche Sachen. Aber ich bleib zuversichtlich, warte mal ab, denke vielleicht kommt es ja trotzdem gut, weil sie wissen, wie es so läuft. Ja, wie man schon sieht, ich geb halt dem Arbeitgeber [lacht] viele, viele Chancen [lacht]. Ja,* ***ich denke, ich komme einfach schaffen, kassiere meinen Zahltag*** *(...)."*
MA13	*„'Hoffnungsvoll' ist nicht so, vielleicht mehr 'zuversichtlich', so. (...) Aber für mich ist es ein bisschen schwierig, mir persönlich ist es schwierig, ich bin auf einem Dorf aufgewachsen, wo der öffentliche Verkehr nicht sehr ausgeprägt ist und da ist es schwierig zum Sagen, aber ich bin nach wie vor begeistert vom System. Ich bin nicht der, der, es gibt ja noch die ganz schweren XYZ, die wo eine X-anlage daheim haben und so, aber* ***ich bin sehr überzeugt vom, vom Produkt, was wir haben****, das würde ich mal so sagen."*
Glücklich (4): auf die eigene Person, die Tätigkeit an sich bezogen	
–	*Von den stark misstrauischen Mitarbeitenden keine Nennung zu 'glücklich'*
MA8	*„'Glücklich' bin ich einfach mehrheitlich mit der ganzen Situation. Das zeigt sich, wir sind in der XXX mit der zufriedenste Bereich. Wir haben Zahlen von 96 Punkte von 100 möglichen und der Schnitt ist so bei 70, 76 von der Gesamt-XXX und das macht einen auch* ***glücklich, in so einem Bereich arbeiten zu dürfen****."*
MA10	*„Ich schätze mich auch 'glücklich' in einem* ***Umfeld arbeiten zu können, wo ich der Meinung bin, dass wir sehr viel auslösen können****, auch dann begleiten müssen, also nicht nur „den Stein ins Rollen bringen", sondern auch schauen, dass er den richtigen Weg nimmt."*

Emotion	Aussage der/des interviewten Mitarbeitenden je Emotion
MA11	*„Ja, 'glücklich' macht mich,* ***wenn ich positive Feedbacks bekomme****. Von Kunden."*
MA14	*„'Glücklich', naja, ich weiß nicht, ob das alle so sagen würden, aber ich fühle mich eigentlich noch, ja meistens glücklich. Aber* ***das liegt auch etwas an meiner Person.****"*
Erleichtert (3): im nahen Tätigkeitsumfeld vertrauensvolle Beziehungen zu haben	
MA6	*„'Erleichtert', also ich glaube so, grundsätzlich, insbesondere innerhalb der IT, habe ich ein* ***großes Vertrauen in die Leute und auch dass man eigentlich ehrlich und direkt miteinander kommunizieren kann****. Selbstverständlich haben viele „Hidden Agenas", aber trotzdem habe ich das Gefühl, dass man mehrheitlich direkt miteinander sprechen kann, man kann Probleme offen diskutieren und das würde ich jetzt als erleichternd sehen. Also es ist nicht so, dass ich das Gefühl habe, ich muss jedes Wort auf die Waagschale legen, weil ich dann vom Richter angeklagt werden könnte [lacht zynisch]."*
MA8	*„'Erleichtert' bin ich,* ***was wir für eine Vorgesetzte bekommen haben****, die Leiterin Sicherheit und Qualität. Da bin ich froh, dass wir auch den Leiter Sicherheit, so regeln konnten, das ist gut gegangen. Ich bin ja wie gesagt schon ein Momentchen [=eine Weile] bei X3, und war vorher nur bei XYZ und dann hat man es umstrukturiert, XYZ und als es darum ging, konnte mir es niemand sagen, aber es war relativ klar, dass ich dabei bleibe. Nachher ['nachdem klar war, dass er in der Abteilung bleibt'] ging es auch darum, was stellst Du Dir vor, bin ich offiziell gefragt wurden: 'Wie stellst Dir vor, wenn Du den Job behalten kannst, was muss dein Chef können? Wie muss er sein? Eigentlich habe ich mir, meinen Chef selber aussuchen können, das ist gut. Und genau gleich ist es jetzt mit dem Chef gelaufen, der konnte auch helfen, die Leiterin Qualitätssicherung mitzubestimmen und das ist etwas, das ich sehr gut finde. Und da bin ich auch erleichtert, dass das so gehen konnte, das harmonisiert jetzt sofort."*
MA13	*„Ich habe, also jetzt habe ich eine Situation gehabt, wo von einer* ***Studie****, die ich gemacht habe, wo nachher abgenommen werden muss, durch das Leitungsteam, wo ich selber 'erleichtert' war,* ***dass es so gut abgenommen wurde****, die Studienergebnisse. Da kann ich eigentlich darauf aufbauen, also das ist für mich, als Beispiel so eine große Erleichterung gewesen."*
Hoffnungsvoll (3): dass es besser wird	
–	*Von den stark misstrauischen Mitarbeitenden keine Nennung zu 'hoffnungsvoll'*

Emotion	Aussage der/des interviewten Mitarbeitenden je Emotion
MA8	*„'Hoffnungsvoll' bin ich auf mein* ***nächstes Mitarbeitergespräch****, dass das gut kommt. Da habe ich im Zwischengespräch auch die Lohnsituation angesprochen und dann bin ich guter Hoffnung, dass das gut kommt, mal schauen, das ist so."*
MA10	*„Dann Punkt 'hoffungsvoll'. Es gibt Mitarbeitende, die haben Hoffnung. Ich bin einer davon, also ich zähle mich dazu. Es gibt auch bei den Mitarbeitenden ganz viele, die haben immer noch die Hoffnung, auch jetzt aus dem Projekt raus, die sind überzeugt, die sagen sich auch, wir schlagen jetzt eine Wegkorrektur ein und die gehen wir nun wirklich auch.* ***Also Hoffnung ist da, die Frage ist einfach, wie lange?*** *Das ist, das ist beispielsweise auch ein Thema, das kam ja aus der Mitarbeiterzufriedenheit ziemlich klar raus. Also als* ***Anforderung an die Unternehmensführung: 'Gebt uns Hoffnung, gebt uns [Pause] Vision!'*** *Gebt uns, und die Vision ist nicht immer nur, der Kunde muss immer zufrieden sein! Das ist keine Vision, da müssten wir irgendwie,* ***da muss irgendwas passieren****. Das ist auch, das spüre ich von den Mitarbeitenden, das habe ich da ziemlich raus gespürt."*
MA12	*„Eben, Hoffnung, das ist auch so ein Punkt. Ich habe ja auch, wie gesagt 12 Jahre, für diese schwarze Null gelebt oder wir alle haben für diese schwarze Null gelebt und jetzt ist sie da. Also jetzt haben wir sie bald das zweite Jahr erreicht, eben wie gesagt, dieses Jahr ist sehr schlecht angelaufen, wirklich sehr schlecht. Ich für meinen Bereich, wie gesagt, ich bin ja für den Bau und für die Entsorgung zuständig. Ich hoffe natürlich, dass durch besseres Wetter auch ein besseres Baujahr kommt, wobei ich muss auch sagen, dieses Jahr und letztes Jahr hatten wir eigentlich grundsätzlich ein schlechtes Baujahr, also was die Baustellen betrifft. Es gab wenig Baustellen, liegt nicht an uns, liegt an den Baustellen draußen. Aber ab 2016 sagt man ja, kommen wieder neue Projekte, neuer Tunnelbau, neue Werke, neue, eben, wie auch immer. Wegen dem habe ich aber trotzdem, vor allem jetzt gerade, in der Gegenwart habe ich eigentlich doch noch* ***Hoffnung, dass es besser kommt****."*

Emotion	Aussage der/des interviewten Mitarbeitenden je Emotion
Hocherfreut (2): zum Einstellungsbeginn	
MA5	*„Zum Beispiel habe ich,* ***ich habe bei der XXX angefangen und da war ich echt 'hocherfreut'****. Ich fand alles super und perfekt und meine Geschichte war, ich hatte am Anfang noch ein Skiunfall, gleich, kurz nach der Probezeit. Da habe ich natürlich gedacht, mmmhhh, scheiße! Habe dann hier angerufen, habe gemeint: 'Naja in ein, zwei Wochen bin ich sicher wieder da.' (...) aber aus den zwei Wochen wurde nix. Ich bin dann komplett 3 Monate weggewesen, zwei Monate voll und dann den dritten Monat so langsam wiederkommend. Und da muss ich sagen, da fand ich die Reaktion, wie man das hier im Haus gehandhabt hat mit den Führungspersonen wirklich super. Also, was Besseres hätte ich mir gar nicht vorstellen können und deswegen habe ich auch bei der XXX* ***viele glückliche Momente und zufriedene Momente,*** *die mit der Führungsebene hier im Haus zusammenhängen. Also mit der direkten und mit meinem Vorgesetzten bis auf halt unsere Regionenstufe hoch. Also ich kenne diese glücklichen Momente."*
MA10	*„Also starten tue ich eigentlich,* ***als ich hier gestartet bin bei der XXX und das war sicher, das verbinde ich mit 'hocherfreut'.****"*
Begierig (2): auf die Persönlichkeit im Sinne von 'wissbegierig' bezogen	
–	*Von den stark misstrauischen Mitarbeitenden keine Nennung zu 'begierig'*
MA8	*„'Begierig'?* ***Wissensbegierig****, das bin ich und die XXX ermöglicht mir das auch. Ich habe drei Kurse gemacht und den Erwachsenenbildner [Namen der Weiterbildung] gemacht. Habe eigentlich gute Weiterbildungen machen können. [Anmerkung: Der Mitarbeitende kümmert sich selbstständig & aktiv um Weiterbildungen.] Ich gehe, ich gehe schauen, was es gibt, extern bei Fachhochschulen. Ich schaue, was passen könnte und darauf hätte ich Lust, und beim nächsten Personalbeurteilungsgespräch haben wir das zur Diskussion. Dann muss wieder alles geschrieben sein, ein Antrag gestellt sein."*
MA10	*„Ich verbinde das mit* ***wissbegierig****. Das* ***ist auch persönlich****, das* ***beschreibt mich*** *ziemlich gut. Begierig heißt für mich auch nicht nur im Sinne von Wissen, sondern* ***auch im Sinne von Vorwärtskommen****."*

Quelle: Eigene Darstellung

Abb. A5: Aussagen je Emotion – Feld 2 (geringes Misstrauen/hohes Vertrauen)

Emotion	Aussage der/des interviewten Mitarbeitenden je Emotion
Erleichtert (2): auf die Arbeit, die Dienstleistung bzw. das Produkt bezogen	
MA18	*„'Erleichtert' habe ich jetzt ausgewählt. Bei mir ist das so,* ***bei meiner Präsentation****, die ich halten musste in xOrtsbezeichnungx, ähm, auf Französisch. Ich habe auch schon in xOrtsbezeichnungx gearbeitet, das war vor vier Jahren. Ich kann schon, ich beherrsche die französische Sprache, aber man merkt, dass es nicht meine Muttersprache ist. Ich habe* ***im Rahmen eines Projektes, hatte ich die Möglichkeit, ein neues Produkt****, oder ein angepasstes Produkt* ***vorzustellen****, den Bewirtschaftern und dann noch den Leistungserbringer."*
MA17	*„Mit 'erleichtert' ist gemeint, dass es* ***zwei Wochen dauert bis die Inbetriebnahme fertig ist****. Anfangs hat das so ausgesehen, dass die Arbeit für uns gigantisch ist und wir fast in Streß kamen und* ***dann eine Erleichterung,*** *dass wir dann die Abnahme, also dass* ***die Abnahme gut war****. Dass es nur ein, zwei kleine Fehler gehabt hat."*
Kritisch (3): positiv- konstruktiv ausgelegt	
MA18	*„'Kritisch' habe ich ausgewählt, ist ein bisschen in meinem Charakter eigentlich vorhanden, weil manchmal in einem großen Unternehmen ist es manchmal so, es gibt* ***Umstrukturierungen und neue Organisationen****, da ist es manchmal immer ein bisschen für den Arbeitnehmer eine „spezielle Situation". Ich denke, da ist es auch sehr wichtig, dass da möglichst früh Informationen abgesetzt werden können, dass das auch gemacht wird, weil sonst ist man immer etwas kritisch und man überlegt, wie könnte das kommen. Es* ***gibt dann immer viele Diskussionen in der Pause****, wo der Chef nicht dabei ist,* ***wo diskutiert wird. Wenn man Klarheit schafft, würden diese Gespräche gar nicht entstehen.****"*
MA15	*„Kritisch', das ist das Gehalt. Das finde ich zu hoch. (...) Ich muss sagen, ich bin mit seinem Lohn [=* ***Lohn des CEO****] nicht einverstanden. Wenn wir es wieder auf's Geld bringen, er verdient eine Million, das ist eindeutig zu viel. Wir haben* ***überhaupt in den westlichen Ländern****, was man in den anderen Ländern ['sieht'], vielleicht ist es genau gleich, aber ich bekomme es in erster Linie bei uns mit. Diese* ***apokalyptischen Gehälter****, wo man sagen muss, eine Million ist nix, wenn andere da 20–30 Millionen absahen. Langfristig sehe ich das im Sozialen so, die Leute sind dann nicht mehr bereit, dass sie aus ['...'], man muss anders formulieren, sie sind dann zu Egoismus erzogen. Man nimmt, man nimmt, was man kriegen kann. Die oberen machen es ja vor. 20, 30 Millionen absahnen oder ich sag jetzt eben, eine Million, ich mag jeden, sein Gehalt gönnen. Aber im Verhältnis, abgestuft nach unten, aber es ist nicht so, dass es eine Million braucht, eine Million xWährungx* ***für einen Unternehmenschef richtig zu entlohnen. Das ist einfach zu viel."***

Emotion	Aussage der/des interviewten Mitarbeitenden je Emotion
MA17	*„'Kritisch' sind wir einfach im Team, auch wenn es um den xBezeichnungx geht,* ***wenn es um die Sicherheit geht****. Weil am Schluss fahren ja Personen tagtäglich hin und her und deshalb sind wir kritisch,* ***dass es zu 100% geht****."*
zuversichtlich (3): in Bezug auf die Zukunft, Arbeitsplatzsicherheit, einen guten Beitrag leisten zu können	
MA15	*„28 Jahre dabei, da haben wir schon viel erlebt, muss ich zugeben,* ***nicht total krass Negatives****. Aber z. B. einmal die Wirtschaftskrise, das war die Jahre um 1991, 1992, da war es, dass im Privaten immer wieder Leute entlassen worden. Die XXX hat damals wenig Arbeit gehabt, in erster Linie weil der xTransportverkehrx zurückgegangen ist und sie haben damals niemanden entlassen. Sie hat sogar ein Angebot gehabt, das hieß: Unbezahlter Urlaub mit Suplement. Das heißt, man ist Zuhause geblieben, man hat 20% Lohn bekommen, das hat gereicht, um die Rentenbezüge zu zahlen. Ich habe das ausgenutzt und ich muss zugeben, das hat damals, das war nicht ganz am Anfang meiner Dienstkarriere, aber so 1986 angefangen, das hat so in der Mitte* ***'Zuversicht' gegeben****. Das man sagen muss, die* ***Firma hat mich in schlechten Zeiten durchgetragen, niemanden entlassen****, war für alle nicht einfach* ***und das macht mich auch 'zuversichtlich', dass das auch so in Zukunft sein wird****. Man muss immer eines sehen, wenn's ein xBerufsbezeichnungx in der höchsten Besoldungsklasse ist, ein junger macht es für 40% billiger und trotzdem* ***bin ich der Überzeugung, ich werde nicht aufgrund von den schlechten Zeiten entlassen****, weil ich schlicht und einfach zu teuer bin.* ***Die Firma wird mich weiterhin auch in schweren Zeiten durchtragen****. (...) Und da gehe ich davon aus, da bin ich 'zuversichtlich', dass mich die XXX weiterträgt. Wobei* ***es ist ja ein Geben und Nehmen****. Ich gebe ihnen meine Arbeitskraft.* ***Ich gebe ihnen meine Arbeitskraft und auf der anderen Seite habe ich quasi wie einen sicheren Hafen. Das ist ein Geben und Nehmen.*** *Solange ich meine Komponente nicht verändere, bin ich 'zuversichtlich'."*
MA18	*„'Zuversichtlich' habe ich ausgewählt,* ***weil ich das Gefühl habe, einen sicheren Arbeitgeber gefunden zu haben, der auch auf mich setzt*** *und ich denke, wenn ich in Zukunft schaue, die XXX wird sicherlich weiterhin Ressourcen brauchen und ich bin da* ***zuversichtlich, dass ich mein Know-how weiterausbauen kann****. Ja, und einen wesentlichen,* ***einen guten Beitrag leisten kann für das gesamte Unternehmen, in der Zukunft auch und damit auch für unsere Kunden.****"*
MA17	*„Es war so, dass die* ***Wägen keinen guten Qualitätsstandard*** *hatten. Da wir in der Betriebsetzung sind, haben wir das alles 1:1 erlebt und* ***alles korrigiert und derweil waren wir 'zuversichtlich', dass es gleich besser wurde.****"*

Emotion	Aussage der/des interviewten Mitarbeitenden je Emotion
Zufrieden (2): auf die Gesamtsituation und auf den eigenen Beitrag bezogen	
MA16	*„Bei der ‘Zufriedenheit’ ist es so, eine* ***gesamtheitliche Zufriedenheit****. Auf der einen Seite, dass ich mich so* ***gut entwickle*** *und auf der anderen Seite auch, ja wenn man sieht, was wir für Möglichkeiten haben,* ***was wir für Möglichkeiten kriegen, uns weiterzubilden****. Und auf der anderen Seite auch so das Gebäude hier, wenn man das anschaut oder,* ***ganz neu. Man bekommt wirklich neuwertige Sachen. Die Infrastruktur ist sehr gut.*** *Das sind halt die Sachen, die mich zufrieden stimmen und nicht zuletzt,* ***ich weiß am Ende des Monats auf was ich hingearbeitet habe****, sprich* ***was mir versprochen wurde, wurde genau eingehalten*** *und das ist auch nicht selbstverständlich.* ***Man gibt was und kriegt was zurück****. Und das ist, ja, so viel zur Zufriedenheit. Ich würde sagen, ja, das ist eigentlich durch’s Band gezogen, das spielt immer überall hinein.“*
MA15	*„Ja, ich mein so, eines des wichtigsten bei der Arbeit ist schlussendlich oder gehört zum wichtigsten dazu, ist der Lohn, das Gehalt. Darüber identifiziert man sich auch. Die* ***Leistung wird gemesssen im Gehalt*** *und überhaupt, der Mann, der orientiert sich an der Leistung, an der Leistungsfähigkeit, was kriegt er an Geld. Da muss ich sagen, da* ***bin ich im Gehalt, mehrhaltlich zufrieden****. Deshalb habe ich auch die zweite Karte ‘zufrieden’ gewählt. (…) Ich bin grundsätzlich, ich bin grundsätzlich ein zufriedener Mensch. Ich versuche dann zu sagen: ‘Wo stehe ich als Mensch?’ Ist es jetzt mein Platz oder bin ich nicht zufrieden, weil ich nicht am richtigen Platz bin? Und da muss ich sagen, obwohl das nicht mein Traumberuf war. Ich hätte gerne ein eigenes Geschäft gehabt. Ich habe als Elektriker die Meisterprüfung gemacht und während der Meisterprüfung habe ich mich so aus Jux und Tollerei bei der XXX beworben. Eigentlich wollte ich gar nicht. Hat mich einer angestiftet und dann bin ich schlussendlich geblieben, habe zugesagt. Wenn ich jetzt guck,* ***ich bin ‘zufrieden’ an dem Platz, wo ich als Mensch heute stehe. Die XXX passt zu mir, da sie etwas Beständiges ist.“***
Glücklich (3): mit dem Gesamteindruck, dem eigenen Beitrag und dem Unternehmensklima	
MA18	*„‘Glücklich’ habe ich ausgewählt. Ähm [kl. Pause], weil für mich, glücklich bin ich eigentlich, ja, wenn ich* ***keine Sorgen*** *habe. Ich arbeite jetzt auch schon 10 Jahre hier und ich muss sagen, ich habe das Glück, dass ich bis* ***jetzt immer ein Aufgabengebiet betreut habe, dass mir eigentlich entspricht, das mich interessiert, wo ich mich entwickeln kann, wo ich gefordert und gefördert werde****. Das macht mich eigentlich glücklich. Ich war niemals in der Situation, dass ich gesagt habe, jetzt, es ist langweilig hier und so, es ist nicht mein Ding.“*

Emotion	Aussage der/des interviewten Mitarbeitenden je Emotion
MA16	*„'Glücklich' ist irgendwie, das ist einfach die Emotion,* ***der Gesamteindruck****, das ganze, das passt einfach. Glücklichsein heißt für mich,* ***wenn ich reflektiere, als ich hier eingetreten war,*** *da hat man schon die schwarze Null bei X2 geschrieben. Jetzt ging es um die Bestätigung und weiter und sofort.* ***Wenn ich jetzt schaue, wir haben es wieder geschafft, und wie wir es geschafft haben!*** *Unser Beitrag, für die Ersatzteilbeschaffung oder das Umfeld. Ich habe einen Chef, der mich eingestellt hat und mich jetzt weiterentwickelt hat. Ich finde, er hat einen sehr guten Job gemacht, was mich angeht. Aber auch allgemein für das Umfeld, was dann die Wirkung daraus war,* ***der gemeinsame Nutzen, der war wirklich gut. Wenn ich auf das zurückschaue, auch in die Zukunft, dann bin ich einfach 'glücklich'.“***
MA17	*„'Glücklich'. Das hat den Zusammenhang mit dem Team, wo ich zusammenarbeite. Mit dem XXX-Team,* ***weil wir witzen zusammen, haben auch Spaß****, genau. Wir machen unsere Arbeit. Eigentlich locker, wenn es locker sein muss und ernst, wenn es erst sein muss. (…) Im Team selbst kommunizieren wir sehr gut,* ***wir haben ein gutes Klima. Das passt mir schon.“***
Hoffnungsvoll (2): was bewegen zu können, dass die Kollegen/innen mitziehen und hoffnungsvoll auch weiterhin für die Entwicklung in der Zukunft	
MA16	*„Dann 'hoffnungsvoll'. In dem Sinne, wenn ich jetzt schaue, ich war vorher bei X1, oder, und jetzt bin ich bei X2 und viele haben mir gesagt: 'X2, wieso gehst Du dahin?' Immer bissle so, wie das kranke Kind der XXX. Ich muss hier sagen, ich habe hier Chancen gesehen, weil es ein kleiner Betrieb ist und auch relativ schnell gemerkt, dass man hier was bewegen kann. Schnell etwas bewegen kann, oder, das Umfeld. Deswegen kommt das* ***'hoffnungsvoll' sehr stark in Verbindung, weil ich merke, dass man hier sehr schnell etwas bewegen kann und auch die Leute ziehen mit****, die wollen. Das finde ich, das gibt mir Hoffnung.* ***Wenn ich etwas an mich reiße und dann weiß ich die Leute ziehen mit und das sehe ich.*** *Und darum merke ich das, das 'hoffnungsvolle'. Ich habe einfach das Gefühl, dass man hier* ***schneller etwas bewegen kann, dass dann auch greift****. Das 1:1,* ***dass man zum Gesamtergebnis etwas beitragen kann.****“*
MA18	*„'Hoffnungsvoll' habe ich ausgewählt. Ja [kl. Pause], weil ich eine* ***gewisse Sicherheit spüre vom Arbeitgeber****. Ich habe das* ***Gefühl, dass er auf mich setzt und das macht mich natürlich hoffnungsvoll auch für die Zukunft.****“*

Emotion	Aussage der/des interviewten Mitarbeitenden je Emotion
Begierig (1): neue Themen kennenzulernen	
MA18	*„'Begierig' habe ich ausgewählt [Pause], weil ich ein interessierter Typ bin. Also es ist nicht so, dass ich nur sage, jetzt interessiert mich nur hier die Reinigung und das andere nicht. Ich bin auch zurzeit auf einer höheren Fachschule, für den Abschluss als Betriebswirtschaftler. Das gefällt mir auch, dass ich die Möglichkeit habe,* ***viele unterschiedliche Themen kennenzulernen*** *und ich denke,* ***das bringe ich auch mit****. Also,* ***mir ist es nicht egal, was ich mache. Es interessiert mich schon, wieso und warum****. Und das hat mich eigentlich persönlich weitergebracht, der Job mit, auch ja mit dem Privatleben verknüpft."*
Hocherfreut (1): eine Weiterbildung machen zu dürfen/können	
MA17	*„'Hocherfreut', das ist* ***auf mich bezogen****. Ich mache jetzt eine Weiterbildung, also eine Ausbildung und anfangs gab es keine Chance,* ***die Weiterbildung zu machen****, da ich 80% schaffen muss und 20% in die Schule muss und am Schluss ist das trotzdem noch gegangen."*
Vorsichtig (1): auf die Sicherheit bezogen, richtig mit den Werkzeugen umzugehen	
MA17	*„'Vorsichtig', vorsichtig sind wir eigentlich immer. Denn es ist gleichwohl* ***ein gefährlicher Job mit den Werkzeugen****. Es gibt viele Unfälle. JA? Ja, zum Teil, genau. Das wäre z.B., dass ein Mitarbeitender die Flex benutzt hat und dann die Flexscheibe zerbrach, weil er nicht die richtige Scheibe für das richtige Material benutzt hat und er hat sich dann am Oberarm verletzt gehabt. Darum immer vorsichtig sein, schauen was man macht.* ***Die Werkzeuge richtig auswählen****."*

Emotion	Aussage der/des interviewten Mitarbeitenden je Emotion
Enttäuscht (1): nicht vorab hinsichtlich einer Umstrukturierung informiert zu sein	
MA18	*„Ja, das war anfangs letztes Jahr. Da haben sie uns mitgeteilt,* ***dass eigentlich unsere OE [=Organisationseinheit] nicht mehr existiert*** *in diesem Rahmen, oder. Und ich war dann ein bisschen geschockt. Ich war auch ein* ***bisschen 'enttäuscht' in diesem Moment****. Weil ich habe das Gefühl, ich bin jetzt in der Weiterbildung, in der Fachschule, da hatten wir auch Organisationsentwicklung durchgenommen. Da gibt es sehr interessante Bücher und da steht immer,* ***man soll Betroffene zu Beteiligten machen*** *und so zeitig wie möglich informieren. Und das war ein Schock, die Belegschaft. Es waren 30 Leute dort. Plötzlich das neue Organigramm. Aber ich muss jetzt wirklich sagen, ich habe mich da, es hat mich enttäuscht.* ***Ich bin dann auf meinen Leiter zugegangen und jetzt muss ich sagen, jetzt werden wir vorinformiert. Ich habe das Gefühl, ein Lerneffekt hat stattgefunden****. Aber ich weiß noch, an dem Tag, ich war geschockt. Die Leute haben mir das auch angesehen. Wir wurden nicht vorinformiert. Es ist ein komisches Gefühl, wenn du dich nicht mehr auf dem Organigramm siehst. Du weißt nicht mehr, wer ist unserer Leiter. Gibt es uns noch in diesem Umfeld? (…)* ***Aus der heutigen Lage, wenn ich jetzt sehe, die Realität, für mich ist es überhaupt nicht schlimm. Aber in diesem Moment war die Information ['nicht vorhanden'].****“*

Quelle: Eigene Darstellung

Schlüsselerlebnisse: Ausführliche Darstellung

Die Abb. A6 stellt das Schlüsselerlebnis für jede(n) Mitarbeitende(n) des Feld 3 (hohes Misstrauen/geringes Vertrauen) detailgetreu dar. Teilweise ist es nicht nur ein Schlüsselerlebnis, das zur Vertrauensverletzung führt, sondern mehrere Erlebnisse.

Abb. A6: Zitate zu den Schlüsselerlebnissen der Mitarbeitenden – Feld 3 (hohes Misstrauen/geringes Vertrauen)

Interview / Mitarbeitende(r)	Schilderung des/der Schlüsselerlebnisse
MA1 Informationale Ungerechtigkeit	Nach MA1 besteht sein Schlüsselerlebnis in der informationalen Ungerechtigkeit, da er sich *„für blöd verkauft"* vorkommt und die Unternehmensführung kaum ehrlich kommuniziert: *„(...) bei jeder Wandlung, bei jeder Reorganisation, das da so, da wird dann* ***immer so kommuniziert: 'Jetzt haben wir „das Gelbe vom Ei!"'*** *Und das ist irgendwie ['...']. Ich hatte letztens, gerade letzten Herbst das* ***Erlebnis,*** *da war ein Projekt, es geht um die, vor allem um die Kunden, um die Kundenbetreuung und um die Kundenzufriedenheit, Kundenmanagement. Und dann haben sie [= die Unternehmensführung] irgendetwas, das Gefühl gehabt, sie haben jetzt irgendetwas, das wäre doch top und so und ich sage: 'Ja, ja, das haben wir vor acht Jahren auch gemacht, aber das wurde dann abgeblockt.' (...) Aber es wird dann* ***immer so ein bisschen kommuniziert: 'Jetzt aber! Jetzt aber!'*** *(...) Warum eigentlich kann ein Unternehmen, das frage ich mich jetzt so, können die [= die Unternehmensführung] nicht sagen: 'Ja, wir haben die, wir hatten jetzt diese Organisation oder diese Struktur und das ist nicht so gut gelaufen, weil usw. Darum ändern wir wieder'. Es wurde ja schon oft genau aus diesem Grund geändert, aber das* ***wurde nie kommuniziert. (...)*** *es wurde eigentlich* ***nichts mehr gesagt, wie viele Kollegen das gehen mussten!*** *(...) Ja und da ist jetzt so wunderbar, alles ist schön. Ich hatte manche Kollegen, die eben irgendwie doch abgebaut wurden und und und, man hat so die Zitrone ausgepresst. Das ist dann* ***nicht so „fair play"****. Das ist alles vergessen* ***und da hat man kein Wort mehr erwähnt*** *und nichts oder. (...) Ja, so, irgendwie das Vertrauen ist irgendwie angekratzt, weil ich denke, die Kommunikation ist nicht offen. (...) Es wird, ja es wird so eine ['Flexibilität verlangt'] und wie man, ich habe so gerade* ***das Gefühl gehabt, dass ich für „blöd verkauft werde"****. Da ist vor sieben Jahren, da war, als man xOrt für X2 den Standort gewählt hatte, da hieß es: 'Leute, das macht Sinn, schaut mal, wir haben hier die XXX, wir haben die XXX, wir sind eben, das Dreieck. X2 gehört eigentlich an den Puls!'* ***Für mich nicht nachvollziehbar,*** *wieso X2 nicht nach xOrtx, macht Sinn. Und irgendwie nach zehn Jahren heißt es, der Zins ist zu teuer, wir gehen hier raus, wir gehen jetzt nach xOrtx. Da ist es kein Thema mehr, dass man an den Puls müsste, da wird irgendwie lapidar gesagt: 'Ja xOrtx ist ja quasi ein Vorort von xOrtx.' Also eben, das ist,* ***da wird man „für blöd verkauft."***

Interview / Mitarbeitende(r)	Schilderung des/der Schlüsselerlebnisse
MA2 Informationale und interpersonale Ungerechtigkeit	Nach MA2 besteht ihr Schlüsselerlebnis in der informationalen und interpersonalen Ungerechtigkeit, da die Mitarbeitenden falsche und zu späte Informationen bekommen und die Unternehmensführung am Mitarbeitenden stets spart: *„(...)* ***auf meine Augen, sie haben einen „Putz gemacht“!*** *(...)* ***weil wir verstanden nicht, auf welchen Kriterien, sie haben das*** *[=die Restrukturierungen, insbesondere die Entlassungen]* ***gemacht****. Für uns, es war nicht logisch. (...)* ***Wir haben auch in dieser Zeit gehört, wir müssen umziehen. Ein Teil sagte 'Nein' wir bleiben in xOrtx, ein anderer Teil sagte 'Ja' wir gehen nach xOrtx*** *und für mich war ['die Unsicherheit'] nicht gut. Wer hat Recht? (...) ich glaube,* ***wir hatten Umzug nach xOrtx und diese, die Nachricht war im Januar. Im Dezember aber, sie*** *[=die Unternehmensführung]* ***hatten gesagt: Nein wir bleiben in xOrtx. Und in der Zeitung, wir haben gesehen, wir gehen nach xOrtx! (...) Nein und die Chefs haben uns auch nichts gesagt.*** *Zuerst dachten wir, dass* ***die Information von unserer Chefin kommt, nicht von Zeitung. Das ist eine schlechte Kommunikation!*** *Und dann, diese Zeit war wirklich schwierig, keine Motivation, kein ['...'], viel Angst. Die Energie ist sehr negativ. Und wir haben nicht viele richtige Informationen gehabt. (...) Alle haben gedacht, sie, für sie [=für die Unternehmensführung],* ***wir sind nur Ware! Sie haben kein Gefühl.*** *Wir sind nicht, oui, wir sind, wir sind wie die Ware! Du gehst dort, puff! (...)* ***immer sparen an dem Mitarbeitenden*** *['sparen auf dem Rücken der Mitarbeitenden']. Wir brauchen die Mitarbeitenden! Dort „oben“, dort, ist das Sparen, nicht ['...']. Ich denke, sie [=die Unternehmensführung] müssen schauen bei diesem Teil, „oben“ auch sparen, nicht immer „unten“. Für uns, es wäre sehr gut, dass sie [=die Unternehmensführung], sie uns erklären, dass sie brauchen so viele Leiter? Wir sehen* ***viele neue Mitarbeitende, aber „oben“ und „unten“ immer weniger, weniger.*** *Und das Geld kommt von der Arbeit der Mitarbeitenden!“*

Interview / Mitarbeitende(r)	**Schilderung des/der Schlüsselerlebnisse**
MA3 **Interpersonale Ungerechtigkeit**	Nach MA3 wird sein Arbeitseinsatz nicht wertschätzt, sein Schlüsselerlebnis besteht in der mangelnden Fürsorge der Unternehmensführung für die Belange seiner Person: *„Ich hätte jetzt noch ein schönes Beispiel aus meiner Karriere [lacht ironisch wegen dem Wort Karriere]. Da war ich vielleicht, wir haben, als junge xBerufsbezeichnungx mussten wir immer nur xTätigkeitx, also minderwertige Arbeit. (...) Dann war eine Ausschreibung für den „xAusschreibungsname“ und da habe ich mich beworben. Ich war der jüngste xBerufsbezeichnungx im Raum xOrtx und es hatten sich 84 beworben, 12 haben sie genommen; ich war dabei. Und dann, wir schmissen das, der läuft ja sehr rund, sehr zuverlässig und wir haben, wir 12 xBerufsbezeichnungx, haben da eine kleine Gruppe, das lief gut, ein tolles Team und das. Und nach einem Jahr endete dann das Ganze, die XXX wurde divionalisiert (...) und da hat nie jemand nachgefragt, wieso, dass wir jetzt da nicht weiter xAusschreibungsnamex fahren wollen, obwohl wir haben,* ***wir machten sehr viele Verbesserungsvorschläge, wir kommunizierten untereinander, wir schauten, dass das Projekt läuft.*** *Und als wir da wie quasi gekündigt [‘wurden’]; ich habe ja wie gekündigt, das interessierte niemanden!* ***Da hat nie jemand nachgefragt****, wieso, möchtest du nicht doch bei xAusschreibungsnamex bleiben. Vielleicht wäre ich geblieben, wenn jemand gesagt hätte:* ***‘Du hast doch da an diesem Projekt gerissen, du hast das geschmissen und so weiter, alles gut!’ Das hat nie jemand gefragt.*** *WAS SAGT DAS FÜR SIE AUS?* ***Ja, das ist die Wertschätzung*** *und so! (...)* ***ich schau schon für mich****, aber da sehen Sie einfach,* ***wenn man damit nicht umgehen kann, dann verliert man das Vertrauen dann in die Führung****.“*

Interview / Mitarbeitende(r)	Schilderung des/der Schlüsselerlebnisse
	MA3 lernte aus diesen Erfahrungen seiner früheren Karriere, dass es ihm nicht gedankt wird: *„Und dann gab es da so einen, wie heißt es so schön neudeutsch? Das sind auch so die Sachen, die super sind [ironische Bemerkung], ein take off? TAKE OVER? Nein, nein, so ein Start eines Projektes wurde gestartet. KICK-OFF? Kick-off, genau.* ***Das ist lächerlich! Für dieses Projekt XXX wollten sie*** *[=die Unternehmensführung]* ***einen, ja da wollten dann die Chefs mit der Krawatte kommen und ein Kick-off veranlassen und in dieser Zeit hatte ich in Gottes Namen Ferien*** *und war abwesend.* ***Und dann haben sie*** *[=die Unternehmensführung]* ***gesagt: 'Ja diejenigen, die dann nicht zu diesem Anlass gehen können, die sind nicht beim Start dabei****, bei der ersten Gruppe, die diese Ausbildung macht. Aber sie hatten eh zu wenige Leute, ich war in einer guten Position,* ***ich kannte das*** *[lacht]. Da muss ich auch, na dann habe ich gesagt, na gut, dann verzichtet auf mich, ja. Ich mach den bei den zweiten, ich wehre mich nicht, aber ich bin jetzt mit Kollegen am Biken und* ***da könnt ihr [=die Unternehmensführung] einfach machen, was ihr wollt! Ich komme jetzt nicht an den Kick-off Anlass****, das ist ja eh für nichts, oder, das ist noch weder Ausbildung, noch irgendwas.* ***Entweder ihr nehmt mich oder nicht! Drei Tage später hat mich dann der Chef angerufen: 'Hey X*** *[Vorname des Mitarbeitenden],* ***das ist schon ok, auf jeden Fall bist Du*** *bei der ersten Gruppe* ***dabei****, wir haben zu wenige Interessenten!'* ***Aber das habe ich ja eh gewusst****, ja.* ***Aber da sehen Sie*** *(= die Forschende)****, wie die Praxis und wie das draußen läuft und wie sich dann die Führung das so vorstellt.“*** MA3 weist daraufhin, dass man auf sich schauen muss, die Arbeitszeit und Ferien einzuteilen und mit der Unternehmensführung lernen muss, „umzugehen“: *„Für die XXX-Ausbildung [=spezielle Weiterbildung] verschob ich meine Ferien. [kl.Pause] Ja, wir müssen unsere Ferien einundhalb Jahre vorher eingeben. 1,5 JAHRE VORHER? Ja! Da kommt der Ding und sagt:* ***'Wir haben da diese Ausbildung jetzt,*** *die muss usw.' Und da sage ich: 'Ja, ja, ich habe noch zwei Wochen Ferien und natürlich kann ich die verschieben; ich habe ja auch noch Familie [lacht voller Ironie]! Ich mache mittlerweile natürlich einen Deal. Ich versuche dann, ja, ja, wenn ich jetzt aber die Ferien verschiebe, dann will ich sie aber in dieser Woche haben, da ist noch bisschen schönes Wetter, da gehe ich dann mit der Frau ins xOrtsbezeichnungx oder so,* ***ich schau schon auf mich****, aber da sehen Sie (=die Forschende) einfach,* ***wenn man damit nicht umgehen kann, dann verliert man das Vertrauen in die Führung****.“*

Interview / Mitarbeitende(r)	Schilderung des/der Schlüsselerlebnisse
MA4 **Prozedurale Ungerechtigkeit** – Intransparente Prozesse intransparente Beförderung, insbesondere monetäre Ungleichbehandlung von Mitarbeiterinnen und Mitarbeitern	MA4 bezieht ihre Enttäuschung auf die monetäre Ungleichbehandlung von Frau und Mann sowie auf den persönlichen intransparenten Prozess ihrer Beförderung und auf ihre unerklärliche, ausbleibende Gehaltserhöhung: *„Wir haben da diese Veränderung gehabt, dass unser Bereich „hochgeschoben" wurde auf 'X'. (...) bei mir persönlich ist es so, bei diesen ganzen Wechseln und wie wir uns da umgebaut haben, haben wir auch unsere Abteilung neu strukturiert und da habe ich, bin ich von meinem Vorgesetzten, vom Team rausgelöst wurden und bin jetzt bei dem oberen Vorgesetzten angehängt. (...) Also wir haben immer so einen Workshop, da erarbeitet man gemeinsam als Abteilung, wie dieser Bereich ausschauen könnte und was da Sinn macht und* ***da wurde es mal so Zwischendurch****, mal so ein,* ***zweimal angetönt: 'Ja, es könnte ja was sein für Dich!' Und da habe ich auch gemeint: 'Würde mich auch interessieren.'*** *Und da ist aber recht schnell was passiert, also wurde auch umgesiedelt,* ***hat im ersten Moment auch noch für mich gestimmt****, weil ich in der ganzen Situation* ***mit der gleichen Erwartungshaltung*** *reingegangen bin: 'Ok, das heißt aber auch, ich bin jetzt bei ihm (=dem oberen Vorgesetzten) angeordnet und als Fachleiter habe auch mehr Verantwortung, weil es ist nicht mehr nur xBereichx, sondern auch die anderen drei Bereiche und das müsste doch auch in die Stellenbeschreibung und auch auf die Einordnung,* ***vielleicht auf Lohn wirksam sein****, irgendwelche Anpassungen haben!' Und habe dann* ***auch noch zwischenzeitlich mein MBA-Studium abgeschlossen****. D. h. ich habe auch* ***noch mal Qualifikationen dazu gewonnen*** *und es* ***ist aber in die Richtung*** *[=Auswirkung auf die Stellenbeschreibung und Lohn]* ***nichts passiert****. Also ich habe dann ewig lang gebraucht bis die Stellenbeschreibung vorhanden war. Dann war eine* ***unendliche Diskussion****, ['die Stellenbeschreibung'] wurde* ***fünf Mal zur HR hingeschickt****, dann wieder geändert, wieder zurückgeschickt.* ***Währenddessen sind meine anderen Mitleute, die genau dieselbe Situation gehabt haben wie ich****, bei denen hat das auf einmal geklappt und die haben* ***neue Einstufungen bekommen und auch gehaltswirksame Änderungen und bei mir nicht.*** *Und irgendwie ist das Ganze dann* ***geendet in der Situation, dass, ja, ich denselben Vertrag habe und dieselbe Klasse und eine neue Funktion, die ich aber ganz ehrlich unter den Bedingungen nicht mal angenommen hätte.*** *Also, hätte ich das gewusst! UND IM NACHHINEIN DA KANN MAN NICHTS MEHR MACHEN. Nee, da kann man nichts mehr machen, das 'enttäuscht' extrem! (...) Es geht aber auch in die Richtung HR und es geht für mich um Gleichbehandlung. (...) Er (=der Vorgesetzte) ist immer wieder*

Interview / Mitarbeitende(r)	Schilderung des/der Schlüsselerlebnisse
	mit unserem Vorschlag hin und HR hat gesagt: 'Nein die Stellenbeschreibung, das passt ihnen so nicht, das können sie nicht so einstufen.' Denn die haben da auch ihre komischen Klassen, wie sie das einstufen und sie nehmen dann andere Stellenbeschreibungen zum Vergleich. Und ***für mich geht es dann noch ein Schritt weiter****, weil die Situation schlussendlich,* ***wenn man sich das Gesamtabbild jetzt anschaut****, haben wir zwei Frauen in der, also drei Frauen in der Abteilung und* ***wir drei Frauen sind alle eine Stufe weiter unten und die Männer alle eine Stufe weiter oben****.* DIE MACHEN DAS GLEICHE? *Ja, wir haben auch dieselben Qualifikationen, dieselben Hintergründe. (...) Also, ich weiß eine Kollegin, die ist mit mir auch im Führungsteam von dem Bereich, die ist da genauso 'enttäuscht' oder ist genauso beleidigt wie ich und die Dritte, sie ist eine Juniorposition, sie ist von der Uni direkt gekommen und sie ist da sehr, sie sieht das überhaupt nicht. Ja, die ist einfach glücklich, sie hat was bekommen. (...) Nur ich persönlich bin sehr 'enttäuscht' für sie, also, mit ihr mit, weil ich weiß, wie sie (=die Kollegin) eingestuft wurde und was sie für eine Leistung bringt und ich sehe das in keinem Verhältnis miteinander. Also das ist einfach, und da bin ich dann, ja da ist man dann enttäuscht. Einerseits hat der Chef dann nicht genug „performt", um das Zielbild, das er für die Abteilung wollte, zu bekommen und zweitens bin ich* ***enttäuscht, weil ich mich frage, was passiert da bei HR?*** *Wir haben da eine neue HR-Leiterin, was, was? Sind das jetzt nur wir ['Frauen']? Ist das, haben wir da ein Thema? Irgendwie? (...) Was wir machen, einfach mal uns bilateral abstimmen und schauen, also, uns da abstimmen mit den Einstufungen, die wir kennen und was wir wissen, aber ich habe jetzt schon Ende des Jahres, da war* ***Ziel- also Zwischengespräch mit meinem Chef*** *über das geredet und er hat dann irgendwie gemeint, er müsse jetzt, er kann nicht noch mal bei HR nachfragen, er nimmt jetzt die Situation wie sie ist und er hat* ***zwei Möglichkeiten****. Entweder er gibt mir* ***bei der Personalbeurteilung eine gute Note*** *und ich habe dadurch einen Ausgleich oder das zweite ist, dass er eben* ***im nächsten Jahr****, dass wir es noch mal* ***angehen*** *und noch mal probieren. Mir persönlich, genau,* ***das ist dann damit überhaupt nicht gelöst****, ja.* ***Das zweite*** *(=neben der ausbleibende Lohnerhöhung, Diskriminierung), was ich noch mit ihm besprochen habe in dem Zusammenhang ist, dass er doch, also dass ich das sehe und* ***dass es aus meiner Sicht etwas zu Prüfendes ist, ob das ein Diskriminierungsproblem ist*** *und er (= der Vorgesetzte) hat dann* ***mit ihr (=der HR-Chefin) Kontakt***

Interview / Mitarbeitende(r)	Schilderung des/der Schlüsselerlebnisse
	***aufgenommen**, hat dann gesagt, er will das erst mit ihr bilateral machen und daraus **ist aber aus meiner Sicht nicht viel passiert**. Also ich weiß, sie haben sich dann mal getroffen, aber **ich habe dann nichts mehr gehört**. (...) Wobei also die **Enttäuschung** bei mir bezieht sich wirklich speziell **auf diese eine Situation: Mann/Frau, Gehaltssache**. Also es hat sich auch schon etwas früher entwickelt, weil es sind einfach, (...) gut, dass sind diese bürokratischen Dinge, die muss man vielleicht so nehmen, aber ich bin eingestellt worden in einem gewissen Zeitraum, der gerade, also Ende des Jahres gewesen ist und das wusste ich nicht zu dem Zeitpunkt, wenn man eingestellt wird, wird man in der nächsten **Standardlohnanpassung nicht berücksichtigt**. D. h. ich habe die erste verpasst und nach eineinhalb Jahren, da hatte ich dann eine Lohnanpassung von eben zwei Prozent oder was. (...) Also Inflation, trotzdem noch geringer als Inflation, würde ich sagen. Also irgendwie so eine, eine Erhöhung und jetzt nach einem Jahr später, denkt man sich: 'Hey, **jetzt habe ich zwei Jahre mir da „den Arsch aufgerissen“ und habe mich bemüht und Zeit investiert und es wird gesehen, ich kriege eine Stelle angeboten und ich mache das. Doch rauskommt, in Wahrheit bin ich immer noch beim Startgehalt von vor zwei Jahren.**' Es geht eigentlich so um diese Entwicklungsperspektive. Also diese, wenn man schon versucht, innovativ zu sein und als normales Geschäft aufzutreten und sich zu lösen von diesem XXX-Betrieb, dann müsste man sich auch in der Personalpolitik in diese Richtung lösen, indem man sagt, man muss da vielleicht irgendwelche anderen Leistungsmöglichkeiten mit reinnehmen. Wir haben noch **Lohnklassen und einfach über die Jahre steigt das Gehalt** und dann hat man über die Personalbeurteilung ein bisschen die Möglichkeit, dass je nach Beurteilung, aber das ist sehr individuell, das kommt einfach auch auf die Situation an, hat man sein Ziel erreicht oder nicht.“*

Interview / Mitarbeitende(r)	Schilderung des/der Schlüsselerlebnisse
MA5 **Werteinkongruenz** – Entfremdung „von denen da oben" **Prozedurale Ungerechtigkeit** – fehlende Mitsprache	MA5 verbindet ihr Schlüsselerlebnis mit dem Ereignis, als ihr gesagt wurde, dass ihre Mitsprache unerwünscht sei. Insgesamt stellt sie fest, von der Unternehmensführung entfremdet zu sein. Sie identifiziert sich nicht mit der Unternehmensführung, sondern nur mit ihrem nahen Umfeld an Kolleginnen und Kollegen sowie direkten Vorgesetzten: *„Also ich würde eigentlich sagen, so in-house, intern, wenn man jetzt gerade so unser Gebäude betrachtet, da funktioniert es gut, da wird man gefragt: 'Wie würdet ihr es machen oder was sind Eure Bedürfnisse?' Da, da habe ich jetzt hier, wo bin ich [zeigt auf den Tisch mit den Kärtchen], bin ich hier immer noch da [auf eine Karte zeigend, die zufrieden angibt], aber* ***alles was höher geht****, da muss ich sagen,* ***das ist nicht mehr nachvollziehbar, das 'enttäuscht' mich****. Also da frage ich, da frage ich mich persönlich, wie ich auf Dauer mit so was (=Vorgaben, Entscheidungen der Unternehmensführung) umgehen kann und* ***wäre nicht dieser Part, also meine direkten Vorgesetzten und noch eine Stufe drüber, dann müsste ich wirklich sagen: 'XXX mit dir bin ich irgendwie, also mit Dir kann ich mich nicht vereinbaren.****' [kl. Pause] (...) da ist man 'traurig',* ***da ist man 'besorgt', in welche Richtung das geht****. (...) Aber aufgrund meiner* ***persönlichen Erfahrung****, habe ich immer gemerkt, dass* ***wenn man kritische Fragen stellt****, dann gibt es da irgendwo ein* ***Filter, wo, wie rote Knöpfe gedrückt werden.*** *Und dann geht das gleich noch eine Stufe höher. Also* ***es gibt so ein Filter, wo, wenn bestimmte Schlagworte kommen, das auf eine Ebene getragen werden muss****, wohl von der anderen Stelle. (...) Und dann kommt irgendwo ein* ***Anruf, wo es dann heißt: 'Ihre Mitarbeiterin hat da Fragen gestellt, kritische Fragen.*** *[kl. Pause]* ***Pfeifen sie die doch bitte mal zurück!'*** *[lacht zynisch] Und dann muss man sich sagen lassen: 'Ja also, Du hast die richtigen Fragen gestellt, die waren auch, die waren ganz objektiv und sachlich gestellt, also völlig richtig, aber ['...']. (...)* ***da habe ich gedacht: 'Oh, das gibt es ja nicht!'"***

Interview / Mitarbeitende(r)	Schilderung des/der Schlüsselerlebnisse
MA6 **Prozedurale Ungerechtigkeit** – Intransparenz der Prozesse **Werteinkongruenz** – Diskrepanz Mitarbeiterwerte vs. Führungsgrundsätze	Die Unternehmensführung zeigt sich intransparent in ihren Entscheidungen, sodass es für MA6 schwierig ist, diese nachzuvollziehen. MA6 nennt insbesondere die inkonsistenten Botschaften in Bezug auf die Werte und die Führungsgrundsätze. Als Schlüsselerlebnis erlebte MA6, dass zwei Kollegen das Unternehmen verlassen mussten und die Unternehmensführung keineswegs an ihren Führungsgrundsätzen und Werten festhält und diese lebt, wenngleich sie an einer Tafel den Mitarbeitenden täglich präsentiert werden: *„Ich würde mal sagen,* ***meine Hauptmotivation ist das Produkt*** *und nicht unbedingt die Führung. (...) Eben es ist* ***immer dann, wenn irgendwelche nicht nachvollziehbare Entscheidungen getroffen werden oder inkonsistente Kommunikationen gemacht werden****. (...) Ja und dann wird es* ***schwierig, Dinge nachzuvollziehen****. (...) Ich hätte jetzt mal gesagt,* ***ich kriege von der Unternehmensführung keine konsistente Botschaft.*** *Also einerseits für [kleine Pause]* ***Werte****, da [zeigt auf die Darstellung, die im Raum an der Wand hängt und die Werte benennt]: ambitioniert, verantwortlich, beweglich, leidenschaftlich, respektvoll. Bei vielen Dingen habe ich das Gefühl, das sind* ***leere Floskeln****, wo ich dann aber keine, also* ***außer den Worten, sehe ich dann keine Taten, die darauf schließen lassen.*** *(...) Wird „offensichtlich" gewünscht [lacht zynisch]. Bei dem Beispiel, wo zwei Mitarbeitende das Unternehmen verlassen haben, hatte ich das Gefühl, das es nicht gewünscht war [lacht]. Unsere Führungsgrundsätze! Die sind halt kommuniziert, aber vielleicht* ***nicht von jeder Führungsperson verinnerlicht und gelebt.*** *Und deshalb, ich habe in einigen Bereichen ['erlebt'], da kann man gut mit kritischem Feedback umgehen, ['aber'] anderen Ortes habe ich wirklich* ***das Gefühl, es ist besser, wenn man es für sich behält.“***

Interview / Mitarbeitende(r)	Schilderung des/der Schlüsselerlebnisse
MA7 **Werteinkongruenz** – Unternehmenskultur „in den Rücken schießen“ **Führungsversagen**	MA7 berichtet als Schlüsselerlebnis mit der Unternehmensführung, dass ihm und seinen Kollegen ein Vertrag über zusätzliche Nachtschichten vorgelegt wurde, dessen Umfang über dem gesetzlich zulässigen war. Daher heget er keine positiven Erwartungen, sondern erwartet von der Unternehmensführung, eher einen Schaden zu erleiden: *„'Kritisch' bin ich darum, dadurch geworden, man hat uns einmal einen Vertrag zur Unterschrift gereicht auf dem wir sozusagen das Gesetz ausgehebelt haben. Also das* ***Gesetz war weniger straff als die intern, die Verzichtserklärung****. GING DAS UM LOHN? Nein. Das* ***ging um Nachtschichten****, um die gesetzlichen, erlaubten Nachtschichten und dann haben wir,* ***ich habe dann nicht unterschrieben****, oder, drum, da bin ich schon kritisch. Auf diesem, der* ***Inhalt dieses Formulars war, dass wir mehr als vom Gesetz erlaubt Nachtschichten ['machen sollten'], dauernde Nachtarbeit****. (…)* ***Eine dauernde Nachtarbeit, dass man das Gesetz praktisch aushebelt****, oder! Und der Inhalt dieses Formulars, ich habe es durchgelesen und für mich war dann einfach die Erkenntnis, sie (=die Unternehmensführung) können nachher machen, was sie wollen und dann habe ich den Zettel nicht unterschrieben.* ***Ich war einer von wenigen, der nicht unterschrieben hat.“*** MA7 schildert die Unternehmenspolitik als *„Aufreger“* und mit der Unternehmensführung verbindet er grundsätzlich *„Wutpotential“*, da er wütend ist, dauernde Extraarbeiten zu erledigen, wenngleich hierfür keine Belohnung in Aussicht steht und ferner andere (schlechtere) Mitarbeitende nicht sanktioniert werden: *„Ja bei der XXX ist das Problem, wenn Einer seine Arbeit nicht richtig macht, dann wird er einfach, sozusagen ersetzt. Dann wird die Arbeit, die er nicht gut gemacht hat ['…'], man sagt nicht, du muss jetzt das weitermachen bis es gut wird, sondern man sagt dann einfach, dann macht das ein anderer. (…) Aber das* ***Problem ist, man macht seine Sachen gut und dann hat man gleich drei andere Extrajobs.*** *(…) Man wird gar nicht belohnt, das macht mich ein kleinwenig* ***'wütend'****, man belohnt die, die es schlecht machen und die, die es gut machen, die bekommen dann einfach, der Stapel wird dann höher mit Spezialaufträgen. Dann heißt es dann, ja super, das hast du super gemacht, kannst Du gleich wieder ['…'] [lacht zynisch]! Es ist schon immer, ein wenig* ***Wutpotential*** *dahinter, nicht so, dass es mich irgendwie gleich zerfrisst oder irgendwer, aber ist* ***schon ein Aufreger, die ganze Firmenpolitik!*** *(…) Das ist durch die ganze Firma so, so wie ich die Firma kenne, ist das ein roter Faden durchgehend!“*

Interview / Mitarbeitende(r)	Schilderung des/der Schlüsselerlebnisse
MA8 **Prozedurale Ungerechtigkeit** – fehlende Mitsprache	MA8 ist enttäuschend über den Führungsstil. Er verbindet mit seinem Schlüsselerlebnis, dass er keine Mitsprache erhält: *„‘**Enttäuscht**’, vielleicht ein wenig nicht verstanden, **fühle ich mich manchmal, wenn eine Managemententscheidung getroffen worden ist, egal wo, wenn dieser nicht mit den Mitarbeitenden abgestimmt worden ist.** Und wenn man **einfach irgendetwas aufgesetzt bekommt.** Da, dafür bin ich enttäuscht, das ist für mich **militärisch**, das ist **nicht mehr Führungsstil von Heutzutage**, sondern **dass man Einwände bringen kann** und dann heißt es nicht einfach so: ‘Das ist jetzt einfach so, fertig!’ Sondern, dass man (=die Unternehmensführung) sagt: ‘Ok, wir schauen das noch mal zusammen an und vielleicht ist es dann so, es ist dann einfach so, fertig.’ Aber die Variante, dass man es noch mal anschaut, dass diese manchmal bei gewissen Geschäften und gewissen Entscheidungen [‘sinnvoll ist’], besteht nicht.“*

Interview / Mitarbeitende(r)	Schilderung des/der Schlüsselerlebnisse
MA9 **Werteinkongruenz** – Unternehmenskultur „in den Rücken schießen"	MA9 ist enttäuscht und fühlt sich übergangen, da ihr unternehmensseitig eine Stelle versprochen wurde, jedoch die Zusage nicht gehalten wurde: *„(...) es gibt einfach immer so* ***Episödchen oder so Geschichten,*** *die einem dazu einfallen,* ***bei denen man etwas Anderes erhofft hatte und ja, eben dann enttäuscht worden ist.*** *(...) Da kommt mir jetzt z.B. auch eine Geschichte in den Sinn, (...) man hat mir* ***zugesichert, dass ich dann, an einen xOrtx arbeiten gehen darf, an dem es relativ interessant war*** *von der Arbeit her, ist damals recht begehrt gewesen und ich habe,* ***ich glaube etwa ein, zwei Jahre mich wie geopfert*** *und habe vorher noch eine Station gemacht, die im Prozess zum Schließen drin war [=geschlossen werden sollte]. Und die war nachher zu und beendet und* ***ich habe mich dann geopfert, diese Station noch zu machen.*** *Es war langweilig, dort zu arbeiten, aber man hat mir ja in Aussicht gestellt, ich würde nachher an einen neuen Ort kommen und in der Zwischenzeit hat dann* ***aber in der Personalführung wieder etwas geändert.*** *Schlussendlich als es darauf hinausgekommen wäre,* ***dass ich die neue Stelle hätte antreten wollen, hat es geheißen, davon wissen wir gar nichts.*** *Ja, ich habe einfach irgendwie das verpasst, dass ich das schriftlich bekommen habe* ***und dann habe ich mich schon bisschen übergangen gefühlt. Weil ich habe ja vorher auch etwas Schlechteres in Kauf genommen und eben ein Wort hat dann eigentlich nichts mehr gezählt.*** *(...) Aber ja, dass man das nicht weitergegeben hatte oder dass das nicht, ja von der einen Person zu der nächsten weitergegeben worden ist, dass da eine Abmachung besteht, hat mich denn schon* ***enttäuscht, weil für mich hat das viel bedeutet,*** *dass ich nachher eigentlich am gleichen Ort gestanden bin wie vorher. Nein,* ***es ist nichts passiert.*** *Es war dann einfach der Standpunkt: 'Wir [=die Personalabteilung] haben nicht davon gewusst.' Ja, im besten Fall, ist man mit einem 'ja, es tut uns leid', abgespeist worden."*

Interview / Mitarbeitende(r)	**Schilderung des/der Schlüsselerlebnisse**
MA10 Führungsversagen	MA10 verbindet sein Schlüsselerlebnis mit der Zensierung eines Projektes. Damit ist seine Erfahrung verbunden, dass die Mitarbeitenden kein Vertrauen für ihre Arbeit seitens der Unternehmensführung erfahren: *„Und das war, das war ein* ***Ziel des Projektes****, da Daten, eine* ***gesunde Datengrundlage*** *zu schaffen und auch prozessual,* ***einen Schritt vorwärts zu kommen und die Enttäuschung war dann damit verbunden****, dass das Projekt, als man eigentlich sah, wo „der Fisch auf dem Tisch lag“ und wo man wirklich hätte sagen müssen, ok und jetzt einen Gang hochschalten, jetzt brauchen wir noch mehr Ressourcen, wir brauchen mehr Leute, die sich dem wirklich annehmen und auch sich den mutigen, also den frechen Fragen stellen und auch eine Antwort liefern und auch irgendwie wirklich einen Schritt vorwärts machen,* ***da wurde das Projekt zensiert*** *um zwei bis drei Jahre. (...) Das Projekt war schon gestartet. (...) als ich wirklich voll drin war und wir den „Drive“ und all die Leute hatten, um da vorwärts zu machen, kam dann der Stopp. (...) Der Stopp ist, ich sage jetzt mal, [Pause] vordergründig wird, der Grund ['...'].* ***Der Grund*** *[=für den Stopp des Projektes], der vorgehalten wird, finanzielle Mittel sind nicht vorhanden, das waren damals IT-Gelder. Das stimmt, das ist, „das schlägt keine Geiß weg“. Aber auf der anderen Seite war es, glaube ich auch, irgendwie* ***Angst vor der Auseinandersetzung unter der Unternehmensführung****, die Wichtigkeit des Projektes wirklich aufzuzeigen und dort wirklich auch einen Punkt zu setzen, auch den zehn Königreichen da zu sagen: 'Ok, wir müssen, einen gemeinsamen Weg finden und das ist jetzt der gemeinsame Weg.' (...)* ***da fehlte aus meiner Sicht der unternehmerische Mut*** *dazu, weil da kann man sich,* ***da eckt man an, da muss man sich rechtfertigen,*** *da muss man, und das spüre ich einfach, da, im, im – da dies hier ja anonymisiert wird, ist es ja kein Problem – dass der Leiter von XX einfach* ***irgendwie zu wenig Power, Wille, Interesse auch, da den Hebel umzulegen****. (...) nach drei, vier, fünf Mal Projekten, bei denen wir immer wieder dieselben Punkte von „unten“ zur Unternehmensführung tragen, dass das verstanden wird.* ***Ich hoffe einfach, dass sie es jetzt begriffen haben!*** *(...) Und was ist geschehen?* ***Mir wurden die Ressourcen quasi abgesprochen, die man, die ich eigentlich hätte zur Verfügung gestellt kriegen sollen, dann wurde das im Rahmen des, dieses Audits, also das Handlungsfeld bearbeitet, eine Minimallösung „hingeklatscht“,*** *die weder anschlussfähig noch sonst was irgendwie, wo ich auch im Projekt mit was anfangen hätte können. Also sprich man hat rein Pflaster gemacht für, für das Audit, um den Auditor zu befriedigen. Was schließlich eigentlich ja erst recht* ***niemanden dient****, man hat einfach noch ein zusätzliches Dokument, Prozessdokument, das erst recht nicht in die Landschaft passt. Also da sind wir irgendwie, da sind wir* ***komplett inkonsequent****. (...) Dies* ***führt dann auch dazu,*** *eben da sind wir in der breiten Fläche von Mitarbeitenden,* ***dass*** *dann gewisse, gewisse* ***Aussagen unserer Unternehmensführung einfach fast zynisch betrachtet werden****; erscheint dann auch zynisch!“*

Interview / Mitarbeitende(r)	Schilderung des/der Schlüsselerlebnisse
Negative Reziprozität	*„Ich verstehe nicht warum und* ***wenn man nachfragt, kriegt man keine saubere Antwort oder klare Antwort****, warum das man jetzt wirklich links, rot statt blau oder was immer gewählt hat. Auf der anderen Seite habe ich das* ***Gefühl, es wird auch eigentlich zu wenig Vertrauen nach unten geschenkt****, dass denn die Mitarbeitenden oder das was drunter ist, der Körper, auch die richtigen Entscheidungen fällen kann. (...)* ***Aber es gehört auch, dass eben dann oben drüber Vertrauen geschenkt wird nach unten und nicht übersteuert wird.*** *(...) diese* ***unternehmerische Verantwortung wirklich auch geben, auch irgendwie das Vertrauen schenken und da spüre ich einfach, da wird nicht viel gemacht.*** *[Pause]"*
MA11 **Interpersonelle Ungerechtigkeit** **Negative Reziprozität**	MA11 macht ihr Schlüsselerlebnis an dem Erlebnis fest, viele Jahre kein Personalraum gehabt zu haben. Darüber hinaus stellt sie eine Bevorzugung der Führungskräfte gegenüber den Mitarbeitenden fest. Daraus schließt MA11, dass die Entscheidungen und die damit verbundene Unternehmenspolitik der Unternehmensführung ungerecht ist, sodass sie keine positiven Erwartungen in die Unternehmensführung setzt: *„Na,* ***jetzt haben wir einen Personalraum*** *da oben, der ist jetzt auch schön, da hat es auch Platz. Jetzt* ***aber, das dauerte drei, vier Jahre*** *bis sie es mal ersetzten,* ***da sind kaputte Stühle rumgestanden und nix****. Dann als man es machte, hat man den ganzen Stock gemacht, das ist gut gekommen und dann im Nachhinein tut man dann, ein Jahr später das Büro nochmal umbauen und ein Jahr später nochmal umbauen, das begreife ich nicht.* ***Wieso, eben, das ist etwas, was mich aufregt. Braucht man vier, fünf Jahre lang für uns, um ein neues Personalzimmer zu bauen oder umzubauen, aber um das Büro*** *['der Führungskräfte']* ***umzubauen, hat man alle Jahre Zeit.****"* ***„Die*** *(=die Unternehmensführung)* ***glauben, sicher gibt es immer mal wieder welche, die „blau machen".*** *Da überlegt er sich es zweimal, ob er nachher blau macht.* ***Aber ich schaff ja da, also ich hab ja nicht blau gemacht, ich komm ja immer wieder gleich zurück.*** *(...) Ja, grundsätzlich ist es ja so,* ***wie das Unternehmen denkt, wenn ich nach einem Tag wiederkomme und schaffe und nicht länger zu Hause bleibe*** *[zeigt auf die Karte '****enttäuscht****']. (...) Ja, aber ich z.B., mit einer Rotznase, wenn meine Nase läuft, läuft sie 24 Stunden am Tag. Dann kann ich kann gut im Büro hocken, hab ich kein Problem, aber so kann ich nicht zum Kunden! Kann nicht so vor den Kunden. Ich kann nicht gehen, wenn ich Kopfweh habe oder mir ist schwindelig. Ich muss gehen, ich muss stehen, ich habe eine Verantwortung im xTransportmittelx. Ich bin verantwortlich für die Leute, die im xTransportmittelx sind. Ja, dabei ist das doch positiv, wenn der Mitarbeitende so schnell wie möglich wiederkommt!"*

Interview / Mitarbeitende(r)	Schilderung des/der Schlüsselerlebnisse
MA12 **Werteinkongruenz** – Unternehmenskultur *„in den Rücken schießen"*	MA12 schildert ihr persönliches Erlebnis, bei dem sie sich hintergangen fühlte. Ihres Erachtens handelte sie bei einer Auftragsabwicklung im Sinne des Kunden und somit für das Unternehmen, jedoch bekam MA12 missbilligende Rückmeldung für ihr Engagement. Als Grund für ihr Misstrauen macht MA12 die Unternehmenskultur *„in den Rücken fallen"* verantwortlich: *„Ich hatte wirklich ein Haufen zu tun und da kam um 4Uhr am Nachmittag, kam eine* ***Anfrage rein von einem Kunden****. Und für mich ist eigentlich spätestens, vor allem für eine Binnen-Offerte, wenn ich keine xDienstleistungx brauche, ist für mich eigentlich 24Stunden effektiv Schluss. Also* ***nach 24 Stunden muss er die Offerte erhalten****. Und am nächsten Freitag hatten wir einen sogenannten Vertriebstag. Also da war er niemand im Haus und er soll, und dann hätte, ah genau, das war auch noch, am Freitag und am Montag dann hatten wir, hätten wir ein Teammeeting gehabt bis am Mittag. Das heißt, die* ***Anfrage ist am Donnerstag reingekommen****, meine Antwort wäre erst irgendwie am Montagnachmittag, wenn überhaupt zum Kunden raus. (...) Ich ging nach Hause und dachte: 'Shit jetzt habe ich so ein schlechtes Gewissen.' Also ich habe irgendwie gekocht, für die Kinder geschaut, aber diese Anfrage hat mich nicht losgelassen. Habe dann alle meine Haushaltsarbeitsarbeiten erledigt und irgendwie so kurz vor halbzwölf dachte ich, ich muss die jetzt einfach halt machen, es bleibt mir gar nichts anderes übrig, weil ich will gar nicht, dass der Kunde Montag abwartet, wenn es dann nur um ein Binnengeschäft geht. Das ist wirklich eine simple Anfrage. Ok, dann habe ich meinen Laptop nach vorne genommen, hab das alles gerechnet und war eigentlich irgendwie so 10 nach 12, nachts war ich eigentlich fertig mit dieser. Nur es ist ja so, wir haben ein* ***Vier-Augen-Prinzip in unserem Geschäft****, ich bin ja im Solutionmangement, im Solutionmanagement tätig und habe einen Verkäufer. Also ich bin eigentlich nur für die Kosten und für die Mindestpreisgrenze zuständig.* ***Was aber dann raus zum Kunden geht****, für das ist eigentlich ist, also der* ***Keyaccount-Manager*** *oder der Account-Mensch oder wie sie alle heißen,* ***zuständig. Ich habe dann diese Anfrage gemacht****, eigentlich sogar die Offerte soweit vorbereitet und sie dem Verkäufer geschickt [kl. Pause] zur Prüfung, der Preisvorschlag allenfalls zur Anpassung oder weil es ist für ihn, ist auch gut. Aber ich wollte eigentlich nur sein Ok. Schick ihm dann diese Anfrage zur Überprüfung und schrieb in der Anfrage: 'Bitte prüfe es doch und wenn der Preis, also eben, das und das habe ich gemacht, mein Preisvorschlag ist das, was meinst Du dazu? Das können wir ja sonst am Freitag im Vertriebsworkshop zusammenklären und dann die Offerte schicken. Ist ja heute mit diesen Gründen ja kein Thema.' Und dann kam er,* ***der Verkäufer***

Interview / Mitarbeitende(r)	Schilderung des/der Schlüsselerlebnisse
	kam nicht, weil er irgendwie krank war oder so was. **Ich fragte dann den Chef**, wo er ist und der Chef meinte, ja eben, er ist krank, kommt nicht. Ach da habe ich gesagt, noch besser, dann hat er Zuhause Zeit und kann das kurz anschauen. Hat mein Chef, also hab ich dem Chef gesagt, sag doch ihm bitte, denn sie hätten noch telefonieren müssen, er soll mich doch bitte zurückrufen. Hat er natürlich nicht. **Ich hab dann nochmal geschrieben, bitte schick die Offerte**, ich bin im Vertriebsworkshop, ich kann heute nicht mehr. Schick doch die Offerte direkt dem Kunden. Dann bin ich davon ausgegangen, er hat was gemacht. Am Montag dann, kam ich in das Büro, fragte den Kollegen, den Verkäufer und ja, also: 'Hast Du die Offerte fertig geschickt?' **'Ja, nein, da war etwas nicht gut. Ja müssen wir noch anschauen.'** Dachte ich, ah [ironisch], ja ok: 'Dann sag doch, was war nicht gut?' 'Ja, nach dem Meeting.' Ok, nach dem Meeting, kam dann sein nächstes Meeting; es passierte nichts. 'Ok, schau es dir an, aber gib mir bitte Bescheid!' 'Ja, mache ich.' Da kam schon Dienstag. Am Dienstag dann habe ich ihn dann, da kam er nicht ins Büro, habe ich ihn angerufen und meinte: 'Du, Kollege, was ist jetzt eigentlich mit dieser Anfrage, was soll ich machen? Was ist nicht gut?' ['Er sagte:'] **'Ja, offeriere es so!'** ['Ich entgegnete:'] 'Ah, ok, ich soll es so offerieren?' Also das war schon was Komisches. Vier Tage für das Du mir nur sagen kannst, offeriere! Und das, hat mir, **da bin ich wirklich geplatzt**. Da haben sich noch zwei, drei andere Fälle gesammelt. Dann bin ich geplatzt und dann bin ich nicht zu meinem Chef, sondern zum Businessunit-Leiter gerannt und habe gesagt: 'So nicht!' Weil ich, also ich habe jetzt ein schlechtes Gewissen dem Kunden gegenüber, er erfährt nichts. Ja, ein schlechtes Gewissen dem Kunden gegenüber, ich habe eigentlich schon was bereit, aber ich weiß eigentlich gar nicht, was ich sagen soll? **Und dann meint eigentlich auch der Chef: 'Ja, es ist doch ok, es ist sehr gut, eben, dass ich zu ihm komme, dass ich mich an ihn wende und dass ich so offen bin ihm gegenüber und ihm diese Fälle aufzeige.'** (...) Bis dann irgendwie zwei, drei Tage später mein **direkter Vorgesetzter zu mir** kam und mir mitteilte, **dass der Businessunit-Leiter gesagt habe, das was ich jetzt gemacht habe, sei gar nicht ok.** Ich sei den Kollegen hinter dem Rücken, also **ich sei zum Chef gerannt und hinter dem Rücken die Fälle aufgezeigt**. Ich hätte das mit dem Kollegen direkt, direkt abklären müssen. Ich bin Schuld. Ja, genau. Ich bin eigentlich Schuld. Das ist eigentlich gar nicht gut, was ich da gemacht habe. (...) Ich weiß nicht, ob ich das so direkt sagen kann? Aber doch, ich glaube schon. Also es ist, **was das Misstrauen ist**, ist einfach [Pause], **weil ich habe es jetzt ja an eigener Haut erlebt. Zuerst: 'Ja danke für die Offenheit, danke, tip-top, alles bestens!'** Aber **dann wiederum, ganz schlecht eigentlich.**"

Interview / Mitarbeitende(r)	Schilderung des/der Schlüsselerlebnisse
MA13 Führungsversagen	MA13 schildert als Schlüsselerlebnis, dass er enttäuscht ist, wie die Führung im Unternehmen funktioniert und ferner, dass die Unternehmensführung ihm kein Vertrauen entgegenbringt: *„Meine Chefin ist jetzt ein halbes Jahr, also vier Monate, ist sie in Reiseurlaub gewesen und ich habe das Team übernommen in dieser Zeit. Und ich kann jetzt mal sagen, '**enttäuscht**' bin ich, ein Stück weit, wenn ich zurückschaue, das ist eben gerade fertig, insofern bin eigentlich ich vom Funktionieren von unserem Führungsteam enttäuscht, z.B. aktuell. Und **enttäuscht bin ich, wie unser Führungsteam funktioniert**. (...) Ich konnte das Führungsteam nun erleben, **wie es funktioniert, was für Themen wir behandeln, wie die einzelnen Teammitglieder dort funktionieren** und das ist für mich eigentlich, wenn ich so schaue, ein bisschen **ernüchternd, enttäuscht. Die Sitzungsstruktur, die finde ich ganz schrecklich**. [lacht] (...) Ja und das ist eigentlich für mich als Vorbildfunktion und ich erwarte von der Vorgesetzten, dass sie das einfach anschauen, die **Dependenzen im Griff haben** und bereits vorher sagen oder zumindest in der Sitzung ganz klar sagen, und man merkt, er hat sich Gedanken gemacht dazu und nicht: 'Oh, da habe ich ja noch eine Dependenz!' Da braucht es einfach ein straffes Controlling, C-o-n-t-o-l–l-i-n-g [lacht weil Controlling an Kontrolle erinnert]. (...) ich hatte so eine Vorstellung oder so, da steckt was dahinter oder so und die Stufen, oder. Und dann hock ich drin und merk, oh, die kochen nur mit Wasser. Aber andererseits sollte man schon zeigen so die Vorbildfunktion, so das Taffe, so das Gestandene, wir wollen das abteilungsseitig ja mitgestalten, schauen wie es läuft. (...) Zum Teil weil sie nur auf sich schauen, also sie, sie, wenn, ich sage jetzt mal, wenn jemand jetzt nur schaut, dass er einen guter Job hat, sogar im Bekanntenkreis erzählen kann, ich bin irgendwas, und eigentlich so stark auf sich schaut, aber eben nicht, wo wir als Abteilung, als Team stehen, um das voranzutreiben. (...) Das ist, ja das ist es eben **die Vorbildfunktion fehlt**, das ist so, ja. Und eben, also ich bin im Normalfall nicht in dem Führungsteam. Aber wenn man dann merkt, ja da, der erledigt seine Pendenzen auch nicht, dann kann ich meine auch gut ein wenig rauszögern und so ein bisschen nach **Gutdünken**. (...) Also, es hat viele Situation gegeben, wo ich mich gefragt habe, warum. Ja, **hat es dann nicht Konsequenzen**? Sie haben doch ihre Bilanz, wo alle zwei Wochen oder was, wo ich das Gefühl gehabt habe, dass hätte man doch sagen müssen, hätte man doch dieser Person sagen müssen! [MA13 schlägt auf den Tisch] Das war das letzte Mal, wo ['Du'] einfach unvorbereitet und nicht erledigt und was auch immer ['bist'], aber **ich spüre da nie eine Konsequenz**. (...) Das Interessante ist eben, dass so **auf einer gewissen Stufe, dort die Konsequenzen, eben, das nichts zu tun hat** [=keine Konsequenzen haben]."*

Interview / Mitarbeitende(r)	Schilderung des/der Schlüsselerlebnisse
Negative Reziprozität	*„Wenn der X so Arbeits-, so Gruppen einsetzt, wo, wie soll ich sagen, vermutlich betrifft es eben jeden, dass er, dass der X eigentlich* ***wie „Undercover"-Gruppen einsetzt*** *für das, was die einen eigentlich im Job machen müssen, wie überprüft [lacht], wie und was eigentlich für ein Job, die machen müssten,* ***sie überprüft****. (...) Also* ***für mich****, also, für mich ist es ein bisschen, so wie er das sagt, ohne dass ich die Details jetzt wirklich weiß,* ***ist es eher ein Misstrauen****, anscheinend.* ***Oder man bekommt ein Misstrauen, so würde ich es interpretieren. Ich traue dem nicht, was die eigentlich erarbeiten, ich will das noch überprüft haben, verifiziert haben, ob das stimmt, ob die zum gleichen Ergebnis kommen*** *oder was auch immer. (...)* ***ich brauche eine gewisse Freiheit. Und eben auch ein gewisses Vertrauen. Wenn das nicht ist, dann*** *['...'],* ***sie*** *(=die Vorgesetzte)* ***hat mir dann manchmal gesagt: 'Ich bin wie ein „schlüpfriger Fisch"!'*** *Ja, einfach, oder, ja,* ***ich habe möglichst versucht, mich dieser Kontrolle zu entziehen und nicht die ganze Zeit Rechenschaft ablegen zu müssen*** *und was ist jetzt und so."*
MA14 **Prozedurale Gerechtigkeit** – fehlende Mitsprache	MA14 schildert ihr Schlüsselerlebnis, weshalb sie kein Vertrauen hat, insofern, als dass sie sich nicht wertgeschätzt fühlt und keine Mitsprachemöglichkeit bekommt, sich einzubringen: *„Ja, es geht in die gleiche Richtung, dass* ***einfach überall über den Kopf von einem entschieden wird****, das kann auch sehr wütend machen. (...) also beispielsweise bei öffentlichen Ausschreibungen gibt es ein ganz klares Vorgehen. Für eine Entscheidung gibt es manchmal, einfach so, dass die* ***Unternehmensleitung*** *dann vielleicht auch schon eine Idee haben oder andere im Projekt* ***eine Idee haben, wer es sein könnte und dann das Ganze wieder drehen wollen*** *und* ***wenn man da eine saubere Arbeit gemacht hat und auch machen möchte, dann wird das einfach gedreht****, obwohl die ja nicht wirklich wissen, was da gegangen ist, wie die Prozesse sind, wie die Punktzahlen sind, dann kann das auch sehr '****wütend****' machen (...) es kostet einfach viel Zeit und das muss dann immer alles wahnsinnig schnell gehen, weil wenn jemand „von oben" was sagt, dann kann das nicht erst übermorgen oder so sein, sondern am besten in den nächsten zehn Minuten. (...) Ja, ich denke schon, dass das [=„über den Kopf entscheiden"] in dasselbe ['wie enttäuscht'] rein geht. '****Enttäuscht****', ja jetzt beispielsweise eben* ***mit der Kommunikation „von oben", dass man da einfach so das Gefühl hat oder enttäuscht ist, dass man es als letzte erfährt****. Obwohl ja oder dann halt auch* ***das Gefühl hat, dass die Arbeit oder so nicht so richtig geschätzt wird oder in Frage gestellt wird.****"*

Quelle: Eigene Darstellung

Kategoriensystem

Transkription und Codierung

Transkriptions-, Anonymisierungs- und Codierungsregeln

Die **Transkription der Interviews** beginnt jeweils mit der ersten inhaltlich relevanten Frage der Forschenden oder mit der ersten inhaltlich relevanten Aussage der/des Mitarbeitenden und endet mit der Frage der Forschenden, ob die/der Mitarbeitende Ergänzungen machen möchte. Die Begrüßungskonversation, die Erläuterung zur Forschung und die Schlusskonversation werden nicht transkribiert. In Anlehnung an die qualitative Forschung, wie beispielsweise bei Bryman und Bell (2007, S. 421), Dresing und Pehl (2013, S. 19) oder Kuckartz (2007, S. 136–138) folgt die Transkription den folgenden Transkriptionsregeln, Abb. A7:

Abb. A7: Transkriptionsregeln

Transkription & Transkriptionsregeln
Wörtliche Transkription – Die Transkription erfolgt wörtlich, nicht lautsprachlich oder zusammenfassend, keine Paraphrasierung. – Rechtschreibung, Zeichensetzung und Abkürzungen erfolgen konventionell nach Duden. – Sprache und Interpunktion werden leicht an das Schriftdeutsch geglättet. Jedoch bleiben die Satzform, bestimmte und unbestimmte Artikel beibehalten, auch wenn sie Fehler enthalten. – Grammatikalische Fehler oder unklare Ausdrucksweisen sind nur dann korrigiert und angepasst, wenn dies dem besseren Verständnis dient und der Sinn der jeweiligen Aussage dadurch nicht verändert wird. – Vorhandene Dialekte sind in das Hochdeutsche transkribiert. – Paralinguistische Äußerungen (Gestik, Mimik, Sprechtempo und -intensität) werden nicht angemerkt, außer deutliche Pausen und Lachen oder Ironie werden mit: [kleine bzw. große Pause], [Lachen] oder [Ironie] vermerkt, da dies auf Reflexionsphasen bzw. eine persönliche Wertung verweist. – Störungen werden unter Angabe der Ursache in Klammern notiert, z. B. [Handy klingelt].

Transkription & Transkriptionsregeln	
Layout – Textverarbeitungsprogramm Microsoft Word; Schrift Times New Roman, Größe: 12; Seitenränder schmal, Zeilenabstand 1,0, Seitenzahlen rechts unten – Frage- und Redetext der Forschenden erfolgen in GROSSBUCHSTABEN und Antwort- und Redetext der Mitarbeitenden in Standardbuchstaben. – Die Transkription wird zur Übersichtlichkeit in Abschnitte unterteilt.	
Sonstige Anmerkungen oder Auslassungen	
im Transkript	**Erläuterung**
[kleine/große Pause]	Mitarbeitende(r) macht eine Sprechpause.
// xxx //	// Unterbrechung // Mitarbeitende(r) oder Forschende unterbricht bzw. „hakt“ in das Gesagte ein, obwohl der Satz nicht zu Ende gesprochen ist.
[‘Ergänzung’]	Ergänzung Ein Wort oder mehrere Wörter wurden ergänzt, da ansonsten – bei dem „losgelösten“ Zitat vom Gesamttext – unklar wäre, was die/der Mitarbeitende meinte.
[‘...’]	Auslassung von einem Wort Eine sinngemäße Ergänzung konnte nicht erfolgen, da die Auslassung nicht klar erfassbar oder aus dem Kontext erschließbar ist.
(...)	Kürzung von Zitaten Ein Teil des Zitates wird im Rahmen der Darstellung der Ergebnisse im Fließtext der Arbeit gekürzt.
„xxx“	Kennzeichnung für Ausdrücke im übertragenen Sinne, wie z. B.: „Fisch auf den Tisch hauen!“

Transkription & Transkriptionsregeln	
Xxx: ‘xxx’	wörtliche Rede Die/der Mitarbeitende verwendet indirekt wörtliche Rede.
‘Bezeichnung der Emotion’	Benennung einer Emotion Benennt die/der Mitarbeitende eine Emotionsbezeichnung, ist die Emotion in Anführungszeichen gestellt, z. B. ‘enttäuscht’.

Quelle: Eigene Darstellung

Da die qualitativen Daten vertrauliche Daten sind, erfolgte nach dem Prozess der Transkription die **Anonymisierung der Interviews**. Die Mitarbeitenden, das Unternehmen und deren Abteilungen sowie Orts- oder Berufsbezeichnungen werden mit synonymen Kürzeln in Anlehnung an die qualitative Forschungsliteratur, wie beispielsweise bei Flick (2007, S. 52; 2009, S. 380) und Kuckartz (2012, S. 140) anonymisiert, Abb. A8:

Abb. A8: Anonymisierungsregeln

Anonymisierung	
Zeichen/Kürzel	**Zu ersetzender Begriff**
XXX	Bezeichnung des Unternehmens
X1, X2, X3, X4	Die Abteilungen werden im Transkriptionstext anonymisiert: Abteilung 1, Abteilung 2, Abteilung 3, Abteilung 4.
X	CEO des Unternehmens

Anonymisierung	
xOrtsbezeichnungx xBerufsbezeichnungx xWährungsbezeichnungx	Ortsbezeichnung eines Unternehmensstandortes Berufsbezeichnung eines Berufes Bezeichnung einer Währung
XYZ	Unternehmensspezifische Ausdrücke, Klassifizierungen, die auf das Unternehmen und spezifische Projekte schließen lassen.

Quelle: Eigene Darstellung

Das Datenmaterial ist nach der Wahl der Emotionen und nach den Inhaltsaspekten gemäß dem Erkenntnisinteresse der Arbeit codiert. Zunächst wurden auch nicht primär für die Forschungsfrage relevante Äußerungen codiert, da einerseits zu diesem frühen Zeitpunkt noch nicht trennscharf abzusehen war, was das zu untersuchende Konstrukt umfasst und andererseits vermeintliche „Abfallprodukte“ zur umfassenden Interpretation wichtig sein könnten, um zukünftige Forschungsbereiche zu identifizieren. In Anlehnung an Kuckartz (2012, S. 83) sind folgende **Codierungsregeln**, d. h. Regeln zum Zuordnen von Textstellen zu Kategorien und Faktoren gefasst, Abb. A9:

Abb. A9: Codierungsregeln

Codierungsregeln
– Es werden Sinneinheiten codiert. Falls die Sinneinheit mehrere Sätze oder Abschnitte umfasst, werden diese codiert, jedoch mindestens ein vollständiger Satz. – Die einleitende oder zwischengeschobene Frage der Forschenden ist ebenfalls in Großbuchstaben mitcodiert. – Als Zuordnungsregel zu einer Kategorie, zu einem Faktor oder einer Ausprägung gilt, das Maß zu finden, wieviel Text für die relevante Information benötigt wird. Das entscheidende Kriterium ist, dass die Textstelle ohne den sie umgebenden Text für sich allein ausreichend verständlich ist. – Eine Textstelle kann zu mehr als einer Kategorie zugeordnet werden. – Störungen werden unter Angabe der Ursache in Klammern notiert, z. B. [Handy klingelt]. – Atlas.ti sieht für einen Code die **Option eines Start- und Zielankers** vor: Wenn die Textstelle an einer anderen Stelle im Interview erneut aufgegriffen wird, wird der Gedankengang bzw. die Gesamtaussage mit einem Startanker des Codes am Anfang des Interviews codiert und die weiteren Aussagen zu dem spezifischen Gedankengang dem Code *einmal* zugeordnet (siehe Abb. A10). Der Hintergrund für das einmalige Codieren eines Gedankengangs ist, dass ein Code bei einem Vergleich mit anderen Codes aufgrund der Häufigkeit des Codierens bedeutender erscheinen könnte, da er häufig angewendet wurde, wobei der Gedankengang in einem Interview „nur" häufig Erwähnung fand. Findet jedoch ein neuer Zusammenhang Erwähnung, wird dieser neu codiert (siehe Abb. A11).

Quelle: Eigene Darstellung

In Abb. A10 wird der Code nur einmal vergeben und beinhaltet mehrere Textstellen in dem Interview. In Abb. A11 wird für jeden neuen Gedankengang der gleiche Code dreimal ausgewählt und erhält somit im Interview eine Häufigkeitsnennung von drei.

Abb. A10: Zuordnung mehrerer Textstellen eines Gedankenganges zu einem Code mit Start- und Zielanker

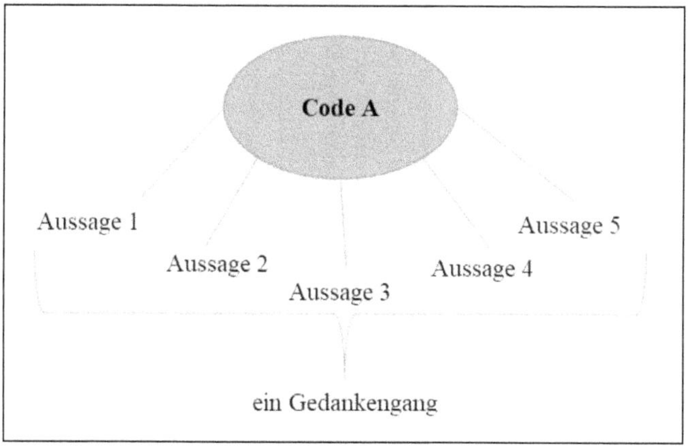

Abb. A11: Separate Zuordnung der Gedankengänge zu mehreren Codes mit jeweils separatem Start – und Zielanker

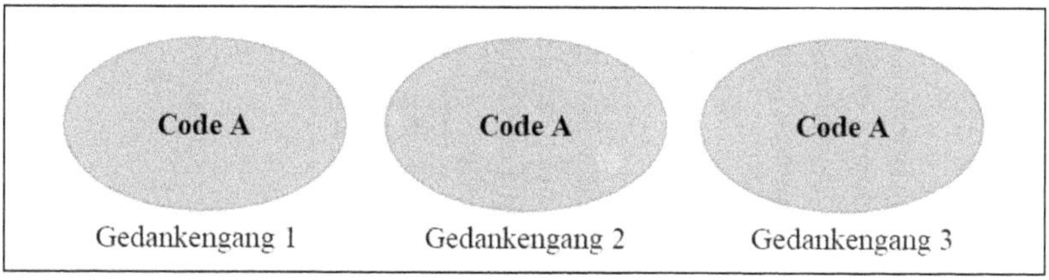

Quelle: Eigene Darstellung

Zwei Textstellen werden beispielhaft dargestellt, um die Notwendigkeit einer **Mehrfachcodierung einer Textstelle** aufzuzeigen.

1. Beispiel: Da die Mitarbeitende ihr Erlebnis mit 'enttäuscht' schildert und die mangelnde Kommunikation und Wertschätzung seitens der Unternehmensführung erwähnt, wird die Textstelle dreifach codiert. Die Textstelle wurde erstens mit der Emotion 'enttäuscht' und zweitens im zusammenhängenden Fortlauf der Aussagen mit 'informationaler Ungerechtigkeit' sowie drittens mit 'interpersonaler Ungerechtigkeit' codiert.

MA14: *„'Enttäuscht', ja jetzt beispielsweise eben mit der Kommunikation „von oben", dass man da einfach so das Gefühl hat oder enttäuscht ist, dass man es als letzte erfährt. Obwohl ja oder dann halt auch das Gefühl hat, dass die Arbeit oder so nicht so richtig geschätzt wird oder in Frage gestellt wird."*

2. Beispiel: Da der Mitarbeitende erzählt, dass er eine fehlende Mitsprache wahrnimmt und diese zu Resignation führt und zu Verbreitungseffekten in der Innengruppe, wird die Textstelle dreifach codiert. Die Textstelle ist erstens mit 'fehlende Mitsprache' ('prozeduraler Ungerechtigkeit') und zweitens mit der Konsequenz 'Rückzug und innere Kündigung' sowie drittens mit 'gegenseitiger Selbstbestätigung' codiert.

MA7: *„Also ich habe dann auch, das war auch ich nicht persönlich, die diesen ['Verbesserungsvorschlag'] angeordnet hat. Aber die Leute, meine Arbeitskollegen, sind, übertrieben gesagt, total frustriert, die machen doch keine Vorschläge mehr! Wenn man überall sieht, dass das nicht, dass das gleich nicht zustande kommt, da muss ich nicht diesen Aufwand betreiben, ist wahrscheinlich Resignation."*

Memo und Transkriptionstext – exemplarisch

Ein Memo eines Interviews des Feldes 2 (geringes Misstrauen/hohes Vertrauen) ist in Abb. A12 exemplarisch dargestellt.

Abb. A12: Darstellung eines Interview-Memos

Zusammenfassung des Memos / Manager für Reinigungsbereich, verantwortlich für Endreinigung / Dauer: 39,35min.
Intervieweindruck: – Lustige, gute Interviewatmosphäre – Sehr jung, spritzig, aufgeschlossen, überlegte Antworten – Engagiert, motiviert, macht proaktive Vorschläge – Sehr hohe Identität mit dem Unternehmen, *„brennt"* für seinen Job und die Aufgaben
Was war kritisch? – Im Rahmen der Reorganisation, Anfang 2014, bekam der Mitarbeitende keine Vorinformation über diese Reorganisation. – 2012 war hektisch – zwei Mitarbeitende verließen das Team: ein Mitarbeitender wurde verabschiedet (*„er wollte es allen recht machen"*, er leistete Versprechungen, erhielt aber keine Wertschätzung), ein Mitarbeitender wurde pensioniert. – Desk-Sharing findet der interviewte Mitarbeitende gut; Vorschriften und Vorgaben werden anerkannt, jedoch im eigenen Spielraum: Er sieht vieles „locker", hält sich z.B. nicht an die Regel vor / nach der Hauptverkehrszeit zu kommen.
Was könnte das Unternehmen verbessern? – *„Die Betroffenen zu Beteiligten machen, so gut wie es auch immer geht."* – Möglichkeit geben, zu einem Vorgesetzten zu gehen: *„(...) dass die Vorgesetzten eine Nähe aufweisen, dass man auch zu ihnen kann!"* – *„So transparent wie möglich!"* – *„Kommunizieren, wieso macht man das?"* – Miteinbeziehen in Projekten: Die Mitarbeitenden „ins Boot holen" und *„nicht einfach Schlaufen bringen, die nichts bringen."* – *„Wenn eine Sitzung ist, sollte sich jeder fragen, wieso braucht es mich, was ist meine Rolle, damit die Meetings effizienter, mehr Output-orientiert sind."*

Quelle: Eigene Darstellung

Ein Transkript eines Interviews des Feldes 3 (hohes Misstrauen/geringes Vertrauen) ist in Abb. A13 exemplarisch dargestellt.

Abb. A13: Darstellung eines Transkriptes

MA9, XX3
Anmerkung: gemischte Emotionsschilderungen
Interviewbeginn

Das erste, 'zuversichtlich', was ich da gewählt habe, das ist eigentlich wie gesamtumfassend, habe ich das Gefühl. Ich und mein Team, ich glaube, schlussendlich glaubt jeder von uns dran, dass Zukunft da ist und das man in einem guten Unternehmen arbeitet und ich glaube auch, wir sind **zuversichtlich, dass unsere Führung eine gute Arbeit abliefern will, also dass der Wille zumindest da ist, uns in eine gute Zukunft zu führen** auch auf der Seite vom Geld und der Politik und so die richtigen Entscheidungen zu treffen, aus dem Grund zuversichtlich.

'Vorsichtig' habe ich gewählt, weil, ich glaube auch, bei vielen Kollegen und auch bei mir selber drinnen beobachte ich, dass man **wahnsinnig vorsichtig damit umgeht, was man sagt** und **kann man einer Aussage auch bis ins Detail hin vertrauen**, weil doch über die Jahre irgendwie bekommt man das vielleicht mit, es wird wahnsinnig viel geredet und geschrieben und schlussendlich läuft es darauf raus, dass denn eben nicht alles so genau ist, wie es in einem gewissen Sinne versprochen worden ist. **Ich glaube, jeder hinterfragt, je länger, dass er im Unternehmen ist dann immer auch die Sachen, kommt es auch wirklich so? Kann man dem trauen?** Nicht weil die Menschen dahinter böse sind oder einen bei jeder Gelegenheit, hintergehen oder bescheißen möchten oder so, aber man lernt, vielleicht ein bisschen, ja, wie mit allem, dass man eigentlich Sachen, die man schriftlich hat, wäre immer die beste Sache, dann kann man es wieder vorweisen und sagen, ich habe da etwas Schriftliches, es hat ja mal anders geheißen.

Da kommt mir jetzt z. B. auch eine **Geschichte** in den Sinn, da bin ich vielleicht drei aus der Ausbildung draußen gewesen und habe gearbeitet und man hat mir **zugesichert, dass ich dann, an einen xOrtsbezeichnungx arbeiten gehen darf**, an dem es relativ interessant war von der Arbeit her, ist damals recht begehrt gewesen und ich habe, ich glaube etwa **ein bis zwei Jahre mich wie geopfert** und habe vorher noch eine Station gemacht, die im Prozesse zum Schließen drin war [geschlossen werden sollte]. Und die war nachher zu und beendet und ich habe mich dann geopfert, diese Station noch zu machen. Es war langweilig, dort zu arbeiten, aber man hat mir ja **in Aussicht gestellt, ich würde nachher an einen neuen Ort kommen** und in der Zwischenzeit hat dann **aber in der Personalführung wieder etwas geändert** und ja, schlussendlich, als es darauf hinausgekommen wäre, dass die neue Stelle hätte antreten wollen, hat es geheißen, davon wissen wir gar nichts. Ja, ich habe einfach irgendwie das **verpasst, dass ich das schriftlich bekommen habe** und dann habe ich mich schon bisschen **übergangen gefühlt**. Weil ich habe ja vorher auch etwas Schlechteres in Kauf genommen und eben **ein Wort hat dann eigentlich nichts mehr gezählt**. Das sind manchmal so Sachen, bei denen man denkt, ich will alles nur noch schriftlich, wenn etwas wirklich wichtig ist.

WEIL SONST FREUT MAN SICH UND IST MAN ENTTÄUSCHT? Genau, genau, ja. Und es ist nicht einmal, im Nachhinein, man kann es nachvollziehen, es hat einen personellen Wandel gegeben, die eine Person, die mir das mündlich versprochen hatte, ist schon weitergezogen an einen neuen Ort. **Aber ja, dass man das nicht weitergegeben hatte oder dass das nicht, ja von der einen Person zu der nächsten weitergegeben worden ist, dass da eine Abmachung besteht, hat mich denn schon enttäuscht, weil für mich hat das viel bedeutet**, dass ich nachher eigentlich am gleichen Ort gestanden bin wie vorher.

WAS HABEN SIE DANN GEMACHT? HABEN SIE ETWAS GESAGT? Ja.

IST WAS PASSIERT? Ja. Nein, **es ist nichts passiert**. Es war dann einfach der Standpunkt von dem haben wir nicht gewusst. Ja, im besten Fall, ist man mit einem 'ja, es tut uns leid', **ist man abgespeist worden**. Und das hat mich einfach gelehrt, Sachen, die wichtig sind, die will ich irgendwo auf einer Liste sehen oder auf oder **ich will etwas Schriftliches bei mir Daheim haben. Man ist fast ein bisschen ja kritisch geworden**, in dieser Hinsicht; ja, ja. MMMHHH.

Ja 'zufrieden', ich behaupte immer noch trotz allem, das jetzt in diesen Jahren war, Negatives und Positives und so, dass ich zufrieden bin mit meinem Arbeitgeber und zufrieden bin mit meinem Job und grundsätzlich auch mit den Arbeitsbedingungen und allem. Von dem her, ich habe immer das Gefühl, wenn denn, gerade vielleicht bei den Kollegen wieder vielleicht das Thema aufkommt über alles „runterzulassen" und zu lästern über dies und jenes, denke ich auch wieder, es ist eigentlich kein schlechter Arbeitgeber, bei dem wir angestellt sind und man muss manchmal auch einfach wieder dran denken, dass man auch Positives hat, dadurch dass man in dem noch halb XXX arbeitet, in der Privatwirtschaft ist auch nicht alles immer nur rosig oder zum Teil bläst dort auch ein anderer Wind als bei uns.

WAS SAGEN DIE KOLLEGEN, WAS BESCHÄFTIGT DIE? Ja, jetzt, bei uns aktuell ist gerade, dass die Betriebszentrale auf die andere x-seite kommt und ['...']. // xOrtsbezeichnung? Genau und wir ziehen demnächst, eigentlich dort rüber. Für Kollegen hier in xOrtsbezeichnungx ist das ein kleinerer Schritt, ja, einfach ein neues Gebäude, aber da kommen viele Kollegen aus xOrtsbezeichnungx und aus xOrtsbezeichnungx und aus xOrtsbezeichnungx, die jetzt noch an ihren Orten arbeiten, die müssen auch hierhin arbeiten kommen. Die haben einen bedeutend längeren Arbeitsweg oder die einen **fühlen sich vielleicht fast gezwungen den Wohnort zu wechseln. Und da wird relativ schnell über dies und jenes hergezogen.**

IST ES DEN MITARBEITENDEN KLAR, WARUM xOrtsbezeichnungx JETZT GEWÄHLT WURDE? Ich glaube zum Teil, ich glaube man weiß, dass vielleicht eine strategische Entscheidung für xOrtsbezeichnungx, gefallen ist. Vom Ort liegt es halt einfach schon am besten, das muss man sagen. Ich glaube man kann **bis zu einem gewissen Teil auch nachvollziehen**, wieso die XXX zentralisiert, wieso wir alle zusammen ins gleiche Gebäude ziehen. Nur, **gewisse Sachen akzeptiert man auch nicht im gleichen Maß wie es die XXX einem vermittelt. Man hat das Gefühl, gewisse Sachen sind auch ein bisschen fadenscheinig.**

WIE HÄTTE MAN ES BESSER VERMITTELN KÖNNEN ODER WO DENKEN SIE, WÄREN MÖGLICHE ERWARTUNGEN – KÖNNTE MAN ETWAS BESSER MACHEN? Ja, ich glaube nicht einmal, dass man, ich glaube nicht mal, dass man groß etwas […].

ODER HÄTTE MAN VIELLEICHT IM VORFELD FRAGEN SOLLEN? Ja.

ODER ABSTIMMEN? Mmmhhh, nein sogar eher nur eher **manchmal so, dass eine Abstimmung nachher auch wieder nichts mehr zählt**, das ist jetzt auch etwas, an das ich mich erinnern kann, also über so große, über Entscheidungen von so großen Ausmaßen wird nicht abgestimmt. Ich glaube auch, dass nicht unbedingt so zielführend gewesen wäre, weil die Mitarbeitenden aus xOrtsbezeichnungx hätten alle für xOrtsbezeichnungx gestimmt.

WÜRDEN SIE SAGEN, DIE EGOISMEN WÜRDEN DANN EINFACH VOR[‘GEHEN’]? Ich glaube ja, weil wer will schon gerne den Arbeitsplatz wechseln, also niemand macht das gern.

Es ist halt einfach eine wahnsinnige Veränderung zu [‘gegenüber’] früher, als auch unser Bereich der XXX noch gut in der breiten Mitarbeiterfläche vertreten war und jetzt immer mehr sich noch an weniger Orten findet. Also den Beruf, den ich mache und meine Kollegen, den wird es jetzt noch in xOrtsbezeichnungx und in xOrtsbezeichnungx geben, das sind jetzt die beiden Orte für die xOrtsbezeichnungx. OK. Und früher ist man halt flächendeckend aufgestellt gewesen, man hat fast an jedem xOrtsbezeichnungx arbeiten können. Aber ich glaube eher, dass ich jetzt da persönlich manchmal auch einen Gegenpol einnehme. Ich bin auch nicht mit allem zufrieden, aber gesamtheitlich über das Ganze gesehen, finde ich schon.

Ja, dann ‘enttäuscht’ und ‘kritisch’. Ich bin enttäuscht, es gibt einfach immer so **Episödchen oder so Geschichten**, die einem dazu einfallen, **bei denen man etwas Anderes erhofft hatte und ja, eben dann enttäuscht worden ist**. Einerseits halt weil unsere Führungsetage, **die Führung so wahnsinnig weit weg sind von den Mitarbeitenden** zum Teil. Ich weiß, die Führungsleute hören das nicht gerne, sie geben sich im gewissen Sinne auch Mühe, präsent zu sein bei uns, draußen **an der Pinnwand, wird jeden Monat wieder ein neues Führungsmitglied vorgestellt, so ein bisschen persönlich gemacht, dass man nicht sagen kann, man kennt die nicht**. Aber wir sehen sie (= die Unternehmensführung) halt eigentlich nicht. Auf der anderen Seite muss man sie (= die Unternehmensführung) vielleicht auch gar nicht sehen und **ihre Entscheidungen sind manchmal so weit weg und so fremd vom tatsächlichen Leben, vom Betrieb**, [‘von dem’] was wir hier jeden Tag wahrnehmen, dass man manchmal **das Gefühl** hat, **sie haben gar nicht so Ahnung, was hier bei uns abgeht**. Und gelangen, tut man zu ihnen eigentlich schwer, weil wenn wir das Anliegen haben, ist unser Ansprechpartner, ist immer der Teamleiter, die nächste Stufe. Es ist eigentlich, in einem gewissen Sinne auch nicht [‘…’], ist es auch **nicht vorgesehen oder angedacht, dass wir irgendwie weiter „oben“ etwas „anziehen“ gehen,** sondern **unser nächster Vorgesetzter, ist unsere Ansprechperson**. Und **ich glaub auch gar nicht, dass das wahnsinnig weit hinaufgegeben würde, wenn wir irgendetwas beanstanden oder etwas Kritisches einwenden**. Da hat man manchmal **das Gefühl, es versandet auf dem Weg nach „oben“, bis zur Führungsetage versandet das und irgendwie kommt nicht an**. Handkehrum [= umgekehrt] aber eben vielleicht auch **von „oben“ her** auch nicht immer alles, das ist **nicht immer alles so nachvollziehbar**.

Ja und zu dem Enttäuscht-Kärtchen kommt mir zum Teil einfach in den Sinn, ein **persönliches Erlebnis**, jetzt. Wir sind noch nicht so lange her, vielleicht **vor drei Jahren, sind wir neu eingestuft worden von den Lohnskalen her**, vielleicht haben sie davon auch schon gehört, und da ist ganz klar **irgendwie aus unserer Sicht, das Anliegen** von der XXX gewesen, zum – ja, man kann es nicht anders sagen – schon **ein bisschen zum Sparen**. Man hat sich schon zwar irgendwie **probiert, es uns schmackhaft zu machen: Es ist keine Sparübung und im Endeffekt würde die gleiche Lohnsumme ausgeben. Aber jetzt,** als wir auch schon paar Jahre damit leben, **merkt eigentlich jeder, also jeder „Hinterletzte“ merkt, dass es doch, dass es doch eine Sparübung war.**

KRIEGEN SIE AUCH WENIGER FAKTISCH? Nicht weniger, aber **man wird einfach begrenzt**. Also, ich jetzt in meinem Bereich, muss so sagen, ich habe mich auf ein Stellenangebot, habe ich mich wählen lassen und beworben und bin gewählt worden, welches jetzt eigentlich gar nicht mehr gefragt ist oder von der XXX gar nicht mehr aktiv gefördert wird. Der xBerufsbezeichnungx, wie meine Berufsbezeichnung heißt, den haben sie jetzt wieder neuerdings eingegliedert in den xBerufsbezeichnungx hinein. Wenn jetzt jemand den Beruf lernt, macht er xBerufsbezeichnungx und xBerufsbezeichnungx und ich bin eigentlich vom xBerufsbezeichnungx hergekommen, denn nach xBerufsbezeichnungx, habe ich mich spezialisiert auf diesen Bereich und jetzt **plötzlich entscheidet die XXX wieder, sie möchte wieder die Durchlässigkeit** zwischen denen zwei Berufen. **Manchmal dünkt es einen** [= hat man den Eindruck] so ein wenig, **man sollte immer „mithüpfen"**, wenn die XXX wieder Lust hat, sie möchte jetzt gerade wieder die Durchlässigkeit herstellen, dann **soll der Mitarbeitende „schwupps" jetzt machen,** ich wieder alles und wenn die XXX wieder möchte, spezialisieren, dann „schwupps" bin ich wieder der Spezialist. Und ich bin jetzt halt einfach der Spezialist, den sie vor paar Jahren geschaffen haben und wir haben da vorne viele xBerufsbezeichnungx, die Spezialisten sind beim xBerufsbezeichnungx und eigentlich keine Info machen. Und ich mach jetzt Info und keinen xBerufsbezeichnungx und jetzt eben merkt man so ein bisschen, man wird „gekappt", man ist [...], jetzt in meinem Beruf habe ich immer so ein wenig **das Gefühl, man ist nicht gleich wertgeschätzt**. **Am liebsten hätten sie mich jetzt eben in einer anderen Version!** Und jetzt **bin ich** einfach noch da und so **ein Dinosaurier-Modell**, das nicht mehr gefördert wird. Ja und das merkt man dann eben auch, bei **so Einreichsentscheiden, das man einfach so wie einen Deckel oben drauf gesetzt bekommt**.

Und ja, manchmal **fehlt es ein bisschen an der Wertschätzung**, man macht immer noch die gleich gute Arbeit und ich glaube jeder da vorne, von meinen Kollegen setzt sich wirklich für den Kunden und eigentlich für das Unternehmen ein. Aber man hat manchmal **das Gefühl, man sei wie das Geld nicht mehr wert**, am liebsten, **die Führung hätte es gern so, halt weniger Lohn gezahlt**. Ich habe viele Kollegen da vorne, die mit einer Lohngarantie arbeiten, also dass heißt, dass sie über gewisse Jahre ein Teil von ihrem Geld dann verlieren. Ja, das ist so ein wenig [‘...’] manchmal, die **Wertschätzung, dass man das Gefühl hat, man sei das Geld von früher noch Wert.**

Bei dem 'kritisch', denke ich mehr, ist eher so, dass man **einfach kritisch wird über, mit den Jahren**. Ich beobachte das **bei den Jüngeren**, die wir im Unternehmen bei uns haben oder die wir gerade ausgebildet haben, dass die noch relativ, ja so **mit einer Lockerheit und Naivität manchmal da sind** und je älter die Mitarbeitenden sind, oder besser gesagt, **je länger sie im Betrieb sind, wird man kritischer und hinterfragt gewisse Sachen**. Das sieht man in unserer **XXX-Zeitung** z. B., die wir haben, **da ist auch nicht immer alles wahr, was da drin ist,** sondern man hat das Gefühl, ja, ist auch ein bisschen **ein Propaganda-Instrument der Unternehmung**. Viele Kollegen sagen immer, man müsse immer das XXX-Organ, also die XXX-Zeitung, und dann noch das Gewerkschaftsorgan lesen und dazwischen liegt das Richtige, ja. Weil die einen schreiben natürlich nur vom Positiven, das hier läuft und die Gewerkschaft ist manchmal sehr, sehr kritisch. Ja, das glaube ich, das lernt man einfach, so ein bisschen, ja.

UND ÜBER DIE JAHRE, HABEN SIE GESAGT, WIRD MAN VORSICHTIGER. **WAS MÜSSTE DIE XXX WIEDER MACHEN**, DAMIT DAS NOCH EIN BISSCHEN POSITIVER WIRD UND **DASS SIE SICH EHER GEHÖRT FÜHLEN UND WERTGESCHÄTZT?** Mmmhhh, ich glaube einerseits ist es schon, dass wir einfach weit auseinander sind. Das lässt sich sicher mit der Größe des Unternehmens erklären, dass die Führungskräfte auch nicht immer Zeit haben, bei jedem Mitarbeitenden hineinzuschauen. Und von unserer Seite her, dass **wir auch nicht alles nachvollziehen können, was sie entscheiden.** Wir sind ja eben eigentlich nicht die Unternehmensführung, und **wir müssen uns nicht mit Sachen rumschlagen**.

GIBT ES EINE VORSCHRIFT ODER ENTSCHEIDUNG, DIE IHNEN GERADE EINFÄLLT, WO SIE SAGEN KÖNNEN, DAS IST, DAS VERSTEHEN WIR JETZT NICHT, DIE MITARBEITENDEN? Mmmhhh. Es kommen **zum Teil Sachen, die eigentlich Verbesserungen bringen sollten**, aber von den Mitarbeitenden her, hat man gerade schon das Gefühl, das wissen wir, **dass das nicht funktionieren kann, aber uns fragt man ja dann nicht**.

Man probiert etwas aus und ich glaube, es ist mit einer guten Absicht, dass man z. B. probiert, pünktlicher zu werden oder die Kundenzufriedenheit zu steigern, aber im Endeffekt hat man das Gefühl, es ist **alles irgendwie schöngeredet, die Probleme liegen ganz an einem anderen Ort**. Sie setzen z. B. jetzt so Zielwerte, die man sich setzt, für eine Personalbeurteilung z. B., bei der man einfach das so Gefühl hat, wie kann ich, wie kann ich etwas dafür, (...) *(Zwei Sätze gelöscht, um Rückschlüsse zu vermeiden)* und da ist jetzt ja, ich als einzelne Person kann das schwer beeinflussen, das muss ich dann auch einfach hinnehmen.

Ja, oder Verbesserungsmaßnahmen, die man probiert, die einfach gerade schon wie zum Scheitern verurteilt sind, **bei denen man das Gefühl hat, ja, jetzt überstürzen sie etwas von „oben", von der Führungsetage überstürzten sie ein Projekt einzuführen**, das **noch gar nicht ausgereift ist** und umsetzen **und ausbaden müssen es dann die Mitarbeitenden bei uns**, die ja, die merken, es funktioniert so nicht **und nach kurzer Zeit wird es dann auch eingestellt**.

Ja also wir haben jetzt gerade **aktuell ein Programm**, ich glaube, das hätte vor etwa zwei Monaten eingeführt werden sollen, auf diesen Unfall hin, ich weiß nicht, haben Sie davon gehört? In xOrtsbezeichnungx, bei dem ein xBerufsbezeichnungx, glaube ich, auch gestorben ist. Nach dem Unfall, finde ich eigentlich sehr gut, hat die Führungsetage recht schnell reagiert und als Maßnahme hatte sie dann es, ein Instrument, eingeführt werden, **welches die Kommunikation zwischen der Baustelle und der Sicherungsleuten vor Ort, draußen im xOrtsbezeichnungx zum xBerufsbezeichnungx, hier im xBezeichnungx vereinfacht und sicherer machen sollte** und das Programm ist **aber so noch nicht ausgereift gewesen, es war so wie ein „Schnellschuss"**. Und auch unsere Ausbildner, welche die xBerufsbezeichnungx ausbilden, haben gesagt, **das verhebt es einfach noch nicht**, ist ein „Schnellschuss" und so war es dann auch, irgendwann. **Dann ist es von „oben" sogar wieder außer Kraft gesetzt worden** und jetzt tut man noch mal, geht man noch mal über die Bücher und bring es eben noch zu Ende, irgendwie wird es dann schon eingeführt und dann ist es wahrscheinlich auch nicht schlecht.

Aber sind manchmal **so „Schnellschüsse", ja, mit denen schlussendlich die Leute hier leben müssen, sie bekommen es einfach verordnet, es wird auch nicht im Voraus gefragt,** bei dem man vielleicht das eine oder das andere, ja in einem Gespräch oder mit einem Dialog, gerade schon ausräumen und sagen könnte, es ist eine gute Sache, aber da müssen wir zuerst noch diese und jene Veränderung vornehmen können.

UND DIE MITARBEITENDEN WERDEN JETZT NICHT GEFRAGT, WENN SO WAS EINGEFÜHRT WIRD? Nein, mmmhhh, das sind irgendwie Systeme. OBWOHL SIE DAS AUSFÜHREN. Genau. Ja. DAS IST ABER NICHT SO? Nein. **Ich weiß nicht, gelten wir vielleicht für die Führungsetage als kritisch oder generell als zu ablehnend, dass man das [= die Mitsprache] gar nicht will.** SIE MÜSSEN DAMIT ARBEITEN. Mmmhhh, genau.

VERSTEHE. UND WAS GIBT ES, WENN SIE NACH HAUSE GEHEN, WAS FÜR EIN GEFÜHL ÄRGERT SIE DANN SEHR ODER GIBT ES SACHEN, DIE ABENDS NOCH MAL PRIVAT ZUHAUSE BESPROCHEN WERDEN ODER MIT ANDEREN KOLLEGEN AUF EINEN WEIN, ODER SO WAS? WO SIE DANN AUCH NOCH MAL „DAMPF ABLASSEN" ODER IST ES IM GROSSEN UND GANZEN SO, DASS SIE NACH HAUSE GEHEN UND SIE SIND ZUFRIEDEN SO? Ah, nein, es gibt schon Situationen, **wenn ich heimkomme** und dann muss ich zuerst einmal, ja, **der Mann muss dann manchmal noch ein wenig zuhören**, also schon nicht gerade jeden Tag. Aber, nein und wenn es so ist, **dann beschäftigt mich mehr, Sachen, die irgendwie strukturell nicht ausgereift und ausgedacht sind**. Wo ich natürlich **in meinem Bereich reinsehe und sehe, das verhebt nicht** [=das verhält nicht], da müsste schon lange eine andere Stelle aktiv werden jetzt.

Aber es tut sich nichts und man kann nicht noch etwas sagen.

UND IST HILFLOS? Ja, genau. Eben, wie ich schon gesagt habe, meine nächste Ansprechperson ist dann meine Teamleiterin jetzt im Moment. Wenn ich ihr etwas sage, dann nachher höre ich: 'Ja, dessen sind wir uns bewusst, aber, ja du weißt ja, wie es läuft bei uns und so.' Und dann denke ich, ok, also **es wird einfach hingenommen und weiter hinauf könnte ich eigentlich gar nicht mehr**. Ich meine, ja, klar würde ich die Telefonnummer von Herrn X schon rausfinden, aber es ist nicht vorgesehen, dass ich meinen dem höchsten Chef, natürlich gerade anrufe. Ja, manchmal, es sind so Sachen, wo man das Gefühl hat, das verhebt einfach nicht und sie hätten es am liebsten gern, zu einfach, das ist zwar zum Teil auch wieder meine direkte, die nächste Führungsstufe.

PROBLEMATISCH? Genau, ja. Und es **ist nicht bis zum Schluss ausgereift und ausgedenkt [= durchdacht]**.

Jetzt habe ich hier, wenn wir dann in die xOrtsbezeichnungx rüberziehen, fehlt, **fehlen z. B. Leute, die die Ausbildung für meinen Bereich übernehmen**. Wir haben den Ausbildner, der den xBerufsbezeichnungx ausbildet, aber für mein Bereich 'Kundeninformation' und es ist doch ein relativ **wichtiger Bereich** der XXX, **weil man möchte ja auch die Kunden im Fokus oder im Mittelpunkt sehen**. Da **fehlt einfach das Ausbildungskonzept**. Es gibt keine Ausbilder, die das schulen. Es gibt eigentlich keine Schulungsunterlagen. Die XXX kennt für meinen Bereich **einen Kurs im ganzen Kursangebot,** gibt es einen Kurs, irgendwie „Sympathische XYZ" und wenn man den gemacht hat, hat man es gesehen, es gibt keinen anderen interessanten Kurs für mich.

WESHALB GIBT ES FÜR DEN NACHWUCHS ODER FÜR SIE KEINE WEITERBILDUNG? Es ist einfach so ein Nischenprodukt. Also, ich habe immer das Gefühl ['...'].

SIE KÖNNEN **EXTERN SCHULUNGEN MACHEN?** Genau. AUCH SCHULUNGSMÖGLICHKEITEN. **Genau, dann aber nicht von der XXX angeboten**. DANN WÄREN SIE KEINE NISCHE MEHR. Genau, ja, es ist mehr, der Beruf ist eine Nische. Man hätte, manchmal ist ein **Unterschied da, zwischen dem auf dem Papier und dem, was man eigentlich wirklich lebt**. Jetzt bei der Kundeninformation, die ich mache, habe ich das Gefühl, man möchte, die XXX möchte in der Kundeninformation und der **Kundenzufriedenheit und so wie sie von den Kunden wahrgenommen wird, möchte sie gut abschneiden, gute Noten haben**. Aber auf der anderen Seite genau **dort, was ja dazu führen würde, bei der Schulung, bei der Ausbildung, bei der Arbeitsmittel-zur-Verfügungstellung,** bei der, wer programmiert diese Daten, mit denen mein System nachher arbeitet, welches ja im Endeffekt die Kundeninformation auch ausgibt, da muss ja jemand dahinter stehen, wie ein Systemverantwortlicher, ein „Super-User" heißt das bei uns, der das programmiert, auch bei Bauarbeiten, oder bei schon im Voraus geplanten Großevents oder so, aber so, **aber da fehlen die Leute einfach und die Ressourcen und niemand will es auch sehen**.

IM SOMMER DER KUNDENSERVICE? Genau, genau. Ja. Ich glaube, **der Teil, wo ich am meisten mit nach Hause nehme, weil es mich natürlich auch persönlich betrifft**. JA, VERSTEHE ICH. OK.

WAS MACHT SIE NOCH VORSICHTIG IN ZUKUNFT ODER SIND SIE NOCH IRGENDWO EIN BISSCHEN ARGWÖHNISCH UND KRITISCH IRGENDWO? Ähm, ja. 'Vorsichtig', einfach so ein wenig, **was auf einen zukommt**, wo man für, **wenn man sich jetzt so eine Waagschale vorstellt, was die XXX am liebsten noch gerne möchte, noch aufladen möchte, an Verantwortung, an zusätzlicher Arbeit und auf der anderen Seite aber nichts draufgeben möchte, da bin ich schon ein bisschen 'vorsichtig'**.

MIT DEM LOHN, DASS DER NICHT RAUFGING? Ja oder auch vorsichtig mit [in Bezug auf] Lohn, Wertschätzung! [kl. Pause] Genau, wie soll ich sagen? Boni, gibt es bei uns in diesem Sinne eigentlich nicht einfach, auch dass man auch auf der anderen Seite ein bisschen etwas merkt, man möchte ['...']. Mein Empfinden ist zum Teil, dass man **für möglichst wenig oder nichts** den gleichen Leuten, die halt mittlerweile fachliche Kapazitäten sind, die sind nicht mehr die Jüngsten, die noch viel lernen müssen, sondern eigentlich Fachspezialisten sind, dass man denen **am liebsten noch gerne mehr drauf und mehr drauf**. Ja, da bin ich ein **bisschen 'vorsichtig', was sie einem immer wieder probieren, unterzujubeln** [lacht zynisch].

GUT UND WAS WÄRE, WENN DAS JETZT SO WEITERGEHEN WÜRDE, SIE WÜRDEN IMMER MEHR DRAUFGELADEN BEKOMMEN. IHRE STIMMUNG, SIE HABEN VORHIN VON VERTRAUEN GESPROCHEN, WIRD IMMER ETWAS GERINGER. WÜRDEN SIE DANN AUCH ZUM ÄUSSEREN GEHEN UND SAGEN: 'OK, DANN MUSS ICH MICH JA IRGENDWIE TRENNEN?' Äh, ja, also, ich muss sagen, das **Unternehmen als Ganzes finde ich einen guter Arbeitgeber**. [kl. Pause]

UND IN IHREM ARBEITSBEREICH? Genau, genau. Ich glaube, ich würde nicht partout sagen, dass ich nie woanders hingehen würde oder mich nach etwas Anderem umschauen würde, aber es ist aber auch nicht gerade so, dass ich so negativ eingestellt bin, dass ich jetzt gerade unbedingt etwas Neues haben muss. Ich habe immer das Gefühl, es **besteht Hoffnung und ich nutze die Chancen zu probieren, die Veränderung mitzubewegen**.

WELCHE VERÄNDERUNGEN HABEN SIE Z. B. MITBEWEGT ODER WO WÜRDEN SIE SAGEN, HABEN SIE SICH BESONDERS MOTIVIERT? ÜBER DIE ZEIT ODER WAS FANDEN SIE BESONDERS GUT, WELCHE VERÄNDERUNG? Ähm, für uns werden jetzt, also in der Kundeninformation, werden Leute eingesetzt, die nur ganz wenige Einsätze bei uns leisten. Das sind eigentlich ausgebildete xBerufsbezeichnungx, und sie, aufgrund dieser Durchlässigkeit, die man neu wieder möchte, machen vielleicht zwei, drei Toureneinsätze im Bereich der Kundeninformation. Und wirklich, dort hast du fast ein so bisschen wie eine „**Mutterfunktion**", ich bin jetzt dort schon relativ lang dabei und mache ja eben wie gesagt nur das im Moment. Da habe **ich mir schon bisschen angewöhnt, die halt auch wahnsinnig gut zu schulen**. Weil sie können irgendwie, ihre Kapazität reicht gar nicht für viel mehr aus. Sind sehr selten da und sie haben eigentlich, in ihrer Ausbildung einen völlig anderen Bereich kennengelernt und **sie machen es auch nicht wahnsinnig gern. Es ist für die meisten so ein wenig ein Müssen**, das machen zu müssen. Aber ich denke, das ist etwas, das ist ein **Hauptanliegen, dass ich probiere, sie möglichst gut dort arbeiten zu lassen, ihnen Hilfsmittel oder so zusammenzustellen, die es ihnen erleichtern**. Ja.

DA FINDEN SIE, BRINGEN SIE SICH PERSÖNLICH GUT EIN UND ES GIBT EINEN GROSSEN WERT AN DIE XXX? Ich habe das **Gefühl, also manchmal schon bisschen, man könnte „den Kopf in den Sand stecken"** und denke, es könnte eine noch bessere Kundeninformation rausschauen, wenn man noch das und das und das verändern würde. Aber wie gesagt, **dann versandet es manchmal bei jemandem oder man will das einfach nicht. Es ist einfach nicht vorgesehen von ganz oben.** Auch wenn wir Mitarbeitenden das Gefühl haben, es wäre eine bessere Kundeninformation, wenn man Spezialisten hätte, wenn jetzt halt die Unternehmensleitung das Gefühl hat, sie möchte gerne diese Polyvalenz wieder haben, dann ist das **keine Entscheidung, die von uns umgestoßen werden kann.** Aber ich denke, ich probiere es, in dem Sinne, nur das Beste daraus zu machen, ja, ja. JA, DAS IST GUT. SCHÖN.

DANN DANKE ICH IHNEN FÜR DAS INTERVIEW.

Interviewende

Dauer: 0:27:08

Quelle: Eigene Darstellung

Erstes Codierungsschema

Das erste Codierungsschema des Feldes 3 (hohes Misstrauen/geringes Vertrauen) zeigt die anfänglichen Codes nach dem Codieren aller Interviews (14), jedoch noch vor jeglicher Sortierung oder Summierung oder Codierung durch Dritte; siehe Abb. A14.

Abb. A14: Erstes Codierungsschema aus Atlas.ti ohne Sortierung, Summierung oder Codierung durch Dritte

HU: **Misstrauen_cw_2.7.15**
File: [D:\Users\CW\Documents\Scientific Software\ATLASti\TextBank\Misstrauen_cw_21.09.15.hpr7]
Edited by: CW; Date/Time: 2015–09-2, 14:22:21
Code: Absicht das Unternehmen zu verlassen (Kündigungstendenz)_FOLGE {12–0}~
Code: Anfangssituation/Entscheidung für den Arbeitgeber {5–0}
Code: Anforderungen_Aussagen an/für Human Ressource-Abteilung {14–1}
Code: Angst vor der Auseinandersetzung in der Unternehmensführung {2–1}
Code: Angst um Job vs. Zuversicht {12–0}
Code: Ausdünnen Mittleres Management {2–0}
Code: Ausgestaltung des KVP – Kontinuierlichen Verbesserungsprozesses {4–0}
Code: Ausstattung mit Handy {3–1}
Code: C_unvollkommene Begleitung {4–1}
Code: C_unzureichende Erklärung {2–1}
Code: CHANGE-Prozesse/PROJEKTDURCHFÜHRUNG {12–3}
Code: Desk-Sharing/Open Space {10–0}~
Code: Dienst nach Vorschrift-FOLGE {6–0}
Code: Dresscode-Broschüre {1–1}

Code: E_bange {5–0}
Code: E_begierig {1–0}
Code: E_besorgt {9–0}
Code: E_entrüstet / schockiert {6–0}
Code: E_enttäuscht {16–0}
Code: E_erleichtert {2–0}
Code: E_glücklich {4–0}
Code: E_hocherfreut {5–0}
Code: E_hoffnungsvoll {3–0}
Code: E_kritisch-FOLGE Einstellung {18–0}
Code: E_schuldig {1–0}
Code: E_traurig {3–0}
Code: E_vorsichtig {10–0}
Code: E_wütend {6–0}
Code: E_zufrieden {11–0}
Code: E_zuversichtlich {4–0}
Code: E_zynisch {9–0}
Code: Eigeninitiative {2–0}
Code: Engagement/Überzeugung/Commitment der/des Mitarbeitenden {1–0}
Code: fehlende WERTSCHÄTZUNG {14–0}
Code: Fehlerkultur {3–1}
Code: I_Zustandekkommen der Zahlenbasis undurchsichtig {8–1}
Code: Intransparenz von Entscheidungen {14–1}

Code: Kaffee-Automat {1–1}
Code: kein Hinterfragen des Mitteleinsatzes_ seitens der Unternehmensführung {2–1}
Code: kein Lernen aus Fehlern_seitens der Unternehmensführung {4–1}
Code: Kluft/Führungsferne {7–0}
Code: Kommen & Gehen außerhalb der Hauptverkehrszeit {3–1}
Code: KOMMUNIKATION & INFORMATIONsfluss von/zur Unternehmensführung {11–0}~
Code: Kontrollunternehmen {2–0}
Code: Lohn- und Bewertungssystem {6–0}
Code: negative Verbreitungseffekte_FOLGE {2–0}
Code: PARTIZIPATION_VOICE {11–0}
Code: Pauschales Einsparen/ Kostenspardruck (kein Weihnachtsessen) {4–0}
Code: Projektumsetzung nicht stufengerecht/Schnellschuß {2–0}
Code: Projektzensierung seitens der Führung {1–1}
Code: Resignation+Frustration_FOLGE {6–0}~
Code: S_Altersdiversifität {16–0}
Code: SCHLÜSSELERLEBNIS Vertrauensbruch / Tor zu Misstrauen {10–0}
Code: Standardisierung/Gleichmachung der Mitarbeitenden {3–0}
Code: Unsicherheit {5–1}
Code: unternehmerischer Mut fehlt {1–0}
Code: unzulängliche Zusammenarbeit/Prozessablauf nicht reibungslos {5–1}
Code: unzureichende VISION/Untern.FÜHRUNG (strategisch) {12–3}~
Code: V_Home-Office {6–0}
Code: Vertrauensquelle/-reparatur {8–0}
Code: V_Vorgabe nach 13Uhr Essen gehen {1–1}

Code: V_Vorgabe zur Beantwortung der Mails {1–1}
Code: VORGABEN/Richtlinien (seitens der Unternehmensführung) gehen nicht auf/NICHT SINNVOLL aus Sicht der/des Mitarbeitenden {8–6}
Code: Vorgegebene Werte werden nicht gelebt/umgesetzt/runtergebrochen {6–0}~
Code: Wechsel / Ersetzen der Unternehmensführung {1–1}
Code: Weiterentwicklungsmöglichkeit {5–1}
Code: Wissensträger {6–0}
Code: zu viele Projekte {1–0}

Quelle: Eigene Darstellung

Rücküberprüfung mit Experten

Das Codierungsschema wurde mit den Experten, Prof. Dr. Jana Costas, Professorin für qualitative Forschung an der FU Berlin und Prof. Dr. Arjan Kozica, Professor für Organisation & Leadership, ESB Business School, Reutlingen, final überarbeitet. Die Hinweise, Änderungen und Streichungen aufgrund der Expertenmeinung zum finalen Kategoriensystem sind in Abb. A15 ersichtlich.

Abb. A15: Experten-Rückmeldung zum Codierungsschema

Zu I. Kategorie 'NEGATIVE ERWARTUNGEN, WAHRNEHMUNGEN UND ZUSCHREIBUNGEN'
Reflektion der Bezeichnungen und Formulierungen:

- Anstatt der Kategoriebeschreibung **'negative Wahrnehmungen und Erwartungen von Handlungen der Unternehmensführung'** wird die Beschreibung 'negative Wahrnehmungen und Erwartungen, die sich in negativen Zuschreibungen von Absichten und Motiven *gegenüber der* Unternehmensführung zeigen' gewählt.
- Die Erklärung zum Leitbild (Vision) und der Strategie der Unternehmensführung ist laut Expertenmeinung nicht zutreffend. Die Bezeichnung '*Vorstellungen*' der Mitarbeitenden ist zum einen nicht zutreffend, da diese in der Identitätsliteratur kognitiv besetzt ist und zum anderen ist sie nicht zutreffend, da die übergeordnete Kategorie 'Werteinkongruenz' auf die emotionale Mitarbeitersicht bezogen ist. Daher passte die Forschende die Erklärung an und die Bezeichnung 'Vorstellung' wird nicht verwendet.
- Der Code 'Verständnis der Arbeitswelten' wird durch die Bezeichnung **'Entfremdung vom Unternehmen'** ersetzt, da es sich um eine Kategorisierung des Unternehmens handelt und diese Bezeichnung im Kontext zutreffender ist.

Inhaltliches Feedback zu den einzelnen Kategorien und Faktoren:
WERTEINKONGRUENZ

- Anmerkung der Experten: 'Werteinkongruenz' ist emotional besetzt und stellt einen Teil der Identität dar.
- Die Forschende darf unterstellen, dass die Mitarbeitenden und die Unternehmensführung **keine gemeinsame Identität** ausgehandelt haben, sodass organisationale vs. individuelle Identitätsmerkmale vorliegen.
- Mit dem Faktor 'Werteinkongruenz' sind Stichworte, wie Subidentitäten, Entfremdung und gefühlte Distanz verbunden, was sich in den Unterfaktoren zeigen sollte.
- Die narrative Nicht-Aushandlung der Identität kann durch fehlende oder mangelnde Kommunikation erklärt werden und dadurch sind die Vertrauensprozesse gestört.
- Bei dem Code 'Wertschätzung' ist zu überdenken, ob das Know-how der Mitarbeitenden seitens des Unternehmens vergessen wird, i. d. S., dass es kein Wissenstransfer-Tool gibt oder ob das Unternehmen das Wissen der Mitarbeitenden nicht würdigt. Das verwendete Ankerbeispiel verweist auf ersteres, aber zweiteres ist im Datenmaterial der Forschenden gemeint. Daraufhin reflektierte und überprüfte die Forschende die Aussagen neu. Final werden sie dem Unterfaktor 'interpersonale Ungerechtigkeit' zugeordnet, da die Aussagen einen wenig respektvollen Umgang der Unternehmensführung wiedergeben.

UNGERECHTIGKEIT – Die Experten bestätigen der Forschenden, dass der Faktor 'Intransparenz der Prozesse' zu 'prozeduraler Ungerechtigkeit' gehören kann, wenn damit die Nicht-Nachvollziehbarkeit der Prozesse gemeint ist. – Der Experte erteilt einen Hinweis zu dem Faktor 'Partizipation'. Es ist eher die 'fehlender Mitsprache'. Daher wird der Unterfaktor der prozeduralen Ungerechtigkeit 'fehlende Mitsprache' genannt. Seitens des Experten bedarf es für die Arbeit weiterer theoretischer Beiträge zu 'fehlender Mitsprache'. FÜHRUNGSVERSAGEN – Der Experte erteilt den Hinweis, dass im Rahmen der Codierung zu 'Führungsversagen' ein starker Bezug zu Restrukturierungsprozessen besteht, d. h. die Aussagen der Mitarbeitenden zu dem 'Führungsversagen' finden primär in Zeiten von Wandel und Restrukturierung statt.
Zu II. Kategorie 'negative Reziprozität' ---
Zu III. Kategorie 'gegenseitige Selbstbestätigung' – Der Experte bemerkt, dass die Kategorie 'gegenseitige Selbstbestätigung' eine „spannende Kategorie" ist und diese den Experten an das Buch von Weeks, John (2004), „Unpopular culture" erinnert, welches über eine ethnographische Studie von Mitarbeitenden in einer Bank und deren lästernde und meckernde Unternehmenskultur handelt.

Quelle: Eigene Darstellung

Im Anschluss an die Rückmeldung der Experten überarbeitete die Forschende das Kategoriensystem und überdachte Unschlüssigkeiten und Unklarheiten, wie beispielsweise die Ausprägungen 'Schlecht Reden per se' und 'Schlecht Reden aufgrund von Einzelschicksalen'. Sie wurden nicht einzeln unterschieden, sondern unter die dritte Kategorie 'Gegenseitige Selbstbestätigung' subsumiert.

www.ingramcontent.com/pod-product-compliance
Ingram Content Group UK Ltd.
Pitfield, Milton Keynes, MK11 3LW, UK
UKHW021237031026
15588UKWH00001B/136

9 783631 791967